HELMUT ROEWER

Die Rote Kapelle und andere Geheimdienstmythen

ARES
VERLAG

Helmut Roewer

Die ROTE KAPELLE und andere GEHEIMDIENST-MYTHEN

Spionage zwischen Deutschland und Russland im Zweiten Weltkrieg 1941–1945

ARES VERLAG

Umschlaggestaltung: DSR – Digitalstudio Rypka/Thomas Hofer, Dobl
Umschlagabb. Vorderseite: Die Sowjetagenten Margarita und Kurt Welkisch („LZL“ und „ABZ“), Arvid Harnack („Korsikanez“ = der Korse), Ilse Stöbe („Alta“) und Harro Schulze Boysen („Starschina“ = der Oberfeldwebel); im Hintergrund das Urteil des Reichskriegsgerichts gegen Harnack, Schulze-Bosen und andere andere (Ausriss Abb. Dokument Strafsache/Im Namen des Deutschen Volkes!: Ullstein-Bilderdienst)
Bildnachweis Innenteil: Archiv des Verfassers
Organigramme Innenteil: Verfasser/Graphische Umsetzung: Mag. G. Schneeweiß-Arnoldstein
Umschlagabb. Rückseite: Das Amt Ausland/Abwehr, Tirpitzufer, Berlin

Bibliographische Information Der Deutschen Bibliothek
Die Deutsche Bibliothek verzeichnet diese Publikation in der Deutschen Nationalbibliographie; detaillierte bibliographische Daten sind im Internet unter http://dnb.ddb.de abrufbar.

ISBN 978-3-902475-85-5

Layout: Ecotext-Verlag, Mag. G. Schneeweiß-Arnoldstein, Wien
Gesamtherstellung: Druckerei Theiss GmbH, A-9431 St. Stefan
Printed in Austria

Inhalt

Kapitel 1

Traum von der Weltmacht. Das Unternehmen Barbarossa

> Um 3.15 Uhr begann der Angriff. Die Artillerie belegte das Ostufer des Bug, die Bunker und die nächstliegenden Ortschaften mit Sperrfeuer, unter dessen Schutz wir in Schlauchbooten mit Sturmgepäck übersetzten. Die erwartete massive russische Gegenwirkung blieb aus. Es fielen nur einige Schüsse. Wir vermuteten, sie kämen von den Zollbeamten, die wir in den vorausgegangenen Wochen beobachtet hatten, oder von einzelnen vorgeschobenen Beobachtern. Am andern Ufer des Bug schleppten wir die Schlauchboote mit bis zu einem toten Arm des Bug, der ebenfalls überquert wurde. Dabei fiel manch einer ins Wasser. Dann stieg das Gelände sanft an. Hier fiel als erster aus der Kompanie Heinrich Grewe aus Hunteburg, meinem Geburtsort, Sohn eines Getreidehändlers.[1]

Der 22. Juni 1941 war ein Sonntag. In den frühen Morgenstunden überschritt nach kurzem Artillerieschießen eine gigantische deutsche Streitmacht die seit Oktober 1939 bestehende Grenze zwischen der Sowjetunion und dem Deutschen Reich. Das Unternehmen Barbarossa nahm seinen Lauf. Was als Blitzkrieg konzipiert war, wurde die langwierigste und verlustreichste Schlacht der neueren Kriegsgeschichte. Als sie in den frühen Morgenstunden des 9. Mai 1945 zu Ende ging, war das Reich der Deutschen zerstört und der Traum von deutscher Weltgeltung ausgeträumt.

Der Krieg zwischen Deutschland und der Sowjetunion lässt sich in fünf Abschnitte einteilen, die mit den Kalenderjahren von 1941 bis 1945 nahezu identisch sind. Das Jahr 1941 war vom stürmischen deutschen Vormarsch und gigantischen Kesselschlachten geprägt, die ungeahnte Massen an russischen Kriegsgefangenen und die Erbeutung von Material einbrachten, jedoch nicht den Sieg über die Sowjetarmee, sondern einen empfindlichen Rückschlag vor Moskau, der zwei wichtige Erkenntnisse ans Licht förderte: Die deutsche Wehrmacht war nicht winterfest und die sowjetischen Streitkräfte keineswegs geschlagen.

Das Jahr 1942 brachte nahezu die Wiederholung des Vorjahres: Einem von kriegswirtschaftlichen Vorstellungen diktierten Eroberungsfeldzug nach Südosten, der erst in der Kaukasusregion zum Stehen kam, folgte ein Winter mit überdehnten Fronten, sowjetischen Gegenoffensiven und

1 Alexander Cohrs (1911–1996), zit. nach Kempowski: Echolot. Barbarossa '41, S. 25.

einer vernichtenden Niederlage bei Stalingrad. Das Jahr 1943 war geprägt vom militärischen Ringen um die Initiative mit eindeutigen Vorteilen für die sowjetische Seite. 1944 brachte die Zertrümmerung der geordneten Kriegführung für die deutsche Wehrmacht; es war die Verkehrung der Verhältnisse von 1941. Das letzte Kriegsjahr schließlich verlegte das Kriegsgeschehen auf das Gebiet des Deutschen Reiches. Die Eroberung von Berlin durch die Rote Armee setzte den überfällig gewordenen Schlusspunkt.

So lässt sich im Zeitraffer der deutsch-sowjetische Krieg beschreiben. Doch sind die militärischen Maßnahmen und Gegenmaßnahmen lediglich die Mittel, die einen politischen Willen zum Ausdruck brachten. Am Ende dieser sehr kurzen Periode operativer, ja höchst gewalttätiger Politik stand die grundlegende Veränderung der Welt. Die Auswirkungen dieser Radikalkur sollten die nächsten 45 Jahre andauern.

Mittendrin in diesem Geschehen verbissen sich die Geheimdienste beider Staaten ineinander. Nie zuvor oder danach sprengten sie so hemmungslos jede Grenze bisher geübter Umgangsformen im staatlichen Miteinander, nie zuvor oder danach konzentrierte sich bei diesen Institutionen eine so unkontrollierte Machtfülle und nie zuvor oder danach richteten sie derartige Verbrechen an.

Die Deutschen nannten den Plan, die Sowjetunion anzugreifen, Unternehmen Barbarossa. Heute ist der Begriff Allgemeingut, 1940/41 war dies eines der bestgehüteten Staatsgeheimnisse. Wer was wann davon verriet und was aus dem Verrat wurde, ist ungezählte Male beschrieben worden. Doch nur selten stimmt, was man liest. Das liegt nicht nur daran, dass die ineinander verwobenen Ereignisse kompliziert sind; allzu oft schimmert auch die Absicht, ein bestimmtes Ergebnis zu produzieren, durch die Erzählungen, so dass die Fakten passend gemacht worden sind.

Im Folgenden soll versucht werden, einige Schneisen in das Gestrüpp der Tatsachen und Scheintatsachen zu schlagen:

- Wann entstand der Plan, die Sowjetunion anzugreifen?
- Auf welcher Feindlagebeurteilung beruhte er?
- Was bekam die Führung der Sowjetunion von dieser Planung mit?
- Was unternahm die deutsche Führung, um die Sowjetunion über die wahren Absichten zu täuschen?
- Was unternahm die sowjetische Führung angesichts dieser Ereignisse?
- Und schließlich: Was unternahm die deutsche Führung, um die Weltöffentlichkeit über den Grund für den deutschen Angriff zu täuschen?

Ordnet man die Dinge, wie hier vorgesehen, so ergeben sich zwanglos die Antworten auf die Fragen: Wer griff wen an und warum? Und: War der Angegriffene der Überfallene oder war er es nicht?

Les Préludes. Die deutschen Kriegsvorbereitungen

Am Anfang stand Hitlers Entschluss, gegen die Sowjetunion Krieg zu führen. Dem wird im Folgenden genauer nachzugehen sein, denn ohne diesen Entschluss wäre alles ganz anders gekommen. Wie, steht keineswegs fest, denn die ausgehenden 1930er und beginnenden 1940er Jahre waren eine zutiefst unfriedliche Periode. Krieg wurde als kalkulierbares operatives Mittel der Politik begriffen. Dies galt für nahezu alle Staaten, die über ein bemerkbares militärisches Potenzial verfügten. Es galt vor allem für diejenigen Länder, an deren Spitze totalitäre Regime installiert waren, also nicht nur für Deutschland und Italien, sondern auch die Sowjetunion, die sich nach der brutalen Konsolidierung der Sowjetmacht im Inneren mit Fleiß in kriegerische Konflikte gegen Japan, China, Spanien, Polen, Finnland und die baltischen Staaten gestürzt hatte. Die nach dem Krieg gepflegte Legende von der friedliebenden Sowjetunion[2] kann heute bestenfalls noch als Legitimation tattriger Altachtundsechziger dienen. Weder Deutschland noch die Sowjetunion waren in dieser Zeit friedliebend. An der Grenze des 1939 vereinbarten Machtbereichs standen sich zwei aggressive hochgerüstete Weltmächte gegenüber. Alles andere sind spätere Zwecklegenden. Richtig ist lediglich, dass aus militärischer Hochrüstung nicht zwingend eine kriegerische Auseinandersetzung entstehen muss; vielmehr bedarf es hierzu einer eigenständigen politischen Entschließung.

In Hitlers Entschluss zum Krieg gegen die Sowjetunion ist viel hineininterpretiert und viel hineingeheimnist worden. Manch einer sieht den Kriegsentschluss des Diktators bereits in den Suaden angelegt, die in den 1920er Jahren als „Mein Kampf" den Buchmarkt eroberten und ihren Autor zum wohlhabenden Mann machten. Dort klingt es so:

> Damit ziehen wir Nationalsozialisten bewusst einen Strich unter die außenpolitische Richtung unserer Vorkriegszeit. Wir setzen dort an, wo man vor sechs Jahrhunderten endete. Wir stoppen den ewigen Germanenzug nach dem Süden und dem Westen Europas und weisen den Blick nach dem Land im Osten. Wir schließen endlich ab die Kolonial- und Handelspolitik der Vorkriegszeit und gehen über zur Bodenpolitik der Zukunft. Wenn wir aber in Europa von neuem Grund und Boden reden, können wir in erster Linie nur an Russland und die ihm untertanen Randstaaten denken. ... Seit Jahrhunderten zehrte Russland von diesem Kern seiner oberen leitenden Schichten. Er kann heute als restlos ausgerottet und ausgelöscht gelten. An seine Stelle ist der Jude getreten. So unmöglich es dem Russen an sich ist, das Joch der Juden abzuschütteln, so unmöglich ist es dem Juden, das mächtige Reich auf die Dauer zu erhalten. Er selbst ist kein Element der Organisation, sondern ein Ferment der Dekomposition. Das Riesenreich im Osten ist reif zum Zusammenbruch. Und das Ende der Judenherrschaft in Russland wird auch das Ende Russlands als Staat sein.

2 In diesem Sinne: Deist, zit. nach Post: Barbarossa, S. 14 f.; Pietrow-Ennker: Juni 1941, S. 588 f.; vgl. auch: Suworow: Eisbrecher, S. 56 ff.

> Wir sind vom Schicksal ausersehen, Zeugen einer Katastrophe zu werden, die die gewaltigste Bestätigung für die völkische Rassentheorie sein wird.[3]

Doch aus diesen Auslassungen in „Mein Kampf" den Kriegsentschluss zum Angriff auf die Sowjetunion destillieren zu wollen, erscheint ein wenig kühn. Hier spricht ein soeben schmählich gescheiterter politischer Schwätzer, dem unbegreifliche Milde seiner Richter ermöglicht hatte, dass er in Festungshaft seinem Sekretär Rudolf Hess diktieren konnte, anstatt für den Rest seiner Laufbahn hinter Zuchthausmauern zu verschwinden.[4]

Als Hitler sich im Verlauf des Jahres 1940 zum Krieg gegen die Sowjetunion entschloss, war die strategische Situation des Deutschen Reiches keineswegs geklärt. Zwar war der Krieg gegen Frankreich in kürzester Frist mit dessen unerwarteter Niederlage zu Ende gegangen. Doch konnte dieser den Zeitgenossen grandios erscheinende militärische Erfolg nicht darüber hinwegtäuschen, dass damit aus der kriegerischen Anfangskonstellation des September 1939 die Kriegsgegner Polen und Frankreich, aber keineswegs Großbritannien bezwungen worden war. Großbritannien hatte mit Glück das Personal seiner Interventionsstreitkräfte aus Frankreich retten können; seine riesige Flotte beherrschte weiterhin Teile der Weltmeere.

Der deutschen Führung war unmissverständlich klar, dass dieser Gegner nur durch militärische Besetzung der Britischen Inseln besiegt werden konnte. Die Vorbereitungen hierfür begannen im Sommer 1940. Sie wurden als Unternehmen Seelöwe nicht einmal ein halbes Jahr lang ernsthaft betrieben. In diesem Zeitraum hatte die deutsche Führung die schmerzhafte Erkenntnis zu verarbeiten, dass es nicht möglich sein würde, die Britischen Inseln mit Hilfe der Luftwaffe sturmreif zu bomben, geschweige denn die Voraussetzungen für eine erfolgversprechende amphibische Operation zu schaffen. In diesem Fall war es Hitler selbst, der die Sache abblies.[5]

Der Angriffsentschluss gegen die Sowjetunion wurde neben dem unerledigt gebliebenen Fall Großbritannien durch den Umstand belastet, dass hinter dem schwer ringenden Inselreich die Drohkulisse der längst zur Großmacht aufgestiegenen USA stand. Bereits im Sommer 1940 wurde es unübersehbar, dass die USA sich auf Seiten Großbritanniens engagierten und mit einem nie versiegenden Strom von Versorgungs- und Kriegsgütern den Erhalt des Staates garantieren würden. Neben diesem reinen Wirtschaftsfaktor wuchs sich die von deutscher Seite forciert betriebene Handelskriegführung zur See und zur Luft gegen Großbritannien zunehmend zum unerklärten Krieg gegen die USA aus, die für sich in Anspruch nahmen, ihre Kriegsunterstützung für Großbritannien auch bewaffnet zu schützen. Letztlich wurde die Erkenntnis, Großbritannien nicht durch den

3 Hitler: Mein Kampf, S. 742 f.

4 Kershaw: Hitler 1898–1936, S. 151 f., 273.

5 Bekker: Angriffshöhe, S. 252 f.; Churchill: Zweiter Weltkrieg, S. 310 ff., 388 ff.; Hillgruber: Strategie, S. 166 ff.

Sprung über den Ärmelkanal bezwingen zu können, zum Auslöser für den Krieg gegen die Sowjetunion. Geplant wurde, über Russland nach Asien und von dort aus auf dem Landweg ins britische Kolonialreich vorzudringen. Es war, sagen wir das ruhig deutlich, ein Plan, der vom Größenwahn diktiert war. Dreh- und Angelpunkt dieser Konzeption musste ein nach dem Blitzkriegskonzept vorgetragener Angriff auf die Sowjetunion werden, der das Land bis an den Ural niederwarf und damit als russische Großmacht ausschaltete. Dies war der eine Strang aus einem ganzen Motivbündel, das in den Angriffsentschluss einmündete.[6]

Ein zweiter bestimmender Faktor war die Furcht vor dem russischen Angriff auf das Deutsche Reich. Dieses Motiv war eher gefühlsmäßig bestimmt. Die Erkenntnisse über die Fakten waren demgegenüber eher bescheiden. Die Angriffsfurcht resultierte vielmehr aus der Intuition des Diktators, in Josef Stalin ein ebenbürtiges Gegenüber zu haben, dem zuzutrauen war, dass er sich über die Absprachen des Jahres 1939 leicht hinwegsetzen würde, wann immer ihm das aus machtpolitischem Kalkül sinnvoll und erfolgversprechend erschien.

Diese nicht einmal unrealistische Einschätzung fand Nahrung in den sowjetischen Aggressionen gegenüber den baltischen Staaten und gegenüber dem rumänischen Bessarabien im Verlauf des Jahres 1940, als die Sowjetunion diese Territorien durch militärische Erpressung in ihren Machtbereich zwang. Damit nicht genug: Als der sowjetische Außenminister Wjatscheslaw Molotow im November 1940 in Berlin erschien, ließ er keinen Zweifel daran, dass die Sowjetunion ihren Einflussbereich auf den Balkan und die türkischen Meerengen auszudehnen gedachte. Das waren Ankündigungen, die, wie er deutlich wusste, die Sowjetunion an den Rand des Konflikts mit dem Deutschen Reich bringen mussten. Die Frage des rumänischen Öls beispielsweise war für das Reich aus seiner damaligen Sicht eine Existenzfrage, in der keine Mitsprache, geschweige denn die Vorherrschaft der östlichen Großmacht akzeptabel erschien. Folgerichtig hatte das Amt Ausland/Abwehr bereits seit Oktober 1939 Brandenburg-Einheiten von Abwehr II in Rumänien einsickern lassen, die den bezeichnenden Tarnnamen „Ölschutz" führten. Als vermeintlich friedfertige Urlauber der NS-Organisation KdF (Kraft durch Freude), als Sportlerdelegationen und Zivilarbeiter hatten sie an allen wichtigen Verkehrsknoten und Öleinrichtungen Posten bezogen.[7]

6 Hillgruber: Strategie, S. 195 ff.; Kotze: Heeresadjutant, S. 99, 101 f.; Keitel: Leben, S. 295.

7 Brockdorff: Geheimkommandos, S. 81 ff.; 243 f.; Hilger: Kreml, S. 303 f., Jochmann: Hitler, S. 60 f., 180, 336, 363, 366; Keitel: Leben, S. 299, 309; Kotze: Heeresadjutant, S. 92; Kurowski: Kommandotrupps, S. 80 ff.; Mader: Spionagegenerale, S. 336; Maser: Wortbruch, S. 244, 246 f.; Pietrow-Ennker: Deutschland, S. 594 f.; Post: Barbarossa, S. 148 f.; Reile: Ostfront, S. 307 ff.

Einen dritten Faktor für den Angriffsentschluss des deutschen Diktators bildeten seine ideologischen Grundüberzeugungen. Hierbei handelte es sich vermutlich viel weniger um die Frage einer Systemauseinandersetzung mit dem verhassten Bolschewismus, als vielmehr um einen ebenso alten wie törichten Traum, auf diese Weise den oft geradezu mystisch beschworenen „Lebensraum“ für das deutsche Volk im Osten zu gewinnen.

Eine Idee nimmt Gestalt an. Der Plan zum Russlandkrieg

Am 18. Dezember 1940 unterzeichnete Hitler die „Weisung Nr. 21 Fall Barbarossa“, den Vorbereitungsbefehl für einen Angriff auf die Sowjetunion. Dem waren auf deutscher Seite bereits einige militärische Studien und Angriffsplanungen vorausgegangen. Am 21. Juli 1940 hatte der Diktator erstmals mit militärischen Spitzen des Reiches die Möglichkeit eines Krieges gegen die Sowjetunion erörtert. Heeresgeneralstabschef Franz Halder gab demzufolge am 29. Juli an den Generalstabschef der im Osten stehenden 18. Armee, Erich Marcks, den Auftrag, eine Operationsstudie zu erstellen. Es folgten Studien des Oberstleutnants Bernhard von Loßberg aus dem Wehrmachtsführungsstab am 15. September und eine Denkschrift des Oberquartiermeisters I im Heeresgeneralstab, Generalmajor Friedrich Paulus, vom 29. Oktober 1940 über die Grundlagen eines Russlandfeldzuges; bei ihm lag fortan die Koordinierung der Feldzugsplanung.[8]

Aus den Vorbereitungen von Loßberg und Paulus resultierte Hitlers Weisung für den Fall Barbarossa. Die Weisung Nr. 21 bestand aus einigen wenigen Schreibmaschinenseiten unter dem Aktenzeichen OKW/WFSt/Abt. L (I) Nr. 33408/40. Sie begann mit einem klaren Auftrag:

> Die deutsche Wehrmacht muss darauf vorbereitet sein, auch vor Beendigung des Krieges gegen England Sowjetrussland in einem schnellen Feldzug niederzuwerfen (Fall Barbarossa). Das Heer wird hierfür alle verfügbaren Verbände einzusetzen haben mit der Einschränkung, dass die besetzten Gebiete gesichert sein müssen. ... Den Aufmarsch gegen Sowjetrussland werde ich gegebenenfalls acht Wochen vor dem beabsichtigten Operationsbeginn befehlen. Vorbereitungen, die eine längere Anlaufzeit benötigen, sind – soweit noch nicht geschehen – schon jetzt in Angriff zu nehmen und bis zum 15. 5. 41 abzuschließen. Entscheidender Wert ist jedoch darauf zu legen, dass die Absicht eines Angriffs nicht erkennbar wird.[9]

In der Memoirenliteratur ist später vielfach darüber räsoniert worden, wer wann wo dem Diktator hinsichtlich seines Russland-Abenteuers widersprochen haben will.[10] Auch fehlte es nicht an mahnenden Hinweisen in

8 Post: Barbarossa, S. 207, 216 f., 218.

9 Hubatsch: Hitlers Weisungen, S. 84–88; auch abgedr. bei Carell: Barbarossa, S. 17 f.

10 Z. B. Guderian: Erinnerungen, S. 128; Heusinger: Befehl im Widerstreit, S. 107 f., 117 f.; Schlabrendorff: Offizier gegen Hitler, S. 55; Warlimont: Im Hauptquartier, S. 130–

militärischen Denkschriften.[11] Doch wichtiger als diese – meist seichten – Widersprüche erscheinen die zustimmenden Voten, also jene Stellungnahmen, die den Diktator unterstützten, ja, ihm nach dem Munde redeten. Hiervon sollen zwei genannt werden, weil sie mit dem Thema im engeren Sinne zu tun haben. Die Rede ist von der Thomas- und der Guderian-Studie.

General Georg Thomas war der Chef des Wehrmachtswirtschafts- und Rüstungsamtes. Im Frühjahr 1941 erstellte er eine später nach ihm benannte Studie, in der er Hitlers Eroberungsgelüste aus wehrwirtschaftlicher Sicht auf das Wärmste befürwortete. Kurz nach dem Krieg behauptete er, dass er dies nur deswegen getan hätte, um Hitler in einen Krieg hineinzutreiben, den er nicht gewinnen konnte. Das wäre, wenn es denn stimmt, der Gipfel an Subversion gewesen. Dieser Hinweis mag hier genügen, denn dem Phänomen Thomas wird noch einmal nachzugehen sein, wenn es um die Behauptung geht, dieser General sei Quelle des Dora-Agentennetzes von Sándor Radó gewesen.

Der zweite Mann war bekannter. Es war der deutsche Panzergeneral schlechthin, Heinz Guderian. Der fasste seine Auffassungen über die sowjetische Panzerwaffe in einer Studie zusammen. Sie beruhte, bei Lichte betrachtet, auf den Beobachtungen von Guderian, die dieser am 22. September 1939 gemacht hatte. Da fand in Brest-Litowsk eine gemeinsame Truppenparade deutscher und sowjetischer Truppen statt. Der Anlass: Die Deutschen unter Guderian waren im Polenfeldzug weiter nach Osten vorgeprescht, als der Hitler-Stalin-Pakt das vorsah, und jetzt wurde die Festung am Bug an die Sowjets übergeben. Die Eindrücke dieses Ereignisses fasste Guderian in seiner Studie zusammen. Dass dies eine seriöse Datenbasis sein konnte, wird kaum einer behaupten. Doch nicht nur deshalb vergaß der Panzerexperte, diesen Vorgang in seinen Erinnerungen zu erwähnen. Vielmehr war seine Studie mehrfach Gegenstand der Erörterung im Führerhauptquartier. Hierin äußerte sich Guderian außerordentlich negativ über die sowjetische Panzertruppe. Das wog besonders schwer, denn er gehörte zu den maßgeblichen Meinungsführern in der deutschen Wehrmacht. Guderian unterschätzte in sträflichem Leichtsinn die Kampfkraft der Roten Armee und hatte somit entscheidenden Anteil daran, dass Hitler sich zum Angriff auf die Sowjetunion entschloss.[12] Der Heeresadjutant Gerhard Engel notierte in sein Tagebuch:

> 10. 8. 1940 Nur F[ührer], Hewel, Lorenz, Schaub, A(lbrecht Bormann), (Engel)

141, vgl. auch bezüglich des deutschen Botschafters in Moskau Schulenburg: Fleischhauer: Diplomatischer Widerstand, S. 305–310.

11 MGFA: Das deutsche Reich und der Zweite Weltkrieg, Bd. 4, S. 98 ff.

12 Guderian: Erinnerungen, S. 73 f.; Lustiger: Schalom, S. 121 f.; Suworow: Eisbrecher, S. 53.

> Flug nach dem Berg (Obersalzberg). F. hat ausführliche Berichte (von) Guderian über Eindrücke und Erfahrungen über Rote Armee in September/Oktober 39 in Brest-Litowsk usw. erhalten. Berichte sehr ungünstig üb(er) Haltung und Bewaffnung der Sowjets. Besonders Panzerfahrzeuge alt und unmodern. Nachrichtenmittel ebenfalls sehr rückständig. F. spricht am Abend lange über die Aufzeichnungen und sagt: „Wenn man diesen Koloss erst einmal richtig anpackt, dann bricht er schneller zusammen, als die ganze Welt ahnt. Wenn man sie nur vernichten könnte." ...[13]

Vexierbild 1: Die Feindlage aus deutscher Sicht

Zu den wichtigsten Faktoren der Beurteilung eines projektierten Angriffskrieges gehört, was man in der militärischen Diktion die Feindlage nennt. Diese setzt sich aus der Stärke des Gegners, seiner Aufstellung, der Beurteilung seiner Kampfkraft und des militärischen Führungsvermögens zusammen. Zusammenfassend lässt sich hierüber sagen: Die Faktenlage, auf die Hitler baute, war ein *mixtum compositum* aus unrichtigen Erkenntnissen und falschen Schlussfolgerungen.

Der Russe als solcher: Fremde Heere Ost bei der Arbeit

Die deutscherseits zugrunde gelegten Annahmen über Stärke, Dislozierung und Kampfwert der Roten Armee sind erhalten geblieben. Zuständig für diese Faktensammlung und ihre Beurteilung war die Abteilung Fremde Heere Ost im Generalstab des Heeres. Selten hat in der neueren deutschen Kriegsgeschichte eine Fehlprognose mit solch verheerenden Folgen stattgefunden. Die Faktensammlung „Die Kriegswehrmacht der Sowjetunion Stand 1. 1. 1941" hält keiner ernsthaften Kontrolle stand.[14]

> Der russische Volkscharakter: Schwerfälligkeit, Schematismus, Entschluss- und Verantwortungsscheu, ändert sich nicht. Die Führer aller Grade sind in absehbarer Zeit nicht geeignet, große, moderne Verbände wendig zu führen. Zu großen Operationen eines Angriffskrieges, schnellem Zufassen bei günstiger Lage und selbständigem Handeln im Rahmen des Ganzen sind und werden sie kaum befähigt sein.[15]

Das war keine auf Fakten gegründete Feindlage, sondern Geheimdienstprosa, die fatal an die entsprechenden Ausführungen der Amtsvorgänger am Vorabend des Ersten Weltkrieges erinnerte.[16] Noch am 13. März 1941 brachte Oberst Eberhard Kinzel von der Abteilung Fremde Heere Ost zu Papier, dass der aufgrund der Meldungen der Funkaufklärung nunmehr

13 Kotze: Heeresadjutant, S. 86.

14 BA MA: RA 2/1983; Magenheimer: Militärstrategie, S. 94 ff.; falsch zitiert bei Besymenski: Sonderakte Barbarossa, S. 248.

15 Zit. nach Post: Barbarossa, S. 227 f.

16 Roewer: Skrupellos, S. 40.

unübersehbar gewordene sowjetische Aufmarsch in erster Linie defensiven Charakter habe.[17] Da kamen allerdings seinem Vorgesetzten, dem Heeresgeneralstabschef Franz Halder, Zweifel. Er notierte am 7. April 1941 in sein Tagebuch:

> Die russische Gliederung [ermöglicht] sehr wohl einen raschen Übergang zum Angriff ..., der uns außerordentlich unbequem werden könnte.[18]

Wie sah nun die Realität gegenüber den deutschen Prognosen aus? Von den existenten Divisionen der Roten Armee war etwa ein Drittel nicht erkannt worden. Ungewöhnlich falsch waren die Annahmen über die Panzerbewaffnung, die Artillerie und die vorhandenen Luftstreitkräfte. Die Anzahl der vorhandenen Panzer wurde um ein Mehrfaches unterschätzt; so entging der deutschen Führung der für einen Blitzkrieg mehr als wichtige Umstand, dass die Sowjets mindestens zweieinhalb Mal so viele Panzer besaßen wie die deutsche Wehrmacht.[19] Unbekannt waren beispielsweise die Kampfpanzer T 34, die sich bereits in der Auslieferung an die Truppe befanden und mit herkömmlichen deutschen panzerbrechenden Waffen nicht zu bekämpfen waren; mindestens 1 325 davon standen bereits den Panzerverbänden zur Verfügung, als der Krieg begann.

Unbekannt waren auch die riesige Zahl von kriegstauglichen Flugzeugen der Roten Armee und das Vorhandensein eines Mehrfachen an Geschützen. Restlos entgangen war es der deutschen Aufklärung, dass die Rote Armee in große gepanzerte Verbände, die Mechanisierten Korps, umgegliedert worden war, während man deutscherseits mit Panzern als Infanterieunterstützungswaffen rechnete. Die Aufstellung dieser Mechanisierten Korps hatte 1940 begonnen. Sechs davon waren schon im Jahr der Erstaufstellung verfügbar. Im Februar und März 1941 folgten weitere 20 dieser gepanzerten Großverbände. Sie bestanden jeweils aus zwei Panzerdivisionen und einer mechanisierten, sprich: motorisierten Schützendivision. Das waren klassische Angriffswaffen für das moderne bewegliche Gefecht. Unbekannt waren zudem die Anzahl und die Stärke der Verbände in der Tiefe des russischen Raumes.

Das waren schlechte Voraussetzungen für eine Blitzkriegführung, deren bisheriges Erfolgskonzept darauf beruhte, mit massiven gepanzerten Kräften einen unbeweglichen Gegner zu durchbrechen und unter Ausnutzung des Durchbruchsraums Angriffstruppen in seinen Rücken zu lenken. Es war das operative Fortdenken des Schlieffen'schen Cannae-Gedankens,

17 Hillgruber: Strategie, S. 434 f.

18 Halder: Kriegstagebuch, Bd. 2, S. 353.

19 Die Zahlen zur sowjetischen Panzerproduktion bei: Hoffmann: Stalins Vernichtungskrieg, S. 29 f.; auch Musial: Kampfplatz Deutschland, S. 303 f., ebenso S. 452, aber dort auch zu den Missständen bei der Aufrüstung. Nach anderen Darstellungen war das Stärkeverhältnis zulasten der Deutschen noch viel ungünstiger, vgl. MGFA: Das Deutsche Reich und der Zweite Weltkrieg, Bd. 4, S. 75.

die Verwirklichung der Kesselschlacht mit Hilfe von schnellen Truppen.[20] In Polen und in Frankreich war diese Rechnung aufgegangen.

Doch Russland war nicht Frankreich. Die Annahme, die Rote Armee in einzelne wenige Entscheidungsschlachten hineinzwingen zu können, war ein Wunschtraum, der auf keiner nüchternen Analyse basierte. Schon der russische Raum hatte ganz andere Dimensionen. Vor allem stellte er in Richtung Ural ein riesiges Trapez dar, dessen schmale Basis die deutsch-russische Grenze war. Mit jedem Schritt, den die deutsche Wehrmacht nach Osten vordrang, musste sich daher aus geografischen Gründen die in Nord-Süd-Richtung verlaufende Grenze verlängern. Jeder Schritt nach Osten entfernte zudem die Wehrmacht von ihren Versorgungsbasen und potenzierte so die logistischen Probleme. Es bestand die Gefahr, sich in den russischen Weiten zu Tode zu laufen.

Dass auch die sowjetische Führung das Problem des Raumes in ihre Erwägungen einbeziehen könnte, ist kaum hinreichend gewürdigt worden. Dabei kannte die Creme der deutschen Panzergeneralität nicht nur den Rüstungs- und Ausbildungsstand der sowjetischen Panzerwaffe aus eigener Anschauung, weil sie bis zum Jahre 1933 in regelmäßigen Gefechtsübungen auf dem deutsch-sowjetischen Panzerübungsplatz Kasan manövriert hatte, sondern – im Gegenzug – hatten auch sowjetische Generalstäbler jahrelang ihre operative Grundausbildung im verbotenen deutschen Generalstab erhalten. Dort war so ausgebildet worden, als wäre die Reichswehr nicht das real existierende Hunderttausend-Mann-Heer, sondern eine nach modernsten Gesichtspunkten aufgestellte und ausgerüstete Armee.[21]

Zwar wurde die Zusammenarbeit 1933 auf Befehl Hitlers abgebrochen[22], doch wie man angesichts der bis dahin gemachten Erfahrungen auf den Gedanken verfallen konnte, die Rote Armee habe sich bis 1941 unter der Einwirkung des deutschen Bazillus nicht ganz entscheidend fortentwickelt, bleibt ein Rätsel. Man fragt sich, wie es angehen konnte, dass dieselben Generalstabsoffiziere, die die junge sowjetische Militärelite ausgebildet und ihrer Leistungsfähigkeit höchstes Lob gezollt hatten, auf den Gedanken verfallen konnten, die von ihnen gesäte Saat werde nicht aufgehen. Stattdessen klammerte man sich an den Gedanken, dass Stalin genau diese Elite hatte hinrichten lassen, wofür es letztlich keinen Beleg gab, und glaubte, aus dem wenig schmeichelhaft verlaufenen sowjetisch-finnischen Winterkrieg der Jahreswende 1939/40 entsprechende Ableitungen treffen zu können. Allzu schnell war man wie in der im Folgenden zitierten La-

---

20 OKW an AA, Schreiben vom 11. Juni 1941; abgedr. in: AA: Akten D XII 2 Nr. 527; Falin: Zweite Front, S. 204; Görlitz: Generalstab, S. 144 f.; Luck: Mit Rommel, S. 86; Magenheimer: Militärstrategie, S. 95; Nehring: Panzerwaffe, S. 109 f.; Post: Barbarossa, S. 243 f., 420 f.; Schtemenko: Generalstab, Bd. 1, S. 28.

21 Rayfield: Stalin, S. 318; Zeidler: Reichswehr, S. 217 ff., 355 ff.

22 Anders bei Falin: Zweite Front, S. 36.

geanalyse vom 31. Dezember 1939 bei der Hand, den Sowjets die Fähigkeit der Operation mit beweglichen Angriffskräften abzusprechen.

> Quantitätsmäßig: gigantischer Militärapparat; Organisation, Ausrüstung und Führung: mittelmäßig; Befehlsprinzipien: gut; Offizierkorps: zu jung und unerfahren; Verbindungen und Nachrichtenwesen: schlecht; Truppe: ungleich und ohne Initiative; einfache Soldaten: guter Geist, bedürfnislos; Kampfgeist der Truppe: zweifelhaft. Im Ganzen gesehen, ist das russische Volk kein Gegner für eine modern ausgerüstete und hervorragend geführte Armee.[23]

Dieses Urteil war korrekturbedürftig: Ende August 1939 hatte die Rote Armee in der Mandschurei in einem begrenzten Konflikt gegen die Japa-

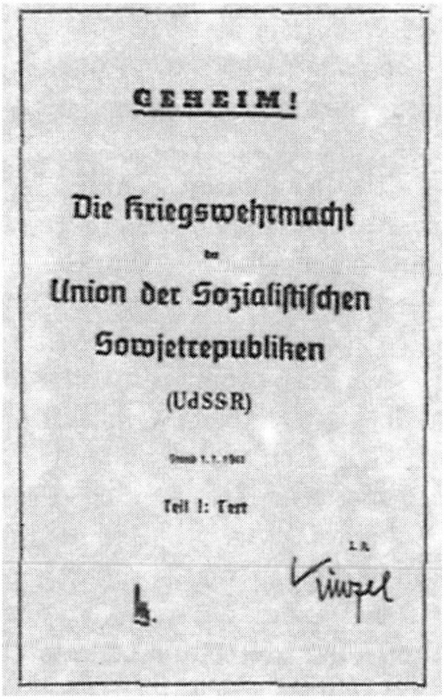

GEHEIM!

Die Kriegswehrmacht

der

Union der Sozialistischen

Sowjetrepubliken

(UdSSR)

Teil I: Text

Feindlage Ost – mehr Dichtung als Wahrheit: Oberst Eberhard Kinzel; das Ergebnis der Auswertebemühungen über die Rote Armee

ner vorgeführt, wie sie sich die operative Kriegführung mit schnellen Truppen vorstellte und wozu sie in der Lage war. Das Ergebnis der Schlacht am Chalchin-Gol war für die vormarschgewohnte japanische Armee derartig lehrreich, dass Japan seine einschlägigen Eroberungsinteressen nachdrücklich verlor. Doch die Kunde von diesem Kriegsschauplatz drang offensichtlich nicht ins Bewusstsein der deutschen Militärstrategen vor. Dabei hätte es durchaus der Fall sein können, denn von diesem Kriegsschauplatz berichtete ein Agent mit guten Zugängen, nämlich der vielgepriesene Richard Sorge. Er belieferte nicht nur die Sowjets mit treffenden Lageeinschätzungen über die aktuellen japanischen Aktivitäten in der Mandschurei, die letztlich das erfolgreiche Agieren der Roten Armee mitbestimmten. Über-

23 Zit. nach Cartier: Zweiter Weltkrieg, Bd. 1, S. 52.

dies informierte er seine Auftraggeber in der deutschen diplomatischen Vertretung in Tokio auch wahrheitsgemäß, die ihrerseits das Auswärtige Amt, den SD-Ausland und über den deutschen Militärattaché Alfred Kretschmar die deutsche militärische Führung ins Bild setzten. Doch diese glaubte nur, was in ihr Wunschbild von der Roten Armee passte.

Die Arbeitseinheit der Wehrmacht, die eine korrekte Feindanalyse hätte vollbringen sollen, war die Abteilung Fremde Heere Ost im Generalstab des Heeres. Erst 1938 war sie durch Teilung der Abteilung Fremde Heere entstanden. Die Abteilungen Ost und West unterstanden einem gemeinsamen Oberquartiermeister IV. Das war in dieser Zeit der Generalmajor Kurt von Tippelskirch. Er war einer der ersten Militärs, die nach dem Krieg eine zusammenhängende Darstellung der militärischen Operationen des Zweiten Weltkrieges publizierten. Darin stellte er fest, dass es ein undurchführbares Unterfangen gewesen war, die Stärke der Roten Armee zu bestimmen. Das war eine (zu) späte Einsicht.

Chef der Abteilung Fremde Heere Ost war seit der Teilung der Abteilung Fremde Heere der Oberst i. G. Eberhard Kinzel. Kinzel galt im Kameradenkreis als dem angenehmen Leben zugetan. Seinem Vorgesetzten, dem Generalstabschef Halder, ging Kinzel auf den Wecker, wenn er pünktlich bei Dienstschluss pfeifend sein Büro verließ, weil seine blonde Freundin auf ihn wartete. Auch soll er Halder auf eine bohrende Frage nach dem Stand der Roten Armee geantwortet haben, da müsse der Frager sich wohl an den Genossen Stalin wenden.

Nun mag einer einwenden, dass die Sowjetunion eine *terra incognita* war. Doch das trifft nur einen Randbereich des Problems. Die landläufige Annahme des gut platzierten Agenten, der alles Gewünschte liefert, liegt Meilen neben der Wirklichkeit. Stattdessen bringen in aller Regel das Publizierte, das selbst Beobachtete und der so genannte Abschöpfkontakt den Löwenanteil der Informationen, vor allem sind es die veröffentlichten Fakten. Das galt auch für den Beginn des Zweiten Weltkrieges. Außerdem kamen in dieser Zeit zwei bedeutende Aufklärungsmittel hinzu. Die Rede ist von der Luftaufklärung und der systematischen Funkaufklärung.[24]

Russland von oben: Die deutsche Luftaufklärung

Die Luftaufklärung hatte bei allen Kriegführenden bereits mit Beginn des Ersten Weltkrieges einen rapiden Aufschwung genommen. Anstelle des leicht verwundbaren Fesselballons war alsbald das Flugzeug getreten; die Verfeinerung der Fototechnik ging hiermit Hand in Hand. So war ein neues Führungshilfsmittel entstanden, das, vor allem in der Artilleriebeobachtung eingesetzt, die Wirkungsweise dieser Waffe um ein Mehrfaches steigerte. Selbstverständlich griff auch die neu begründete deutsche Luftwaffe

---

24 Jäckel: Menschen, S. 504 ff.; Liss: Westfront; Schramm: Geheimdienste, S. 353; Strong: Geheimnisträger, S. 109 ff.; Tippelskirch: 2. Weltkrieg, 178 f.

diese Tradition auf, doch ging sie auch ganz neue Wege. Neben die taktische Nahaufklärung trat die Fernaufklärung – eine ausgesprochen strategische Aufgabenstellung. Entwicklungssprünge im Flugzeugbau machten dies möglich, nämlich die Konstruktion sehr hoch fliegender Flugzeuge, deren Flughöhe sie der herkömmlichen Wirkung durch Abwehrwaffen entzog. Die Aufkündigung des Vertrages von Versailles mit seinen Beschränkungen wirkte für die deutsche Industrie wie das Sprengen einer Fessel. So jedenfalls sahen es die Zeitgenossen. Aufgestaute Kräfte wurden freigesetzt. Das galt besonders für den deutschen Flugzeugbau. Das leichte zweimotorige Verkehrsflugzeug der Firma Heinkel mutierte buchstäblich über Nacht zum Bomber He 111; seine als Zivilflugzeug getarnte Höhenflugversion wurde zum ersten Fernaufklärer der deutschen Luftwaffe.[25]

Alsbald wurde eine Staffel zur besonderen Verwendung beim Oberbefehlshaber der Luftwaffe eingerichtet.[26] Es war die erste strategische Fernaufklärungseinheit, die später, nach ihrem Führer benannt, als Fernaufklärungsstaffel Rowehl bekannt geworden ist. Flugzeuge der Rowehl'schen Staffel begannen bereits deutlich vor Beginn des Zweiten Weltkrieges mit ihren strategischen Aufklärungsflügen über dem europäischen Ausland. Im Jahre 1939 starteten die Maschinen von Budapest aus zur Südostaufklärung. Zu den Fernaufklärern trat im selben Jahr ein speziell entwickeltes Höhenflugzeug vom Heinkel-Konkurrenten Junkers aus Dessau, die Ju 86, die, mit einer speziellen Druckkabine ausgestattet, Flughöhen von bis zu 13 000 Metern erreichen konnte.

Mit Kriegsbeginn wurde die Rowehl'sche Staffel zur Gruppe mit drei Staffeln aufgerüstet, die kontinuierlich Einsätze in alle Himmelsrichtungen

Schnellverkehrsflugzeug He 111, auch als Fernaufklärer im Einsatz

über Europa flogen. Das Kernproblem dieser Aufklärungsflüge war die nicht allzu große Eindringtiefe der Flugzeuge, ein Problem, das sich aus den Faktoren Tragelast für die Spritvorräte und Spritverbrauch zusam-

25 Heinkel: Leben, S. 266 ff.
26 Rowehl: Chronik der Aufklärungsgruppe des Ob. d. L.

mensetzte. Nach dem Polenfeldzug und nach der Besetzung Norwegens im Frühsommer 1940 waren die weitesten ostwärtigen Flugplätze für die Russlandaufklärung in Tana in Nordnorwegen, in Seerappen in Ostpreußen, im ehemals polnischen Krakau und in Plovdiv in Bulgarien. So war es möglich, die Sowjetunion mit einer routinemäßigen Eindringtiefe bis zu den Weißmeerhäfen von Murmansk und Archangelsk, in das Baltikum und das nördliche Russland einschließlich Leningrads, Weißrussland und der Ukraine sowie die Krim zu überfliegen. Die Linie Moskau–Charkow–Rostow bildete in etwa die östliche Begrenzung des zu überfliegenden Raums. Im Jahr 1941 legte die Gruppe Rowehl aufgrund technischer Verbesserungen bei der Flugzeugausstattung noch einmal gut 500 Kilometer zu, so dass jetzt auch Woronesh, Stalingrad und der Kaukasus unter die Kameras der deutschen Fernaufklärung gerieten.[27]

Luftbildkamera, wie sie bei der Fernaufklärungsgruppe Rowehl zum Einsatz kam

Was die deutschen Flieger mit nach Hause brachten, galt als „geheime Kommandosache“ und wurde sogleich per Flugkurier nach Oranienburg weitergeschafft, wo während des gesamten Krieges die Zentralauswertung des Luftbildmaterials stattfand. Die Aufklärungstätigkeit gegen die Sowjetunion darf als rege bezeichnet werden. Zwei Jahrzehnte später vermeldete die Prawda in ihrer Ausgabe vom 20. Mai 1960, die sowjetische Flugabwehr habe in den Jahren 1939 bis 1941 rund 500 Fälle gezählt, in denen deutsche Flugzeuge illegal in den sowjetischen Luftraum vorgestoßen seien. Eine Vielzahl dieser Luftraumverletzungen ging auf das Konto der Gruppe Rowehl. Die Sowjets beschränkten sich aufs Protestieren, letztmalig am 21. Juni 1941, einen Tag vor dem deutschen Überfall, als Außenminister Molotow den deutschen Botschafter Schulenburg eigens zu diesem Zweck ins Außenministerium einbestellte.[28] Die sowjetische Führung beschränkte sich in der Tat auf Proteste. Dies lag weit weniger an der ihr später vielfach wortreich attestierten Friedfertigkeit, als vielmehr in dem Umstand be-

27 IMT: Nürnberger Prozess, Bd. 2, S. 515 f., Bd. 3, S. 36 f. (Vernehmung Lahousen), Bd. 9, S. 448 f. (Vernehmung Göring); Mader: Spionagegenerale, S. 311, 324, 329; Schreyer: Piratenchronik, S. 32, 53.

28 Hilger: Kreml, S. 311.

gründet, dass man in dieser Zeit den Höhenaufklärern zur Abwehr nichts Passendes entgegenzusetzen hatte.

Was war es nun, was die deutschen Fernaufklärer mit nach Hause brachten? Es war Luftbildmaterial, mit einer Senkrechtkamera von 75 cm Brennweite aufgenommen, durch die ein Negativfilm des Formats 40 mal 60 cm belichtet wurde. Der in den Kamerakassetten mitgeführte Film hatte eine Länge von 60 Metern. Die Detailgenauigkeit der Bilder hing naturgemäß von der Flughöhe ab. In jedem Fall waren die Bilder genau genug, um exaktes Kartenmaterial herstellen zu können. Die Standorte strategisch bedeutsamer Einrichtungen, also beispielsweise Flugplätze, Bahnanlagen, Kraftwerke, Fabrikanlagen, Brücken, waren für die Auswerter kein Geheimnis mehr. Diese Luftbildauswerter stammten zu einem guten Teil aus der Hansa-Luftbild GmbH, einer Lufthansa-Tochter, deren Personal man zu Kriegsbeginn in Luftwaffenuniformen gesteckt hatte. Zu diesen trat ein Offizier der untergegangenen österreichischen Armee, dem eine wahre Meisterschaft bei der Auswertung von Luftbildern bis hinab in die einzelnen Geschützstellungen nachgesagt wurde.[29]

Horch, was kommt von draußen rein: Die deutsche Funkaufklärung

Der andere wichtige Aufklärungszweig, die Funkaufklärung, hatte ebenso wie die Luftaufklärung seit dem Ersten Weltkrieg einen neuen, eigenständigen Standort in der Feindbeurteilung. Im ersten und zweiten Kriegsjahr des Zweiten Weltkrieges war diese Materie im Organisationsgestrüpp des Dritten Reiches wie folgt verborgen: Mit Abhör- und Dechiffrierungsproblemen befassten sich:

- das Auswärtige Amt mit seinen kryptographischen und kryptoanalytischen Referaten I Z und Pers Z;
- das Forschungsamt (der Luftwaffe), das im eigentlichen Sinne die innenpolitische Abhörbehörde des Deutschen Reiches war;
- die Forschungsstelle, eine Einrichtung der Reichspost;
- die Wehrmacht; letztere nicht nur im Amt Wehrmachtsnachrichtenverbindungen, einer Zentralstelle beim Oberkommando der Wehrmacht, sondern auch bei den für das Nachrichtenwesen zuständigen Stellen der drei Teilstreitkräfte.[30]

Diese Zuordnungen bei der Wehrmacht machen deutlich, dass die Frage der Dechiffrierung eher als ein technisches Problem des Nachrichtenwesens begriffen wurde denn als ein solches der Feindnachrichtenauswertung. Es handelt sich um einen alten, durchaus nicht nur für die Deutschen

29 Schlabrendorff: Offiziere gegen Hitler, S. 48 f., 53 f.; dieser Offizier wurde von mir nicht identifiziert.

30 Gellermann: Und lauschten, S. 153 ff.; Kampe: Heeresnachrichtentruppe, S. 35 ff.; Schramm: Geheimdienste, S. 163 ff.

spezifischen Streitpunkt, der in der wechselseitigen Verachtung von technischer und persönlicher Nachrichtenbeschaffung seinen Ursprung hat.

Anfang 1940 wurde beim Oberkommando der Wehrmacht in dessen Amt Wehrmachtnachrichtenverbindungen (WNV) unter der Leitung von Korvettenkapitän Otto Schmolinske in der Abteilung Fu (= Funk) die Gruppe III eingerichtet. Fu III wurde landläufig als Funkabwehr bezeichnet. Hier konzentrierten sich fortan das Aufspüren und Abhören feindlichen Funkverkehrs und das Entschlüsseln der Funknachrichten, während – kurioserweise – das Anpeilen der Sender Sache der Ordnungspolizei war. Der Dreiklang Hören – Lesen – Orten machte in den folgenden Kriegsjahren das hauptsächliche Erfolgsrezept für die Bekämpfung der sowjetischen Spionage und die Feindnachrichtengewinnung an der deutschen Ostfront aus.

Für die hier interessierende Vorphase des Russlandfeldzuges kann gesagt werden, dass durch die Funkaufklärung bis zum Frühsommer 1941 eine Vielzahl von Informationen über die Rote Armee gewonnen werden konnte. Die Summe dieser Informationen ergab für die deutsche Führung ein annähernd zutreffendes Bild über die Verbände der Roten Armee, die sich in einem späteren deutschen Angriffsraum befinden würden, jedoch kein richtiges Abbild der sowjetischen Armee im Ganzen. Zwei wichtige Informationen konnte diese Art der Aufklärung nämlich nicht gewinnen: Zum einen sagte die Funkaufklärung nur wenig über die Feingliederung und über die Bewaffnung der festgestellten Großverbände aus und schon gar nichts über die Qualität der Führung und über die Kampfmoral der Truppe. Zum anderen verschwanden Verbände in der Tiefe des russischen Raumes und erst recht ostwärts des Ural, hinter dem Horizont der Funkreichweiten. Noch ein weiterer Faktor verstärkte diese partielle Blindheit, nämlich die nach deutschen Begriffen höchst dürftige Funkausstattung der Roten Armee, die sich erst während des Krieges dank britischer und US-amerikanischer Hilfslieferungen entscheidend verändern sollte. So bleibt festzuhalten, dass die deutsche Führung die Bezeichnungen der sowjetischen frontnah dislozierten Großverbände weitgehend kannte, aber hinsichtlich der Reserven und der wichtigen Tatsache der Umgliederung der Panzerwaffe uninformiert blieb.[31]

Unter den Blinden ist der Einäugige König: Das Amt Ausland/Abwehr

Hier also wäre der Ort für die deutsche Agentenaufklärung gewesen. Sie ressortierte beim Amt Ausland/Abwehr, genauer gesagt bei dessen Abteilung I, kurz Abwehr I genannt, oder im militärischen Bürokratendeutsch: beim geheimen Meldedienst. Doch wenn man annimmt, es habe solche

31 Arazi: Funkaufklärung, S. 508; Uhlig: Ostfeldzug, S. 172; Gersdorff: Soldat, S. 91; Magenheimer: Militärstrategie, S. 95; Schramm: Geheimdienste, S. 424, Fn. 71.

Agentennetze in der Sowjetunion gegeben, befindet man sich auf russischen Knüppeldämmen. Der Mann, der hierfür die Verantwortung trug, war Oberst Hans Piekenbrock. Der im Kameradenkreis Piki gerufene ehemalige Husarenleutnant war seit 1927 bei der Abwehrabteilung, somit einer der ganz raren Offiziere, die das Geheimdienstgewerbe bereits lange Jahre vor dem Krieg ausübten. Wenn einer in der Lage hätte sein müssen, die notwendigen Quellen weitschauend zu installieren, dann wohl er – sollte man denken. Doch Anspruch und Wirklichkeit klafften auseinander. Als es für das Amt Ausland/Abwehr beim Jahreswechsel 1940/41 zum Schwure kam, war nichts vorhanden, was den Anschein einer seriösen Russlandaufklärung hätte erwecken können. Der fröhliche Rheinländer Piekenbrock, der zum engsten Vertrauten seines Amtschefs Wilhelm Canaris avanciert war, hatte nichts als Allgemeinplätze zu bieten, als die Abteilung Fremde Heere Ost an der Feindlage Sowjetunion bastelte.[32]

Dabei kamen die Informationsanforderungen für den Geheimdienst nicht überraschend. Der deutsche Generalstab der Weimarer Republik war, solange er verboten war, stolz darauf, seine Ausbildung und seine Kriegsannahmen auf ein Szenarium zu stützen, dass davon ausging, es mit einer vollwertigen deutschen Armee und nicht mit dem amputierten Hundertausend-Mann-Heer zu tun zu haben. Dieser Ausbildungsmodus der Reichswehr bewirkte letztlich, dass die dann entstehende Wehrmacht in der Lage war, den von Hitler verlangten Massenkrieg in die Tat umzusetzen. Spätestens seit der öffentlich zur Schau gestellten Wiederaufrüstung musste es den deutschen Militärplanern klar sein, dass auf das Großmannsgehabe des Reiches auch kriegerische Antworten ausländischer Militärgroßmächte möglich werden könnten. Nach dem Abbruch der militärischen Zusammenarbeit mit der Sowjetunion und der vorsichtigen Hinwendung zu Polen Mitte der 1930er Jahre lag es auf der Hand, sich mit der Roten Armee und dem Staat, dem sie diente, ernsthaft zu befassen. Doch offenbar ist nicht einmal der Versuch gemacht geworden.[33]

Es hat später nicht an Ausreden gefehlt, warum man nichts Brauchbares an Informationen zu liefern wusste. Hier einige Argumente: Erstens: Eine Nachrichtenbeschaffung gegenüber der Sowjetunion sei durch die Politik verboten gewesen. Das jedenfalls behauptete OKW-Chef Wilhelm Keitel im Nürnberger Kriegsverbrecherprozess.[34] Hieran ist bestenfalls richtig, dass nach dem Hitler-Stalin-Pakt vom Herbst 1939 allgemein galt, nichts zu unternehmen, was Konflikte mit der Sowjetunion provozieren konnte. Doch sprechen wir auch von den Jahren 1933 bis 1939, in denen offensichtlich nichts geschah. Zweitens: Man sei für die politische Aufklärung nicht zuständig gewesen. Hieran ist richtig, dass im Jahr nach dem Macht-

32 IMT: Nürnberger Prozess, Bd. 2, S. 489, Bd. 3, S. 8; Reile: Ostfront, S. 192, 247; Tippelskirch: 2. Weltkrieg, S. 178 f.

33 Reile: Ostfront, S. 224 ff.

34 Keitel: Leben, S. 289.

antritt der Nationalsozialisten der quälende Zweikampf zwischen Heydrichs Sicherheitsdienst und Canaris' Abwehr begann, der die militärische Abwehr immer mehr ins Hintertreffen geraten ließ. Doch von einem Verbot der allgemeinen politischen Aufklärung in fremden Ländern konnte überhaupt keine Rede sein. Vielmehr ist das Gegenteil richtig: Noch in der Dienstanweisung des Oberkommandos der Wehrmacht für das Amt Ausland/Abwehr (Stand: 1. März 1939) heißt es ganz unmissverständlich:

> 1. Der Chef des Amtes Ausland/Abwehr untersteht unmittelbar dem Chef des Oberkommandos der Wehrmacht.
> 2. Das Amt Ausl./Abw. umfasst die Abteilungen Ausland und Abw. I–III. Der Amtschef leitet die Arbeit der unterstellten Abteilungen durch Erteilung von Aufträgen und Weisungen auf dem Gebiete der außenpolitischen und militärischen Nachrichtenbeschaffung ...[35]

Die Abwehr kannte ihre Beschaffungsmängel und versuchte, ihnen mit einem alteingeübten Geheimdiensttrick abzuhelfen: Man fragte die Dienste der befreundeten Staaten. Doch die waren rar. Unter den Anrainern der europäischen Sowjetunion waren nur wenige, die nicht der Meinung waren, bei Deutschland und der Sowjetunion handele es sich um eine Wahl zwischen Pech und Schwefel. Das galt sowohl für die baltischen Staaten als auch für Polen und die Tschechoslowakei. Allenfalls Ungarn kam als Partner in Betracht, das nicht gegen Deutschland, wohl aber im Raum der Karpaten eigene unfriedliche Interessen hegte. Nicht zuletzt dem persönlichen Einsatz von Amtschef Canaris war zu danken, dass eine Zusammenarbeit mit den Ungarn zustande kam. Diese umfasste nicht nur die Abteilung II des ungarischen Generalstabs, also deren Auslandsspionage, sondern ging 1939 bereits so weit, dass die deutschen Fernaufklärer der Staffel Rowehl von Budapest aus ihre Erkundungsflüge nach Ost und Südost unternehmen konnten.[36]

In den 1930er Jahren kam die Zusammenarbeit mit Estland hinzu, dem am meisten exponierten Staat des Baltikums. Estland verfügte über einen militärisch organisierten, gegen die Sowjetunion ausgerichteten Geheimdienst, der in den fraglichen Jahren von Ende 1935 bis 1938 durch den Obristen Richard Maasing geleitet wurde. Neuere deutsche Erkenntnisse über die Rote Armee stammten bevorzugt von hier. Maasings Nachfolger als Geheimdienstchef, Villem Saarsen, setzte diese Zusammenarbeit mit dem Amt Ausland/Abwehr fort. Nach dem Krieg ist hierüber Kurioses zu lesen gewesen. Von deutschen Kameras auf estnischen Leuchttürmen und

35 Schramm: Kriegstagebuch, Bd. 1, S. 884.

36 Höhne: Krieg, S. 292; ders.: Canaris, S. 312; IMT: Nürnberger Prozess, Bd. 2, S. 515 f., Bd. 3, S. 36 f. (Vernehmung Lahousen).

dem ominösen Abwehrzentrum 6513 war die Rede. Einer schrieb es vom anderen ab.[37]

Der Este Ivo Juurvee ist diesen Dingen vor Kurzem nachgegangen.[38] Dabei stellte sich Folgendes heraus: Es handelt sich hier um eine Erfindung des KGB-Offiziers Leonid Barkow und des in Deutschland sattsam bekannten MfS-Offiziers Julius Mader.[39] Doch die Entlarvung dieser Geheimdienstmärchen aus der Schublade Desinformation kann nicht darüber hinwegtäuschen, wie eng die Zusammenarbeit der Esten mit den Deutschen gewesen sein muss. Als Gradmesser mag die Verleihungsliste des estnischen Ordens vom Adlerkreuz (Kotkaristi Kuldrist) dienen. Er wurde in den 1930er Jahren etwa dreißig Mal an Deutsche (= Saksamaa) verliehen. Von diesen waren mindestens einundzwanzig Männer in nachrichtendienstliche Aktivitäten der Wehrmacht involviert. Von einem flüchtigen Gedankenaustausch zwischen Esten und Deutschen kann also keine Rede sein.

Der Versuch des Amtes Ausland/Abwehr, auch die Litauer in die Spionagebemühungen gegen die Sowjetunion einzuspannen, wurde hingegen ein Schlag ins Wasser. Zwar mochten Litauens Geheimdienstler mit den deutschen Offizieren saufen und sie zierten sich auch nicht, ihren indignierten Besuchern die anwesenden Damen des Landes zum weiteren Gebrauch anzudienen, doch Spionage gegen die Sowjetunion, da sollte der katholische Herrgott vor sein. Das war nur zu verständlich, denn in der Zeit bis zum Beginn des Zweiten Weltkrieges waren es scharfe politische Gegensätze, die beide Seiten umtrieben. Der Zankapfel hieß Memelgebiet, welches nach dem verlorenen Ersten Weltkrieg vom Deutschen Reich abgetrennt und 1923 vom jungen litauischen Staat annektiert worden war. Am 23. März 1939 beugten sich die Litauer dem deutschen Druck; die Memel kehrte „heim ins Reich", wie man das damals nannte.

Im September 1939 sahen die Dinge plötzlich ganz anders aus. Deutschland hatte Polen militärisch niedergeworfen. Mit der Errichtung von Stützpunkten der Roten Armee auf litauischem Gebiet zeigten sich alsbald die Früchte des geheim gehaltenen Zusatzabkommens zu den deutsch-sowjetischen Verträgen vom Herbst 1939. Die Sowjetunion war auch hier in die unmittelbare Nähe des Deutschen Reiches gerückt. Erst jetzt wachte auch das Amt Ausland/Abwehr auf. Es errichtete von der Abwehrstelle Königsberg aus eine Abwehrnebenstelle in Tilsit. Diese sollte sich fortan mit Gegenspionage befassen.[40] Wie? Man reibt sich die Augen, wenn

37 Höhne: Krieg, S. 292; Mader: Spionagegenerale, S. 307 ff., 312, 316; Ondera: An den Gestaden der Ostsee, S. 110 f.; Saarsen: See, mis ma nägin.

38 Juurvee: KGB, Stasi and the Estonian Intelligence.

39 Siehe hierzu zusammenfassend: Roewer: Im Visier der Geheimdienste, S. 212–214; die Darstellung beruht auf einer Auswertung der MfS-Personalakte und der OibE-Führungsakte von Mader.

40 Herwarth: Hitler und Stalin, S. 153; Reile: Ostfront, S. 226 f.

man's liest. Ihr damaliger Leiter, der Hauptmann Egin von Notzny, hat seinen Einstand beschrieben:

> Von der Abwehrstelle Königsberg erhielt ich den Auftrag, in Tilsit eine III F-Nebenstelle zu bilden und den grenznahen russischen N[achrichten-]D[ienst] und dessen Erkundungstätigkeit festzustellen und möglichst in die weiter ostwärts in Kowno und Riga liegenden hohen Stäbe des russischen ND einzudringen. Mein Abschnitt reichte von Nimmersatt nördlich Memel bis einschließlich des Gebietes von Suwalki in Polen. Mir fehlte jede Erfahrung mit dem russischen ND und seiner Arbeitsweise. Ich besaß nur gute und weniger gute Erfahrung mit dem polnischen ND. Als Gegner einer unnötig großen Dienststelle begnügte ich mich mit einer aus Litauen stammenden Sekretärin und einem Kraftfahrer. Dazu erbat ich mir den lange Jahre im Memelland als Kaufmann tätigen Hauptmann d. R. Spohde.[41]

Was brachte diese Art der Russlandaufklärung ein? Einige wenige V-Leute, die sich im Grenzgebiet herumtrieben, wo sie sich hauptberuflich mit Handel und Schmuggel beschäftigten, und einen Überläufer. Das war der Oberleutnant des NKWD Schapowalow, dessen Spionageeinsatz im Bett eines deutschen Mädchens in Kybartai-Virbalis ein jähes Ende gefunden hatte. Er wurde nach allen Regeln der Kunst ausgequetscht, aber unbegreiflicherweise nicht mit Spielmaterial zurückgeschickt. Zum Dank reichte ihn die Abwehr nach Beginn des Krieges gegen die Sowjetunion an den SD zur Vernehmung weiter; die SDler erschossen ihn.

Viel mehr ist von der deutschen Agentenfront nicht zu vermelden. Man lasse sich vor allem nicht durch die sowjetischen Zahlen über die in dieser Zeit Festgenommenen täuschen. Nach Angaben der Grenztruppen wurden von Oktober 1939 bis Dezember 1940 5 000 deutsche Agenten im Grenzgebiet verhaftet und wesentlich mehr noch in der ersten Jahreshälfte 1941 bis zum Kriegsausbruch. Die Zahlen sind unbrauchbar; sie spiegeln lediglich die üblichen sowjetischen Repressionen in den neu gewonnenen Ländern wider, denn für kaum einen der Festgenommenen gab es einen deutschen Nachrichtendienst als Auftraggeber.[42]

Schließlich arbeitete die deutsche Seite auch mit dem fernen Verbündeten Japan zusammen, der Erkenntnisse über die Sowjetunion anlieferte. Eine besondere Rolle spielten Überläuferberichte. Ein prominenter Überläufer war der NKWD-Kommissar III. Ranges Genrich Ljuschkow. Dieser Mann, dem die asiatische NKWD-Aufklärung unterstand, floh im Juni 1938 in die Mandschurei, wo er sich den Japanern stellte. Sie unterzogen ihn einer nachdrücklichen Befragung, deren Ergebnisse auch der deutschen Botschaft in Tokio und dem Amt Ausland/Abwehr übermittelt wurden. Die Übermittlung an die deutsche diplomatische Vertretung, das war

41 Notzny: Abwehrnebenstelle, S. 7.

42 Notzny: Abwehrnebenstelle, S. 10; Mader: Spionagegenerale, S. 334 f., 342 (kolportiert sowjetisches Material); o. Verf.: Progranitschnye woiska SSSR, Einführung; Ostrjakow: Militärtschekisten, S. 128 ff.

der offizielle Weg. Doch es gab noch einen anderen an den deutschen militärischen Geheimdienst, den die Japaner nicht ahnten. Sie bedienten sich nämlich eines Dolmetschers. Das war der bekannte deutsche Journalist und Reiseschriftsteller Ivar Lissner, der des Russischen wie einer zweiten Muttersprache mächtig war.[43] Über Lissner wird noch einmal zu sprechen sein.

Überläufer Ljuschkow plauderte nicht nur über die Geheimpolizei NKWD, sondern er ließ sich allgemein zur inneren Lage in der Sowjetunion aus, deren Zustand er in den düstersten Farben schilderte. Von der Unzufriedenheit der Bauern, von der Unfertigkeit der Roten Armee, über Unfälle und Schlamperei reichten seine Themen. Er vergaß auch nicht zu erwähnen, dass das Regime einen Krieg nicht überstehen würde, sondern an einer solchen Belastung innerlich zerbrechen müsste. Das waren Sentenzen, die seine Befrager gerne hörten; stimmte das Gehörte doch mit dem überein, was sie sich als Bild von der despotischen Sowjetunion ausgemalt hatten.

Der Überläufer und der Agent: Genrich Ljuschkow und Ivar Lissner

Doch es wäre die größte Zurückhaltung am Platze gewesen. Bei Ljuschkow handelte es sich um einen Mann, der die Flucht ins Ausland dem lebensgefährlichen Rückruf nach Moskau vorgezogen hatte. Er hatte keinen fremden nachrichtendienstlichen Vorlauf, war also nie zuvor etwa Quelle der Japaner gewesen, so dass er jetzt nur reüssieren konnte, wenn er seinen neuen Dienstherren, denen er sich auf Gedeih und Verderb ausgeliefert hatte, genau das bot, was sie von ihm erwarteten; und das waren kritische Nachrichten über die *terra incognita* Sowjetunion. Es ist nicht bekannt, ob die Japaner diese alte Geheimdienstregel über die Behandlung unerprobter Überläufer in ihr Auswerte-Kalkül einstellten. Sicher werden sie die mangelnde Kriegsbereitschaft der Sowjets gerne gehört haben. Es ist unbekannt, ob der Grenzkonflikt, den sie im Jahr darauf an der mongolisch mandschurischen Grenze provozierten, auf den Ljuschkow-Aussagen beruhte, ausschließen kann man es nicht. Umso größer muss ihre Überraschung gewesen sein, als sie Ende August 1939 am Chalchin-

43 Höhne: Fall Lissner, S. 221 ff.; Ostrjakow: Militärtschekisten, S. 121 (Überläufer Butkewitsch).

Gol eine empfindliche Niederlage erlitten. Noch hellhöriger hätte an dieser Stelle die deutsche Militäraufklärung werden müssen, denn das Vorgehen der Sowjets in Mittelasien stellte nicht nur militärisch eine Überraschung dar, sondern tauchte die vielgepriesene Überläuferaussage von Ljutschkow in ein zweifelhaftes Licht. Doch diese Schlüsse zog man offenbar nicht.[44]

Die Lieblingsausrede über die mangelhafte Nachrichtenbeschaffung aus der Sowjetunion lautete, eine solche sei unmöglich gewesen, da der Polizeistaat Sowjetunion so etwas im Ansatz verhindert habe. Die Zugangsmöglichkeiten in die Sowjetunion waren in der Tat extrem schwierig. Ein normal zu nennender Personenaustausch, so wie wir ihn heute kennen, fand nicht statt. Erschwert wurde die Situation dadurch, dass die kommunistische Paranoia für eine strikte Abschottung sorgte. Diese Abschottung betraf sowohl die Wohnbevölkerung als auch die Besucher. Vielen Russen war es aufgrund von persönlicher Armut unmöglich, sich ungehindert in dem Riesenreich zu bewegen. Hinzu kam, dass gewöhnlichen Sowjetbürgern durch die Einführung des Inlandspasses im Jahre 1932 jegliche unkontrollierte Reisemöglichkeit im eigenen Lande genommen worden war. Entsprechende Überwachungsmöglichkeiten bestanden in noch stärkerem Maße für die durch die Sowjetunion aus Neugierde reisenden Ausländer und für alle, die sich beruflich dort aufhielten.[45]

Aber wie üblich gab es Hintertürchen. Im Falle der kommunistischen Parteien und ihrer Sympathisanten gab es sogar ein stattliches Tor. Die Rede ist von den ungezählten KPD-Funktionären und von deren intellektuellen Hofschranzen, die in das Land reisten. Seit der Oktoberrevolution 1917 pilgerte ein nie versiegender Strom deutscher Kommunisten in das Land, in dem sozialistische Milch und Honig flossen. Erst fuhren sie, um am großen Aufbauwerk mitzuhelfen, dann reisten sie, um sich für die so nötige deutsche Revolution Rat zu holen, und schließlich, um Befehle aus der Kommandozentrale der Weltrevolution entgegenzunehmen.

Nach dem Scheitern des Deutschen Oktober, der viel beschworenen bolschewistischen Revolution in Deutschland, im Jahr 1923, waren es nicht nur die Genossen, denen es Ehre und Verdienst war, das Vaterland der Werktätigen aufzusuchen, nein, es waren vielmehr beträchtliche Kohorten von Abgeschobenen, Entmachteten, dumm Aufgefallenen, nach den Regeln der Kapitalisten straffällig Gewordenen, Helden der Revolution, Bürokraten, Schießwütigen, Schlägern, Heimlichtuern und Propagandisten, Gläubigen und Zweiflern, Klugen und Oberschlauen, Abgeordneten und steckbrieflich Gesuchten – ein buntes Gemisch also. Einige machten Stippvisiten, andere verschwanden für Jahre in der Sowjetunion; für

44 Conquest: Terror, S. 488; Hedeler: Terror, S. 351; Höhne: Fall Lissner, S. 221 ff.; Lissner: Intrigenkämpfe im Kreml, S. 2; Medwedew: Urteil, Bd. 2, S. 146; Rayfield: Stalin, S. 369; Roewer u. a.: Geheimdienste, S. 272.

45 Buber-Neumann: Kriegsschauplätze, S. 287 f.; Reile: Ostfront, S. 224 ff.; Tippelskirch: 2. Weltkrieg, S. 178 f.

manch einen war es eine Reise ohne Wiederkehr. Das alles war kein großes Geheimnis. Solange die Republik von Weimar existierte, musste man nur mit Sorgfalt „Die Rote Fahne" lesen, später im Dritten Reich erprügelte die Gestapo die einschlägigen Erkenntnisse über Auslandskader und deren Reisebewegungen.[46]

Man staunt, wenn man nachliest, wer da so alles hin- und herreiste. Man staunt, wenn man diese Masse Mensch ins geheimdienstliche Kalkül nimmt und feststellt, dass niemand es für nötig befand, sich um diese Leute zu kümmern. Es entbehrt nicht der Komik, was die verantwortlichen deutschen Geheimdienstoffiziere nach dem Krieg zu Papier brachten, um diesen Mangel zu vertuschen:[47] Beim Vorgehen gegen die Rote Kapelle habe sich herausgestellt, dass die sowjetische Seite es vermieden habe, kommunistische Funktionäre als Agenten zu beschäftigen. Man stutzt, denn das ist geradezu abwegig: In Wirklichkeit lagen die Dinge umgekehrt: Ungezählte Auslandsagenten der sowjetischen Dienste hatten einen Vorlauf als kommunistische Funktionäre. Etliche von ihnen hatten einen Zickzackweg von rechts- nach linksaußen hinter sich. Viele von ihnen waren im kaiserlichen Deutschland Offiziere gewesen. So der Schriftsteller-Funktionär Ludwig Renn; er hatte in der sächsischen Armee als Arnold Friedrich Vieth von Golßenau gedient. Da war der illegale Militärspezialist Erich Wollenberg, einst Leutnant in einem Sturmbataillon. Einer der Leiter der Roten Ruhrarmee, Wilhelm Zaisser, war ebenfalls ein ehemaliger Leutnant. Gleiches lässt sich von Ernst Schneller sagen, der einer der Vorzeigefunktionäre in der KPD wurde. Ernst Kippenberger, der spätere Leiter des M-Apparats der KPD, hatte es bis zum Leutnant gebracht, bevor er eine Militär- und Agentenausbildung in Moskau genoss. Beppo Römer, der Aufbruch-Mann, war ehedem Major. Richard Scheringer war sogar Leutnant in der Reichswehr gewesen, bevor man ihn wegen NS-Propaganda dort rausschmiss, worauf er sich den Kommunisten anschloss.[48]

Manch einer wird nun einwenden, dass das eine Liste von Leuten ist, von denen keiner je mit der deutschen Abwehr zusammengearbeitet hätte. Doch das ist Spekulation; man hat es ja nicht einmal versucht. Wollenberg und Scheringer beispielsweise wären klassische Werbungskandidaten gewesen. Der eine ein homosexueller Abenteurer, der andere ein unfertiger Wanderer zwischen den Welten. Man sage nicht, man überwerbe niemals einen überzeugten Kommunisten. Denn erstens muss man sicher wissen,

46 Grundlegend zu den Gestapomethoden gegenüber der KPD: Grundmann: Der Geheimapparat der KPD im Visier der Gestapo, passim; siehe auch: Buber-Neumann: Potsdam, S. 197 ff., 263 ff.

47 Reile: Ostfront, S. 231; Tippelskirch: 2. Weltkrieg, S. 178 f.

48 Feuchtwanger: M-Apparat, S. 502; Gellermann: Und lauschten, S. 88; Meier-Welcker: Seeckt, S. 603 f.; Müller: Menschenfalle, S. 69 f.; Müller-Enbergs u. a.: Wer war wer, S. 946; Renn: Anstöße, S. 70 ff.; Salewski: Bewaffnete Macht, S. 33 f.; Wollenberg: Aufstand, S. 9; Institut für ML: Widerstandskämpfer, Bd. 2, S. 186.

dass er noch immer überzeugt ist, und zum anderen zwingt niemand einen Geheimdienst, mit offenen Karten zu spielen. Die Gestapo hat drastisch vorexerziert, dass sie Agenten aus den gelobten Apparaten der KPD gleich im Dutzend herausbrach.[49]

Einer dieser Leute war der KPD-Funktionär Julius Trossin.[50] Sein Brötchengeber war die sowjetische Militäraufklärung GRU, für die er als Kurier in Europa und den USA herumreiste. Bereits am 6. Juli 1933 ging er der Gestapo ins Netz und ließ sich überwerben. In den folgenden Jahren diente er als Doppelagent, in der Sowjetunion kippte er schließlich auf. Kurz nach Beginn des deutsch-sowjetischen Krieges wurde er in der Nähe von Orjol erschossen.

Stattdessen fischte die Abwehr in der russischen Emigrantenszene. Was in den frühen 1920er Jahren in Berlin und Umgebung in die Hunderttausende ging, hatte sich allmählich verlaufen.[51] Aber es gab immer noch genug Russen im Deutschen Reich. Nur der Uninformierte konnte annehmen, dass es sich hierbei um eine konforme Masse handelte. Nichts konnte falscher sein. Die russischen Emigranten teilten sich vielmehr selbst in die Weiß-Weißen und die Weiß-Roten ein. Weiß-Weiß waren diejenigen, die mit dem kommunistischen Regime in Russland nichts im Sinn hatten und keineswegs gewillt waren, in ihre Heimat zurückzukehren. Davon unterschieden sich die Weiß-Roten insofern, als sie nach Russland zurückwollten, selbst wenn sie mit dem dortigen Regime nicht sympathisierten; ihnen ging es schlicht um die Rückreise und das Leben im Heimatland. So unglaublich es klingt, diese Personen waren recht zahlreich in den verschiedenen Ländern der russischen Emigration, vor allem also in Deutschland, Frankreich und Jugoslawien. Die reale Möglichkeit der Rückreise hing von einem Stempel ab, einem Stempel, den die sowjetische Botschaft des Exillandes zu vergeben hatte. Das Warten auf diesen Einreisestempel bedeutete für die Betroffenen oft jahrelange Ungewissheit; es war das Ausgeliefertsein an Behördenwillkür, die seit der Zarenzeit zur russischen Tradition gehörte und im Sowjetstaat ungeheure Blüte treiben sollte.

Es war den Gastländern bekannt, um wen es sich bei den Rückkehrwilligen handelte – auch in Deutschland. Die Überwachung und Registrierung der Ausländer und Staatenlosen war eine umständliche bürokratische Angelegenheit. Das Passbild und der Fernschreiber hatten für Effizienz gesorgt. Schließlich sollte man nicht vergessen, dass es *nach* dem Hitler-Stalin-Pakt jenen Personenkreis gab, der keinesfalls ins jeweils andere Land zurückwollte, sondern aufgrund geheimpolizeilicher Absprache zwischen Gestapo und NKWD über die Grenze abgeschoben wurde. Und zuallerletzt sind die Sowjetmenschen nicht zu vergessen, die sich legal in

49 Grundmann: Der Geheimapparat der KPD im Visier der Gestapo, passim.

50 Araloff: Estonian Insults of Russian Secret Services; A. Kolpakidi u. a.: Imperija GRU, Bd. 2, Biografii, S. 146–282; Kolpakidi u. a.: Enziklopedija, S. 202 f.

51 Malia: Wahn, S. 165; Schlögel: Berlin, S. 78.

den Gastländern aufhielten, sei es als Diplomaten, Wirtschaftfunktionäre oder Künstler. Auch sie reisten hin und her und waren eine erstrangige Quelle mit meist hervorragenden Zugängen.

Ausgerechnet unter den Weiß-Weißen setzte die deutsche Abwehr an. Da war zum Beispiel der Ex-Oberst Durunowo; er wertete die sowjetische Militärliteratur aus. Ein anderer war der ehemalige Kosakengeneral Pjotr Krasnow. Er gründete nach seiner Entlassung aus bolschewistischer Gefangenschaft 1918 mit deutscher Hilfe eine Kosakenarmee. Als deren Lage im Januar 1919 unhaltbar wurde, flüchtete er nach Deutschland, wo er fortan bis 1945 mit den deutschen Behörden zusammenarbeitete. Als der Zweite Weltkrieg begann, war dieser Mann siebzig Jahre alt. Über dreißig Jahre hatte er mit der Roten Armee keinen Kontakt mehr gehabt; das genügt, um die Fragwürdigkeit dieser Quelle zu beschreiben. Einige weitere ehemals weiße Offiziere standen noch im Sold der Abwehr. Aber das war's dann auch.

Wenn man sich fragt, warum niemand im deutschen militärischen Geheimdienst auf die Idee kam, die in Deutschland existierenden Agentenreservoire systematisch durchzusieben, so stößt man auf Merkwürdigkeiten im deutschen Nachrichtenbeschaffungsapparat. Sie sind leicht zu entschlüsseln. Die Abwehr wurde von Anbeginn durch deutsche Offiziere geleitet und bis hinab auf die Sachbearbeiterebene betrieben. Intelligentes Fremdpersonal einzustellen, hätte einen unüberwindlichen Bruch mit militärischen Traditionen bedeutet.

So nimmt es nicht wunder, dass der deutsche militärische Geheimdienst in den Denkschablonen des kaiserlichen Deutschland stehen geblieben war. Seine Mitglieder dachten deutschnational, wenn nicht gar monarchistisch. Demokratisches war ihnen ein Greuel, Kommunistisches verhasst. Diese Männer lebten in ihren Schablonen; das Offiziersmäßige, Herrenmäßi ge, Kavaliersmäßige war ihnen zutiefst eingeprägt. Wenn sie menschliche Quellen warben, achteten sie darauf, dass sie unter sich blieben. Ungezählte Beispiele, in denen die Abwehr auf ehemalige (auch zaristisch russische) Offiziere zurückgriff, belegen dies.

Die politische Abschottung des Hundertausend-Mann-Heeres der Weimarer Zeit besorgte ein Übriges, um diese Leute von ihrer Umwelt zu isolieren. Politik galt ihnen als schmutzig. Das schlug auch auf das Beschaffungsgeschäft durch. Bettgeschichten beispielsweise hatte Admiral Canaris *expressiv verbis* verboten. Die Sex-und-Spionage-Affären des Polen Georg (Jerzy) Sosnowski und der Anglo-Amerikanerin Martha Dodd hatten Empörung anstatt geheimdienstliche Neugierde ausgelöst. Man wartete auf Freiwillige; das Militär ließ grüßen. Doch mit einem solchen Ansatz war gegenüber der Sowjetunion beim besten Willen kein Staat zu machen.

Ein Freund, ein guter Freund: Der deutsche Militärattaché Ernst Köstring und der Marineattaché Norbert von Baumbach

Die Mär von der Unzulänglichkeit der Roten Armee und ihrer militärischen Führung wurde auf diese Weise perpetuiert. Hitler hörte dergleichen gerne. Noch am 7. Mai 1941 ließ er den deutschen Militärattaché Ernst Köstring und seinen Vertreter, Oberst Hans Krebs, aus Moskau zur Berichterstattung über die Rote Armee anreisen. Sie gaben zu Protokoll:

> SU-Armee nicht wesentlich gebessert, kein gutes Führungskorps.

So ist es im Kriegstagebuch des Oberkommandos der Wehrmacht nachzulesen.[52] Wenn es stimmt, dass sie das so sagten, war ihre Aussage zumindest fahrlässig, denn sie wussten offenbar nicht, wovon sie sprachen. Und was noch schwerer wiegt: Sie wussten, dass sie nichts wussten. Hierüber hat Köstring nach dem Krieg recht unverblümt Zeugnis abgelegt.

Der Mann, der seit den 1920er Jahren mit nur kurzen Unterbrechungen an der deutschen Botschaft in Moskau tätig gewesen war, davon 1931 bis 1933 und 1935 bis 1941 als Militärattaché des Deutschen Reiches, war ein sympathischer Mann und – je nach Standpunkt – eine schlimme Fehlbesetzung. Er sah sich als Politiker, dessen Aufgabe ein reibungsloses Funktionieren der deutsch-russischen Beziehungen war. Hitler sah diese Funktion anders; für ihn war der Militärattaché ein Beobachter der militärischen Verhältnisse vor Ort. Und damit hatte er nicht Unrecht – ganz abgesehen davon, wie man seine Aggressionspolitik beurteilt.

Die Militärdiplomatie wurde in der Sowjetunion von den üblichen Informationssträngen abgeschnitten, denn seit der Zeit der „Großen Säuberung" war es der sowjetischen Militärführung untersagt, Kontakte zu ausländischen Dienststellen zu unterhalten. Die sowjetischen Offiziere versagten sich, wenn sie bei Verstand waren, diese Kontakte auch selber. Ihnen musste niemand verdeutlichen, was es bedeuten würde, in den Verdacht einer der Gummibandvorschriften aus dem Artikel 58 des Strafgesetzbuches von 1926 zu geraten, der die Informationsweitergabe an ausländische Staatsbürger unter Strafe stellte. Sie selbst hatten häufig genug andere denunziert, um zu wissen, was ihnen selbst blühen konnte.

Trotz dieser verschärften Lage befasste sich Ernst Köstring, wie er in seinen Memoiren nicht ohne Stolz bemerkte, mit Militärpolitik und nicht mit „Agentchen". Doch das hätte er besser tun sollen, denn seine Einblicke waren bescheiden; wenn man es genau nimmt, waren sie auf diplomatisches Geschwätz und die Teilnahme an den Paraden auf dem Roten Platz in Moskau am 1. Mai beschränkt.[53] Vom Maifeiertag des Jahres 1936 berichtete er:

52 Schramm: Kriegstagebuch, Bd. 1, S. 398.
53 Kehrig: Attachédienst, S. 227; Teske: Köstring, S. 106 f., 121 ff.

> Bekleidung und Ausrüstung der Truppen waren auffällig gut und gleichmäßig. Bemerkenswert (auch) die entschieden besser gewordene Kleidung des vorbeimarschierenden „Bewaffneten Proletariats" (etwa 8 000 Mann).[54]

Auf der gleichen Linie lag die Präsentation eines Films über die Rote Armee, den allerdings der Militärattaché eines anderen, eines westeuropäischen Staates über die Jahre hin aus dem Fenster seiner Residenz bei den Maiparaden gedreht hatte und der gewisse Rückschlüsse auf die Änderungen von Ausrüstung und Bewaffnung zuließ. Köstring hatte von seinem Kollegen aus kameradschaftlichen Gründen – wir alle haben es schwer, etwas Vernünftiges zu berichten – eine Kopie erhalten, die er im Frühjahr 1939 stolz im Oberkommando der Wehrmacht präsentierte. Es ist klar, dass die Abteilung Fremde Heere Ost über dieses Material herfiel und es auseinanderschnitt, weil allzu viele Spezialisten es sofort und gleichzeitig haben wollten. Diese Szene zeigt deutlich, wie dürftig der deutsche Kenntnisstand über die Rote Armee war. Nur der Pointe halber sei hinzugefügt, dass der Film ebenso schnell wieder zusammengeklebt werden musste, da Köstring mit dem brisanten Material zu seinem Führer zur Berichterstattung auf den Obersalzberg befohlen wurde. Eine zweite Pointe besitzt die Geschichte dadurch, dass Hitler nach der aufmerksamen Besichtigung der Militärparaden sich anerkennend über die gute Haltung von Josef Stalin äußerte.[55]

Strategen eigener Art: Militärattaché Ernst Köstring (rechts) und sein Vertreter Hans Krebs vor dem Beginn des deutsch-sowjetischen Krieges in Moskau

In das gleiche Horn wie Köstring blies der deutsche Marineattaché Norbert von Baumbach. Doch in seinem Fall ist es nicht wahrscheinlich, dass bei ihm ebenfalls die Unbedarftheit seine Feder führte, wenn er Sätze wie diesen hier zu Papier brachte:

> Die militärische Unterlegenheit der Sowjetunion gegenüber Deutschland ist so groß, dass sie selbst in Jahren nicht behoben werden kann.

54 Teske: Köstring, S. 96.
55 Teske: Köstring, S. 136.

Und:

> Die Sowjetunion ist selbst bei jahrelanger Dauer des jetzigen Krieges nicht in der Lage, der deutschen Kriegführung in den Rücken zu fallen.[56]

Ein Schelm, wer Schlechtes dabei denkt, denn das war pure Desinformation, die zielgenau bei Empfänger den gewünschten Effekt hatte.[57] Sieht man die hierzu passenden russischen Quellen an, so bestätigen sich böse Ahnungen. Der seit 1938 zur Überwachung der deutschen Botschaft verdeckt eingesetzte NKWD-Funktionär Nikolaj Kusnezow verschaffte sich mit Hilfe des slowakischen Diplomaten H. L. Krno Zugang zu Baumbach und verstrickte diesen nachrichtendienstlich mit Erpressungsmaterial.[58] Sodann wurden die Desinformationen eingefiltert. Zuletzt am 15. Juni 1941, eine Woche vor dem deutschen Angriff: „Stalin zu äußerstem Nachgeben bereit."[59]

Feinde im selben Lager: Abwehr und SD-Ausland

Es soll gar nicht bestritten werden, dass die politische und die Militäraufklärung gegen die Sowjetunion schwierig war. Unmöglich war sie hingegen nicht und keinem Fachmann konnte es entgehen, dass Filme über Militärparaden nichts über die wirkliche Struktur einer Armee preisgeben, da bei Paraden im guten wie im schlechten Sinne nur das gezeigt wird, was gezeigt werden soll.

Was hier deutlich gemacht werden sollte, ist die Nonchalance, mit der sich die deutsche Militärführung in Kenntnis des Aufklärungsdefizits in einen Krieg stürzte, zumal in einen solchen mit der Sowjetunion. Denn es war nicht so, als sei diese Ahnungslosigkeit niemandem aufgefallen. Im Gegenteil. Zum Jahreswechsel 1939/40 schlug einer Krach, der es wissen musste. Es war der Oberst Ullrich Liss, Leiter der Abteilung Fremde Heere West. Liss schrieb eine kalte Analyse, nicht nur über die Feindlage West, denn dafür war er zuständig. Nein, er legte schonungslos offen, aus welchen Quellen er bezüglich des Frankreichfeldzuges für seine Feindbeschreibung geschöpft hatte. Das war eine schallende Ohrfeige für Canaris und Co. Doch ebenso interessant sind die Reaktionen der Vorgesetzten. Ein anderer Abteilungsleiter im Generalstab des Heeres, zugleich Verbindungsoffizier zum OKW und eine Zeitlang selbst einer der Untergebenen von Canaris, der Oberstleutnant Helmuth Groscurth, wurde beauftragt, den angeblichen Streit zwischen Canaris und Liss zu schlichten. Groscurth reiste zwischen den Kontrahenten hin und her. Im Ergebnis wurde der auf-

56 Bericht vom 18. Mai 1941, BA MA: RH 20-17/282. Weitere Meldungen Baumbachs bei: Heilbrunn: Sowjetspionage, S. 28 f.

57 Vgl. Hoffmann: Stalins Vernichtungskrieg, S. 62.

58 Roewer u. a.: Geheimdienste, S. 258.

59 Nürnberger Dokumente C-170, vgl. auch IMT: Der Nürnberger Prozess. 1947, Bd. XXXIV, S. 675.

müpfige Liss für sein angeblich unkameradschaftliches Verhalten gerüffelt. Canaris hingegen passierte nichts.

Dieser Mann stand 1940/41 zu sehr im Sonnenschein seines Führers, als dass ein Vorgesetzter es gewagt hätte, mit dem Geheimdienstchef Klartext zu reden, denn einen Vorgesetzten, der das gekonnt hätte, gab es nicht. Canaris unterstand persönlich dem Chef des Oberkommandos der Wehrmacht. Das war der Generalfeldmarschall Wilhelm Keitel, ein Mann, von dem kaum einmal bekannt geworden ist, dass er eine eigene, nicht von seinem Führer abgesegnete Meinung vertreten hätte. Diese Eigenart hatte dem Feldmarschall den wenig schmeichelhaften Spitznamen Lakaitel eingetragen. Keitel verhielt sich, wie Menschen dieses Charakters sich zu verhalten pflegen: er tat nichts. Er wurde erst gegen Canaris tätig, als sein Führer den Geheimdienstchef im Frühjahr 1944 zum Abschuss freigegeben hatte.[60]

Canaris tat auch von sich aus nichts, um die Defizite seiner Behörde zu meistern. Am Einsichtsvermögen kann es nicht gelegen haben. Doch Canaris war nicht der Mann für organisatorisches Durchgreifen. Überhaupt schreckten ihn Organisationsfragen. Die drängte er lieber auf seinem Stabschef ab, den Leiter der Zentralabteilung Hans Oster. Wie immer man dessen Oppositionsrolle sieht, mit Sicherheit war er nicht derjenige, dem an einem für die Kriegführung effektiven Geheimdienst gelegen war. Er kümmerte sich kurz vor und während der Krieges bevorzugt um die Organisierung eines militärischen Staatsstreiches, zwackte Geld aus Beschaffungsmitteln ab und sorgte sich darum, dass harte Systemoppositionelle im Amt Ausland/Abwehr Unterschlupf fanden. Sein Chef Canaris ließ ihn gewähren. Er kannte die Rolle, die Oster spielte, und wusste auch um den Fast-Putsch, den dieser 1938 bei der „Sudetenkrise" beinahe ausgelöst hätte.

Canaris, der langjährige Marineoffizier und Verschwörer, der dankbar die Machtergreifung Hitlers begrüßt hatte und bei seinem Amtsantritt 1934 als Abwehrchef seinen Mitarbeitern mit nationalsozialistischen Sprüchen aufgefallen war, hatte bereits im Laufe weniger Dienstjahre resigniert. Diese Resignation kompensierte er durch Gepflogenheiten, die man bei außerster Höflichkeit als skurril bezeichnen würde. Denn zum Canaris'schen Dienstarsenal zählte in erster Linie die Pflege und Betreuung seiner Dackel. Das mochte noch angehen, wenn er nicht die Angewohnheit entwickelt hätte, andere Menschen und vor allem seine Untergebenen danach zu beurteilen, wie sie sich an dieser Macke beteiligten. Wer je einen größeren Personalapparat bei der Arbeit erlebt hat, weiß, was es bedeutet, wenn der oberste Chef sein gesamtes Verhalten danach ausrichtet, wie seine Mitarbeiter sich seinem Spleen unterwerfen. Das traf auch das Amt

60 Keitel: Leben, S. 221, 313; Liss: Westfront; Wistrich: Wer war wer, S. 154; Schtemenko: Generalstab, Bd. 1, S. 13.

Ausland/Abwehr, wo sich selbst die größten Hundehasser um Tierfutter kümmerten, wenn sie mit stinkenden Dackeln auf dem Besprechungssofa sitzen mussten.

Hinzu kam, dass der Abwehrchef seine Untergebenen jeden Morgen bei der „Morgenkolonne“ stundenlang von der Arbeit abzuhalten pflegte. Derartiger Konferenzfetischismus entfiel nur, wenn der Chef auf Dienstreisen war. Und das war er bald häufig. Mit Fortschreiten des Krieges reiste er so häufig, dass man nur die Folgerung ziehen kann, Canaris entfloh seinem Amt. Spanien, Portugal, Frankreich, Italien, Rumänien, Bulgarien und Ungarn gehörten zu seinen bevorzugten Reisezielen. Die Reisen wurden auch länger. Längst hatte auch Canaris begriffen, dass sein Stern bei Hitler im Sinken war.[61]

Doch auch beim Canaris-Konkurrenten Reinhard Heydrich sah es, was die Sowjetunion-Aufklärung anging, keineswegs besser aus. Nachdem Heydrich im Jahre 1934 auf Reichsebene in den Sattel kam, hatte er nichts unversucht gelassen, um sich der Konkurrenz des Amtes Ausland/Abwehr zu entledigen. Seine Hybris hatte im September 1939, kurz nach dem Beginn des Polenfeldzuges, zur Gründung des Reichssicherheitshauptamtes (RSHA) geführt, einer Mammutbehörde, die als Spitzenorganisation der Kriminalpolizei, der Gestapo und des Sicherheitsdienstes eine bis dahin nie da gewesene Zusammenballung polizeilicher und geheimdienstlicher Macht darstellte. In dieser neuen Behörde firmierte der Auslandsdienst aus dem Sicherheitsdienst des Reichsführers-SS, kurz SD-Ausland genannt, nun als Amt VI, also als quasi-staatliche Behörde.

Doch als die Feldzugsplanung gegen die Sowjetunion auf der deutschen Agenda stand, hatte Heydrich längst aufgehört, das Reichssicherheitshauptamt als seinen persönlichen Haupttummelplatz zu begreifen. Den Machtfanatiker lockten in immer schnellerer Folge neue Aufgaben. Um seinen Drang nach Lebensgefahr und Kriegsauszeichnungen zu befriedigen, flog er Fronteinsätze bei der deutschen Luftwaffe. Offensichtlich konnte er es nicht ertragen, dass es in den ersten beiden Kriegsjahren keine andere Möglichkeit gab, um den Generalsrock der SS mit Kriegsauszeichnungen zu schmücken; stolz trug er fortan die Frontflugspange und die Eisernen Kreuze beider Klassen. Dass er nebenbei Chef einer der größten Behörden des Reiches war, kümmerte ihn immer weniger; er verlangte von seinen Untergebenen, dass sie ihm im Kriegseinsatz nachzueifern hätten, was aber bei den Polizeibeamten und Geheimdienstbürokraten nicht durchweg auf fruchtbaren Boden fiel. So verfügte Heydrich, dass Frontbewährung auch die Tätigkeit in den Einsatzgruppen und Einsatzkommandos sei. Diese Verbrecherbanden wurden folglich bei ihren Einsätzen in der Sowjetunion vom Spitzenpersonal des RSHA geleitet. Die Heydrich'sche Feldzugsvor-

61 Achmann u. a.: 20. Juli 1944, S. 145 ff.; Höhne: Canaris, S. 290, 447; Meinl: Nationalsozialisten, S. 249 ff.

sorge für den Russlandkrieg konzentrierte sich auf die Organisierung dieser Gruppen und die Einweisung ihrer Führer. Heydrichs Eingreifen in die Sowjetunion-Spionage, für die er genauso zuständig gewesen wäre, ist hingegen nicht bekannt geworden.

Die Organisationseinheit des RSHA, die für Auslandsspionage verantwortlich zeichnete, war das Amt VI. An der Spitze des Amtes VI stand mit Heinz Jost ein nach Lebensjahren junger Mann, der indessen zu den alten Fahrensleuten der Nationalsozialisten zählte. Seit 1934 diente der Jurist hauptamtlich beim SD, dessen Auslandsdienst er 1936 als 32-Jähriger übernahm. Doch der Geheimdienst, den er führte, war vor allem eine Art Haurucktruppe, eingesetzt bei grenzüberschreitenden Mordaufträgen. Das gilt zumindest bis zum Juni 1941.

In eben diesem Monat, in dem der Feldzug gegen die Sowjetunion begann, fand ein Führungswechsel statt, und zwar von Jost zu Walter Schellenberg, der das Amt VI bis zum Kriegsende führen sollte. Er hat der Nachwelt Memoiren hinterlassen, an denen man nicht vorbeikommt, wenn man sich mit der Geschichte des SD beschäftigt. Sie sind derartig unzuverlässig, dass man nichts ungeprüft für bare Münze nehmen kann. Die Nachprüfung wird dadurch erschwert, dass die Schellenberg-Memoiren unzählige Male abgeschrieben und wieder abgeschrieben wurden, so dass sich hieraus im Laufe der knapp fünf Jahrzehnte seit ihrem Erscheinen ein Geflecht von Scheintatsachen gebildet hatte. Die lange erwartete Freigabe der Schellenbergverhöre durch MI 5 hat auch nicht wesentlich zur Aufhellung der Vorgänge beigetragen.[62]

Für seine Großzügigkeit beim Umgang mit Tatsachen hatte der SS-Brigadeführer a. D. gute Gründe. Ihm drohte nach dem Krieg der Galgen.[63] Die Memoiren des Walter Schellenberg haben indessen ihren besonderen Reiz dadurch, dass er einer der wenigen Überlebenden war, der mit etlichen Spitzenfiguren des Dritten Reiches umging: Ob nun Hitler, Ribbentrop, Rosenberg, Himmler, Heydrich, Canaris, Heß, Bormann, Terboven, Gestapo Müller: Schellenberg kannte sie und wurde gekannt. Er erlebte eine Reihe von Schlüsselentscheidungen aus nächster Nähe oder wirkte sogar an ihnen mit. Das gilt auch für die Vorbereitung des Feldzuges gegen die Sowjetunion. Hierbei ist seine Mitwirkung auf drei Ebenen interessant. Er war Augen- und Ohrenzeuge der unterschwelligen Panik, die sich des Diktators bemächtigt haben mag, als er unmittelbar vor der Entscheidung zur Auslösung des Russlandfeldzuges stand, und er war dabei, als es darum ging, die organisatorischen Festlegungen für die Einsatzgruppen gegen die Sowjetunion zu treffen. Überdies schließlich war er dann beteiligt, als

62 Home Office/MI 5: Fallakte Walter Friedrich Schellenberg, UK NA: KV 2/94–99.

63 IMT IV, S. 415 ff. [Aussage Schellenberg]; Institut für Zeitgeschichte: ZS 291/II [Walter Schellenberg].

sein Führer am Vorabend des Kriegsbeginns Material dafür verlangte, die Notwendigkeit eines Präventivkrieges öffentlich begründen zu können.[64]

Schellenberg war im Frühjahr 1941 Gruppenleiter IV E im Reichssicherheitshauptamt. Er leitete demnach innerhalb der Gestapo die Spionageabwehr, also das Aufspüren und Bekämpfen ausländischer Agenten im Reichsgebiet und in den besetzten Gebieten. Der Jurist Schellenberg war 1933 als 23-Jähriger in die SS eingetreten, im Jahr darauf heuerte er beim SD an. Dort wurde der junge Karrierist und Bürokrat alsbald einer der Vertrauten des SD-Chefs Heydrich. Sein bemerkenswertes Talent zur Intrige brachte dem 29-Jährigen 1939 die Gruppenleiterposition im RSHA ein. Bereits im November des Jahres konnte er dienlich sein, als er zusammen mit einigen anderen SD-Leuten zwei britische Geheimdienstoffiziere aus den damals noch neutralen Niederladen verschleppte und deren holländischen Begleiter erschoss. Die beiden Engländer dieses „Venlo-Zwischenfalls" sollten als Kronzeugen dafür herhalten, dass das kurz zuvor auf Hitler verübte Attentat im Münchener Bürgerbräukeller eine Tat des britischen Geheimdienstes gewesen sei. Das war zwar Unsinn, doch der Führer wollte es nun mal so, und er dankte es Schellenberg, indem er ihm höchstpersönlich das Eiserne Kreuz Erster Klasse anheftete.[65]

Schellenberg nutzte als Chef der Spionageabwehr jede sich bietende Gelegenheit für Kontakte zum Amt Ausland/Abwehr. Das war dienstlich notwendig, denn die Abteilung III des Amtes war gleichfalls für Spionageabwehr zuständig, so dass es die Zusammenarbeit zu organisieren und Reibereien zu überwinden galt. Doch Schellenberg war nicht der Mann, sich mit dem für ihn zuständigen Gegenüber zu begnügen, das wäre der Oberst Franz-Eccard von Bentivegni gewesen. Schellenberg zielte von Anfang an höher: Er nutzte die bekannte Gewohnheit des Abwehrchefs Canaris, morgens vor Dienstantritt im Tiergarten auszureiten, um sich diesem mächtigen Mann von Reiter zu Reiter zuzugesellen. Hierüber berichtete Schellenberg wie folgt:

> Wir waren uns darüber einig, dass die damalige Auffassung des Generalstabes, wir könnten kraft unserer militärischen und technischen Überlegenheit den Feldzug innerhalb von zehn Wochen siegreich beenden, sehr leichtfertig sei. Als wir dabei unsere Informationen austauschten, stritten wir uns allerdings über die Produktions- und Transportkapazität Russlands. Ich war aufgrund entsprechender Unterlagen der Meinung, der Produktionsausstoß der russischen Schwerindustrie an Panzern müsse weit über der von Canaris geschätzten Ziffer liegen, auch in der Produktion würden die Russen mit überraschenden Neuerungen aufwarten. Ich stützte diese Vermutung auch auf die Bemerkungen Angehöriger der sowjetischen Wehrmachtskommission, die im März 1941 Deutschland besucht hatten. Hitler befahl damals, wohl um den Russen zu imponieren, der Kommission nicht nur unsere modernen Panzerschulen und

64 Rürupp: Topografie, S. 79; Schellenberg: Aufzeichnungen, S. 209 ff., 221 ff.
65 Schellenberg: Aufzeichnungen, S. 35 ff., 96 ff.; Ströbinger: A-54, S. 139 ff.

> Panzerfabriken zu zeigen, sondern dabei auch die Geheimhaltungsvorschriften weitgehend zu lockern. Nach der Besichtigung zweifelten die Russen, dass wir ihnen alles gezeigt hätten und äußerten, ihnen sei entgegen dem Hitler'schen Befehl einiges vorenthalten worden. Hieraus schloss ich, dass sie, gemessen an ihren eigenen Panzern, unsere vorgeführten Modelle nicht für die neuesten Typen hielten. Wir hatten damals aber tatsächlich noch nichts Besseres aufzuweisen; die Russen dagegen konnten schon 1941 ihren überlegenen T34 massenweise in den Kampf werfen.
>
> Canaris behauptete im Übrigen auch, einwandfreie Unterlagen darüber zu besitzen, dass das Industriezentrum um Moskau mit den reichen Rohstoffvorkommen im Ural nur durch einen eingleisigen Schienenstrang verbunden sei. Aufgrund der uns vorliegenden Berichte vertrat ich die gegenteilige Auffassung. Allein dieses Beispiel zeigte, wie schwer es durch die Zweispurigkeit unserer Geheimdienste der militärischen Führung gemacht wurde, diese widerspruchsvollen Informationen in ihre operativen Planungen einzubauen. Und welche Ironie heute, wenn ich an das Gespräch mit Canaris denke, in dem er die Frage anschnitt, ob Heydrich denn ebenfalls der Ansicht zuneige, das Sowjetsystem könne nach wirksamen militärischen Rückschlägen von innen heraus zerbrochen werden. Hitler und Himmler, aber auch Teile der Generalität vertraten nämlich diese Auffassung. Canaris ließ durchblicken, dass er diesen Optimismus keineswegs teile.[66]

Das ist eine ebenso interessante wie widersprüchliche Darstellung der Dinge. Wenn man unterstellt, dass das Gespräch überhaupt stattgefunden hat, so gewiss nicht mit dem geschilderten Inhalt. Falls Canaris tatsächlich über eingleisige Eisenbahnstrecken in der Sowjetunion gesprochen hat, war das mit Sicherheit eine Information, die richtig war, denn er verfügte über das entsprechende Luftbildmaterial der Gruppe Rowehl. Dass ausgerechnet der Leiter der Inlandsspionageabwehr über andere und die besseren Unterlagen verfügt haben soll, gehört ins Reich der Fabel. Ebenso ist es ein gedanklicher Salto des Memoirenschreibers Schellenberg, wenn er behauptet, aus den Fragen, welche die sowjetische Kommission nach den neuesten deutschen Panzerwaffen stellte, den Schluss gezogen zu haben, die Sowjets hätten Besseres zu bieten gehabt. Das ist abwegig.

Nun aber zur wirklichen Information, die in den Ausführungen steckt: Nicht nur das Amt Ausland/Abwehr, sondern auch der Heydrich-Apparat hatte keine tiefgreifende Kenntnis von den Verhältnissen in der Sowjetunion. Hätte der SD es besser gewusst als Canaris, wäre Heydrich nicht der Mann gewesen, der mit seinem Wissen gegenüber Hitler hinter dem Berg gehalten hätte. Vielmehr ist das Gegenteil zu vermuten, denn auch Heydrich wusste, dass die Abwehr bei der Informationsbeschaffung über den kommenden Kriegsgegner in den Augen Hitlers absoluten Vorrang genoss.

Vermutlich richtig sind Schellenbergs Auslassungen darüber, was deutsche Funktionsträger so alles über das innere Zerbrechen der Sowjetunion

66 Schellenberg: Aufzeichnungen, S. 205 f.

gesagt haben. Ob Canaris hier grundsätzlich anderer Meinung war, ist fraglich, aber nicht von der Hand zu weisen. Dass aber ausgerechnet Schellenberg den Worten seines Führers über den raschen Zusammenbruch der Sowjetunion nicht geglaubt haben will, klingt vollends hanebüchen. Dieser SS-Mann bastelte im Frühsommer 1941 an vorderster Verwaltungsfront bei der Einrichtung der Einsatzgruppen der Sicherheitspolizei und des SD daran mit, dass dieser Zusammenbruch möglichst rasch geschehen möge. Es ist eine böse Ironie der Geschichte, dass es ausgerechnet das gnadenlose Wüten dieser Einsatzgruppen war, welches das wankende Sowjetsystem zu stabilisieren half.

Vexierbild 2: Die sowjetischen Dienste und der deutsche Angriffsplan

Wenden wir uns jetzt den Sowjets zu. Was wussten sie von den deutschen Angriffsplänen, und wie reagierten sie darauf? Um es vorweg zu nehmen: Die Vorbereitungen des deutschen Angriffs waren ein häufig durchbrochenes Geheimnis. Die Information darüber, was als Geheime Reichssache unter dem Tarnnamen Fritz und später auf Geheiß Hitlers als Unternehmen Barbarossa anlief, war für Eingeweihte bei Freund und Feind bald keine Überraschung mehr. So ist es, je nach Geschichtskonjunktur, behauptet oder bestritten worden.

Diese konjunkturellen Schwankungen waren eng mit dem Begriff von der friedliebenden Sowjetunion verknüpft. Diese war zunächst so friedliebend, dass sie von den bösen Hitleristen heimtückisch überfallen wurde. Diese Sicht änderte sich Jahre nach Stalins Tod. Jetzt war es plötzlich so, dass die immer noch friedliebende Sowjetunion zwar nicht von Hitlers Überfall überrascht worden war, sondern der unbelehrbare Stalin hatte den massenhaft eingehenden Warnmeldungen partout nicht glauben wollen, so dass es für die Sowjets zum Anfangsdesaster des Jahres 1941 kommen musste.

Sie kommen, sie kommen nicht: Barbarossa-Meldungen

Die Wirklichkeit ist etwas komplizierter. Es gab in der Tat eine Vielzahl von Geheimdienstinformationen, die auf einen deutschen Angriff hinwiesen. Sie kamen aus einer Vielzahl von Quellen – und sie waren außerordentlich widersprüchlich. Die folgende Analyse stammt aus der Bewertung von über neunzig Agentenmeldungen, welche allein die sowjetische Militäraufklärung GRU nach Moskau übermittelt bekam. Zunächst zum Inhalt der Meldungen und sodann zur Frage, wer die Quellen waren.

Keine der Barbarossa-Meldungen trug diesen Namen. Das bedeutet, dass bis zum Angriffsbeginn das deutsche Codewort für den Angriff auf die Sowjetunion durch die GRU nicht aufgedeckt werden konnte. Diese

Feststellung ist wichtig genug, denn sie verweist alle späteren Darstellungen ins Reich der Legende, die da behaupten, die deutsche Angriffsweisung sei Tage nach ihrem Erlass in Moskau bekannt gewesen. Das stimmt so nicht. Richtig ist hingegen, dass, ernsthaft im Januar 1941 beginnend, über die deutsche Angriffsabsicht nach Moskau berichtet worden ist. Es waren Einzelmeldungen, die immer wieder auf den Umstand als solchen hinwiesen, wobei sie sich zum Teil auf sichere Quellen beriefen. Keiner dieser Meldungen, um das zu ergänzen, war ein einschlägiges Dokument beigegeben. Die GRU war nicht in der Lage, dergleichen zu beschaffen – eine wichtige Feststellung, wenn es später um Standort und Zugänge der Agenten geht.

Von zentraler Bedeutung für die sowjetische Führung waren die Meldungen über das Datum des beabsichtigten Angriffs – und zwar in viel stärkerem Maße, als dies bislang bewertet worden ist. Zunächst zu den Fakten: Bis einschließlich März 1941 meldeten die Quellen, sofern sie überhaupt Terminangaben machten, dass der deutsche Angriff im Mai 1941 stattfinden werde. Das stimmte zwar mit den Vorgaben in der Weisung Nr. 21 überein, indessen nicht mit der Wirklichkeit. Diese Angaben wurden zum ersten Mal mit der Meldung vom 25. März 1941 modifiziert, wo der deutsche Angriff auf die Zeit zwischen dem 15. Mai und dem 15. Juni 1941 prognostiziert worden ist. Auch das war unzutreffend.

Eine beträchtliche Zahl von Meldungen, die keinen konkreten Angriffszeitpunkt nannten, stellte indessen als sicher dar, dass der Angriff auf die Sowjetunion erst stattfinden werde, wenn der Kriegsgegner Großbritannien ausgeschaltet worden sei. Wiederum andere Meldungen stellten darauf ab, dass sich die deutschen Begehrlichkeiten allein auf die Ukraine bezögen. Nichts von alledem traf zu. Noch am 7. Mai 1941 meldete die wichtigste sowjetische Quelle („X"), dass der Krieg definitiv am 2. Juni beginnen werde. Erst Mitte Juni 1941 pendelten sich die nun noch eingehenden Meldungen auf den schließlich richtigen Zeitpunkt ungefähr ein.

Wozu diese ausführliche Schilderung der Angriffsdaten? Jedes als sicher gemeldete Angriffsdatum, das ohne das prognostizierte Ereignis vorüberging, musste bei den Empfängern der Meldungen den fatalen Schluss auslösen, einer Falschmeldung begegnet zu sein. Mit anderen Worten: Meldet der Agent ein bestimmtes Ereignis zu einem bestimmten Termin und findet das Ereignis zu diesem Termin nicht statt, so glaubt man der Meldung insgesamt nicht. Das ist Geheimdienstalltag, und so erging es auch Stalin und seinen Leuten. Mit dieser ganz normalen Reaktion lagen sie indessen falsch, denn die vielfache Angriffsprognose war zutreffend, lediglich die Bedingung bzw. der Zeitpunkt war falsch. Das ist das ganze, das banale Geheimnis um die unzutreffende Reaktion Stalins. Dessen vorgebliche Gewissheit wurde noch durch Desinformation verstärkt – davon später.

Sowjetische Militäraufklärung in Europa im Vorfeld von Barbarossa (1940/41)

Militäraufklärung der Roten Armee

5. (vormals 4.) Verwaltung des Generalstabs (später: Hauptverwaltung Aufklärung – GRU)

Leiter:
14. 4.1939–7. 7. 1940 Korkom Iwan Proskurow, 7. 7. 1940–November 1941 GL Filipp Golikow

Stellvertreter
1940–Juni 1941 GL Alexej Panfilow

1. Abteilung (Agentura)
1940/41 O Kusnezow, ab Juni 1941 O Ilja Winogradow

1. Unterabteilung (Deutschland, Tschechoslowakei, Ungarn)
1940 OKommissar L. S. Epschtejn

5. (Informations-)Abteilung
Oktober 1940 F. P. Skrynnik; ab März 1941 GM N. S. Dronow; Stv.: August 1940–Mai 1941 OTL W. A. Novobranez

1. Unterabteilung (Deutschland)
1940 OTL A. I. Kostomacha

Deutschland

Militärattaché
MilAtt: August 1939–Januar 1940 GM Maxim Purkajew (DN: Mramor); Dezember 1940–Juni 1941, zugleich Resident GM Wassilij Tupikow (DN: Arnold)
Stv., zugleich Legalresident August 1939–Dezember 1940 O Nikolaj Skornjakow (Lw) (DN: Meteor); sowie Juni 1940–Juni 1941 O Wassillij Chlopow

Agenten
September 1939 von Warschau nach Berlin (Auswärtiges Amt) Alta-Ring
Führungsagentin: Ilse Stöbe (DN: Alta)
Agent: Rudolf von Scheliha (DN: Arier)
FO/Kurier: H Iwan Saizew (DN: Bine)-Anfang 1941, Mai–Juni 1941: Anatolij Starizkij (DN: Tal)

Weitere Agenten
Königsberg: N. N. (DN: Bart)
Berlin: 1940/41 Major? Immisch (DN: Choswajstwennik = Wirtschafter)
Deutschlandweit: zahlreiche Agenten aus dem ehemaligen BB-Apparat der KPD

Sowjetunion

Zentrale Moskau (Abteilung 1 der GRU)
Agent (an der deutschen Botschaft) 1940–Juni 1941 Gerhard Kegel (DN: X)
FO: Konstantin Leontjew (DN: Pawel Petrow)

Westlicher Militärbezirk der Roten Armee
Agent 1941 M. Schulz (DN: Arnold)

? Militärbezirk Leningrad der Roten Armee
Agent: T Giese (DN: Brjuki = Hose)

Belgien

MilAtt. (bis Mai 1940)
Nikolaj Ljachterow (DN: Nak)

Illegaler Resident:
Leopold Trepper (DN: Otto) bis Mai 1940, sodann Anatolij Gurjewitsch (FuDN: Kent)

Illegaler Resident:
Konstantin Jefremow (FuDN: Bordo)

Bulgarien

Stv. MilAtt. September 1940–Dezember 1941 zugleich Resident
M Leonid Sereda (DN: Sews = Zeus)

Legalresident in Varna 1940–42
Konstantin Winogradow (DN: Pan; Pro)

Illegale Residenten
Dimitr Ananiev (DN: Georgiew; Hugo), ab 1940; Kapriel Sarkis Kaprielow; Nikolai Belopitow; Alexander Peev (DN: Bojewoi); Wladimir Saimow (Gruppe Azores)

Agenten
Lefter Arnaudow (DN: Alljur); Kristju Belew (DN: August);); Jontscho Berberow (DN: Margrit); Todor Berberow; N. N. (DN: Terri); Pawel Schatew (DN: Kosta); L. I. Slawitsch; Wladimir Stojanow (DN: Asorskij) u. v. a.

Finnland

MilAtt. April 1940–Juni 1941
O Iwan Smirnow (DN: Ostwald)

Stv. MilAtt., zugleich Legalresident: 1940/41
M. D. Jermolow (DN: Brand)

Agent
N.N. (DN: Adler)

Frankreich

MilAtt., zugleich Legalresident (Paris, ab Juli 1940 Vichy) September 1939–August 1941
Iwan Sussloparow (DN: Maro)

Stv. MilAtt. Oktober 1939–Juni 1941
Makar Wolossjuk (DN: Rato)

Illegaler Resident/Paris
Henry Robinson (DN: Harry)
zahlreiche Agenten

Illegaler Resident/Paris
Leopold Trepper (DN: Otto)
einige Agenten

Illegaler Resident
Woldemar Osols (DN: Solja)

Sowjetische Militäraufklärung in Europa im Vorfeld von Barbarossa (1940/41) [Fortsetzung]

Großbritannien

LwAtt. September 1936–Mai 1940
Kombrig Iwan Tschernij

MilAtt. Juni 1940–November 1946
O/GM Iwan Skljarow (DN: Brion)

Stv. MilAtt. (zugleich Resident) 1937–42
M Semjon Kremer (DN: Bartsch)

stv. LuftAtt. 1937–44
O Nikolaj Aptekar (DN: Iris)

Zahlreiche Agenten
u.a. N. N. (DN: Elli) im britischen Inlandsdienst MI 5 und N. N. (DN: Baron) im tschechischen Exilgeheimdienst

Jugoslawien

MilAtt., zugleich Resident August 1940–Mai 1941
GM Alexander Samochin (DN: Sofokl = Sophokles)

Stv. MilAtt. Dezember 1940–Mai 1941
OTL Michail Masslow

Legalresident 1940/41
W. S. Lebedjew (DN: Blok)

Agenten
Mischa Braschitsch; Vlado Rybnikar; Smeljanitsch (Smeljanić)

Rumänien

Militärattaché zugleich Legalresident September 1940–Juni 1941
Grigorij Jeremin (DN: Jeschtschenko)

Agenten
Advokat Sakar (o. Sokar/Sokor); Samuil Schefer (DN: Wratsch); N. N. (DN: Grat); Bernardo Djuglatsch-Kaufmann (DN: Kupez); N. N. (DN: Marat); Journalist Nemes (Nemesch)

Selbständige Agenten in der dt. Botschaft
Kurt und Margarita Welkisch (DN: ABZ, LZL),
FO: H Michail Scharow (DN: Korf)

Schweden

MilAtt. Januar 1940–März 1945
Nikolaj Nikituschew (DN: Akasto, Ori)

Legalresident 1939–41
Semjon Starostin (DN: Kent)

Agenten
Allan Nyblad (DN Lars); N. N. (DN: Anton) u. v. a.

Illegaler Resident
Willi Rom (DN: Jakob Liebersohn, Ohr);
dessen Agentin in Deutschland:
Käthe Büchner

Schweiz

Illegaler Resident, Genf
1938–43 Alexander Radó (DN: Albert, FuDN: Dora)
zahlreiche Agenten

Illegaler Resident, Zürich
1939–45 Fjodor Kruglikow (DN: Karel Wybiral; Paul)

Illegale Residenten (des NKWD suchen Anschluss an die GRU)
1939–56 Matus Steinberg und Elsa Schutker (DN: Charles und Elsa Martin; Lorenz und Lora)

Tschechoslowakei

Resident am Generalkonsulat Prag Juli 1940–Juni 1941
Alexander Jakowlew (DN: Sawwa)

Weiterer illegaler Resident
Leonid Mochow (DN: Leonid Michajlow)

Agenten
Kurt Beer (DN: Rudla); Rudolf Jedlička (Gruppe Rudi); N. N. (DN: Regisseur); Milan Rejman; Paul Thümmel; František Vojáček; Vladimir Vrána (DN: Schkwor)

Ungarn

Resident: Juni 1940–Juni 1941
O Nikolaj Ljachtcrow (DN. Mars)

stv. MilAtt.
M A. S. Arsamaszew

Agenten
N. N. (DN: Wagner); N. N. (DN: Slowak)

Agenten Alta und Arier aus dem Auswärtigen Amt: Ilse Stöbe und Rudolf von Scheliha

Zunächst zu den Quellen, die das Unerhörte zu berichten wussten. An erster Stelle ist Ilse Stöbe zu nennen, die GRU-Quelle Alta, die seit Anfang der 1930er Jahre bei der Firma mit Erfolg diente. Sie führte seit wenigen Jahren die Unterquelle Arier, hinter der sich der Legationsrat im Auswärtigen Amt, Rudolf von Scheliha, verbarg. Scheliha war 1937 während seiner Tätigkeit als Botschaftsrat an der deutschen Botschaft in Warschau von dem sowjetischen Agentenduo Rudolf Herrnstadt und Ilse Stöbe angeworben worden[67] – und zwar unter falscher (britischer) Flagge.[68] Was veranlasste den Mann dazu, Agent zu werden? Nun, falls man den späteren Ermittlungen der Gestapo Glauben schenken will, war ihm das Bare ausgegangen, denn Scheliha spielte, und zwar um Geld.[69] Somit wurde er zum klassischen Ansprechkandidaten: Informationen gegen Bares – jeder Geheimdienst schätzt das als eine klare Beziehung.

Als sich die Botschaft in Warschau im September 1939 erledigte, wurde Scheliha in die Zentrale nach Berlin versetzt, wo er fortan das Referat IX der Informationsabteilung leitete. Sein Führungsoffizier blieb auch hier die flotte Ilse Stöbe. Auch sie war aus Warschau nach Berlin zurückgekehrt. Jetzt gelang es ihr, vermutlich durch die Protektion ihres Agenten Arier, im Auswärtigen Amt als Sekretärin angestellt zu werden.

Scheliha bekam frühzeitig mit, wie der Hase Richtung Sowjetunion lief. Mehrere noch vage gehaltene Meldungen aus der zweiten Jahreshälfte 1940 belegen dies. Bereits Anfang Januar 1941 wurde es konkreter, Scheliha unterrichtete seine Führungsagentin Stöbe, und die gab es an ihre sowjetischen Führungsoffiziere weiter; die einschlägige Funkmeldung von Meteor, das war der stellvertretende sowjetische Militärattaché in Berlin, Michail Skornjakow, datiert vom 4. Januar 1941. Knapp zwei Wochen später setzte Stöbe – nach ungläubiger Rückfrage aus Moskau – die folgende bestätigende Meldung ab:

> Arier sagte, dass der Krieg mit der Sowjetunion kein Gerücht ist, sondern Befehl von Hitler, der einem begrenzten Kreis von Personen, die damit beschäftigt sind, bekannt ist.

Diese Meldung traf ins Schwarze. Am 25. März 1941 sah der Text bereits präziser aus:

> Zur Gewährleistung der Nahrungsbasis und zur Stärkung seiner Autorität wird Hitler die Sowjetunion angreifen. Die Fakten, die das bestätigen:
> 1. In Polen sind 120 Divisionen konzentriert.
> 2. Westliche Flugplätze in Polen werden mit Bombergeschwadern belegt.

67 SSSR wborbe sa mir nakanunje wtoroj mirowoj wojny, S. 376 (Bericht der GRU-Residentur Warschau vom 7. Mai 1939).

68 Blank u. a.: Rote Kapelle, S. 136; Kindler: Abschied, S. 142.

69 Nollau u. a.: Gestapo, S. 99 f.

3. Es wird der intensive Bau von Objekten der Flugabwehr im Osten durchgeführt.
4. 3 Armeegruppen werden formiert unter den Feldmarschällen Bock, Rundstedt und Ritter von Leeb. Die 1. Armeegruppe Königsberg bewegt sich in Richtung Leningrad. Die 2. Armeegruppe bewegt sich in Richtung Moskau. Die 3. Armeegruppe Posen bewegt sich in Richtung Kiew.

Diese Meldung war erstaunlich richtig. Zutreffend war die Zahl der Heeresgruppen (in der Meldung fälschlich als Armeegruppen bezeichnet) und sogar die drei Oberbefehlshaber der Heeresgruppen waren zutreffend benannt: In der Realität die Feldmarschälle Wilhelm Ritter von Leeb (HGr. Nord), Fedor von Bock (HGr. Mitte) und Gerd von Rundstedt (HGr. Süd). Einen bereits oben erörterten Schönheitsfehler besaß die Meldung dadurch, dass sie den deutschen Angriffstermin auf die Zeit zwischen dem 15. Mai und dem 15. Juni 1941 prognostizierte. Das Duo Scheliha – Stöbe berichtete laufend weiter; seine letzte Meldung vor dem deutschen Angriff datiert vom 7. Juni 1941. Das weitere Schicksal der beiden Agenten ist im Kapitel über das Aus der Roten Kapelle in Deutschland im Jahre 1942 beschrieben.

Agent X aus der deutschen Botschaft in Moskau: Gerhard Kegel

Etwas später als Stöbe begannen die Meldungen des Agenten „X". Hinter der merkwürdigen, ins Russische nicht übersetzbaren Bezeichnung verbarg sich der Jurist Gerhard Kegel. Der diente zur fraglichen Zeit an der deutschen Botschaft in Moskau. Sein Agentenleben hatte ebenfalls unter der Anleitung von Ilse Stöbe und deren Partner Rudolf Herrnstadt begonnen, Mitte der 1930er Jahre in Warschau, da hatte man aus dem Politflüchtling den Agenten Kurt gezimmert.

Kegel berichtete sozusagen live aus dem Inneren der deutschen Auslandsvertretung. Das machte ihn zur Spitzenquelle, für deren Dauerbetreuung eigens der GRU-Führungsoffizier Konstantin Leontjew abgeordnet wurde. Kegel war so bedeutsam, dass sich sogar die GRU-Leitung mit ihm zusammensetzte. Was also berichtete der Agent? Nach seinen eigenen Worten hört sich das so an:

> Ich merkte bald, dass meine in den vergangenen Wochen und Monaten immer alarmierender gewordenen Nachrichten von einigen Genossen mit erheblicher Skepsis aufgenommen worden waren. Andere der Gesprächsteilnehmer schienen von meinen Nachrichten und Argumenten beeindruckt. Ich versuchte, so überzeugend, wie es mir in der Fremdsprache nur möglich war, den Genossen klarzumachen, es gebe für mich nicht den geringsten Zweifel mehr daran, dass der militärische Großangriff Nazideutschlands auf die Sowjetunion mit dem Ziel ihrer Vernichtung und der Versklavung der Völker der UdSSR in wenigen Tagen oder höchstens Wochen beginnen werde. Die skeptische Frage eines der Anwesenden Genossen, ob ich meine Überzeugung dokumentarisch belegen

> könne, musste ich verneinen. ... Ich blieb mit verzweifelter Hartnäckigkeit bei meiner Ansicht. Obwohl mich vorübergehend die Überlegung unsicher machte, dass die „Zentrale" sicher über ein weltweites Informationsnetz verfügte, während ich nur ein unbedeutender Kämpfer für die sozialistische Revolution und gegen das verbrecherische Naziregime in meinem Vaterland war, ein winziges Schräubchen in der gigantischen Maschinerie der historischen Entwicklung und Klassenschlachten. Sollte ich vielleicht doch Unrecht haben mit meiner Einschätzung? ... Besorgt und bestürzt kehrte ich in meine Wohnung zurück.[70]

Kegels Memoiren sind mit Vorsicht zu genießen; die Darstellung seiner Spionagetätigkeit ist mit hoher Wahrscheinlichkeit unzutreffend. Er hat der Nachwelt einen Bären aufgebunden. Schon das Titelbild des Buches „In den Stürmen des Jahrhunderts", auf dem die erste Seite der „Führer-Weisung Nr. 21 Fall Barbarossa" abgebildet ist, lenkt bewusst in die falsche Richtung, denn dieses in der Tat wichtige Papier hat Kegel nicht gekannt, geschweige denn weitergegeben. Der Grund hierfür ist denkbar einfach: Die Weisung „Fall Barbarossa" war an der deutschen Botschaft in Moskau nicht vorhanden; sie war dort unbekannt.

Was Kegel berichtete, kann nur das gewesen sein, was ihm zugänglich war. Das klingt banal. Doch was war das? Es waren die Gespräche mit den Vorgesetzten und den anderen Mitarbeitern der Botschaft, die vermeintlich in die Absichten Hitlers eingeweiht waren. Es darf als sicher unterstellt werden, dass hierzu die Ansichten des deutschen Militärattachés Ernst Köstring gehörten. Spätestens hier erfährt die Spionagetätigkeit von Kegel-Kurt eine unerwartete Pointe, denn seine Abschöpfquelle Köstring war der beste Beleg dafür, dass ein Überfall auf die Sowjetunion *nicht* geplant war. Über diesen schier unglaublichen Grad der Uninformiertheit des Spitzenmannes der Wehrmacht vor Ort geben seine eigenen Aufzeichnungen und Berichte unmissverständlich Auskunft. Kegel hat mit Sicherheit über diese Ansichten von Köstring detailliert Bericht erstattet, zumal Stalin und Köstring miteinander gut bekannt waren. So leistete die Spitzenquelle Kegel den Ansichten des Diktators im Kreml einen wichtigen Dienst: Sie bestätigte dessen eigene Meinung, dass der deutsche Angriff aktuell nicht ins Haus stehe.

Die vorstehende Analyse wird durch einige von der GRU freigegebene Dokumente bestätigt. Nach einer speziellen GRU-Übersicht über Barbarossa-Meldungen[71] trägt die erste einschlägige Meldung Kegel-„X" die Nr. 38; sie datiert vom 27. März 1941. In ihr gibt Kegel einen ersten vagen Hinweis an Führungsoffizier Leontjew über Hitlers geänderte Pressepolitik gegenüber der Sowjetunion weiter. Die weiteren, nunmehr dichter werdenden Meldungen sind von der Unsicherheit über den Fortgang der Ereignisse geprägt. In ihnen wird auf den Botschaftsrat Hilger Bezug ge-

70 Kegel: In den Stürmen, S. 221 ff.
71 ZA MO RF: Op. 7272, D. 1, Bl. 87–98.

nommen, nie jedoch auf Köstring, doch stattdessen auch auf Tippelskirch; das war keine Bezugnahme auf den Oberquartiermeister IV im deutschen Generalstab des Heeres, Köstings Korrespondenzpartner in Berlin, sondern hier war dessen Vetter Werner von Tippelskirch gemeint, der in der fraglichen Zeit Gesandter an der deutschen Botschaft in Moskau war.[72]

Noch einmal muss man jetzt auf die als sicher prognostizierten Angriffsdaten zu sprechen kommen. Am 5. Mai 1941 meldete Kegel Folgendes: Finde der Angriff bis zum 20. Juni 1941 nicht statt, so finde er überhaupt nicht statt. Im Wortlaut:

> Die Mehrheit der Mitarbeiter der Botschaft schickten ihre Familien nach Berlin. In der Botschaft wird die allgemeine Lage äußerst pessimistisch eingeschätzt. Man ist der Meinung, dass in den nächsten 3 Wochen die gegenwärtige Lage endgültig entschieden wird, d. h., wird der Krieg bis zum 20. 6. mit der Sowjetunion nicht geführt, so wird er überhaupt nicht stattfinden.[73]

Das war eine krasse Falschmeldung. Und wenige Tage später eine Fehlmeldung von ähnlichem Kaliber. 10. Juni 1941:

> Die Tage vom 20. bis 23. 6. 1941 sind nach der Meinung von Schieber [muss heißen: Hilger] die entscheidenden. Hitler schlug Stalin zwei Mal vor, nach Berlin zu kommen. Die Antwort soll bis zum 12. 6. 1941 gegeben werden. Wenn Stalin nicht nach Berlin kommt, dann ist der Krieg unvermeidlich. Deutschland stellt Forderungen an die Sowjetunion: a) zusätzliche Lieferung von 2,5 Mio to Korn, b) freien Transit nach Persien und die militärische Okkupation von Getreidelagern mit 4 bis 5 Mio to. Die letzte Frist der Annahme dieser Vorschläge ist der 23. 6. 1941.[74]

Stalin vertraute dieser Meldung; das wird noch zu zeigen sein; er vertraute darauf, dass es zunächst zu einer deutschen Gebietsforderung kommen werde. Seine Enttäuschung über die Fehlinformation muss grenzenlos gewesen sein. Das zeigt sich auch am weiteren Schicksal Kegels: Nach Beginn des Russlandfeldzuges kehrte er zusammen mit den anderen Diplomaten der Moskauer Vertretung ins Reich zurück. Doch anstatt Kegel im gut funktionierenden Alta-Ring der Ilse Stöbe im Auswärtigen Amt zu aktivieren, schaltete die GRU ihn kalt ab.[75]

Agenten ABZ und LZL aus der Botschaft in Bukarest: Kurt und Margarita Welkisch

Neben Stöbe und Kegel berichteten weitere GRU Agenten aus nahezu allen europäischen Hauptstädten. Erwähnenswert sind die Meldungen der

72 Teske: General Kösting, S. 190, 302.
73 Russ. Text bei: Lota: Sekretnyj Front, S. 232.
74 Russ. Text bei: Lota: Sekretnyj Front, S. 232.
75 Kegel: In den Stürmen, Schutzumschlag; S. 211 ff.; Roewer u. a.: Geheimdienste, S. 346; Sahm: Scheliha, S. 95, 151 ff.; Teske: Köstring, S. 290–321.

Agenten ABZ und LZL aus Bukarest. Hinter den Decknamen steckten Kurt und Margarita Welkisch, Angestellte an der dortigen deutschen Botschaft. Ebenso wie Kegel stammte Welkisch aus Breslau und war ebenso Jurist. Der Titel seiner Breslauer Dissertation von 1934 „Der rechtswidrige bindende Befehl in seiner Abhängigkeit von der jeweiligen Staatsauffassung" klingt wie die Vorwegnahme eines Dilemmas, mit dem sich folgende Generationen bei der Aufarbeitung der NS-Verbrechen zu befassen hatten. Und schließlich: ebenso wie Kegel wurde er Mitte der 1930er Jahre durch das GRU-Duo Herrnstadt – Stöbe für den sowjetischen Dienst angeworben.

Dann trennten sich ihre Wege. Die Welkischs fanden eine Anstellung an der deutschen Botschaft in Rumänien. Dort wurden sie in den Jahren 1940/41 von einem Mann geführt, der sich Korf nannte. Hinter diesem scheinbaren Tass-Korrespondenten verbarg sich der GRU-Offizier Michail Scharow.[76] Nach dem Beginn des deutsch-sowjetischen Krieges mussten die Russen aus Bukarest abziehen, so dass die Welkischs ihre Verbindung verloren (und die GRU zwei wertvolle Agenten).

Ob über Stöbe-Alta der Versuch unternommen wurde, die Verbindung wiederherzustellen, ist zu vermuten. Fest steht, dass Stöbe nach ihrer Festnahme im Herbst 1942 die Existenz dieser Agenten nicht preisgegeben hat, so dass die in der Botschaft den Krieg überdauern konnten. Frohen Herzens stellten sie sich im Sommer 1944 der einrückenden Roten Armee. Der Dank des Vaterlandes aller Werktätigen war ihnen gewiss, denn die nächsten Stationen lauteten: 20. September Ankunft in Moskau zur ausführlichen Vernehmung, erneuter Agenteneinsatz und 1952 Verurteilung zu langjähriger Lagerhaft.[77]

Damit sind die Hauptquellen der GRU für die Barbarossa-Meldungen abgeschritten. Wer nun einwendet, wo sind denn hier die berühmten Drei, Richard Sorge (Tokio), Alexander Radó (Genf) und vor allem Leopold Trepper (Paris), geblieben, dem ist zu entgegnen, dass ihre Meldungen eher mager (Sorge und Radó) oder gar nicht vorhanden (Trepper) waren. Sorge wird am Ende des Kapitels über den deutschen Angriff 1941 auf die Sowjetunion, Trepper im Zusammenhang mit der Zerschlagung der Roten Kapelle in Frankreich 1942 und Radó in einem eigenen Kapitel über seinen Ring in der Schweiz 1943 abgehandelt werden.

Chaos in der Lubjanka: Das NKWD/NKGB bei der Beschaffungsarbeit

Neben der GRU beschaffte auch die Auslandsabteilung INO des NKWD Meldungen über die deutschen Angriffsabsichten. Hierzu bediente sie sich

76 Lota: Sekretnyj, S. 146 f.

77 Lota: Alta, S. 166–176, 399–408, 463–467; Murphy: What Stalin knew, S. 71 ff. [dort: Völkisch].

vor allem ihrer Berliner Residentur, die bereits seit den frühen 1920er Jahren in Deutschland Fuß gefasst hatte, um Deutschland auszuspähen und zu revolutionieren. Ungezählt viele Deutsche, die meisten davon aus der KPD und ihrem Umfeld rekrutiert, hatten es für richtig gefunden, den Sowjets konspirative Handlangerdienste zu leisten.[78]

Als es für die NKWD-Residentur zum Jahreswechsel 1940/41 zum Schwur kam, ob denn nun das Deutsche Reich im Begriffe war, die Sowjetunion anzugreifen, befand diese sich in einer seltsamen Schieflage. Diese war hausgemacht, denn der Diktator in Moskau hatte seine „Große Säuberung", die in den Jahren um 1934 begann, seit 1938 auch bevorzugt auf die Sicherheitsorgane ausgedehnt, wo sein neuer Stern und georgischer Landsmann Lawrenti Berija als Generalkommissar für Staatssicherheit das Festnehmen und Morden innerhalb der eigenen Reihen übernommen hatte. Diese Maßnahmen trafen mit voller Wucht auch die Auslandskader der INO, denen man, ohne sich groß zu verbiegen, Kontakte mit dem Klassenfeind anhängen konnte, denn das war schließlich ihre Aufgabe gewesen.

Im selben Frühjahr 1941, als in Moskau die Hinweise auf die deutschen Angriffsabsichten eingingen, hatte der Herrscher im Kreml nichts Wichtigeres zu tun, als den Apparat der Geheimdienste abermals einer Umstrukturierung zu unterziehen. Der Staatssicherheitsapparat, der erst 1934 ins Volkskommissariat des Inneren NKWD eingegliedert worden war, wurde erneut aus der Innenverwaltung herausgelöst und in ein eigenständiges Volkskommissariat für Staatssicherheit umgegliedert: das NKGB. Zu dessen Chef ließ Stalin den Genossen Wsjewolod Merkulow ernennen. Ein sachlicher Grund für diese Maßnahme ist nicht erkennbar, vor allem kann man in ihr kaum eine Beschneidung der Machtbefugnisse des erst kurz zuvor zum Generalkommissar für Staatssicherheit ernannten NKWD-Chef Lawrenti Berija erblicken, da Merkulow bereits in den 1930er Jahren zum engsten Kreis um Berija gehört hatte. Das hatte ihm im September 1938 die Ernennung zum Chef der GUGB, also der Hauptverwaltung für Staatssicherheit innerhalb des NKWD, eingebracht.[79] Jetzt also war er formal, wenn auch nicht tatsächlich mit seinem alten Förderer Berija gleichgestellt.

Von der Herauslösung der Staatssicherheit aus dem NKWD war auch die Auslandsaufklärung INO betroffen, die fortan als Erste Hauptverwaltung innerhalb des NKGB firmierte. Deren Chef blieb der am 13. Mai 1939 ernannte Pawel Fitin, eine echte Notbesetzung nach der „Großen Säuberung", denn der gelernte Ingenieur hatte bis zum März 1938 im Staatsverlag für Landwirtschaft eine Redakteurstätigkeit ausgeübt. Erst zu diesem Zeitpunkt war er im Rahmen eines Parteiauftrages zum NKWD abkommandiert worden, wo er innerhalb eines Jahres zum Chef der Aus-

78 Roewer: Skrupellos, S. 372–444 mit zahlreichen Nachweisen.
79 Rayfield: Stalin, S. 424 f., 462 f.; Lit.: Whaley: Biographical Index, C 68.

landsaufklärung aufstieg.[80] Wie es bei Notlösungen häufig geht, erwies sich diese als besonders zählebig, denn Fitin behielt diesen wichtigen Posten während des gesamten Krieges bei. Erst im Sommer 1946 wurde er abgelöst, um einen Posten im Nachkriegsdeutschland anzutreten.

Nun nach Berlin: Die Seele des Spionagegeschäfts des NKWD war Alexander Korotkow.[81] Ende 1928 war der soeben 19-Jährige bei der INO eingestellt worden. Zum Legendenaufbau arbeitete er offiziell beim Moskauer Verlag Geograski. Seit Anfang der 1930er Jahre folgten Auslandseinsätze in Österreich, Frankreich und Deutschland. Wer mit ihm näher zu tun bekam, lernte ihn als Karl Kaufmann, Wassili Berger oder Alexander Erdberg kennen. Alexander Erdberg galt vielen Deutschen, die mit ihm zu tun bekamen, als ein angenehm gebildeter Russe, der 1935 offiziell an der sowjetischen Handelsmission in Berlin akkreditiert wurde. Doch in Wirklichkeit war Korotkow-Erdberg ein NKWD-Mann. Er warb und führte Agenten.

Notbesetzung an der Spitze des Auslandsaufklärung: Pawel Fitin

Auch Korotkow wurde 1938 von der „Großen Säuberung“ erfasst, nach Moskau einbestellt – und lediglich aus dem NKWD entfernt. Er war vermutlich zu jung, um irgendwelchen Seilschaften anzugehören, die sich in diesen Jahren gegenseitig massakrierten. Doch bald schon wurde der Erfolgsspion reaktiviert. Der Grund war einfach: Der einstige Nachrichtenstrom aus Deutschland war zum Rinnsal verkümmert. Radikal dezimierte Geheimdienste sind in der Regel keine ergiebig sprudelnden Quellen.

Dem allmächtigen NKWD-Chef Lawrenti Berija muss bald klar geworden sein, dass dies für ihn selbst eine Gefahr zu werden versprach. Berija hatte genug Gelegenheit, seinen Vormann Stalin zu studieren. 1938 suchte er Stalin 33 Mal in seinem Arbeitszimmer auf; die Besuche dauerten insgesamt 45 Stunden und 25 Minuten; im Folgejahr waren es bereits 108 Besuche, die 184 Stunden und 45 Minuten beanspruchten.[82] Da kann es dem Machiavellisten an der Spitze der sowjetischen Staatssicherheit nicht verborgen geblieben sein, dass Stalin einer speziellen Sucht frönte, die auf den Namen Geheimdienstbesoffenheit hörte. Also steuerte Berija um und holte die aus der INO entfernten Geheimdienstspezialisten zurück, wenn sie denn nicht bereits totgeschossen worden waren.[83] Unter den Reaktivierten

80 Uhl: Skizzen, S. 497.
81 O. Verf.: Otscherki istorii, Bd. 3, S. 414–431.
82 Chlewnjuk: Politbüro, S. 380 f.
83 Chlewnjuk: Politbüro, S. 344.

waren auch die alten Berliner Spezialisten wie Alexander Korotkow und Elisaweta Sarubina.

Bald sprudelten sie wieder munter, die NKWD-Quellen Auguste, Breitenbach, Chanum, Juna, Korse, Lutschist, Martha, Winterfeld, um nur einige zu nennen – und erstmals Starschina. Auguste, Chanum, Juna, Martha und Winterfeld gehörten zum Auswärtigen Amt. Ihre Namen sind bis heute nicht entschlüsselt. Anders verhält es sich mit den vier anderen. Breitenbach war der Kripokommissar und Gestapofunktionär Willy Lehmann, Starschina der Oberleutnant im Reichsluftfahrtministerium Harro Schulze-Boysen und der Korse war Oberregierungsrat im Reichswirtschaftsministerium; sein Klarname lautete Arvid Harnack. Lutschist schließlich, auf Deutsch: der Strahlemann, war Karl Behrens.

Wer hier wer war, wird noch ausführlich zu behandeln sein, wenn es über die Zerschlagung der Berliner Agentenringe im Jahre 1942 zu berichten gilt. Doch was verrieten die Agenten Harnack und Schulze-Boysen in ihrer Spionagephase ab 1940? Sicher alle Interna ihrer Behörden, deren sie in dieser Zeit habhaft werden konnten. Dazu gehörten auch die deutschen Angriffsabsichten auf die Sowjetunion und mit einiger Sicherheit, durch Schulze-Boysen in Erfahrung gebracht, den deutschen Angriffstermin. So jedenfalls ist es stereotyp behauptet worden.[84]

Doch auch hier lohnt es, etwas genauer hinzusehen. Januar 1941: Gut unterrichtete Kreise, so der Agent Korsikanez (= Harnack), gingen davon aus, dass man zunächst mit den Westmächten Frieden schließen müsse, um gegen die Sowjetunion militärisch vorgehen zu können. Diese Meldung klingt vernünftig, weil vernünftige Menschen sich so geäußert hatten. Doch es war eine gefährliche Falschmeldung, denn Hitler dachte gar nicht daran, eine solche Bedingung in seine Barbarossa-Planung einzustellen.

März 1941: Göring sei die treibende Kraft hinter den Angriffsvorbereitungen gegen die Sowjetunion. Das war eine harmlose Fehlmeldung, die vermutlich Kasinogeschwätz kolportierte. Sie wurde erst dadurch brisant, dass Schulze-Boysen zuvor orakelt hatte, dass Göring es sei, der hinter dem Plan stecke, mit Großbritannien und den USA zuerst einmal reinen Tisch zu machen. Im selben Monat dann die Meldung, dass der deutsche Angriffstermin der 1. Mai sei. Hier wurde sogar die Quelle genannt. Der Berliner Geschichtsprofessor Egmont Zechlin wollte dergleichen von zwei deutschen Feldmarschällen erfahren haben.[85]

84 Coppi u. a.: Dieser Tod, S. 313; Costello u. a.: Superagent, S. 128.

85 Bericht des stellvertretenden Residenten Alexander Korotkow an die INO vom 9. März 1941, abgedr. bei Coppi u. a.: Rote Kapelle, S. 114 f. = Stepaschin: Organy, Bd. 1, Buch 2, S. 46.

Dann am 2. April:

> [Alfred] Rosenbergs UdSSR-Referent [Georg] Leibbrandt[86] hat [Egmont] Zechlin darüber informiert, dass die Frage eines militärischen Angriffs gegen die Sowjetunion entschieden ist. Deutschlands totaler Krieg gegen England und die USA kann nicht gewonnen werden. Deshalb ist ein Friedensvertrag mit beiden erforderlich. Um England dazu zu bewegen, ist es notwendig, die Ukraine zu besetzen. Die Besetzung der Ukraine wird England zu Zugeständnissen zwingen.[87]

Das war eine weitere halbschiefe Fehlmeldung, die auf einem Zweckgerücht beruhte, auf das die sowjetischen Star-Agenten hereinfielen. Die Meldung war in sich unstimmig, denn es gab bei nüchterner Betrachtung keinen gangbaren Weg, um die Ukraine zu besetzen, ohne mit der Sowjetunion Krieg anzufangen. Und wieso dieser Umstand ausgerechnet Großbritannien zum Einlenken bewegen sollte, bleibt ein Geheimnis, das zu enträtseln den Kolporteuren wohl für immer vorbehalten bleibt.

Ebenso gab Schulze-Boysen seine Erkenntnisse über die Fernaufklärung der Luftwaffe gegenüber der Sowjetunion weiter.[88] Sie waren spärlich, aber ziemlich richtig. Ansonsten sind bei Starschina-Schulze-Boysen bevorzugt gefährliche Falschinformationen zu vermelden; sie datieren vom 14./15. April und 9. Mai 1941 und kolportieren das Gerücht, der deutsche Aufmarsch sei reiner Nervenkrieg und diene der Vorbereitung von Erpressungsmanövern. Das war, bei Lichte betrachtet, nichts als Kasinogeschwätz und zeigt überdeutlich, was für eine bescheidene Nummer dieser Agent wegen seiner untergeordneten Dienststellung war.

Korotkow meldete alles das nach Moskau, wenn auch nicht ohne Muffensausen, wie man ohne Weiteres unterstellen darf. Denn der Herr im Kreml, das sprach sich unter den Geheimdienstlern wie ein Lauffeuer herum, hörte die deutschen Angriffsgeschichten nicht gerne. Er verlangte einschlägige Dokumente[89], die Schulze-Boysen selbstredend nicht beschaffen konnte. Wer weiß, was der Agent Starschina-Schulze-Boysen gesagt hätte, wenn er Stalins Kommentar an seiner Meldung vom 16. Juni 1941 gelesen hätte, als er sich endlich einen deutschen Angriff zu prognostizieren festgelegt hatte:

> Gen. Merkulow. Schicken Sie diesen Informanten von der deutschen Luftwaffe zu seiner Hurenmutter zurück. Das ist kein Informant, sondern ein Desinformant.[90]

---

86 Dallin: Herrschaft, S. 98 f.

87 Stepaschin: Organy, Bd. 1, Buch 2, S. 290 (dort Leibbandt statt Leibbrandt); auf Deutsch auch: Costello u. a.: Superagent, S. 131, unter Berufung auf die NKWD-Akte Korsikanez Nr. 34118, Bd. 2, Bl. 27 (dort Liebbrandt statt Leibbrandt).

88 Coppi u. a.: Dieser Tod, S. 324; Costello: Superagent, S. 129 ff.

89 Coppi u. a.: Dieser Tod, S. 329.

90 Andrew u. a.: Schwarzbuch, S. 138 f.; Coppi u. a.: Dieser Tod, S. 336.

Kurz vor Toresschluss, d. h. im Frühsommer 1941, muss Korotkow und seine Vordermänner in Moskau der Verdacht beschlichen haben, dass es mit der Residentenherrlichkeit bald aus sein könnte.[91] Die Meldungen, die er nach Moskau abzusetzen hatte, ließen die deutschen Angriffsabsichten immer wahrscheinlicher werden. Und auch das war den eingeturnten Geheimdienstlern klar: Begann er erst, der Krieg, dann würden die Treffs auf Berlins S- und U-Bahnhöfen mit einem Schlag der Vergangenheit angehören. Denn als Legalresidenten und getarnte Botschaftsangehörige würden sie, wenn alles gut ging, aus Deutschland abziehen müssen. Es galt daher, für diesen Fall die Nachrichtenverbindungen zu sichern. Das Nachrichtenmittel für diesen Fall hieß Funk. Kurzwellengeräte waren in der Lage, die Distanz bis Moskau zu überbrücken. Die Technik war weit genug gediehen, um einen solchen Sender und einen Empfänger in einem Koffer unterzubringen. Funkgeräte waren alsbald bei der Hand.

Doch damit war das Problem keineswegs gelöst, denn das Gerät anzuknipsen und loszuschwätzen, war technisch nicht möglich. Vielmehr galt es, Funker auszubilden, die morsen konnten und in der Lage waren, die Geräte richtig zu warten und zu bedienen. Hinzu kam das Problem der Chiffrierung, die von Hand erledigt werden musste. Mit diesem Problemaufriss ist vage umschrieben, welche Probleme sich vor den Berliner NKWD-Agenten auftürmten, als Korotkow ihnen im Juni 1941 zwei Kurzwellensender aushändigte. Zumindest für die Agenten Choro-Schulze-Boysen und Korse-Harnack war so scheinbar vorgesorgt. So jedenfalls der Plan. In Wirklichkeit ging die Sache gründlich schief. Und sie war der Anfang vom Ende der NKGB-Berlin-Spionage und führte zur Zerschlagung der Gruppen und der Hinrichtung ihrer Mitglieder.

Von hinten durch die Kalte Küche: Barbarossa-Meldungen via USA

Vielfach war nach dem Krieg zu lesen, dass die Sowjets über den deutschen Angriffsplan via USA und Großbritannien exakt informiert waren. Stalin habe dergleichen als Desinformation des britischen Geheimdienstes abgetan. Auch in diesem Fall stimmen die Fakten mit den angeblich gesicherten Erkenntnissen nicht überein. Richtig ist, dass zahlreiche Hinweise auf den bevorstehenden Russlandkrieg bei den Westmächten abgeladen wurden. Sie stammten zumeist von eingeschworenen Systemgegnern des NS-Regimes, aber die Informationen waren längst nicht immer richtig bzw. nachrichtendienstlich brauchbar.

Hierzu einige Beispiele: Einer der Informanten der US-Botschaft in Berlin war Arvid Harnack, der Sowjetagent Korsikanez-Korse. Harnacks Verbindungsmann war der Diplomat Donald Heath, der neben seinem diplomatischen Frack auch ein nachrichtendienstliches Gewand trug, das

91 Weisung der INO an den Stellvertretenden Residenten Alexander Korotkow vom 30. April 1941, abgedr. bei: Coppi u. a.: Rote Kapelle, S. 129.

aus dem US-Finanzministerium finanziert wurde. Harnacks Verbindung zu den US-Amerikanern war unschwer zu bewerkstelligen, da seine Frau Mildred US-Amerikanerin war, deren Kontakte in die kleine US-Kolonie kein Problem darstellten.[92] Was Harnack an die Amerikaner über Barbarossa lieferte, ist bestenfalls das, was auch aus den sowjetischen Quellen bekannt ist – also viel Ungenaues, wenn nicht gar Falsches.

Einer von Harnacks Zuträgern war Otto Donner, ein Wirtschaftswissenschaftler, der eine Nichte von Mildred Harnack geheiratet hatte.[93] Donner wurde von Harnack an die US-Amerikaner durchgereicht, die er über seine Mutmaßungen zum deutschen Angriffskrieg gegen die Sowjetunion informierte. Seine Erkenntnisse stammten aus seiner Tätigkeit in der Göring'schen Behörde des Beauftragten für den Vierjahresplan.[94] Auch bei Donner ist es so, dass sich seine Informationslieferungen an den sowjetischen Meldungen spiegeln lassen, denn Harnack gab die Donner-Erkenntnisse auch an seinen sowjetischen Führungsoffizier weiter. Der setzte sie nach Moskau um; die einschlägigen Informationen sind von ihm als Quelle „Iks" bzw. als „Der Anonyme" gekennzeichnet worden. Wie schon bei Harnack selbst dargestellt, waren diese Informationen in der heutigen Draufsicht insofern richtig, als sie die deutsche Angriffsabsicht schilderten. Einzelheiten bzw. die Begleitumstände waren indessen fragwürdig.

Nun zu einem Mann mit ganz anderen Zugängen. Er sorgte dafür, dass bereits die Loßberg-Studie, also der erste Entwurf eines Russlandfeldzuges aus dem OKW im Spätsommer 1940[95], nicht geheim blieb. Doch hier war kein berühmter Agent am Werke, sondern die Wirklichkeit sah so aus, dass Bernhard von Loßberg das, was er da tat, nicht für sich behalten konnte. Er vertraute sich so, wie das menschlich ist, unter dem Siegel strengster Verschwiegenheit versteht sich, einem Freunde an. Dieser Freund hieß Hans Herwarth von Bittenfeld, ein junger Diplomat, der seine ersten Sporen als Attaché an der deutschen Botschaft in Moskau verdient hatte. Jetzt war der wegen jüdischer Vorfahren Verfemte Soldat der Wehrmacht; er diente als Leutnant in der einzigen deutschen Kavalleriedivision, mit der er soeben den Frankreichfeldzug mitgemacht hatte. Herwarth notierte:

> Mitte August 1940 wurde ich durch den Fernschreiber zum Wehrmachtsführungsstab beordert. Ich sollte mich bei meinem Vetter Oberst Bernhard von Loßberg melden. Er war ein paar Jahre älter als ich, hatte am Ersten Weltkrieg teilgenommen und wir waren seit unserer gemeinsamen Berliner Zeit in den Jahren 1927 bis 1931 gute Freunde. Er war hünenhaft groß, langsam und gesetzt in seinen Bewegungen, hatte aber einen quicklebendigen Geist. … Er kam sofort zur Sache. Hitler hatte befohlen, eine Studie auszuarbeiten, die

92 Brysac: Harnack, S. 282–287, 313–318, 327 f.

93 Brysac: Harnack, S. 434.

94 Chawkin u. a.: Russische Quellen, S. 113.

95 Post: Unternehmen Barbarossa, S. 216–218; MGFA: Das Deutsche Reich und der Zweite Weltkrieg, Bd. 4, S. 229–233.

> einen möglichen Angriff auf Russland zum Gegenstand hatte. Natürlich war dieser Auftrag streng geheim und nur wenigen hohen Offizieren bekannt. … Als ich Loßberg im September 1940 wiedersah, sagte er mir, der Plan sei im Augenblick nicht mehr akut.[96]

Im letzten Halbsatz steckt der Clou: Der Plan ist nicht mehr akut. Selbstverständlich sprach Herwarth, der ein erbitterter Hitler-Gegner war, mit seinen US-amerikanischen und britischen Kontaktleuten aus den Moskauer Diplomatenjahren über das Gehörte. Gelegenheit bot sich, als der Ex-Diplomat im Herbst 1940 mit Hilfe seines Diplomatenpasses, den er einfach behalten hatte, und mit der Einwilligung und im Auftrag seines Regimentskommandeurs nach Moskau reiste, um dort Kaviar einzukaufen. Hierzu verwandelte sich der Offizier in Warschau in einen Zivilisten und Diplomaten und fuhr mit der Eisenbahn los. Auch so etwas gab es in dieser Zeit.[97] Die Amerikaner trauten ihren Ohren nicht – und vermutlich ebenso wenig ihrem Informanten.

Zum Jahreswechsel 1940/41 war Herwarth nach Berlin abgeordnet, wo er als Russisch-Dolmetscher dem Oberstingenieur Dietrich Schwenke im Reichsluftfahrtministerium zur Hand ging, der an der Bearbeitung von Studien über die sowjetische Luftrüstung saß. Was er hier mitkriegte, gab er an die US-Amerikaner weiter. Sein Kontaktmann in der US-Botschaft war der Handelssekretär Sam Woods, der sich als Amateur-Nachrichtendienstler ins Beschaffungsgeschäft begeben hatte. Er verpasste Herwarth den Code-Namen Johnny und berichtete brühwarm nach Washington.[98]

Woods Informationen galten als brisant und zuverlässig, da er noch eine zweite Quelle zu bieten hatte, die Einschlägiges zu vermelden wusste. Das war der Nationalökonom und ehemalige Reichstagsabgeordnete des Zentrums Erwin Respondek, den Woods mit dem Codenamen Ralph versah.[99] Respondeks Barbarossa-Informationen sollen vom Generalstabschef des deutschen Heeres, Franz Halder, gestammt haben, mit dem Respondek befreundet war.[100] So ist es vielfach gesagt worden[101], doch es lässt sich in dieser Schärfe nicht nachweisen. Richtig ist vielmehr, dass Respondek in der fraglichen Zeit des Jahres 1940/41 als Finanzexperte in einer Behörde damit beschäftigt war, eine Währung für im Osten zu besetzende Gebiete zu kreieren. Er gab einen Mustergeldschein an Woods weiter. Die Meldungen über die deutschen mutmaßlichen Absichten wurden im US State De-

96 Herwarth: Hitler und Stalin, S. 206 f.
97 Herwarth: Hitler und Stalin, S. 207 f.
98 O. Verf.: Johnnies Geheimnis, S. 34–39.
99 Houten Dippel: Two against Hitler, passim.
100 Hillgruber: Hitlers Strategie, S. 440 f. [unbekannter Informant].
101 Marschall Andrej Gretschko, in: Woenno-istoritscheskij shurnal 6/1966, S. 8, 25, zit. nach Suworow: Eisbrecher, S. 314; auch: Ostrjakow: Militärtschekisten, S. 133 (auf diese Weise sei die Loßberg-Studie bereits nach elf Tagen in Moskau bekannt geworden).

partment gebündelt und im März 1941 an den sowjetischen Botschafter in Washington, Konstantin Umanski, weitergegeben.[102]

Das Ergebnis ist bekannt: Stalin beachtete diese Warnung nicht. Hätte er sie beachten müssen? Doch auch hier gilt: Die Informationen waren in keinem Fall besser oder genauer als diejenigen, die der sowjetischen Seite über ihre GRU- und NKGB-Agenten zugegangen waren. Bei Harnack und Donner liegt das auf der Hand, denn ihre Meldungen an die Amerikaner sind mit hoher Wahrscheinlichkeit identisch mit jenen, die auch die Sowjets unmittelbar erhielten. Aber auch die US-Informanten Johnny und Ralph hatten keinen unmittelbaren Zugriff auf den Kern der Barbarossa-Planung. Bei Herwarth-Ralph kam hinzu, dass er Berlin schon längst verlassen hatte, als die Barbarossa-Planung in ihre entscheidende Phase ging; den OKW-Vetter Loßberg, der im Übrigen nicht mehr zuständig war, anzurufen und nach dem Stand der Dinge zu fragen, hätte außerhalb jeglicher Möglichkeit gelegen und vor dem Kriegsgericht geendet. So brach die Informationskette Herwarth-Woods ab. Herwarth hätte aus Polen, wo er inzwischen Dienst tat, ohnedies nichts Gescheites zu melden gehabt – und schon gar nicht, ob sich bei der Barbarossa-Planung der OKW-Entwurf seines Vetters Loßberg oder der konkurrierende Entwurf aus dem OKH, der auf eine Studie von Generalmajor Erich Marcks zurückging, durchgesetzt hatte.[103] So bleibt es bei dem eingangs Festgestellten: Dass das Deutsche Reich die Sowjetunion anzugreifen beabsichtigte, stimmte in den Meldungen, die hierüber nach außen gelangten; nicht verlässlich jedoch waren Meldungen, die sich um das Wann und Wie drehten.

Schlaf gut. Deutsche Desinformationen

Der deutsche Aufmarsch im Osten wurde in mehreren Wellen von Maßnahmen der Desinformation begleitet. In der späteren, vor allem deutschen Literatur hat es nicht an Hinweisen gefehlt, dass Stalin und die sowjetischen Nachrichtendienste auf kunstvolle deutsche Desinformationsmanöver hereingefallen seien.[104] Auch die sowjetische Seite legte nach dem Krieg den größten Wert darauf, dass deutsche Desinformation im Spiele gewesen sei.[105] Bereits in den Vernehmungen des kriegsgefangenen Abwehr-II-Obristen Erwin Stolze, die im Dezember 1945 niedergeschrieben wurden, ließen die Smersch-Offiziere den Gefangenen folgenden Text zu Papier bringen:

---

102 Maser: Wortbruch, S. 284 f. (mit der Respondek-Version).

103 MGFA: Das Deutsche Reich und der Zweite Weltkrieg, Bd. 4, S. 202–248.

104 Höhne: Krieg, S. 352 ff. ders.: Canaris, S. 434; Kurowski: Kommandotrupps, S. 90 f.; Wassiltschikow: Tagebücher, S. 73 (Kolportieren des Ukraine-Gerüchts).

105 IMT: Nürnberger Prozess, Bd. 7, S. 300 f. (Vortrag sow. General Zorya unter Hinweis auf die Aussage von Bentivegni).

> Aus der Anzahl anderer Maßnahmen der obersten deutschen Kriegführung in Bezug auf die Verwirklichung des Plans Barbarossa ist mir eine Beratung der Vertreter aller Wehrmachtteile bekannt, die Anfang Mai 1941 unter Leitung des stellvertretenden Chefs des deutschen Wehrmachtführungsstabes – General [Walter] Warlimont – in Krampnitz bei Potsdam stattfand. Außer General Warlimont und seinen Mitarbeitern wohnten der Beratung bei: Chef der Abteilung Wehrmachtspropaganda, Oberst (später General) [Hasso] von Wedel, Vertreter der Abwehr, u. a. Oberst Rudolf[106], Oberst Lahousen und ich sowie auch Vertreter der drei Wehrmachtsteile, an deren Namen ich mich nicht entsinnen kann. Warlimont leitete diese Beratung im Namen des Generals Jodl und schlug vor, besonders wirksame Maßnahmen zur Tarnung des Überfalls auf die Sowjetunion auszuarbeiten.
>
> Die Beratung kam im Laufe der Aussprache zu der Ansicht, dass die Vorbereitung zum Überfall auf die Sowjetunion am besten durch eine vorgetäuschte Durchführung der Maßnahmen zur Verwirklichung des „Plans Seelöwe", das heißt des Landungsplans für die britischen Inseln, getarnt werden könne.
>
> Zu diesem Zweck war die Verlegung eines bedeutenden Teiles der deutschen Kriegsmarine in die Häfen der französischen und deutschen Nordseeküste sowie die Zusammenziehung der Luftwaffenverbände auf den französischen Fliegerhorsten vorgesehen.[107]

Das ist nur eine der Desinformationsmaßnahmen, die im Frühjahr 1941 über die Bühne ging. Anderes folgte oder fand gleichzeitig statt. Inhaltlich ging es um völlig verschiedene, oft nicht mal miteinander zu vereinbarende Dinge, deren einziger gemeinsamer Nenner das Ablenken von den deutschen Offensivabsichten gegenüber der Sowjetunion war. Bemerkenswert erscheint, dass es hier keinerlei Koordination gab, sondern zahlreiche Dienststellen aus Staat und Partei eher gegen- als miteinander arbeiteten. Es lässt sich auch nicht mehr nachvollziehen, wann genau die Desinformationsmaßnahmen anliefen – nach Walter Warlimont erfolgte eine erste einschlägige Weisung an Admiral Canaris bereits im September 1940[108] –, unklar bleibt auch, wer in Person sie anordnete; vermutlich war es Hitler selbst. Klar ist lediglich, dass es der stellvertretende Chef des Wehrmachtsführungsstabes in Person war, also der Generalmajor Walter Warlimont, der die Dinge koordinierte und die einschlägigen Anordnungen unterschrieb.[109]

Aus der Fülle der einschlägigen Informationen seien die interessantesten Fälle herausgegriffen. Hierbei ging es inhaltlich um zwei einander widersprechende Gerüchte: Das eine besagte, ein Angriff gegen die Sowjetunion sei geplant, er käme aber erst nach Erledigung des Kriegsgegners Großbri-

106 Recte: Oberst Friedrich Rudolph?

107 Niederschrift Erwin Stolze vom Dezember 1945, abgedr. bei Mader: Spionagegenerale, S. 187 f.

108 Warlimont: Im Hauptquartier, S. 151.

109 Siehe z. B. Aussage Generalleutnant Bentivegni vom Dezember 1945, abgedr. und z. T. abgeb. bei Mader: Hitlers Spionagegenerale, S. 249–253.

tannien in Betracht. Zahlreiche der oben genannten Barbarossa-Meldungen kolportierten exakt diese Variante. Das andere Gerücht besagte, man wolle die Sowjetunion im Wege von Verhandlungen nötigen, die Ukraine an das Deutsche Reich abzutreten; gelinge dies nicht, so gebe es Krieg. Diese Variante der Flüstermeldungen hatte den Vorzug, dass sie erklären konnte, warum der Truppenaufmarsch an der Ostgrenze des Reiches stattfand. Nun zu den Agenten, die diese Schein-Nachrichten mit Erfolg transportierten.

Ein Lette mit zwei Schultern: Orest Berlings

Der Desinformant Nummer eins war Orest Berlings, ein lettischer Journalist, der in der Reichshauptstadt akkreditiert war. Berlings wurde von der sowjetischen Auslandsaufklärung INO am 15. August 1940 unter Vertrag genommen, da er über gute Drähte ins Auswärtige Amt und in die NS-Dienststelle Ribbentrop verfügte, die von den Sowjets seit Jahren schon unter enger Beobachtung stand. Berlings erhielt den Decknamen Lizeist (Lizeumsschüler); sein Führungsoffizier war der Berliner Resident der INO Amajak Kobulow, ein Mann aus der Berija-Bande, der seit dem 26. August 1939 in Berlin angelandet war und dem (hinter der Hand) nachgesagt wurde, er habe vom Geheimdienstgeschäft rein gar nichts verstanden.[110]

Dieses abschätzige Urteil liegt nicht zum wenigsten an dem Agenten Berlings-Lizeist. Scheinbarer Abschöpfpartner von Orest Berlings war der alte Parteigenosse Rudolf Likus[111], 1892 in Metz geboren, ein alter Haudegen der NSDAP. Von 1912 bis zum Kriegsende war der Mann preußischer Unteroffizier. Das genügte ihm keineswegs, sondern er fügte nahtlos eine Freikorpskarriere an, die ihn im Baltikum und im Paderborner Land die Waffe führen ließ. Von dort wechselte er in die konspirative Mörderbande „Organisation Consul“ des Korvettenkapitäns a. D. Hermann Erhardt und schließlich in die SS. Ein Jahr nach der Machtergreifung verdingte er sich ehrenamtlich für den SD und noch ein Jahr später hauptamtlich in der Dienstelle Ribbentrop. Mit dem Aufstieg seines Vormannes zum Reichsaußenminister gelang auch dem Parteisoldaten der Sprung in die Diplomatenkarriere; 1941 war er als Vortragender Legationsrat Leiter des Referats Deutschland II und Verbindungsreferent zum Reichsführer SS.

Hinter der nichtssagenden Bezeichnung D II verbarg sich eine interessante dienstliche Funktion, nämlich die unmittelbare Zusammenarbeit mit dem SD-Ausland, und zwar in der Weise, dass diplomatisches Personal, welches an den deutschen Auslandsvertretungen für den SD angeworben worden war, ein eigenständiges Informationsnetz, den so genannten Likus-Dienst, bildete. Über die Werthaltigkeit dessen, was da über Likus'

---

110 O. Verf.: Organy gosudarstwennoj besopasnosti SSSR, Tom 1, Kniga 2, S. 72; Besymenski: Stalin und Hitler, S. 351; Zarew u. a.: Superagent, S. 134 f.

111 Döscher, SS und AA, S. 209 f.

Schreibtisch in Richtung Reichsaußenminister und Reichsführer SS ging, ist nach dem Krieg aus diplomatischer Feder naturgemäß nur Schmähendes zu Papier gebracht worden – aber es stimmt in dieser Schlichtheit nicht.

Für den informationshungrigen sowjetischen Geheimdienstler Kobulow, der sich in Berlin zu Höherem qualifizieren wollte, musste Likus eine Zielperson von besonderem Interesse sein. Also setzte er zum Jahreswechsel 1940/41 einen seiner Agenten auf ihn an – Orest Berlings, so dachte er jedenfalls. Was keiner ahnte: Berlings verdingte sich auch beim Likus-Dienst.[112] Und bei der Verteilung der Loyalitäten trug der Agent auf der deutschen Schulter etwas zuverlässiger, so dass über ihn Gerüchte über angebliche Meinungsverschiedenheiten in der deutschen Führung bezüglich der weiteren Kriegsplanung abfließen konnten.

Scheinbarer Informant von Berlings war zum Beispiel Oberst Josef (Beppo) Schmid. Das wäre, wenn es denn gestimmt hätte, eine erstrangige Quelle gewesen, denn Schmid war seit Januar 1938 Leiter der Abteilung Fremde Luftmächte im Generalstab der Luftwaffe. Feindnachrichten wurden hier gesammelt und ausgewertet, bevorzugt auch solche über die Sowjetunion, die mit Masse aus den Luftbildern der Fernaufklärergruppe Rowehl stammten. Berings gab gegenüber seinem Führungsoffizier Kobulow zum Besten, dass er neben dem deutschen Obristen einen Mann aus dem Auswärtigen Amt namens Schlottmann am Wickel habe.[113]

NKWD Residenten Unter den Linden: Amajak Kobulow und Alexander Korotkow (links)

Zum Informationsangebot von Berlings gehörten auch scheinbare deutsche Interna während des Besuchs von Molotow in Berlin im November 1940. Im Dezember 1940 fügte er hinzu, dass die deutsche Außenpolitik in jedem Fall einen Zweifrontenkrieg verhindern wolle. Im Januar 1941 wusste der stolze Führungsoffizier Amjak Kobulow unter seinem Decknamen Zucker nach Moskau zu vermelden, dass Hitler selbst bereits im Sommer 1940 die Angriffsvorbereitungen der Wehrmacht gegen die Sowjetunion gestoppt hätte; als Abschöpfquellen hatte Berlings auf einen Publizisten namens Klaus von der Deutschen Allgemeinen Zeitung und

112 Dienststelle Ribbentrop: Akte Peter.

113 O. Verf.: Organy gosudarstwennoj besopasnosti SSSR, Tom 1, Kniga 2, S. 72 f., 287.

auf einen Oberst Blau hingewiesen.[114] Bei diesem Oberst Blau, so ist gemutmaßt worden, habe es sich um die sowjetische Deckbezeichnung von Oberst Beppo Schmid vom Luftwaffenführungsstab (Blau = Feindlage in sowjetischen Armeekarten)[115] gehandelt, doch das ist ein geheimdienstlicher Salto zuviel. Vielmehr stimmt Blau tatsächlich, auch, was er sagte, stimmt – wenn man so will. Oberstleutnant Dr. Albrecht Blau war nämlich Gruppenleiter IV a in der OKW-Abteilung Wehrmachtspropaganda. Sein Beruf war die psychologische Kriegführung, seine Profession die Desinformation[116], speziell das Unternehmen Barbarossa betreffend. Blau wurde offenbar unverzüglich tätig, die einschlägige Meldung von Amjak Kobulow ist anders nicht zu erklären.

Nebenbei bemerkt: Das stümperhafte Agieren von Kobulow hatte Licht- und Schattenseiten. Der 1906 in Tiflis geborene Armenier konnte so alsbald von Schellenbergs Spionageabwehrleuten als der NKWD-Resident identifiziert werden und in der Folgezeit unter enger Beobachtung gehalten werden. Diese unfreiwillige Stümperei hatte für die Sowjets auch ihr Gutes. Sie lenkte von Kobulows Vertreter Korotkow ab, dessen Tätigkeit für das NKGB während seines Aufenthalts in Berlin durch die Gestapo nicht erkannt wurde. [117]

Ein ehrenwerter Mann nach allen Seiten: Doktor Ludwig Weißauer

Ein weiterer wichtiger Desinformant war der Bayer Ludwig Weißauer, ein Jurist. Seine ersten Brötchen verdiente er nach dem Zweiten Staatsexamen 1927 am Internationalen Arbeitsamt (ILO) in Genf. In den 1930er Jahren war diese ehrenwerte Behörde eine bevorzugte Kaderreserve der sowjetischen Geheimdienste; doch nicht im Falle Weißauers, zumindest ist nichts davon bekannt. 1931 zog es ihn nach Berlin und in die NSDAP, aus der er im Folgejahr nach dem Stennes-Putsch ausgeschlossen wurde. Im Oktober 1940 wurde er bei der Luftwaffe als Regierungsrat dienstverpflichtet. Als angeblicher Vertrauter Görings diente er in Wirklichkeit jedoch dem SD-Ausland, für den er Friedensfühler über Schweden und Finnland nach Großbritannien ausstreckte. Im Frühjahr 1941 wurde seine Einsatzrichtung geändert. Am 5. Mai 1941 suchte er den finnischen Staatspräsidenten Risto Ryti auf, um ihm mitzuteilen, dass der deutsch-sowjetische Krieg nicht

Ein reputierlicher Agent: Ludwig Weißauer

114 O. Verf.: 1941 god, Kniga 1, S. 338.
115 Z. B. Dost u. a.: Sowjetstreitkräfte, S. 40 f., 216 f.
116 Blau: Propaganda als Waffe; ders.: Geistige Kriegführung.
117 Rayfield: Stalin, S. 424; Schellenberg: Aufzeichnungen, S. 458 f.

vor Frühjahr 1942 geplant sei. Weißauers Aussagen machten die Runde. Prompt meldete der Resident des NKWD, Boris Rybkin, nach Moskau, der finnische Staatspräsident habe auf einer Sitzung des Kabinetts am 31. Mai erklärt, dass entgegen den offiziellen Verlautbarungen Verhandlungen zwischen dem Deutschen Reich und der Sowjetunion stattfänden.[118] Was der finnische Politiker vier Wochen später gedacht haben mag, ist nicht überliefert.[119]

Noch einmal Weißauer: Er machte weiterhin Karriere. Zunächst im Reichsministerium für die besetzten Ostgebiete und (zur Linken) weiterhin für den Sicherheitsdienst des Reichsführers SS, später wurde er Demokrat und entdeckte seine Liebe zu den Gewerkschaften, für die er 1957 in den Bayerischen Senat einzog.

Über Eck ans Ziel: Falschinformationen an den Verbündeten Japan

Wie perfekt diese vom SD-Ausland eingefädelte Desinformation funktionierte, kann auch am Beispiel eines anderen potenziellen deutschen Verbündeten nachvollzogen werden. Die Rede ist von Japan. Es waren der japanische Botschafter in Deutschland und sein Heeresattaché, die dem Nachrichtenmüll aufsaßen. Hierüber sind wir deswegen informiert, weil das japanische Pendant in Stockholm, der Heeresattaché Ondera Makato, dergleichen mitbekam und seine Frau es der Nachwelt hinterlassen hat.[120]

Beide, der Berliner und der Stockholmer japanische Resident, hatten, wie sie sagten, zuverlässige Quellen: In Berlin gab es einen angeblichen Vertrauten des Führers (möglicherweise war das erneut Weißauer), Ondera in Stockholm hingegen beschäftigte einen Polen namens Michal Rybikowski[121], dem es gelungen war, über die Ostsee hinweg eine Agentenverbindung ins besetzte Polen und nach Deutschland zu unterhalten.

Hier muss man einen Moment verweilen, denn diese Geschichte verdient es, wegen ihrer strukturellen Verrücktheit erzählt zu werden. Im Chaos der militärischen Zerschlagung Polens durch die deutsche Wehrmacht und die Rote Armee im September 1939 flohen die polnischen Militärgeheimdienstler in alle Himmelsrichtungen. Einige von ihnen schlüpften bei den japanischen Residenturen in Berlin, Kaunas und Stockholm unter und verwandelten sich von polnischen Staatsbürgern in exilierte Russen, ausgestattet mit Pässen aus dem fernen japanischen Marionet tenstaat Manschukuo; damit konnte man in Europa prima reisen. Ihre japanischen Neufreunde hatten ein starkes Interesse an diesem Spionage-

118 Besymenski: Stalin und Hitler, S. 490.

119 Gellermann: Geheime Wege zum Frieden mit England, S. 10–116; McKay: From Information to Intrigue; Manninen: Ludwig Weissauer i hemliga uppdrag, S. 177–193.

120 Ondera: An den Gestaden der Ostsee, S. 108–114.

121 McKay: From information to intrigue, S. 144–146, 174; Ondera: An den Gestaden der Ostsee, S. 105 f., 114–119, 161–174; Schellenberg: Aufzeichnungen, S. 151 f.

zuwachs, denn nach dem Hitler-Stalin-Pakt, der auch in Tokio wie eine Bombe eingeschlagen hatte, wurden Japans Residenturen angewiesen, den deutschen Verbündeten genauer unter Kontrolle zu nehmen.[122]

So entstand unter dem Polen Michal Rybikowski in der japanischen Residentur in Stockholm eine gegen das Deutsche Reich gerichtete Subagentur. Diese funktionierte nach Deutschland hinein deswegen so gut, weil die Japaner es erlaubten, dass die Polen die japanische diplomatische Kurierpost benutzten. Auf diese Weise verkehrte also Rybikowski (Stockholm) mit seinen beiden in Deutschland ansässigen Hauptquellen, von denen eine in der japanischen Botschaft in Berlin saß.

So erfuhr nebenbei Rybikowskis japanischer Brötchengeber Onodera, was sich in der Berliner Botschaft tat, und nutzte dies, seine Berliner Konkurrenz im fernen Tokio kräftig anzuschwärzen. Onodera ahnte hierbei nicht, dass seine polnischen Agenten auch den Deutschen über dieses Tun ungewollt Mitteilung machten. Und das kam so: Der polnische Rybikowski-Ring hatte seine Loyalität nach allen möglichen Richtungen verteilt. An erster Stelle stand allerdings die Exilregierung des untergegangenen Polen. Diese residierte in London und wurde über Funk von Schweden aus bedient. Das war nur deshalb möglich, weil Schweden weiterhin die Botschaft Polens in Stockholm duldete. So flossen die Nachrichten aus dem Rybikowski-Ring nach London und somit letztlich zum britischen Auslandsdienst SIS/MI 6 ab.

Der polnische Funkverkehr wurde von der deutschen Funkabwehr erfasst und entziffert. So konnten Abwehr und Gestapo Stück um Stück Struktur und Nachrichtenverkehr der Polen aufdecken. Der Leiter der deutschen Gegenspionage III F, Oberst Joachim Rohleder, hat dies gegenüber seinen britischen Vernehmern nach dem Krieg eingeräumt.[123] Hinzuzufügen ist, dass die Deutschen im Jahr 1940/41 sicher mit Häme zur Kenntnis nahmen, was auf dem polnischen Funkwege über das Kriegsunternehmen gegen Russland transportiert wurde. Erst als der Krieg dann tatsächlich losbrach, machte die Gestapo diesen Sack zu. Kurz *nach* dem deutschen Angriffsbeginn gegen Russland wurde der polnische Zuträger der japanischen Botschaft in Berlin festgenommen. Sein Klarname war Alfons Jakubianiec.[124] Aus dem Umstand, dass man ihn bis kurz vor Kriegsende am Leben ließ, kann gefolgert werden, dass er in Gegenspiele eingebaut wurde.

Nun zu den Russen: Auch sie bekamen zumindest teilweise serviert, was hier getrieben wurde, und das gleich auf zwei Kanälen. Zum einen war es

122 Pulvers: Chiune Sugihara; Palasz-Rutkowska: Polish-Japanese Secret Cooperation During World War II.

123 Home Office/MI 5: Fallakte Joachim Rohleder; zu dessen Aussagen gegenüber schweizerischen Nachrichtendienstlern: Kamber: Geheime Agentin. Materialien, S. 218.

124 MacKay: From Information to Intrigue, S. 145, 274; Onodera: An den Gestaden, S. 163 [dort: Jakovicz]; Pollack: Wywiand, sabotaź, dyversja.

die sowjetische Funküberwachung. Sie war in den japanischen Diplomatencode eingebrochen. So kamen scheinberuhigende Nachrichten über die deutschen Kriegsabsichten aus der Berliner Botschaft nach Moskau. Zum anderen war es ein Agent, der sehr wahrscheinlich wie ein Wurmfortsatz an den soeben geschilderten Agentenaktivitäten hing. Sein Name war Ludvig Jakobsen; er war der Militärattaché Estlands in Berlin.[125]

Wenn man bei den deutschen Diensten sagt, einer trägt auf zwei Schultern, so bedeutet das, dass er Diener zweier Herren ist. Bei Jakobsen müsste man, um im Bilde zu bleiben, noch ein paar Körperteile dazuerfinden. Als Jugendlicher war Jakobsen am russischen Kadettenkorps in Simbirsk ausgebildet worden. Bis der Erste Weltkrieg zu Ende ging, hatte er es bis zum russischen Stabskapitän geschafft, dann wechselte er in die neu gegründete estnische Armee, in der er rasch Karriere machte. In der Zeit von 1924 bis 1930 sehen wir ihn in Polen, wo er neben seiner Tätigkeit als Militärattaché die polnische Militärakademie als Hörer besucht. Es folgt ein Zwischenspiel in Estland als Regimentskommandeur und als Militäradjutant des estnischen Staatsoberhauptes. Dann 1938 erneuter Auslandseinsatz: Jakobsen wird Militärattaché in Deutschland. Es ist die hohe Zeit der Zusammenarbeit zwischen der Abwehr und den Esten. Jakobsen wird in Deutschland *persona gratissima*. Die Briten testeten noch vor dem Krieg, wie weit das wohl gehen mochte, und luden zu diesem Zweck Jakobsen auf einen Empfang ein, dort ließen sie ihn mit dem deutschen Ex-General Rüdiger von der Goltz zusammentreffen. Was würde der Este tun? Bis vor Kurzem hätte er auf dem Absatz kehrt gemacht, denn wie kaum ein zweiter Deutscher war Goltz der verhasste Exponent deutscher Interventionsstreitkräfte, die 1919 in den baltischen Staaten eine schreckliche Blutspur gezogen hatten. Jetzt konnte man die beiden beobachten, wie sie sich längere Zeit freundlich miteinander unterhielten.[126] Besser konnte man die Zeitenwende kaum öffentlich darstellen.

Jakobsen gehörte als Berliner Knotenpunkt für die Abwehr nunmehr zu derem estnischen Trio: Neben ihm waren das die Obristen Maasing, vormals Chef des estnischen Militärgeheimdienstes und jetzt Militärattaché in Schweden, und Vilhelm Saarsen, Chef des Militärgeheimdienstes. Als Estland im Sommer 1940 zerschlagen wurde, änderten sich die Dinge nur wenig: Maasing blieb in Stockholm, Saarsen ging via Berlin nach Helsinki, wo er eine estnische Geheimtruppe aufbaute, und Jakobsen blieb in Berlin. Er blieb Kontaktmann der Abwehr – blieb es bis zu ihrem Untergang. Aber das war nicht alles. Er ließ sich zudem spätestens 1940 vom NKGB als Agent anwerben. Hierüber sind wir informiert, da das KGB ihn aus

125 Ero Medijainen: Der Beginn der estnisch-deutschen diplomatischen Beziehungen; Onodera: An den Gestaden der Ostsee, S. 111 (dort: Jacobsen); Estland Rada Januar 1962 [dort Todesanzeige].

126 O. Verf.: Meeting between Rüdiger von der Goltz and Ludvig Jakobsen.

weislich der estnischen KGB-Akten 1955 zu reaktivieren suchte.[127] Jakobsen war für die Russen ein klarer Fall; er arbeitete gegen Geld. Wie sein Funkdeckname war, ist unklar. Vielleicht war er der bis heute unentschlüsselte Ljesowod (Waldmensch); dafür spricht die gallig ironische Art der Vergabe von Code-Namen durch die INO. Der stellvertretende NKGB-Resident Korotkow wurde am 15. März 1941 angewiesen, ihn über die Richtigkeit der Meldungen von Korsikanez (= Arvid Harnack) verdeckt zu befragen.[128] Dessen missverständliche Barbarossa-Informationen wurden bereits erörtert. Ist Jakobsen Ljesowod, so dürfte er sie bestätigt haben, denn auch er kannte die Realität des Barbarossaplans bis kurz vor Beginn des Russlandfeldzuges nicht.

Unfreiwillige Helfer: Deutsche Sowjetagenten und die ungewollte Desinformation

Neben den soeben geschilderten gezielten Desinformationen, die an die sowjetische Adresse abgingen, hatte die deutsche Seite Helfer, von denen sie nichts ahnte. Diese vermittelten Stalin politisch-ideologische Gründe, an den übermittelten Angriffsterminen zu zweifeln. Er war, was gern vergessen wird, ein kommunistischer Revolutionär, der wusste, dass er auf der richtigen Seite kämpfte. Dieser Standort ließ ihn zum Gefangenen der Informationen derjenigen werden, die mit ihm auf derselben Seite der Barrikade standen.

Jahrelang hatten ihm exilierte Funktionäre aus allen Staaten Europas, vor allem aber aus Deutschland, versichert, dass das deutsche Proletariat einen Angriff auf die Sowjetunion niemals mitmachen werde. Das war ein riskanter Standpunkt, denn er stimmte mit der deutschen Wirklichkeit nicht überein. Es war ein Phantom, das aus Berichten über mutige oder leichtfertige Widerstandshandlungen von Kommunisten im Reich und in den besetzten Gebieten gespeist wurde. Diese Flugblattaktionen und wenigen Sabotageakte gab es tatsächlich; allein bei Kriegsbeginn Anfang September 1939 hatte es in Berlin einen spektakulären Sprengstoffanschlag gegeben, der nie aufgeklärt wurde, vermutlich jedoch auf das Konto tschechischer Nationalisten ging.[129]

Doch aus solchen Aktionen eine Volksbewegung gegen den Krieg destillieren zu wollen, war eine peinliche Fehlinterpretation. Stalins Claqueure aus der Komintern verhedderten sich in ihrer eigenen Propaganda und nahmen für bare Münze, dass es neben den Kommunisten eine breite

---

127 Jahresbericht der Abteilung 2 Spionageabwehr des estnischen KGB vom 14. Januar 1956 [dort falsch als Ludwig Julius Jakobsen bezeichnet].

128 Weisung der INO an den Stellvertretenden Residenten Alexander Korotkow vom 15. März 1941, abgedr. bei Coppi u. a.: Rote Kapelle, S. 121.

129 Boberach: Meldungen, Bd. 2, S. 332, 340, 348, 357 usw.; Groscurth: Tagebücher; Ströbinger: A-54, S. 133 ff., 155 ff., 158.

Volksfrontbewegung gebe. Das waren bestenfalls Exilerfahrungen im Umgang mit Sozialdemokraten und kommunistischen Sympathisanten; die realen Verhältnisse im Reich wurden hierdurch nicht abgebildet.

Noch im April 1941 fasste das NKGB seine scheinbaren Erkenntnisse über die Kriegsstimmung der Deutschen in einer Sonderinformation für den Diktator wie folgt zusammen:

> Der anhaltende Krieg, keine Aussichten auf einen schnellen und leichten Sieg, wie ihn die deutsche Regierung gewünscht hatte, die dauernden Bombenangriffe und Zerstörungen, viele Tote unter der Zivilbevölkerung, die Lebensmittelprobleme – all dies verschärft die innenpolitische Lage im Lande. Unzufriedenheit macht sich breit und führt häufig zu offenen Aktionen kleinerer Bevölkerungsgruppen. ... Das politische Bewusstsein und die Moral der Armee sinken. Auch die Disziplin lässt nach, sowohl unter den Mannschaften als auch unter den Offizieren. Immer öfter gibt es Deserteure. Das weitere Andauern des Krieges wird die deutsche Armee unumgänglich schwächen.[130]

Ohne dass man es mit Bestimmtheit sagen kann, hört man hier die Stimmen zweier der wichtigsten Agenten in Deutschland sprechen, die von Arvid Harnack und Harro Schulze-Boysen, Korsikanez und Starschina (Korse und Oberfeldwebel). Sie sagten, was sie glaubten. Es stimmte in ihrem Umfeld; doch dieses Umfeld unterschied sich um Meilen vom deutschen Durchschnittsalltag. Hier rächte es sich, dass sich die sowjetischen Dienste bei ihrer Agentenauswahl allzu sehr auf sowjetische Sympathisanten gestützt hatten.

Diese Leute lebten in ihren selbstaufgebauten Widerstandszirkeln, in denen sie sich durch kleinere Aktionen, wie das Kleben von Flugblättern, selbst Mut machten und sich ihre Existenzberechtigung bestätigten.[131] Als Agenten waren sie dadurch bestenfalls zweite Garnitur. In diesem einzigen winzigen Augenblick ihrer Laufbahn hatten sie die Möglichkeit, auf die sowjetische Führung Einfluss zu nehmen. Doch sie hatten nicht das Format, die Übersicht und die Kaltschnäuzigkeit, Wunsch und Wirklichkeit zu trennen. Und so glaubte die sowjetische Führung an Phantome.

Das war riskant, wie man heute weiß, denn die deutsche Bevölkerung nahm den deutschen Angriff auf die Sowjetunion einfach hin, selbst wenn Erschrecken und Skepsis die Begeisterung bei Weitem überwogen. Der NS Parteigeheimdienst SD Inland notierte in seinem Wochenbericht vom 23. Juni 1941, den „Meldungen aus dem Reich" Nr. 196:

> Nach den bisher vorliegenden Meldungen aus allen Teilen der Bevölkerung hat die Nachricht über den Ausbruch des Krieges mit Russland unter der Bevölkerung größte Überraschung hervorgerufen, vor allem der jetzige Zeitpunkt der Offensive im Osten. ... Lediglich die ersten Frühmeldungen wurden mit einer gewissen Bestürzung aufgenommen, da viele in ihrer Aufregung zunächst

130 Zit. nach Post: Barbarossa, S. 279 (dort jedoch als GRU-Meldung bezeichnet).
131 Coppi u. a.: Dieser Tod, S. 311 ff.

> lediglich die Tatsache des Kriegszustandes mit Russland aufgenommen hatten. Die mehrfachen Wiederholungen des Aufrufs des Führers und die Erklärungen des Reichsaußenministers, sowie die Extrablätter mit den Texten, führten dann bald unter der Bevölkerung zu ruhigen Überlegungen. Im Laufe des Sonntagnachmittags und mehr noch in den Abendstunden hat sich dann übereinstimmend die Überzeugung durchgesetzt, dass die Reichsregierung nicht anders handeln konnte, ... [132]

Soweit der Sicherheitsdienst des Reichführers SS, der die nicht unproblematische Haltung der Bevölkerung richtig erfasst hatte. Er berichtete zutreffend von einer Stimmung, in der sich Kriegsangst widerspiegelte, von Widerstandshandlungen indessen keine Spur. Dergleichen hätte sich, wenn sie denn stattgefunden hätten, der SD nicht entgehen lassen. Von alledem konnte Stalin nichts wissen. Seine Agenten waren in den Verteiler der „Meldungen aus dem Reich" erkennbar nicht einbezogen. Als der SD die Stimmung aus der vierten Juniwoche feststellte, wäre es ohnedies zu spät gewesen, denn die deutsche Wehrmacht hatte auf breiter Front die Grenze zur Sowjetunion überschritten.

Stalin bei der Arbeit 1: Barbarossa-Meldungen in Moskau

Ein erheblicher Teil der alarmierenden Meldungen aus aller Welt wurde dem sowjetischen Diktator im Original vorgelegt. Er war der Meinung, dass er seine Schlüsse lieber selbst ziehen sollte. Welch groteske Auswirkungen diese Gepflogenheit auf die Melde- und Vorlagepraxis hatte, wurde an anderer Stelle beschrieben.[133]

Bei den Meldungen über das kriegsentschlossene Deutsche Reich ist lange Zeit eine gewisse Zurückhaltung der sowjetischen Geheimdienstoffiziere an den Tag gelegt worden, als sie merkten, dass Stalin dergleichen nicht lesen wollte; so ist es jedenfalls lange behauptet worden.[134] Doch die Wirklichkeit sah anders aus: Die Zahl der eingehenden Warnhinweise war so dicht, dass die Geheimdienstfunktionäre der beiden Zentralen (GRU und INO) es gar nicht wagten, ihm die Dinge vorzuenthalten. Obwohl sie vermuteten, dass sie mit ihrem Leben spielten, legten sie Warnhinweise in genügender Anzahl und, wie die russische Geschichtsschreibung behauptet, in ausreichender Qualität vor.[135] Was die Qualität betrifft, machen wir ein paar Fragezeichen; man muss diese Meldungen lesen, ohne das spätere Ergebnis zu kennen. Unter diesem Gesichtspunkt war ein erheblicher

---

132 Boberach: Meldungen, S. 2426 ff.

133 Roewer: Skrupellos, S. 409 f.

134 Bezüglich der sowjetischen Diplomatie In diesem Sinne auch: Fleischhauer: Diplomatischer Widerstand gegen Barbarossa, S. 317.

135 Besymenski: Stalin und Hitler, S. 398 f., 415 f.; Suworow: GRU, S. 103.

Teil der Barbarossa-Meldungen, wie oben gezeigt wurde, missverständlich oder sogar krass falsch.

Was nun tat Stalin? Angeblich bestrafte er die Überbringer der schlechten Meldungen. Hierzu ein Beispiel: Im Juni 1940 wurde der mittlerweile zwölfte Leiter der GRU, der Luftwaffenoffizier Iwan Proskurow, von seinem Posten abgelöst, den er erst seit April des Vorjahres innehatte. Man warf ihm schlechte Aufklärungsergebnisse im sowjetisch-finnischen Winterkrieg vor.[136] Doch bei den Sowjets hielt sich hartnäckig das Gerücht, es seien die unbotmäßigen Warnungen des Geheimdienstchefs vor den Absichten des Deutschen Reiches gewesen, die ihn den Posten gekostet hätten.[137] Hierzu würde auch die Tatsache passen, dass Berija den zur Luftwaffe Zurückversetzten kurz nach Beginn des deutsch-sowjetischen Krieges verhaften und am 28. Oktober 1941 ohne Gerichtsverfahren durch den üblichen Genickschuss ermorden ließ.

Hinterrücks erschossen: GRU-Chef Iwan Proskurow; Karriere trotz Falschmeldungen: Nachfolger Filipp Golikow

Doch hier sind Fragezeichen angebracht, da es bei der Ablösung des GRU-Chefs im Sommer 1940 weder einen deutschen Angriffsplan, geschweige denn einen Ostaufmarsch der deutschen Wehrmacht gab. Falls Proskurow wirklich für den deutschen Angriff mit dem Leben bezahlen musste, handelte es sich um eine nicht nachvollziehbare Verrücktheit des NKWD-Chefs. Auch ein Vergleich mit dem Schicksal seines Vertreters und Nachfolgers Golikow lässt Zweifel an dieser Version aufkommen.

Filipp Golikow war der typische Vertreter einer Generation junger Kommunisten, die ihre steile Karriere Stalins Säuberungen verdankten: 1900 geboren, seit 1918 Soldat in der Roten Armee, nach dem Bürgerkrieg Politkommissar, 1931 bis 1933 Generalstabsausbildung, 1939 Befehlshaber der 6. Armee; in dieser Funktion war er an exponierter Front beim Einfall der Roten Armee in Polen beteiligt. 1940 wechselte er zur GRU, zu deren stellvertretendem Leiter er ernannt wurde; am 7. Juli 1940 erfolgte seine Ernennung zum Chef. Zwar wurde Golikow im November 1941 als GRU-Chef abgelöst, doch in Ungnade fiel er, obschon das nahegelegen hätte,

136 Roewer u. a.: Geheimdienste, S. 359.
137 Suworow: GRU, S. 103.

keineswegs. Noch über Jahrzehnte hinweg bekleidete er Spitzenstellungen in der Roten Armee; zuletzt schmückte ihn der Titel eines Marschalls der Sowjetunion.[138] Golikow hatte Stalin am 20. März 1941 einen zusammenfassenden Bericht über die deutschen Angriffsabsichten vorgelegt:

> … 14. Der Konflikt zwischen Deutschland und der UdSSR ist im Mai 1941 zu erwarten. Die Quelle hebt hervor, dass diese Auffassung sowohl in Militärkreisen als auch unter den Beamten des Außenministeriums kursiert. Niemand billigt diese Pläne. Man glaubt, dass die Ausweitung des Krieges auf die UdSSR das nationalsozialistische Regime nur seinem Ende näher bringen kann. Diese Meinung äußerte ein Neffe Brauchitschs, der einen wichtigen Posten im Außenministerium innehat … Von den wahrscheinlichsten Handlungsvarianten, die gegen die UdSSR vorgesehen sind, verdienen folgende Beachtung:
>
> Variante Nr. 1 geht auf einen anonymen Brief zurück, den unser Botschafter in Berlin am 15. Dezember 1940 erhielt (Anlage 1). … Richtung des Hauptschlages:
>
> a) von Lublin über Pripjet nach Kiew;
>
> b) von Rumänien, zwischen Iasi und der Bukowina in Richtung Teterew;
>
> c) von Ostpreußen in Richtung Memel, Willing, zum Fluss Beresina und weiter längs des Dnjepr in Richtung Kiew;
>
> Variante Nr. 2 nach Angaben des Sondermilitärbezirks Kiew vom Dezember 1940 (Anlage 2): Hauptschläge in drei Richtungen:
>
> a) von Ostpreußen in Richtung Litauen, Lettland und Estland. Dieser Schlag hat den Vorzug, dass Litauen, Lettland und Estland sofort zu Verbündeten Deutschlands werden. Außerdem schließt sich Finnland Deutschland an, um seine verlorenen Gebiete zurückzuholen;
>
> b) über Galizien und Wolynien. Diese Heeresgruppe wird Unterstützung von Ukrainern und Truppen aus Rumänien erhalten, die bestrebt sein werden, verlorene Gebiete zurückzuerobern. Die Heeresgruppen in Richtung 2 und 3 kesseln die Truppen des Gegners in Kleinpolen ein. An den übrigen Abschnitten werden Hilfsschläge in Richtung Front mit dem Ziel geführt, das gesamte restliche Gebiet zu säubern. Im Osten wird die UdSSR durch Japan gebunden, was für Deutschland ein Plus ist, da der Gegner zu gleicher Zeit zwei Fronten aufbauen muss und daher nicht alle seine Kräfte gegen Deutschland konzentrieren kann.
>
> Variante Nr. 3 fußt auf unserem Bericht vom Februar 1941. Für den Angriff auf die UdSSR werden drei Heeresgruppen geschaffen: Heeresgruppe 1 unter dem Befehl von Generalfeldmarschall Bock führt einen Schlag in Richtung Leningrad, Heeresgruppe 2 unter dem Befehl von Generalfeldmarschall Rundstedt in Richtung Moskau, Heeresgruppe 3 unter dem Befehl von Generalfeldmarschall Leeb in Richtung Kiew. Der Angriff gegen die UdSSR soll um den 20. Mai herum beginnen.
>
> … Aufgrund der oben angeführten Äußerungen und möglichen Aktionen bin ich der Ansicht, dass mit einem Vorgehen gegen die UdSSR sehr wahrscheinlich nach dem Sieg über England oder nach dem Abschluss eines für

138 Dorst u. a.: Sowjetstreitkräfte, S. 87 f.; Roewer u. a.: Geheimdienste, S. 172; Schtemenko: Generalstab, Bd. 1, S. 15.

> Deutschland ehrenhaften Friedens mit England zu rechnen ist. Die Gerüchte und Dokumente, aus denen hervorgeht, dass in diesem Frühjahr ein Krieg gegen die UdSSR unvermeidlich ist, müssen als Falschmeldung betrachtet werden, die vom britischen und vielleicht sogar vom deutschen Geheimdienst ausgehen.[139]

Golikows umfangreiche Meldung zeigt die ganze Zwiespältigkeit der GRU-Aufklärungsergebnisse. Hauptquellen des Berichts waren ein anonymer Brief (Variante 1), Auswertungsergebnisse des Sondermilitärbezirks Kiew, also vermutlich Ergebnisse der sowjetischen Funkaufklärung (Variante 2) und die Meldungen der Berliner Quelle Alta, also Ilse Stöbe (Variante 3). Die Varianten 1 und 2 waren unzutreffend. Nur der Stöbe-Bericht (Variante 3) war zutreffend, wenn auch hinsichtlich der exakten Zuordnung der Oberbefehlshaber der drei Heeresgruppen fehlerhaft. Das Angriffsdatum war falsch.

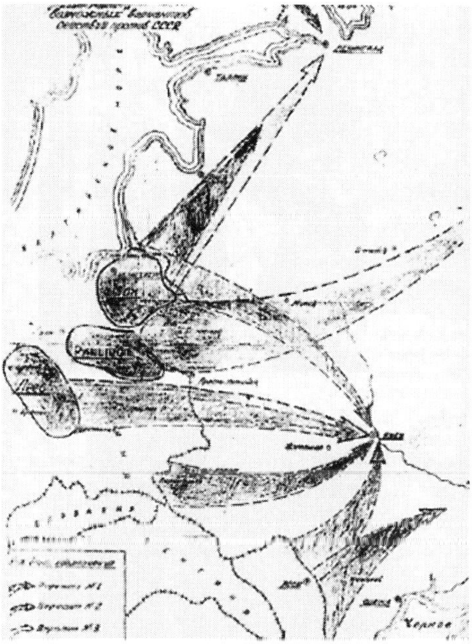

Von der GRU angefertigte Skizze als Extrakt der Alta-Meldung, März 1941

Grundfalsch waren die Folgerungen Golikows. Wir wissen nicht zu sagen, ob uns hier ein begnadeter Überlebenskünstler entgegentritt, der im überholenden Gehorsam seinem Kriegsherrn das meldete, was dieser zu hören wünschte: Die gute alte Mär von den britischen Geheimdienstkampagnen, durch welche die Sowjetunion zum Handeln veranlasst werden soll. Doch ist Vorsicht am Platze: Wir wissen nicht einmal, ob die Golikow-Meldung, so wie hier wiedergegeben, exakt so existiert hat. Der Mann, der ihre Schlusssätze überliefert hat, ist der spätere Marschall der Sowjetunion Georgij Shukow, zur fraglichen Zeit Generalstabschef der Roten Armee und Vorgesetzter von Golikow. Shukow hatte seinerseits einen erheblichen Anteil am Desaster der Roten Armee bei Kriegsbeginn zu verantworten, den aufzudecken, der Memoirenschreiber sicherlich keinen Anlass sah. Der Umstand, dass ausgerechnet diese Meldung bis heute in der Privatablage von Stalin nicht aufzufin-

139 Shukow: Erinnerungen [Stuttgart], S. 227; Besymensky: Stalin und Hitler, S. 390–392 und 452.

den ist, verstärkt die Vermutung, dass es sich um einen immer und immer wieder abgeschriebenen Bluff des einstigen Generalstabschefs der Roten Armee handelte.[140]

Noch eine Arabeske zu GRU-Chef Golikow. Der Mann war offensichtlich ein gut durchtrainierter Generalstäbler der Roten Armee. Eingedenk der Verhältnisse im eigenen Land legte er großen Wert auf die Aufklärung von Details über die Ausrüstung der deutschen Wehrmacht. Für ihn war klar, dass es spätestens dann brenzlig werden musste, wenn das deutsche Heer damit begann, Männer und Ausrüstung winterfest zu machen. Zu diesem Zweck suchte und fand er Indikatoren, um das zu beurteilen: Er ließ europaweit den Hammelmarkt beobachten. Doch da tat sich über Monate hinweg nichts. Also folgerte die GRU, dass die Wehrmacht sich nach wie vor *nicht* für den Winterkampf in Russland mit Schafspelzen ausgestattet habe.

Hammelmarkt beobachten? Wie macht ein Militärgeheimdienst das, ohne Aufsehen zu erregen? Die GRU konnte auf eine eingeturnte Organisation zurückgreifen. Sie trug das verschroben klingende Kürzel Wostwag – West-Ost-Warenaustausch-Gesellschaft.[141] Am 24. Oktober 1923 von den aus Polen stammenden GRU-Funktionären Aron und Abraham Ehrenlieb[142] gegründet und am 2. Januar 1924 ins Berliner Handelsregister eingetragen, war die Wostwag, die 1938 ihren Namen in Deutsche Handel AG änderte, ein merkwürdiger Zwitter. Sie betrieb Spionage und tatsächliche Handelsgeschäfte, an deren Seriosität man indessen Zweifel anmelden durfte, da sie vor allem auch der Devisenerwirtschaftung des russischen Geheimdienstes durch Verhökern von Kunst und Antiquitäten diente, die zuvor in der Sowjetunion staatlich zusammengeraubt worden waren. Außerdem hielt die Wostwag das Monopol für den Auslandsverkauf im russischen Fellhandel. Auf diesem Weg konnte GRU-Chef Golikow nämlich leicht nachhalten, wie es mit den deutschen Begehrlichkeiten, Schafsfelle zu erwerben, bestellt war.

Ein Angriff ohne Winterausstattung lag für Golikow außerhalb des Vorstellungsvermögens; damit befand er sich in der Tradition der zaristischen Armee, die sich bereits im Frühsommer 1914 in Erwartung des Ersten Weltkrieges mit Schafsfellen eingedeckt hatte. Golikow konnte nicht ahnen, dass die vielgepriesenen deutschen Strategen mit ihrem sagenhaften Organisationstalent gegen unumgehbare klimatische Grundbedingungen

140 Besymenski: Stalin und Hitler, S. 400; Bullock: Hitler und Stalin, S. 937; Magenheimer: Militärstrategie, S. 98; Medwedew: Urteil, Bd. 3, S. 244 ff.

141 Home Office/MI 5: Fallakte Oriental Trading and Engineering Company (Far East), alias WOSTWAG; US State Department: Fallakte WOSTWAG.

142 Kolpakidi u. a.: Enziklopedija, S. 198; Lurje u. a.: GRU, S. 494; Nr. 8276 und 8277 in: Rossijskaja Jewrejskaja Enziklopedija. Moskwa 1995; Tschurakow: Repress. Home Office/MI 5: Personenakte Aron Zelig Ehrenlieb, UK NA: KV 2/2566.

verstoßen würden. Hunderttausende deutscher Landser sollten das wenige Monate später mit Erfrierungen oder mit dem Tod bezahlen.[143]

Die Bemerkungen über GRU-Chef Golikow treffen in noch stärkerem Maße auf den Chef der INO zu, also für die Auslandsspionage des NKWD/NKGB. Nach den Ablösungsorgien der „Großen Säuberung“ bekleidete der 31-jährige Pawel Fitin diesen Posten seit dem 13. Mai 1939. Er sollte ihn bis 1946 innehaben. Auch für ihn gilt: Von der Ablösung vom Posten des Geheimdienstchefs wegen der in seine Dienstzeit fallenden Barbarossa-Meldungen kann keine Rede sein. Fitins Stern sank erst nach dem Tod von Stalin im Jahre 1953.

Jetzt, im Jahre 1941, schrieb der Diktator unflätige Kommentare an die Vorlagen, wie es ihm seit je her eigen war. Von der Vielzahl der Agentenmeldungen über den bevorstehenden deutschen Angriff, die Stalin vorgelegt und von diesem kommentiert wurden, wurde der bei Starschina (Harro Schulze-Boysen) bereits erwähnt. Noch ein weiterer Kommentar dieser Machart von Stalin soll hier erörtert werden. Er galt dem zutreffenden Bericht des Agenten mit dem Decknamen Schkvor.[144] Der wusste auf die deutschen Truppenkonzentrationen an der ehemals tschechisch-sowjetischen Grenze hinzuweisen und er kannte auch die Weisung an die tschechische Waffenschmiede Škoda, dort die sowjetischen Bestellungen zugunsten der deutschen Lieferwünsche zurückzustellen. Schkvor zog hieraus die zutreffenden Schlüsse, nämlich den bevorstehenden deutschen Angriff auf die Sowjetunion. Stalin schrieb:

> Diese Information ist eine englische Provokation. Herausfinden, von wem diese Provokation stammt, und ihn bestrafen.

Sogleich wurde der Major Ismail Achmedow[145], Leiter der Militärtechnischen Sektion der GRU, nach Berlin entsandt, um den Täter zur Rechenschaft zu ziehen; dort wurde der als TASS-Korrespondent Getarnte vom Ausbruch des Krieges überrascht. Natürlich wusste der Emissär der GRU, wer Schkvor war: Der Tscheche Vladimir Vrána.[146] Er war Anfang der 1930er Jahre von der GRU als Agent angeworben worden; 1932 bis 1935 erfolgte sein Einsatz in Paris. Anschließend wurde er in der Direktion der Škoda-Werke tätig. Unter deutscher Besatzung rückte er bis zum Vizepräsidenten der tschechischen Waffenschmiede auf; zugleich nahm er die Funktion eines illegalen Residenten der GRU in der Tschechoslowakei wahr. Seine Informationen waren realistisch, aber unerwünscht.

143 Gempp: Nachrichtendienst, Bd. 2, S. 2; Suworow: Eisbrecher, S. 316–318.

144 Roewer u. a.: Geheimdienste, S. 503 (dort: Wladimir Wrana).

145 Akhmedov: In and out of Stalin's GRU; Dallin: Sowjetspionage, S. 161, 163, 511; A. Kolpakidi/D. Prochorow: Imperija GRU, Bd. 2, Biografii, S. 146–282; Whaley: Biographical Index, C 3.

146 Kolpakidi u. a.: Enziklopedija, S. 464; A. Kolpakidi/D. Prochorow: Imperija GRU, Bd. 2, Biografii, S. 146–282.

1943 nahm die Gestapo Vrána fest und lieferte ihn ins KZ Flossenbürg ein. Dort befreiten ihn 1945 die US-Truppen. Sein weiteres Schicksal ist unklar. Klar ist dagegen das weitere Schicksal von Achmedow; das war der Mann, der nach Deutschland entsandt worden war, um den Tschechen zu liquidieren. Der scheinbare TASS-Resident wurde nach Ausbruch des deutsch-sowjetischen Krieges interniert. Er blieb nach der Rückführung des Sowjetpersonals in Ankara als ein scheinbarer Presseattaché der dortigen Sowjetbotschaft. 1942 entzog er sich einem Rückruf in die Sowjetunion und blieb in der Türkei, die ihm Asyl gewährte.[147]

Es konnte ab Ende Mai/Anfang Juni 1941 in der sowjetischen Führung eigentlich keinen vernünftigen Zweifel mehr daran geben, dass Hitler die Sowjetunion in kürzester Zeit angreifen würde. Man fragt sich deshalb, was Stalin davon abhielt, die Wahrheit zur Kenntnis zu nehmen. Darüber ist viel spekuliert worden und mit Ergebnissen, die davon abhängig waren, welche geschichtliche Wahrheit gerade angesagt war. Noch 1990 schrieb der sowjetische Historiker und Ex-General Michail Milstejn, der ab 1942 als Angehöriger der Abteilung 1 (Agenturaufklärung) der GRU zu den Agentenmeldungen Zugang hatte:

> Auf jeden Fall war [Stalin] davon überzeugt, dass ein Konflikt mit Deutschland, wenn überhaupt, erst nach einem Sieg Hitlers über England ausbrechen könnte. Deshalb betrachtete er alle bei ihm einlaufenden Angaben über die Vorbereitungen der deutschen Truppen auf einen Überfall als Provokation, von wem diese Angaben auch immer kommen mochten. Er hielt dafür, dass die Provokation von den Engländern ausging, die darauf bedacht gewesen seien, seine Beziehungen zu Hitler zu zerstören und diesem einen Vorwand für den Krieg zwischen Deutschland und der UdSSR zu liefern.[148]

Wenn man so will, war Stalin auf zweierlei hereingefallen. Auf seine England-Paranoia und auf deutsche Desinformation. Es mag simpel klingen, aber Stalin dachte und handelte, wie er es gewohnt war, nämlich nach den Sitten seiner georgischen Heimat. Dort stellte man dem Gegner Bedingungen, bevor man Gewalt anwendete.[149] Diese Ansichten übertrug Stalin auf den Co-Diktator in Deutschland, denn genau so lauteten die Meldungen, die von den Desinformationsagenten verbreitet worden waren.

Seit der Offenlegung der Tagebücher Dimitroffs besitzen wir das einschlägige Schlüsseldokument für Stalins Art zu denken.

> 22. 6. 1941 Sonntag. Um 7 Uhr morgens werde ich dringend in den Kreml beordert. Deutschland hat die UdSSR überfallen. Der Krieg hat begonnen. ... Sta[lin] zu mir: Sie haben uns angegriffen, ohne irgendwelche Forderungen zu

---

147 Dallin: Sowjetspionage, S. 163 f.; Roewer u. a.: Geheimdienste, S. 503.

148 Milstejn, in: Die Neue Zeit, Moskau, Juni 1990, S. 33; zit. nach Maser: Wortbruch, S. 285 ff.; zu Milstejn (Milschtejn): Kolpakidi u. a.: Imperija GRU, Bd. 2, Biografii.

149 Besso Lominadse, zit. nach Buber-Neumann: Kriegsschauplätze, S. 284; Fjodor Raskolnikow, zit. nach Medwedew: Urteil, Bd. 3, S. 80 f.

stellen, ohne wie Räuber irgendwelche Verhandlungen zu verlangen, haben uns niederträchtig überfallen.[150]

Stalin bei der Arbeit 2: Die sowjetischen Kriegsvorbereitungen

An der sowjetischen Westgrenze massierte sich im Frühsommer 1941 die größte Truppenkonzentration der Weltgeschichte, und zwar auf der sowjetischen Seite der Grenze. Es waren 23 200 Panzer, 79 100 Geschütze und Granatwerfer, die das Gerüst schwerer Waffen für 303 Divisionen bildeten; zu deren Luftunterstützung standen 20 000 Flugzeuge bereit. Unter diesen befanden sich aus der Produktion des ersten Halbjahres 1941 über 2 650 Maschinen der neuesten Bauart, nämlich Jagdfugzeuge Jak 1, Sturzkampfbomber Pe 2 und Schlachtflugzeuge Il 2. Diese gewaltige Streitmacht existierte am 21. Juni 1941, gegliedert in zwei Staffeln, im Westen der Sowjetunion.[151]

Nur um zu zeigen, wie groß diese Streitmacht war, sei der Vergleich zum deutschen Ostheer und seinen Verbündeten erlaubt, die am selben Tag tief gegliedert auf der anderen Seite der Grenze ihren Aufmarsch abschlossen: Es waren dies 3 285 Panzer und 32 710 Geschütze, welche die schwere Bewaffnung von 190 Divisionen ausmachten. 3 410 Flugzeuge stellten die Luftunterstützung dar. An dieser Stelle soll nicht interessieren, warum dieses offenbare Missverhältnis auf deutscher Seite unbemerkt blieb, sondern an dieser Stelle ist allein die Antwort auf die Frage wichtig, wie es auf sowjetischer Seite zu dieser nie dagewesenen Truppenkonzentration kommen konnte. Sie konnte nur stattfinden, weil Stalin sie angeordnet hatte. Wozu war diese Streitmacht da aufmarschiert? Um die Sowjetunion vor einem Angriff zu schützen? Wenn das stimmt, so rechnete Stalin dringlich mit einer solchen Aggression; dann wären alle Bemerkungen, dass Stalin auf die Wirkkraft des Hitler-Stalin-Paktes vertraute, leeres Geschwätz.

Über diese Klippen kann sich nur hinwegretten, wer die Fakten des sowjetischen Militäraufmarsches ignoriert und zudem unterstellt, dass Stalin der Mann war, der seinem Co-Diktator Hitler so zugetan war, dass er ihm Vertrauen entgegenbrachte. Das ist dann das Vaterchen-Stalin-Bild, das den guten Onkel Josef zeigt, wie er an seiner Pfeife nuckelt oder die liebliche 6-jährige Gelija Markisowa auf dem Arm trägt. Hunderttausende von Moskauern konnten das überlebensgroß täglich in der U-Bahn bewundern. Doch die Wirklichkeit sah etwas anders aus: Während das Kind mit dem Matrosenhemd noch lächelte und der gute Onkel seine Lachfältchen zur Schau stellte, hatte er dessen Eltern, zwei kommunistische Funktio-

150 Dimitroff: Tagebücher, S. 392.
151 Schtemenko: Generalstab, Bd. 1, S. 28 f.; Suworow: Eisbrecher, S. 197 ff.

näre, längst umbringen lassen.[152] Ein Stalin, der sonst niemandem traute, sollte ausgerechnet dem deutschen Diktator sein Vertrauen geschenkt haben; einem Mann, von dem er genau wusste, dass er Abkommen schloss und brach, so wie es ihm passte?

Was also führte Stalin im Schilde, als er eine gewaltige Streitmacht an die sowjetische Westgrenze beorderte? Der spätere Armeegeneral Sergej Schtemenko bemerkte hierzu ganz unverhohlen in seinen Memoiren:

> Unmittelbar vor Kriegsbeginn wurden unter strengster Geheimhaltung zusätzliche Truppen aus dem Landesinnern in die Grenzbezirke herangezogen. Es waren fünf Armeen: die 22. unter Jerschakow, die 20. unter Remesow, die 21. unter Gerassimenko, die 19. unter Konew und die 16. unter Lukin. Aus dem Moskauer Militärbezirk entsandte man eine operative Gruppe nach Winniza, die sich hier zur Führung der Südfront entfaltete.[153]

Hilfe, die Russen kommen: Deutsche Präventivkriegspropaganda

Wozu dieser Aufmarsch an der Südflanke der sowjetischen Westfront? Plante Stalin seinerseits einen Angriffskrieg auf das Deutsche Reich, wie es die Goebbels'sche Propaganda seit den Junitagen des Jahres 1941 nicht müde wurde zu wiederholen, um der Welt die Notwendigkeit eines deutschen Präventivkrieges schmackhaft zu machen? Kaum einer außerhalb Deutschlands hat das geglaubt.[154] Dieser Unglaube war berechtigt, denn nichts lag Hitler ferner als ein Präventivkrieg. Die deutsche Feindkräftebeurteilung der Roten Armee ging ausdrücklich davon aus, dass durch die Sowjetunion augenblicklich keine militärische Maßnahme gegen das deutsche Reich geplant sei.[155]

Hitler hatte also Großmachtpläne im Kopf; seine „Weisung Nr. 21 Fall Barbarossa" ist der beste Beleg. Das jetzt einsetzende Präventivkrieg-Propagandafeuerwerk war vor allem auf das eigene Volk gemünzt. Wie es dazu kam, ist überliefert. Hitler gab kurz vor dem Angriffstermin die Anordnung an die obersten Dienststellen des Reiches, ihm unverzüglich entsprechendes Material für die Angriffsabsichten der Sowjetunion vorzulegen.

Das war die Stunde des deutschen Spionageabwehrchefs Walter Schellenberg, der sein Füllhorn der Erkenntnisse über den unfriedlichen Nachbarn im Osten auskippen konnte. Hier hat der Memoirenschreiber Schellenberg ausnahmsweise die Wahrheit gesagt, denn das Produkt seines Fleißes mit dem Aktenzeichen IV E L 17/41 g RS ist erhalten geblieben.[156] Dieser Bericht vom 14. Juni 1941 an den Reichsführer SS und Chef der Deutschen Polizei ist von RSHA-Chef Heydrich unterschrieben; verfasst

152 King: Retuschen, S. 153.
153 Schtemenko: Generalstab, Bd. 1, S. 31.
154 Boberach: Meldungen, S. 2427 ff., 2459, 2470; Suworow: Eisbrecher, S. 180 f.
155 MGFA: Das Deutsche Reich und der Zweite Weltkrieg, Bd. 4, S. 202.
156 Abgedr. bei Schellenberg: Aufzeichnungen, S. 450 ff.

hat ihn, ausweislich des Aktenzeichens, der Gruppenleiter Schellenberg. An dem Bericht ist zweierlei interessant: Erwartungsgemäß lieferte der Chef der deutschen Spionageabwehr seinem höchsten Polizeivorgesetzten und damit auch seinem Führer das gewünschte Material, mit dem sich belegen ließ, dass die Sowjetunion auch nach dem Hitler-Stalin-Pakt munter fortfuhr, Spionage, Sabotage und Zersetzung gegen das Deutsche Reich zu betreiben. Das war sozusagen im Plan. Aber der Bericht ist auch deswegen so interessant, weil er gleichsam die Spiegelfläche dafür bildet, auf welchem Kenntnisstand sich die Spionageabwehr bewegte. Hieraus einige Kostproben.

Mehr oder weniger zutreffend nahm Schellenberg an, dass das Hauptsteuerungsinstrument der illegalen Sowjetaktivitäten die Komintern sei. Richtigerweise schildert er sie als verdeckten Arm der Sowjetführung. Mit gutem Grund wies er darauf hin, dass die Komintern-Steuerung gegen das Reich ihren Sitz in Stockholm habe, von wo aus die Infiltration des Reiches mit Hilfe einsickernder KPD-Funktionäre gelenkt und koordiniert werde. Ebenso zutreffend ist die Darstellung des Sabotageapparates von Erich Wollweber, der sich von Skandinavien aus auf die europaweite Schiffssabotage spezialisiert hatte. Wollweber saß seit kurzer Zeit in Stockholm in Haft; die Sowjets hatten ihm ihre Staatsbürgerschaft verliehen und verlangten jetzt seine Auslieferung.

Von besonderem Wert sind Schellenbergs Ausführungen über die Spionage. Zutreffend hatte er erkannt, dass der sowjetische Resident in der Botschaft Amjak Kobulow war; die eigentlichen Drahtzieher im Hintergrund, Alexander Korotkow, alias Erdberg, und Elisaweta Sarubina blieben ihm verborgen. Die Netze von Arvid Harnack, Harro Schulze-Boysen und Ilse Stöbe waren eine *terra incognita*.

Ganz anders sah die Zugangslage in einem besonders ärgerlichen Fall der sowjetischen Aktivitäten aus. Im Zuge des Hitler-Stalin-Paktes war die Rücksiedlung von Auslandsdeutschen ins Reichsgebiet vereinbart worden. Das nutzte die sowjetische Seite im großen Stile aus, um Rücksiedlungswillige als Agenten zu überwerben. Das hierbei angewendete Mittel war ebenso unfein wie auf erste Sicht erfolgreich: Man machte die Ausreisegenehmigung von der Verpflichtungserklärung abhängig, fürderhin für das NKWD Spionageaufträge auszuführen. Um der Verpflichtung Nachdruck zu verleihen, riss man die aussiedlungswilligen Familien auseinander, um Geiseln zurückzubehalten. Volksdeutsche, die sich bei den deutschen Behörden dennoch offenbart hatten, waren so zahlreich, dass man ohne Weiteres auf eine Massenaktion auf sowjetischer Seite schließen konnte. Nicht ohne Stolz vermerkte Schellenberg, dass einige dieser Offenbarungsfälle zu Gegenspielen ausgenutzt worden wären.[157]

---

157 Borgersund: Wollweber-Organisation, S. 70 ff.; Coppi u. a.: Dieser Tod, S. 229, 311 ff.; Schellenberg: Aufzeichnungen, S. 205 ff.

Auch das Oberkommando der Wehrmacht kam der Aufforderung nach, passendes Material für die Präventivkriegspropaganda vorzulegen. OKW-Chef Keitel berichtete am 11. Juni 1941 auftragsgemäß:

> Das Oberkommando der Wehrmacht hat die Reichsregierung fortlaufend darüber unterrichtet gehalten, wie sehr die militärische Haltung Sowjetrusslands in wachsendem Maße einen bedrohlichen Charakter angenommen hat. Wenn die politische Haltung der Sowjet-Union ein wechselndes Gesicht zeigte und die Erfüllung der Verträge auf wirtschaftlichem Gebiet im Wesentlichen keine Veranlassung zu Beanstandungen gab, so hat sich inzwischen doch klar erwiesen, dass die militärischen Maßnahmen der Sowjet-Union auf die Vorbereitung eines Angriffs auf das Deutsche Reich eingestellt sind.[158]

Der Bericht des OKW führte weiter aus, dass der Westaufmarsch der Roten Armee im Wesentlichen abgeschlossen sei. Die Entwicklung der gegnerischen Streitkräfte an der Ostgrenze des Reichs stelle sich so dar, dass bei Kriegsbeginn am 1. September 1939 44 Schützendivisionen, 20 Kavalleriedivisionen und 3 motorisierte und Panzerbrigaden an der polnischen Ostgrenze gestanden hätten, zum Ende des Polenfeldzugs am 28. November 1939 seien es bereits 76 Schützendivisionen, 21 Kavalleriedivisionen und 17 motorisierte und Panzerbrigaden gewesen. Mit dem Stichtag 1. Mai 1941 sei diese Zahl noch einmal erheblich gesteigert worden, nämlich auf 116 Schützendivisionen, 20 Kavalleriedivisionen und 40 motorisierte und Panzerbrigaden. In einem weiteren Überblick wurde die aktuelle Gesamtstärke der Roten Armee mit 170 Schützendivisionen, 33 ½ Kavalleriedivisionen und 46 motorisierten und Panzerbrigaden angegeben. Der Bericht schloss mit dem Hinweis:

> Es ergibt sich also das Bild, dass der russische Aufmarsch immer näher an die Grenze vorgeschoben worden ist. Die einzelnen Verbände des Heeres und der Luftwaffe haben nach vorne aufgeschlossen; grenznahe Flugplätze sind mit starken Verbänden der Luftwaffe belegt worden. Die Erkundungstätigkeit hat auffallend zugenommen und ist teilweise durch höchste Offiziere mit großen Stäben ausgeführt worden. Alle diese Tatsachen, verbunden mit dem in der russischen Wehrmacht gezüchteten Vernichtungswillen gegen Deutschland, zwingen zu dem Schluss, dass die Sowjetunion sich bereit macht, in jedem ihr geeignet erscheinenden Augenblick zum Angriff gegen das Großdeutsche Reich anzutreten.

Soweit also das Oberkommando der Wehrmacht, knapp zwei Wochen vor dem Beginn des Angriffs auf die Sowjetunion. Wir haben bereits geschildert, dass der Feindlageteil, aus dem dieser Bericht hauptsächlich besteht, in der Federführung der Abteilung Fremde Heere Ost des Heeresgeneralstabs lag. Eingeflossen waren die Aufklärungsergebnisse des Amtes Ausland/Abwehr, der Abteilung Fu III des OKW-Amtes Wehrmachtsnachrichtenverbindungen und der Gruppe z. b. V. beim Oberbefehlshaber der Luft-

158 Abgedr. bei Post: Barbarossa, S. 202 f., sowie Fn. 47 m. w. N.

waffe, der Fernaufklärungsgruppe Rowehl. Wenn man genauer hinsieht, so stammen die aufgeführten Zahlenangaben fast ausschließlich aus der Funkaufklärung.

Richtigerweise wurde die drastische Zunahme der sowjetischen Großverbände an der deutschen Westgrenze festgestellt. In der Summe lagen die Annahmen um Meilen neben der Wirklichkeit. Während die Gesamtstärke der Roten Armee auf etwa 220 Divisionen angenommen wurde, betrug der Westaufmarsch der ersten und zweiten Welle bereits 303 Divisionen.[159] Das waren beinahe doppelt so viele Truppen, wie das deutsche Ostheer besaß – von den Unterstützungswaffen ganz zu schweigen, bei denen das Missverhältnis noch weit drastischer ausfiel. Hätte man auf deutscher Seite geahnt, welche Streitmacht auf der Gegenseite aufmarschiert war, wären die verbalen Angriffsfanfaren möglicherweise etwas leiser ausgefallen. Zumindest darf vermutet werden, dass ein etwas sinnvollerer Kriegsplan gefasst worden wäre. Wir wollen darüber nicht nutzlos spekulieren, doch der deutsche Angriffsplan war auf einen anderen Gegner zugeschnitten. Selbst bei den Annahmen, welche die deutsche Wehrmachtführung zugrundegelegt hatte, stellte der Angriff ein Vabanquespiel dar. Bei Zugrundelegung der tatsächlichen Kräfteverhältnisse musste der Krieg, so wie die Sache geplant war, zum Desaster werden. Und doch kam es zunächst ganz anders.

Die Goebbels'schen Spruchweisheiten über den Präventivkrieg, die pünktlich zum 22. Juni 1941 die Öffentlichkeit erreichten, beruhten, wie soeben gezeigt, auf keinerlei einschlägigen Erkenntnissen. Es gibt kaum einen besseren Beleg dafür als den Hinweis, welchen der Chef des Wehrmachtsführungsstabes, General Alfred Jodl, kurz vor Beginn des Russlandfeldzuges an den Chef der Abwehr gab und den man im Diensttagebuch von Canaris nachlesen kann:

> Im Anschluss an den Vortrag bei Chef OKW eröffnete mir General Jodl in einer Besprechung, dass man in großer Sorge über die weiche und nachgiebige Haltung der Russen sei, und meinte halb im Scherz auf das Lehrregiment Brandenburg z. b. V. 800 anspielend: „Wenn die Kerle (Sowjet-Russen) weiterhin so nachgiebig sind und auf nichts reagieren, werden Sie die Voraussetzungen für diesen Krieg schaffen müssen."[160]

Deutschland muss fallen: Sowjetische Angriffspläne

Kehren wir zur sowjetischen Seite zurück und stellen wir noch einmal die Frage, wie die ungewöhnliche Truppenmassierung zustande kam, von der die deutsche Wehrmachtsführung nur die Spitze des Eisbergs erkannt hatte. Diese Truppenkonzentration war keine vom Himmel kommende Erscheinung, sie war Realität. Um Realität zu werden, musste sie angeord-

159 Besymenski: Stalin und Hitler, S. 387.
160 Canaris: Diensttagebuch, bei: Lahousen: Fragmente, Bl. 136.

net worden sein. Dies zu tun, hatte in Sowjetrussland niemand anderer die Macht als der Genosse Josef Stalin.

Stalin hatte also einen Kriegsplan. Dieser konnte nur auf Angriff oder Verteidigung gerichtet sein. War es ein Verteidigungsplan, so kann man die grenznahe Zusammenballung beliebiger Truppenverbände einschließlich der zugehörigen Luftunterstützungsstreitkräfte nur als militärisch schwachsinnig bezeichnen. Denn einer Truppenkonzentration dieser Art drohte, wenn sie massiv angegriffen und frontal durchbrochen wurde, an Ort und Stelle eingeschlossen zu werden.

Diese Binsenweisheiten moderner beweglicher Kriegführung waren auch der sowjetischen Militärführung bekannt. Ihre Exponenten hatten die Schlacht der Zukunft gemeinsam mit ihrem deutschen Gegenüber gelernt und für die russischen Verhältnisse fortentwickelt. Sie wussten, dass die Linearverteidigung, die den Ersten Weltkrieg im Schützengrabenkrieg hatte ersticken lassen, durch die Kriegsmittel gepanzerter Truppen und die Luftwaffenunterstützung der Vergangenheit angehörten. Wie sehr dies galt, hatte die deutsche Wehrmacht der entsetzten Weltöffentlichkeit in Polen und wenige Monate darauf in Frankreich vorgeführt.

Der sowjetische Generalstab, an dessen Spitze bis zum 1. August 1940 der ehemals zaristische Offizier Boris Schaposchnikow stand, war durchaus auf der Höhe der Zeit. Er dachte im Traum nicht an eine Linearverteidigung gegen einen möglichen deutschen Angreifer. Das Konzept der Sowjets war vielmehr der Angriffskrieg mit starken, von Luftwaffen- und Luftlandeverbänden unterstützten, beweglichen motorisierten Verbänden. Dies war nicht nur eine Frage der Militärdoktrin, sondern es hatten in den letzten zwei Jahren vor dem Beginn des deutsch-sowjetischen Krieges eine ganze Reihe sehr konkreter Maßnahmen Platz gegriffen, welche den beweglichen Angriffskrieg in die Nähe der Realisierbarkeit rückten.

Zu den wesentlichen Voraussetzungen gehörte neben der Ausarbeitung entsprechender Kriegspläne die Aufstellung einschlägiger gepanzerter Angriffsverbände. Diese waren, als der deutsch-sowjetische Krieg im Juni 1941 losbrach, vorhanden. Zur Überraschung der deutschen Militärführung und zum Entsetzen der deutschen Soldaten stieß die deutsche Wehrmacht auf gepanzerte sowjetische Großverbände, deren Ausstattung die deutschen Panzerabwehrkanonen (Pak) zu Panzeranklopfgeräten machte. Mit dem Kampfpanzer T 34 stand dem sowjetischen Heer ein Kriegsgerät zur Verfügung, dass auf dem Kriegsschauplatz konkurrenzlos war, und zwar als ebenso wirksame wie gefürchtete Angriffswaffe. Gleiches gilt für die Schlachtfliegerverbände, deren Aufgabe die unmittelbare Unterstützung der Erdkampfführung war. Sie verfügten über Flugzeuge, die keinen Vergleich mit den deutschen Erdkampfunterstützungsflugzeugen der Typen Ju 87 und Ju 88 zu scheuen brauchten. Selten konnte ein Heer mitten im Frieden so stillschweigend mit einer neuen Bewaffnung versehen werden, wie die Rote Armee im Verlauf des Jahres 1940/41.[161]

Zur Offensivstrategie gehörte auch der zugehörige Angriffsplan. Die erste Studie zu einem Angriff auf das Deutsche Reich stammte von Generalstabschef Boris Schaposchnikow. Sie existiert als handschriftliche Aufzeichnung und wurde vermutlich im Juli 1940 fertiggestellt. Die Studie wurde nach Auffassung des sowjetischen Generalstabs notwendig, da die zuvor bestehende Kriegsplanung für einen Krieg gegen Polen und Deutschland nach der Aufteilung Polens gegenstandslos geworden war.

Der erste fertiggestellte Operationsplan datiert vom 18. September 1940; auch hiervon existiert nur ein handschriftliches Exemplar; es wurde vom neuen Generalstabschef Kirill Merezkow und vom neuen Kriegskommissar Semjon Timoschenko unterschrieben. Die Planung wurde Stalin vorgelegt und von ihm abgezeichnet. Stalin machte hinsichtlich der beabsichtigten Kriegführung Änderungen geltend. Für ihn war klar, dass ein Krieg, mit dem er fest rechnete, mit Schwerpunkt im Süden des gemeinsamen Grenzgebietes stattfinden müsse, da er von der Vorstellung beherrscht war, Hitler müsse die Entscheidung dort suchen, wo er die Sowjetunion am ehesten in ihren Interessen gegenüber dem Balkan treffen konnte. Diese Vorgaben gingen in die sowjetische Kriegsplanung ein; ein deutscher Vorstoß aus Ostpreußen in ostwärtiger Richtung wurde nur noch als Alternative erwogen. Im Januar 1941 wurde die Kriegsplanung in ausgiebigen Kriegsspielen geübt; bei diesen tat sich der Führer einer der Kriegsparteien, der General Georgij Shukow, durch operatives Können so hervor, dass Stalin ihn zum Generalstabschef ernannte. Unter seiner Federführung entstand ein revidierter Kriegsplan, der die Überlegungen und Annahmen des vergangenen Jahres zusammenfasste.

Der Vorgänger von Shukow im Amt des Generalsstabschefs, Kirill Merezkow, hat dies alles in seinen 1968 erschienenen Memoiren ohne Scheu untermalt: Am 23. Dezember 1940 fand demnach eine Kommandeursbesprechung in Moskau statt, wo die Führungsschicht der Roten Armee auf eine Angriffsoperation großen Stils eingeschworen wurde. Zur Verteidigung der Sowjetunion? Nur wenn man sich dreimal um sich selbst dreht, denn – das wurde allen Beteiligten eingebläut – der Krieg würde auf dem Territorium des Gegners stattfinden – und der hieß Deutschland.[162]

Nunmehr wurde der Schwerpunkt der sowjetischen Verbände in dem nach Westen vorspringenden Gebietsteil der Grenzregion von Lemberg verlegt. Von hier aus sollte der Hauptstoß nach Westen Richtung Krakau und weiter bis zur Oder erfolgen, um dann die beweglichen Truppen nach Norden zur Ostsee abzudrehen; so würde ein gewaltiger Kessel entstehen,

161 Buch: Luftlandetruppe, S. 60 ff.; Dorst u. a.: Sowjetstreitkräfte, S. 244; Kotze: Heeresadjutant, S. 106; Medwedew: Urteil, Bd. 3, S. 248; Suworow: Eisbrecher, S. 129 ff.

162 Merezkow: Im Dienste des Volkes, S. 174–178.

der das Schicksal des deutschen Ostheeres besiegeln müsste. Der im Verlauf des Mai und Juni stattfindende Aufmarsch der Roten Armee folgte diesem Kriegsplan. Auch er war selbstverständlich Stalin vorgelegt und von diesem abgezeichnet, also gutgeheißen worden. Der Führer der Sowjetunion war zum Angriff auf das Deutsche Reich entschlossen. Das alles wurde strikt geheim gehalten, aber mit der Zeit musste auch der oberen sowjetischen Militärführung klar werden, wohin die Reise gehen sollte. Die Ausgabe von Kartenmaterial des gegnerischen Territoriums an die grenznahen Verbände erfolgte ab dem Frühsommer; Generalstabserkundungen des Grenzlandes fielen sogar den gegenüberliegenden deutschen Truppen auf, die diesen befremdenden Umstand ordnungsgemäß weitermeldeten.[163]

Am 5. Mai 1941 ließ Stalin seine Absichten erstmals gegenüber einer breiteren Militäröffentlichkeit erkennen. Der Anlass war eine größere Trinkerei bei der Entlassung von Absolventen der Militärakademie. Zunächst hielt Stalin, ungewöhnlich genug, eine 40-minütige Rede, in der er deutlich vom Krieg mit Deutschland sprach.[164] Später erst kam der Clou, und die Sache hätte kaum russischer ablaufen können, als sie es tat. Während der Kommandeur der sowjetischen Kriegsakademie, der Generalleutnant Chosin, den weisen Führer aller Sozialisten hochleben ließ, die Verteidigungsbereitschaft der Roten Armee und die Friedenspolitik der Sowjetunion pries, wurde er von Stalin unterbrochen und in grober Form, wenn auch im Gewande eines Trinkspruchs, zurechtgewiesen. Nach einer späteren, sicherlich verkürzten Aufzeichnung soll Stalin Folgendes gesagt haben:

> Gestatten Sie mir eine Korrektur. Die friedliche Politik hat für unser Land den Frieden gesichert. Die friedliche Politik ist eine gute Sache. Bis zu einer bestimmten Zeit haben wir die Linie der Verteidigung vertreten, bis zum Zeitpunkt, bis wir unsere Armeen noch nicht umgerüstet haben, die Armee noch nicht mit modernen Kampfmitteln ausgerüstet haben. Jetzt aber, da wir unsere Armee umgestaltet haben, jetzt, da wir stark geworden sind, jetzt muss man von der Verteidigung zum Angriff übergehen. Bei der Verwirklichung der Verteidigung unseres Landes sind wir verpflichtet, offensiv zu handeln. Wir müssen von der Verteidigung zur Militärpolitik des offensiven Handelns übergehen. Wir müssen unsere Erziehung, unsere Propaganda, Agitation, unsere Presse im offensiven Geist umbauen. Die Rote Armee ist eine moderne Armee, eine moderne Armee ist aber eine offensive Armee.[165]

Dieses Ereignis erschien den Zuhörern der Szenerie außerordentlich bedeutsam; selbst der beim Empfang anwesende Komintern-Vorsitzende

163 Dorst u. a.: Sowjetstreitkräfte, S. 286; Kotze: Heeresadjutant, S. 106; Post: Barbarossa, S. 261 ff., 272 f., 282 ff.; Shukow: Erinnerungen [Ost-Berlin], Bd. 1, S. 257 ff.

164 Besymenski: Stalin und Hitler, S. 373; in scharfem Gegensatz hierzu: Hoffmann: Stalins Vernichtungskrieg, S. 34–45; Suworow: Eisbrecher, S. 210 ff.

165 Zitiert nach: Post: Barbarossa, S. 276; ähnlich auch bei: Besymenski: Stalin und Hitler, S. 393.

Georgi Dimitroff erwähnte es ausführlich in seinem Tagebuch.[166] Man muss versuchen, den Ausspruch mit den Ohren der Zeitgenossen zu hören; die überwiegende Zahl der Zuhörer war von den Richtungsentscheidungen in Staat und Partei abgeschnitten, so dass eine Einlassung wie diese aus dem Munde ihres obersten Führers wie eine Offenbarung wirken musste. Dementsprechend wurden Stalins Worte aufgegriffen und weitergesagt.

Einige Wochen später, *nach* Beginn des Russlandfeldzuges, nahmen auch deutsche Abwehroffiziere hiervon Kenntnis. Die Auswertung von Gefangenenaussagen und von aufgefundenen Aufzeichnungen ließ beim Frontgeneralstab bald keinen Zweifel mehr zu, dass die Rote Armee sich am Vorabend eines Angriffskrieges befunden hatte. Bis dahin allerdings hatte die deutsche militärische und politische Führung von dieser entscheidenden Weichenstellung keine Ahnung. Dabei hatte die „Prawda" bereits am 6. Mai 1941 über die feierliche Verabschiedung der Absolventen der sowjetischen Militärakademie durch Stalin berichtet:

> Genosse Stalin sprach in seiner Rede von einer tiefgreifenden Veränderung, die in den vergangenen Jahren in der Roten Armee stattgefunden hat, und betonte, die Rote Armee sei auf der Grundlage der modernen Kriegführung umstrukturiert und neu bewaffnet worden. Genosse Stalin begrüßte die Kommandeure, die die Militärakademien beendet haben, und wünschte ihnen Erfolg bei der Arbeit. Die Rede des Genossen Stalin dauerte ungefähr 40 Minuten, sie wurde mit großer Aufmerksamkeit angehört.[167]

Wieder blieb der deutschen Führung dieses grundlegende Ereignis verborgen. Der Umstand, dass Hunderte von Personen Zeuge der Ausführungen Stalins wurden, wirft erneut ein grelles Schlaglicht auf den katastrophalen Zustand der deutschen geheimdienstlichen Nachrichtenbeschaffung. Erst Anfang Juni 1941, also einen Monat später, soll der deutsche Botschafter Friedrich Werner von der Schulenburg vom Leiter des Deutschen Pressebüros, Erwin Schüle, eine Version der Rede zugespielt bekommen haben; Schüle wiederum hatte sie von einem Informanten.

Hiernach habe Stalin ausgeführt, das sowjetische Militärpotenzial stehe hinter dem deutschen zurück; man müsse sich daher auf einen neuen Kompromiss mit dem Deutschen Reich vorbereiten.[168] Wenn man unterstellt, dass diese Information stimmt, der Informant also tatsächlich einen solchen Redeinhalt mitgeteilt hat, so liegt es auf der Hand, dass es sich um eine bewusst gespielte Desinformation geheimdienstlichen Ursprungs handelte.

Zwar ist der Text der Rede bis heute nicht aufgetaucht, doch existiert eine zum Abdruck in Stalins Werken vorgesehene Kurzfassung, die deutlich das Gegenteil zum Ausdruck bringt. Dementsprechend ist der Trinkspruch

---

166 Dimitroff: Tagebücher, S. 380 ff.
167 Zit. nach Post: Barbarossa, S. 274.
168 AA: Akten D, Bd. 12, Nr. 505, 593.

des Diktators vom selben Abend ausgefallen. Die der deutschen Botschaft zugespielte Information war eine Zwecklüge, mit der die sowjetischen Angriffsabsichten verschleiert werden sollten. Mit der Desinformation wurde das deutsche Vorurteil über die Operationsunfähigkeit der Roten Armee bedient, wie sie der deutsche Militärattaché Köstring und sein Vertreter Krebs nicht müde wurden zu wiederholen. Das war den Sowjets bestens geläufig; sie wurden durch ihren Agenten „X", den Botschaftsmitarbeiter Gerhard Kegel, über die Vorgänge an der deutschen Vertretung aus erster Hand bedient. Die jüngste russische Version zu diesen Vorgängen besagt, die Desinformation habe der Deeskalation gedient und sollte somit helfen, Provokationen der deutschen Seite zu vermeiden[169]; das ist ziemlich hanebüchen, denn es bedeutet im Klartext, durch ein Bekenntnis zur Unterlegenheit habe die sowjetische Seite Deutschland zum friedlichen Einlenken bewegen wollen. Und weiter Besymenski, dem diese Behauptung zu verdanken ist: Der Angriffsplan sei lediglich sozusagen in überholendem Gehorsam aufgrund Stalins Reden am 5. Mai 1941 erstellt worden, er habe aber nie irgendwelche Bedeutung erlangt.

Auch dieser Einwand hält einer Überprüfung nicht stand. Man muss, um die Ausführungen von Besymenski einer Kritik zu unterwerfen, nicht so weit gehen wie der deutsche renommierte Militärhistoriker Joachim Hoffmann, der den Russen als Desinformator im Sinne der Parteidoktrin von der „friedfertigen Sowjetunion" bezeichnet hat.[170] Auffällig ist es indes schon, wie oft der seit Jahrzehnten zum deutsch-sowjetischen Krieg publizierende Besymenski seine Ausführungen nachjustieren musste, sei es zum Hitler-Stalin-Pakt, sei es zu den Ausgangsbedingungen des deutsch-sowjetischen Krieges.

Geradezu erheiternd liest sich aus heutiger Sicht, was die deutschen Sowjetunion-Spezialisten in der Botschaft in Moskau redeten und schrieben. Die Sowjetunion unter Stalin bewege sich weg von einem internationalistischen Machtzentrum hin zu einem russischen (bzw. sowjetstaatlichen) Nationalstaat. Dieser Staat sei auf Konsolidierung, bestenfalls auf Arrondierung, nicht hingegen auf die kommunistische Weltherrschaft aus. Das war Wunschdenken, meine Herren. Stalin war und blieb ein marxistisch-leninistischer Revolutionär. Neuere Forschungen über ihn belegen dies eindrucksvoll[171], wie die Untersuchungen, die über die Rote Armee und ihre Rolle bei der Beförderung der Sowjetherrschaft publiziert worden sind. Die gigantische Aufrüstung der Sowjetunion unter der Herrschaft Stalins in den 1930er Jahren diente einem einzigen Zweck: Die Herrschaft des Kommunismus in die Nachbarstaaten, vor allem nach Deutschland zu tragen.[172]

169 Besymenski, Stalin und Hitler, S. 377.
170 Hoffmann: Stalins Vernichtungskrieg, S. 35.
171 Z. B. Wolkogonow: Stalin, passim.
172 Musial: Kampfplatz Deutschland, passim.

Die Vorbereitungen der Roten Armee für einen Angriff auf das Deutsche Reich entsprachen im Frühsommer 1941 den Absichten der sowjetischen Führung. Angriffsplanung, Truppenbewegungen und dicht gestaffelter Aufmarsch im Grenzbereich bildeten einen einheitlichen Vorgang, der nicht im Nachhinein in seine Bestandteile zerlegt werden kann, um sie für eine friedfertige Sowjetunion umzuinterpretieren. Der Kriegsplan war ein Kriegsplan und kein Eventualplan, denn er befand sich im Frühsommer im Stadium konkreter Umsetzung. Die Truppenbewegungen dienten der Durchführung eines Krieges und nicht etwa eines Manövers, denn ein Manöver mit einer solchen Riesenarmee liegt außerhalb jeder sinnvollen Militärübung. Die Aufstellung der Roten Armee war eine Angriffsaufstellung und keine Verteidigungsvorbereitung, es sei denn, man unterstellt, hier seien militärische Laien am Werke gewesen. Die sowjetischen Truppen besaßen zudem keinen gültigen Operationsplan für den Fall eines deutschen Angriffs und sie waren auch nicht zu Demonstrations- oder Einschüchterungszwecken aufmarschiert, denn dann hätte man ihren Aufmarsch propagieren und nicht geheim halten müssen.[173]

Über den Stand der Offensivvorbereitungen und einen möglichen Angriffstag streiten sich die Gelehrten. Dergleichen ist ohne Belang; man kann vielmehr davon ausgehen, dass spätestens im Jahr 1941 damit begonnen wurde, alle Spuren der wirklichen Absichten Stalins unsichtbar zu machen. Übrig geblieben sind nur Rudimente, die später so oder so interpretiert worden sind:

- der Entwurf für den Aufbau von vier Fronten vom 21. Juni 1941, der nicht realisiert wurde,
- der Befehl an die zweite strategische Staffel, in die Bereitstellungsräume einzurücken, wohl von Ende Mai 1941,
- der Befehl zur Herstellung der Gefechtsbereitschaft vom 21. Juni 1941 und
- die Entscheidung, dass die Politische Hauptverwaltung der Roten Armee die Federführung für die Zersetzung der deutschen Wehrmacht zu übernehmen habe, datiert gleichfalls vom 21. Juni 1941. Wie passte das mit der Forderung Stalins zusammen, nichts zu unternehmen, was die Deutschen provozieren könnte?

Hand in Hand mit der Umstellung und Aufstellung der Roten Armee gingen die propagandistischen Begleitmaßnahmen. Im August 1940 wurde die Politische Hauptverwaltung der Roten Armee umbenannt; sie hieß fortan Hauptverwaltung für politische Propaganda. Das war in mehrfacher Weise eine bemerkenswerte Änderung, wenn man berücksichtigt, dass es bis dato vor allem darum gegangen war, das stets beargwöhnte Offizierskorps auf Linie zu zwingen. Nunmehr traten mit der Umbenen-

173 Medwedew: Urteil, Bd. 3, S. 249; Suworow: Eisbrecher, S. 68–405.

nung ganz offen propagandistische Aspekte in den Vordergrund. Der eine galt den eigenen Soldaten, denen zum Entsetzen der sowjetischen Führung im sowjetisch-finnischen Winterkrieg die Notwendigkeit der Führung eines Angriffskrieges nicht hatte einleuchten wollen. Was nun auf der Agenda stand, so war die zutreffende Kalkulation, würde also noch größerer Anstrengungen bedürfen. Doch neben dieser Binnenbeeinflussung wurde auch die Fremdbeeinflussung ganz entscheidend aufgenordet. Äußerlich kam das mit der gleichzeitigen Gründung der Abteilung 7 innerhalb der Politischen Hauptverwaltung der Roten Armee zum Ausdruck. Ihre Aufgabe sollte ab sofort die politische Zersetzung des Gegners sein.

Zum Leiter der Zersetzungsabteilung 7 wurde der 33-jährige Regimentskommissar Michail Burzew ernannt. Er hat in seinen Memoiren über den Beginn seiner Tätigkeit in seltsam offener Form berichtet. Man kann hier nur die Vermutung äußern, dass die sowjetische Zensur, als sie dies durchließ, einen unbeabsichtigten Schnitzer machte. Burzew hat nämlich mitgeteilt, dass sogleich mit den einschlägigen Arbeiten begonnen wurde, die allerdings, als der Krieg mit Deutschland dann Realität wurde, sich als wenig brauchbar erwiesen, da die Abteilung darauf vorbereitet war, diesen Krieg „im Territorium des Gegners" zu führen.[174]

Ein sowjetischer Verteidigungskrieg auf dem Boden des Gegners? Das wäre die Quadratur des Kreises. Nein, hier ging es darum, eine zügig ins gegnerische Territorium eindringende Rote Armee durch Zersetzung des sich verteidigenden Feindes zu unterstützen. Dergleichen hatte es, auch das hat Burzew ganz offen mitgeteilt, seit den Tagen des Bürgerkrieges nicht mehr gegeben. Es sollte wiederholt werden, denn nach sowjetischer Lesart war die Zeit dafür reif, den werktätigen Massen der Gegenseite, die angeblich des Krieges überdrüssig waren, die Widersprüche des Kapitalismus deutlich zu machen und sie zum Überlaufen zu bewegen. Das war ein folgenschwerer Irrtum.

Noch etwas anderes ist bis zum heutigen Tage in diesem Zusammenhang nicht richtig gewürdigt worden: Die Schaffung der Absperrabteilungen, in russischen Quellen mit OO (Osobyj Otdel = Sonderabteilung) bezeichnet. Am 26. Februar 1941 wurden sie innerhalb der Roten Armee installiert. Sie bestanden aus Angehörigen des NKWD.[175] Ihre Aufgabe war es, Soldaten, die nicht zum Angriff antreten wollten, hinterrücks zu erschießen. Gewiss eine aus westlicher Sicht barbarische Methode, indessen für die sowjetischen Führer kein Neuland. Stalin wusste also 1941 genau, was er tat, denn er hatte einschlägige Erfahrungen gesammelt, die nunmehr zwei Jahrzehnte zurücklagen. Damals, im Jahre 1920, als es darum ging, die Fackel der Weltrevolution mit der Gewalt der Roten Armee über Warschau bis nach Berlin zu tragen, war klar geworden, dass dem

174 Burzew: Einsichten, S. 23–35.
175 Ostrjakow: Militärtschekisten, S. 134–138.

russischen Rekruten, der hierfür den Kopf hinzuhalten hatte, dergleichen kaum zu vermitteln war. Deswegen kam es zu Massendesertionen in der Roten Armee, denen das Instrument der Sperrabteilungen entgegengesetzt worden war.[176]

Jetzt, im Februar 1941, kam die Neuauflage dieser bewährt-berüchtigten Einrichtung. Ihr Sinn erschließt sich nur, wenn man berücksichtigt, dass ein Angriffskrieg von bedeutendem Ausmaß auf der Tagesordnung der Sowjetunion stand – ein Angriffskrieg, der sich dem Rekruten der Roten Armee propagandistisch nicht vermitteln ließ. Diese offenkundige Tatsache ist später mit den Notwendigkeiten, die sich aus dem deutschen Überfall ergeben haben, bewusst verkleistert worden. Auch hier kam es zum Einsatz der Absperrabteilungen; davon wird noch die Rede sein.

Bliebe zum Schluss noch die Frage zu klären, warum Stalin nichts tat, als sich die Meldungen über die deutschen Angriffsabsichten so häuften, dass kein vernünftiger Mensch mehr an ihnen vorbeigehen konnte. Doch die Frage ist bereits falsch gestellt, denn Stalin tat etwas, und zwar durchaus das Richtige – aus seiner Sicht. Er bereitete nach seinen strategischen Planungen einen Angriffskrieg gegen das Deutsche Reich vor. Und er glaubte, hierfür genügend Zeit zu besitzen.

Wir haben Zeit: Die Doktrin vom Vorstadium des Krieges

Zu den Besonderheiten der russisch-sowjetischen Militärdoktrin gehörte seit Langem die grundlegende Durchdringung der Vorphase eines Krieges; entsprechende Planungen gehörten zum Grundrüstzeug des sowjetischen Generalstabs.[177] Hiernach kam es der sowjetischen Militärführung darauf an, einen Krieg so lange verdeckt vorzubereiten, dass bei Kriegsausbruch die Truppen zur Kriegführung fertig bereitstehen würden. Es sollten also die Phasen von Mobilmachung und Herantransport zum Kriegsschauplatz in das Vorstadium eines Krieges verlegt werden, wobei sie nach Möglichkeit dem künftigen Gegner zu verheimlichen waren.

Diese sowjetischen Überlegungen waren kein Zufall, sondern sie wurden aus einer sorgfältigen Auswertung der Auftaktereignisse des Ersten Weltkrieges gewonnen. Auch bei jener Kriegseröffnung gegen Deutschland und Österreich-Ungarn hatte der Faktor Zeit eine entscheidende Rolle gespielt.[178] Die Herstellung der Kriegsbereitschaft der russischen Angriffsarmeen hatte sich seinerzeit zwar mit einer für die deutsche Militärführung ganz überraschenden Geschwindigkeit abgespielt, so dass das gesamte Zweifronten-Kriegskonzept zunichte gemacht wurde, doch die russischen Armeen waren nicht schnell genug gewesen, um bis Wien oder gar bis Berlin durchzumarschieren. Hieraus hatte die sowjetische Führung

176 Musial: Kampfplatz Deutschland, S. 37.
177 Post: Barbarossa, S. 47 ff.
178 Roewer: Skrupellos, S. 25–48, 98–114.

militärtheoretische und praktische Folgerungen gezogen. Sie zeigen, was überraschend klingen mag, dass der sowjetische Generalstab in den Bahnen zaristisch-russischer Militärtradition dachte und plante. Die verdeckte Mobilisierung war unter den Bedingungen der Sowjetunion in den Jahren 1940/41 durchaus realistisch, die heimliche Heranführung der Truppen in die grenznahen Bereitstellungsräume vor den Augen und Ohren der deutschen Luft- und Funkaufklärung jedoch nicht.

So kam es zum Aufmarsch, der die programmgemäße Umsetzung der sowjetischen Kriegsdoktrin darstellte. Stalin wusste das selbstverständlich, und er wusste auch, was er tat. Es war der Plan, in einen massiert an der Westgrenze aufmarschierten Gegner hineinzustoßen, ihn zu durchbrechen und in die Tiefe des Raumes mit gepanzerten, luftunterstützten Truppen einzudringen. Die sowjetische Seite hatte, soweit wir das heute wissen, noch keinen Angriffsbefehl ausgegeben, aber ein solcher konnte, ganz wie es dem sowjetischen Diktator beliebte, erteilt werden.

Noch vor dem deutschen Überfall erging auf Stalins Weisung die Direktive Nr. 1 für die Kriegführung. Sie war an die Rote Armee gerichtet und ordnete die Herstellung der Gefechtsbereitschaft für die Nacht vom 22. auf den 23. Juni 1941 an.[179] Ob das der Auftakt zum Angriff sein sollte, kann man nicht mit Sicherheit sagen. Die Anordnung zur Verteidigungsbereitschaft war die Direktive Nr. 1 jedenfalls nicht, denn Stalin glaubte bis zum Morgen des 22. Juni 1941 nicht an die Aktualität eines deutschen Angriffs. Er glaubte fest daran, dass die Initiative noch bei ihm läge. Er konnte, so war es ihm durch seine militärischen Berater nahegelegt worden, darauf vertrauen, dass ein deutscher Angriff geplant, aber im Augenblick militärisch undurchführbar sei.

Die sowjetische Führung wusste, wovon sie sprach, aber sie irrte sich in einem entscheidenden Punkte: Die sowjetische Doktrin von der vorgezogenen Mobilisierungs- und Aufmarschphase wurde auch auf den potenziellen Kriegsgegner Deutschland angewendet und die deutschen Truppenbewegungen und -massierungen unter diesem Gesichtspunkt bewertet. Sie ging davon aus, dass in den Versammlungsräumen an der Ostgrenze des Reiches kaum schnelle Truppen vorhanden waren; diese steckten in der Tiefe des Reiches oder noch weiter im Westen, waren erst in der Aufstellung oder in der Wiederauffrischung begriffen. Somit waren sie nicht dort, wo man sie brauchte, um einen Angriff auf die Sowjetunion durchzuführen.

Die sowjetische Führung war über diesen Teil der Dislozierung der deutschen Wehrmacht richtig informiert. Doch die zuverlässige Ausspähung der deutschen Großverbände hatte einen gefährlichen Pferdefuß, denn die Sowjets wendeten ihr eigenes Vorstellungsvermögen von einem Aufmarsch gepanzerter Angriffsverbände auf die deutsche Wehrmacht an.

179 Vgl. Woenno-istoritscheski Shurnal 1961, Nr. 6.

Das war ein entscheidender Fehler, denn die Wehrmachtsführung dachte gar nicht daran, sich in diesen Bahnen zu bewegen. Sie wusste wenig oder nichts davon, wie tiefgreifend die eigenen Truppenbewegungen ausgespäht wurden, wollte aber auf einen altbewährten Grundsatz deutscher Angriffskriegführung nicht verzichten: den Effekt der Überraschung.

Aus diesem Grunde wurden die deutschen Angriffsverbände buchstäblich in letzter Minute nach einem genau kalkulierten Zeitplan im Eisenbahntransport in ihre Bereitstellungsräume transportiert, von wo aus sie ohne zeitlichen Verzug zum Angriff antraten. Es war ein Angriff aus der Bewegung.[180]

> Plötzlich und ohne Vorwarnung wird unsere Division [die 7. Panzerdivision] Anfang Juni in Bonn auf die Eisenbahn verladen und nach einer Fahrt von zwei bis drei Tagen in Insterburg/Ostpreußen entladen.[181]

Die Überraschung der russischen Seite gelang völlig, denn diese Offensivtaktik lag außerhalb der Vorstellungswelt ihrer Militärplaner. Die zutreffende Kenntnis der deutschen Truppenstandorte hatte sie stärker irregeführt, als jede noch so sorgfältige deutsche Geheimhaltung dies vermocht hätte. Die sowjetischen Annahmen verraten noch ein Zweites: Es gab keinen Informanten im inneren Zirkel der deutschen Militärführung, der ihnen hätte klar machen können, auf welchem Anfangsschachzug die deutsche Offensive aufbauen würde.[182]

Die deutsche Strategie des Angriffs aus der Bewegung beinhaltete ein weiteres nicht zu unterschätzendes Element: den Ausschluss des Verrats durch Überläufer. Schon im Ersten Weltkrieg hatte der Verrat durch Überläufer vor beginnenden Offensiven als ein zuverlässiges Alarmzeichen gegolten. Das war auch bei Barbarossa nicht anders. Doch die deutsche Taktik, die eigentlichen Angriffsverbände aus der Tiefe des europäischen Raumes in die Angriffsaufstellung pünktlich zu Feldzugsbeginn einrücken zu lassen, erwies sich als eine wirksame Maßnahme, den Verrat durch Überläufer zu marginalisieren. Die Überraschung traf also nicht nur den Gegner, sondern auch die deutsche Seite, ja sogar die meisten deutschen Offiziere und Generale. Zwar gab es dann, als der Angriff spruchreif wurde, einige Überläufer, von denen noch die Rede sein wird, doch konnten sie selbst dann, wenn ihnen geglaubt wurde, nichts bewirken, weil sie für jegliche Reaktion zu spät kamen.

180 Hürter: General, S. 56, 61; Guderian: Erinnerungen, S. 139; Gersdorff: Soldat, S. 90; Paul: Nehring, 114 ff.; Görlitz: Model, S. 88.

181 Luck: Mit Rommel, S. 83 f.

182 Gersdorff: Soldat, S. 92; Guderian: Erinnerungen, S. 140; Post: Barbarossa, S. 244 ff.

Aus dem Bastelkasten der Weltrevolution: Die „friedliebende Sowjetunion"

Jahrzehntelang haben die am Auftakt des deutsch-sowjetischen Krieges Beteiligten versucht, die Wahrheit zu vertuschen. Bei den Deutschen leuchtet das sofort ein: Sie wollten vergessen machen, dass sie einen Krieg vom Zaun gebrochen hatten, in dem auch verbrecherische Mittel sanktioniert wurden.

Aber warum die Russen? Des Rätsels Lösung ist die Parole von der friedliebenden Sowjetunion. Nach dem deutschen Angriff war es überlebensnotwendig nützlich, diese Legende in die Welt zu setzen. Viele fielen darauf rein. Nicht nur die Kommunisten Europas und Amerikas, die nach dem Schock des Hitler-Stalin-Paktes jetzt wieder auf Linie gebracht werden mussten. Nein, die Sympathiewelle zugunsten der Sowjetunion, die der deutsche Überfall auslöste, war deutlich breiter. Ihr wichtigster und mächtigster Repräsentant war der US-amerikanische Präsident Franklin D. Roosevelt, der in Stalin fortan den „good old Joe" sah, den es nach Kräften zu unterstützen galt.

Die Propagandalüge von der friedliebenden Sowjetunion, die unvorbereitet überfallen worden war, zog sich zunächst in die 1950er Jahre hinein; im kommunistischen Machtbereich des Josef Stalin wäre es lebensgefährlich gewesen, hiervon Abstriche zu machen. Mit dem Ableben Stalins verschoben sich die Koordinaten ein wenig; Chruschtschow lockerte den Personenkult um den toten Ex-Diktator. Von nun an konzentrierte sich die Geschichtsbetrachtung eher darauf, dass die friedliebende Sowjetunion nur deshalb überfallen werden konnte, weil Stalin die falschen Schlüsse gezogen und das Sowjetvolk fehlerhaft geführt hatte, so dass die deutschen Invasoren ins Land kommen konnten.

Zu Beginn der Breschnjew-Ära wurden die Gewichte erneut verschoben, denn jetzt waren Leute am Ruder, die stolz darauf waren, im deutsch-sowjetischen Krieg die richtigen Entscheidungen getroffen zu haben. In diesem Zusammenhang wirkt es gar nicht mehr rätselhaft, wenn plötzlich Unpersonen, wie ausgerechnet der deutsche Agent Richard Sorge, aus der Versenkung des Vergessens geholt und posthum zum Helden der Sowjetunion promoviert wurden. Die sowjetische Propaganda benutzte hierfür das Schlagwort der Rehabilitation. Der Mann wurde gebraucht, weil sich an seiner Person belegen ließ, dass es der Diktator war, der die Wahrheit nicht hören wollte. Er hatte zwar fähige Berater, aber er hörte nicht auf sie.

Es gehört zur Ironie der Geschichtsbetrachtung dieser Zeit, dass genau die gleichen Deutungsmuster auf deutscher Seite zur Anwendung kamen; nur der Schwerhörige, von dem in diesen Fällen die Rede war, hieß Adolf Hitler. Mit dem Ende der Sowjetunion war der Drang, die unerklärlichen Widersprüche aufzudecken und nach einer befriedigenden Lösung zu suchen, nicht mehr zu verhindern. Es gab in Russland Anregendes genug, was nunmehr nicht nur offengelegt, sondern auch, selbst wenn es längst bekannt war, einer neuen Bewertung unterworfen wurde. Hierzu gehört die reichhaltige militärische Memoiren-Literatur, die ein sichtlich anderes Bild der Ereignisse entwirft, wenn man sie nur lesen und verstehen will. Plötzlich tritt ein durchaus unfriedlicher Diktator aus den Kulissen. Von Überraschung über den deutschen Angriff ist dort keine Rede mehr.[183] Auch das stimmt, wie gezeigt wurde, so nicht.

Was Stalin wirklich gedacht hat, wissen wir nicht. Man kann nur das beurteilen, was er tat und was er unterließ. Es hat den Anschein, als habe er die Meldungen über den bevorstehenden deutschen Angriff für falsch gehalten. Er hätte sie sonst wohlmöglich anders kommentiert. Ist dies richtig, so muss man sich fragen, was der Grund für seine Überzeugung war. Vertraute er dem Hitler-Stalin-Pakt von 1939 so sehr, dass er feindliche Absichten des deutschen Co-Diktators ausschloss? So ist es jedenfalls jahrzehntelang behauptet worden.[184] Zum Beweis dieses Glaubens wurde die Tatsache angegeben, dass bis zum Tag vor der deutschen Kriegseröffnung die Güterzüge mit den vereinbarten Warenlieferungen über die deutsch-sowjetische Grenze rollten. Noch abwegiger sind die Hinweise, dass noch am Samstag, dem 21. Juni 1941, also am Tag vor dem deutschen Angriff, in Brest-Litowsk die Militärmusik der Roten Armee ein öffentliches Konzert gab. Das alles sind hübsche Scheinargumente, denn der vereinbarte Warenstrom ist auch in der Gegenrichtung bis zur letzten Minute abgewickelt worden, und auch im Deutschen Reich hat die Militärmusik gespielt.[185]

Selbst der deutsche Diktator gab sich einer gänzlich unmilitärischen Beschäftigung hin: Er empfing am besagten Vorabend in seinen Privaträumen seinen Lieblingsarchitekten Albert Speer zum Plausch. Die Herren erörterten die Siegesfanfare aus Les Préludes von Franz Liszt; aus diesem Tête-à-tête mit Kräutertee entstand die Einleitungsfanfare für die Sondermeldungen der deutschen Wehrmacht.[186] Aus diesem Tun hat niemand die friedlichen Absichten des deutschen Diktators destilliert. Wer's dennoch täte, würde zu Recht für einen Spinner gehalten werden. Diese Maßstäbe sollte man auch gegenüber dem sowjetischen Diktator anwenden.

---

183 Besymenski: Stalin und Hitler, S. 406 f.; Jegorow: Ein Stern, S. 192; Korolkow: Mann; Mader: Sorge; o. Verf.: Geschichte der KPdSU, S. 587 ff., 590; Ostrjakow: Militärtschekisten, S. 128 ff.; Subok u. a.: Kreml, S. 249 ff.

184 Z. B. Medwedew: Das Urteil der Geschichte, Bd. 3, S. 247–250.

185 Bergschicker: Chronik, S. 326; Gersdorff: Soldat, S. 92.

186 Speer: Erinnerungen, S. 195.

KAPITEL 2

Nutzlose Siege. Das Kriegsjahr 1941

Zunächst ging alles nach Plan – so schien es den deutschen Strategen. Sie schwelgten in ungeheuerlichen, nicht für möglich gehaltenen Siegen, für die sie, bei Lichte betrachtet, nicht viel konnten, denn sie wussten nicht, auf was sie sich bei ihrem Russlandabenteuer eingelassen hatten. Auch war ihnen lange Zeit unklar, dass sie den grandiosen Auftakt des Feldzuges einem zu Makulatur gewordenen Kriegsplan Stalins verdankten. Allmählich schwante dem einen oder anderen, dass trotz der gewaltigen Gefangenenzahlen, die alles bislang Dagewesene der deutschen Militärgeschichte in den Schatten stellten, das operative Ziel des Eröffnungsfeldzuges – nämlich die Vernichtung der Roten Armee – nicht erreicht wurde.

Auf der Gegenseite sah es nicht besser aus. Zum Schock des lange in Abrede gestellten deutschen Angriffs gesellte sich die mühevolle Einsicht, dass die deutschen Soldaten diesen Krieg ohne aufzubegehren führten; das hätte nach den angeblich wissenschaftlichen Erkenntnissen marxistischer Geschichtstabellen nicht passieren dürfen. Doch auf diese war wieder einmal kein Verlass.

Man sollte meinen, dass beide Seiten nun begonnen hätten, die Ideologie der Wirklichkeit anzupassen, doch es geschah genau das Gegenteil. Davon wird das folgende Kapitel handeln.

Scheuklappen und Wundermützen. Die Fehlbeurteilung des Gegners

Der merkwürdige Kriegsverlauf ist nur erklärbar, wenn man die geradezu abwegigen Vorstellungen berücksichtigt, welche die beiden Kriegsgegner voneinander hatten: Auf der russischen Seite glaubte man nicht, dass der deutsche Proletarier gegen das Vaterland aller Werktätigen zu Felde ziehen werde, auf deutscher Seite hing man dem Herrenmenschenglauben an, der in den Völkern der Sowjetunion nichts als Untermenschen erblickte. Beides waren fatale Fehleinschätzungen mit schrecklichen Folgen.

Proletarier aller Länder: Sowjetische Vorstellungen vom deutschen Arbeiter

Wie bereits geschildert, meldeten deutsche Agenten vor dem Beginn des Krieges, dass die Unterstützung im Volke für die Angriffsabsichten der deutschen Führung gering sei. Das waren riskante Falschmeldungen, denn sie stimmten mit der deutschen Wirklichkeit nicht überein. Zwar mochte es im Prinzip stimmen, dass kaum jemand von diesem Krieg begeistert war; sehr viele verfluchten ihn sogar. Das ist das eine. Doch hiervon unterschied sich um Meilen die Bereitschaft der Masse der vom Krieg betroffenen Deutschen, in den als unausweichlich empfundenen Feldzug zu ziehen. Von einer bemerkbaren Widerstandsbewegung gegen diesen Krieg konnte keine Rede sein.

Proletarier zu Gast bei Dimitroff: der Überläufer Alfred Liskow

Wäre das Gegenteil richtig, so hätte es zu massenhaftem Ungehorsam und zu zahlreichen Desertionen kommen müssen. Doch das war im ersten Kriegsjahr mit der Sowjetunion nicht der Fall. Es gab lediglich vereinzelte Überläufer, die im allerletzten Augenblick mit der fatalen Neuigkeit zu den Sowjets überliefen.[187] Hierzu jetzt zwei Beispiele, die Fälle Liskow und Kutschera.

Der Soldat Alfred Liskow aus Kolberg wechselte am Vorabend des Angriffs, am 21. Juni 1941, von der am Bug stehenden 74. Infanteriedivision zu den sowjetischen Grenzwachen über.[188] Er wurde unverzüglich an das NKWD überstellt, wo er ausgiebig vernommen wurde. Er behauptete, er sei Kommunist, was man ihm abnahm, so wurde er an Komintern-Chef Georgi Dimitroff weitergereicht. Dimitroff empfing den Deutschen am 3. September 1941, sichtlich angetan davon, hier einen deutschen Proletarier zu Gast zu haben. Der Mann war zu gebrauchen, und sei es zu Propagandazwecken.

Doch dann lief die Sache irgendwie schief. Liskow war ob der freundlichen Behandlung, die ihm widerfuhr, aufgetaut. Der entsetzte Dimitroff notierte in sein Tagebuch:

> Mit Manuilskij, Ulbricht, Ercoli den Fall des deutschen Deserteurs Liskow geprüft. Durch seine Erklärungen, dass die „Kommunisten für die Fritzen arbeiten", „die Führung der Komintern eine Riege von Verrätern" ist usw., macht er sich verdächtig. Ob er verrückt ist? – oder ein Agent? Habe Weisung erteilt, ihn gründlich unter die Lupe zu nehmen.[189]

187 Drei Fälle bei Institut für ML: Geschichte der Arbeiterbewegung, Bd. 5, S. 291 f.

188 Burzew: Einsichten, S. 59 f.; Institut für ML: Geschichte der Arbeiterbewegung, Bd. 5, S. 291 f.

189 Dimitroff: Tagebücher, S. 431 (Tgb. 22. September 1941).

Die Sentenzen von Liskow hörte man in Moskau nicht gerne. Die Prüfungskommission, die Dimitroff für den Vorzeigedeutschen nun eigens ernannte, bestand aus den Genossen Walter Ulbricht, Pantalejmon Gulajew und Grigorij Sorkin. Das waren immerhin ein deutsches Politbüromitglied, der Leiter der Kaderabteilung der Komintern und der stellvertretende Sekretär der OMS, also des Nachrichtendienstes der Komintern.[190] Die klärten binnen weniger Tage, dass das mit der KP-Mitgliedschaft nicht stimmen könne.[191] Zwei Monate später war aus dem willkommenen Überläufer endgültig ein deutscher geheimdienstlicher Provokateur geworden, der zur weiteren Behandlung an die bewährten Organe der sowjetischen Staatssicherheit zurückgereicht wurde.[192]

Die einzigen, die von dieser wundersamen Wandlung nichts ahnten, waren die angeblichen geheimdienstlichen Hintermänner dieses Agenten, die am Berliner Tirpitzufer residierten. Das weitere Schicksal von Liskow kann kaum zweifelhaft sein. In den 1960er Jahren setzte sich ein Reporter des „Stern" auf seine Spur, Georg Schmidt-Scheeder, der den Ostfeldzug vom ersten bis zum letzten Tag als Kriegsberichterstatter mitgemacht hatte. Er fand zwar die Schwester, aber nicht das eigentliche Objekt seines Interesses. Der Mann soll angeblich auf der Ehrentribüne zum 20. Jahrestag des Kriegsendes die Feierlichkeiten auf einer Moskauer Tribüne verziert haben. Doch das war wohl eine Ente.[193]

Der andere Fall ging ganz anders ab. Auch Ernst Kutschera lief am Vorabend des deutschen Angriffs zu den sowjetischen Grenztruppen über. Auch er gab sich als Kommunist zu erkennen. Das muss glaubwürdig geklungen haben, denn der 20-jährige Sudetendeutsche verfügte zumindest über einen Vater, der jahrelang Mitglied der KPČ gewesen war. Anders als Liskow wurde Kutschera nicht zu den Staatssicherheitsorganen ins Hinterland durchgereicht, sondern er geriet sogleich in den Strudel des heillosen Rückzugsdurcheinanders jener Grenzeinheit, zu der er desertiert war.

Hierbei hatte er doppeltes Glück: Weder holten ihn seine ehemaligen Wehrmachtskameraden ein, noch liquidierten ihn seine neuen Freunde als möglichen Provokateur. Zusammen mit übrig gebliebenen 40 Sowjetgrenzern schlug sich Kutschera zu Fuß nach Nordosten durch. Nach 205 Tagen, am 13. Januar 1942, erreichte das versprengte Häuflein die eigenen Reihen an der Leningrader Front. Hier hatten die Flüchtlinge allesamt erneut Massel, weil sie als willkommene Verstärkung behandelt und nicht als Verräter erschossen wurden, was in diesen Tagen durchaus im Rahmen des Üblichen gelegen hätte.[194]

---

190 Bayerlein u. a.: Kommentare, S. 478, 639, 660.
191 Dimitroff: Tagebücher, S. 422, 430 (Tgb. 9. September, 19. September 1941).
192 Dimitroff: Tagebücher, S. 465, 467 (Tgb. 23. Dezember, 25. Dezember 1941).
193 Schmidt-Scheeder: Reporter, S. 217 f.
194 Jahnke: Front, S. 36 ff.

Die Fälle Liskow und Kutschera zeigen zwei der Möglichkeiten auf, die deutschen Überläufern widerfahren konnten; andere Probanden wurden an Ort und Stelle niedergemacht. Das war nicht im Sinne der sowjetischen Führung, die bereits am Tag vor dem realen Feldzugsbeginn den Plan gefasst hatte, wie sie die deutsche Wehrmacht zu zersetzen gedachte. Deutsche Soldaten sollten durch Propaganda dazu bewegt werden, massenweise überzulaufen.

Planendes und durchführendes Organ war die 7. Abteilung der Politverwaltung der Roten Armee (GlawPURKKA).[195] Das war insofern überraschend, als die Politverwaltung der Roten Armee ursprünglich zu einem ganz anderen Zweck geschaffen worden war, nämlich zur ideologischen Ausrichtung und Kontrolle der Offiziere der Roten Armee. Zum anderen drängten sich auch die Komintern, die GRU, das NKWD und das NKGB um diese Aufgabe. Leiter der 7. Abteilung war 1941 der 34-jährige Michail Burzew; er blieb bis 1953 auf diesem erst jetzt besonders einflussreichen Posten.

Seine Aufgabe war klar. Den Kriegsgegner, allen voran das Deutsche Reich, mit den Mitteln der Propaganda und der Zersetzung zu zermürben. In der Praxis bedeutete das, die Goebbels'sche Propaganda zu übertrumpfen. Die Anfänge dieses Tuns fielen denkbar jämmerlich aus. Die Regierungserklärung des Rats der Volkskommissare zum deutschen Angriff wurde von der deutschen Altkommunistin Frieda Rubiner ins Deutsche übertragen und in einer Auflage von drei Millionen Exemplaren gedruckt.[196] Die Zettel regneten statt Bomben aus sowjetischen Kampfflugzeugen auf die deutschen Angriffstruppen nieder.[197]

Der Erfolg war gleich null, und es brauchte noch geraume Zeit, bis es den sowjetischen Propagandisten um 7-A-Chef Burzew dämmerte, dass man bei der Masse des deutschen Volkes mit kommunistischen Sprüchen und der Präsentation von deren internationalistischen Exponenten keinen Hund hinter dem Ofen hervorlocken konnte. Die sowjetischen Propagandisten waren auf ihre hausgemachte Propaganda hereingefallen. Diese wiederum wurde von wundersamen Vorstellungen über NS-Deutschland gespeist, welche auf den Aussagen von Politemigranten beruhten, die auf diese Weise im Moskauer Hotel Lux um ihre Daseinsberechtigung kämpften und vom Fortbestand einer gewaltigen Untergrund-KPD fabulierten.

Das alles entsprach nicht der Realität, den Front-Propagandisten wurde das langsam klar. Bald galt es für sie, den Hebel herumzuwerfen und Kollaborateure zu gewinnen, denen der Ruch des Sozialismus nicht anhaftete. Stattdessen war Nationalismus angesagt. Hierfür schien die Rote Armee der richtige Hort. Seit der Propagierung des Vaterländischen Krieges war

195 Hoffmann: Moskau Berlin, S. 84.
196 Burzew: Einsichten, S. 33 f.
197 Burzew: Einsichten, S. 49.

deren Rolle die einer Bewahrerin eines sowjetischen Vaterlandes geworden. Wie schwammig diese Basis auch immer sein mochte, Stalin setzte in dieser Zeit seiner Herrschaft unübersehbar auf den Werkzeugkasten des Nationalismus und förderte dessen Instrumente und Attribute. In nichts kam das deutlicher und symbolträchtiger zum Ausdruck als in der Wiedereinführung der zaristisch-russischen Offiziersschulterklappen im Jahre 1942/43. Der proletarische Internationalismus aus der Aufbruchszeit der Bolschewiki war endgültig verflogen.

Daneben blieben die Kommunisten aus aller Herren Länder nützliche Hilfstruppen. Das galt im Besonderen für die von den Deutschen besetzten Gebiete. Traditionsgemäß standen sie weiterhin unter der Leitung der Komintern. Diese brachte trotz der herben Personalverluste durch die „Große Säuberung" immer noch eine beträchtliche Zahl von Personen auf die Beine. Das ist nachzulesen im Personalhaushalt der Komintern, der wenige Tage vor dem deutschen Angriff aufgestellt wurde. Er verzeichnet 316 hauptamtliche Mitarbeiter des Nachrichtendienstes OMS; das waren 25 Prozent des fest besoldeten Personals der Komintern.[198]

Der Herren von Propaganda und Zersetzung: ZK-Mann Dmitrij Manuilskij und der Chef der Abteilung 7 der Politischen Hauptverwaltung der Roten Armee, Michail Burzew, Moskau 1943

Im August 1941 begann die Komintern damit, die deutschen Rundfunksender durch Störsender zu beeinträchtigen. Zu diesem Zwecke wurde neben dem Stören durch überdeckende Piep- und Rauschtöne ein Verfahren entwickelt, die deutschen Sender kurzzeitig gezielt zu überlagern, um den Ablauf der deutschen Sendungen durch Zwischenrufe und Kommentare zu beeinflussen. An den Mikrofonen saßen die Komintern-Funktionäre Louis Fürnberg, Johann Kopeling, Anton Ackermann und Bruno Köhler.[199] Sie waren sehr stolz auf diese Idee, doch muss gesagt werden, dass die Wirkung auf deutscher Seite gering war.

Als Beispiel hierfür mag die Rede Hitlers am 26. April 1942 vor dem überraschend einberufenen Reichstag gelten, die im Rundfunk übertragen wurde. Glaubt man den Notizen von Komintern-Chef Dimitroff, so hat die Geisterstimme in die Rede hinein gute Arbeit geleistet.[200] Doch man

198 Dimitroff: Tagebücher, S. 390 (Tgb. 3. Juni 1941).

199 Dimitroff: Tagebücher, S. 418, 420, 423 f. (Tgb. 25., 28. August, 6. September 1941).

200 Dimitroff: Tagebücher, S. 508 (Tgb. 26. April 1942).

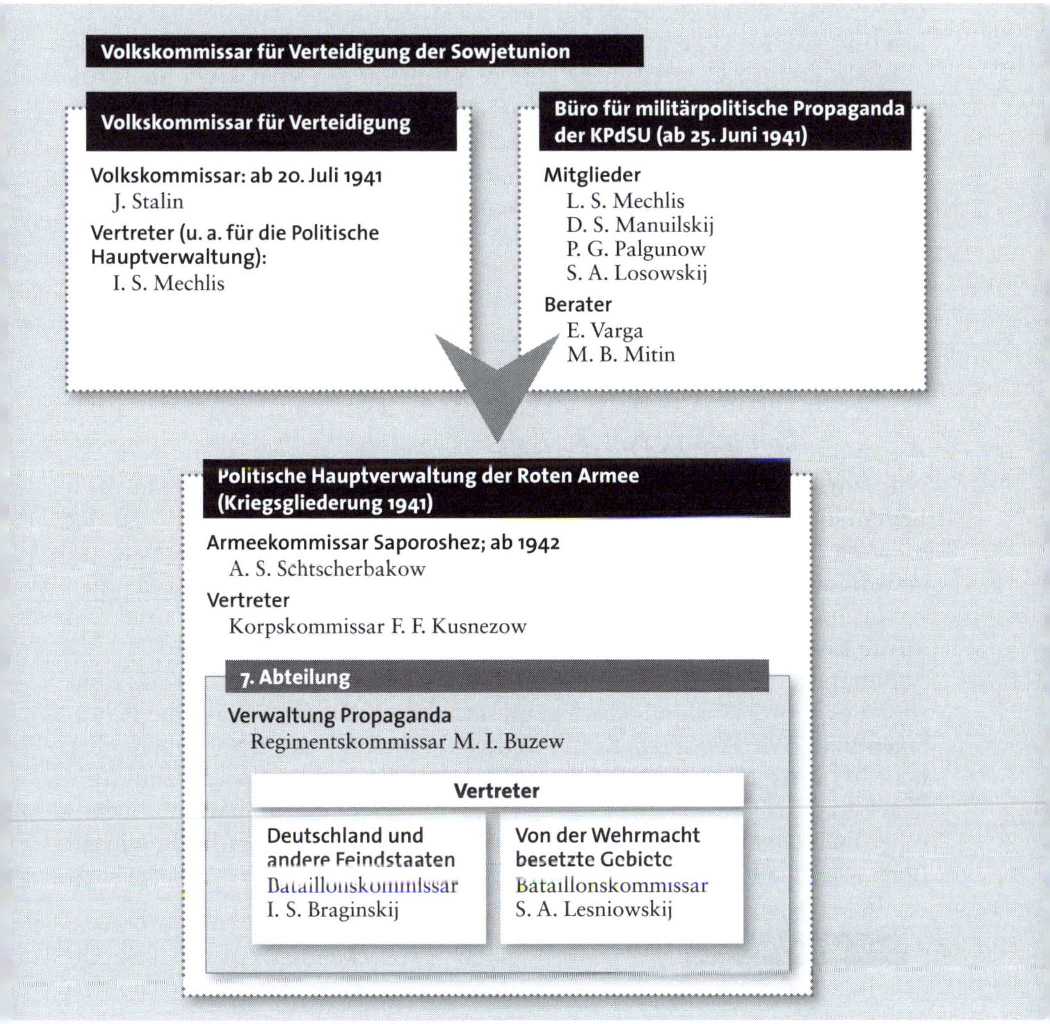

stützt, wenn man die Berichterstattung des SD-Inland dagegenhält. Drei Wochenberichte seiner „Meldungen aus dem Reich“ beschäftigen sich ausführlich mit den Reaktionen auf die Führerrede – von Störungen ist keine Silbe zu lesen; der SD hätte sich dergleichen nicht entgehen lassen.[201]

Neben der Rundfunkstörpropaganda, zu der sich im September 1941 die Sendungen des „Deutschen Volkssenders“, betrieben von der Komintern, hinzugesellten, kamen die Funktionäre alsbald auf den Gedanken, Kommissionen in die Kriegsgefangenenlager zu entsenden, um dort unter den Kriegsgefangenen für die gerechte Sache der Sowjetunion die Werbe-

201 Boberach: Meldungen, S. 3671 ff., 3674 f., 3685 ff., 3696 f.

trommel zu rühren. Ende September 1941 wurde eine entsprechende Delegation von Moskau aus in Marsch gesetzt, welcher der Deutsche Walter Ulbricht und der Österreicher Paul Försterling angehörten. Über die Erfolge und Misserfolge ist wenig bekannt.[202] Mag sein, dass das vor allem am siegreichen Vordringen der Wehrmacht und ihrer Verbündeten und an der geringen Zahl der bislang in sowjetische Gefangenschaft geratenen Soldaten lag. Als Ulbricht und Co. aufbrachen, waren in dem einschlägigen Gefangenenlager Temnikow 1 121 Deutsche, 699 Rumänen, 80 Finnen und 11 Ungarn interniert.[203] Das wurde erst nach der Schlacht von Stalingrad zur Jahreswende 1942/43 und in noch stärkerem Maße nach der Zerschlagung der Heeresgruppe Mitte im Sommer 1944 anders. Bis dahin war es noch ein weiter Weg.

Augen zu und durch: Die deutsche Frontaufklärung

Nun zur deutschen Seite. Dem deutschen Generalstab gingen bald nach Beginn der Operationen die Augen über. Die Feindlageoffiziere Ic der höheren Kommandostäbe überschlugen sich mit Meldungen über die angetroffenen sowjetischen Truppenverbände und kamen aus dem Zählen kaum noch heraus. Jetzt erst, nach Beginn des Feldzuges, ergoss sich ein Strom konkreter Feindlagemeldungen auf die deutsche Führung.

Nunmehr sollte die Nagelprobe dafür erbracht werden, dass die Führung des Amtes Ausland/Abwehr unmittelbaren Durchgriff auf die Feindlageoffiziere der höheren Kommandostäbe besaß, was schon durch ihre neue Namensgebung I c/AO – das AO steht für Abwehroffizier – zum Ausdruck kam. Deren Tätigkeit war jetzt deutlich eine Kombination militärischer Feindlagebearbeitung und nachrichtendienstlicher Tätigkeit, wie ein Blick auf die Organisation der I c/AO-Stäbe deutlich zeigt.[204]

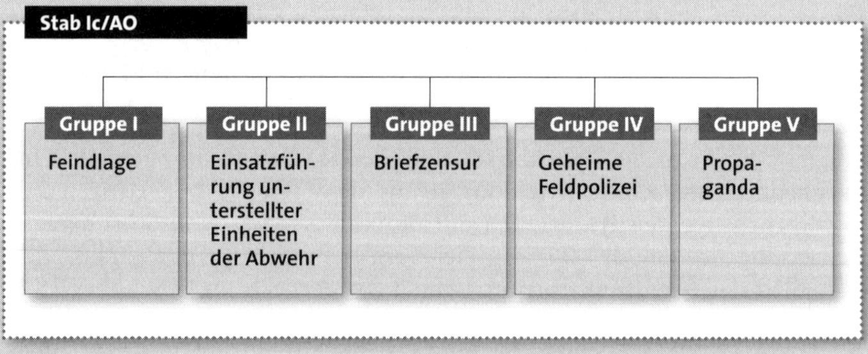

202 Hoffmann: Moskau Berlin, S. 42 f.
203 Dimitroff: Tagebücher, S. 434 (Tgb. 30. September 1941).
204 Gersdorff: Soldat, S. 81 ff.

Soweit zur Theorie. Doch sehen wir uns eine solche Arbeitseinheit einmal aus der Nähe an. Im Zentrum des deutschen Ostaufmarsches marschierte die Heeresgruppe Mitte; sie bildete zugleich den Schwerpunkt der Barbarossa-Offensive. Zum I c/AO wurde kurz vor Beginn des Feldzuges im Osten der 35-jährige Major Rudolf-Christoph von Gersdorff ernannt. In seinen Worten:

> Nach meinem Eintreffen in Posen am 20. April 1941 meldete ich mich bei meinem nunmehrigen unmittelbaren Vorgesetzten Henning von Tresckow. ... Tresckow sagte mit schon bei unserm ersten Gespräch, ich werde bald feststellen, dass im Stab der Heeresgruppe ein besonderer Stil herrsche. Aus der Abteilung I c/AO lasse sich entweder gar nichts oder sehr viel machen. Er erhoffe sich von mir das Letztere.[205]

Gersdorff war Reiteroffizier mit einem gerüttelt Maß an Turniererfahrung. Zwei Jahre vor seiner Ernennung hatte er die Kriegsakademie besucht, um in die begehrte Generalstabslaufbahn eintreten zu können. Den Frankreichfeldzug hatte er als 1. Generalstabsoffizier (I a) einer Infanteriedivision mitgemacht. Nun war er Feindlagechef des Großverbandes im Zentrum der Operationen. Von Nachrichtendienst verstand er nichts, Russisch noch weniger. Gersdorff stand einer Abteilung von etwa 30 Mitarbeitern vor.

Bei den anderen Großverbänden sah es nicht besser aus. Spionageprofis in Sachen Sowjetunion waren bei der Wehrmacht rare Ware. Eine erhalten gebliebene Prinzipskizze weist aus, dass allenfalls drei bis sieben Abwehroffiziere bei den Stäben der Heeresgruppen und Armeen tätig waren; über ihre Russlandkennerschaft sagen die Zahlen nichts.

Nun ein Blick auf die Zentrale des deutschen Militärgeheimdienstes, das Amt Ausland/Abwehr. Es unternahm alles Mögliche, um seiner komplexen Aufgabenstellung gerecht zu werden. Hierzu gehörte vor allem die seit Jahren sträflich vernachlässigte Russlandspionage. Als organisatorische Sofortmaßnahme begann im Mai 1941 die Vorverlegung von Behördenteilen nach Osten, die, auf diese Weise dem Berliner Schlendrian entzogen, sich mit Nachdruck ihrem Geheimdienstgeschäft widmen sollten. Die nach Osten vorgeschobenen koordinierenden Stützpunkte erhielten die Decknamen Walli I und III; sie waren zuständig für die Frontspionage und die Spionageabwehr.

Die Spionage-Stelle Walli I in der Ortschaft Sulijewek bei Warschau übernahm der 44-jährige Major Friedrich Baun[206]; ihm unterstanden zu Beginn des Russlandfeldzuges sieben Abwehroffiziere. Der in Odessa geborene Baun war Ende der 1930er Jahre zum Amt Ausland/Abwehr gestoßen, wo er alsbald zum Leiter des Russlandreferats in der Spionageabteilung Abwehr I ernannt worden war. Die Russlandspionage der Walli I

205 Gersdorff: Soldat, S. 81.

206 IMT: Nürnberger Prozess, Bd. 7, D. 303 f. (Vortrag des sowjet. Generals Zorya unter Bezugnahme auf die schriftliche Aussage von Piekenbrock).

leitete er über die Auflösung des Amtes Ausland/Abwehr hinweg bis zum Kriegsende. Auch danach war er noch ein gesuchter Mann – im wahrsten Sinne des Wortes.

Sein Kompagnon von Walli III war der ehemalige Kavallerieoffizier des Ersten Weltkrieges Heinz Schmalschläger. 1919 nicht in die Reichswehr übernommen, verdiente er fortan seinen Unterhalt als Matratzenfabrikant. 1935 zog es ihn in die Armee zurück, wo er als E(rgänzungs)-Offizier in die Abwehrabteilung eingestellt wurde. 1938 ging er für die Abwehr nach Wien; im September 1939 gelang ihm an der Spitze eines Frontaufklärungskommandos ein Coup im noch kämpfenden Warschau, als er die Akten des polnischen Militärgeheimdienstes aufspüren und sicherstellen konnte. Auch Schmalschläger war nach dem Krieg ein gesuchter Mann; seine Auftraggeber wurden der US-amerikanische Militärgeheimdienst CIC, später der deutsche BND. Jetzt, 1941, befassten sich die deutschen Nachrichtenoffiziere erstmals tiefschürfend mit der Roten Armee.

Unterhalb der Ebene der zentral für die Ostfront zuständigen Abwehrdienststellen Walli I und Walli III wurden nach und nach Abwehrkommandos bei den Heeresgruppen und Abwehrtrupps auf der Armeeebene eingerichtet, die bereits an ihrer Nummerierung erkennen ließen, ob sie der Spionage oder der eigentlichen Abwehrarbeit dienten. Die Spionageeinheiten hießen 101, 102 usw., die Abwehrdienststellen 301, 302 usw. Einschlägige Organisationseinheiten für Zersetzung und Sabotage (201, 202 usw.) wurden erst später gebildet, und zwar in dem Maße wie die Brandenburg-Verbände, deren ureigenste Aufgabe es eigentlich war, als Reserve des OKW zweckentfremdet, d. h. infanteristisch eingesetzt wurden. Böse Zungen behaupteten, der wichtigste Grund für diese Zweckentfremdung war die (zutreffende) Einschätzung der Kommandeure dieser Himmelfahrtseinheiten, dass nur der geschlossene Einsatz ihrer Untergebenen zu dem erstrebten Ritterkreuz führen konnte, was sonst den Kommandotruppführern vorbehalten blieb.[207]

Die Abwehrkommandos und -trupps hatten eine merkwürdige Zwitterstellung. Sie waren in der Militärhierarchie dem Amt Ausland/Abwehr unterstellt und zugleich den I c/AO's, die ihrerseits Generalstabsoffiziere ihrer Kommandoebenen waren, also den Heeresgruppen und Armeen unterstanden. Betrachten wir eine dieser Geheimdienstdependancen etwas näher. Bei der Heeresgruppe Nord, also auf dem linken Flügel des deutschen Ostaufmarsches, entstand das Abwehrkommando 104. Es wurde durch Oberstleutnant Schimmel geleitet, der vor dem deutsch-sowjetischen Krieg Kommandeur der Abwehrschule bei der Abwehrstelle Königsberg gewesen war. Ihm zur Seite stand ein Sonderführer im Hauptmannsrang, der sich Arthur Holmston nannte. Der Name war insofern gut gewählt, als

207 Liste der Ritterkreuzträger der Brandenburg-Einheiten, vgl. Kurowski: Kommandotrupps, S. 293 f. (die Liste ist unvollständig).

er im Russischen unaussprechbar war, und dennoch war sein Inhaber ein waschechter Russe – Boris Smyslowsky, der sich in dieser Zeit auch „von Regenau“ nannte[208] (Baron von Münchhausen wäre auch nicht schlecht gewesen).

Dieser Mann kann als *pars pro toto* für das Dilemma des Amtes Ausland/Abwehr bei der Agentengewinnung dienen. Smyslowsky wurde 1897 geboren. Er war der Spross einer russischen Adelsfamilie, die sich zu den Ersten des Zarenreiches zählte. Eine Schwester des Zaren war Patin des jungen Boris. Das waren beste Voraussetzungen für eine glänzende Karriere. Doch die Revolution in Russland 1917 ruinierte alle angeborenen Erwartungen. Was Smyslowsky selbst darüber erzählte, reichte für mehrere Kitschromane, jedenfalls entkam er nach Polen, wo er in den Jahren bis zum Ausbruch des Zweiten Weltkrieges lebte.

In den 1920er Jahren will der ehemalige russische Gardeoffizier bei der Reichswehr eine der verbotenen Generalstabsausbildungen durchlaufen haben. Da muss ihm einiges durcheinandergeraten sein. Denn es gab zwar solche russischen Absolventen der deutschen Generalstabslehrgänge, doch mit Sicherheit nicht Smyslowsky. Der Grund dafür ist einfach. Weder der Chef der Heeresleitung Hans von Seeckt noch sein Nachfolger Wilhelm Heye und schon gar nicht der dann folgende Kurt von Hammerstein wären auf die Idee verfallen, die höchst diskrete Zusammenarbeit zwischen Reichswehr und Roter Armee durch das störende Element russischer Emigranten zu gefährden.

Die Smyslowsky'sche Generalstabsgeschichte ist nur eine Legende für eine ganz andere Beziehung zur Reichswehr. Smyslowsky war nämlich V-Mann der deutschen Abwehr. Der Adjutant von Abwehr-Chef Canaris, ein Baron Kaulbars, habe ihn in den 1920er Jahren auf der Straße angesprochen und angeworben. Klingt gut, ist aber auch unzutreffend, denn in dieser Zeit gab es keinen Abwehr-Chef Canaris. Im Übrigen war der angebliche Adjutant kein Adjutant, sondern es handelte sich um Wladimir Kaulbars, einen anderen russischen Emigranten, der seit den 1920er Jahren mit Canaris befreundet war und später so etwas wie dessen privater Russlandberater wurde; mit Kriegsbeginn wurde auch er V-Mann des Amtes. Es ist möglich, dass die Herren sich vorher kannten, doch die Abwehrkarriere des V-Mannes Smylowsky hat damit nichts zu tun. Sie wurde vielmehr von einer Ausbildung in der Abwehrschule Königsberg der dortigen Abwehrstelle begleitet, denn diese war von Anbeginn an für die Polenspionage zuständig. Leiter dieser Schule war in den 1930er Jahren der Abwehrmann Schimmel, der jetzt, zu Beginn des deutsch-sowjetischen Krieges, die I H-Spionage bei der im Mittelabschnitt eingesetzten 9. Armee leitete, bevor er zur Heeresgruppe Nord wechselte.

208 Geiger u. a.: Russen, S. 48 ff.

Nach der Besetzung Polens durch die deutsche Wehrmacht im September 1939 wurde V-Mann Smyslowsky von der Abwehrstelle in Warschau übernommen, die von Johannes Horaczek geleitet wurde, der bis zu diesem Zeitpunkt der Abwehr I-Mann in Königsberg, also Leiter der Polen-Spionage gewesen war.[209] Mit dem Beginn des Russlandfeldzuges kam der V-Mann nunmehr als Sonderführer der Wehrmacht an die Ostfront, wo er bis in das Jahr 1942 hinein diente. Ob es ihm tatsächlich gelang, in dieser Zeit zahlreiche Agenten bis in den Raum Moskau zu schleusen, wie er 1945 behauptete, muss offen bleiben; es spricht wenig dafür. Jedenfalls agierte er auffällig genug, dass auch die sowjetische Militärabwehr von seinem Tun Kenntnis nehmen musste.[210] Es dürfte auf ihr Konto gehen, dass Smyslowsky 1943/44 bei seinen deutschen Dienstherrn in Misskredit geriet und als mutmaßlicher Doppelagent vorübergehend inhaftiert wurde.

Aus dem im Sommer 1941 entstehenden Nachrichtenstrom ragte eine Reihe von Meldungen heraus. Erstmals erhielt die deutsche Führung unmissverständliche Informationen darüber, was sich am 5. Mai 1941 bei der Verabschiedung der Akademie-Kursanten des sowjetischen Generalstabs im Moskauer Kreml abgespielt hatte, nämlich die Einstimmung der Spitzenmilitärs auf einen sowjetischen Angriffskrieg gegen das Deutsche Reich.[211] Jetzt erstmals erhielt die deutsche Führung exakte Kenntnis von der Neugliederung der Roten Armee, vor allem auch von der Bildung großer gepanzerter Verbände, die ein Abrücken von der Strategie bedeuteten, den Panzer lediglich als Infanterieunterstützungswaffe einzusetzen. Doch diese letztere Erkenntnis brauchte recht lange, bis sie sich durchsetzte, nämlich ebenso lang, bis auch die Rote Armee sie begriffen hatte, was bei Feldzugsbeginn zum Glück für die deutsche Wehrmacht nicht der Fall gewesen war.

Am 18. Juli 1941 meldete der I c des XXXIX. Armeekorps die Gefangennahme des Oberleutnants Jakob Dshugaschwili vom Vortage. Der Sohn Stalins äußerte sich in seinen Vernehmungen durchaus zuversichtlich über den Ausgang eines Krieges.[212] Andere, vor allem Offiziere auf der Divisions- und Regimentskommandeursebene, äußerten sich dagegen häufig skeptischer, einige hielten den Krieg bereits für verloren. Letzteres wunderte erfahrene Vernehmer kaum; sie führten derartige Aussagen auf den Schock der Gefangennahme zurück. Das zwang dazu, zwischen Tatsachen und Folgerungen der Vernommenen deutlich zu unterscheiden, was längst

209 Horatzek: Kampf, S. 1 ff.; Mader: Spionagegenerale, S. 321; Reile: Ostfront, S. 195 ff.

210 Bogdanow u. a.: Duell, S. 118.

211 Vgl. Roewer: Skrupellos, S. 659 ff. m. w. N.

212 Bericht des Generalkommandos XXXIX AK, Abt. Ic, vom 18. Juli 1941, BA MA: RH 21-30437; abgedr. bei Maser: Wortbruch, S. 314; vgl. auch Strik-Strikfeld: Stalin und Hitler, S. 24 ff.

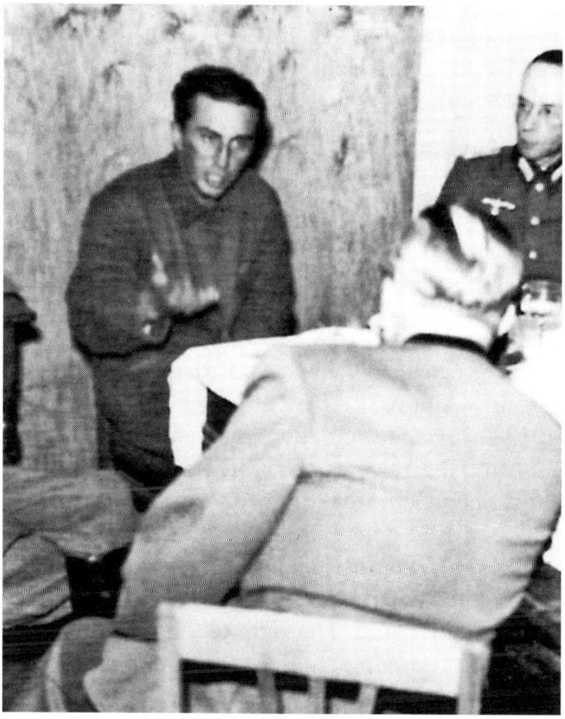

Jakob Dshugaschwili bei seiner Vernehmung im Stab der Heeresgruppe Mitte. Vorne, mit dem Rücken zum Betrachter, Winfried Strik-Strikfeldt, rechts Felix Schmidt. Schmidt und Strikfeld waren als Baltendeutsche im Ersten Weltkrieg zaristisch-russische Offiziere gewesen, jetzt dienten sie als Dolmetscher-Offiziere im Stab der Heeresgruppe Mitte (Fedor v. Bock); dort galten sie mit ihrer Skepsis gegenüber den Blitzkriegsplänen als Exoten (Foto: Smersch)

nicht immer geschah. So wechselten auch bei den Meldungsempfängern höheren Orts die Stimmungen zwischen Euphorie über die ersten Anfangserfolge und bösen Vorahnungen.

Selbst so skeptische Militärfachleute wie der Generalstabschef des Heeres Franz Halder verloren angesichts der Anfangserfolge der Wehrmacht jede nüchterne Lageeinschatzung:

> Im Ganzen kann man schon jetzt sagen, dass der Auftrag, die Masse des russischen Heeres vorwärts Düna und Dnjepr zu zerschlagen, erfüllt ist. ... Es ist also wohl nicht zu viel gesagt, wenn ich behaupte, dass der Feldzug gegen Russland innerhalb von 14 Tagen gewonnen wurde.[213]

Das war nicht nur blühender Unsinn, wie wir heute mit Sicherheit sagen können, sondern die euphorische Lagefehlbeurteilung wirft erneut ein grelles Schlaglicht auf die mangelhafte Feindlageaufklärung; beträchtliche Teile der Roten Armee und deren Ausstattung waren der deutschen Führung nach knapp drei Wochen Russlandkrieg immer noch unbekannt. Der Krieg mit der Sowjetunion hatte erst begonnen. Mit dem Fortschreiten der Offensive kam zögernd das Erwachen:

213 Franz Halder: Tagebuch vom 3. Juli 1941, abgedr. bei Warlimont: Hauptquartier, S. 194.

> Wir schätzten zu Beginn des Krieges die Rote Armee auf 200 Divisionen. Sechs Wochen nach Kriegsbeginn mussten wir feststellen, dass es bereits 360 waren. Wir hatten keine Ahnung, dass es in Russland überschwere KW-Panzer oder einen T 34 oder die Salvengeschütze, genannt Stalinorgel, gab.[214]

Der das schrieb, war der Schriftsteller Paul Carell; die Zunft berufsmäßiger Geschichtsbetrachter ignoriert ihn konsequent, denn seine Werke über den Zweiten Weltkrieg sind in ihrer Detailgenauigkeit und in ihrem Wahrheitsgehalt nicht über jeden Zweifel erhaben. Schwerer indes wog, dass sie ungewöhnlich erfolgreich waren und für breite Teile der Bevölkerung zur Bestimmung des Geschichtsbildes über den Zweiten Weltkrieg Entscheidendes, wenn auch viel Unzutreffendes beitrugen.

Bei der Missachtung von Carell wird übersehen, dass der Autor an Stellen, wie der oben zitierten, selbst eine nicht zu verachtende Quelle darstellt. Das, was Carell zur Lageeinschätzung der deutschen politischen und militärischen Führung schrieb, hatte er nämlich als Paul Karl Schmidt aus größtmöglicher Nähe miterlebt. Schmidt, das war Carells wirklicher Name, bekleidete in der fraglichen Zeit das Amt des Leiters der Nachrichtenabteilung im Auswärtigen Amt. Was er zur Nachrichtenbeschaffung und der daraus folgenden Lageanalyse in der Reichsregierung schrieb, sind mithin Informationen aus erster Hand. Der Schock des Auftauchens der großen gepanzerten Verbände ist seinen Schilderungen deutlich zu entnehmen. Zur deutschen geheimdienstlichen Aufklärung merkte er an: Die Abwehr war keineswegs übereifrig und wollte kein Risiko eingehen. Diese Bemerkung in herablassendem Ton gibt die Stimmung gefährlich deutlich wider. Die Suche nach dem Sündenbock hatte begonnen.

Zahlreiche Äußerungen Hitlers sind überliefert, in denen sich der Führer des Großdeutschen Reiches erbittert darüber äußert, dass er niemals den Angriff Barbarossa befohlen hätte, wenn er auch nur entfernt die Stärke und den Durchhaltewillen des Kriegsgegners gekannt hätte.[215] Man mag dies für die Rabulistik des deutschen Diktators halten, der heute dieses behauptete und morgen jenes. Doch bleibt zu erinnern, wie es mit der Feindlagebeschreibung über die Sowjetunion bestellt war, als Hitler seinen Angriffsentschluss fasste; darüber wurde am Anfang des Buches berichtet.

Überdies wurde eines jetzt sonnenklar: Der Stern des Admiral Canaris war im Sinken begriffen. Nichts beleuchtet diesen Umstand schärfer als die Geschichte, die es nun zu erzählen gilt.

Brot und Salz. Die Wehrmacht als vermeintlicher Befreier

Als die deutsche Wehrmacht im Sommer 1941 in die Sowjetunion einfiel, war es keineswegs so, als sei sie besonders feindselig empfangen worden.

214 Carell: Barbarossa, S. 52.

215 Z. B. bei Rahn: Ruheloses Leben, S. 190; auch: Gespräch zwischen Hitler und Geleazzo Ciano am 25. Oktober 1941, vgl. Ciano: Diplomatic Papers, S. 455.

Im Gegenteil, an vielen Orten wurden die deutschen Soldaten als Befreier willkommen geheißen.[216] Das galt nicht nur im Baltikum, in Weißrussland, in der Ukraine, sondern auch, mit Abstrichen, in den ehemals polnischen Gebieten, die im Spätherbst von der Roten Armee besetzt worden waren. Es gab für die Bevölkerung nur einen einzigen durchgreifenden Grund zur Freude; das war das Ende der verhassten bolschewistischen Herrschaft.

Diese währte jetzt ein Jahr in den baltischen Ländern, fast zwei Jahre im ehemaligen Polen und seit dem russischen Bürgerkrieg in den übrigen Gebieten, die von der deutschen Wehrmacht besetzt wurden. Es ist durchaus nicht ausgemacht, wer die bolschewistische Herrschaft mehr hasste; ob die, die erst seit Kurzem mit ihr zu tun hatten, oder jene, die sie nun schon seit zwei Jahrzehnten ertrugen. Denn auch in den erst kürzlich besetzten Gebieten hatten die Sowjets alles in ihrer Macht Stehende getan, um bei der beherrschten Bevölkerung ein Gefühl von Schrecken und Ohnmacht zu erzeugen.

In den Worten der sowjetischen Propaganda war dies die Phase des verschärften Klassenkampfes.[217] Im Klartext bedeutete das den Einsatz der eingeübten Mittel: Enteignung, Festnahmen, Deportation, Erschießungen, das Herunterwirtschaften der landwirtschaftlichen, handwerklichen und industriellen Betriebe, die Untersagung privaten Handels und das Einsetzen fremder kommunistischer Funktionäre in die Schaltstellen von Staat und Gesellschaft.

Unter diesen waren auch etliche Juden. Wie überhaupt in den erst kürzlich besetzten Gebieten die Bolschewiki von einheimischen Juden am ehesten Zulauf erhielten. Das ist leicht zu erklären, denn für diese seit Jahrzehnten unterdrückte Bevölkerungsminderheit zeigte sich vermeintlich ein Streifen der Hoffnung am Horizont. Das hatte auf Seiten der betroffenen Juden mit dem Glauben an den Kommunismus nicht unbedingt zu tun, sondern es war das Wahrnehmen einer Chance, welche die neuen Herren boten. Dass die übrige nichtjüdische Bevölkerung einen anderen Eindruck gewann und fortan dazu tendierte, Judentum und Bolschewismus gleichzusetzen, wird sogleich zu erörtern sein.[218]

Mit dem Einmarsch der deutschen Wehrmacht in der Sowjetunion wurde in den grenznahen Regionen eine Orgie der Gewalt ausgelöst. Deren Verursacher waren nicht die deutsche Wehrmacht und schon gar nicht die Einsatzgruppen des SD; das alles kommt noch. Nein, Verursacher der jetzt einsetzenden Massaker waren die Funktionäre und Truppen des NKWD, der sowjetischen Geheimpolizei. Man sollte denken, dass die sowjetischen bewaffneten Kräfte mit der Verteidigung gegen die hereinbrechende Wehrmacht alle Hände voll zu tun gehabt hätten; doch weit gefehlt. Hunderte,

216 Herwarth: Hitler und Stalin, S. 229 ff.; Strik-Strikfeld: Stalin und Hitler, S. 16 ff.
217 Ostrjakow: Militärtschekisten, S. 123.
218 Musial: Konterrevolutionäre Elemente, S. 42 ff.

Tausende, ja Zehntausende so genannter konterrevolutionärer Elemente wurden in den nächsten Tagen und Wochen massakriert.

Wer waren diese Menschen? Es waren die ehemaligen Besitzenden, Geistliche, Akademiker, Kaufleute, die Intelligenz, Deutschstämmige, Grundbesitzer, Bankangestellte, Polen, Ukrainer; ein wildes Sammelsurium von Leuten, die aus dem einen oder anderen Grund den kommunistischen Landesherren missfielen. Sie wurden beseitigt; das bedeutete in aller Regel: durch Genickschuss umgebracht und notdürftig verscharrt. Wo dies aus Zeitgründen nicht möglich erschien, wurden die Betroffenen aus den Orten getrieben und in langen Fußmarschkolonnen nach Osten gehetzt; in diesen Fällen fanden in der Regel unterwegs Massenexekutionen statt. Um es zu wiederholen: Mit diesen Gewaltmaßnahmen hatten die deutschen Angreifer zunächst nichts zu tun, sieht man davon ab, dass der deutsche Einmarsch die Ursache setzte. Die Anordnung zu diesem Tun kam aus Moskau. Sie stammte von NKWD-Chef Lawrentij Berija. Es ist nicht anzunehmen, dass er ohne das Plazet seines Herrn handelte.[219]

Man braucht sich nicht zu wundern, dass angesichts dieser Praxis deutsche Truppen wie die Befreier gefeiert wurden. Zwischen den abrückenden Parteifunktionären und den zurückbleibenden Bauern kam es auch deswegen zu wüsten Szenen, weil die Apparatschiks das Korn auf den Feldern vernichten wollten.[220] So braucht man sich auch nicht zu wundern, dass sich in den kurzen herrschaftsfreien Momenten, zwischen Abzug der NKWD-Truppen und den einrückenden Deutschen, Hassorgien abspielten, die jeder Beschreibung spotteten.

Diese herrschaftsfreien Momente konnten Stunden, sie konnten unter Umständen aber auch Tage dauern. Der Hass der Bevölkerung wurde in diesen Zeiten vor allem durch das Auffinden der Leichen der NKWD-Massaker zu einem Siedepunkt getrieben, der sich in neuen Massakern entlud. Opfer dieser Lynchjustiz wurden alle noch greifbaren kommunistischen Funktionäre, viele von ihren Sympathisanten und vor allem Juden. Ihnen wurde nicht nur eine bevorzugte Behandlung durch die Sowjets angelastet, sondern es war eine Pogromstimmung, die durch die Gleichsetzung von Juden und Bolschewisten genährt wurde, so unzutreffend und ungerecht dies aufs Ganze gesehen und zumal im Einzelfall sein mochte. Auch das hat zunächst mit dem Nationalsozialismus und seinen Funktionären noch nichts zu tun.[221] Aber auch dieser Zusammenhang sollte noch eine Rolle spielen, nur etwas später.

Die Gewaltorgien waren zugleich Ausdruck der Hoffnung auf eine Befreiung, so paradox dies klingen mag. Für diese Hoffnung gab es neben

219 Musial: Konterrevolutionäre Elemente, S. 82–166.
220 Dimitroff: Tagebücher, S. 415 (Tgb. 18. August 1941).
221 Musial: Konterrevolutionäre Elemente, S. 172 ff.

Abwehr II – OTL/O Erwin Lahousen

Chefgruppe – H/M Wolfgang Abshagen

Referat I a – Führungsunterstützung
(?) H Wolfgang Abshagen

Referat I b – Laboratorium

Gruppe 1: Minderheiten – OTL Erwin Stolze

Referat 1 ON – Sowjetunion, Fernost, Polen, Litauen, Lettland, Estland, Finnland
(?) H Prof. Dr. Hans Koch, sodann
SF Prof. Dr. Werner Markert

Referat 1 OS – Tschechoslowakei, Rumänien, Bulgarien, Jugoslawien, Griechenland, Italien

Referat 1 W – Frankreich, Belgien, Luxemburg, Schweiz, England, Irland, Dänemark, Schweden, Norwegen
(?) M Klug

Referat 1 Üb West – Nord- und Mittelamerika, Spanisch-Marokko

Referat 1 I – Afrika, Asien, Australien, Süd-Amerika
(?) H Friedrich Carl Marwede

Referat 1 J – Insurgierungsmaßnahmen, Presseauswertung, Bücherei
(?) SF Prof. Dr. Werner Markert

Gruppe 2: Einsatz des S[onder = Sabotage]-Dienstes
(?) OTL Hans Marguerre

Referat 2 WS 1 –Frankreich, Luxemburg, Belgien, Italien, Schweiz

Referat 2 WS 2– Spanien, Portugal, Latein-Amerika

Referat 2 WN– England, Holland, Skandinavien, Dänemark

Referat 2 OS – Tschechoslowakei, Ungarn, Rumänien, Jugoslawien, Balkanländer

Referat 2 ON – Russland, Polen, Randsstaaten

Referat 2 Üb – Nordamerika, Sonderorganisationen
H Richard Astor

Referat 2 Mar – Seeraum und Europa, Afrika und Asien

Referat 2 Luft– Durchführung des S-Dienstes und Verbindung mit dem RLM
OL Herbert Gollnow

Referat 2 Lab – Technische Versuche, Materialverwaltung

diffusen Stimmungen auch handfeste Indikatoren. Dafür hatte der deutsche Militärgeheimdienst gesorgt, und davon muss jetzt die Rede sein.

Die deutsche Wehrmachtsführung ging keineswegs unvorbereitet in diese Situation. Seit Monaten hatte sich das Amt Ausland/Abwehr mit Erfolg darum gekümmert, heimlich militärische Einheiten aus Einheimischen aufzustellen und zu bewaffnen. Die Zuständigkeit für diese Maßnahmen lag bei der Abteilung II des Amtes, kurz Abwehr II genannt. Abwehr II war zuständig für Sabotage und Diversion. Damit zeigt sich auch sogleich, was den eigentlichen Antrieb zum Beispiel für die Aufstellung des ukrainischen Bataillons Nachtigall war, dessen Weg exemplarisch nachgezeichnet werden soll. Motiv der Bewaffnung war die Schaffung Fünfter Kolonnen, die es der Wehrmacht ermöglichen sollten, möglichst konspirativ und subversiv unterstützt, einen Eroberungsfeldzug zu führen. Dass die Betroffenen sich aus ganz anderen Gründen rekrutieren ließen, liegt auf der Hand.

Abwehr II wurde seit Anfang 1939 durch den ehemals österreichischen Offizier Erwin Lahousen geleitet. Dieser Mann war im Jahr zuvor als leitender Offizier des soeben wiedergegründeten österreichischen Militärgeheimdienstes beim „Anschluss" Österreichs unverzüglich in die deutsche Wehrmacht übernommen und beim Amt Ausland/Abwehr als Oberstleutnant eingestellt worden. Lahousen hatte als junger k. u. k. Leutnant Edler von Lahousen-Vivremont am Ersten Weltkrieg teilgenommen. Das Kriegsende nahm ihm, da waren die österreichischen Revolutionäre konsequent, zwar den Adelsnamen, dafür hielt das klein gewordene österreichische Heer eine Offiziersstelle für ihn bereit. In den 1930er Jahren hatte Admiral Canaris den Generalstäbler kennen und schätzen gelernt; jetzt also leitete er die Abteilung für Sabotage und Zersetzung. Ob Lahousen, der als besonders ruhig, abwägend und besonnen galt, an dieser Beschäftigung seine Freude hatte, die er immerhin mehr als drei Kriegsjahre ausübte, ist nicht bekannt. Bekannt ist dagegen, was so alles unter seinem Kommando stattfand. Das wäre ein weiteres Buch wert. Hier genügt die Feststellung, dass auch ein möglicher Russlandfeldzug den Herrn der Zersetzung und Sabotage frühzeitig auf den Plan gelockt hatte, eigentlich sogar schon früher, als irgendeinen der Wehrmachtsoffiziere, die sich ernsthaft mit dem Problem eines Angriffs auf die Sowjetunion beschäftigten.

Fantasie in Blaugelb: die Ukraine

Das Nationalitätenproblem der Ukrainer hatte sich, ohne dass dies von der Wehrmacht angeregt worden wäre, dem Amt Ausland/Abwehr aufgedrängt. Es war wesentlich älter als das Amt und ging praktisch auf das Jahr 1918 zurück, als die deutsche Okkupationsarmee im letzten Jahr des Ersten Weltkrieges dem Land eine deutschfreundliche Regierung von Kaisers Gnaden aufnötigte. Das Scheitern dieses Versuches wurde bereits beschrieben.[222]

Nach dem Ersten Weltkrieg hatten die Siegermächte kein besonderes Interesse, das Nationalitätenproblem der Ukrainer zur Kenntnis zu nehmen, geschweige denn zu regeln. Die Folge war die erneute Verteilung der Ukrainer auf mehrere Staaten: Diesmal waren es Polen, Rumänien, Ungarn, die Tschechoslowakei und, natürlich abseits der Regelungsmöglichkeiten der siegreichen Alliierten, die Sowjetunion.

In den 1920er und 1930er Jahren gab es im westlichen Europa und in Deutschland eine bemerkbare Zahl ukrainischer Emigranten. Das ukrainische Exil unterschied sich vom russischen dadurch, dass es so gut wie keine ausländischen Fürsprecher hatte, dafür aber von der Sowjetunion wesentlich länger ernst genommen wurde, weil man ihm nicht ohne Grund weiterhin Militanz und Selbständigkeitsbestrebungen zutraute. Die rabiaten sowjetischen Bekämpfungsmethoden dauerten bis in die End-1950er Jahre an.

Führer der ukrainischen Nationalistenorganisation OUN (Organisazia Ukrainskich Nazionalistow) war in den 1930er Jahren Eugen Konowalez. Spätestens seit der Machtübernahme der Nationalsozialisten, deren verbalem Antibolschewismus er vertraute, stand der Ukrainerführer in enger Verbindung mit der deutschen Abwehr; diese hatte mit Nationalisten der hier geschilderten Provenienz keinerlei Zusammenarbeitsprobleme. Das galt natürlich auch für Konowalez und seine Leute. Auf Seiten der Abwehr war es deren damaliger Abteilungsleiter II, Helmut Groscurth, der die Weichen der Zusammenarbeit stellte.[223] Er bediente sich hierfür der Hilfe von zweien bei der Abwehr zu Reserveübungen herangezogenen Professoren, nämlich Theodor Oberländer und Hans Koch.[224]

Bevor wir uns mit Oberländer näher befassen werden, rückt ein Mann namens Nowak ins Blickfeld, der sich ebenfalls im Umfeld der OUN bewegte, obwohl er angeblich ein Litauer war. Doch in Wirklichkeit hieß dieser Scheinlitauer Pawel Sudoplatow; er war ein Offizier der Auslandsaufklärung INO des NKWD. Sudoplatow war einer der bedenkenlosesten Exekutoren des NKWD; er reiste in Europa herum, um sich zunächst das Vertrauen des OUN-Chefs Eugen Konowalez zu erschleichen, den er dann in Rotterdam umbrachte. Sudoplatow nutzte die Naschhaftigkeit des Exilführers, um ihn mit einer Konfektschachtel zu beglücken, die in Wirklichkeit eine Sprengfalle war. Konowalez wurde zerfetzt, Sudoplatow entkam. Und so klingt die Tat in den Worten des Mörders:

222 Roewer: Skrupellos, S. 278 ff.

223 Groscurth: Tagebücher.

224 Vernehmungsniederschrift Erich Stolze vom Dezember 1945, zit. nach Mader: Spionagegenerale, S. 157; Meinl: Nationalsozialisten, S. 303.

> Es war der 23. Mai 1938. Nachdem es am Morgen geregnet hatte, war es nun sonnig und warm. Zehn Minuten vor zwölf kam ich in einer Seitenstraße nahe beim Restaurant Atlanta an und bemerkte, dass Konowalez an einem Tisch in Fensternähe saß und auf mich wartete. Dieses Mal war er allein. Ich setzte mich zu ihm und nach einer kurzen Unterhaltung vereinbarten wir, uns um 17 Uhr in der Stadtmitte wieder zu treffen. Dann präsentierte ich ihm die Konfektschachtel und sagte, ich müsse nun zurück an Bord. Ich legte sie in waagerechter Position direkt vor ihm auf den Tisch, gab ihm die Hand und verließ das Lokal, wobei ich mir alle Mühe geben musste, nicht zu rennen. Ich weiß noch, wie ich nach Verlassen des Restaurants nach rechts in eine Nebenstraße mit vielen Läden abbog. Einer davon bot Herrenbekleidung an und ich ging hinein und kaufte mir einen Hut und einen leichten Regenmantel. Beim Herausgehen hörte ich einen Knall, so als ob ein Autoreifen platzt. Menschen rannten in Richtung auf das Restaurant. Ich eilte zum Bahnhof und nahm den ersten Zug nach Paris.[225]

Die Sowjets hatten richtig kalkuliert, dass der Tod von Konowalez in der OUN die Führungsfrage in aller Schärfe zum Ausbruch bringen würde. Die OUN teilte sich. Doch damit war das Problem keineswegs vom Tisch, denn nach dem Ermordeten kamen mit Andrej Melnyk und Stepan Bandera gleich zwei militante charismatische Führer nach oben. Nach ihnen benannten sich die Organisationsteile fortan als OUN-M und OUN-B. Beide hegten keinerlei Bedenken, sich mit der Führung des deutschen Militärgeheimdienstes gegen die Sowjetunion zu verbünden.

Es war ein Bündnis, das von tiefen Enttäuschungen überschattet wurde, denn der deutsche Geheimdienst sah in den Ukrainern bestenfalls einen militärisch nützlichen Verbündeten. Bei der Aufteilung der „Rest-Tschechei“ kam es im Frühjahr 1939 zum ersten Mal zum Schwure, als es den Ukrainern darum ging, die Karpatho-Ukraine als eigenständigen Staat zu proklamieren. Das wäre aus ihrer Sicht ein erstes hoffnungsvolles Zeichen gewesen.

Doch die OUN und die lavierende Abwehr hatten die Rechnung ohne den Wirt gemacht; der hieß Adolf Hitler. Der nunmehr großdeutsche Führer dachte gar nicht daran, wegen ein paar Ukrainern den 1939 für viel wichtiger erachteten ungarischen Verbündeten zu verprellen. Der ungarische Einmarsch in die Karpatho-Ukraine machte aus dem OUN-Traum eine Episode von Tagen.

Die zweite noch bittere Enttäuschung sollte nur wenige Monate auf sich warten lassen. Der Polenfeldzug der Wehrmacht im September und Oktober 1939 hatte auch beträchtliche Teile Ostpolens, oder, wenn man so will, der Westukraine unter deutsche Herrschaft gebracht. Wieder war es Hitler mit seinem persönlichen Eingreifen, der es verhinderte, dass sich an der Ostflanke des Reiches eine irgendwie geartete ukrainische Selbständigkeit entwickeln konnte. Im Gegenteil, die Wehrmacht erhielt den Befehl,

225 Sudoplatow: Handlanger, S. 58.

die Gebiete so weit zu räumen, wie es dem geheimen Zusatzprotokoll des Hitler-Stalin-Paktes vom August 1939 entsprach.

Doch Bandera und Melnyk waren nicht die Leute, klein beizugeben. Unter der Aufsicht des Abwehr-II-Offiziers Erwin Stolze bauten sie eigene bewaffnete Verbände auf.[226] So entstand 1940 die Ukrainer-Formation mit der Tarnbezeichnung Nachtigall. Das Bataillon Nachtigall war formell dem Sonderverband z. b. V. 800 unterstellt, besser bekannt als Regiment Brandenburg; das war der Kaderverband für die Diversionseinheiten von Abwehr II, benannt nach ihrem Stammsitz in Brandenburg an der Havel.

Die Brandenburg-Verbände waren ein Fremdkörper in der deutschen Wehrmacht. Abwehrchef Canaris war von Anfang an dagegen gewesen, hatte aber nichts Entscheidendes unternommen, um die in seinem Aufsichtsbereich entstehende Truppe zu verhindern. Ihre Anfänge lassen sich nicht einmal genau datieren, vielmehr muss man annehmen, dass es sich bei den ersten Brandenburg-Einheiten um Legionäre handelte, die von den östlichen Abwehrstellen in den späten 1930er Jahren auf eigene Faust rekrutiert wurden. Das Potenzial waren die Volksdeutschen in den Gebieten Polens und der Tschechoslowakei. Die erste derartige Einheit, die sich „Deutsche Kompanie" nannte, bildete sich 1938 in Siliac in der Slowakei.

Der eigentliche Spiritus rector der dann sehr üppig ins Kraut schießenden Brandenburg-Verbände war der ehemalige Weltkriegsoffizier und Ostafrika-Veteran Theodor von Hippel. Er musste indessen Anfang 1940 einem Berufsoffizier namens Kewisch weichen, dem vor allem eines am Herzen lag, nämlich aus dem militärischen Sauhaufen einen preußischen Infanterieverband zu machen. Diese Zwitterzielstellung zwischen Kommissbetrieb und Kommandotruppe haftete den Brandenburgern praktisch bis zu ihrem Ende an. Jungen Soldaten, die zu den Brandenburgern stießen, blieb nur eines in Erinnerung hatten, das war der gnadenlose Drill, dessen erklärtes Ziel es war, die jungen Soldaten zu brechen, wie es so schön auf Kommiss-Deutsch heißt.[227]

Zu Beginn des Russlandfeldzuges kam es zum geschlossenen Einsatz der mittlerweile zum Regiment angeschwollenen Brandenburg-Truppe bei der Heeresgruppe Süd, die den Verband als stinknormales Infanterieregiment behandelte und einsetzte. Bei der Heeresgruppe Süd entwickelten sich von Anbeginn an massive, für die Wehrmacht verlustreiche Kämpfe, da die deutschen Truppen hier in die Hauptmasse der aufmarschierten Roten Armee hineingestoßen waren, die sich nach der Erholung vom ersten

226 Groscurth: Tagebuch, S. 202 f.; IMT: Nürnberger Prozess, Bd. 7, S. 303 f. (Vortrag des sowjet. Generals Zorya unter Berufung auf die schriftliche Aussage von Erwin Stolze vom Dezember 1945.)

227 Kurowski: Kommandotrupps, S. 16 f., 36, 68; ders.: Kommandotrupps II, S. 20 ff.; Staden: Ende und Anfang, S. 31 ff.

Angriffsschock erbittert zu wehren verstand.[228] So vermerkt das Kriegstagebuch des Oberkommandos der Wehrmacht für den 30. Juni 1941:

> Vor der H.Gr. Süd kämpft der Feind weiterhin erbittert und unter Einsatz starker Panzerkräfte. Rückwärtige Bewegungen des Gegners aus dem Raum ostw. Lemberg werden durch die Luftwaffe wirksam bekämpft. Feindliche Gegenangriffe – besonders gegen die Pz.Gr. 1 – werden abgeschlagen.[229]

Es nimmt also nicht wunder, dass die Heeresgruppenführung den scheinbar herumvagabundierenden Brandenburg-Verband als Feuerwehr verheizte.

Das I. Bataillon des Regiments Brandenburg unterstand einem interessanten Mann, mit dem es sich zu befassen lohnt – Friedrich Wilhelm Heinz.[230] Der ehemalige Weltkriegesleutnant hatte bis zu diesem Zeitpunkt eine prächtige Zickzack-Karriere hinter sich. Mitgliedschaft in der terroristischen „Organisation Consul“, Mitgliedschaft in SA und NSDAP und Wiederaustritt gehörten ebenso dazu wie die enge Beziehung zum ältesten Kaiserenkel, der nach den Vorstellungen von Heinz nach einem Sturz Hitlers die Regentschaft im Reich übernehmen sollte. Denn auch das gehörte zum Heinz'schen politischen Bauchladen: Aus dem vorübergehenden NS-Mann war ein militanter Hitler-Gegner geworden.

1936 ließ Heinz sich zur Wehrmacht einziehen. Als alter Freikorps-Konspirateur fand er in den Abwehr-Verein des Wilhelm Canaris; er sollte nicht der einzige Mann dieses Zuschnitts bleiben, der bei der Abwehr unterkroch. 1938 sah ihn während der Tschechei-Krise eine Offiziersfronde dazu aus, den Diktator festzunehmen. Doch Heinz hatte mit dem von ihm zusammengestellten Stoßtrupp anderes im Sinne. Zwar würde er, wie geplant, in die Reichskanzlei eindringen, um sich des Diktators zu bemächtigen. Doch den Plan der Generalsverschwörer, Hitler dann vor Gericht zu stellen, hielt Heinz für legalistischen Blödsinn. Deswegen hatte er mit seinen Mitverschworenen ausgemacht, den Diktator an Ort und Stelle an die Wand zu stellen; das entsprach der Denkwelt der ehemaligen Freikorpsleute, denn dergleichen hatte sich nach ihrer Erfahrung gut bewährt. Doch nachdem die Westmächte auf der Konferenz von München eingeknickt waren und Hitler sich als Bewahrer des Friedens feiern lassen konnte, blieb das Stichwort zum Sturz des Diktators aus. Heinz nahm derweil eine normale Karriere im Amt Ausland/Abwehr. Er wurde Gruppenleiter C in der Spionageabwehrabteilung III und nach dem Frankreichfeldzug, gegen Ende des Jahres 1940, Kommandeur des I. Bataillons im Regiment Brandenburg.

---

228 Schramm: KTB 1940/41, S. 416 ff.

229 Schramm: KTB 1940/41, S. 432.

230 Boveri: Der Verrat im XX. Jahrhundert, Bd. 2, S. 109 ff.; Kurowski: Kommandotrupps, S. 92; Meinl: Im Mahlstrom des Kalten Krieges, S. 247 ff.; dies.: Nationalsozialisten gegen Hitler, passim.

Diesem ersten Bataillon wurde zu Beginn des Russlandfeldzuges das Ukrainer-Bataillon Nachtigall unterstellt. Es war im Verlauf des Jahres 1940 zusammengestellt worden und rekrutierte sich bevorzugt aus Ukrainern, die als polnische Soldaten im Herbst 1939 in deutsche Kriegsgefangenschaft geraten waren. Jetzt trugen sie die deutsche Uniform. Lediglich eine Kordel an den Schulterklappen in den ukrainischen Farben Blau und Gelb deutete auf ihre besondere Herkunft und Funktion hin. Das Bataillon Nachtigall verdankte seinen merkwürdigen Namen der Sangeskunst seiner Mannschaft.[231]

Als es zu Beginn des Russlandfeldzuges zum Einsatz kam, wurde es von dem Abwehr-II-Mann Albrecht Herzner befehligt, der bereits im August 1939 durch ein Kommandounternehmen zur Besetzung des auf polnischen Gebietes befindlichen Jablunka-Passes unbeabsichtigt die Kampfhandlungen des Zweiten Weltkrieges eröffnet hatte, weil ihn der Widerrufsbefehl nicht mehr rechtzeitig erreichte.[232] Ihm zur Seite stand jetzt im Jahre 1941 ein weiterer Reserveoffizier von Abwehr II, der Oberleutnant Theodor Oberländer. Der aus Meiningen gebürtige Professor und Ostwissenschaftler verdient an dieser Stelle nur deswegen eine gesonderte Erwähnung, weil er nach dem Zweiten Weltkrieg eine prominente politische Rolle spielen sollte, die ihn bis zum Posten eines Bundesministers emportrug. Der somit bekannt gewordene Mann musste sich für den Rest seines Lebens mit dem Vorwurf auseinandersetzen, er sei für die Pogrome in Lemberg verantwortlich gewesen, die sogleich in Augenschein genommen werden.[233] Selbst nach dem Tod Oberländers und dem Untergang der DDR, die eine beispiellose Hetzkampagne gegen Oberländer losgetreten hatte, hielten die bewährten Antifaschisten der ehemaligen Sieger der Geschichte an ihren liebgewordenen Kampagnen über den „Henker von Lwow“ fest.[234] Wenden wir uns nun den Fakten zu.

Das Bataillon Nachtigall rückte am 29./30. Juni 1941 auf requirierten Kraftfahrzeugen in Lemberg ein. Die Stadt war soeben von den NKWD-Truppen geräumt worden. Diese hinterließen ein Schlachtfeld von hingemetzelten Lembergern, die in den vorangegangenen Stunden in den Gefängnissen der Stadt massakriert worden waren.[235] Dabei hatte man sich nicht mehr die Zeit des sonst geübten bürokratischen Mordens durch Genickschuss gelassen, sondern in einer unvorstellbaren Orgie der Gewalt wahllos mit Maschinenwaffen in die Zellen und Aufenthaltsräume der Gefangenen geschossen. Die wenigen Überlebenden wateten buchstäblich im

231 Kurowski: Kommandotrupps, S. 106; Wachs: Oberländer, S. 63 f.

232 Kurowski: Kommandotrupps, S. 40 ff.; Meinl: Nationalsozialisten, S. 299, 306.

233 Ausschuss für Deutsche Einheit: Oberländer-Prozess, passim; Wachs: Oberländer, S. 206–481.

234 Podewin: Braunbuch, S. 292 ff.

235 Musial: Konterrevolutionäre Elemente, S. 102 ff.; Wachs: Oberländer, S. 69; o. Verf.: Massaker der Häftlinge, S. 129 ff.

Blut. Wenn es nicht zu makaber wäre, würde man sagen, dass dieses Verbrechen zum Himmel stank, denn wegen der starken Sommerhitze setzte augenblicklich die Verwesung ein; die Stadt wurde von einem unerträglichen Leichengeruch heimgesucht. Jetzt trat der soeben beschriebene herrschaftslose Moment ein. Angehörige der Opfer verschafften sich alsbald Zutritt zu den Hinrichtungsstätten, in Windeseile sprach sich herum, was geschehen war, und für die Entladung der Racheorgie benötigte es keiner messbaren Zeit mehr.[236]

In dieses nun beginnende Gemetzel, das sich an wirklichen oder vermeintlichen Tätern, vor allem aber an den Juden der Stadt austobte, stießen die Einheiten des Bataillons Nachtigall.[237] An ihrer Spitze der ukrainische Kommandeur Taras Scroupynka (Tschuprynka); nach anderen Quellen hieß derselbe Mann Roman Schuchewytsch.[238] Er und seine Leute waren für Stunden die einzigen bewaffneten Kräfte im Ort. Doch sie stellten keineswegs die aus den Fugen geratene Ordnung wieder her, sondern beteiligten sich nach Kräften an dem Morden, das erst nach dem Einrücken regulärer Wehrmachtseinheiten zu Ende ging. So jedenfalls ist die Geschichte jahrzehntelang erzählt und weitererzählt worden; sie hat nur einen winzigen Haken: sie stimmt nicht. In Wirklichkeit hatte der deutsche Nachtigall-Kommandeur Herzner alle Hände voll zu tun, seine Truppe aus den Exzessen herauszuhalten. Was er und sein Vertreter Oberländer nicht verhindern konnten, war hingegen etwas ganz anderes. Noch am Tag des Einrückens in Lemberg war es dem Bandera-Vertreter Jaroslaw Stezko gelungen, sich bis zur Stadt durchzuschlagen. Zusammen mit einigen Notablen der ukrainischen Gesellschaft und der Unterstützung einer Reihe von Angehörigen des Bataillons Nachtigall rief er am folgenden Tag einen unabhängigen ukrainischen Staat aus. Die Proklamanten waren unvorsichtig genug, den Rundfunksender der Stadt zu benutzen.[239]

Das konnte nicht gut gehen. Gegen die Proklamation wandte sich die Wut des deutschen Diktators. Dies war sein Krieg; die Ukraine sollte eine Kolonie, die Kornkammer des Reiches werden. So träumte der Mann; schon der letzte deutsche Kaiser hatte diesen Traum geträumt; das war 1918 gewesen. Jetzt jedoch schreiben wir 1941: Erneut verspielte ein deutscher Staatsmann das, was ihm zum Geschenk angeboten wurde: einen Verbündeten, mit dessen Hilfe ein großer Brocken aus dem Problem des Russlandkrieges hätte gelöst werden können. Doch diese Einsicht besaß der Führer der Deutschen nicht, noch berauschte er sich an den Scheinerfolgen der Wehrmacht. Über die Existenz eines 42-Millionen-Volkes der Ukrainer als eigenständigem Machtfaktor machte er sich keine Gedanken.

---

236 Wachs: Oberländer, S. 70 f.

237 Musial: Konterrevolutionäre Elemente, S. 175 ff.

238 O. Verf.: Selbständigkeitserklärung, S. 191; Meinl: Nationalsozialisten, S. 317; Stetzko: Oberbefehlshaber, S. 236 f.

239 Wachs: Oberländer, S. 75 ff.

Noch am selben Tag, am 30. Juni 1941, erging die Weisung Hitlers, dem, was er als Spuk ansah, ein Ende zu bereiten. Die Ukrainer-Führer Melnyk und Bandera wurden festgenommen und in so genannte Ehrenhaft verfrachtet; das heißt, sie wurden nach umfassenden Verhören in der Gestapo-Zentrale in der Berliner Prinz-Albrecht-Straße ins KZ Sachsen-

Ort einer Gewaltorgie: das Brigitka-Gefängnis des NKWD am 30. Juni 1941 nach der Besetzung der Stadt durch deutsche Verbände

hausen eingeliefert.[240] Dort saßen sie bis Oktober 1944 ein[241]; dann ließ man sie frei. Dies indes geschah in einer Zeit, in der die Lage des Deutschen Reiches längst unhaltbar geworden war. Dem Bataillon Nachtigall erging es nicht viel besser. Noch einen Monat lang nahm es am Vormarsch der deutschen Wehrmacht teil, dann wurde es sang- und klanglos aufgelöst. Sein Führer Herzner bemerkte hierüber:

> Was wir als Soldaten und als Menschen an Ansehen bei den Männern dieses ukrainischen Freikorps, das sich allermeist aus der hohen Intelligenz dieses 42-Millionen-Volkes zusammensetzt, in diesen letzten Wochen verloren haben, ist kaum vorstellbar. Mit läppischen Redensarten und fadenscheinigen Ausreden werden sie von Berlin aus abgespeist und hingehalten, und es ist ein Jammer zu sehen, wie die Un-Verantwortlichen dazu beitragen, die Begeisterungsfähigkeit und Einsatzfreude dieser Männer auf ein Minimum herabzudrücken.[242]

240 Wachs: Oberländer, S. 90 ff.
241 O. Verf.: Schande, S. 214.
242 Brief Albrecht Herzners an seinen Bruder vom 3. September 1941; zit. nach Wachs: Oberländer, S. 94.

Diese Meinung Herzners steht exemplarisch für die Auffassung einiger seiner Zeitgenossen, die sich die Mühe machten, das Problem des Russlandfeldzuges zu durchdenken. Doch was nutzte es ihnen. Der Zeitgeist war gegen sie; der war mehr denn je auf Sieg und Vormarsch und Überlegenheitsgefühl gestimmt. Man schwelgte, wenn man denn nicht unmittelbar Betroffener nationalsozialistischer Verbrechen war, im Überschwang, Teilnehmer einer großen Zeit zu sein. Zu diesen Optimisten gehörte der deutsche Abwehrchef Wilhelm Canaris mit einiger Sicherheit nicht. Der ohnehin nicht von glänzenden Initiativen heimgesuchte Admiral war mit dem Beginn des Russlandfeldzuges in völlige Lethargie verfallen. Er suchte das Bataillon Nachtigall am 30. Juli 1941 zu einer Besichtigung in Juswin in der Ukraine auf. Nachdem er die angetretenen Männer zwei Stunden hatte warten lassen, fand er nur wenige dürre Worte des Dankes, dann verschwand er schleunigst wieder. Dem Kommandeur Herzner und dem deutschen Rahmenpersonal überließ er die Aufgabe, die Entwaffnung der entgeisterten Ukrainer und deren Rückführung in den schlesischen Standort Neuhammer zu organisieren, wo das Bataillon sang- und klanglos aufgelöst wurde.[243]

Das OKW eierte wie gewohnt herum. Auf die gut ausgebildeten und motivierten Soldaten mochte man nicht so ohne Weiteres verzichten, doch als diese die Forderung stellten, nur für eine freie Ukraine eingesetzt zu werden, versuchte man ein Sowohl-als-auch. Man erklärte sich für Politik als unzuständig, bot aber Einzelverträge für die Bekämpfung kommunistischer Banden an.[244] Zur gleichen Zeit erging Befehl an die in der Ukraine hausenden Einsatzgruppen des SD, die Bandera-Leute umzubringen. Im Original klang das so:

> Betr.: OUN (Bandera-Bewegung)
>
> Es wurde einwandfrei festgestellt, dass die Bandera-Bewegung einen Aufstand im Reichskommissariat vorbereitet mit dem Endziel, eine unabhängige Ukraine zu schaffen. Alle Funktionäre der Bandera-Bewegung sind sofort festzunehmen und nach einer eingehenden Vernehmung als Plünderer zu liquidieren. Die Vernehmungsprotokolle sind dem Einsatzkommando C/5 zu übersenden. Dieses Schreiben ist nach Kenntnisnahme durch den Kommandoführer zu vernichten.
>
> Unterschrift [vermutlich: August Meier] SS-Obersturmbannführer[245]

Man sage nicht, dass die SD-Leute nicht wussten, dass sie Unrecht taten, denn sie unternahmen alles Erdenkliche, um ihre Spuren zu tarnen und zu verwischen. Es kann keinem Zweifel unterliegen, dass sie ausführten, was angeblich geboten war. Für die ukrainischen Legionäre bedeutete das,

---

243 Wachs: Oberländer, S. 93.

244 O. Verf.: Unabhängigkeitserklärung, S. 191.

245 Rundschreiben des Einsatzkommandos 5 an die Außenposten vom 25. November 1941, Tgb. Nr. 12432/41, abgedr. bei O. Verf.: Unabhängigkeitserklärung, S. 186.

dass sie zwischen die Mühlsteine gerieten. Sie sollten bekämpfen, wozu sie sich selbst bekannten. Am 31. Oktober 1942 lehnten sie die Verlängerung ihrer Verträge ab. Viele von ihnen ließen es erst gar nicht darauf ankommen, sich zu stellen und entwaffnen zu lassen. Ihr Führer, der Hauptmann Roman Schuchewytsch, wurde gefasst, entkam aber auf dem Transport. Deutschland hatte einen erbitterten Kriegsgegner hinzugewonnen. Er nannte sich in Taras Tschuprynka um. Seine Leute ermordeten bereits im Jahr darauf in Kowel den Stabschef der SA, Viktor Lutze. Die Tat sah aus wie ein Autounfall.[246]

Bleibt nachzutragen, wie der Einsatz des Regiments Brandenburg ausging, dem das Bataillon Nachtigall angehört hatte. Das I. Bataillon nahm am Vormarsch der 1. Gebirgsdivision teil, und zwar als deren Vorausabteilung, immer nach dem Motto: Hahnemann, geh du voran. In der Nähe von Winniza entschied sich der Divisionskommandeur Hubert Lanz, die Vorausabteilung als Angriffsverband einzusetzen, bevor seine Division mit ihren Maultieren herangekommen war.

> Wir warfen den Gegner schließlich zurück. ... Doch um welchen Preis. 99 von uns waren gefallen oder verwundet, jeder ein Freund. Bei den Palästinensern waren ganze Familien dezimiert, Brüder und Vettern. Wir waren tödlich erschöpft, furchtbar geschwächt, von tiefem Schmerz erfüllt.
>
> Nun war der Gegner zwar niedergeworfen, aber weder vernichtet noch zerstreut. Er formierte sich auf einer zurückgenommenen Linie neu. So befahl der Divisionskommandeur dem Major Heinz, den Sturm zu erneuern. Heinz aber hatte den seltenen Mut, diesen unsinnigen Befehl zu verweigern. Es kam mitten auf dem Gefechtsfeld zu einer fürchterlichen Szene, mit all den Drohungen, die bei Befehlsverweigerungen üblich sind. Doch Heinz blieb hart und wir blieben stehen oder richtiger liegen, wo wir waren. Ich entsinne mich nicht mehr, wer den Sturm statt uns übernommen hat. Wir jedenfalls haben am nächsten Morgen unsere Toten begraben und in einem Dorf Quartier gemacht. Wir waren aus der Front herausgelöst.
>
> Einen oder zwei Tage später flog der Admiral Canaris ein, entsetzt über den Gebrauch, der von seiner Elitetruppe gemacht worden war. Wir haben auf einem Feld im Karree Aufstellung genommen und der Admiral sprach zu uns. Ich entsinne mich seiner Worte nicht, wohl aber der Bewegung, die ich dabei empfand. Für uns war der Feldzug dieses Sommers damit zu Ende. Wir gingen zurück nach Brandenburg, um „aufgefüllt“ zu werden.[247]

Vor allem die Offiziersverluste, die das Bataillon bei diesem Frontalangriff gegen ein sowjetisches Komsomolzen-Regiment erlitt, waren beträchtlich. Für den aufmüpfigen Bataillonskommandeur Heinz blieb die Sache nicht ohne Konsequenzen. Regimentskommandeur Kurt Haehling von Lanzenauer fertigte seinem Untergebenen eine vernichtende dienstliche Beurtei-

246 O. Verf.: Unabhängigkeitserklärung, S. 191 f.; Wistrich: Wer war wer, S. 181.
247 Staden: Ende und Anfang, S. 46 f.

lung aus und sorgte für seine Ablösung, die zum 28. Oktober erfolgte.[248] Heinz übernahm die V-Abteilung, also die Agentenabteilung des Amtes, nebst angeschlossener Agentenschule in Meseritz.[249]

Was passierte in dieser Zeit auf der Gegenseite? Wieder gibt das Tagebuch von Georgi Dimitroff Auskunft. Ein gemeinsamer nächtlicher Auf-

Abgesang in Winniza: Admiral Wilhelm Canaris (dunkler Mantel) besichtigt am 30. Juli 1941 die Überreste des I. Bataillons der Brandenburger. Hinter Canaris der Regimentskommandeur Oberst Kurt Haehling von Lanzenauer, der anschließend den Bataillonskommandeur Friedrich Wilhelm Heinz abservierte.

enthalt im Moskauer Luftschutzbunker des Politbüros machte ihn zum Zeugen eines sehr einseitigen Gespräches zwischen dem Genossen Stalin und dem KP-Chef der Ukraine, Nikita Chruschtschow:

> Was macht der Oberkommandierende? Was bringt er dort für einen Nutzen? ... Budjonny ... sitzt in Poltawa und rührt sich nicht. Spielt den großen Oberkommandierenden, unternimmt aber nichts. Wie geht das an? Warum schweigen Sie? Sie sind Mitglied des ZK, Mitglied des Politbüros, Mitglied des Militärrats der Front. Schämen Sie sich nicht? Führen sich auf wie ein Kleinbürger. Was ist mit Ihnen los? – Sie haben die Hälfte der Ukraine weggegeben. Sie haben das wohl auch mit der anderen Hälfte vor. Eine Schande. Welche Maßnahmen ergreifen Sie? Warum schweigen Sie? – Ich werde Ihnen 19 Divisionen geben. Ihnen unterstehen 30 Flugzeuge in Ihrem Gebiet. Organisieren Sie die Sache. Lassen Sie die Deutschen auf keinen Fall auf das linke Ufer des Dnjepr. Handeln Sie den Erfordernissen entsprechend. Sonst – und das sage ich Ihnen klar und deutlich – rechnen wir mit Ihnen ab.[250]

---

248 Meindl: Nationalsozialisten, S. 319.

249 Korowski: Kommandotrupps II, S. 104.

250 Dimitroff: Tagebücher, S. 414 f. (Tgb. 16. August 1941).

Am baltischen Busen: Finnland und Estland

Etwas anders als die Situation im Süden der Ostfront gestaltete sich die Lage im Norden. Nach dem Abschluss des Hitler-Stalin-Paktes hatte Stalin die Annexion der baltischen Staaten erzwungen. Jedoch im finnisch-sowjetischen Winterkrieg 1939/40 holte sich die Rote Armee zunächst eine blutige Nase, bevor die pragmatischen Finnen auf Verhandlungen einschwenkten und statt der zu befürchtenden Besetzung des Landes Teile Kareliens einschließlich der Festung Wyborg und des Ostseehafens Hangö, die nördliche Pforte zum Finnischen Meerbusen, an den übermächtigen Nachbarn abtraten.[251] Das war eine ebenso mutige wie richtige Entscheidung, denn das kleine Land hatte in seinem Überlebenskampf alleine gestanden und würde einem zweiten Ansturm nichts mehr entgegenzusetzen haben. Deutschland hielt sich raus, die Westmächte machten Luftblasen und die skandinavischen Nachbarn moralisierten vor sich hin, weil sie nicht hineingezogen werden wollten; das war *appeasement* auf Schwedisch.

Die folgenden Monate waren in Finnland damit hingegangen, dass die Sowjets versuchten, was sie auf militärischem Wege nicht vermocht hatten, nun durch geheimdienstliche Mittel zu vollstrecken. Das bedeutete vor allem eine Ausspähung der finnischen Verhältnisse und Hand in Hand damit eine Unterwanderung der finnischen Gesellschaft. Den Part der Ausspähung unternahm ein Diplomat namens Jarzew, der an der sowjetischen Gesandtschaft in Helsinki installiert wurde. Doch Jarzew war keineswegs Diplomat, sondern der Resident des NKWD in Finnland; er hieß auch nicht Jarzew, sondern Boris Rybkin. Seine Diplomatenverkleidung half ihm, nach dem Beginn des deutsch-sowjetischen Krieges nach Stockholm auszuweichen und von dort aus sein Handwerk weiterzuführen.

Die Unterwanderungspolitik folgte altbekannten Strickmustern. Der linkssozialistische Abgeordnete Karl Harald Wiik bildete eine organisatorische Plattform für fortschrittliche Kräfte, sprich: für Kommunisten und solche Sozialdemokraten, die bereit waren, sich vor den sowjetischen Karren spannen zu lassen.[252] Ausgangspunkt der Kampagnen, die von dieser Seite ausgelöst wurden, war die Kritik der finnischen Regierung, der die Schuld für die Auslösung des Krieges mit der friedliebenden Sowjetunion in die Schuhe geschoben wurde. Eine „Gesellschaft für Frieden und Freundschaft“ mit der Sowjetunion wurde im Mai 1940 aus der Taufe gehoben; deren Aufgabe war die Durchführung von Massenkundgebungen.[253]

251 Friedensvertrag vom 12. März 1940, abgedr. bei Sandström: Mitternachtssonne, S. 136 ff., vgl. auch ebd., S. 178, 182.

252 Sandström: Mitternachtssonne, S. 160.

253 Sandström: Mitternachtssonne, S. 183 ff.

Geleitet wurde dieser Spuk von der Komintern, deren Vorstandsmitglied Otto Kuusinen bereits am zweiten Tag des finnisch-sowjetischen Winterkrieges, dem 1. Dezember 1939, eine sozialistische finnische Regierung ausgerufen hatte.[254] Kuusinen war ein alter kommunistischer Fahrensmann.[255] Er hatte bereits 1917/18 als junger Rechtsanwalt in Helsinki eine führende politische Rolle gespielt, als die gewählte Regierung gestürzt wurde, um ein Sowjetregime zu errichten. Nach dem Eingreifen der deutschen Interventionstruppen unter General Rüdiger von der Goltz war er im Mai 1918 ins nahe Petrograd geflüchtet. Seitdem mischte er an der Spitze der Komintern mit. Jetzt agitierte er erneut vom nahen Leningrad aus. Dass seine Frau Aino, die jahrelang als Agentin der GRU in der Welt umhergereist war, derweil die Segnungen des Sozialismus in einem sibirischen Arbeitslager kennenlernen durfte, scheint den Mann nicht von der Arbeit abgehalten zu haben. Er hatte sich bereits eine neue Frau zugelegt.[256]

Diesmal aber hatte Kuusinen irgendwie falsch herum geplant.[257] Mag auch sein, dass er bei den Vorbereitungen des sowjetisch-finnischen Winterkrieges nicht richtig beteiligt war, denn es war *vor* dem sowjetischen Einfall in Finnland keineswegs von der Hand zu weisen, dass es gelingen könnte, die Sowjettruppen zur brüderlichen Hilfe ins Land zu holen, so wie das kurz darauf auch in den drei baltischen Staaten geschehen würde. Doch während dort die Regierungen aufgrund der realistischen Furcht vor sowjetischer Gewalt Knebelverträgen und Selbstentmachtung zustimmten, lagen die Dinge im Finnland des Jahres 1939 anders.

Seit dem Bürgerkrieg von 1918 war die finnische Gesellschaft (grob vereinfachend) in einen konservativ-besitzenden Teil und die Arbeiterschaft gespalten. Diese Spaltung spiegelte die Sieger und die Besiegten des finnischen Bürgerkrieges wider. Es ist deswegen nicht ausgemacht, wie eine besser durchdachte Unterwanderungsstrategie in Finnland auf Dauer gewirkt haben würde. Doch dann kam der sowjetische Überfall, über dessen Auslöser und Ziele keinem vernünftigen Finnen Sand in die Augen zu streuen war. Dieser Überfall bewirkte etwas Bemerkenswertes: Er planierte den Graben in der finnischen Gesellschaft. Moskaugesteuerte Kommunisten wurden zu krassen Außenseitern. Unter diesen eine in Finnland bekannte Schriftstellerin, nämlich die aus Estland gebürtige Hella Wuolijoki. Sie betrieb bereits in den 1920er Jahren das, was etablierte konservative Finnen einen sowjetischen Spionagesalon nannten. Ihre Verbindungen zur friedfertigen Sowjetunion rissen auch nicht ab, als die Rote Armee zum Angriff angetreten war. Es sieht ganz so aus, dass die finnische Regierung die

254 Dimitroff: Tagebücher, S. 284 (Tgb. 1. Dezember 1939); Bayerlein u. a.: Kommentare, S. 534.

255 Anders u. a.: Oktoberrevolution, S. 159.

256 Dimitroff: Tagebücher, S. 429 (Tgb. 18. September 1941).

257 Dimitroff: Tagebücher, S. 282 (Tgb. 10. November 1939).

Liaison zwischen Wuolijoki und den Sowjets duldete, um den Draht der Dichterin zu der in Stockholm residierenden Sowjetbotschafterin Kollontai auszunutzen, als es spruchreif wurde, mit den Sowjets zu einer Waffenstillstandsabmachung zu gelangen.[258]

Einmal ist keinmal. Also machte die Wuolijoki im Halbdunkel der Beziehungen weiter. 1943 wurde sie erwischt, als sie einem sowjetischen Agenten in ihrem Haus Unterschlupf gewährte. Ein Todesurteil war obligatorisch. Vor dem Galgen bewahrte sie nur der Umstand, dass Finnland 1944 aus dem Krieg ausschied und weitere Reibungsflächen mit dem übermächtigen Nachbarn im Osten vermeiden musste.

Doch noch einmal zurück ins Jahr 1940. Die durch die Erfahrung des sowjetischen Überfalls und den Erpressungsfrieden geeinte finnische Gesellschaft war nicht willens, sowjetische U-Boote im Lande zu dulden. Am 23. Dezember 1940 wurde die „Gesellschaft für Frieden und Freundschaft mit der Sowjetunion" verboten und ihre Auflösung verfügt.[259]

Es war nicht verwunderlich, dass die Finnen, als Deutschland daranging, gegen die Sowjetunion Krieg zu führen, auf der deutschen Seite in den Krieg eintraten. In Finnland wurde dieser Krieg Fortsetzungskrieg genannt; ein Begriff, der keiner weiteren Erläuterung bedarf.[260] Und in der Tat waren die Finnen eigenwillige Verbündete, die sich aus den deutschen Kriegszielen heraushielten, weil sie selbst eigene und leicht vermittelbare hatten, nämlich die Korrektur dessen, was die Sowjets durch den sowjetisch-finnischen Winterkrieg erpresst hatten. Zur Vorbereitung des deutsch-finnischen Bündnisses waren diskrete Verhandlungen zwischen den Militärs beider Staaten geführt. Der deutsche Emissär war ein alter Fliegerkamerad des Luftwaffenoberbefehlshabers Hermann Göring aus dem Ersten Weltkrieg, der nunmehr in Helsinki tätige Waffenhändler Josef Veltjens.[261]

Die deutschen Kriegsvorbereitungen gingen mit der Einrichtung eines vorgeschobenen Beobachters in Finnland einher. Die Rede ist von der Installierung einer Kriegsorganisation (KO) des Amtes Ausland/Abwehr in Helsinki, dort fadenscheinig getarnt als Büro Cellarius der ortsansässigen Hapag-Niederlassung. Die KO unterstand bis 1944 dem Fregattenkapitän Alexander Cellarius.[262] Dessen Aufmerksamkeit sollte der Sowjetunion und den baltischen Staaten gelten. Dafür nahm er einen zwielichtigen Finnen schwedischer Abkunft, einen Otto Kumenius, unter Vertrag, der es nach seinen eigenen Worten, die er nach dem Krieg auf dem sonnenbe-

258 Werth: Russland im Krieg, S. 76 f.; Kuusinen: Der Gott stürzt seine Engel.
259 Sandström, S. 184.
260 Mäkelä: Im Rücken, S. 85 ff.; Sandström: Mitternachtssonne, S. 167.
261 Zuerl: Flieger, S. 456 ff.
262 Bogdanow u. a.: Duell, S. 23.

schienenen Eiland Mallorca zu Papier brachte, unter den Deutschen zum Fünffach-Agenten bringen sollte.[263]

Dabei hatten die Finnen in der Tat einiges zu bieten. Ihr militärischer Geheimdienst trieb bewaffnete Tiefenaufklärung weit in das sowjetische Territorium hinein. Deren Auftrag war einleuchtend: Finnland wollte sich vor weiteren militärischen Überraschungen durch den aggressiven Nachbarn im Osten schützen. Um herauszukriegen, was sie wissen wollten, machten die Fernpatrouillen Gefangene, die sie an Ort und Stelle verhörten. Das heißt ziemlich sicher: Sie brachten ihre Gefangenen um, bevor sie den Rückweg antraten.

Einer der finnischen Kommandotruppler aus dem russisch-finnischen Winterkrieg war Reino Lamppu. Er war 1916 im Dorf Raaju auf der Karelischen Landenge geboren worden. Die Welt, in der er jetzt operieren sollte, war seine Welt. Das offizielle Kriegsende war für den frisch zum Leutnant Beförderten nicht das Ende des Krieges. Er trieb seine Aufklärungsraids immer tiefer vor. Seine letzte Mission fiel in die Zeit kurz vor Beginn des Fortsetzungskrieges. Lamppu wurde aufgegriffen und hingerichtet. Das Todesdatum wurde 1954 auf den 18. Juni 1941 festgesetzt. Ob es stimmt, steht in den Sternen.[264]

Was brachten die finnischen Fernspäher mit? Zum Beispiel dies hier, und das klang ihnen ganz unglaublich: Mitte Juni 1941, also noch vor Beginn des Krieges, erhielten Medizinstudenten in Leningrad, ohne ein Examen abzulegen, ihr Abschlusszeugnis. Das deutete unzweifelhaft auf Krieg hin. Es kam noch besser: Sowjetische Kommissare verkündeten im Baltikum, dass alsbald ein Krieg zwischen Deutschland und der Sowjetunion ausbräche, in den auch Finnland hineingezogen werde, und zwar mit der Sowjetunion als angreifender Macht. Diese Nachrichten waren so sensationell, dass der finnische Geheimdienstoffizier Jukka Mäkelä noch 26 Jahre später an ihrem Wahrheitsgehalt zweifelte.[265] Wir wissen heute, dass seine Informanten Recht hatten.

Die Vorbereitungen der KO zur Kriegführung gegen die Sowjetunion setzten neben der finnischen vor allem auf die estnische Karte. Die Zusammenarbeit des Amtes Ausland/Abwehr mit dem estnischen militärischen Nachrichtendienst hatte bereits einen Vorlauf von einigen Jahren. Er beruhte auf der ruhelosen Reisetätigkeit des Amtschefs Canaris, die zu einer persönlichen Bekanntschaft mit dem Leiter des estnischen Dienstes, Richard Maasing, geführt hatte. Maasing leitete den Geheimdienst von Ende 1935 bis 1938. Maasings Nachfolger als Geheimdienstchef, Willem Saarsen, setzte diese Zusammenarbeit mit dem Amt Ausland/Abwehr fort.[266]

---

263 Kumenius: Kontraspion, passim; Onodera: An den Gestaden der Ostsee, S. 197–199.

264 Mäkelä: Im Rücken, S. 74 ff.

265 Mäkelä: Im Rücken, S. 78.

266 Höhne: Krieg, S. 292; Mader: Spionagegenerale, S. 307 ff., 312, 316, 347.

Die deutsch-estnische Zusammenarbeit wurde möglich, weil sie sich über einen gemeinsamen Gegner definierte, die Sowjetunion. Daneben, wichtig genug, waren die Interessensgegensätze mit Deutschland gering. Im Gegensatz zu den beiden anderen baltischen Staaten. Während zwischen Litauen und dem Deutschen Reich der Zankapfel das Memelland war, stammten die Spannungen zwischen Deutschland und Lettland vor allem aus der Existenz einer deutschen Minderheit, die seit Jahrhunderten schon beträchtliche Anteile an Grund und Boden besaß. Eine entsprechende deutsche Minderheit war in Estland weit weniger dominierend.

Mit dem Hitler-Stalin-Pakt wurde aus der Zusammenarbeit aus estnischer Sicht eine Art zähneknirschendes Zweckbündnis. Denn selbstverständlich war den Balten nicht verborgen geblieben, dass die Deutschen einen erheblichen Teil Mitverantwortung für das trugen, was jetzt kam: zunächst Knebelverträge mit der Sowjetunion und während der Zeit der deutschen Frankreichoffensive im Frühsommer 1940 der Einmarsch der Roten Armee und damit das Ende der Eigenstaatlichkeit der drei baltischen Republiken.

Etliche Esten flohen über den finnischen Meerbusen nach Finnland. Die 2. Abteilung des estnischen Generalstabs, der Militärgeheimdienst, entkam per Schiff nach Deutschland; die Aktion war im Mai 1940 durch den Abwehrmann Klee eingefädelt worden.[267] Dreh- und Angelpunkt der Esten in Berlin wurde der nunmehr arbeits- und heimatlos gewordene Militärattaché Ludvig Jakobsen.[268]

Das Leben ist ein Spiel: Kolonel Villem Saarsen, der letzte Chef der estnischen Militärspionage, und Kapitän Carl Seber, ehemals Chef der Luftflotte, beim Dart, Helsinki 1941. Rechts: Mit der Abwehr in der estnischen Stadt Narva unterwegs: Deutsches Spionagefoto von Kolonel Ludvig Jakobsen aus dem Jahre 1935, ein Jahr vor dessen Ernennung zum estnischen Militärattaché in Deutschland

267 Mader: Spionagegenerale, S. 329, 334.
268 Onodera: An den Gestaden der Ostsee, S. 111 (dort: Jacobsen).

Doch das Zentrum des estnischen Widerstandes gegen die Sowjetunion bildete sich in Finnland. Dort wurden unter reger, aber diskreter Anteilnahme der sich soeben bildenden Residentur (KO Finnland/Estland) des Amtes Ausland/Abwehr aus den Flüchtlingen die ersten Freiwilligen für Unternehmen gegen die Sowjetunion rekrutiert. Mit ebenso diskreter Einwilligung der Finnen wurde auf der Halbinsel Sökö, 40 Kilometer westlich von Helsinki, ein Ausbildungslager errichtet.[269] Zunächst waren es Spionageaufträge, doch nach dem Kriegsbeginn gegen die Sowjetunion vor allem auch Sabotageaufträge, mit denen die Esten über den Meerarm in ihre Heimat zurückgesandt wurden.[270]

Luftlandungen der estnischen Erna-Einheiten werden vorbereitet: Der Kapitän der estnischen Kriegsspionage Aleks Kurgvel, der Brandenburger Oberleutnant Kurt Reinhardt und der estnischstämmige Leiter der deutschen Seeflug-Sonderstaffel Gerhard Buschmann 1941 in Helsinki. Rechts: Estnisches Seeflugzeug der Sonderstaffel Buschmann mit angemalten Balkenkreuzen, davor ein estnischer Offizier

Das Unternehmen trug den Tarnnamen Erna.[271] Mehrere Übersetzversuche über den finnischen Meerbusen scheiterten. Nur einem einzigen Trupp von 40 estnischen Kommandoleuten unter der Führung des deutschen Sonderführers Werner Schwarze gelang die Überfahrt. Der Trupp teilte sich auftragsgemäß, um seine Erkundungsaufträge durchzuführen. Weitere Verstärkung wurden im Luftlandeeinsatz eingeflogen. Auch traf man auf die Waldbrüder (estnisch: metsavennat) – eine bewaffnete estnische Freischärlerformation, die unter dem Kolonel Ernst Leithammel seit der Besetzung des Landes durch die Rote Armee den Sowjets durch Anschläge zu schaffen machte. Spektakulär war die Sprengung einer Eisenbahnlinie. Die Esten ließen einen mit Munition beladenen Güterzug auf eine Mine auffahren; der Zug explodierte.[272]

269 Leverkühn: Nachrichtendienst, S. 138; Ostrjakow: Militärtschekisten, S. 138.
270 Bogdanow u. a.: Duell, S. 23.
271 Leverkühn: Nachrichtendienst, S. 138 ff.
272 Ostrjakow: Militärtschekisten, S. 141.

Zwei Monate nach Kriegsbeginn, die Panzerspitzen der Heeresgruppe Nord waren bereits auf dem Weg nach Leningrad, versuchte KO-Leiter Alexander Cellarius zusammen mit einer Reihe estnischer Legionäre und einer Kompanie von Brandenburgern die baltischen Inseln im Handstreich zu nehmen. Es sollte ein kombiniertes amphibisches und Luftlandeunternehmen werden, doch es scheiterte unter hohen Verlusten. Die auf fünf Lastenseglern verteilte Halbkompanie unter dem Hauptmann Fritz Benesch landete nicht wie geplant *in* einem sowjetischen Verteidigungsstützpunkt auf Oesel, sondern unmittelbar *davor*. Die von See aus angreifende Kampfgruppe kam einen Tag zu spät und konnte infolgedessen in den

Kommandounternehmen gegen die Insel Oesel: der Leiter der aus der Luft eingesetzten Brandenburger, Hauptmann Fritz Benesch, und ein zerstörtes sowjetisches Küstengeschütz

vergeblichen Kampf der Luftlandekräfte nicht rechtzeitig eingreifen. Die anschließenden Kämpfe gegen den sich formierenden sowjetischen Widerstand dauerten wochenlang.[273]

Die im Hinterland der sowjetischen Armee operierenden Esten wurden nach und nach von den Verbänden der nach Nordost vorrückenden Heeresgruppe Nord aufgesogen. Doch ihr Einsatz für die Befreiung Estlands blieb ein Traum. Deutsche Besatzungspolitik verhinderte die Aufstellung eigener Verbände; das Land wurde kolonialisiert.[274] Es geschah mit den üblichen Methoden von Konspiration und Gewalt. Zwar ließ sich einheimisches Personal zu solcher Verrätertätigkeit rekrutieren, doch es war nicht mehr die Selbstverständlichkeit, mit der die Esten zunächst bereit waren, für eine gemeinsame Sache zu kämpfen. Denn diese gemeinsame Sache, das mussten sie nur zu bald erfahren, gab es aus deutscher Sicht nicht.

273 Kurowski: Kommandotrupps II, S. 105 ff.
274 Dallin: Herrschaft, S. 193 ff.; Leverkühn: Nachrichtendienst, S. 142.

So blieben nur die Prinzipienlosen bereit, mit dem deutschen Militärgeheimdienst zu kollaborieren. Ein solcher Mann war Toomas Hellat. Er entstammte der estnischen Oberschicht, sein Vater Alexander Hellat war Minister und Botschafter seines Landes gewesen. Im Herbst 1939 floh der 19-jährige Toomas nach Finnland. Während des Winterkrieges arbeitete er dort als estnischer Nachrichtensprecher beim Rundfunk. Dann folgte der Wechsel ins Geheimdienstfach. Der finnische Dienst gab ihm den Decknamen Lassila. Vom Spätherbst 1940 bis Februar 1941 hielt sich Hellat-Lassila illegal in Estland auf, im Juli 1941 gaben ihn die Finnen zum Erna-Unternehmen ab und, als sich dieses wegen der soeben geschilderten deutsch-estnischen Gegensätze in Luft auflöste, unterstellte sich Hellat im November 1941 dem deutschen Militärgeheimdienst. Jetzt hieß er V-Mann Keller.

Das Zielland des deutschen Agenten Hellat-Keller war nach seinen eigenen Angaben England. Doch das ist kaum zu glauben, denn sein Reiseweg führte von Estland über Riga, Hamburg (dort residierte die für die Englandspionage zuständige Abwehrstelle X [zehn][275]), Noworossisk, Sofia, Griechenland und Leningrad. 1943 kehrte Hellat nach Tallinn (Dorpat) zurück, wo er heiratete. Doch im Gegensatz zur frisch angetrauten Ehefrau gelang ihm im Jahr drauf der Absprung nach Schweden nicht. Am 10. Dezember 1944 wurde Hellat in der estnischen Hauptstadt vom sowjetischen NKGB festgenommen. Wochenlang wurde er verhört. In dieser Zeit entstanden 221 Personendossiers: Abwehrleute, wie der KO-Chef Cellarius, die Erna-Verbindungsoffiziere Kurt Reinhard und Werner Schwarze sowie die Agentenflieger Gartenfeld und Nebel. Das mochte ja noch angehen. Doch in erster Linie waren es Esten aus dem Erna-Unternehmen, die Hellat preisgab. Gerieten diese in die Hände des sowjetischen Geheimdienstes, so waren ihre Überlebenschancen gleich null. Neunzig einschlägige Verfahren sind in den KGB-Akten überliefert worden.

Und Hellat selbst? Er wurde 1947 zu zwanzig Jahren Lagerhaft verurteilt, davon saß er die folgenden acht in Estland im Gefängnis ab. Am 11. Juli 1955 wurde er als KGB-Agent Haakla auf freien Fuß gesetzt.[276] Schon zwei Jahre zuvor, gleich nach Stalins Tod, hatten etliche estnische Waldbrüder aufgrund einer Amnestie die Waffen weggelegt. Das galt indes nicht für alle; der letzte von ihnen, August Sabbe, kam 1978 ums Leben, als zwei KGB-Agenten seine Festnahme versuchten.[277]

Zurück ins Jahr 1941: Ganz oben im Norden waren auch die Finnen in den Krieg eingetreten. Nach ihrer Lesart wurden sie von den Sowjets in diesen Krieg hineingezwungen, nachdem die Rote Luftwaffe wenige Tage nach dem Beginn des deutschen Angriffs dazu überging, finnische Städte

---

275 Brammer: Spionageabwehr und Geheimer Meldedienst, passim.
276 Ritson: Tomas Hellat ja KGB (1).
277 Arno Siebert: Geschichte des Erna-Aufklärungsgzuges.

zu bombardieren. Das allerdings war Grund genug, dass die Finnen sich wehrten. Doch wir gießen ein klein wenig Essig in diesen Verteidigungswein. Denn bereits in den Abendstunden des 21. Juni 1941, also noch vor dem deutschen Angriffsbeginn, liefen drei finnische U-Boote in den finnischen Meerbusen aus und legten in den estnischen Gewässern Minen, durch die in den nächsten Tagen drei sowjetische Kriegsschiffe schwer beschädigt wurden.[278]

Kommandotrupp-Soldat der Brandenburger in Lappland mit Faltboot, russischer MPi und russischer Uniform im Sommer 1942

Der finnische Kriegsschauplatz blieb aus deutscher Sicht ein Torso. Das lag nicht nur an den extremen Witterungsbedingungen, sondern auch an der Beharrlichkeit der Finnen, die den Krieg nicht über die alten finnischen Grenzen hinaus ausdehnen mochten. So blieb der deutsche Plan, die Versorgungsader der Murmansk-Bahn zu durchtrennen, auf halbem Wege im Eis der Tundra stecken. Das galt auch für die Kommandounternehmen des Regiments Brandenburg, die organisatorisch in einer Lapplandkompanie zusammengefasst wurden. Zum Jahreswechsel 1941/42 trafen sie im hohen Norden ein. Im Juni 1942 wurde die Einheit völlig dezimiert wieder nach Rovaniemi abgezogen. Das Fernziel, die Murmansk-Bahn zu zerstören, wurde verfehlt.[279]

Erst Anfang August 1942 wurde das Kommandounternehmen unter dem russisch sprechenden Oberleutnant Rolf Hettinger wiederholt. Die Vorbereitungen für den Fernspähtrupp lagen in den Händen der Einheit der finnischen Frontaufklärung. Diese dem finnischen Geheimdienst unterstehenden Kommandoeinheiten waren insgesamt etwa 620 Soldaten stark. Sie bildeten Frontaufklärungsgruppen von 20 bis 30 Mann, die bei den Sowjets wegen ihrer unorthodoxen, verdeckten Kriegführung berüchtigt waren.[280] Beim zweiten Murmansk-Unternehmen der Brandenburger

278 Sandström: Mitternachtssonne, S. 172, 204.
279 Kurowski: Kommandotrupps, S. 113 ff.; Mader: Spionagegenerale, S. 367.
280 Sandström: Mitternachtssonne, S. 249 f.

beteiligten sich die Finnen lediglich bei der Schleusung und dem Wiederauffangen der deutschen Kommando-Soldaten, die mit Faltbooten und zu Fuß die Murmansk-Bahn erreichten. Die beabsichtigte Sprengung von mehreren Brücken gelang nur zum Teil. Und die Kommandotruppler kehrten nach erheblichen Verlusten zur Ausgangsstellung zurück.[281] Auf die Kriegslage hatte die zeitweise Unterbrechung der Murmansk-Bahn indes keine Auswirkung. Sie blieb ein Nadelstich.

Auch ein weiterer Versuch, die Versorgungsader der Sowjets nachhaltig abzuklemmen, schlug fehl. Diesmal war der Abwehr II-Leiter der KO Finnland/Estland, Sonderführer Schwarze, auf die Idee gekommen, den Sabotagetrupp vor allem aus angeworbenen Russen zusammenzustellen, die im Hinterland selbständig operieren sollten. An- und Abtransport sollten mit dem Flugzeug erfolgen. Doch das Unternehmen stand unter keinem guten Stern. Die ohne Hoheitsabzeichen fliegende Transportmaschine wurde kurz nach ihrem Start von einem finnischen Jagdflugzeug versehentlich abgeschossen. Dabei kam der gesamte Kommandotrupp ums Leben.[282]

Vernichtung der „Untermenschen". Die Verbrechen der Einsatzgruppen

Dicht im Gefolge der Wehrmacht rückten die Einsatzgruppen in die eroberten Gebiete vor. Sie waren keine Neuschöpfung des Russlandfeldzuges, sondern ähnliche Formationen waren bereits bei der Besetzung Österreichs und dann immer fort bei jeder neuen Landnahme in Erscheinung getreten.[283] Sie setzten sich aus Angehörigen der Sicherheitspolizei sowie des SD zusammen und standen unter der Leitung führender SS-Funktionäre, die fast in jedem Fall zugleich eine Leitungsfunktion im Sicherheitsapparat des NS-Staates ausübten. Der Auftrag dieser Einsatzgruppen war formal der, den Rücken der kämpfenden Truppe vor feindseligen Störungen zu bewahren. Doch in Wirklichkeit nahmen sie eine ganz andere Funktion wahr. Die Einsatzgruppen waren geschaffen worden, um in einem ersten Zugriff Regimefeinde des NS-Staates aufzuspüren und zu liquidieren. Das ging von Anfang an nicht ohne Hindernisse und Scherereien ab, denn es gelang trotz angeordneter strikter Geheimhaltung nicht, die Gemetzel, die diese Gruppen anrichteten, vor den Augen Unbefugter abzuschirmen. Das gilt vor allem für die Mordaktionen unter den Juden und der einheimischen Intelligenz, die bereits im Spätherbst 1939 im besetzten Polen vom Zaun gebrochen wurden.

---

281 Kurowski: Kommandotrupps II, S. 121 ff.; auch: Mader: Hitlers Spionagegenerale, S. 376 f.

282 Aufzeichnung Erwin Stolze vom Dezember 1945, abgedr. bei Mader: Spionagegenerale, S. 195.

283 Krausnick: Einsatzgruppen, S. 13 ff.

Doch die Proteste und Beschwerden, die vor allem von einigen wenigen Wehrmachtsbefehlshabern ausgingen, führten keineswegs dazu, die unhaltbaren Zustände in den besetzten Gebieten abzustellen und die Schuldigen zu bestrafen. Der Chef des Reichssicherheitshauptamtes Reinhard Heydrich zog aus den so gewonnenen Erfahrungen vielmehr den Schluss, dass die ganze Sache für den Russlandfeldzug besserer Vorbereitung bedürfe, worunter er vor allem eine Vereinbarung zwischen Wehrmachtsführung und seinem Amt verstand, die die Tätigkeit der Einsatzgruppen in den Zugriffsbereichen der Wehrmachtsbefehlshaber legalisieren, die Mordtruppen in den Genuss der Wehrmachtslogistik kommen lassen und zugleich der taktischen Führung der SS unterstellen sollte. Dass dies mit Blick auf das Unternehmen Barbarossa weitestgehend gelang, verdankte Heydrich dem Verhandlungsgeschick und den Formulierungskünsten seines Untergebenen Walter Schellenberg, der sich, Jahre später vor Gericht gestellt, damit herausreden konnte, er habe nicht gewusst, welchem Zweck letztlich das Tun der Einsatzgruppen gedient habe. Er konnte sich hierbei hinter seinen eigenen verschleiernden Formulierungen verbergen, in denen vom systematischen Ausrotten von Juden und Bolschewisten nichts zu lesen stand. Und doch war genau das die Aufgabe dieser uniformierten Mordkommandos.[284]

Für den Ostfeldzug wurden Ende Mai 1941 vier Einsatzgruppen zusammengestellt. Den Beamten und SD-Funktionären war zugesichert worden, dass ihre Tätigkeit in den Einsatzgruppen als Kriegsdienst oder, wie man das nannte, als Frontbewährung gelte. Es ist nicht bekannt geworden, dass es tiefgreifende Rekrutierungsprobleme gab. Die vier Einsatzgruppen waren formal den Heeresgruppen Nord, Mitte und Süd sowie ganz im Süden der selbständig operierenden 11. Armee unterstellt. Sie waren in der Vormarschphase oft dicht hinter der kämpfenden Truppe, jedenfalls waren ihre Einheiten nur zu häufig das einzige ordnungsbehördliche Element im Rückraum der Wehrmacht; jedenfalls so lange, bis sich eine Art von Zivilverwaltung bildete.

Die Einrichtung und die Tätigkeit der Einsatzgruppen stellte das Extrem geheimdienstlicher Tätigkeit im Dienste einer Diktatur dar. Es war die strikt konspirative Veranstaltung nur schwer darstellbarer Massenverbrechen im Namen einer Weltanschauung. Dieser Weltanschauungsgesichtspunkt mag zumindest auf einen der Initiatoren, Heinrich Himmler, zutreffen; bei zahlreichen anderen Verantwortlichen und Beteiligten (an deren Spitze Reinhard Heydrich) sind hier indes Fragen angebracht; sie handelten wohl aus Karrieregesichtspunkten, Gleichgültigkeit oder Mordlust.

284 IMT: Nürnberger Prozess, Bd. 4, S. 347 (Vernehmung Ohlendorf); Krausnick: Einsatzgruppen, S. 89 ff.; Schellenberg: Aufzeichnungen, S. 207 ff.

Werfen wir einen Blick auf diese Gestalten, die an der Spitze der Verbände standen. Die nördlichste der Einsatzgruppen mit der Bezeichnung A leitete Walter Stahlecker. Der promovierte Verwaltungsjurist aus Württemberg hatte im Dritten Reich in Polizei und Gestapo eine rasante Karriere gemacht. 1940 wurde er an das Auswärtige Amt abgeordnet, um sodann ins RSHA versetzt zu werden. Im Februar 1941 wurde der 40-Jährige zum SS-Brigadeführer ernannt; damit hatte er einen Generalsdienstgrad erreicht. Die Leitung der Einsatzgruppe A sollte seine Frontbewährung werden. Die Verbrechen der unter seinem Kommando stehenden Einsatz- und Sonderkommandos in den baltischen Staaten hatte er zu verantworten. Er tat es vermutlich ohne zu zaudern, vielleicht sogar gern, denn im Frühjahr 1942 war er im Gegensatz zu anderen seiner Profession immer noch im Amt. Am 22. März 1942 ist er bei einem Kommandounternehmen, das er mit einheimischen Kräften in russischer Uniform durchführte, gefallen. Mit Pomp wurde er in Prag zu Grabe getragen.[285]

Die Einsatzgruppe B bei der Heeresgruppe Mitte leitete Artur Nebe.[286] Nach Kriegsdienst und schwerer Gas-Verwundung im Ersten Weltkrieg fand er 1920 eine Anstellung bei der Berliner Kriminalpolizei. Der NSDAP trat er 1931 frühzeitig bei. Ein rascher Aufstieg zum Reichskriminaldirektor folgte im Dritten Reich. Das von ihm geleitete Reichskriminalamt ging 1939 als Amt V im RSHA auf. Nebes Frontbewährung dauerte von Juni bis Oktober 1941, dann kehrte er schwer traumatisiert auf seinen angestammten Posten zurück. Von hier aus war der Schritt zum Regimegegner nicht mehr fern. Doch seine Behauptung, er habe die Tötungsmeldungen seiner Einsatzgruppe nur zum Schein abgegeben, hält keiner Überprüfung stand. Nach dem Attentat vom 20. Juli 1944 tauchte er unter, weil er sich zu Unrecht als Mitverschworener entdeckt glaubte. Erst im Januar 1945 konnte er durch einen Hinweis seiner Geliebten, der Kriminalkommissarin Heide Gobbin, von der Gestapo aufgespürt werden. Zwei Monate später richteten ihn seine ehemaligen Kollegen hin.[287]

Bei der Heeresgruppe Süd stand die Einsatzgruppe C unter dem Kommando von Otto Rasch. Der zweifach promovierte ehemalige Rechtsanwalt gehörte der NSDAP wie Nebe bereits seit 1931 an. 1936 begann seine Karriere im Sicherheitsdienst. Die „Zerschlagung der Rest-Tschechei" sah ihn im Frühjahr an der Spitze eines SD-Einsatzkommandos in Prag; Ende August 1939 organisierte er mit einem SD-Sonderkommando Grenzzwischenfälle, die man den Polen in die Schuhe schob. Der Russlandfeldzug brachte den im Dezember zum SS-Brigadeführer beförderten an die Spitze der Einsatzgruppe, deren Einsatzkommandos in der Ukraine wüteten.

285 Roewer u. a.: Geheimdienste, S. 439.

286 Gersdorff: Soldat, S. 85; Rürup: Topografie, S. 79.

287 Bericht des Chefs der Sipo und des SD an den Leiter der Parteikanzlei vom 8. März 1945; abgedr. bei Jacobsen: Spiegelbild, S. 244 f.; Black: Nebe, S. 364 ff.; Fest: Staatsstreich, S. 318.

Hier müssen dem Mann Bedenken gekommen sein, denn nach einer Auseinandersetzung mit dem Reichsführer SS Heinrich Himmler wurde Rasch schroff abgelöst. Nach Himmlers Ansicht zeigte Rasch eine gemäßigte Einstellung in der Judenfrage. Rasch schied aus der hauptamtlichen Tätigkeit im SD aus und verdingte sich fortan bei der Kontinentalen Öl-AG in Berlin. 1945 wurde er festgenommen. Einer Verurteilung im Einsatzgruppenprozess, den die US-Militäradministration im Jahre 1948 veranstaltete, entging er, weil er selbst nach dem Recht der Sieger nicht verhandlungsfähig war; er starb von selbst, am 1. November 1948.[288]

Bei der selbständig von Rumänien aus im Südabschnitt operierenden 11. Armee befand sich die Einsatzgruppe D. Ihr Kommandeur war Otto Ohlendorf.[289] Bereits 1926 war der 19-Jährige der SS beigetreten. Im Dritten Reich machte der junge Jurist im SD eine steile Karriere. Ende September 1939 wurde er bei Gründung des RSHA zum Leiter des Amtes III, des SD-Inland, ernannt; diesen Posten behielt er bis zum Kriegsende inne; der 38-jährige SS-Gruppenführer geriet in US-amerikanische Gefangenschaft. Den Amerikanern war sehr schnell klar, wer ihnen hier ins Netz gegangen war, denn Ohlendorf gab über seine Tätigkeit so ungeschminkt Auskunft, dass er als einer der Hauptbelastungszeugen beim Nürnberger Kriegsverbrechertribunal präsentiert werden konnte. Hier schilderte er mitleidlos, dass in seiner Ägide als Kommandeur der Einsatzgruppe D, also in der Zeit von Juni 1941 bis Juni 1942, in seinem Verantwortungsbereich 90 000 Zivilisten, vor allem aber Juden, ermordet worden waren. Für viele Menschen war schockierend, was Ohlendorf in Nürnberg ungerührt zu Protokoll gab[290]; aber viele andere wussten auch, wovon er sprach.

> In Nikolajew wurden Bürger, die jüdischen Glaubens waren, von einem Kommando der Anderen registriert, zusammengetrieben, ermordet und in einem Panzergraben verscharrt. Wir hörten davon durch Gerüchte, die wir erst nicht glauben wollten, aber schließlich glauben mussten. Ein Offizier vom Stabe des Armeeführers hatte die Szene fotografiert. Der Generaloberst warf den Offizier aus seinem Stab hinaus. Wir warteten darauf, dass Weiteres geschehen werde. Wir hielten es damals noch nicht für möglich, dass ein Armeeführer nicht die Macht besäße, solche offenbaren Verbrechen in seinem Bereich zu verbieten. Wenige Tage später stieß dem Generaloberst das Unglück zu, dass sein Fieseler Storch auf einer Mine landete. Der Generaloberst wurde zerrissen. Bei seinem feierlichen Begräbnis rutschte sein Nachfolger in das offene Grab. Die beiden Ereignisse verwandelten sich in der Fantasie der Soldaten zu unheilschwangeren Vorzeichen. Wegen der Morde an den Bürgern von Nikolajew geschah nichts.
>
> Zweifellos war die Empörung über die Massaker in der Armee allgemein. Jedermann empfand es als eine Schande, dass die Anderen die von tapferen

288 Roewer u. a.: Geheimdienste, S. 367 f.
289 Kittermann: Ohlendorf, S. 379 ff.; Rürup: Topografie, S. 77.
290 IMT: Nürnberger Prozess, Bd. 4, S. 353.

> Soldaten der Armee erkämpften Siege der Armee für ihre Ziele ausnutzen durften. Aber es war keine aus der Tiefe des Herzens kommende lodernde Empörung der Humanitas. Das Gift des Antisemitismus hatte sich schon zu tief eingefressen. Eine heftige Reaktion der ganzen kämpfenden Truppe gegen das Verbrechen hätte die Massaker nicht verhindert, sondern nur dazu geführt, dass sie heimlicher vorgenommen worden wären. Aber von lodernder Empörung war nichts zu spüren. Der Wurm saß schon im Holz. Die moralische Korruption nach sieben Jahren Herrschaft der Anderen war schon zu weit fortgeschritten, auch bei denen, die das bei sich selbst damals noch heftig geleugnet hätten. Der Einzelne war wehrlos, nicht weil er in Gefahr kam, wenn er sich gegen die Verbrechen zur Wehr gesetzt hätte. Das hätten viele auf sich genommen. Es wurden Repressalien gegen seine Familie ergriffen. Ein Brief, in welchem ein Oberst der Division seiner eigenen Frau seine Empörung zum Ausdruck gebracht hatte, fiel der Zensur der Anderen in die Hände. Die Folge davon war, dass die Frau des Obersten verhaftet wurde.[291]

Der Mann, der dies schrieb, war der Arzt Curt Emmrich, der sich als Schriftsteller Peter Bamm nannte. Im Zweiten Weltkrieg zur Wehrmacht eingezogen, nahm Bamm weit vorne an der Front am Russlandfeldzug als Chirurg teil, und zwar vom ersten bis fast zum letzten Tage. Der Armeeführer, den er beschrieb, identifizieren wir mit Eugen Ritter von Schobert, den Oberbefehlshaber der 11. Armee; er fiel am 12. September 1941.[292] Es ist, als stelle der Arzt den unausweichlichen Tod eines Patienten nur noch fest, für den der Schriftsteller nur Verachtung übrig hat. Man sucht vermutlich lange danach, in einem Bericht der 1950er Jahre eine ähnlich beeindruckende Schilderung eines deutschen Offiziers zu finden, der sich um die Auseinandersetzung in dieser Tiefe und Klarheit müht. Selbstverständlich wusste die Armee von den Ereignissen. Selbstverständlich hätten die soldatischen Führer dem Spuk ein Ende bereiten können, doch sie zogen sich zurück in ihr behagliches Haus von Gehorsam und soldatischer Pflichterfüllung. Sie fühlten sich, von wenigen Ausnahmen abgesehen, nicht zuständig für das, was dort im deutschen Namen geschah. Das ist leider wahr, und es bedarf auch keiner Hinweise heutiger Gutmenschen, die alles ganz anders gemacht hätten. Wer will das wissen.

Im ersten Anlauf unternahmen die Einsatzgruppen ebenso einen Feldzug gegen so genannte kommunistische Elemente oder was immer sie dafür hielten. Sie gingen nach dem Grundsatz vor, lieber einer zu viel als zu wenig. So traf das Massenabschlachten erst einmal alle, die des Kommunismus verdächtig waren; das waren beispielsweise fremdartig aussehende Menschen, insbesondere mongolisch aussehende Männer und solche, die beschnitten waren. Dass in der Sowjetunion zahlreiche Moslems lebten, war den SS-Kommandos offenbar unbekannt oder aber gleichgültig, so

291 Bamm: Die unsichtbare Flagge, zit. nach Werke, S. 603 f.
292 Heuer: Generaloberste, S. 184.

dass sie auch an diesen Menschen die Formel „Ein Jude ist auch ein Kommunist“ exekutierten.[293]

Hinsichtlich der Kommunisten wussten sich die Schergen der Kommandos und Gruppen nämlich auf der sicheren Seite. Hier gab es auch nichts geheim zu halten. Hatte doch der Führer am 6. Juni 1941, also zwei Wochen vor Beginn des Russlandfeldzuges, den Kommissarbefehl erlassen, der im Behördendeutsch „Richtlinien für die Behandlung politischer Kommissare“ hieß.[294] Er hatte zum Inhalt, dass die politischen Kommissare aller Art, also auch und bevorzugt die der Roten Armee, noch auf dem Gefechtsfeld zu erledigen seien, so nannte man das, während alle im rückwärtigen Gebiet angetroffenen dem SD zu überstellen waren. Bis auf die Ebene der Armeen wurde dieser Befehl schriftlich erteilt; für die Kommandoebenen darunter bis zum einfachen Soldaten war er mündlich zu übermitteln. Glaubt man der gehobenen Memoirenliteratur, so wurde der Befehl allerdings nicht ausgeführt, da man ihn für unzweckmäßig hielt, nicht etwa für verbrecherisch.[295] Dagegen ist vielfach und nicht zu Unrecht eingewendet worden, dass die Befehlshaber sich vor der Verantwortung drückten und die Last der Entscheidung auf die unterstmögliche Ebene abdrängten; dem ist nicht viel hinzuzufügen. Entsprechend buntscheckig dürfte auch die Praxis der Umsetzung des Befehls gewesen sein.[296]

Selten war eine Entscheidung für eine Kriegführung so überflüssig und so schädlich wie der Kommissarbefehl. Selbstverständlich wurde er mit geringem Zeitverzug auch in der Roten Armee bekannt, und er sorgte dafür, dass die Kommissare ihrer ursprünglichen Aufgabe auch wirklich nachkamen, nämlich die Soldaten zur Not mit der Waffe in der Hand zum Kampf zu zwingen.[297] Denn eines war den Kommissaren klar; ein Strecken der eigenen Waffen bedeutete den sicheren Tod. Die Wirkung des Kommissarbefehls ging über diese fast vordergründig zu nennende Wirkung weit hinaus: Der Befehl sorgte, besser als jeder Appell das gekonnt hätte, für die Solidarisierung aller kommunistischen Funktionäre, die nun das Motto Kampf oder Tod zusammenschweißte. Funktionäre, die in den Vormarschgebieten von deutschen Truppen überrollt wurden, hatten gar keine andere Wahl als unterzutauchen. So bildeten sich die ersten Zellen des späteren Partisanenwiderstandes. Es dauerte bis zum Mai 1942, bis der deutsche Diktator diesen seinen unabänderlichen Beschluss vom Juni 1941 wieder

293 Herwarth: Hitler und Stalin, S. 233.

294 Erlass des OKW vom 6. Juni 1941, Az. OKW/WFSt/Abt. L IV/Qu. Nr. 44822/41 g. K. Chefs., abgedr. bei Rürup: Krieg, S. 46.

295 Guderian: Erinnerungen, S. 138; Herwarth: Hitler und Stalin, S. 208; Manstein: Verlorene Siege, S. 176 f.; Warlimont: Hauptquartier, S. 176 ff.

296 Gersdorff: Soldat, S. 86 ff.

297 Brief des Generals Gotthard Heinrici an seine Frau vom 20. Juli 1941, in: BA MA: N 265/155, Bl. 68; Luck: Mit Rommel, S. 88.

aufhob.[298] Das geschah irgendwie mehr nebenbei. Doch da war sein Effekt schon längst nicht mehr revidierbar.

Im Jahr 1941 war der Begriff des Partisanen von einiger Beliebigkeit. Viele, die so bezeichnet wurden, waren in diesem ersten Kriegsjahr nichts weiter als versprengte sowjetische Soldaten.[299] Auch wurde hier jedermann eingereiht, der irgendwie der Besatzungsmacht auffällig wurde, und sei es der Bauer, der sich wehrte, wenn man ihm sein letztes über den Kommunismus hinweggerettetes Stück Vieh wegnehmen wollte. Zum Partisanen wurde auch leicht derjenige, der sich in die Sklavenhaltergesellschaft, die von den deutschen Stellen errichtet wurde, nicht widerspruchslos einfügen mochte. Doch den Partisanen im eigentlichen Sinne gab es zu dieser Zeit noch kaum. Er wurde erst durch die deutsche Besatzungspolitik erzeugt.[300]

Damit ist es Zeit, sich wieder der sowjetischen Seite zuzuwenden.

Gewalt und Überredung. Stalin erfindet den Vaterländischen Krieg

Aus sowjetischer Sicht hießen die Jahre 1941 bis 1945 des Zweiten Weltkrieges „Der Vaterländische Krieg“ oder nochmals überhöhend „Der Große Vaterländische Krieg“.[301] Was man im Westen Deutschlands als kommunistische Propaganda überlegen lächelnd abtat, war jedoch Wirklichkeit. Nicht für jedermann, aber doch für viele.[302] Noch am 2. Februar 2003 begingen auf den Schlachtfeldern von Stalingrad russische Offizielle die 60. Wiederkehr der Kapitulation der letzten deutschen Soldaten im Kessel von Stalingrad. Zu diesem Zweck gab es neben den unvermeidlichen Ansprachen auch Militärparaden in den historischen Uniformen der Roten Armee.

Der Vaterländische Krieg war eine Erfindung von Stalin; zumindest wissen wir es nicht besser. Es ist keineswegs so, dass er erst auf diesen Dreh verfallen ist, als der Sowjetunion im Herbst 1941 das Wasser schon bis zum Halse stand. Der Grundstein für die Propagandierung des Vaterländischen Krieges ist am Tage des deutschen Überfalls gelegt worden. Glaubt man den Tagebuchaufzeichnungen Dimitroffs, die an diesem Tag eine Art Protokollcharakter haben, so hat sich die Sache wie folgt abgespielt:

> Um 7 Uhr morgens wurde ich dringend in den Kreml beordert. Deutschland hat die UdSSR überfallen. Der Krieg hat begonnen. ... In Stalins Arbeitszimmer sind Molotow, Woroschilow, Kaganowitsch, Malenkow.
>
> ...

298 Gersdorff: Soldat, S. 101 f.
299 Lahousen: Fragment, Bl. 65.
300 Herwarth: Hitler und Stalin, S. 229.
301 Dorst u. a.: Sowjetstreitkräfte, S. 93 ff.
302 Hoffmann: Vernichtungskrieg, S. 149 ff.

> Erstaunlich sind die Ruhe, Zuversicht und Festigkeit Stalins und aller anderen. Die Erklärung, die Molotow im Radio verlesen soll, wird redigiert.
>
> ...
>
> Haben uns über unsere Arbeit verständigt. Die Komintern soll vorerst nicht öffentlich auftreten. – Die Parteien vor Ort entfalten eine Bewegung zur Verteidigung der UdSSR. Die Frage der sozialistischen Revolution ist nicht aufzuwerfen. Das sowjetische Volk führt einen vaterländischen Krieg gegen das faschistische Deutschland. Es geht um die Zerschlagung des Faschismus, der eine Reihe von Völkern versklavt hat und danach strebt, auch andere Völker zu versklaven.[303]

Die Besprechung mit Stalin am Morgen des deutschen Überfalls zeigt: Die Idee vom Vaterländischen Krieg wurde genau zu diesem Zeitpunkt geboren. Nüchtern und folgerichtig wurde der Klimbim der sozialistischen Weltrevolution für den Moment wie lästiger Ballast von Bord geworfen. Er hätte beim Nahziel, Deutschland zu bezwingen, nur gestört. Jetzt galt es, umfassend zu mobilisieren: die eigene Bevölkerung und die zu gewinnenden Verbündeten des Auslands. Hier zeigte sich zugleich ein ganz anderer Stalin, nämlich der Bolschewist und kommunistische Weltrevolutionär. Was scheinbar paradox klingt angesichts des Paradigmenwechsels zum Vaterland, war in Wirklichkeit ein Kulissenwechsel, dem sogar, als es opportun erschien, zwei Jahre später die Komintern formal geopfert wurde, ohne ihre Funktionen abzuschaffen.

Jetzt also war das Vaterland angesagt. Nun ein Blick darauf, wie das Vaterland und seine Verteidigung in Herz und Hirnen der Sowjetmenschen installiert werden sollten. Stalin griff zu den bewährten Instrumenten. Sie hießen Propaganda und Terror. Für die Propaganda wurden jetzt die besten Hetzer von der Kette gelassen. Eine von ihnen war der nun zu großer Form auflaufende Ilja Ehrenburg, der einstige Salonbolschewist und Emigrant, der sich seine Rückkehr nach Russland durch Spitzeldienste für die GPU erkauft hatte.[304]

> Wir wollen nicht reden. Wir wollen uns nicht entrüsten. Wir wollen töten. Wenn du im Laufe des Tages nicht mindestens einen Deutschen getötet hast, ist dein Tag verloren. Wenn du einen Deutschen getötet hast, töte einen zweiten. Es gibt nichts Schöneres für uns als deutsche Leichen. Zähle nicht die Tage. Zähle nicht die Kilometer. Zähle nur eins: die von dir getöteten Deutschen. Töte den Deutschen! – bittet dich die alte Mutter. Töte den Deutschen! – fleht das Kind. Töte den Deutschen! – schreit die Heimaterde. Verfehle ihn nicht. Lass ihn nicht entkommen. Töte![305]

303 Dimitroff: Tagebücher, S. 392 f.

304 Ehrenburg: Menschen, Jahre, Leben, Bd. 3, S. 7–218; wunderbar beschönigend auch: Marcou: Wir größten Akrobaten der Welt, S. 202–234; dagegen: Hoffmann: Vernichtungskrieg, S. 150 ff.; Urban: Nabokov, S. 98 f.; ders.: Ijja Ehrenburg als Kriegspropagandist, passim.

305 Ilja Ehrenburg in: Prawda vom 24. Juli 1942; zit. nach Rühle: Literatur und Revolution, S. 144.

Die Propagandisten vollzogen einen radikalen Schwenk. Das Lob der sozialistischen Errungenschaften, das seit Jahren aus den Publikationen triefte, wurde jetzt durch die Kriminalisierung des Feindes abgelöst. Dies war nötig und folgerichtig, denn wie es mit den sozialistischen Errungenschaften aussah, konnte niemand besser beurteilen als die in der Sowjetunion lebenden Völker. Jetzt musste die deutsche Bestie heran, die mordend und plündernd durchs Land zog und die es folglich zu vernichten galt.

Getreu dem Grundsatz aber, der dem Staatengründer Lenin zugeschrieben wird, dass Vertrauen gut, Kontrolle indes besser sei, kamen auch die anderen bewährten Herrschaftsmuster weiter zur Anwendung. Dem Rotarmisten wurde klargemacht, dass Kriegsgefangenschaft Landesverrat sei. Die Konsequenzen waren damit ebenfalls klar: Jeder, der ergriffen wurde, hatte mit seiner Hinrichtung zu rechnen. Doch um dieser Drohung, die in Wirklichkeit in den meisten Fällen ins Leere laufen musste, Nachdruck zu verschaffen, wurde hinzugefügt, dass die Bestrafung der vermeintlichen Deserteure und Landesverräter an den Familien der Betroffenen vollzogen werden würde. Die Wehrpflichtigen und die Berufssoldaten kannten ihr Regime gut genug, um an der Ernsthaftigkeit dieser Drohung nicht zu zweifeln.[306]

Als weiteres Instrument zur Verhinderung von Desertion und Flucht kam der Einsatz der Absperrabteilungen OO, der 3. Otdel des NKWD. Diese Abteilung OO war, wie bereits erwähnt, am 26. Februar 1941 zur Überwachung der Roten Armee erneut geschaffen und ihr unterstellt worden; nach Kriegsbeginn wurden zahlreiche Parteimitglieder zum Dienst in ihren Reihen verpflichtet. Ab 17. Juli 1941, also kurz nach Beginn des deutschen Russlandfeldzuges, wurde sie der Verwaltung der Inneren Truppen des NKWD angegliedert.[307]

Die OO war zuständig für den direkten Durchgriff auf die Rote Armee. Unmittelbar hinter den Frontlinien eingesetzt, war sie verantwortlich für Massenerschießung sowjetischer Soldaten, die sich aus ihren Stellungen zurückziehen wollten. Bei der Durchsicht sowjetischer Quellen hat man Mühe, die Tätigkeit dieser NKWD-Truppen richtig zu würdigen, da sie unter dem Rubrum Aufklärergruppen abgehandelt werden, so dass man sie fälschlich für Frontspionageeinheiten halten kann. Doch es konnte auch vorkommen, dass ihre Mitarbeiter zu genau diesem Zweck eingesetzt wurden.

Ein unklarer Fall beispielsweise ist derjenige der OO-Hauptleute Schpakstein und Zimbal, die Anfang Oktober 1941 mit ihrer Einheit im Raum Leningrad eingesetzt waren. Nach Durchführung ihres Auftrages gerieten sie in einen Hinterhalt, in dem sie sich dann selbst erschossen.[308]

306 Hoffmann: Vernichtungskrieg, S. 102 ff.
307 Ostrjakow: Militärtschekisten, S. 134 f., 137 f.
308 Bogdanow: Duell, S. 111.

Feindliche Truppen hätten diesen Hinterhalt errichtet; die sowjetischen Quellen verraten nicht, was für feindliche Truppen das waren; vermutlich waren es sowjetische. Im April 1942 wurden die Militärtschekisten zur Verwaltung der Truppen des NKWD zum Schutz des Hinterlandes der Roten Armee umstrukturiert, 1945 wurden die Absperrabteilungen ganz aufgelöst.[309]

Doch das alles hätte wenig geholfen, wenn Stalin nach dem deutschen Überfall nicht einen mächtigen Verbündeten gehabt hätte: den deutschen Diktator Adolf Hitler und die große Zahl seiner Gesinnungsgenossen und Mitläufer, die bereit waren, den Rassewahn ihres Führers in den besetzten Gebieten der Sowjetunion zu exekutieren. Hinzu kam die katastrophale Behandlung der russischen Kriegsgefangenen. Ihre Zahl ging in die Millionen; Hundertausende von ihnen kamen ums Leben.[310]

Zurück nach Moskau. Inzwischen standen die deutschen Truppen bei einbrechendem Winter in Reichweite. Für die sowjetische Hauptstadt, vielleicht sogar für das ganze Sowjetreich, ging's jetzt ums Ganze.

> Am 6. November 1941 erhielt ich eine Einladung zu einer Versammlung anlässlich des Jahrestages der Oktoberrevolution in der U-Bahn-Station Majakowskij, einem der größten U-Bahnhöfe der Stadt. Für gewöhnlich hatte diese Feier im Bolschoj-Theater stattgefunden, doch dieses Mal wurde sie aus Sicherheitsgründen auf dem Bahnsteig des U-Bahnhofs abgehalten. Wir fuhren mit dem Fahrstuhl hinunter. Auf einem Gleis stand ein Zug mit offenen Türen, in dem belegte Brötchen und nichtalkoholische Getränke serviert wurden. Am Bahnsteigende war ein Podium für das Politbüro aufgebaut. Mein Platz befand sich in der zweiten Reihe.
>
> Die Regierungsmitglieder kamen per U-Bahn an. Stalin stieg als erster aus, danach Berija und Malenkow. Michail Pronin, der Vorsitzende des Moskauer Sowjets, eröffnete die Veranstaltung. Dann sprach Genosse Stalin etwa dreißig Minuten lang und voller Zuversicht.[311] Ich war tief betroffen, denn in seinem Vertrauen und seiner Selbstsicherheit drückten sich zugleich unser Wille und unser Vermögen aus, den Deutschen zu widerstehen und den Sieg zu erringen.[312]

Soweit der Bericht von Pawel Sudoplatow. Der tüchtige NKWD-Mörder hatte Karriere gemacht, denn die „Große Säuberung“ hatte er selbst gut überstanden. Kurz nach Beginn des deutsch-sowjetischen Krieges, am 5. Juli 1941, wurde Sudoplatow zum Leiter der Verwaltung für Sonderaufgaben ernannt. Diese war die in den 1930er Jahren von der INO abgespaltene Geheimdienstabteilung, deren Aufgabe die nassen Sachen waren, wie man in diesen Kreisen sagt, also vor allem die Ermordung von Ab-

309 Hoffmann: Vernichtungskrieg, S. 120 ff.

310 Hoffmann: Vernichtungskrieg, S. 240 ff.; Lahousen: Eidesstattliche Erklärung vom 8. Januar 1948; Luck: Mit Rommel, S. 90 f.; Zentner: Lexikon, S. 259.

311 Text der Stalin-Rede bei: Zentner: Weltkrieg, S. 202 f.

312 Sudoplatow: Handlanger, S. 176.

weichlern und anderen Systemfeinden. Nunmehr, nach dem Beginn des Krieges, wurde dieses Aufgabengebiet enorm ausgedehnt. Die Angehörigen der gegen die Sowjetunion kriegführenden Staaten und vor allem deren Repräsentanten gehörten nunmehr zu den Zielpersonen der Abteilung für Sonderaufgaben, die im Verlauf des Krieges mehrfach umbenannt und umgegliedert wurde. (Sie ist nicht zu verwechseln mit den „Sonderabteilungen", die ausschließlich der Überwachung der Roten Armee dienten.)

Das operative Kernstück der Abteilung für Sonderaufgaben, zugleich ihre Kaderreserve, wurde die motorisierte Sonderbrigade OMSBON. Sie umfasste etwa 20 000 Männer und Frauen, mindestens 2 000 von ihnen waren Ausländer, ausgesuchte Kommunisten, die in der gesamten Sowjetunion eilends zusammengesucht wurden. Unter diesen selbstverständlich auch eine ganze Anzahl deutscher kommunistischer Funktionäre, wenn sie denn das Morden der „Großen Säuberung" überstanden hatten, bzw. deren Kinder, wenn sie denn schon im militärfähigen Alter waren. Die überwiegende Mehrzahl waren indessen sowjetische Geheimdienstkader. Einige wenige von ihnen waren soeben dem Tod von der Schippe gesprungen, da sich Sudoplatow bei Berija für ihre Wiedereinstellung eingesetzt hatte.[313]

Doch man lasse sich von Sudoplatow nicht täuschen: Für die Masse der während der „Großen Säuberung" geschassten Geheimdienstkader gab es kein Zurück. Wer erst einmal in die Mühlen geraten war, der blieb auch drin, wobei Berija nach dem Beginn des deutschen Angriffs noch einen Zahn zulegte und bei einer ganzen Reihe von ihnen nicht einmal die Farce eines Troika-Urteils abwarten wollte, sondern sogleich die Erschießung anordnete. Dieses Schicksal blühte vielen, die bereits zu langjähriger Lagerhaft verurteilt worden waren – so zum Beispiel dem ehemaligen stellvertretenden GPU-Chef Lew Belski; er wurde am 16. Oktober 1941 erschossen. Oder Filipp Goloschtschokin; der Tschekist durfte den traurigen Ruhm für sich in Anspruch nehmen, der Mörder des letzten Zaren zu sein; 1941 wurde er erschossen. Erwähnt sei auch Iwan Proskurow, 1939/40 der 12. Direktor der GRU; er wurde am 28. Oktober 1941 erschossen.[314]

Auch gegen ganze Personengruppen ging es erneut zu Felde. An der Spitze erneut die Deutschen, die fast automatisch unter Spionageverdacht gerieten, selbst wenn sie gestandene kommunistische Funktionäre[315], wie beispielsweise der altgediente KPD-Geheimdienstkader August Creutzburg, waren; er wurde am 11. September 1941 im Wald von Orlow erschossen.[316] Ein anderer war Karl Bargstädt. Er hatte eine satte Karriere

313 Dimitroff: Tagebücher, S. 397, 399, 403, 409 (Tgb. 2. Juli, 7. Juli, 16. Juli, 8. August 1941); Sudoplatow: Handlanger, S. 165 f.; Hoffmann: Moskau Berlin, S. 21 ff.; Sudoplatow: Handlanger, S. 166 f.

314 Roewer u. a.: Geheimdienste, S. 53, 173, 359.

315 Dimitroff: Tagebücher, S. 428 f. (Tgb. 16. September, 19. September 1941).

316 Weber u. a.: Kommunisten, S. 139.

als sowjetischer Saboteur in der Organisation von Ernst Wollweber hinter sich. Unter dem Falschnamen Karl Weinberg war er in Europa umhergereist, um Gelegenheiten für die Schiffssabotage auszubaldowern. Im April 1941 gelang ihm aus Skandinavien die Flucht in die Sowjetunion. Diese Flucht indes war keine gute Idee, denn gleich nach Beginn des deutsch-sowjetischen Krieges wurde der Mann verhaftet und musste die nächsten sechs Jahre hinter Stacheldraht verbringen.[317] Die Aufzählung ließe sich über hundert Seiten fortsetzen. Man kann dies alles angesichts der militärischen Lage, in der sich die Sowjetunion befand, nur mit Kopfschütteln zur Kenntnis nehmen.

Die motorisierte NKWD-Brigade OMSBON unter Oberst Michail Orlow kam, soweit man das erkennen kann, nie zum geschlossenen Einsatz.[318] Überhaupt ist ihr Auftrag nur verschwommen dargestellt worden. Es hat den Anschein, als sei sie zum unmittelbaren Schutz der Staatsspitze, sprich: Stalins, zusammengestellt worden. Motorisierte Streifen vom OMSBON patrouillierten durch die Straßen der Hauptstadt und bekämpften Spione und Diversanten oder was immer sie dafür halten mochten, indem sie die Aufgegriffenen standrechtlich erschossen.

Einer jener NKWD-Männer, der Deutsche Heinz Hoffmann, hat in seinen Memoiren berichtet, wie er Zeuge der Bekämpfung soeben abgesprungener deutscher Fallschirmagenten wurde.[319] Nichts ist unglaubwürdiger als das; zumindest schweigt sich das Diensttagebuch des deutschen Sabotagechefs, Oberst Erwin Lahousen, über diese Dinge aus.[320] Die offiziell bekannt gegebene Zahl von 200 unschädlich gemachten Agenten und Diversanten in diesen Wochen mag als Zahl stimmen.[321] Wer die Niedergemachten waren, bleibt offen.

Ein anderer Auftrag von OMSBON lautete, den in Moskau einrücken den deutschen Truppen durch subversive Einsätze zu schaden und die ganze Stadt, nach dem Vorbild Krieges gegen Napoleon, unbewohnbar zu machen. Nebenbei wurde eine starke Gruppe darauf vorbereitet, den in Moskau einziehenden deutschen Diktator zu ermorden. Diese Aufgabe übertrug Pawel Sudoplatow dem Komponisten Lew Knipper und seiner Frau Margareta. Hierzu kam es bekanntlich nicht, denn die deutschen Truppen blieben in Sichtweite der sowjetischen Hauptstadt liegen.[322]

Bleibt die Frage zu klären, ob die deutsche Niederlage vor Moskau dem Verrat geschuldet war. Und in der Tat ist das nach dem Krieg vielfach,

317 Weber u. a.: Kommunisten, S. 72.

318 Erler: Kommandounternehmen, S. 81 f.; Roewer u. a.: Geheimdienste, S. 329, 332; Waupschassow: Vierzig Jahre, S. 195 ff.

319 Hoffmann: Moskau Berlin, S. 14.

320 Lahousen: Diensttagebuch.

321 O. Verf.: Zweiter Weltkrieg, Bd. 4, S. 136.

322 Beevor: Akte Olga Tschechowa, S. 184–192; Carell: Barbarossa, S. 149 ff.; Liddell Hart: Weltkrieg, S. 215 f.; Knipper: Wospomiania, dnewniki, sametki, S. 84 ff.; Sudoplatow: Handlanger, S. 175.

wenn auch mit unterschiedlicher Betonung, behauptet worden.[323] Das ist ein weiteres Geheimdienstmärchen. Es kommt zur Sprache, wenn die hieran beteiligten Spionagegruppen im Einzelnen Revue passieren.

An dieser Stelle kann indessen bereits festgehalten werden, dass der Blick in die Gegenrichtung, also deutscherseits auf den Gegner im Osten, immer noch schwer getrübt war. Eine annähernd realistische Feindlagebeurteilung fehlte im November 1941 noch immer – das war der Moment, als die deutschen Strategen, an deren Spitze der Generalstabschef Franz Halder (und nicht etwa Hitler), den vermeintlich entscheidenden Stoß auf Moskau befahlen. Die im Bereich der Heeresgruppe Mitte mittlerweile in Erscheinung tretenden sibirischen Verbände wurden zwar von der deutschen Frontaufklärung erkannt und weitergemeldet. Doch im deutschen Hauptquartier waren solche Fakten nicht erwünscht. Halder setzte ihnen die Berufung auf das Soldatenglück entgegen.[324] Das war nicht Strategie, sondern Lotterie, und die deutsche Wehrmacht zog eine Niete. Sie erlitt eine Niederlage, die nicht nur ihren Nimbus als unbesiegbar zerstörte, sondern zugleich Verluste nach sich so zog, die nie wieder auszugleichen waren.

Durch die Hintertür. Spionagebasis Fernost

Der Mann, der durch die Weiten der sibirischen Landschaft gefahren wurde, hatte das große Los gezogen. Der Reisende hieß angeblich Ludwig Erhardt; wenige Jahre später wäre sein Deckname ein Unding gewesen. Es war Juni und man schrieb das Jahr 1941.[325] Das Äußere des Mannes schlicht und korrekt, das Outfit eines Handelsreisenden auf dem Weg von Europa nach Ostasien. In Wirklichkeit war das eine Verkleidung, denn der Reisende war Offizier, genauer gesagt ein Major des deutschen Militärgeheimdienstes: Lothar Eisenträger. Er wusste nicht, dass er auf des Messers Schneide fuhr.

Hätte man Eisenträger bei seiner Abreise darüber unterrichtet, dass er bei seiner Fahrt durch die Sowjetunion vielleicht vom deutschen Angriffstermin eingeholt werden könnte, bevor er das Land hinter sich gelassen hatte, so wäre er weniger gelassen im Transsibirienexpress auf- und abgegangen und er hätte nicht in sich hineingeschmunzelt, weil es ihm gelungen war, der immer eisenhaltiger werdenden Luft Europas zu entkommen. Es war in der Tat ein wunderschöner, ein abenteuerlicher Druckposten, der seiner harrte: Einkaufsbevollmächtigter für Rohgummi und seltene Erze des Oberkommandos der Wehrmacht in China mit Sitz in Shanghai. Doch diese Rechnung ging nur dann auf, wenn er vor dem Beginn des deutschen

323 Carell: Barbarossa, S. 154; Mader: Sorge, S. 279 f.; Schellenberg: Aufzeichnungen, S. 185; Sudoplatow: Handlanger, S. 177 ff.: Zentner: Weltkrieg, S. 205 f.

324 MGFA: Das Deutsche Reich und der Zweite Weltkrieg, Bd. 4, S. 584–594.

325 Reile: Ostfront, S. 422; Mader: Spionagegenerale, S. 354.

Angriffs auf die Sowjetunion sein Ziel erreichte. Sonst lautete die Alternative: Festnahme und Genickschuss oder wenigstens anderthalb Jahrzehnte Gulag.

Von alledem ahnte Eisenträger nichts. Man hat versucht, seine rücksichtslose Reiseorder so zu erklären, dass es dem Abwehrchef Wilhelm Canaris unbekannt gewesen sei, wann der Barbarossatag da sein würde; er habe einfach nicht an den Überfall auf die Sowjetunion glauben wollen.[326] Doch das ist Abwehrlatein, auf das viele nach dem Krieg hereingefallen sind, denn Canaris wusste sehr genau, was gespielt wurde. Seine Behörde bereitete, als Eisenträger losfuhr, seit Wochen die Frontaufklärungs- und die Sabotagekommandos sowie Desinformationsmaßnahmen vor, die den Angriff auf die Sowjetunion unterstützen sollten. Die Folgerung lautet, dass es Canaris entweder gleichgültig war, ob er Eisenträger in die Höhle des Löwen schickte, oder dass er es bewusst tat, um den Russen auch auf diese Weise zu signalisieren: Ein deutscher Angriff steht zur Zeit nicht ins Haus. Mit der menschlichen Fürsorge im Hause Canaris stand es nicht zum Besten. Die Zahl der Opfer war dementsprechend hoch.

Im Falle von Eisenträger ging die Zitterpartie glatt auf. Er erreichte noch vor dem Beginn des deutsch-sowjetischen Krieges sein Einsatzland. Hier in Shanghai löste er angeblich den Gründer der KO Ferner Osten, den Luftwaffenhauptmann Werner Schulz, ab. Glaubt man Eisenträgers eigener Darstellung[327], begann erst jetzt die eigentliche Zeit der fernöstlichen Residentur. Doch das ist gleich doppelt unzutreffend: Zum einen war Eisenträger nicht der Residenturleiter, sondern er wurde das erst anderthalb Jahre später, und zum anderen war es keineswegs so, als hätte sich die Abwehrniederlassung mit weltfremdem Zeugs befasst. Richtig ist vielmehr, dass Eisenträger seine Zeit in Shanghai zunächst vor allem dazu nutzte, eine Intrige gegen den Amtsinhaber zu schmieden. Hierzu ging er eine Koalition mit den örtlichen Vertretern des Auswärtigen Amtes und dem Sicherheitsdienst des Reichsführers SS ein. Sie brauchten bis zum November 1942, dann wurde der Abwehrchef in Shanghai in die Wüste geschickt.

Um das Abenteuerliche zu beleuchten, muss man sich zunächst klar machen, dass hier eine beträchtliche Zahl von Bediensteten des Reichs ihre Zeit mit Intrigen anstatt mit Spionageaktivitäten zubrachte – und das mitten im Krieg. Hinzu kommt, dass die Fronde nur deshalb zustande kam, weil die Abwehr mit der Vielzahl ihrer Meldungen die Funkstationen des Auswärtigen Amtes zuschüttete, wobei es die Diplomaten besonders ärgerte, dass sie nicht einmal lesen konnten, was da über den eigenen Sender hinausging und somit über ihre Köpfe hinweg nach Berlin berichtet wurde.

Der Mann der hierfür die Verantwortung trug und letztlich daran auch scheiterte, war ein Exot, den es vorzustellen lohnt. Sein Klarname war

326 Reile: Ostfront, S. 359.
327 Reile: Ostfront, S. 469.

vermutlich Louis Theodor Siefken, 1893 in Hamburg geboren.[328] Im Ersten Weltkrieg diente er als Aufklärungsflieger, danach als Pilot bei den Junkerswerken in Dessau. Doch spätestens ab 1923 macht es Mühe, Siefkens Lebensweg weiter nachzuzeichnen. Jedenfalls ist das, was er in US-Gefangenschaft nach 1945 seinen Vernehmern erzählte, mit Vorsicht zu genießen. Klar ist lediglich, dass er von 1924 bis zum Beginn des Zweiten Weltkrieges als Schiffsagent und -teilhaber auf den Kanarischen Inseln und im Mittelmeer tätig war; der Verdacht liegt nahe, dass er zudem einen Auftrag der deutschen Militärspionage in seinem Seesack hatte. 1940 scheint er in Moskau gewesen zu sein. Im Juni 1940 wurde er ins Amt Ausland/Abwehr einbestellt, um im August 1940 die soeben installierte KO China der Abwehr als deren Leiter zu übernehmen. Seine Tarnung war die eines Schiffssachverständigen beim deutschen Generalkonsulat in Shanghai.

Die Abwehrniederlassung in Fernost hatte den vage klingenden Auftrag, den britischen Handelsverkehr im Stillen Ozean zu stören.[329] Doch alsbald kam die Spionage gegen die Sowjetunion hinzu. Wann wer wie auf diese Idee kam, lässt sich nicht rekonstruieren. Klar ist nur, dass es so war; auf die wichtigsten einschlägig tätigen Agenten wird noch zurückzukommen sein. Dass die KO China daneben eine muntere Chinaspionage und eine erfolgreiche Funkaufklärung gegen die USA betrieb, sei hier nur zur Abrundung des Bildes ergänzt. Die Einzelheiten können an dem hier nicht abgedruckten Organigramm der Residentur abgelesen werden.

Aus dem komplizierten Informationsgeflecht, das schon aus der Personenvielfalt dieser Residentur ablesbar ist, werden im Folgenden nur zwei Personen näher beleuchtet, die in der Sowjetunionspionage aktiv waren, nämlich Ivar Lissner und Wolf Schenke; neben diesen soll das Interesse noch einem anderen Agenten gelten, der mit alledem scheinbar nichts zu tun hatte: Richard Sorge.

Es hat den Anschein, als sei es Eisenträger gelungen, in Shanghai einen sowjetischen diplomatischen Kurier zu überwerben, dessen Post die deutschen Abwehrleute künftig mitlasen. Im Übrigen aber konzentrierte sich Eisenträger auf den Aufbau eines eigenständigen Funküberwachungsnetzes. Es war vor allem gegen die USA gerichtet. Über gravierende Erkenntnisse dieser Art aus der Sowjetunion ist hingegen nichts bekannt geworden, vermutlich gab es solche nicht.[330]

Zechbruder in der deutschen Botschaft: Richard Sorge

Er war der Mann, für den es keine Geheimnisse gab. Er war der Meisterspion schlechthin, der Spion des Jahrhunderts, der Mann, der den Zweiten Weltkrieg entschied. So kann man es lesen. Briefmarken, Filme, Denkmale

328 Zu Siefken: Freyeisen: Shanghai, S. 367 ff.; Müller: Amt Ausland/Abwehr, S. 512.
329 Reile: Ostfront, S. 345.
330 Reile: Ostfront, S. 425 ff.

künden davon, auch Büsten in den zugigen Fluren freudloser Plattenbauschulen des realen Sozialismus oder was auch immer. Kaum ein Agent des 20. Jahrhunderts ist so häufig und so zu Unrecht posthum belobigt worden wie Richard Sorge.[331]

Der im Ersten Weltkrieg zum Krüppel geschossene Kriegsfreiwillige wurde Pazifist und Bolschewist – eine kuriose Kombination. Doch wer sieht schon in einen Menschen hinein? Denn zunächst mal wurde der stark hinkende Mann Journalist und, deutlich sichtbar, Alkoholiker. Weniger sichtbar war seine Agentenkarriere. Zuerst bei der Komintern. Als der Stern des allmächtigen Komintern-Chefs Grigori Sinowjews im Sinken begriffen war, wechselte er zur GRU. Sorges Einsatzgebiet war China, im September 1933 übersiedelte er nach Tokio. Das war ein wichtiger Posten, denn in den unruhigen 1930er Jahren gerieten Japan und die Sowjetunion mehrfach kriegerisch aneinander.[332]

Während der „Großen Säuberung" ereilte Sorge in Tokio der Rückruf nach Moskau. Doch Sorge fuhr nicht. Er fuhr selbst dann noch nicht, als der Rückruf unüberhörbar übermittelt war und dem Agenten mit Konsequenzen gegenüber seiner in Moskau verbliebenen Ehefrau gedroht wurde.[333] Sorge blieb stur. Er konnte sich das leisten. Nicht, weil er der unverzichtbare Meisteragent war, sondern weil er längst mit anderen Frauen zusammenlebte, und weil er etwas besaß, was andere Sowjetagenten nicht zu bieten hatten: die wirtschaftliche Unabhängigkeit von Moskau. Denn neben seinen Einnahmen als Korrespondent der „Frankfurter Zeitung" und anderer durchaus renommierter Blätter, wie der „Zeitschrift für Geopolitik", hatte sich Sorge eine sehr spezielle Einnahmequelle erschlossen.[334] Er war Angestellter der deutschen Botschaft in Tokio, als deren Pressereferent er tätig war.[335] Der Weg an den Schreibtisch in der deutschen Botschaft hatte durch das Schlafzimmer des deutschen Botschafters Eugen Ott geführt.[336] Ott war von Hause aus kein Diplomat, sondern Offizier, der 1938 vom Militärattaché zum Botschafter aufgestiegen war.[337] Er verdankte den Aufstieg in nicht geringem Maße seiner in Berlin als brillant empfundenen Berichterstattung, deren Ghostwriter in Wirklichkeit Richard Sorge war. Der hatte ein doppeltes Motiv für seinen Analysefleiß: das eine hieß Einflussnahme, das andere Helma. Sie war die Frau von Eugen Ott. Helma

331 Korolkow: Mann, passim; Mader: Sorge, S. 421; Piekalkiewicz: Weltgeschichte, S. 373.

332 Deakin u. a.: Sorge, S. 114 ff.; Whymant: Sorge, S. 44 f., 71.

333 Whymant, S. 144, 147.

334 Sorge: Japanische Wehrmacht, S. 479 ff.; ders: Hongkong, S. 638 ff.; ders: Japanische Wirtschaft, S. 104 ff.; ders: Japanische Expansion, S. 617 ff; Dallin: Sowjetspionage, S. 111; Whymant: Sorge, S. 145.

335 Whymant: Sorge, S. 214.

336 Whymant: Sorge, S. 96 f.

337 Whymant: Sorge, S. 149.

öffnete Richard die Türen, und er revanchierte sich, indem er die Eheleute nach bestem Vermögen bediente, jeden auf seine Weise.[338]

Richtig, nebenbei war Sorge auch weiterhin Sowjetagent, obwohl er aller Wahrscheinlichkeit nach wegen Ungehorsams wenigstens zeitweise abgeschaltet oder, wie man unter Kommunisten sagte, abgehängt worden war. Doch Sorge tat weiterhin so, als sei nichts geschehen. Seinem Führungsoffizier Karl Rimm bekam das schlecht. Er wurde erschossen. Sorges Frau Katja endete als vermeintliche deutsche Agentin im Gulag.[339] Auch seine Instrukteurin Edith Hansson verschwand für Jahre im Lager.[340] Als sie entlassen wurde, entkam sie in den Westen, wo sie unter ihrem Klarnamen Aino Kuusinen ihre Memoiren herausgab. Da war Richard Sorge längst tot – hingerichtet durch einen japanischen Scharfrichter. Die Jahre bis dahin sind die entscheidenden im Agentenleben des Richard Sorge. Er tat, wie gesagt, als ob die dringlichen Rückrufe aus Moskau nicht für ihn bestimmt seien. Unverfroren ließ er seinen Agentenfunker Max Clausen weiter nach Moskau senden[341], und unverfroren gab er bei der sowjetischen Vertretung in Tokio heimlich sein Material ab. Ob es weiterbefördert wurde, ist umstritten; es ist nicht einmal klar, ob sich in der Sowjetvertretung jemand bereit fand, die Sorge'schen Fundstücke entgegenzunehmen, denn der Sorge dieser Jahre war in den Augen der Sowjetfunktionäre mit Sicherheit eines: er war ein Abtrünniger oder, in den Worten sowjetischer Geheimdienstler, ein Rückkehrverweigerer.[342] Der Umgang mit ihm war folglich lebensgefährlich.

Man hüte sich, die Heldenepen über Sorge für bare Münze zu nehmen, die ab 1963 gedichtet wurden. Da war der tote Sorge ein bequemes Beweisstück, um den ebenfalls toten Diktator Josef Stalin öffentlich als beratungsresistent darzustellen. So wurde Sorge posthum zum Helden der Sowjetunion promoviert, und fast jedermann, der auf sich hielt, hatte ihn zum Freund gehabt.[343]

Sorge berichtete in seiner Tokioter Zeit über die japanischen Aggressionen an der chinesisch-russischen Grenze. Das waren die Jahre 1938 und 1939.[344] Nach dem Vorfall am Galchin-Gol im Sommer 1939 verloren die Japaner nachdrücklich ihr Interesse, es mit der Sowjetunion auf ein Kräftemessen ankommen zu lassen.[345] Es ist denkbar, dass die Berichterstattung von Sorge Einfluss auf den sowjetischen Sieg hatte.[346]

---

338 Fleischhauer: Sonderfrieden, S. 298 f.
339 Whymant: Sorge, S. 418.
340 Kuusinen: Gott, S. 175 ff.; Whymant: Sorge, S. 124 f.
341 Whymant: Sorge, S. 112, 132 f., 211.
342 Suworow: Eisbrecher, S. 308.
343 Z. B. Eisler: Sorge; Krahl: Schatten.
344 Dost u. a.: Sowjetstreitkräfte, S. 65–67; Post: Barbarossa, S. 61 ff.
345 Whymant: Sorge, S. 158 f.
346 Deakin u. a.: Sorge, S. 219 ff.; Whymant: Sorge, S. 153.

Doch die Fama will, dass Sorges große Stunde erst mit dem Unternehmen Barbarossa kam. Er habe, wenn auch vergeblich, auf den deutschen Angriffsplan hingewiesen und er habe, das sei seine kriegsentscheidende Tat, der sowjetischen Führung im Spätherbst 1941 klarmachen können, dass ein japanischer Angriff von Osten her nicht zu erwarten sei, so dass die sibirischen Verbände in der Winterschlacht vor Moskau siegreich hätten eingreifen können.[347] Beide Großtaten Sorges halten einer Überprüfung nicht stand.

Hinsichtlich der Barbarossa-Meldungen gab es andere und bessere; noch am 11. April 1941 meldete Sorge, dass es erst nach dem Abschluss des Krieges in Europa zum deutschen Angriff auf die Sowjetunion kommen werde. Das war eine gefährliche Falschinformation, und sie wurde geglaubt, weil sie ins Konzept des sowjetischen Diktators passte. Mitte Mai korrigierte Sorge sich und seine Meldungen; die deutsche Wehrmacht greife an, und zwar am 20. Juni 1941. Doch auch das war falsch; der prognostizierte Tag verging ohne deutschen Angriff. Sorges Meldung glossierte der sowjetische Diktator mit dem Satz: Es handele sich hier um die Information eines

> verlogenen Arschlochs, das in Japan ein paar kleine Fabriken und Puffs betreibt und es sich gut gehen lässt.[348]

Das ist eine interessante Glosse, nicht nur, weil sie Stalins Gepflogenheiten, Geheimdienstberichte zu benoten, wiedergibt, sondern sie zeigt auch an, dass der sowjetische Diktator es sich sehr wohl gemerkt hatte, dass der Agent Sorge nicht über den Druck auf seine in Moskau zurückgelassene Ehefrau zu erpressen und wirtschaftlich selbstständig war, so dass ihn das Ausbleiben von Subsidien aus der Geheimdienstkasse notfalls kaltließ. Natürlich hat die Nachwelt geforscht, wo Sorge schließlich den deutschen Angriffstermin herhatte. Auf jeden Fall von einem Deutschen. Der Blick fällt auf Botschafter Ott. Doch der hat zu Lebzeiten abgewiegelt. Oberstleutnant Scholl sei es gewesen, der auf der Durchreise nach Bangkok seinen alten Freund Sorge bei einem Trinkgelage eingeweiht habe.[349] Das kann man glauben oder es eben bleiben lassen.

Nun zu den sibirischen Reserven: Zwar gibt es einige einschlägige Sorge-Meldungen, doch die hatten den Pferdefuß, dass Sorge durch seine Einbindung in die deutsche Botschaft brühwarm mitbekam, welche Anstrengungen der deutsche Botschafter Ott unternahm, Japan in den Krieg hineinzuziehen; vor allem hierüber berichtete der Agent Sorge.[350] Das Nichteingreifen Japans zugunsten des Deutschen Reichs an der sowjeti

347 Piekalkiewicz: Weltgeschichte, S. 386 ff.

348 Andrew u. a.: Schwarzbuch, S. 138 f.; Roewer u. a.: Geheimdienste, S. 143.

349 Interview Bernd Martin mit Eugen Ott am 11. Juni 1966, vgl. Martin: Deutschland und Japan, S. 97.

350 Mader: Sorge, S. 507; Whymant: Sorge, S. 292 ff.

schen Sibirienflanke wussten die Sowjets dagegen aus zwei anderen Quellen: aus der Funküberwachung[351] und aus der Zeitung. Um das zu verstehen, muss man einen kurzen Blick auf Japan werfen. Hier fochten in den frühen 1940er Jahren drei rivalisierende Gruppen um Macht und Einfluss. Die Gruppe, die auf eine Konsolidierung des jetzigen Einflussbereichs aus war, sodann jene, die es auf einen Kampf mit der Sowjetunion ankommen lassen wollte, und schließlich als drittes diejenige, die die pazifische Karte spielen wollte, also die Auseinandersetzung Japans mit Großbritannien und den USA herbeiführen wollte.[352] Am 16. Juli 1941, also einen knappen Monat nach dem deutschen Angriff auf die Sowjetunion, trat der japanische Außenminister Matsuoka zurück. Er galt als Repräsentant der deutschen Linie. Sie wurde also immer unwahrscheinlicher, aber damit war die Situation keinesfalls klar, denn die entscheidende Kaiserliche Konferenz, das oberste Beschlussorgan Japans, fand erst am 6. September 1941 statt.

Bis zu diesem Zeitpunkt konnte kein Agent der Welt Exaktes über die japanischen Kriegsabsichten berichten – auch Sorge nicht. Er litt zudem unter seinen Quellen, von denen seine beiden wichtigsten garantiert das Gleiche (und das Falsche) sagten. Quelle Nummer eins war der deutsche Botschafter Eugen Ott, der durch das deutsche Auswärtige Amt darüber informiert worden war, dass Ministerpräsident Konoe und sein Anhang allen Absprachen mit dem Deutschen Reich zum Trotz Geheimverhandlungen mit den USA führten. Diese Tatsache war der Führung des Reiches aus Agentenmeldungen als sicher berichtet worden, und diese Verhandlungen sahen nicht nach einem Krieg im Pazifik aus. In derselben Weise berichtete mit Sicherheit der zweite wichtige Agent von Sorge. Das war der Japaner Ozaki Hotsumi, der persönliche Referent des japanischen Ministerpräsidenten Fürst Fuminaro Konoe.[353] Somit war doppelt genäht, dass ein Krieg gegen die USA unwahrscheinlich sei.

Für die Sowjets waren die Sorge'schen Erkenntnisse irreführend.[354] Noch am 2. Oktober 1941 ging die sowjetische Führung von der Möglichkeit eines japanischen Flankenangriffs aus und diskutierte die in diesem Fall zu ergreifenden propagandistischen Maßnahmen.[355] Als sich Sorge dann endlich zur Meldung eines Nichtangriffs durchrang, erhielt seine Führungsstelle die Nachricht nicht vollständig, weil der ellenlange Funkspruch von Funker Max Clausen aus Furcht vor Entdeckung verstümmelt worden war.[356] Ebenso wie die sowjetische Seite später den Sowjetagenten Sorge hochleben ließ, nutzte auf deutscher Seite die Nachkriegsapologe-

351 Whymant: Sorge, S. 129, 333.
352 Vgl. z. B. Moltke: Briefe an Freya, S. 271 f.
353 Mader: Sorge, S. 521, 526; Whymant: Sorge, S. 91 ff., 135 ff., 220.
354 Whymant: Sorge, S, 310 f.
355 Dimitroff: Tagebücher, S. 428, 435 (Tgb. 15. September, 2. Oktober 1941).
356 Whymant: Sorge, S. 324, 326.

tenliteratur den Sowjetspion Sorge, um ihm die deutsche Niederlage vor Moskau 1941 anzuhängen.[357]

Auch das hält keiner Prüfung stand, denn im Oktober 1941 war die Agentenkarriere des GRU-Agenten Richard Sorge beendet.[358] Er war in eine japanische Überwachungsmaßnahme gelaufen, die der verbotenen japanischen KP galt. Eine Wohnungsdurchsuchung ergab belastendes Material in Hülle und Fülle. Dennoch brauchten die Japaner Jahr und Tag, um Sorge abzuurteilen und hinzurichten. Sie mochten sich vorstellen, dass die Sowjets dieses wichtige Faustpfand zurückhaben wollten. Doch dem war nicht so. Auf sowjetischer Seite krähte kein Hahn nach Sorge.[359] Deswegen ist später die Mär gestrickt worden, dass dies die Rache Stalins für die missachteten Barbarossa-Meldungen gewesen sei. Das ist mit Sicherheit falsch. Man ließ Sorge vielmehr hängen, weil er sich selbst der sozialistischen Disziplin entzogen hatte – das war unverzeihlich.[360] Am 27. Jahrestag der Oktoberrevolution, dem 7. November 1944, wurde Richard Sorge in Tokio hingerichtet.

Der Fall Sorge blieb nicht ohne Konsequenzen. Doch die sahen ganz anders aus, als dies später immer wieder gern dargestellt wurde. Der Sowjetagent in der deutschen Botschaft war in Wahrheit in erster Linie ein Problem für die deutsch-japanischen Beziehungen. Vor allem Sorges Unteragent Ozaki Hotsumi, der persönliche Referent des japanischen Ministerpräsidenten Konoe, sorgte bei den Japanern für böses Blut. Denn sie nahmen an, dass Sorge in seiner deutsch-sowjetischen Doppelfunktion Spionage gegen sie selbst betrieben hätte, was auch zutraf – doppelt zutraf, denn Sorge berichtete nicht nur an die Sowjets, sondern auch an die Deutschen. Nicht nur der deutsche Botschafter, sondern auch der SD-Ausland in Berlin war sein dankbarer Abnehmer.[361] Das war besonders heikel, denn schließlich war Japan mit dem Deutschen Reich durch eine Vielzahl von Verträgen verbündet, und nun sah es sich auf höchster diplomatischer Ebene durch einen Agenten bespitzelt. Der japanische Verdacht wog umso schwerer, als die deutsche Seite sogleich nach Sorges Festnahme daranging, die Sache herunterzuspielen.

Gewiss, der deutsche Botschafter Eugen Ott hatte ein arg eigennütziges Motiv, die Causa Sorge zu bagatellisieren, denn Sorge hatte Ott im wahrsten Sinne des Wortes bis aufs Hemd bloßgestellt. Ähnliches, wenn auch in abgeschwächter Form, galt für den Polizeiattaché an der deutschen Botschaft, den Kriminaldirektor und SS-Standartenführer Josef Meisinger. Dieser, einer der übelsten Halunken, den das Reichssicherheitshauptamt

357 Below: Adjutant, S. 300; Carell: Barbarossa, S. 125, 154, 276; Reile: Ostfront, S. 374 ff.

358 Whymant: Sorge, S. 381 ff.

359 Whymant: Sorge, S. 433 ff.

360 Suworow: Eisbrecher, S. 309 ff.

361 Schellenberg: Aufzeichnungen, S. 248.

zu bieten hatte, war nach wüsten Ausschreitungen in Polen im April 1941 ins ferne Japan abgeschoben worden.[362] Hier vertrieb er sich die Zeit mit Sauforgien, an denen auch sein Busenfreund Richard Sorge teilnahm. Das war die Motivlage, die es Ott und Meisinger nahelegte, über ein Jahr lang gegenüber Berlin abzuwiegeln und zu bagatellisieren. Vermutlich hätten sie damit Erfolg gehabt, wenn nicht eine Quelle des Amtes Ausland/Abwehr über den Fall Sorge und seine Auswirkungen sachgerecht nach Berlin berichtet hätte.[363] Das war Ivar Lissner.

Ende November 1942 verlor Ott seine Botschafterstelle. Das war höchste Zeit, denn gegenüber den japanischen Gastgebern hatte er längst sein Gesicht verloren.[364] Meisinger konnte noch eine Weile lang weiterzechen. Nach dem Krieg wurde er an Polen ausgeliefert. Dort richtete man den Massenmörder im Jahre 1947 hin.[365]

Jüdischer Ehrenarier aus Riga: Ivar Lissner

Die Topquelle in Fernost schrieben die einen, andere, die es genauer wissen müssten, haben ihn nicht mit einem einzigen Wort gewürdigt, den V-Mann der Gruppe I Luft Ost des Amtes Ausland/Abwehr mit dem Decknamen Ivar, Klarname: Ivar Lissner[366] Der Mann war ein Baltendeutscher, 1909 in Lievenhof bei Riga als Sohn des Kaufmanns Robert Lissner zur Welt gekommen.

Ivar lernte Russisch wie eine zweite Muttersprache. Das war in dieser Gegend der Welt üblich. Nach Ausbruch des Ersten Weltkrieges wurden die deutschstämmigen Lissners wie Hunderte andere auch aus Riga nach Südosten ins Wolgagebiet zwangsdeportiert. Nach dem Sturz des Zarenregimes trat eine kurze Überwachungspause ein, die von den Lissners zur Rückkehr ins Baltikum genutzt wurde. Kurze Zeit später erschienen deutsche Truppen in Riga. Doch die Zeit der Entspannung betrug nur wenige Monate. Mit dem Ende der deutschen Besatzungszeit begann der dreiseitige Bürgerkrieg zwischen der lettischen Mehrheitsbevölkerung, russischen Roten Garden und dem deutschen Freikorps.

Wohlhabende Deutsche, beiden anderen Parteien per se ein Greuel, lebten mit einem erheblichen Risiko in dieser Hochzeit des Mobs. Lissners verließen das Land und siedelten sich in Berlin an. Offensichtlich besaßen sie transferierbare Vermögenswerte, denn der Vater stieg sogleich in gro-

---

362 Schellenberg: Aufzeichnungen, S. 183.

363 Ivar-Bericht Nr. 92, Fernschreiben der Gesandtschaft Hsingking an AA vom 10. April 1942, in: AA PA Pol I M Bd. 36 Bl. 270407.

364 Whymant: Sorge, S. 422; anders Martin: Japan, S. 122 ff., der die Sichtweise von Ott übernimmt, die Abberufung habe mit dem Sorge-Skandal nichts zu tun gehabt.

365 Mader: Sorge, S. 524.

366 Lissner: Menschen und Mächte am Pazifik; ders.: Japanischer Bilderbogen; ders.: Vergessen, aber nicht vergeben; ders.: Mein gefährlicher Weg; Meyer: U 7, S. 141–152, 494–497; Müller u. a.: Amt Ausland/Abwehr, S. 269–348, 389; Höhne: Lissner, S. 223 ff.

ßem Stil und erfolgreich zudem ins Grundstücksgeschäft ein. Sohn Ivar besuchte ein Berliner Gymnasium, machte sein Abitur, studierte Jura und wurde zum Doktor juris promiviert. Doch dann brach er aus der wohlgeordneten Laufbahn aus. Er wollte Schriftsteller werden. Das gelang ihm wider Erwarten auf Anhieb, denn er hatte es verstanden, Neigung und Können ideal zu verbinden und für die notwendigen Spesen einen Finanzier zu finden. Lissner wurde Reiseschriftsteller, sein Verlag war damals die gediegene Hanseatische Verlagsanstalt in Hamburg. Seine Bücher wurden Bestseller. Doch damit nicht genug; Lissner verfasste eine ganze Reihe von Zeitungsartikeln, bevorzugt über den pazifischen Raum. Seine Abnehmer saßen in der NSDAP und waren die Redaktionen von „Der Angriff" und „Völkischer Beobachter". Das war kein Wunder, denn Lissner war seit Frühjahr 1933 Mitglied der NS-Partei, und auch die SS hatte sich nicht geziert, den einen Meter siebenundachtzig messenden blonden Recken in ihre Reihen aufzunehmen.

1937 kam der jähe Bruch. Eine freundliche Ex-Nachbarin aus dem Baltikum fand, dass es an der Zeit sei, den frechen Lissners das Handwerk zu legen, denn, wie sie den aufhorchenden NS-Bürokaten zuzuwispern verstand, Lissner war lediglich ein angenommener Familienname. Die Familie habe bis zur Heirat Robert Lissners Anfang des Jahrhunderts Hirschfeld geheißen. Die Denunziation hatte Folgen. Vater Lissner erhielt ein Berufsverbot. Sohn Ivar drohte der Rauswurf aus der Reichsschrifttumskammer, was für einen Schriftsteller einem Berufsverbot gleichkam. Er wurde aus der SS entfernt und mit einem Parteiausschlussverfahren überzogen, denn Juden oder Halbjuden, wie man in der NS-Diktion zu sagen für richtig hielt, konnte man in der NS-Bewegung nicht brauchen.

Doch zum Glück der Lissners mahlten die Mühlen der Gestapo zu dieser Zeit noch nicht so störungsfrei wie wenige Jahre später, denn der Geheimpolizei war es nicht ohne Weiteres möglich, aus Lettland die benötigten Beweise für Namens- und Religionswechsel zu beschaffen. Die lettischen Behörden hatten mit den Juden nicht viel im Sinn, noch weniger allerdings mit Amtshilfeersuchen aus Deutschland, zumal eine Minderheit unter den Deutschbalten offen Partei für die aggressive NS-Bewegung ergriff. So konnte Lissner erst einmal davonkommen – bis September 1939.

Lissner hat später angemerkt, für ihn sei eine Welt zusammengebrochen. Aus dem Postillion der NS-Spruchweisheiten war über Nacht ein Verfemter geworden. Ob es wirklich so stimmt, dass ihm die ganze Mimikri unbekannt war, veranstaltet von seinem klugen Vater in einer Zeit und an einem Ort, wo zu leben es für Juden mehr als nur schwierig war, mag dahinstehen. Jedenfalls wurde es für Lissner höchste Eisenbahn, sich nach einem starken Partner umzusehen; das war für ihn wie für viele andere Geschädigte des NS-Rassenwahns die deutsche Wehrmacht. Lissner wurde 1940 V-Mann beim Amt Ausland/Abwehr und reiste erneut nach Fernost ab. Sein Andocken beim militärischen Geheimdienst war nicht der

Beginn einer Liebesbeziehung. Doch für beide Seiten schien es eine Angelegenheit der Vernunft zu sein. Das Amt Ausland/Abwehr als Partner bot zumindest im Vorkriegsdeutschland und bis in die ersten Kriegsjahre hinein einen ziemlich sicheren Hort gegenüber Nachstellungen durch die Instanzen der Judenverfolgung. Und auch aus der Sicht des Amtes eröffnete die Zusammenarbeit mit Lissner mehr als nur die Möglichkeit, einen Weitgereisten abschöpfen zu können. Lissner war durch seine eigenwilligen monatelangen Ein-Mann-Expeditionen auf den Kriegsschauplätzen in China herumgekommen. Bei den höheren Offizieren der japanischen Armeen in der Mandschurei galt er als *persona gratissima*. Sein Dolmetschereinsatz für den japanischen Militärgeheimdienst im Falle des sowjetischen Überläufer-Generals Genrich Ljutschkow hatte ihn überdies bei dieser für das Reich so wichtigen Informationsquelle zu einem Wissensträger ersten Ranges gemacht.[367]

Die Formalien der Verpflichtung Lissners für das Amt erledigte ein ehemaliger Schulfreund, nämlich der Luftwaffenhauptmann Werner Schulz.[368] Der Auftrag an Lissner, Informationen über die sowjetische Luftwaffe zu beschaffen, zeugte nicht eben von nachrichtendienstlichem Einfühlungsvermögen in das, was man die Zugangslage des Agenten nennt. Er ist daher aus dem klassischen Ressortdenken im deutschen Militärgeheimdienst nachzuvollziehen, in dessen Spionageabteilung (Abwehr I) die Agentenführung sorgsam in Heer, Luftwaffe und Marine unterteilt war, so dass Lissner den Luftwaffenauftrag bekam, eben weil sein Führungsoffizier Schulze Luftwaffenhauptmann war.

Noch ein weiteres Kuriosum der deutschen Militärgeheimdienstler lässt sich am Fall Lissner erläutern. Die Führung von strategischen Agenten der Preisklasse eines Ivar Lissner erfolgte von Berlin aus. Hier ergingen die Aufträge, nach hierhin war sodann zu melden. V-Mann-Führer und KO-Leiter waren also nicht identisch, sondern der KO-Leiter mit seinem Apparat bildete so etwas wie das Informationsscharnier zwischen dem Agenten und der Führung. Ein Verfahren, was nur dadurch zu erklären ist, dass dem deutschen Militärgeheimdienst, wie schon zu Kaisers Zeiten, schlicht die Auswertungsinstanzen fehlten. So nahmen denn die zentralen Führungsmitarbeiter der Abteilung für Agentenführung in erster Linie solche Arbeitsschritte vor, ohne die ein Agent von einiger Bedeutung nicht sinnvoll gesteuert werden konnte.

Doch ein solches Verfahren ist heikel, denn die Führung von Agenten ist in erster Linie ein persönliches Geschäft, das zwischen dem V-Mann und dem Führungsoffizier abgewickelt wird. Der Führungsoffizier muss die Verhältnisse vor Ort kennen, am besten sich sogar dort aufhalten. Er

367 Conquest: Terror, S. 488; Hedeler: Terror, S. 351; Höhne: Lissner, S. 221 ff., 235 ff., 343; Lissner: Intrigenkämpfe im Kreml, S. 2; Medwedew: Urteil, Bd. 2, S. 146; Rayfield: Stalin, S. 369; Roewer u. a.: Geheimdienste, S. 272.

368 Höhne: Lissner, S. 238.

bekommt sonst nicht mit, was der Agent den Tag über treibt und ob er, wie das häufig vorkommt, auch mit dem Objekt der Informationsbegierden anbändelt. Das sollte auch im Fall des V-Manns Ivar letztlich die Nagelprobe werden. Die Leute, die beurteilen mussten, ob Ivar tatsächlich auf zwei Schultern trug, stotterten im entscheidenden Augenblick herum, weil sie nicht genau wussten, was vor Ort gespielt wurde.[369]

Dabei ließ sich alles wider Erwarten gut an. Lissner schaffte Informationen herbei, die er bei seinen japanischen Freunden abgriff: Zustand und Dislozierung der Roten Armee in Fernost. Im Amt war man zunächst erstaunt und dann begeistert. Aus diesem hinteren Teil der Welt wusste man sonst praktisch gar nichts. Lissner ahnte wohl, was er wert war. Also stellte er Forderungen: Reinwaschung vom Makel eines Juden – genehmigt. Hitler selbst bestätigte den Ehrenarier-Status. Nur er durfte das.[370] Freilassung des Vaters und Ausreiserecht für die Eltern – genehmigt. Robert Lissner verließ mit seinem Vermögen das Reich, reiste mit der Transsib quer durch die Sowjetunion und ließ sich in Shanghai nieder, erneut erfolgreich im Grundstücksgeschäft.

Sohn Ivar werkte mittlerweile von Harbin aus. Die Stadt im äußersten Nordosten Chinas war ein Knotenpunkt in Richtung Sowjetunion. Sie lag in dem 1931 von den Japanern initiierten Staat Manschukuo. Dessen Hauptstadt war Hsinking (Chanchun), eine weiter südöstlich gelegene Stadt. Hier in Hsinking residierte eine deutsche Gesandtschaft, die das Informationsscharnier für Lissner bildete. Seine Berichte an das Amt Ausland/Abwehr liefen von Hsinking aus über das Auswärtige Amt und sind im Wesentlichen in dessen Politischen Archiv erhalten geblieben.

In Harbin hatte Lissner mit allen möglichen Informanten angebändelt. Neben den japanischen Offizieren waren es auch exilierte Russen, in deren Kreisen er sich sicher zu bewegen wusste. Einige von denen behaupteten, nach wie vor gute Kontakte über die Grenze hinweg zu unterhalten. Mittlerweile war der Krieg gegen die Sowjetunion vom Zaun gebrochen. Der Informationsbedarf stieg. Wo standen die legendären Verbände der sibirischen Streitkräfte, wie stark waren sie, wie waren sie ausgerüstet? Lissner beantwortete Frage auf Frage. Woher hatte er sein Wissen? Konnte er über die Grenze schauen? Nein, er hatte einen anderen Weg gefunden, einen scheinbar simplen, scheinbar einleuchtenden. Seine Informanten saßen im sowjetischen Generalkonsulat in Harbin. So sagte er es jedenfalls später wiederholt; es ihm zu glauben, ist eher eine Geschmacksfrage.

Harbin war in dieser Zeit eine der starken Sowjet-Residenturen[371], denn von hier aus wurde die chinesische Karte gespielt; hier liefen die Informationsstränge über die China-Armee des angriffslustigen japanischen

369 Schreiben des Amtschefs Ausland/Abwehr an das Auswärtige Amt vom 31. Mai 1941, AA PA R 101864.

370 Kotze: Heeresadjutant, S. 11.

371 Kolpakidi: Enziklopedija, S. 322–333.

Nachbarn zusammen. Von hier aus beispielsweise wurde ein Militärberater in der Armee Tschiang Kai Scheks geführt, der sowjetische Einflussagent Drug, hinter dem sich in Wirklichkeit der Deutsche Walter Stennes verbarg, ein ehemaliger Offizier, Freikorpsrabauke und SA-Rüpel, der sich 1931 mit Hitler überworfen hatte und 1933 nur mit Ach und Krach aus dem Reich hatte entkommen können.[372] Er war nach China ausgewichen, wo er, wie etliche andere auch, seine Kriegsdienste mit Erfolg anbot. 1939 ging er auf ein zusätzliches Angebot ein. Seitdem hieß er unter anderem „Drug", zu Deutsch: der Freund. Stennes war so etwas wie das sowjetische Gegenstück zum deutschen Agenten Lissner, denn er lieferte seinen Auftraggebern zutreffende Einschätzungen über die japanischen Kriegsabsichten im Jahre 1941. Nach sowjetischer Darstellung soll auf seinen Lageeinschätzungen die Freigabe sibirischer Verbände aus Fernost für die sowjetische Westfront im Winter 1941/42 beruht haben. Zudem habe er erste Hinweise auf die Anti-Hitler-Fronde des Kreises um Beck und Goerdeler geliefert.[373]

Zurück zu Lissner. Auch dessen Meldungen erfreuten sich höchster Wertschätzung. Abwehrchef Wilhelm Canaris unterschrieb am 31. März 1943 einen Vermerk:

> Der V-Mann Ivar ist die einzige Quelle des Amtes Ausl./Abw., die über den Raum des asiatischen Russlands sowie des Grenzgebietes Mandschukuo/Russland in größerem Umfange Meldungen liefert. Die eingegangenen Meldungen, insbesondere in letzter Zeit, sind außerordentlich umfangreich und bieten die einzige Aufklärungsunterlage, um die Reserven, Neuaufstellungen usw. insbesondere der SU-Luftwaffe im sibirischen Raum zu erfassen.[374]

Den Ivar-Neuigkeiten ist mit Skepsis zu begegnen. Sowjetische Geheimdienstfunktionäre pflegten den Kollegen von der anderen Feldpostnummer keineswegs Nachrichten von militärischem Wert frei Haus zu liefern. Sie wussten nur zu genau, dass sie mit ihrem Leben spielten, wenn sie zu Ausländern die simpelsten Informationsbeziehungen unterhielten. Wenn sie mit Lissner umgingen, bedeutete das, dass sie es nicht ohne mehrfache Absicherung taten. Hierbei verfolgten sie eigennützige Zwecke. Sie schöpften Lissner nach seinen eigenen Erkenntnissen über die japanische Heeresführung ab und sie belieferten ihn, scheinbar im Gegenzug, mit Desinformation.[375] Alles, was wir über die Lissner-Meldungen wissen, deutet darauf hin: Truppenteile, Gliederungen, Namen. Die Sowjets brauchten sich nicht einmal sehr viel Mühe zu geben, die Dinge zu erfinden oder zu verfälschen. Angesichts der baren Unkenntnis, die auf deutscher Sei-

372 Roewer: Skrupellos, S. 477 f. m. w. N.

373 Peschtscherskij.: Warg moego wraga, S. 59 ff.

374 Schreiben des Amtschefs Ausland/Abwehr an das AA vom 31. März 1943, AA PA Pol I M, Bd. 36, Bl. 270273.

375 So auch Höhne: Krieg, S. 437, jedoch mit der zweifelhaften Schlussfolgerung, aus dem Spielmaterial hätten sich wichtige Schlüsse ziehen lassen.

te herrschte, genügte es, Informationen zu liefern, die im Prinzip richtig waren, jedoch den winzigen, aber entscheidenden Makel hatten, dass sie veraltet waren. Dieser Verdacht scheint auch einmal kurz der deutschen Feindauswertung bei der Abteilung Fremde Heere Ost gekommen zu sein. Der Sachbearbeiter schrieb an die Ivar-Meldung vom 14. August 1942: „Das sind olle Klamotten."[376]

Das Ende des deutschen Star-Agenten ist rasch erzählt. Nachdem Lissner, diesmal zutreffend, die Verstrickung des deutschen Botschaftspersonals in Tokio in den Agentenskandal Richard Sorge gegenüber seinen Auftraggebern auf den Punkt gebracht hatte, wurde seine eigene Position schwankend. Hierzu trug nicht unmaßgeblich die Führung des Agenten in Berlin bei. Diese verhielt sich so unglaublich laienhaft, dass man Mühe hat, die Geschichte darzustellen.

Der in Fernost operierende Lissner sah sich gegenüber seinen Informanten ständig genötigt, seine Anwesenheit zu legitimieren. Er ging deshalb seine Führung in Berlin wiederholt darum an, ihm irgendeinen vorzeigbaren Status zu verschaffen. Da passten die Militärbürokraten. Empört hoben sie die Augenbrauen. Ein V-Mann Lissner, das mochte angehen, doch ein Offizier Lissner, das schien ihnen vorschriftswidrig, mit einem Wort undenkbar. Es wäre so einfach gewesen. Die Ernennung zum Sonderführer etwa, ein Dienstgrad bei der Wehrmacht, eigens für Leute, die nicht die mehrwöchigen Weihen einer deutschen Kriegsschule vorzuweisen hatten. Alles das war den Militärgeheimdienstlern offenbar fremd. Sie selbst, die den allergrößten Wert auf falsche Doktor- und Direktorentitel legten, wenn sie einmal ohne Uniform herumlaufen mussten, waren nicht in der Lage, einem Agenten eine zweckmäßige Legende zu schneidern.

So knallte Lissner letztlich auf, denn er hatte sich selbst einen klingenden Titel verschafft, den man hinter der Hand weitermurmelte. Er hatte sich zum „persönlichen Beauftragten des Führers" ernannt.[377] Das war eine sperrige Sache, doch keineswegs so lächerlich, wie es uns heute erscheinen mag. Als der durch die Lissner'sche Berichterstattung über die Sorge-Affäre bloßgestellte Polizeiattaché an der Tokioter Botschaft, SS-Standartenführer Richard Meisinger, daranging, den lästigen Rivalen in Harbin abzuräumen, eruierte er vorsichtig, bevor er endgültig zur Tat schritt, was es mit der Lissner'schen Dienststellung eines Sonderbeauftragten des Führers auf sich habe. Zu diesem Zweck veranlasste er den ebenfalls schwer kompromittierten Botschafter Eugen Ott, in Berlin vorzufühlen.

Nun lief ab, was eben nur im Dritten Reich denkbar war. Keiner mochte entscheiden, ohne sich abzusichern. Ott fragte bei Reichsaußenminister Joachim von Ribbentrop nach. Dieser erkundigte sich bei seinem Statthalter im Führerhauptquartier Walther Hewel. Der rückversicherte sich beim

376 Zit. nach Höhne: Lissner, S. 249.
377 Höhne: Lissner, S. 251–261; ders.: Krieg, S. 439.

Chef des OKW Wilhelm Keitel als dem Vorgesetzten von Abwehrchef Canaris. Dann entschlossen sich die hohen Herren doch lieber dafür, in einer gemeinsamen Vorlage bei ihrem Führer Nachfrage zu halten. Der wusste von nichts – natürlich nicht – und empfahl, den Hochstapler gleich an Ort und Stelle zu erschießen.

Ganz so einfach war das nicht, und so zog es Meisinger vor, den Abwehrmann und Scheinbeauftragten in eine Spionageintrige zu verwickeln. Dazu musste er Lissner lediglich bei der japanischen Militärpolizei anschwärzen. Zuvor ließ er Lissner bei seinen Kontakten zum sowjetischen Generalkonsulat in Harbin so auffällig observieren, dass der Wind davon bekommen musste. Lissner tat nun das Falscheste, was möglich war. Er zeigte die Verfolger bei der japanischen Militärpolizei als vermeintliche Sowjetspione an. Das brachte für einen Moment Entlastung, war aber letztlich ein Pyrrhus-Sieg, denn nachdem sich die Haltlosigkeit seiner Vorwürfe herausgestellt hatte, musste sich der Verdacht umso schärfer gegen ihn selbst wenden.

Am 2. Juni 1943 wurde Lissner festgenommen.[378] Mit ihm sein Tokioter Resident, der Journalist Werner Crome, sowie die Sekretäre von beiden. Die folgenden Monate brauchten die japanischen Polizisten, um Geständnisse zu erfoltern. Die Mitstreiter von Lissner waren schnell umgefallen. Doch Lissner hielt sich erstaunlich lange. Der Preis war eine restlos ruinierte Gesundheit. Immerhin hatte Lissner Kraft genug, um alles zu widerrufen, als die Ermittlungen schließlich der Staatsanwaltschaft übergeben wurden. Als sich dann der Krieg dem Ende näherte, ließ die japanische Staatsanwaltschaft von Lissner ab. Ein menschliches Wrack wurde im Januar 1945 entlassen und kam in ein Sanatorium. Nach dem Krieg versuchte Lissner, in die Vereinigten Staaten auszuwandern. Doch die hatten für das ehemalige Mitglied der NSDAP keinen Platz.

So kam er im April 1948 nach Deutschland zurück, in das Land, dessen Sprache er hatte vergessen wollen. Wieder hatte er Erfolg. Er schrieb Bestseller und wurde Chefredakteur der Zeitschrift „Kristall". Deren Blütezeit waren Fortsetzungsgeschichten über die Kriegsgeschichte des Zweiten Weltkrieges. „Die Wüstenfüchse", „Sie kommen", „Unternehmen Barbarossa". So hießen die Serien. Ihr Autor: Paul Carell. In Wirklichkeit Paul Karl Schmidt, einst einer der führenden NS-Funktionäre an der Spitze des Auswärtigen Amtes. Lissner starb 1967; er wurde 58 Jahre alt. Sein Starautor Schmidt-Carell überlebte ihn um 30 Jahre.

Wanderer zwischen den Welten: Wolf Schenke

Zum Schluss soll einer der Akteure auf der fernöstlichen Bühne vorgestellt werden, auf den wie kaum einen zweiten die Beschreibung des Wanderers

378 Höhne: Lissner, S. 262.

zwischen den Welten passt. Es ist Wolf Schenke, 1914 in Arnstadt geboren. Als das Dritte Reich begann, machte Schenke gerade Abitur. Er engagierte sich sogleich an der Seite der neuen Machthaber und stieg bei der NS-Jugendpresse „Wille und Macht" als Journalist ein. Dann packte ihn das Fernweh, und er unternahm ab 1935 Reisen nach Fernost, über die er in Buch- und Aufsatzform berichtete.[379] Doch der Schriftstellerfleiß brachte nicht nur eitel Freude, denn das Objekt seiner Neugierde war der Konflikt zwischen China und Japan. Durch seine Parteinahme für China setzte sich Schenke in Gegensatz zur NS-Führung, die sich auf dem holprigen Weg, aus Japan einen Achsen-Verbündeten zu machen, wähnte.[380] Nach Ausbruch des Zweiten Weltkrieges wurde Schenke zu Lagebesprechungen ins Auswärtige Amt und ins Amt Ausland/Abwehr einbestellt. Sodann wurde er nach China zurückgesandt. Er ging erst nach Tschunking, später nach Shanghai; im Reisegepäck einen Spionageauftrag des deutschen Militärgeheimdienstes. Für diesen unternahm er abenteuerliche Reisen; seine Berichte liefen über die KO China ab und erreichten so Berlin.

Aus welchen Quellen Schenke neben seinen eigenen Augen schöpfte, ist nach wie vor unklar. Nach seinen eigenen Angaben waren es drei Personen: der Russe Victor, der Abwehrmann Louis Theodor Siefken und ein Chinese mit Namen Liu. Um mit Letzterem zu beginnen: Liu brachte Informationen über die antideutsche Szenerie in Shanghai, kann also in den hier angestellten Betrachtungen beiseite bleiben. Anders verhält es sich mit Siefken. Der war, wie oben dargestellt, der Leiter der KO China, bevor er mit entscheidender Beihilfe seines Amtsnachfolgers Eisenträger im November 1942 zu Fall gebracht wurde. Dem Rückruf nach Deutschland wusste sich Siefken zu entziehen, und so diente er fortan als Unteragent für Wolf Schenke, der ihm den Decknamen Galen verpasst hatte, unter welchem ihn auch die Abwehrzentrale in Berlin kannte. Dort hatte man übrigens keine Ahnung, dass Galen der geschasste Siefken war. All dies war nur möglich, weil Schenke aus der Ferne, d. h. aus Berlin, geführt wurde.[381]

Der dritte Unteragent ist der Interessanteste. Schenke kannte ihn als „Victor", einen Russen, durch den er viel Erstaunliches aus der Sowjetunion erfahren haben will. 1945 wurde Schenke durch US-Truppen in Shanghai festgenommen. Da hatte er Sorge, dass dieser Victor zur Sprache kommen könne. Es unterblieb. Doch die Pille des Unteragenten Victor zu schlucken, zögert man besser. Gewiss war der Name Victor bei Russen keine Seltenheit, doch er könnte in diesem Fall zu einem Sowjetoffizier gehört haben, der sich identifizieren lässt.

Es war der NKWD-Funktionär Pawel Fitin, der den Decknamen Wiktor (oder Victor) führte. Der junge Redakteur beim Staatsverlag für Landwirt-

379 Z. B. Schenke: Reise an der Gelben Front, passim.
380 Martin: Deutschland und Japan, S. 17–25.
381 Schenke: Siegerwille und Unterwerfung, S. 21 f.

schaft wurde durch Parteiauftrag im März 1938 zum NKWD delegiert. Dort waren durch das Kadererschießen der „Großen Säuberung" in den Führungsrängen mehr Stellen frei als besetzt. So nahm Fitin einen kometenhaften Aufstieg. Zunächst war er Chef der für die Bekämpfung von Trotzkisten und Rechten im Ausland gebildeten Abteilung des Auslandsdienstes INO. Es ist gut vorstellbar, dass in genau dieser Zeit der Kontakt zu Schenke geknüpft – und aufrechterhalten wurde, als Fitin im November 1938 stellvertretender Chef der INO und im Mai 1939 ihr Chef wurde. Das war eine Position, die er bis 1946, also über die gesamte Dauer des Zeiten Weltkrieges innehatte. Wenn Fitin der Victor aus Schenkes Arsenal war, dann gibt es keine Frage, wer hier wen führte: Mit Sicherheit nicht Schenke den Russen; viel eher war es umgekehrt. Schenke muss es ja zu diesem Zeitpunkt nicht einmal gewusst haben.

Wie kommt es zu dieser Annahme? Hierfür muss man einen Blick auf Schenkes weiteres Leben werfen. Wie schon angedeutet, nahmen ihn US-Truppen im Sommer 1945 in Shanghai unter dem Vorwurf fest, den Krieg gegen die USA über die Kapitulation der deutschen Wehrmacht hinaus an der Seite Japans weitergeführt zu haben. An den Vorwürfen war nichts dran, so dass man sich leicht vorstellen kann, dass Schenke, als er aus der Haft freikam und 1949 in die Westzonen Deutschlands zurückkehrte, eines mit Sicherheit war: ein erbitterter Feind der USA. Aber auch ein sowjetischer Desinformationsagent? Ein Vergleich mit anderen handelnden Personen dieser Zeit legt den Verdacht nahe. Mindestens ein gutes Dutzend dieser Leute ließ sich in sowjetischem Auftrag vor einen Propagandakarren spannen, der die Neutralisierung Deutschlands zum Gegenstand hatte. Das war ein beliebtes Thema jener Tage und beilebe nicht jeder, der es guthieß, war auch ein sowjetischer Einflussagent. Doch bei Schenke liegt der Verdacht nahe. Er baute sich ein kleines Imperium von Einflussblättern auf, in denen eine ganze Reihe später enttarnter Sowjetagenten tätig war. Als Ende der 1950er Jahre die Wiederbewaffnungsdebatte in der Bundesrepublik gegessen war, verschwanden die entsprechenden Blätter aus der öffentlichen Wahrnehmung. Bis auf Rudimente, so das von Schenke geleitete Monatsorgan „Neue Politik"; in dessen Nr. 2/1978 übernahm Schenke dann noch einmal einen sowjetischen Desinformationsauftrag, indem er dort das vom KGB fabrizierte Schreiben des Spitzels Wetrow abdruckte: „An den sowjetischen Sicherheitsdienst. Ein Bericht des Spitzels Wetrow alias Alexander Solschenyzin." Diese Maßnahme war für unbedarfte Westler gedacht. Sie blieb ohne die erhoffte Resonanz.[382] Der Ost-Leser hingegen kriegte den Roman „Der Gaukler" von Harry Thürk serviert; darin war, oh Wunder, aus Wetrow-Solschenizyn ein Lakai des US-Imperialismus geworden. Das Buch wurde ein Bestseller.

---

382 Roewer: Im Visier der Geheimdienste, S. 296–299.

KAPITEL 3

Zweiter Anlauf. Das Jahr 1942

Mit äußerster Mühe hatte die deutsche Wehrmacht dem Ansturm der Roten Armee zur Jahreswende 1941/42 standhalten können. Unzureichende Winterausstattung und sinnlose Haltebefehle verursachten ungeheure Personal- und Materialverluste. Spätere Schilderungen, die besagten, dass ohne Hitlers Haltebefehle die deutsche Ostfront zusammengebrochen wäre, gehören ins Reich der Legenden.

Auch in dem zweiten Kriegsjahr setzten beide Seiten ihre Dienste ein, um eine Entscheidung zu erzwingen. In diesem Kapitel werden einige Blicke hinter die Kulissen getan. Ein erster Ausflug führt nach Puschkino und Kuschnarenkowo, wo deutsche Emigrantenkinder als Agentenreserve für den Einsatz in Deutschland geschult wurden. Sie wurden dringend benötigt, denn zu fast allen sowjetischen Agentenringen im Machtbereich Deutschlands war seit dem Kriegsbeginn die Verbindung abgebrochen. Diese Agentenringe werden wir sodann in Berlin, Brüssel und Paris aufsuchen und deren Ende miterleben, das in den meisten Fällen in das Jahr 1942 fiel. Es sind dies die Spionagegruppen, die später den Namen Rote Kapelle erhielten. Dann werden wir uns der deutschen Seite zuwenden, ihren Bemühungen, Erfolgen und Niederlagen. Ein besonderes Kapitel wird den ambivalenten Versuchen gewidmet werden, Soldaten der Roten Armee vor den eigenen Karren zu spannen.

Vom Himmel hoch. Sowjetische Fallschirmagenten

In vielen Darstellungen zur Spionage ist zu lesen, dass im Zweiten Weltkrieg eine neue Agentenkategorie zum Einsatz kam: die Fallschirmagenten. Das trifft jedoch nur bedingt zu. Der Flugzeugtransport des Agenten und sein Absprung mit dem Fallschirm veränderten lediglich einen einzigen Aspekt innerhalb der Agententätigkeit, nämlich die Schleusung, also den Eintritt des Agenten ins Einsatzland. Die im Kriegsfall besonders heikle Überschreitung von Grenzen wurde durch den Lufttransport vereinfacht und beschleunigt. Im Übrigen blieb alles beim Alten.

Beide Seiten setzten auf Fallschirmagenten. Sie kamen gleich zu Beginn des deutsch-sowjetischen Krieges zum Einsatz. Bei den Sowjets war es bereits in den 1930er Jahren zur intensiven Erprobung der Fallschirmwaffe gekommen.[383] Auch für den sowjetischen Agententransport kam der Fallschirm im breiten Umfang zum Einsatz. Der Aufbau der sowjetischen Partisanenbewegung ab dem Winter 1941/42 beruhte nicht zum wenigsten auf der Möglichkeit, Führungs-, Funk- und Sabotagepersonal über den Einsatzräumen mit dem Fallschirm abzusetzen und mit Hilfe von Lastenseglern zu versorgen. Dabei blieb es nicht. Denn auch die sowjetische Tiefenaufklärung, vor allem die im Reichsgebiet steuerungslos gewordenen Agentengruppen, wurden durch Fallschirmagenten verstärkt.

Nun ein Blick auf die Rekrutierung und die Ausbildung des einschlägigen Personals. Soweit es sich um Agenten handelte, die in den rückwärtigen Raum der deutschen Wehrmacht entsandt wurden, griff die hierfür zuständige Direktion für Spezialeinsätze des NKWD auf das Personal zurück, dass sie im Spätsommer 1941 zur motorisierten Brigade OMSBON zusammengezogen hatte, um Sabotageeinsätze gegen den in Moskau eingerückten Feind durchzuführen. Nachdem die unmittelbare Bedrohung Moskaus zur Winterwende 1941/42 gewichen war, standen diese internationalen kommunistischen Kader zum Führungs- und Sabotageeinsatz in der Partisanenbewegung zur Verfügung. Sie sorgten dafür, dass die Partisaneneinsätze Hand und Fuß bekamen.

Bei den Fernagenten, die zur Wiederherstellung der Führungs- und Verbindungswege vor allem im Deutschen Reich gebraucht wurden, griffen die Geheimdienste der Sowjetunion bevorzugt auf Deutsche zurück. Was hier wie eine blanke Selbstverständlichkeit erwähnt wird, war in Wirklichkeit nicht so einfach. Der Grund dafür liegt in der „Großen Säuberung" der Jahre nach 1936 und den Vernichtungsmaßnahmen des Jahres 1941. Bereits während der „Großen Säuberung" hatten Deutsche in der Sowjetunion besonders schlechte Karten gehabt. Das galt bevorzugt für solche Deutsche, die sich als kommunistische Emigranten in die Sowjetunion geflüchtet hatten, und Deutschstämmige in den sowjetischen Sicherheitsorganen. Die Mehrzahl von ihnen wurde unter hanebüchensten Spionagevorwürfen umgebracht oder in Lagerhaft verbannt.

Einen weiteren Aderlass schlimmster Art erfuhren Deutsche und Deutschstämmige in den ersten Monaten nach dem Beginn des deutsch-sowjetischen Krieges. Jetzt galten sie den Sicherheitsorganen per se als spionage-, sabotage- und diversionsverdächtig. An der Spitze der jetzt folgenden Ausrottungsmaßnahmen standen die Wolgadeutschen. In ihren Siedlungsgebieten wurden NKWD-Kommissare in deutschen Uniformen mit dem Auftrag abgesetzt, deutschfreundliche Kundgebungen zu organisieren, die dann zum Anlass genommen wurden, die Bevölkerung unter unvorstellbaren Bedingungen zwangsweise nach Innerasien umzusiedeln.[384]

383 Buch: Luftlandetruppen, S. 18 ff.
384 Andrew u. a.: Schwarzbuch, S. 148 f.

Diese Maßnahme war ebenso niederträchtig wie überflüssig. Als nämlich im Verlauf des Jahres 1941/42 Wehrmacht und SD auf versprengte volksdeutsche Siedlungen stießen, stellten sie fest, dass die Bewohner keinerlei Vorstellungen von den Vorgängen im Reich hatten, etliche jüngere Bewohner mit dem Bolschewismus liebäugelten[385] und, was besonders der SD nörgelnd hervorhob[386], sie sich weigerten, an den Maßnahmen gegen Juden mitzuwirken, weil sie diese für harmlos hielten.

Zwangsaussiedlungen wurden auch an allen Deutschen aus den Industriegebieten von Moskau und anderen großen Städten exekutiert. Bei diesem Befund kann man sich leicht vorstellen, dass es nicht so einfach war, geeignetes Personal für den Einsatz als Fernagenten zu rekrutieren.

Die Personengruppe, die jetzt erneut ausgesiebt wurde, waren die überlebenden kommunistischen Emigranten und, da es davon nicht mehr allzu viele gab, deren Kinder. Auch das schreibt sich leichter, als in der Praxis getan. Denn die Betroffenen mussten erst einmal ausfindig gemacht werden, und dann mussten sie, die oft unter den entwürdigendsten Bedingungen lebten, geprüft und auf Linie gebracht werden. Dem dienten vor Kurzem noch die Schulen der Komintern. Doch die gab es nicht mehr. Die Internationale Leninschule, einst Schmiede der internationalen kommunistischen Kader- und Agentenreserve, war 1937 als angebliche Brutstätte von Volksfeinden stillgelegt worden.

Schnellstens galt es, Neues aus dem Boden zu stampfen, und so geschah es auch. Neue Ausbildungsstellen für das internationale konspirative Personal entstanden nacheinander in Puschkino und Kuschnarenkowo.[387] In Puschkino bei Moskau hatte man bereits *vor* dem deutschen Angriff im März 1941 wieder mit der Ausbildung begonnen; eilends wurden nach dem 22. Juni 1941 weitere 29 deutsche Genossen nach Puschkino einberufen.[388] Ein einziges der einberufenen Emigrantenkinder scheint sich geweigert zu haben, künftig auf Deutsche zu schießen. Das war Max Maddalena, Sohn des gleichnamigen KP-Funktionärs. Der Weigerung folgte die Verhaftung auf den Fuß; Maddalena starb 1942 in einem sibirischen Haftkrankenhaus.[389]

Doch bevor die willigen Kommunisten mit dem Antifa-Training so recht beginnen konnten, hörte im Juli 1941 der geordnete Lehrbetrieb auf und die Aktivisten wurden zur Sonderbrigade OMSBON einberufen.[390] Während sich diese auf das Sprengen und Handgranatenwerfen vorbereiteten und lernen mussten, dass Faschist ab sofort wieder ein Feindwort

385 Erwin Lahousen, zit. nach Jong: Die deutsche Fünfte Kolonne, S. 224.

386 Tätigkeits- und Lagebericht der Einsatzgruppen der Sipo und des SD Nr. 6 (1.–31. Oktober 1941).

387 Erler: Komintern-Schule, S. 37 ff.

388 Dimitroff: Tagebücher, S. 397, 399 (Tgb. 1.–3. und 7. Juli 1941).

389 Erler: Kommandounternehmen, S. 79.

390 Wetrow: Banner, S. 27 f.

war, hatte Komintern-Chef Georgi Dimitroff ganz andere Sorgen. Ihn trieb um, wie bei der absehbaren Evakuierung des Spitzenpersonals der Komintern deren privater Kuhbestand auf den Transport mitgenommen werden konnte.[391]

Am 10. Dezember 1941 sprachen die Herren Tarassow und Serebjanski vom NKWD bei Dimitroff vor und baten, ihnen die Absolventen der Komintern-Schule für die sowjetische Auslandsarbeit zur Verfügung zu stellen.[392] Doch sie kamen reichlich spät, denn in diesem Fall hatte die GRU die Nase vorn gehabt. Sie plagte sich im Sommer 1941 nicht allzu lange mit ideologischen Fragen wie das Pendant vom NKWD, sondern hatte im August 1941, gleich nach der Beendigung des geordneten Lehrbetriebes in Puschkino, geeignet erscheinende Kandidaten ins Objekt Petrawks zusammengezogen und mit der praktischen Agentenausbildung begonnen. In den folgenden zwei Monaten standen vor allem Sprengen und die Herstellung von Sprengstoff, Funken, Schießen, Fotografieren, Fallschirmspringen und die Struktur der deutschen Wehrmacht auf dem Programm. Aufgeboten wurden die Deutschen Willi Boerner, Erna Eifler, Wilhelm Fellendorf, Wilhelm Jacob Freund, Walter Gersmann, Elsa Noffke, Erwin Panndorf, Wilhelm Trapp und Josef Zettler.

Sie bildeten die erste Welle der ins Reich entsandten Fallschirmagenten, deren Aufgabe die Verbindungsaufnahme zu existierenden Spionagegruppen des NKGB und der GRU war. Warum die Verbindungen zu diesen Gruppen abgerissen waren, wird sogleich zu erörtern sein, wenn vor dem Leser der Film der Roten Kapelle abläuft. Hier genügt der Hinweis, dass der Einsatz der Emigrantenkinder, durch die sozialistische Brille gesehen, unter keinem guten roten Stern stand. Bereits die ersten im Reich anlandenden Paraschutisten wurden aufgerollt. Das geschah zwischen dem 15. und 19. Mai 1942 im Raum Insterburg in Ostpreußen.[393] Das Marschziel der meisten der Agenten hieß Berlin. Doch keiner erreichte es wie vorgesehen. Wilhelm Freund wurde bei der Landung erschossen, als er sich der Festnahme entziehen wollte. Walter Gersmann wurde festgenommen und umgedreht. Wilhelm Trapp wurde vier Tage später festgenommen und umgedreht; auf ihn hatten die Verfolger schon gewartet. Was durch Zufall in Gang gesetzt wurde, kam durch Verrat und durch gewaltsame Überredung in Schwung. Hieraus resultierte eine lange Reihe von Misserfolgen für die sowjetischen Dienste. Fast keiner der so Eingesetzten hat den Zweiten Weltkrieg überlebt. Das gilt auch für diejenigen, die zur Gestapo überliefen. Sie wurden, wenn sie für Funkspiele nicht mehr nutzbar waren, still beseitigt, das heißt im Klartext: sie wurden ermordet. Das folgende Schaubild zeigt, wie die Gestapo in die Agentenoffensive einbrach.

---

391 Dimitroff: Tagebücher, S. 447 (Tgb. 24. Oktober 1941).
392 Dimitroff: Tagebücher, S. 460 (Tgb. 10. Dezember 1941).
393 Dimitroff: Tagebücher, S. 517 (Tgb. 18. Mai 1942).

Einbruch der Gestapo in die Agentenoffensive der GRU 1942/43 (Aufgrund der Aussagen der überworbenen Agenten Wilhelm Trapp und Walter Gersmann)

Absprung Zeit und Ort	Namen	Zielgebiet/ Zielperson	Bemerkungen
16./17. 5. 1942 Allenstein	Erwin Panndorf Willi Boerner (Anton Belski)	Sachsen, ggf. auch Uhrig-Ring, Berlin	Trennen sich am 27. 5. 1942; P läuft Gera an; B wird 8. 7. 1942 in Wien festgenommen
16./17. 5. 1942 Allenstein	Wilhelm Fellendorf Erna Eifler (Gerda)	Berlin Ilse Stöbe	Laufen Klara Schabbel und Emil Hübner an, sodann Weiterreise nach HH zu Katharina F. (Mutter)
18./19. 5. 1942 Insterburg	Wilhelm Jakob Freund Walter Gersmann Wilhelm Trapp	West- und Nordwestdeutschland; Erkundungs- und Zersetzungsarbeit	19. 5. 1942: Festnahme; Freund erschossen, Gersmann und Trapp werden als Agenten überworben
18./19. 5. 1942 General-Gouvernement	Franz Berger Rudi (Österreicher) Sudetendeutscher		? von der Gestapo nicht identifiziert
Juli 1942 Ostpreußen	Grab	Berlin Dr. Paul Hatschek	1943 festgenommen ? 1944 erschossen
?	Hellwig		? von der Gestapo nicht identifiziert
?	Frau Fritsch		? von der Gestapo nicht identifiziert
23. 10. 1942 Osterode	Heinrich Koenen	Berlin Ilse Stöbe Rudolf von Scheliha	Von der Gestapo bei der GRU angefordert, festgenommen, ins Funkspiel eingebaut und 1945 umgebracht

Die Bilanz des Einsatzes von Fallschirmagenten in der Tiefe des Reiches war für die sowjetischen Dienste niederschmetternd. Fast alle flogen auf. Kaum einer überlebte. Fast alle Festgenommenen ließen sich umdrehen und wirkten entscheidend an der Aufdeckung ihrer Vorgänger und Nachfolger sowie an der Liquidierung ganzer Spionageringe mit, wie wir das im Einzelnen noch sehen werden. Das alles ist nach dem Krieg unter den Teppich des Schweigens gekehrt worden, denn es durfte nach bolschewistischer Lesart selbstverständlich nicht sein, dass diese tapferen Nachwuchskader der Weltrevolution im praktischen Einsatz so schmählich versagten. Deswegen wurde eine spezielle Heldenliteratur erdichtet, um von diesem unangenehmen Umstand abzulenken. Stellt man dennoch die Frage nach dem Warum, so bleiben nicht nur die nach Bedarf viehischen Überredungsmethoden der Gestapo, sondern die Gründe sind vielfältiger. Sie sind bereits in der Ausbildung der Betroffenen angelegt. Diese war angeblich strikt konspirativ und streng sozialistisch ausgerichtet. Doch sind Zweifel an dieser Lesart angebracht. Wie üblich spiegeln Rügen und Verbote die unerwünschte Wirklichkeit.

> Wir besitzen zuverlässige Informationen, nach denen die Hörer der Spezialschule häufig Wodka trinken und es nicht selten zu sexuellen Ausschweifungen kommt. Da die Aufgabe der Spezialschule darin besteht, in moralischer und politischer Hinsicht gefestigte Kader bereitzustellen, Menschen mit einer gesunden kommunistischen Lebensweise sowie mit einer guten technischen Ausbildung, bitte ich darum, die Situation an der Schule umgehend zu untersuchen und entschiedene Maßnahmen zu ergreifen, damit jegliche Erscheinungen verkommener Lebensweisen unterbunden werden.[394]

Soweit der Genosse und Komintern-Chef Dimitroff in einem geharnischten Befehl. Doch die Wirklichkeit sah nicht sehr kommunistisch-moralisch aus. Für die jungen Leute war es das letzte Beisammensein vor dem Sprung ins Unbekannte. Weisungswidrig erzählten sie einander über wahre Identität und Aufträge. Später erzählten sie es der Gestapo, der die Arbeit dadurch erleichtert wurde, dass die Betreffenden geradezu lächerlich unvorbereitet in den Einsatz gingen und ihre Papiere in der Regel mehr als mangelhaft waren. Sie liefen ins offene Messer. So hatte man ihnen das Agentendasein nicht geschildert. Und kaum einer, der nicht zusammenbrach.

Kampfplatz Berlin. Die Zerschlagung der Roten Kapelle

Mit dem Beginn des deutsch-sowjetischen Krieges zog die sowjetische Botschaft aus Berlin ab. Damit verloren die Agentenringe ihre Führungsoffiziere, die mittels Legende in die sowjetische Botschaft, die Handelsvertretung und die Konsulate eingebaut waren. Im letzten Moment wechselten einige Funkgeräte, die keiner sachgerecht bedienen konnte, den Besitzer. Das waren schlechte Spionagebedingungen. Sie galten für alle in Berlin tätigen Sowjetringe. Sie werden jetzt in der Reihenfolge, in der sie aufflogen, geschildert.

Alles was nicht niet- und nagelfest ist: Die Industriespionage à la Uhrig und Revoluzzertum à la Römer

Der fruchtbarste Zweig der sowjetischen Auslandsaufklärung, die Wirtschafts- und Industriespionage, war Ende der 1920er Jahre aus der RabKor-Bewegung hervorgegangen. Hinter dem martialisch klingenden Kürzel, das sich in „Rabotki Korrespondenti“ oder auf Deutsch „Arbeiterkorrespondenz“ auflösen lässt, steckte ein Trojanisches Pferd. Mit der RabKor-Kampagne wurden die Proletarier aller Länder aufgefordert, Missstände aus ihren kapitalistischen Betrieben zu melden. Die Meldun-

394 Dimitroff: Tagebücher, S. 656 (Tgb. 2. März 1943).

gen waren an die große und gerechte Sowjetunion zu richten, die dergleichen kapitalistischen Übermut weltweit anprangern würde.

Niemand sagte den fleißigen Missständlern allerdings, dass der Auslandsdienst INO der sowjetischen Geheimpolizei den Schlüssel zu diesem Briefkasten in Händen hielt. Soweit es sich um Rüstungsinformationen handelte, wurden zusätzliche Informationsstränge zum Militärgeheimdienst GRU installiert. Der stützte sich auf einen speziellen Apparat der KPD, den BB-Apparat. Das BB steht für Betriebsberichterstattung.[395] Deren Leiter wurde kurz vor der Machtübernahme Hitlers der 32-jährige Wilhelm Bahnik, dem kurz zuvor in der Sowjetunion eine solide Geheimdienstausbildung zuteil geworden war. Nach seiner Rückkehr und Einsetzung als BB-Leiter war Bahniks Berichtserstattung nur noch eine kurze Zeit zugemessen. Die Machtergreifung der Nationalsozialisten machte bald jedem kommunistischen Tun ein Ende. Bahnik wusste noch eine Weile lang die Informationsfäden von Prag aus zu spinnen.[396]

1935 wurde auch parteioffiziell die fruchtlos werdende Tätigkeit beendet, doch nicht die Wirtschaftsspionage selbst. Die übrig gebliebenen einschlägigen Agenten wurden jetzt durch die sowjetischen Residenten unmittelbar geführt, weitere wurden hinzugeworben. Zu diesen gehörte der KPD-Mann Uhrig.

Robert Uhrig stammte aus Leipzig, wo er den Beruf eines Drehers erlernte. 1920 trat der 17-Jährige in die KPD ein. In der Osram-GmbH arbeitete er sich nach oben. Die Übernahme der illegalen KPD-Betriebszelle bei Osram 1933 sollte nicht lange Bestand haben. 1934 wurde Uhrig festgenommen und wegen der Vorbereitung zum Hochverrat zu 21 Monaten Zuchthaus verurteilt. Nach der Haft machte er weiter. Er spezialisierte sich auf Gesinnungsgenossen in Rüstungsbetrieben.[397] Ein Blick auf den schließlich aufgeflogenen Uhrig-Ring zeigt, dass er es verstanden hatte, in einer Vielzahl von Rüstungsbetrieben in und um Berlin einen Konfidenten zu installieren.

Sein Wissen gab Uhrig an die sowjetische Handelsmission weiter; er wurde von einem dort getarnt stationierten Legalresidenten (also einem als Handelsdiplomaten verkleideten Geheimdienstler) geführt. Mit dem Beginn des deutsch-sowjetischen Krieges brach für Uhrig die Führung durch die sowjetische Legalresidentur weg.[398]

395 Feuchtwanger: M-Apparat, S. 499, 531; Kaufmann u. a.: Nachrichtendienst, S. 194 f., 196 ff., 201.

396 Bayerische Staatszeitung vom 15. April 1931; Dallin: Sowjetspionage, S. 105; Feuchtwanger: M-Apparat, S. 492; Grundmann: Geheimapparat der KPD, S. 49–56; Hildermeier: Sowjetunion, S. 368 ff.; Kaufmann u. a.: Nachrichtendienst, S. 451; Roewer u. a.: Geheimdienste, S. 83.

397 Institut für ML: Widerstandskämpfer, Bd. 2, S. 377; Weber u. a.: Kommunisten, S. 803.

398 Oberreichsanwalt: Anklageschrift vom 15. Februar 1944 gegen Robert Uhrig u. a.; auch: Nollau u. a.: Gestapo, S. 133 f.

Es ist bezeichnend für ihn und viele andere, dass man sich pragmatisch umorientierte. Das bedeutete Herausgabe von Informationsmaterial, einschließlich der Anleitung zur Sabotage. Die von Uhrig herausgegebenen Flugblätter hießen „Informationsdienst". An diesem kommunistischen Bulletin arbeitete ein Mann namens Beppo Römer mit, auf den wir hier zu sprechen kommen müssen, denn er trug erheblich zum Aufplatzen der Uhrig-Gruppe bei.

Beppo Römer war ein Mann von ungewöhnlichem Zuschnitt. Als der Erste Weltkrieg zu Ende ging, war der bayerische Berufssoldat 26 Jahre alt. Bald wurde aus dem ehemaligen Weltkriegsoffizier eine Art Kultfigur der frühen Weimarer Jahre.[399] Der Grund war Römers Freikorpstätigkeit als Führer des Bundes Oberland bei der Niederschlagung der Münchener Räterepublik 1919 und in den folgenden Jahren in Oberschlesien. Doch dabei wurde aus dem Nationalisten ein Bolschewist, manche nannten diese eigenwillige Spielart des Kommunismus auch Nationalbolschewismus. Andere redeten und schrieben von den „linken Leuten von rechts". Die militanten Zirkel, in denen sich diese Männer bewegten, fanden bald das Interesse der sowjetischen Geheimdienste, die hier mit gutem Grund ein reiches Rekrutierungspotenzial vermuteten.[400]

Die Informationen über Beppo Römer sind widersprüchlich. Während ihn die einen noch im nationalistischen Lager agieren sahen, ordneten ihn andere bereits frühzeitig ins Lager des Bolschewismus ein. Die Traditionsbewahrer des MfS haben in ihm sogar einen geheimen Informanten seit dem Jahre 1923 gesehen.[401] Wie auch immer. Nach einem Schlingerkurs über die NSDAP trat Römer 1932 mit viel Getöse der Partei der Arbeiterklasse bei. Als Herausgeber der Zeitschrift „Aufbruch"[402], die aus sowjetischen Quellen finanziert wurde, war er Aushängeschild und Magnet für Gleichgesinnte, die sich in den Aufbruchskreisen organisierten.[403]

Derartige Aktivitäten sollten Römer nach der NS-Machtergreifung schlecht bekommen. Von 1933 bis 1939 saß er im Gefängnis und in KZ-Haft ein. Bereits 1933, während seiner ersten Haftzeit, versuchte Gestapa-Chef Rudolf Diels den prominenten Kommunisten als V-Mann anzuwerben. Römer bat seine kommunistischen Vormänner heimlich um Zustimmung, doch die lehnten entrüstet ab.[404]

Jahre später wieder auf freiem Fuß übersiedelte Römer nach Berlin. Ob und wie er in der Folgezeit durch die Sowjetbotschaft in Berlin nachrich-

---

399 Deutscher Offizier-Bund: Ehrenrangliste. S. 846; Institut für ML: Widerstandskämpfer, Bd. 2, S. 101; Mohler: Revolution, S. 43, 50.

400 Feuchtwanger: M-Apparat, S. 506 f.

401 Kaufmann u. a.: Nachrichtendienst, S. 83 f., 166.

402 Mohler: Revolution, S. 295.

403 Kaufmann u. a.: Nachrichtendienst, S. 233 f.; Mohler: Revolution, S. 468 f.; Paetel: Nationalbolschewismus, S. 185.

404 Kaufmann u. a.: Nachrichtendienst, S. 317 f.

tendienstlich geführt wurde, ist unklar. Sicher scheint zumindest Folgendes zu sein: Er suchte und fand rasch Anschluss an andere Kommunisten, die wie Robert Uhrig zum ehemaligen Apparat der KPD gehört hatten und die nun unmittelbar durch einen sowjetischen Residenten geführt wurden. Gleichzeitig unterhielt Römer enge gesellschaftliche Beziehungen in die Kreise von Spitzenmilitärs, wie den Feldmarschall Wilhelm List und die Generalobersten Eduard Dietl und Kurt von Hammerstein.

Der Kontaktmann des nationalkonservativen Lagers zu Römer war Nikolaus von Halem.[405] Der ist in mehrfacher Weise von Interesse. Halem war Jurist. Nach der nationalsozialistischen Machtergreifung schied er 1933 aus dem Justizdienst aus. Er beteiligte sich in der Folgezeit an konspirativen Auslandskontakten und vor allem an Attentatsplanungen gegen Hitler. 1939, nach Kriegsausbruch, gelang es ihm, beim Amt Ausland/Abwehr Unterschlupf zu finden. Von dort aus konspirierte er weiter. Römer sollte die Ermordung Hitlers, für die sich um diese Zeit sonst niemand finden ließ, vollbringen. Halem hatte dem beschäftigungslosen Römer zu diesem Zweck eine Scheinanstellung verschafft, doch der geplante Anschlag blieb aus. Vielleicht fand Römer keine Gelegenheit.

Schließlich setzte Halem Römer an die Luft.[406] Zum Rauswurf mag beigetragen haben, dass Römer aus seinem Herzen keine Mördergrube zu machen pflegte. Er sah sich als Mann der Tat. Das passte mit der Konspiration von Hitler-Mord und Uhrig-Spionagegruppe schlecht unter einen Hut. Römer schwelgte in strategischen Erwägungen; fast war es ihm egal, wen er rekrutierte. So nimmt es kaum wunder, dass die Gruppe von Uhrig bald von Gestapo-V-Leuten unterwandert wurde.

An deren Spitze stand ein ehemaliger Apparate-Mitarbeiter mit Namen Willi Becker. Der Mann mit dem wenig schmeichelhaften Spitznamen „Der bucklige Ernst" war 1935 festgenommen worden. Das Angebot der Gestapo zur Zusammenarbeit nahm er ohne zu zögern an. Er tat noch ein Übriges und warb seine alte Apparate-Konfidentin Adelheit Höfele für die Gestapo an. Das war ein besonders guter Fang, denn die Höfele war Inhaberin eines Tabakladens – mithin eine ideale Besetzung als konspirative Anlaufstelle, was sie ja auch schon für die KPD gewesen war. So kam die Gestapo zu manch gutem Hinweis. Zunächst waren es alle KPD-Funktionäre, die Willi Becker bekannt waren, dann drang der Doppelagent in die Gruppe von Uhrig vor.[407]

Anfang Februar 1942 war die Sache zu Ende. Uhrig wurde von der Gestapo verhaftet. Mit ihm zusammen etwa zweihundert andere Personen. Zwei Jahre benötigten Gestapo und Justiz, um die verworrenen Fäden der Verbindungen von Uhrig zu ordnen, am 15. Februar 1944 schließlich

405 Kardorff: Aufzeichnungen, S. 102; Schlabrendorff: Offiziere gegen Hitler, S. 29 f., 46, 76 f.

406 Schlabrendorff: Offiziere gegen Hitler, S. 76 f.

407 Kaufmann u. a.: Nachrichtendienst, S. 408.

Robert Uhrig

Uhrig-Ring

Arthur Budeus
Deutsche Waffen- und Munitionsfabriken Borsigwalde

Rudolf Grieb
Quartiermacher

Kurt Lehmann

Hugo Seidel

Bernhard Almstadt
Deutsche Schlauchbootefabrik

Paul Hinze
Quartiergeber

Erich Nöldner
Fa. Erwin Auert Weißensee

Paul Klimmek
Daimler-Benz AG Flugmotorenbau

Anna Rathmann

Otto Schmirgal
Zahnradfabrik Friedrichshafen Zweigwerk Wittenau

Elfriede Tygör
Kurierin, Quartiergeberin

Hermann Tops

Karl Frank

Franz Mett
Verbindung zu:
AEG-Turbinenfabrik
Kabelwerk Oberspree
Knorr-Bremsen
Bamag-Meguin

Fritz Siedentopf
Hersteller von Sabotageanleitungen für die Firmen: AEG-Turbinenwerke, Erwin Auert, Bamag-Meguin

Hermann Michaelis

Erna Almstadt
Deutsche Schlauchbootefabrik

Paul Dumont

Heinz Müller

Erwin Reisler

Kurt Bietzke
Dokumenten-Beschaffer

Käthe Tucholla

Werner Seelenbinder
Kurier, Quartiergeber

Leopold Tomschik
Brandenburgische Motorenwerke Berlin-Spandau

Paul Gesche
Vorsitzender des Segelclubs Wiking Berlin

Erich Kurz
AEG
Dirigent eines Mandolinenorchesters

Charlotte Uhrig
bis Juni 1941 Kurierin zur Sowjetbotschaft

Bruno Braun
Daimler-Benz Flugmotorenbau Marienfelde

Artur Deutschmann
Daimler-Benz Flugmotorenbau Marienfelde

? Charlotte Bischoff
(Mitglied nach Eigenangaben)

Irmgard Horn
Kurierin

Gertrud Rosenmeyer
Fa. Eltron, Tempelhof

Georg Lehnig
Rheinmetall-Borsig Berlin-Tegel
Kabelwerk Oberspree

Felix Tucholla

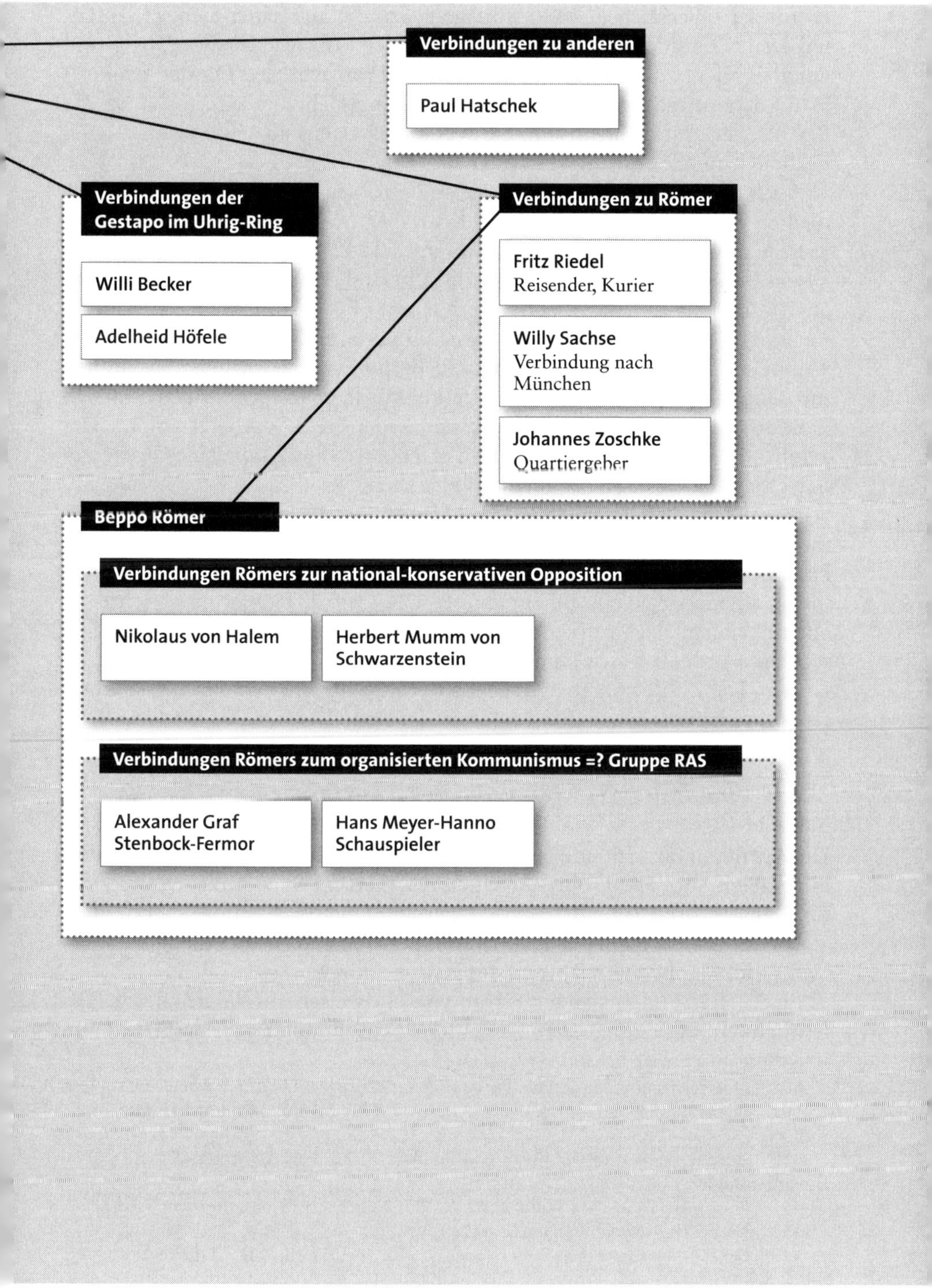
Verbindungen zu anderen
Paul Hatschek
Verbindungen der Gestapo im Uhrig-Ring
Willi Becker
Adelheid Höfele
Verbindungen zu Römer
Fritz Riedel
Reisender, Kurier
Willy Sachse
Verbindung nach München
Johannes Zoschke
Quartiergeber
Beppo Römer
Verbindungen Römers zur national-konservativen Opposition
Nikolaus von Halem
Herbert Mumm von Schwarzenstein
Verbindungen Römers zum organisierten Kommunismus =? Gruppe RAS
Alexander Graf Stenbock-Fermor
Hans Meyer-Hanno
Schauspieler

erhob der Oberreichsanwalt Anklage gegen die aus seiner Sicht Hauptbeteiligten.[408] Am 7. Juni 1944 verurteilte der Volksgerichtshof Uhrig und etliche andere zum Tode. Der 21. August 1944 war der Tag der Exekution.[409] Schaut man sich in der Liste der Hingerichteten um, so haben die Betroffenen eines gemeinsam: Sie waren spätestens ab 1940 in die sowjetische Rüstungsspionage verstrickt.

Auch die Russen wussten, was sie an der Uhrig-Gruppe hatten. Das Ausbleiben der Uhrig-Meldungen mit Kriegsbeginn konnte ihnen nicht recht sein. Also entsandten sie im Frühsommer 1942 einen Fallschirmagenten, Erwin Panndorf, der den Funkkontakt herstellen sollte. Panndorf sprang am 16. Mai 1942 (zusammen mit anderen) über Ostpreußen ab. Er ahnte nicht, dass seine Zielgruppe seit zwei Monaten in Haft saß, ebenso wenig wusste er, dass die Gestapo bereits in Berlin auf ihn wartete. Zusammen mit seinem Quartiergeber Kurt Bietzke wurde er festgenommen. Da sich Panndorf dem Einbau in ein Funkspiel widersetzte, wurde er am 10. Dezember 1942 im KZ Sachsenhausen erschossen. Die Mühe eines Prozesses hatte sich die Gestapo gar nicht erst gemacht.[410]

Im Zusammenhang mit der Verhaftung von Uhrig ist dann auch Römer festgenommen worden und im Zusammenhang mit Römer schließlich Halem. Ein Hochverratsverfahren vor dem Volksgerichtshof brachte Römer die Todesstrafe ein. Im September 1944 wurde Römer hingerichtet[411], ebenso Halem[412]; mit ihnen zahlreiche weitere Verdächtige, denen vorgeworfen wurde, mit den beiden Männern konspirativ verbunden gewesen zu sein. Die Zahlenangaben über die Verhaftungen schwanken. Wie schon gesagt, es ist von bis zu 200 Personen die Rede.[413]

Die Hoffnungsträger: Kriegsspionage à la Harnack und Schulze-Boysen

Die Agenten Harnack und Schulze-Boysen starben am 22. Dezember 1942 am Galgen. Ihre Fälle sollten nach dem Willen der Staatsführung des Dritten Reiches strikt geheim gehalten werden. Doch das konnte schon angesichts der großen Zahl der involvierten Personen auf Dauer nicht gelingen. Vieles sickerte bereits während des Krieges durch.

Nach 1945 ergoss sich ein Strom von Hinweisen auf die neugierige Öffentlichkeit. Hieran hat sich bis heute praktisch nichts geändert. Im Jahre

408 Oberreichsanwalt: Anklageschrift vom 15. Februar 1944 gegen Robert Uhrig u. a.

409 Weber u. a.: Kommunisten, S. 802 f.; Institut für ML: Widerstandskämpfer, Bd. 2, S. 377 f.

410 Zur Verzeichnung der Figur von Pandorf, siehe: Bezirksleitung Gera der SED: Erwin Panndorf.

411 Benz u. a.: Deutscher Widerstand, S. 387; Weber u. a.: Kommunisten, S. 621.

412 Kardorff: Aufzeichnungen, S. 102.

413 Benz u. a.: Deutscher Widerstand, S. 312; Institut für ML: Arbeiterbewegung, Bd. 5, S. 309.

2009 beschloss der Stadtrat von Kiel, eine Straße nach Schulze-Boysen zu benennen; eine derartige Ehrung war einem Sowjetagenten bis dato in der Bundesrepublik nicht widerfahren.

Zunächst dominierten die Darstellungen aus der Verfolger- und der Verfolgtensicht. Sie offenbarten ein grundsätzliches Problem: Während die einen in Harnack, Schulze-Boysen und den mit ihnen in Verbindung stehenden Personen dreckige Landesverräter ausmachten, denen die Verantwortung für den Tod Hunderttausender deutscher Soldaten und Zivilpersonen anzulasten war[414], sahen die anderen in ihnen edle Widerstandskämpfer, die den Mut hatten, der braunen Diktatur die Fahne von Freiheit und Demokratie entgegenzustrecken.[415] Das passt natürlich unter keinen Hut. Nun zu den Fakten.

Die beiden Hauptpersonen waren Arvid Harnack und Harro Schulze-Boysen. Beide Männer waren unterschiedlicher, wie es sich kaum denken lässt. Dass sie wechselseitig von ihrem Spionagehandwerk wussten, entsprach nicht der reinen Lehre, denn beide sollten parallel unter dem NKWD-Residenten Alexander Korotkow arbeiten. Doch bevor auch Schulze-Boysen unmittelbar von Korotkow geführt wurde, war er als Subquelle bei Harnack bei den Sowjets registriert.[416] Ihre nachrichtendienstliche Trennung voneinander entsprach zwar den sowjetischen Prinzipien von Abschottung und wechselseitiger Kontrolle, war bei beiden aber schlecht in die Tat umzusetzen. Wenn beide Männer etwas verband, so war das ihr fanatischer Hass auf das NS-Regime. Möglicherweise waren sie sich auch in ihrem Glauben an die Segnungen des Kommunismus einig. Im Übrigen dürfte man nach Übereinstimmungen vergeblich suchen. Wer von beiden in den Augen ihrer geheimdienstlichen Auftraggeber der Wichtigere war, lässt sich heute nicht mehr entscheiden.

Der spätere Doktor der Rechte und Doktor der Philosophie Arvid Harnack wurde am 24. Mai 1901 geboren. Damit hatte er Glück, denn er gehörte dem ersten Jahrgang an, der nicht mehr zum Kriegsdienst im Ersten Weltkrieg herangezogen wurde. Er wuchs in der Umgebung einer verzweigten Akademikerfamilie auf, studierte Jura in Graz und Jena. Volkswirtschaftliche Stipendien in England und den USA folgten. In Madison, Wisconsin, lernte er zwei Frauen kennen: die Deutsche Greta Kuckhoff (zu dieser Zeit hieß sie noch Lorke) und die Amerikanerin Mildred Fish.[417] Beide gehörten später zu seiner Spionagegruppe, die Literaturwissenschaftlerin Fish wurde seine Ehefrau.

---

414 Roeder: Rote Kapelle, passim; zweifelnd: Schramm: Verrat, S. 331 ff.

415 Institut für ML: Arbeiterbewegung, Bd. 5, S. 310 f.; differenzierend bereits: Weisenborn: Aufstand, S. 188 f.

416 Vgl. z. B. Bericht des Stellvertretenden Residenten Alexander Korotkow an die INO vom 9. März 1941; abgedr. bei Coppi u. a.: Rote Kapelle, S. 114.

417 Roloff: Rote Kapelle, S. 112.

Der akademische Ausflug in die USA war dem ehrgeizigen Harnack offenbar nicht genug. In Deutschland zurück, studierte er in Gießen Literaturgeschichte und Nationalökonomie. Sein wissenschaftlicher Mentor in dieser Zeit war der Professor Friedrich Lenz, bei dem Harnack seine zweite Promotion über die vormarxistische Arbeiterbewegung in den USA schrieb. Die Arbeit, die den Zeitraum von 1792 bis zum amerikanischen Bürgerkrieg in den Griff zu nehmen suchte, schloss mit einer Prophezeiung: Der Marxismus wird in der US-amerikanischen Arbeiterbewegung zum Durchbruch gelangen. Diese 167 Schreibmaschinenseiten waren der Universität Jena einen philosophischen Doktorgrad wert. Das lag nicht zum wenigsten am Doktorvater Lenz.

Der Doktor jur. et phil. Friedrich Lenz war 16 Jahre älter als Harnack. Schon frühzeitig war er in der Lehre etabliert.[418] Reichhaltige Literatur, bevorzugt zu Themen politischer Ökonomie, wiesen seine Interessens- und Forschungsgebiete aus.[419] Ende 1931 gründete er mit sowjetischen Geldern die Arbeitsgemeinschaft zum Studium der sowjetischen Planwirtschaft, kurz Arplan genannt.[420] Der Mann, der im Hintergrund die Fäden dieses Trojanischen Pferdes zog, war der GPU-Agent Alexander Hirschfeld. Hirschfeld, der zuvor Offizier der Roten Armee gewesen war, ging 1931 unter diplomatischer Tarnung nach Berlin. Er war einer der wenigen Funktionäre, die gleichzeitig für GRU und INO tätig waren.[421]

Mit der Installierung von Arplan gelang dem Agenten Hirschfeld gleich in seinem ersten Jahr in Deutschland sein Meisterstück, denn Arplan war in vielfältiger Weise geheimdienstlich nützlich. Die Gesellschaft diente nämlich als Beeinflussungsagentur, als Abschöpfstelle und als Reservoir für die Tipp-Gewinnung. Durch die Möglichkeit von Kommunikation in angenehmer Atmosphäre, die Eröffnung von Publikationsmöglichkeiten und Studienreisen in die ansonsten unzugängliche Sowjetunion zog Arplan ein illustres akademisches Publikum an, von dem man zu Recht hoffen durfte, dass die Beschenkten des Lobes voll für den fernen Staat im Osten sein würden. Diese Rechnung ging auf. Bekannte Größen der Weimarer Zeit wie der Staatswissenschaftler Adolf Grabowski, der Historiker Otto Hoetzsch, der Philosoph Georg Lukácz, der Soziologe Alfred Meusel, der Publizist Ernst Niekisch, der Wirtschaftswissenschaftler Richard Oehring und der Soziologe und Sinologe Karl August Wittfogel gingen bei Arplan

418 Kosch: Staatshandbuch, S. 753.

419 Lenz: Staat und Marxismus; ders.: Sozialdemokratie; ders.: Politische Ökonomie.

420 Dallin: Sowjetspionage, S. 276 f. (der Hinweis auf Sergej Bessonow als Spiritus rector von Arplan ist allerdings falsch); Brief des Vorsitzenden der Komintern Georgi Dimitroff an den Chef der INO Pawel Fitin vom 12. April 1941, abgedr. bei: Coppi u. a.: Rote Kapelle, S. 118 f.

421 A. Kolpakidi/D. Prochorow: Imperija GRU, Bd. 2, Biografii, S. 146–282; Roewer u. a.: Geheimdienste, S. 205.

ein und aus.[422] Daneben boten Zusammenkünfte und Reisen gute Gelegenheiten, die Geladenen auszuforschen, was man in Geheimdiensten als Abschöpfen zu bezeichnen beliebt. Und nicht zu vergessen, man konnte das auf dem Präsentierteller sitzende Personal nach potentiellen Agenten durchmustern – die Tipp-Gewinnung.

Ein solcher Tipp-Treffer war der Mann, den das Duo (Professor Lenz und Agent Hirschfeld) anheuerte und als Geschäftsführer bei Arplan einsetzte: Arvid Harnack. Der junge Doppeldoktor erwies sich sogar als Volltreffer. Wann genau Harnack für den sowjetischen Auslandsdienst INO als Agent verpflichtet wurde, ist umstritten. Einige nehmen an bereits 1932; andere tippen auf 1935.[423] Es ist letztlich ohne Belang, denn von Anfang an wurde Harnack durch den sowjetischen Geheimdienstfunktionär Alexander Hirschfeld gesteuert; eine förmliche Verpflichtung, also eine bewusste Einweihung des Kandidaten in die nachrichtendienstliche Tätigkeit, erfolgte allem Anschein nach erst nach dem Eintritt des Probanden ins Reichswirtschaftsministerium. Bezeichnend ist allerdings, dass die Komintern Harnack bereits seit 1932 als heimliches Mitglied der KPD führte – ein Umstand, den man also sogar den deutschen Genossen verheimlichte. Das legt den Verdacht nahe, dass Harnack bereits seit 1932 beim Auslandsdienst OMS der Komintern registriert war und dort als geheimer Mitarbeiter geführt wurde.[424]

Seinen Einstand ins Beeinflussungs- und Abschöpfgeschäft gab Harnack sogleich im Jahre 1932. Er organisierte, mit Alexander Hirschberg im Rücken, eine Studienreise für 24 Nationalökonomen in die Sowjetunion, an der auch Lenz und er selbst teilnahmen.[425] Harnack meinte später mit einem Hauch von Selbstironie:

> Das Trojanische Pferd muss gestriegelt sein – ein struppiger Gaul tut's nicht.[426]

Kaum aus dem Paradies der Werktätigen zurück, war die Zeit von Arplan abgelaufen. Im März 1933 wurde die Gesellschaft Hals über Kopf abgewickelt. Sie kam damit der in dieser Zeit einsetzenden Kommunistenverfolgungen zuvor. Harnack verschwand aus Berlin und lebte die nächsten anderthalb Jahre in Jena.[427] Seine Frau Mildred blieb in Berlin, von wo aus

---

422 Brockhaus, Bd. 11, S. 680 f.; Kosch: Staatshandbuch, S. 415 f., 549, 849, 920 f.; Schlögel: Berlin, S. 126 ff.; Wittfogel: Geopolitik; Brief des Vorsitzenden der Komintern Georgi Dimitroff an den Chef der INO Pawel Fitin vom 12. April 1941, abgedr. bei: Coppi u. a.: Rote Kapelle, S. 118 f.

423 Brysac: Harnack, S. 248 f.; Dallin: Sowjetspionage, S. 277.

424 Schreiben des Vorsitzenden der Komintern Georgi Dimitroff an den Chef der INO Pawel Fitin vom 12. April 1941 und Schreiben des Politbüromitglieds der KPD Walter Ulbricht an den Chef der Komintern Georgi Dimitroff vom 19. März 1941, beide abgedr. bei: Coppi u. a.: Rote Kapelle, S. 118 ff.

425 Blank u. a.: Rote Kapelle, S. 52.

426 Kuckhoff: Rosenkranz, S. 173.

427 Blank u. a.: Rote Kapelle, S. 61.

sie 1933 und 1934 zwei Abstecher nach Moskau unternahm; wie und auf wessen Einladung bleibt im Dunkeln.[428]

Mit seinem Ausweichen nach Jena hatte Arvid Harnack Glück. Er blieb von der Kommunistenhatz der Hauptstadt unbehelligt, konnte sein zweites juristisches Staatsexamen absolvieren und somit 1935 eine Beamtenkarriere im Reichswirtschaftsministerium beginnen.[429] Für die INO war das eine Traumverwendung: Zunächst war er Referent für die deutsch-amerikanischen Wirtschaftsbeziehungen. Nach diesem Einstieg folgte der Wechsel in das beim Staatssekretär des Wirtschaftsministeriums angegliederte Referat S (Sonderaufgaben). Im Referat S wurden die im Kriegsfall wichtigen Aufgaben des Wirtschaftsressorts gebündelt bearbeitet, nämlich die Rohstoffbewirtschaftung, die Wehrwirtschaft, die Marktpolitik, die Verkehrswirtschaft, Groß- und Einzelhandel sowie die Grenzwirtschaftsfragen.[430] Hier konnte sich Harnack nahezu alles beschaffen, was NS-Deutschland an auswärtigen Handelskontakten und deren Finanzierung für geheimhaltenswert hielt.

Doch die Führung des Agenten Harnack holperte, denn innerhalb von nur drei Jahren wechselte dessen Führung mehrfach. Das war die Folge der „Großen Säuberung" in der Sowjetunion, mit der Stalin auch die eingefahrenen Geheimdienststrukturen zerschlagen ließ. Harnacks letzte Residenten, Alexander Hirschberg und Alexander Korotkow, wurden 1938 nach Moskau abgezogen. Beide wurden aus dem NKWD entfernt. Der Kontakt zu Harnack, und nicht nur zu diesem, riss ab. Erst 1940 wurden die Beziehungen repariert, indem Korotkow erneut rekrutiert und nach Berlin entsandt wurde. Er nahm den Kontakt zu Harnack im September 1940 wieder auf[431]; hieraus ist später häufig der unrichtige Schluss gezogen worden, die Geheimdienstbeziehungen des Ministerialbeamten hätten erst zu diesem Zeitpunkt eingesetzt.[432]

Nun sprudelte die Quelle Korsikanez-Harnack wieder fröhlich. Hinweise auf die deutschen Angriffsabsichten waren ebenso dabei, wie die angeblich strikt kriegsverneinende Stimmung der Bevölkerung. Während das eine stimmte, aber auf taube Ohren im Kreml stieß, war die andere Meldung falsch, aber sie wurde nur zu gerne geglaubt. Wie kam es zu dieser Fehleinschätzung durch den intelligenten Harnack? Nun, er bewegte sich in Kreisen, die genau das glaubten, was er seinen russischen Auftraggebern apportierte.

---

428 Kuckhoff: Rosenkranz, S. 197.

429 Urteil des Reichskriegsgerichts vom 19. Dezember 1942, StPL (HLS) II 129/43, Ziff. 3, abgedr. bei: Haase: Reichskriegsgericht, S. 108; Deutsches Historisches Museum: Harnack.

430 Blank u. a.: Rote Kapelle, S. 67.

431 Coppi u. a.: Dieser Tod, S. 313.

432 Benz u. a.: Lexikon des Widerstands, S. 283 f.; Roloff: Kapelle, S. 129; Weisenborn: Aufstand, S. 189.

Hierzu ein kurzer Blick auf Harnacks persönliches Umfeld. Es war ein ziemlich abgehobener Zirkel von Leuten, die mit der dahingegangenen Demokratie von Weimar so wenig am Hut hatten wie mit dem NS-Regime. Strikten Abstand hielt Harnack übrigens zu den Resten ehemals etablierter KPD-Funktionäre, mit deren Gepflogenheiten er nichts gemein hatte. Auch die andere Seite hielt zu Harnack und den Seinen Abstand, wenn man sich denn überhaupt kannte. Denn Harnack hatte einen für doktrinäre Parteibuch-Kommunisten unüberwindlichen Makel: Er war seit 1937 Mitglied der NSDAP; seine Mitgliedsnummer war 4 153 569. Diese NS-Aktivität stempelte Harnack für KPD-Funktionäre zum Oberhaupt eines Zirkels von Salonbolschewisten ab.[433]

Dabei war das Parteiabzeichen der NSDAP aus nachrichtendienstlicher Sicht doppelt nützlich: Es ebnete Harnack die weitere Karriere im Beamtenapparat ein und hielt eben jene KPD-Kommunisten von Harnack fern. Auch der ehemalige nationalistische Fememörder und spätere Bolschewismus-Sympathisant Ernst von Salomon schilderte ihn so:

> [Hartmut Plaas] lud Ille und mich zu Freunden ein, zu Herrn Harnack. … Ich kannte Herrn Harnack und seine Frau, eine gebürtige Amerikanerin – sie nannte sich Harnack-Fish – von der russischen und amerikanischen Botschaft her, das junge Paar bewegte sich mit Sicherheit in diplomatischen Kreisen. Harnacks wohnten in der Nähe des Halleschen Tores in einer großen, wohleingerichteten Etagenwohnung. Ille und ich fuhren hin, wir blieben eine Stunde und machten uns dann auf den Heimweg. Ille und ich pflegten den Brauch der üblen Nachrede, der gebietet, frühestens an der Wohnungstür, in besseren Fällen aber mindestens an der Haustür mit der Meinung über die Gastgeber nicht zurückzuhalten. Ille begann in diesem Fall schon an der Wohnungstür. „Das habe ich gern“, sagte sie. „Da stehen die Leute lässig an den Kamin gelehnt, balancieren die Teetasse und erzählen ganz beiläufig, Sachen … Sachen! Jeder einzelne Satz kann sie den Kopf kosten.“ Ich schwieg. … Sie sagte: „Das habe ich gern! Da stehen da so Leute herum, gutangezogene, gutaussehende Leute und plaudern von Querverbindungen – weißt du, was das ist?“ Ich wusste es, aber ich schwieg. Sie sagte: „Da sprechen sie von Hitler und Himmler und Rosenberg und Frick, als seien das ausgemachte Trottel, und erzählen mir, ich kenne die Leute gar nicht, habe sie nie gesehen, außer Harnacks und Schulze-Boysens, mir erzählen sie …“ Ille blieb mitten auf der Straße stehen, sie rührte mit der linken Hand in einer imaginären Teetasse und sagte: „Wissen Sie, gnädige Frau, ich weiß da aus todsicherer Quelle, ich habe da einen direkten Draht nach Zürich … natürlich tauschen wir unsere Informationen aus! … und dann“, sagte Ille, „dann blinkert der Herr einem anderen Herren zu und sagt: Entschuldigen Sie, gnädige Frau“, und gibt einem anderen Herren ein gelbes Kuvert und sagt: „Streng vertraulich“ und blinkert – und ich sitze da wie Frau Palm auf dem Sofa und die ganze Stube ist voller Qualm …“[434]

433 Blank u. a.: Rote Kapelle, S. 66; Dallin: Sowjetspionage, S. 286; Höhne: Direktor, S. 150.
434 Salomon: Fragebogen, S. 398 f.

Das kann man glauben oder auch bleiben lassen. Soweit man über die politischen Anschauungen des Harnack-Kreises überhaupt etwas weiß, darf man vermuten, dass er mit Sendungsbewusstsein einen Umsturz in Deutschland in Vorbereitung wähnte, der dann aus eigener Kraft in den Sozialismus einmündete. Das alles sollte unabhängig vom Moskauer Einfluss vonstattengehen; die einschlägige Hörigkeit der KPD geißelte man mit Schärfe.[435] Das war, wenn man Harnacks Agententätigkeit für das NKWD gleichzeitig ins Kalkül zieht, ein ziemlich krudes Gemisch.

Eigentlich ist man nur dann in der Lage, diese Widersprüche aufzuhellen, wenn man sich vorstellt, dass Harnack objektiv zu hundert Prozent die Karte seiner sowjetischen Auftraggeber spielte, während er sich einbildete, nach selbstgewählten Maßstäben zu handeln. Er mochte sich zudem vorstellen, dass es ihm möglich sein werde, die sowjetischen Geheimdienstbeziehungen für seine eigenen Zwecke instrumentalisieren zu können. Das erinnert ein wenig an den Schwanz, der mit dem Hunde wedelt. Indessen: Harnacks Welt war der Schreibtisch. Sein Kreis war ein Zirkel. Die Debatten waren erhaben. Humor war dem strengen Doktrinär fremd. Leuten, die ihm unterlegen waren, begegnete er mit der Ironie des Überlegenen.[436] So glaubte seine Gemeinde ihm gerne, dass man zusammen die Zukunft gestalten könne. Auf diese Weise befruchtete man sich gegenseitig und Harnack, in seiner Rolle als Agent, wird angenommen haben, er berichte über eine weit verbreitete Widerstandsstimmung. Realistisch war dies nicht. Das kann kaum verblüffen, wenn man den Kreis der Personen abschreitet, die den Kern der Harnack-Gruppe ausmachten. Aus ihnen stechen Harnacks Ehefrau Mildred, Adolf Grimme, das Ehepaar Adam und Greta Kuckhoff und, nicht zu vergessen, Miss Martha Dodd hervor.

Martha Dodd war die Tochter von William Dodd. Der diente von Juni 1933 bis Ende Dezember 1937 als US-Botschafter in Berlin.[437] Seine Tochter nutzte die Zeit für ein ausgeprägtes Liebesleben. Die gebürtige US-Amerikanerin Mildred Harnack ging ihr hierbei zur Hand – zumindest was die Ausrichtung der in Berlin als gesellschaftliche Sensation empfundenen Teegesellschaften anlangte.[438] Ernst von Salomon wusste aus eigenem Erleben beizusteuern:

> Martha Dodd lud mich zu ihren Empfängen und „parties“ ein, Angelegenheiten, bei denen würdige Diener mit weißen Handschuhen milde opalisierende

---

435 Coppi u. a.: Dieser Tod, S. 312 f.

436 Boveri: Verrat, Bd. 2, S. 60; Dallin: Sowjetspionage, S. 279 (unter Berufung auf dessen Vetter Axel von Harnack); Axel von Harnack, in: Die Gegenwart Nr. 26/27 vom 31. Januar 1947, S. 15 ff., zit. nach Weisenborn: Aufstand, S. 194; Roloff u. a.: Rote Kapelle, S. 115.

437 Dodd: Diplomat, S. 455.

438 Boveri: Verrat, Bd. 2, S. 58; dies.: Verzweigungen, S. 293.

> und genau so schmeckende Cocktails sowie kleine Weißbrotschnitten reichten, die mit blassen Gemüsen und Kräutern belegt waren.[439]

Vom Liebreiz der Amerikanerin fühlte sich Salomon indessen nicht angezogen; er fand sie fad wie einen kalifornischen Apfel; folglich biss er nicht hinein. Ebenso wenig der Führer des allmählich großdeutsch werdenden Reiches. Im Glauben an ihre eigene Unwiderstehlichkeit hatte die Botschaftertochter alles in ihrer Macht Stehende getan, um sich an Hitler heranzumachen. Den Postillion d'amour spielte des Führers klavierspielendes Faktotum Putzi Hanfstaengl. Doch Martha blitzte ab und der tote Diktator musste es sich viel später gefallen lassen, als frigider Hagestolz tituliert zu werden.[440]

Im Bett der liebeshungrigen Martha arbeiteten sich in ihrer Berliner Schaffensperiode derweil die NKWD-Romeos Boris Winogradow und Dmitrij Buchartsew ab. Ihre Konkurrenten kamen von der anderen Feldpostnummer; zunächst war es der erste Gestapochef Rudolf Diels[441], später der einstige Weltkriegesfliegerheld und jetzige Luftwaffengeneral Ernst Udet.[442] Dessen Telefonverkehr mit der Dodd wurde vom Forschungsamt, der Abhörbehörde des Dritten Reiches, sorgsam registriert und dem obersten Chef Hermann Göring zu dessen Pläsier als Frühstückslektüre gereicht.[443] Den mag belustigt haben, dass das Fräulein Martha bei Udet morgens anläutete, um ihn zu bitten, den dort nächtens verlorengegangenen Slip vom Sofa zu entfernen. Die besten Seufzer präsentierte Göring auch seinem Führer, der sich Jahre später, am 30. Oktober 1941, noch an die Affären der Dodd zu erinnern wusste. Mit einem durchaus richtigen Riecher für die Dinge nutzte Hitler diese Geschichten, um dem verachteten Auswärtigen Amt Vorhaltungen zu machen, es hätte keinen geeigneten Diplomaten bei der Hand gehabt, um die Wässer der Amerikanerin auf deutsche Mühlen zu lenken.[444] Es wundert nicht, dass sich die flotte Martha im Gegensatz zum nationalsozialistischen Führer Jahre später 336 Seiten lang nur noch unvollkommen erinnern mochte.[445]

Doch in Wirklichkeit konnte weder der Udet'sche Generalangriff noch dessen Belauschen verhindern, dass aus Martha Dodd die NKWD-Agentin Lisa wurde.[446] Wie weit hierbei das Ehepaar Harnack unmittelbar seine Finger im Spiel hatte, ist unbekannt; allerdings war es an der Bereitung des Bodens kräftig beteiligt. Es machte aus der NS-begeisterten Martha eine Bolschewistin. Nebenbei: Die Gesellschaften der Martha Dodd waren

439 Salomon: Fragebogen, S. 278.
440 Brysac: Harnack, S. 200; Conradi: Hitlers Klavierspieler, S. 165–168.
441 Brysac: Harnack, S. 201, 204 f.
442 Dodd: Diplomat, S. 336; Irving: Reich hört mit, S. 64.
443 Gellermann: Und lauschten, S. 88.
444 Jochmann: Hitler, S. 118.
445 Dodd: Wind, passim.
446 Andrew u. a.: KGB, S. 155.

ein erstrangiger Platz, um Abschöpfkontakte herzustellen und zu pflegen. Auf Veranlassung von Arvid Harnack wurde eine Reihe von Personen geladen, deren kritische Einstellung gegenüber dem NS-Regime bekannt war und die nun ausgehorcht werden sollten, ob man sie in die prosowjetische Arbeit integrieren konnte. Den Part des Abschöpfers spielte John Sieg, ehemaliger Redakteur der „Roten Fahne", jetzt Bediensteter bei der Deutschen Reichsbahn.[447] Vergebliches Ziel der Harnack'schen Begierden waren zum Beispiel die Journalistin Margret Boveri und der Schriftsteller Ernst Niekisch.

Bleibt nachzutragen, dass Frau Martha Dodd sich für die vom Ehepaar Harnack empfangene Zuwendung zu revanchieren wusste, indem sie ihre Entdecker munter bespitzelte, und das liest sich in den Akten der sowjetischen Geheimpolizei wie folgt:

> [Mildred Harnack] ist blond, groß und blauäugig und von eher grobgliedriger Figur; sie sieht aus wie eine typische Deutsche, Amerikanerin aus der unteren Mittelschicht; sie ist intelligent, sensibel, treu – eine richtige deutsche Frau von ausgesprochen nordischem Typus und vor allem sehr gut einsetzbar. Er stammt aus guter Familie mit theologischem und philosophischem Geistesleben und ist sehr gebildet. Er ist ebenfalls blond und blauäugig, Brillenträger, mittelgroß und stämmig und wirkte, als ich ihn das letzte Mal sah, gleichfalls sehr nordisch. Sie waren sehr vorsichtig in ihrer Art, Kontakte herzustellen, extrem diplomatisch in Bezug auf ihre Mitmenschen und erweckten in jeder Hinsicht den Eindruck, bestens ausgebildet und höchst diszipliniert zu sein. Beide unterhielten gute Beziehungen zu männlichen und weiblichen Nazis. Arvid stand damals nicht unter Verdacht und hatte einen wichtigen Posten im Ministerium inne. Ich bin mir sicher, dass sie, wenn ich mich nicht völlig täusche, in unserem Sinne als absolut zuverlässig und vertrauenswürdig einzustufen sind.[448]

Einer der Abschöpfkontakte des Ehepaars Harnack kam allerdings nicht durch die Dodd, sondern auf ganz andere Weise zustande. Für den Agenten Korsikanez-Harnack war es ein Glückstreffer. Der Mann hieß Herbert Gollnow; falls er nach dem Krieg überhaupt erwähnt wurde, so nur mit spitzen Fingern. Gollnow war der Sohn eines Beamten im mittleren Dienst. Der Besuch der Oberrealschule ermöglichte es, dass er es einmal besser haben würde als der Vater. Folgerichtig wurde er Beamter. Die Reichsbahn bildete ihn zum Eisenbahninspektor aus. Der Schritt in den gehobenen Dienst war geschafft. Doch Gollnow wollte mehr. 1936 trat er der NSDAP bei; das war das Sprungbrett für den Wechsel ins Auswärtige Amt, das den Eisenbahner als Konsularsekretär einstellte. Bald war dem Ehrgeizigen klar, dass anders als bei der Reichsbahn die Musik im AA allein im höheren Dienst gemacht wurde. Dafür musste ein Studium her. Die Aus-

447 Kuckhoff: Rosenkranz, S. 190.

448 Bericht Lisas (Martha Dodd) vom 9. Dezember 1940, NKWD-Akte Korsikanez Nr. 34118, Bd. 2, Bl. 77, zit. nach Costello u. a.: Superagent, S. 118.

landswissenschaftliche Fakultät zu Berlin lag nahe. Doch jetzt gebrach es am verhandlungssicheren Englisch.

Gollnow gab eine Annonce auf: Suche Privatlehrer für Englisch. Zwei Antworten kamen ein. Eine davon war die von Mildred Harnack.[449] Als er die Harnack'sche Wohnung aufsuchte, muss Mildred nicht schlecht gestaunt haben, denn ein junger Offizier in Luftwaffenuniform betrat das Wohnzimmer. Gollnow leistete nämlich mittlerweile Dienst als Reserveoffizier. Seine berufliche Tätigkeit im Auswärtigen Amt prädestinierte ihn nach der Auffassung der Militärbürokraten für eine Tätigkeit im Amt Ausland/Abwehr; nach dorthin wurde Gollow zum Kriegsdienst einberufen. Gollnow kam zu Abwehr II, der Abteilung für Sabotage und Zersetzung. Dort wurde er Sachbearbeiter für Fallschirmeinsätze der Sabotagekommandos.

Das war in der Tat ein Volltreffer für jeglichen gegnerischen Geheimdienst. Doch der junge ehrgeizige Offizier wurde beileibe kein Agent – davon war der überzeugte Nationalsozialist um Meilen entfernt. Er war vielmehr derartig überzeugt, dass er es nicht ertragen konnte, wenn jemand in seiner Gegenwart am Sieg der deutschen Waffen zweifelte. Er trumpfte auf und prahlte mit seinem dienstlich erworbenen Wissen. Den Harnacks müssen die Ohren geklingelt haben und Arvid setzte alle seine Beredsamkeit darein, den ihm unterlegenen Gollnow zum Protest und damit zum Plaudern zu veranlassen. Dabei bewegte sich Harnack auf gefährlich dünnem Eis, denn nichts lag näher, als dass der naiv-überzeugte Gollnow seinen Gastgeber anzeigte. Dass er dies nicht tat, mag zwei Gründe gehabt haben. Gollnow fühlte sich in dieser großbürgerlichen Welt zugleich eingeschüchtert und für wichtig genommen, und, das mag der springende Punkt sein, begann ein Liebesverhältnis mit Mildred Harnack.[450] Wie schrieb doch die deutsche Journalistin Margret Boveri später über die Amerikanerin, die sie auf einem der Tees bei Martha Dodd kennen gelernt hatte:

> Sie war für mich mit ihren schönen blonden, straff zurückgekämmten Haaren, ihren klaren, nichts zurückhaltenden Augen der Inbegriff der puritanisch-strengen Amerikanerin.[451]

Was soll man dazu sagen? Geschah dies alles unter den Augen des Ehemannes, so wirft das auf beide Harnacks ein zusätzliches fragwürdiges Licht. Wie dem auch sei, die Quelle Gollnow sprudelte munter. Sabotageeinsätze von Abwehr II an der Ostfront des Jahres 1942 wurden vor den erstaunt lauschenden Ohren des Agenten Korsikanez offenbart. Und es gelang angeblich, einen Teil dieser unerhörten Informationen nach Moskau

449 Perrault: Rote Kapelle, S. 212 f. (unter Berufung auf einen anonymen deutschen Verfolger).

450 Höhne: Direktor, S. 172 f.

451 Boveri: Verrat, Bd. 2, S. 62.

abzusetzen. Ein gutes Dutzend deutscher Kommandounternehmen lief so ins offene Messer – wird gesagt.[452] Das darf getrost bezweifelt werden.

Die anderen Mitstreiter aus Harnacks engerem Zirkel hatten solche militärisch interessanten Zugänge nicht. Das Ehepaar Kuckhoff beispielsweise leistete Zuträger- und Kurierdienste. Adam Kuckhoff, Sohn eines Aachener Nadel-Fabrikanten, hatte für die väterliche Klitsche nichts übrig.[453] Nach verbummelten Studentenjahren wurde er Schriftsteller und Theatermann. Der ursprünglich nationalistische Schriftsteller mutierte nach 1933 zum erbitterten NS-Gegner. Mag sein, dass seine Geliebte und spätere Frau Greta ihm zu entsprechenden Einsichten verholfen hatte. An der Agententätigkeit des Arvid Harnack nahm er ab Frühjahr 1941 bewusst teil[454]; die INO hatte ihm hierfür den Decknamen Starik verpasst, zu Deutsch: der Alte.

Seine Ehefrau Greta war da aus anderem Holze. Sie stammte aus denkbar einfachen Verhältnissen, hatte sich bis zum Studium der Nationalökonomie durchgebissen. Dem Diplom folgte ein Stipendium für die USA, wo sie Arvid Harnack an der Universität von Madison kennen lernte. Zurück in Deutschland, wurde sie wissenschaftliche Sekretärin eines deutschen Wirtschaftsanwalts, der sie mit in die Schweiz nahm. Es ist möglich, dass sie bereits in dieser Zeit für die INO verpflichtet war. Wieder zurück in Deutschland, traf sie bald nach der NS-Machtergreifung ihren alten Kommilitonen Harnack, der sie dahingehend beeinflusste, in die NSDAP einzutreten und für deren Rassepolitisches Amt zu arbeiten.[455] Diese behördengleiche Einrichtung gehörte zu den Neuschöpfungen der NS-Machthaber; sie unterstand dem Stellvertreter des Führers.[456] Das war eine prächtige Tarnung, um im Dritten Reich auf Abwegen zu wandeln.

So wurde Frau Greta der treibende Teil in der Beziehung zu Adam Kuckhoff, den sie 1937 heiratete. Sie war es auch, die zahlreiche weitere Kontakte ausbaute und pflegte. Bei dieser Konstellation wundert es, dass ausgerechnet sie das Aufkippen und die Aburteilung der Gruppe überlebte. Das gegen sie erlassene Todesurteil wurde revidiert. Jahre später schrieb sie ihre Memoiren „Vom Rosenkranz zur Roten Kapelle“, in der DDR mehrfach aufgelegt und 432 Seiten dick. Es ist ein lederner Text ohne erkennbare Gliederung, strotzend von sozialistischem Schwulst, in dem man mit feiner Sonde nach den Erlebnissen und vor allem den Ansichten der Autorin suchen muss. Das verlangt eine Menge an Selbstverleugnung vom Leser und richtig, plötzlich erschließen sich einige Details über die handelnden Personen, die man nicht beiseitelassen kann.

---

452 Höhne: Direktor, S. 177.
453 Kuckhoff: Rosenkranz, S. 212 f.
454 Biernat u. a.: Schulze-Boysen, S. 120.
455 Dallin: Sowjetspionage, S. 285; Kuckhoff: Rosenkranz, S. 124 ff.
456 O. Verf.: Schlag nach, S. 212.

Aus den Kulissen sozialistischer Heldenverehrung tritt plötzlich ein Arvid Harnack heraus, der regelrecht unsympathische Züge hat. Hervorstechend eine gefährliche Geheimdienstmacke, die ihn beispielsweise veranlasste, die Kuckhoff auf den Dachboden über ihrer Wohnung zu schicken. Dort sollte sie mit dem Fernglas die Umgebung beobachten, während er sich mit Adam Kuckhoff, ihrem Ehemann, unterhielt. Ein andermal verschwand er beim Treffen der beiden Ehepaare, um zu untersuchen, ob man aus anderen Teilen des Hauses ihre Gespräche belauschen konnte. Noch so ein Fall: Die Kuckhoff wurde mit einem schweren Koffer losgeschickt, um konspirative Schriften beiseite zu bringen. Ihr Wunsch, die Sache mit dem Taxi zu erledigen, wurde empört zurückgewiesen; der wahre Konspirateur habe in schnellem Wechsel öffentliche Verkehrsmittel zu benutzen. So geriet die Botin in eine Polizeikontrolle, der sie nur mit Dreistigkeit entgehen konnte und mit dem Erfolg, dass SS-Leute den Koffer in ihre Wohnung zurückschleppten, um der Schwangeren zu helfen.[457]

Eine weitere Groteske spielte sich ab, als die Kuckhoff daranging, den vollständigen Text von „Mein Kampf" ins Englische zu übersetzen. Das verbot Harnack zunächst, bis er das Votum der Freunde aus Moskau wusste. Die Moskauer wollten zunächst die Person überprüfen – immer nach dem Motto: erst die Kader, dann die Sache. Es kam zu einer Tee-Einladung in die Wohnung der Harnacks in der Woyrschstraße, an der ein unbekannter Mann teilnahm, den vorzustellen sich niemand Mühe gab. Später erklärte Harnack, es habe sich um einen Genossen aus der sowjetischen Botschaft gehandelt. Namen wurden auch weiterhin nicht genannt.[458]

Für noch etwas anderes ist die Kuckhoff die Kronzeugin wider Willen. Es muss bei dem Duo Arvid Harnack – Adam Kuckhoff ziemlich abgehoben zugegangen sein. Dabei mochte es noch hingehen, dass ihr Mann sie nötigte, stundenlange Einkaufstourneen zu unternehmen, damit sie für Arvid und Adam Kalbskopf en torture herstellen konnte, und zwar exakt nach dem Rezept des französischen Fresspapstes Savarin. Das war in der Zeit der Lebensmittelmarken kein Pappenstiel.[459] Doch das Elitäre der beiden, das sich vor allem auch darin äußerte, sie, die studierte Volkswirtin und erfolgreiche Übersetzerin, aus der Sacharbeit der Gruppe fernzuhalten, ist Greta Kuckhoff nicht nur einmal sauer aufgestoßen.[460] Nur so wird leicht verständlich, wie dankbar sie 1939 die Kontaktaufnahme zu dem Ehepaar Schulze-Boysen begrüßte. Endlich war etwas los in der Bude. Die Herstellung des Kontaktes war über die drei Frauen, Greta Kuckhoff, Mildred Harnack und Libertas Schulze-Boysen, vonstattengegangen.[461] Zwar hatten sich beide Seiten Mitte der 1930er Jahre schon einmal flüchtig kennen

457 Kuckhoff: Rosenkranz, S. 204 ff.
458 Dallin: Sowjetspionage, S. 285; Kuckhoff: Rosenkranz, S. 183 f.
459 Kuckhoff: Rosenkranz, S. 295.
460 Kuckhoff: Rosenkranz, S. 170 f., 238 ff., 259 f., 277 f., 309.
461 Coppi u. a.: Dieser Tod, S. 312; Kuckhoff: Rosenkranz, S. 192, 226 ff., 231.

gelernt. Doch ein Zusammenwirken war am Widerspruch Arvid Harnacks gescheitert, der den Jüngeren für einen Wirrkopf hielt.[462]

Mit Harro Schulze-Boysen betritt eine der bizarrsten Figuren im deutsch-sowjetischen Geheimdienstheater die Bühne. Harro Schulze wurde am 2. September 1909 als Sohn eines Marineoffiziers geboren. Nach dem Ersten Weltkrieg musste Vater Schulze als 39-jähriger Admiralstabsoffizier den Dienst quittieren.[463] Dank guter familiärer Beziehungen gelangte er auf einen Führungsposten in der Ruhrindustrie. Die Familie zog 1922 nach Duisburg. Hier machte Harro Schulze 1928 Abitur. Es war vermutlich die letzte Prüfung, der er sich mit Erfolg unterzog, denn nun begann er das Leben eines studentischen Bummelanten. Im Wintersemester 1928/29 schrieb er sich in Freiburg für die Juristerei ein, bereits 1929 wechselte er nach Berlin. Hochfliegende revolutionäre Träume bestimmten fortan den weiteren Lebensweg. Dieser angestrengte Müßiggang wurde aus der elterlichen Schatulle finanziert. Revolutionäre, gegen die Republik von Weimar gerichtete Zirkel wechselten mit Einladungen in die besseren Kreise, denen es ein Anliegen war, diesen Großneffen des hochberühmten Großadmirals Alfred von Tirpitz zu Tisch zu laden. Briefe belehrenden Inhalts ließen das Elternhaus wissen, was für einen exorbitanten Sohn die Schulzes hatten.

> Liebe Mama, ... Ich überschätze mein Wissen gewiss nicht. Ich muss noch ungeheuer viel lernen und lerne täglich dazu. Aber über den Begriff „oberflächliche Schlagworte" lässt sich eben streiten. Wen Du sie so oberflächlich findest, zeigt das eben nur, dass Du sie noch nicht durchdacht hast.[464]

Nein, Bescheidenheit war seine Sache nicht und so hielt er es für einen Sprung in die große Welt, als er 1931/32 zunächst als redaktioneller Mitarbeiter bei der Zeitschrift „Gegner" angenommen wurde. Der „Gegner" war eine der zahlreichen Postillen der ausgehenden 1920er Jahre, in denen Feinde des demokratischen Weimarer Systems ihre Staats- und Gesellschaftsvorstellungen nebst revolutionären Kochrezepten zum Besten gaben. Hierfür fand sich auch eine Leserschaft. Aber man lasse sich nicht täuschen; diese Art von Schriftstellerei war kein kommerzielles Unternehmen. Entweder stammte das Geld für derartige Druckschriften aus den Taschen reicher Leute oder aus dem Portefeuille eines Geheimdienstes. Im Falle des „Gegner" war beides der Fall. Der Gründer des „Gegner", Franz Jung, hat viele Jahre später in seinen Memoiren eingeräumt, dass das Geld aus der sowjetischen Botschaft stammte.[465] Das war kein Zufall.

---

462 Dallin: Sowjetspionage, S. 283; Höhne: Direktor, S. 129; Roloff u. a.: Rote Kapelle, S. 117 (unter gehöriger Weichspülung).

463 Roloff u. a.: Rote Kapelle, S. 92; Stoelzel: Ehrenrangliste, S. 176.

464 Coppi u. a.: Dieser Tod, S. 145.

465 Jung: Weg, S. 386.

In den 1920er Jahren fuhren die sowjetischen Geheimdienste in Deutschland eine Mehrfachstrategie: Neben der Informationsausbeutung, die sie betrieben, vergaßen sie niemals ihre revolutionären Wurzeln. Und das bedeutete: Sie trieben auch stets die Beeinflussung mit dem Ziel des Systemsturzes. Dabei war die KPD mit ihren Apparaten nur eines der Spielbeine, das durch die Komintern gelenkt wurde. Daneben unterstützten die INO und die GRU munter andere Systemfeinde, bevorzugt auch solche aus dem breiten und heterogenen Lager der Nationalbolschewisten. Im Falle des „Gegner“ sollte sich die Miete bezahlt machen. „Gegner“-Chef Franz Jung tauchte im Frühjahr 1932 unter, als die Polizei wegen Devisenvergehens nach ihm fahndete. Da rückte Harro Schulze auf den Posten des Chefredakteurs. Das ist eine hochtrabende Bezeichnung für eine eher bescheidene Sache. Schulze ging indessen mit Feuereifer zu Werke:

> liebe mama, lieber papa, vielen dank für wäschesack und geld. ... die transaktion des „gegner“! in meinen verlag ist sehr gut geglückt. ich bin jetzt also ganz unabhängig. die verschiedenen leute laufen sich nach dem „gegner“ die beine aus dem leibe. ich würde aber gerne unabhängig bleiben und will nun erst mal versuchen, vorsichtig lavierend das schiff weiter vorwärts zu steuern. ... eben eure briefe erhalten. monat juli noch etwas ungewiss. ich brauche an sich: miete und telefon ca. 45.–, essen 50.–, stadtbahnkarte 5.–, s. s.100.–. ich hoffe aber, bis zum 1. 7. wieder in den besitz von etwas geld zu kommen, also wieder mit mk. 60.– auszukommen. [Randglosse des Vaters: Ich hoffe es auch, halte es aber für wenig wahrscheinlich.][466]

Sein Hauptquartier schlug der schwer arbeitende junge Mann auf der Sonnenterrasse des Luna-Bades auf. Der Vater machte sich indessen Sorgen und verband eine der nächsten Geldsendungen mit der Anfrage, wer denn nun eigentlich den „Gegner“ finanziere.[467] Es versteht sich, dass Sohn Harro hierauf nicht eingehen mochte. Der hatte ganz andere Dinge im Kopf. Damit war er derartig eingespannt, dass er nicht richtig mitbekam, wie mit dem Machtantritt der Nationalsozialisten am 30. Januar 1933 wahrlich andere Zeiten angebrochen waren. Das sollte man dem 23-Jährigen nicht verargen, wesentlich Ältere als er bekamen auch nicht mit, was die Stunde geschlagen hatte.

Nach dem Reichstagsbrand wurde Schulze für eine Nacht in Polizeigewahrsam genommen. Der Grund lässt sich nicht mehr rekonstruieren. Klar ist nur, dass er diesen Schuss vor den Bug nicht ernst nahm. Im Gegenteil, er begrüßte die NS-Machtergreifung und lebte in dem Größenwahn, die neuen Machthaber würden mit ihm zu paktieren suchen. Auch das bald ergehende Verbot des „Gegner“ ließ ihn offenbar kalt, denn er machte einfach weiter. Das sollte er wenige Tage später bitter büßen. SA-Leute nahmen sein Redaktionsbüro auseinander, sperrten ihn und seinen Kom-

466 Coppi u. a.: Dieser Tod, S. 148.
467 Coppi u. a.: Dieser Tod, S. 151.

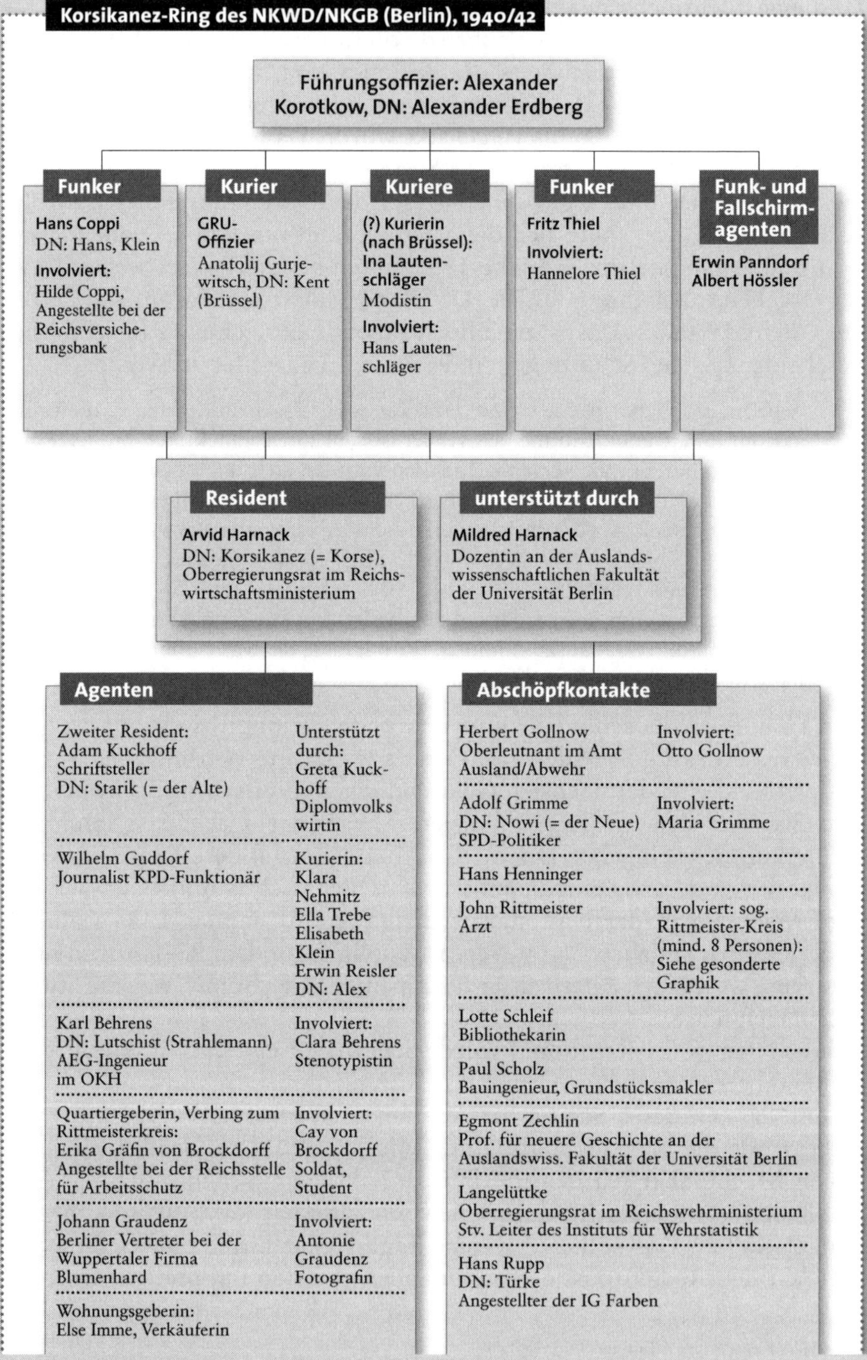
Korsikanez-Ring des NKWD/NKGB (Berlin), 1940/42
Führungsoffizier: Alexander Korotkow, DN: Alexander Erdberg
Funker
Hans Coppi
DN: Hans, Klein
Involviert:
Hilde Coppi, Angestellte bei der Reichsversicherungsbank
Kurier
GRU-Offizier
Anatolij Gurjewitsch, DN: Kent (Brüssel)
Kuriere
(?) Kurierin (nach Brüssel): Ina Lautenschläger
Modistin
Involviert:
Hans Lautenschläger
Funker
Fritz Thiel
Involviert:
Hannelore Thiel
Funk- und Fallschirmagenten
Erwin Panndorf
Albert Hössler
Resident
Arvid Harnack
DN: Korsikanez (= Korse), Oberregierungsrat im Reichswirtschaftsministerium
unterstützt durch
Mildred Harnack
Dozentin an der Auslandswissenschaftlichen Fakultät der Universität Berlin
Agenten
Zweiter Resident: Adam Kuckhoff
Schriftsteller
DN: Starik (= der Alte)
Unterstützt durch: Greta Kuckhoff
Diplomvolkswirtin
Wilhelm Guddorf
Journalist KPD-Funktionär
Kurierin: Klara Nehmitz
Ella Trebe
Elisabeth Klein
Erwin Reisler
DN: Alex
Karl Behrens
DN: Lutschist (Strahlemann)
AEG-Ingenieur im OKH
Involviert: Clara Behrens
Stenotypistin
Quartiergeberin, Verbing zum Rittmeisterkreis:
Erika Gräfin von Brockdorff
Angestellte bei der Reichsstelle für Arbeitsschutz
Involviert: Cay von Brockdorff
Soldat, Student
Johann Graudenz
Berliner Vertreter bei der Wuppertaler Firma Blumenhard
Involviert: Antonie Graudenz
Fotografin
Wohnungsgeberin:
Else Imme, Verkäuferin
Abschöpfkontakte
Herbert Gollnow
Oberleutnant im Amt Ausland/Abwehr
Involviert: Otto Gollnow
Adolf Grimme
DN: Nowi (= der Neue)
SPD-Politiker
Involviert: Maria Grimme
Hans Henninger
John Rittmeister
Arzt
Involviert: sog. Rittmeister-Kreis (mind. 8 Personen): Siehe gesonderte Graphik
Lotte Schleif
Bibliothekarin
Paul Scholz
Bauingenieur, Grundstücksmakler
Egmont Zechlin
Prof. für neuere Geschichte an der Auslandswiss. Fakultät der Universität Berlin
Langelüttke
Oberregierungsrat im Reichswehrministerium
Stv. Leiter des Instituts für Wehrstatistik
Hans Rupp
DN: Türke
Angestellter der IG Farben

Agenten

Helmut Marquart
Schüler, Funkbastler

Philipp Schaeffer
Sinologe, KPD-Mitglied
Involviert:
Ilse Schaeffer, Kontoristin

Quartiergeber:
Rudolf Scheffel
Verleger, KPD-Mitglied

Kurier:
John Sieg
Reichsbahner, KPD-Mitglied
Involviert:
Sophie Sieg, Steno-typistin, KPD-Mitglied

Friedrich Lenz
Hochschullehrer

Kurier:
Martin Weise
Journalist, KPD-Mitglied

Richard Weissensteiner
Angesteller bei Borsig, KPD-Mitglied

Heinz Tietjens (Ps. Peter Tarin)
DN: Albanjez (= der Albaner)
Verkaufsberater der Schuh-Kette Leiser

Wilhelm Utech
DN: Arbeiter
Übersetzer im RLM, KPD-Mitglied

Eva Maria Buch
Buchhändlerin, Studentin

Rose Schlösinger
Direktionssekretärin
Als Informant involviert:
Bodo Schlösinger

Heinrich Scheel
Oberleutnant der Luftwaffe

Abschöpfkontakte

Otto Donner
DN: Iks (X), der Anonyme
Leiter der Forschungsstelle für Wehrwirtschaft in der Vier-Jahres-Plan-Behörde

Leo Skrzypczynski
DN: Lehrer
Unternehmer

Paul Thomas
DN: Der Einarmige

Wilhelm Utech
DN: Arbeiter
Übersetzer im RLM, KPD-Mitglied

Baron Wolzogen-Neuhaus
recte (?) Freiherr von Wolzogen und Neuhaus
DN: Grek (= der Grieche)
Angestellter (?) in der Tech. Abtlg. im OKW

Als Informant involviert:
Bodo Schlösinger

pagnon Henry Erlanger in ein „wildes KZ", wo sie Schulze Spießrutenlaufen ließen. Den Juden Erlanger prügelten sie zu Tode. Wieder griff die Familie ein. Mutter Schulze suchte den frischgebackenen Polizeipräsidenten von Berlin auf, den Bekannten des Vaters und Ex-Marinemann Magnus von Levezow. So kam Sohn Harro frei.[468] Jetzt hatte er begriffen, wessen Geistes Kind die Nationalsozialisten waren. Der verschwiemelte Sympathisant und Redenhalter war zu deren erbitterten Feind mutiert.

Schulzes nächste Station wurde eine Pilotenausbildung, die der Vater über ehemalige Kriegskameraden für den Sohn in Warnemünde organisiert hatte. Doch auch die brach er ab. Im April 1934 trat er ins neu gegründete Reichsluftfahrtministerium ein. Wieder hatte der Vater ihm eine Tür geöffnet. 1936 dann die Hochzeit. Seine Frau Libertas Haas-Heye gehörte zu den besseren Kreisen einer vergangenen Epoche. Einer der Großväter war Philipp Graf zu Eulenburg, als Phili um die Jahrhundertwende Freund und homoerotischer Gespiele von Kaiser Wilhelm II.[469] Auf dem Eulenburg'schen Familienbesitz in Liebenwalde wuchs Libertas auf. 1933 wurde die ungelernte 19-jährige Blondine Pressereferentin bei der deutschen Dependance des Filmkonzerns Metro-Goldwyn-Mayer.[470]

Die Gelegenheit der Eheschließung nutzte Schulze zur Namensänderung. Unter Hinzunahme des Mädchennamens seiner Mutter nannte er sich fortan Schulze-Boysen. Das Paar lebte standesgemäß in einer großen Wohnung nebst Dienstmädchen: zunächst in der Waitzstraße, unweit vom Kurfürstendamm, später Charlottenburg, Altenburger Allee 19.[471] Es ist kaum davon auszugehen, dass das Gehalt beider hierfür hinreichte, denn Schulze-Boysen war als ungelernte Kraft ein Hilfssachbearbeiter, der im Zeitungsausschnittdienst der Abteilung Fremde Luftmächte beschäftigt wurde. Dort sammelte und übersetzte er ausländische Pressemeldungen über Flugzeuge zur Zufriedenheit seiner Vorgesetzten. Diese waren willens, den ungedienten Schulze-Boysen an den Karrierechancen des RLM teilhaben zu lassen. Doch die Personalabteilung blockte. Dem Kandidaten fehlten die akademischen Weihen, auch sei sein Verhalten in der Systemzeit, sprich: während der Weimarer Republik, ungeklärt. Gegen solche Einwände, die auch das berufliche Aus hätten sein können, konnte nur schweres Geschütz helfen. Das trug den Namen Hermann Göring. Den sprach die junge Ehefrau auf einer Jagd im Liebenbergischen an. Göring verfügte, man solle die ollen Kamellen vergessen; fortan ließ man Schulze-Boysen in Ruhe.

Völlig unklar ist, ob und wie Schulze-Boysen vor dem Zweiten Weltkrieg Kontakt zum sowjetischen Geheimdienst hatte. Verschiedentlich ist nach dem Krieg behauptet worden, er habe den Sowjets deutsche Agen-

468 Coppi u. a.: Dieser Tod, S. 162.
469 Hergemöller: Mann, S. 210 ff.
470 Deutsches Historisches Museum: Schulze-Boysen.
471 Coppi u. a.: Dieser Tod, S. 268 f.; Jäckel: Menschen, S. 480 ff.

ten während des Spanischen Bürgerkrieges ans Messer geliefert.[472] Das ist denkbar unwahrscheinlich. Schulze-Boysen gehörte nicht, wie in diesem Zusammenhang immer wieder zu lesen ist, zur Abwehr der Luftwaffe; er gehörte überhaupt nicht zur Abwehr, sondern in die Abteilung Fremde Luftmächte im Reichsluftfahrtministerium, später Fremde Luftwaffen im Generalstab der Luftwaffe. Diese Abteilung sammelte Daten über die Luftstreitkräfte anderer Staaten, auch soweit diese ursprünglich aus Agentenmeldungen des Amtes Ausland/Abwehr stammten, ferner unterstanden ihr die Luftattachés an den Auslandsvertretungen des Deutschen Reiches, aber mit der Führung von Agenten hatte sie nichts zu tun. Es kann daher nahezu ausgeschlossen werden, dass Schulze-Boysen derartige Namen kannte.

Aus den NKWD-Akten soll sich ergeben, dass Schulze-Boysen die Sowjets über die Berliner Botschaft mit dem Hinweis versah, der NS-Geheimdienst (wer auch immer das sein mochte) plane, in Barcelona mit Hilfe der trotzkistischen spanischen POUM einen antirepublikanischen Aufstand anzuzetteln.[473] Das bleibt alles ziemlich rätselhaft. Was Schulze-Boysen allerdings wusste, war der Umstand, dass sich die Luftwaffe mit der Legion Condor in Spanien auf der Seite der Falange engagierte. Nachrichten über Seetransporte in Richtung Spanien werden ihm zugänglich gewesen sein.

Auch kannte er Einzelheiten aus der Freiwilligenanwerbung bei der Panzerwaffe. Ein Freund, der in Neuruppin diente, hatte ihn mit den Informationen versorgt. Dieser Freund, Werner Dissel, war im Herbst 1937 wegen kommunistischer Zersetzungstätigkeit verhaftet worden. Er und Schulze-Boysen kannten sich aus dem Gegner-Kreis; jetzt lud ihn die Gestapo zur Gegenüberstellung vor.[474] Die Herren stritten ab, und die Sache war an Schulze-Boysen noch einmal vorbeigeschrammt.

Doch das konnte ihn nicht zur Aufgabe bewegen. Im Gegenteil. Wie wurde er nun seine Neuigkeiten los? Über eine Freundin und entfernte Verwandte seiner Frau, die 27-jährige Gisella von Poellnitz, die Umschläge mit den brisanten Informationen in der sowjetischen Botschaft Unter den Linden in den Briefkasten warf. Das war reichlich naiv, denn die Botschaft der Sowjetunion wurde routinemäßig observiert, so dass die Poellnitz der Gestapo im Februar 1938 ins Netz ging. Sie konnte sich mit Mühe rausreden. Eine Haussuchung bei Schulze-Boysen folgte auf dem Fuße, denn die junge Frau hatte eine Weile lang zur Untermiete in der Wohnung der Schulze-Boysens gewohnt. Während einer Nierenerkrankung von Schulze-Boysen, seine Frau Libertas befand sich auf einer ausgedehnten Schiffsreise, zog die Poellnitz nämlich zu ihm in die Wohnung – als Pflegerin.[475]

---

472 Höhne: Direktor, S. 142; Perrault: Rote Kapelle, S. 209.

473 Costello u. a.: Superagent, S. 126, 398, unter Berufung auf die NKWD-Akte Schulze-Boysen Nr. 34 122, Bd. 1, Bl. 132, Akte Harnack Nr. 34118, Bd. 1, Gl. 318, 220.

474 Coppi u. a.: Dieser Tod, S. 237.

475 Coppi u. a.: Dieser Tod, S. 228, 240, 252 f.; Höhne: Direktor, S. 142 f.

Die Hausdurchsuchung bei Schulze-Boysen erbrachte nichts Belastendes; seinem Dienstherrn allerdings einen harschen Hinweis auf das Sicherheitsrisiko, dass er in seinen Mauern beschäftigte. Dergleichen wurde im RLM als unziemliche Einmischung in den Wind geschlagen.

Doch aus ihrer Sicht hatte die Gestapo mehr als Recht. Sie ahnte nicht einmal, wie Recht sie hatte. Es muss 1937 begonnen haben, dass die Wohnung der Schulze-Boysens zum regelmäßigen Treffpunkt aller möglichen Altersgenossen wurde. Es ging meist laut und ausgelassen zu. Dergleichen als Hort des Widerstandes zu bezeichnen, hieße, die Dinge zu übertreiben. Indes: Die fröhlichen Zecher tanzten auf dem Vulkan, denn einer der Con-Kneipanten war Karl Graf von Meran. Der war zudem Agent des SD. Er denunzierte Schulze-Boysen als einen geschickt getarnten Kommunisten.[476]

Als Folge dieser Anschwärzung hörten die Großveranstaltungen Ende 1937 in der Wohnung auf. Sie wurden durch anderes ersetzt. Jetzt traf man sich in kleineren Zirkeln am selben Orte und unterhielt sich über Maßnahmen für den Systemsturz. Hierunter verstand man in erster Linie die Herausgabe von Flugblättern, mit der über die wahre Lage des zunehmend gleichgeschalteten Deutschland informiert und für das Sowjetsystem geworben werden sollte. Bis zum Jahre 1942, als die Gruppe aufflog, waren über hundert Personen in diese Aktivitäten verstrickt.[477]

Spiritus rector des Ganzen, Werber, Propagandist und Vorantreibender, war Harro Schulze-Boysen. Die anderen waren alte Freunde, waren Regimegegner aus allen möglichen Motiven, auch enttäuschte Nationalsozialisten und kommunistische Doktrinäre. Viele waren nicht einmal dreißig Jahre alt und lediglich von dem Hang beseelt, irgendetwas tun zu wollen. Dieser Drang entlud sich in diesen Gesprächszirkeln, die in mehrere Flugblattaktionen einmündeten.

Das alles hatte mit Spionage nicht das Geringste zu tun, und die meisten der an den Schulze-Boysen'schen Aktionen Teilnehmenden haben nicht geahnt, dass ihre Widerstandsmedaille auch eine geheimdienstliche Rückseite hatte. Im Falle von Schulze-Boysen dürfte die unmittelbare Agententätigkeit auf einen entsprechenden Tipp von Arvid Harnack an die sowjetischen Freunde zurückgehen. Wie gesagt, Harnack überwand, durch die Kuckhoffs angestiftet, das Widerstreben gegen den lauten und unvorsichtigen Schulze-Boysen im Jahre 1938 oder 1939.[478] Man machte nunmehr im begrenzten Umfang gemeinsame Sache, ohne indessen die jeweiligen Gruppen miteinander zu vermischen. Es mag sein, dass Harnacks Sinneswandel für ein Zusammengehen dem Umstand geschuldet war, dass er 1937/38 durch den Abzug seiner Führungsoffiziere aus der sowjetischen Botschaft während der „Großen Säuberung" den gesicherten Boden unter

476 Coppi u. a.: Dieser Tod, S. 229.
477 Dallin: Sowjetspionage, S. 286 f.
478 Kuckhoff: Rosenkranz, S. 226 ff.

den Füßen verloren hatte, so dass er nach neuen Aktionsformen und neuen Kontakten Ausschau hielt. Nun erst wurde Schulze-Boysen mit seinem weitverzweigten Bekanntenkreis, der auch in den Untergrund orthodoxer Kommunisten hineinreichte, für den konspirativen Doktrinär akzeptabel, denn er, Harnack, musste befürchten, auf sich selbst gestellt wirkungslos zu werden.

Mit der Rückkehr von Alexander Korotkow nach Berlin im Laufe des Jahres 1940 war die Zeit nachrichtendienstlicher Enthaltsamkeit für Harnack, den Agenten Korsikanez, beendet. Am 27. März 1941 nahm Korotkow auch erstmals persönlichen Kontakt zu Schulze-Boysen auf, der nichts dagegen hatte, seine Vielfachexistenz mit einer Tätigkeit als Sowjetagent zu krönen.[479] Schulze-Boysens NKGB-Deckname war Starschina, zu Deutsch: Oberfeldwebel; ob er selbst diesen Namen kannte oder nutzte, erscheint fraglich. Beim später von der Gestapo ermittelten Aliasnamen „Choro" oder „Coro" handelte es sich um eine Verballhornung des für einen Russen unaussprechlichen Schulze-Boysen-Vornamens Harro. Choro wurde für kurze Zeit Moskaus Staragent in der Reichshauptstadt. Nein, man muss es schärfer fassen: Er hätte eigentlich Moskaus Staragent werden sollen, aber eine ganze Reihe von Faktoren verhinderte dies.

Betrachten wir nun den Agenten Choro etwas näher. Schulze-Boysen saß nach wie vor in der Abteilung Fremde Luftmächte, die jetzt zum Führungsstab der Luftwaffe gehörte. Aufgabe dieser Abteilung war die Feindlagebeurteilung. Das war ein höchst interessanter Standort für den Agenten eines Staates, der an der Schwelle eines Krieges mit dem Deutschen Reich stand. Doch man darf sich Schulze-Boysen nicht als den in die Details der Kriegführung eingeweihten Offizier vorstellen, wie er mit einiger Sicherheit seinen nichtmilitärischen Freunden erschien. Die Wahrheit ist, dass er dafür als Reserveleutnant ein viel zu kleines Licht war. Er war ab Januar 1941 Adjutant des Leiters der Attachégruppe, jener Arbeitseinheit also, die das Berichtswesen der in einigen Hauptstädten stationierten Luftattachés steuerte.[480] Man darf unterstellen, dass er in seiner Adjutantenfunktion die einlaufenden Berichte zu sehen bekam und vermutlich auch das mitlesen konnte, was im Gegenzug an Weisungen aus Berlin herausging. Einen prägenden Einfluss auf diese Dinge hatte er nicht. Doch eine Beschränkung auf das dienstlich Formale würde die Stellung von Schulze-Boysen im RLM schlecht beschreiben. Dieser Mann war schreibgewandt, so dass ihm auch Dinge zur Erledigung zugeschoben wurden, die besser seine Vorgesetzten erledigt hätten. Er war zudem extrem kontaktfreudig, so dass er Leute zum Sprechen brachte, die besser ihren Mund gehalten hätten. Und schließlich war er einfühlsam genug, um Leuten Seelenverwandtschaft zu suggerieren, die ihm sodann ihr Herz ausschütteten.

479 Coppi u. a.: Dieser Tod, S. 328; Costello u. a.: Superagent, S. 126.
480 Coppi u. a.: Dieser Tod, S. 320, 232.

Ein solcher Fall war beispielsweise der Oberst Erwin Gehrts. Gehrts diente wie Schulze-Boysen im RLM. Der Hamburger hatte als Fliegeroffizier am Ersten Weltkrieg teilgenommen. Durch die Weimarer Jahre hatte er sich als Hauslehrer und als Journalist durchgeschlagen. Gegen Ende der Weimarer Republik hatte er sich den Ideen des Nationalbolschewismus verschrieben. Die NS-Diktatur lehnte Gehrts aus Glaubensgründen scharf ab; er wurde Mitglied der Bekennenden Kirche.[481] Wie viele andere fand er 1934 Unterschlupf bei der expandierenden Wehrmacht.

Zu Schulze-Boysen muss der Ältere bald näheren Anschluss gefunden haben, denn beide kannten sich bereits seit 1928.[482] In seiner letzten Funktion war Gehrts Gruppenleiter III beim Chef des Ausbildungswesens der Luftwaffe; durch seine Hände gingen alle einschlägigen Dienstvorschriften. Für Schulze-Boysen war dieser Mann die ideale Abschöpfquelle. Für diesen gläubigen und abergläubischen Mann hatte Schulze-Boysen einen nahezu idealen Abschöpfkanal installiert, nämlich die Wahrsagerin Anna Kraus aus Stahnsdorf, die den ob seiner Zukunft besorgten Mann nach Strich und Faden ausfragte.[483] Ob er wusste, was mit seinen Informationen geschah, muss Spekulation bleiben. Als er einen Monat, nachdem die Gruppe Schulze-Boysen aufgeflogen war, selbst völlig überraschend am 9. Oktober 1942 festgenommen wurde, muss für den labilen Mann eine weitere Welt zusammengebrochen sein. In der Haft schrieb er an seinen Gestapo-Vernehmer, Johann Strübing, einen Brief, in welchem er ausführlich auf seine persönlichen Kontakte einging, wobei er über Schulze-Boysen unter anderem Folgendes zu Papier brachte:

> Beiderseitiges Verhältnis: Mir gegenüber sehr gefällig, mir sympathisch. Im Charakter Ähnlichkeiten, große geistige Aufgeschlossenheit für kommende Dinge, lebhaft, bei beiden Journalistenblut in den Adern, bereits schriftstellerisch tätig; infolge der Aufgeschlossenheit für kommende Dinge verstand ich mich mit ihm besser als mit Offizieren meines Alters. Meinerseits ein Vertrauensverhältnis auf kameradschaftlicher Basis. Schulze-Boysen mir gegenüber nicht offen, verheimlichte mir seine politische Grundhaltung nebst Programmatik und seine politische Aktivität. Er sah mich fälschlicherweise als Seinesgleichen an, daher manche Fehlschlüsse bei ihm.[484]

Der Brief von Gehrts ist ein bezeichnendes Dokument, da er der Beleg für mehrere Dinge ist. Zunächst einmal ist sehr wahrscheinlich, dass der in Haft sitzende Schulze-Boysen es war, der seinen Informanten Gehrts der Gestapo preisgab, denn von seiner Zuträgereigenschaft dürfte außer dem selbsternannten Agentenchef kaum ein anderer gewusst haben. Die Einlassung von Gehrts zeigt deutlich, dass dem Gefangenen durch den befra-

481 Coppi: Gehrts, S. 228; Sudholt: Rote Kapelle, S. 135 f.

482 Biernat u. a.: Schulze-Boysen, S. 84; Coppi: Gehrts, S. 230.

483 Höhne: Direktor, S. 169; witzig auch: Coppi: Geht's, S. 230.

484 Briefentwurf Erwin Gehrts an Kripo-Kommissar Johann Strübing vom 27. November 1942, abgedr. bei Coppi: Gehrts, S. 231 ff. (Zit.: S. 232).

genden Kommissar Strübing die Aussage von Schulze-Boysen vorgehalten worden sein muss, mit denen er Gehrts schwer belastete; die Einlassungen Gehrts sind sonst nicht nachvollziehbar. So erscheint Gehrts eher als übertölpelter Spinner denn als Landesverräter, den man ohne überzeugende Gründe am 10. Januar 1943 wegen Wehrkraftzersetzung zum Tode verurteilte.[485] So gilt für Gehrts wie für manchen anderen aus dem Umfeld von Schulze-Boysen: Dieser nutzte seine Bekannten rücksichtslos zur Informationsgewinnung aus, was umso leichter fiel, als sich etliche seiner Partner mit ihm in einer Art geistigen Zirkel verbunden fühlten. Bei einigen dürfte zweifelhaft sein, ob sie mitgespielt hätten, wenn sie vom geheimdienstlichen Hintergrund des ganzen Unternehmens gewusst hätten. Diese Zweifel gelten natürlich am wenigsten für die Parteibuch-Kommunisten, die zunehmend auch in den Schulze-Boysen-Kreis vordrangen; ihnen war alles recht, was der Sowjetunion zum Siege verhalf.

Noch einer aus dem Schulze-Boysen-Kreis verdient hier Erwähnung: Die Rede ist von Horst Heilmann, der zum wichtigsten Agenten hätte aufsteigen sollen. Er wurde 1923 geboren. Nach dem Abitur war der glühende Nationalsozialist zunächst für kurze Zeit Hörer an der Auslandswissenschaftlichen Fakultät in Berlin. Hier lernte er Schulze-Boysen kennen, der hier neben seiner Dienstzeit im RLM studierte und so endlich zu einem Studienabschluss zu gelangen hoffte. Bald wurde Heilmann zur Wehrmacht eingezogen und kam zur Nachrichtentruppe. Der mathematisch glänzend begabte junge Mann wechselte schon bald zur Funkabwehr, in deren Dechiffrierabteilung Ost (OKH/In 7/VI/2) er in Berlin Dienst tat.[486]

Wie es Schulze-Boysen gelang, den jungen Mann an sich zu binden, wird höchst kontrovers beantwortet: das reicht von gemeinsamer wissenschaftlicher Liebhaberei über eine Liebesbeziehung zwischen beiden bis zur Liebesbeziehung Heilmanns mit Libertas Schulze-Boysen.[487] Das alles kann offenbleiben, denn feststeht, dass Heilmann eine Traumbesetzung für jeden gegnerischen Nachrichtendienst war. Er hatte Zugang zu den Erfolgen und den Misserfolgen der deutschen Funkentschlüsselung und war in der Lage, die Ergebnisse weiterzugeben. Fast wäre es ihm gelungen, die eigene Enttarnung zu unterlaufen. Doch das misslang, und die gesamte Truppe flog auf.

Was verrieten die Agenten Harnack und Schulze-Boysen in ihrer Spionagephase ab 1940? Sicher alle Interna ihrer Behörden, deren sie in dieser Zeit habhaft werden konnten. Dazu gehörten auch die deutschen Angriffs-

485 Coppi: Gehrts, S. 231; Haase: Reichskriegsgericht, S. 133.

486 Urteil des Reichskriegsgerichts vom 19. Dezember 1942, StPL (HLS) II 129/43, Ziff. 6, abgedr. bei Haase: Reichskriegsgericht, S. 113; Blank u. a.: Rote Kapelle, S. 267 ff.; Coppi u. a.: Dieser Tod, S. 293 ff., 319.

487 Höhne: Direktor, S. 171; Perrault: Rote Kapelle, S. 214 (unter Berufung auf einen anonymen deutschen Verfolger).

absichten auf die Sowjetunion.[488] So ist es stereotyp behauptet worden.[489] Doch auch hier lohnt es, etwas genauer hinzusehen. Januar 1941: Gut unterrichtete Kreise, so der Agent Korsikanez (= Harnack), gingen davon aus, dass man zunächst mit den Westmächten Frieden schließen müsse, um gegen die Sowjetunion militärisch vorgehen zu können. Diese Meldung klingt vernünftig, weil vernünftige Menschen sich so geäußert hatten. Doch es war eine gefährliche Falschmeldung, denn Hitler dachte gar nicht daran, eine solche Bedingung in seine Barbarossa-Planung einzubeziehen.

Mit dem deutschen Angriff auf die Sowjetunion zeigte es sich, dass die Vorsorge für das wertvolle Berliner Netz des NKWD denkbar stümperhaft ausgefallen war, denn weder Schulze-Boysen noch Harnack besaßen einen ausgebildeten Funker. Zwar waren im letzten Augenblick von Führungsoffizier Korotkow zwei Funkgeräte übergeben worden, doch die konnte keiner sachgerecht bedienen. Harnack wollte es nicht; er fand das zu gefährlich.[490] Der sodann zum Funker bestimmte Karl Behrens, der bei der INO bereits seit 1935 unter dem Decknamen Strahlemann (Lutschist) unter Vertrag war, sollte es nicht, weil Harnack ihn nicht mochte[491], und der Bildhauer Kurt Schumacher, der sich bereit erklärte, konnte nicht, weil er am Tag darauf, am 6. Juni 1941, zur Wehrmacht eingezogen wurde.[492]

Schließlich verfiel man auf Hans Coppi[493]; der konnte es auch nicht, weil er die Technik nicht beherrschte. Beim Versuch, seinen Sender in Betrieb zu nehmen, hatte er das Gleichstromgerät in eine deutsche Wechselstrom-Steckdose gesteckt, was in Bruchteilen von Sekunden seine Zerstörung bewirkte.[494] Ein jugendlicher Funkbastler namens Helmut Marquart versuchte eine notdürftige Instandsetzung.[495] Doch auch die folgenden Funkversuche müssen nicht besonders überzeugend ausgefallen sein, denn im Äther blieb es stumm. Von den Sendern P 5 und P 6, so der Funkname der Berliner Sender, war bestenfalls Funksalat zu vernehmen, und ob sie ordnungsgemäß auf Empfang gingen, war auch nicht festzustellen. So steckte das aktuell wichtigste Netz der Sowjetunion in der Nachrichtenfalle. Wie stumm die Berliner Residenturen waren, lässt sich aus einer Episode

488 Coppi u. a.: Dieser Tod, S. 313.

489 Costello u. a.: Superagent, S. 128.

490 Aktenvermerk der INO vom Juni 1941, abgedr. bei Coppi u. a.: Rote Kapelle, S. 134, unter Berufung auf den NKWD-Vorgang Klein [Hans Coppi], Bl. 6.

491 Weisung der INO an den Stellvertretenden Residenten Alexander Korotkow vom 12. April 1941, abgedr. bei Petscherski: Tajna Krasnoj Kapelli, S. 145; Bericht des Stellvertretenden Residenten Alexander Korotkow von Mitte April 1941 an die INO, abgedr. bei Petscherski: Tajna Krasnoj Kapelli, S.154 f.

492 Aktenvermerk der INO vom 12. Juni 1941 über eine Meldung des Berliner Residenten Bogdan Kobulow, abgedr. in Coppi u. a.: Rote Kapelle, S. 133, unter Berufung auf den NKWD-Vorgang Klein (Hans Coppi), Bl. 4.

493 Aktenvermerk der INO über Hans Coppi vom Juni 1941, in der NKGB-Akte Hans Klein (= Hans Coppi), abgedr. in Coppi u. a.: Rote Kapelle, S. 134.

494 Höhne: Direktor, S. 178; Sudholt: Rote Kapelle, S. 133.

495 Blank u. a.: Rote Kapelle, S. 250 ff., 257.

aus dem August 1941 belegen. Der stellvertretende Chef der GRU, Andrej Panfilow, suchte den Komintern-Vorsitzenden Georgi Dimitroff auf, weil er aus Prag die Nachricht erhalten hatte, in Berlin hätte ein wichtiges Ereignis stattgefunden, worauf dort Chaos ausgebrochen sei. Er bat den Komintern-Mann, die Nachricht über seine Drähte zu verifizieren.[496] Auch der konnte es nicht, denn er verfügte ebenso wenig über eine Funkstrecke nach Berlin.

Das stumm bleibende Berlin muss auch Stalin aufgefallen sein. Ihm, dem fanatischen Leser von geheimdienstlichem Rohmaterial, das die Russen Graue Meldungen nennen, kann nicht entgangen sein, dass die verspotteten Berliner Quellen nichts mehr brachten. Anders ist das, was jetzt kam, kaum nachzuvollziehen.[497] Es wurde nämlich die strikte Informationsbarriere zwischen INO und GRU durchbrochen und im August 1941 erhielt GRU-Funker Johann Wenzel in Brüssel die Weisung, unverzüglich seinen Residenturleiter Kent (Anatolij Gurjewitsch) in Marsch zu setzen, damit er in Berlin nach dem Rechten sehe.

> Suchen Sie in Berlin Adam Kuckhoff oder seine Frau in der Wilhelmstraße 18, Tel. 83 62 61, zweite Treppe links, obere Etage auf, und erklären Sie, dass Sie von einem Freund „Arvids“ und „Harros“ geschickt werden, den Arvid als Alexander Erdberg kennt. Erinnern Sie ihn an das Buch, dass er ihm vor dem Krieg geschenkt hat, oder an das Theaterstück „Till Eulenspiegel“. Schlagen Sie Kuckhoff vor, für Sie, Kent, ein Zusammentreffen mit Arvid und Harro zu arrangieren. Wenn das nicht möglich ist, klären Sie über Kuckhoff:
>
> 1. Wann wird die Funkverbindung aufgenommen und warum funktioniert sie nicht?
> 2. Wo sind alle Freunde und wie ist die Lage? Italiener, Funker, Leo, Karl und die anderen?
> 3. Lassen Sie sich ausführlich informieren für die Übermittlung an Erdberg.
> 4. Schlagen Sie vor, sofort jemanden zur Verbindungsaufnahme nach Istanbul zu schicken, der sich persönlich an den Handelsvertreter wendet, oder nach Stockholm, der sich persönlich an den Konsul wendet, in beiden Fällen im Namen von Funker.
> 5. Bereiten Sie Unterbringungsmöglichkeiten für die Aufnahme von Personen vor.
>
> Falls Kuckhoff nicht anzutreffen ist, wenden Sie sich an Frau von Harro Schulze Boysen, Libertas, Adresse: Altenburger Allee 19, Tel. 99 58 47, erklären Sie, dass Sie von jemandem kommen, der sie gemeinsam mit Elisabeth in Marquardt kennen gelernt hatte. Dieser Auftrag gilt auch, falls Sie Kuckhoff antreffen sollten.[498]

---

496 Dimitroff: Tagebücher, S. 413 (Tgb. 13. August 1941).

497 Vgl. auch: Uhl: Skizzen, S. 494 Fn. 20.

498 Zit.: nach Coppi u. a.: Rote Kapelle, S. 138; auch: Chawkin u. a.: Russische Quellen, S. 105; ebenso: Costello u. a.: Superagent, S. 141, unter Berufung auf den Funkbefehl der GRU an Kent [Anatoli Gurjewitsch] vom 26. August 1941, NKWD-Akte Nr. 93621, Bd. 1, Bl. 26.

Der Funkspruch war eine Rieseneselei, doch zunächst sah alles so aus, als sollte sich dieser mehr als ungewöhnliche Schritt auszahlen.

Anatolij Gurjewitsch, alias Viktor Sukolow, alias Vicente Sierra, alias Kent, machte sich befehlsgemäß auf die Socken. Im Oktober 1941 wollte er vermutlich zuerst Kuckhoff aufsuchen, doch den konnte er an der angegebenen Adresse nicht finden, weil der nicht in der Wilhelmstraße in Berlin-Mitte, sondern in der Wilhelmshöher Straße in Friedenau wohnte. Also versuchte er, Schulze-Boysen in dessen Wohnung anzulaufen, doch der war nicht da, denn er wohnte seit etlichen Wochen nicht zu Hause, sondern war während der Dienst- und Nachtzeit in der 1. Staffel des Luftwaffenführungsstabes in Wildpark Werder bei Potsdam untergebracht und vergnügte sich in seiner raren Freizeit mit der Schauspielerin Stella Mahlberg.[499]

Libertas Schulze-Boysen, die den sowjetischen GRU-Mann empfing, wusste einen Treff zu organisieren. Er fand zusammen mit Arvid Harnack im Tiergarten statt. Libertas Schulze-Boysen und Mildred Harnack spielten Treffabsicherung. Nach anderer Lesart soll Harnack bei diesem Treff nicht dabei gewesen sein.[500] Als Ergebnis der Absprachen kontrollierte Gurjewitsch die Funkgeräte, sorgte dafür, dass der in Berlin wohnende stillgelegte GRU-Funker Kurt Schulze reaktiviert wurde, und veranlasste, dass Schulze dem Funker-Amateur Hans Coppi Funkunterricht erteilte.[501] Nebenbei ordnete er an, dass bei erneuten Funkschwierigkeiten unverzüglich eine Kurierverbindung nach Brüssel eingerichtet werde, so dass die wertvollen Nachrichten, wenn auch mit einigen Tagen Verzögerung, nach Moskau abgehen konnten. Ob das dann wirklich so geschehen ist, erscheint nach den späteren Aussagen, die der festgenommene Gurjewitsch gegenüber der Gestapo machte, fraglich.[502] Die Rolle des Kuriers sollte Adam Kuckhoff übernehmen, dessen Verwandtschaft in Aachen lebte, so dass er, ohne Verdacht zu erregen, reisen konnte. Ob Kuckhoff dann tatsächlich reiste, ist nicht belegt. Vermutlich ließ er wiederum einer der ins Netz involvierten Frauen den Vortritt. Es war ein Mannequin aus dem Berliner Modehaus Heise, die sich auf den Weg nach Brüssel machte, als Hans Coppi, der Funker, erneut sein Funkgerät kaputt gespielt hatte – ihr

---

499 Coppi u. a.: Dieser Tod, S. 329 ff.

500 Brysac: Harnack, S. 384 f.; Dallin: Sowjetspionage, S. 289.

501 Funkbefehl der GRU an Kent [Anatolij Gurewisch] vom 11. September 1941, zit. nach Petscherski: Tajna Krasnoj Kapelli, S. 174, unter Berufung auf den NKWD-Vorgang Nr. 93621, Bl. 20 ff.; Blank u. a.: Rote Kapelle, S. 134; Dallin: Sowjetspionage, S. 290; Paul: Sprechzimmer, S. 121.

502 Protokoll über die Vernehmung von Vincente Sierra [recte: Anatolij Gurjewitsch] vom 23. November 1942, abgedr. bei Coppi u. a.: Rote Kapelle, unter Berufung auf das Privatarchiv Gurjewitsch, und dieser wiederum auf den NKWD-Vorgang N 19100 (Trepper/Gurjewitsch), Bd. 4.

Name: Ina Lautenschläger. Sie hat das Desaster der Spionagegruppe eher zufällig überlebt.[503]

Einen Teil der bislang noch nicht abgeflossenen Meldungen nahm Gurjewitsch auf seinem Rückweg mit nach Brüssel. Sein Funker Wenzel hämmerte sie mit neun ellenlangen Funksprüchen in den Äther, dem zugleich bedenkliche Einzelheiten über den Zustand der Berliner Gruppen anvertraut wurden.[504] Im Übrigen betrafen die Meldungen: Die deutsche Luftrüstung und die Verluste der Luftwaffe, die Warnung vor der Entschlüsselung des britischen Marinecodes, die Erbeutung eines russischen Funkschlüssels bei Petsamo, die Rohstofflage und die Produktion synthetischer Treibstoffe, Anmerkungen zu deutschen Angriffsabsichten und Schwerpunktbildungen an der Ostfront; zum Beispiel die Entscheidung über die Nichteroberung, sondern Einschließung von Leningrad, und anderes mehr.[505] Nicht alles, was da im Herbst 1941 aus Berlin abfloss, war richtig. Auch Falsches war dabei, wie die Nachricht, dass nicht beabsichtigt sei, Moskau anzugreifen.[506] Doch Schulze-Boysen, der die Sache offenbar aufgeschnappt hatte, konnte nichts dafür, denn zunächst stimmte die Sache: Hitler hatte sich gegen das nahezu einhellige Votum der Heeresgeneralität im August 1941 überraschend dafür entschieden, den Schwerpunkt des Angriffs aus der Mitte auf den nördlichen und den südlichen Flügel zu verlegen, so dass Leningrad und Kiew ins Visier der deutschen Strategie gerieten. Im Kriegstagebuch des OKW heißt es lapidar:

> 20. August 1941. Führer mit Vorschlag des Oberbefehlshabers des Heeres vom 18. 8. nicht einverstanden. Es kommt ihm gar nicht auf Moskau und die dort versammelten starken Feindkräfte an, vordringlich ist vielmehr, die russischen Industriegebiete auszuschalten bzw. für eigene Zwecke in die Hand zu bekommen.[507]

Doch nach der Kesselschlacht von Kiew wurde der Angriffsschwerpunkt erneut geändert. Ab Ende September 1941 stand mit der Operation Taifun die Eroberung von Moskau auf dem Programm. Als die Meldung Schulze-Boysens über Gurjewitsch abfloss, war sie nicht mehr aktuell; sie war falsch. Es ist kaum verwunderlich, dass bei diesem Befund die Mel-

503 Blank u. a.: Rote Kapelle, S. 132; Dallin: Sowjetspionage, S. 290.

504 Vermerk über die Vorlage der entzifferten Funksprüche Nr. 76, 77, 78, 79, 80, 81, 82, 83, 88 an Vincente Sierra [Anatolij Gurjewitsch] in der Vernehmungsniederschrift der Gestapo vom 23. November 1942, abgedr. bei Coppi u. a.: Rote Kapelle, S. 144, unter Berufung auf das Privatarchiv Gurjewitsch, und dieser unter Berufung auf den NKWD-Vorgang 19100 N (Trepper/Gurjewitsch), Bd. 4; vgl. auch: Coppi u. a.: Dieser Tod, S. 340; Brysac: Harnack, S. 386 f.

505 Gestapo-Bericht vom 21. Dezember 1942, zit. nach Dallin: Sowjetspionage, S. 292; ähnlich, jedoch aufgebauscht: Blank u. a.: Rote Kapelle, S. 211, 233, 241.

506 Protokoll der Vernehmung Anatoli Gurjewitsch durch das MWD, November 1953, Kopie bei der GDW.

507 Anlage 39 zum KTB des OKW, abgedr. bei Schramm: Kriegstagebuch, Bd. 1, S. 1061.

dungen von Harnack und Schulze-Boysen in Moskau keinerlei Reaktion auslösten. Sie wurden dem NKWD-Chef Lawrenti Berija vorgelegt und von diesem abgezeichnet. Was er sich dabei dachte, kann nicht zweifelhaft sein, denn in dem Moment, als er las, dass der Schwerpunkt der deutschen Offensive im Süden läge, tobte bereits die Schlacht um Moskau; ein Sonderzug wurde ständig unter Dampf gehalten, um die Spitzenfunktionäre im Notfall nach Osten zu transportieren.

Da war es nutzlos, wenn sich unter den Meldungen auch ausgesprochen Zutreffendes befand, wie die deutschen Offensivabsichten für das kommende Frühjahr im Raum Woronesh, also erneut an der Südflanke der Ostfront. Hieraus ist später destilliert worden, Schulze-Boysen habe somit den Abwehrerfolg bei Stalingrad zu verantworten. Doch das ist Blödsinn. Niemand konnte im November 1941 voraussagen, wie die dann folgende Winterschlacht um Moskau ausgehen oder ob der deutsche Diktator an seinem Entschluss zur weiteren Kriegführung festhalten wird. Die zutreffende Meldung war für den Empfänger wertlos, und sie wurde dementsprechend ignoriert.

Selbst der Leiter der Gegenspionage III F im Amt Ausland/Abwehr, Oberst Joachim Rohleder, beurteilte kurz nach dem Kriege die Verratstätigkeit von Schulze-Boysen als militärisch nahezu bedeutungslos.[508] Dem kann man getrost zustimmen, zumal wenn man solche Kuriositäten wie diese hier liest, die Gurjewitschs Funker durchgeben musste:

> Das Oberkommando der Wehrmacht hat kein Vertrauen zu den Beamten der Gestapo. Praktisch wird jeder von ihnen bespitzelt.[509]

Man kann kaum annehmen, dass das gemeint war, was dort geschrieben steht. Selbst wenn die umgekehrte Aussage gewollt war, so war sie falsch. Vielmehr sehen wir hier den deutlichen Hinweis auf eine beginnende Verfolgungsneurose – bei vielen Agenten eine Alltagserscheinung. Wie auch immer. Trotz der Hilfestellung aus der GRU liefen auch in den Folgemonaten die Meldungen offensichtlich keineswegs befriedigend ab, so dass sich die Moskauer Führungsstelle entschloss, zunächst eine Nachrichtenverbindung über Stockholm aufzubauen. Das misslang. Die eingesetzten Kuriere verschwanden auf Nimmerwiedersehen.

Nunmehr entschloss sich die Zentrale, Berlin durch gut ausgebildete Funkagenten zu verstärken. Alexander Korotkow suchte hierfür Albert Hössler und Robert Barth aus und wies sie ein. Am 5. August 1942 sprangen sie bei Gomel mit dem Fallschirm ab.[510] Dann trennten sich ihre Wege.

---

508 Home Office/MI 5: Fallakte Joachim Rohleder; auch: Aussage Joachim Rohleder vom 2. Juli 1950, in: Ermittlungsverfahren gegen Manfred Roeder, StA Lüneburg, Bd. 12 Bl. 192.

509 Roloff: Rote Kapelle, S. 137.

510 Blank u. a.: Rote Kapelle, S. 258 ff.; Coppi u. a.: Dieser Tod, S. 367; Sudholt: Rote Kapelle, S. 136.

Robert Barth werden wir noch einmal begegnen, wenn er an der Enttarnung des wichtigsten sowjetischen Agenten in Berlin mitwirkte. Der andere, Hössler[511], war ein erfahrener KPD-Konspirateur. Es gelang ihm, sich von Gomel über Warschau nach Berlin durchzuschlagen und Kontakt mit Schulze-Boysen aufzunehmen. Stolz meldete Hössler diesen Erfolg über Funk nach Moskau.[512] Doch schwierig wurde die Unterbringung, von der Legalisierung des Agenten ganz zu schweigen. Im Vorgriff sei deswegen sein Ende als Sowjetagent erzählt: Hössler wurde Ende September 1942 festgenommen.[513] Er scheint gegenüber jeglichem Verhör geschwiegen zu haben, wurde indessen von dem ebenfalls verhafteten Kurt Schumacher bei einer Gegenüberstellung identifiziert.[514] Hössler kam Ende 1942 ums Leben; dass er zu Tode gefoltert wurde, ist sehr wahrscheinlich.

Die hoffnungsvoll begonnene Aktion des Fallschirmagenten Hössler war in Wahrheit ein Schlag ins Wasser. Er kam zu spät, weil in Berlin im Sommer 1942 der letzte Akt des Schulze-Boysen'schen großen Spiels aufgeführt wurde. Dieses sah etwas anders aus, als sich die sowjetischen Agentenführer in Moskau das vorstellten, und auch die späteren Berichte der Überlebenden des Berliner Desasters haben nur mit Mühe verkleistern können, dass sie auf einen Hasardeur hereingefallen waren, der die simpelsten Überlebensspielregeln im Umgang mit einer Diktatur, der das Wasser allmählich zum Halse stieg, souverän missachtete.

Die sorgfältig eingetaktete Spionageorganisation[515] ist eine ebensolche Legende wie die heroische Widerstandsbewegung. Für die Beteiligten bitter, aber es war so. Und das lag nicht zum wenigsten an der Person des Anführers. Er wollte alles in sich vereinen, theoretischer Kopf sein, Literat, Organisator, Volkstribun, politischer Prognostiker, Liebhaber, Agent. Die Wirklichkeit war etwas bescheidener. Aus seinen zahlreichen Briefen blickt uns ein Mensch an, dessen solide Halbbildung man nur mit Mühe ignorieren kann. Was soll man zudem von einem Mann halten, der in voller Uniform durch das nächtliche Berlin mit gezogener Pistole stiefelt, um seine Kumpel bei einer illegalen Zettelklebeaktion zu begleiten? Auf wen wollte der im Zweifel schießen? Was soll man sagen, wenn einer die Kneipe Bärenschenke in der Berliner Friedrichstraße aufsucht, um den dort verkehrenden französischen Fremdarbeitern unverhohlen Aufruhr gegen das NS Regime zu predigen? Wie soll man es bewerten, wenn einer gegenüber völlig Unbekannten mit vor Hass zitterndem Kinn über die „Nazis"

511 Hoßler: Briefe an Klaudia, passim; Nollau u. a.: Gestapo, S. 63 ff.; Institut für ML: Deutsche Widerstandskämpfer I; S. 422–425; CIA: US 0/7708.

512 Funkmeldung Albert Hösslers an die INO vom August 1942, abgedr. bei Petscherski: Tajna Krasnoj Kapelli, S. 251 f.

513 Institut für ML: Widerstandskämpfer, Bd. 1, S. 424; Blank u. a.: Rote Kapelle, S. 262; Biernat u. a.: Schulze-Boysen, S. 104.

514 Nollau u. a.: Gestapo, S. 251.

515 So: Blank u. a.: Rote Karelle, S. 93.

redet?[516] Nur Unbedarfte und krasse Außenseiter waren durch so etwas zu beeindrucken.

Gestandene Kommunisten, wie zum Beispiel der ehemalige KP-Redakteur Walter Husemann, zogen sich entsetzt vor Schulze-Boysen zurück, weil sie ihn für einen „Nazi-Provokateur“ hielten.[517] Was soll man schließlich dazu meinen, dass die von Schulze-Boysen initiierten Flugblätter, die über die Verbrechen des Dritten Reiches und die Segnungen eines Sowjetstaates aufklären sollten, ausgerechnet an Funktionsträger des Dritten Reiches versandt wurden, die nichts Besseres damit anzufangen wussten, als die Pamphlete mit spitzen Fingern an die Gestapo weiterzureichen?[518] Was anderes sollten sie auch machen, wenn sie auf dem Höhepunkt der Hitler'schen Eroberungsfeldzüge Sätze wie diesen hier lasen:

> Die geniale Strategie Stalins, der Heroismus der Roten Armee, der Widerstand der Werktätigen der Sowjetunion haben der Armee Hitlers das Rückgrat gebrochen.[519]

Die Gruppe setzte noch eins drauf, indem sie anhand des Berliner Adressbuches Leute mit ihren Schriften beglückte, die sie irgendwie bedeutend fand. Hierunter einige tatsächliche harte Systemoppositionelle, die ernsthaft befürchten mussten, einer Provokation der Gestapo aufzusitzen; so waren sie genötigt, die Briefe an die verhasste Staatspolizei herauszugeben und sich sozusagen freiwillig in ihr Blickfeld zu begeben. Man kann das alles für hehren Widerstand halten, aber auch für unüberlegten Blödsinn.

Den deutschen Behörden war das Treiben der russischen Agenten, die man zu Recht hinter dem europaweiten Funkverkehr vermutete, nicht verborgen geblieben. Was der Funksalat im Klartext bedeutete, wurde im August 1942 klar. Hierzu bedurfte es eines geradezu unwahrscheinlich anmutenden Zufalls: In der Slowakei waren zwei deutsche Sowjetagenten bei dem Versuch von Sabotagehandlungen festgenommen worden. Diese beiden wurden nach Berlin überstellt, um dort von der Gestapo vernommen zu werden. Es handelte sich um die Herren Heinrich Fomferra und Hans Schwarz, die beide bereits ein reiches Agentenleben hinter sich hatten. In Berlin gaben sie alles preis, was die Gestapo hören wollte, und noch mehr; es versteht sich, dass man in den autobiografischen Heldensagen Fomferras nach diesen Dingen nicht zu suchen braucht.[520]

Fomferra setzte die deutschen Sicherheitspolizisten bei Lichtbildvorlagen auf die Spur von seinem ehemaligen Vorgesetzten Johann Wenzel in

516 Coppi u. a.: Dieser Tod, S. 359, 364; Dallin: Sowjetspionage, S. 295 f.; Höhne: Direktor, S. 164, 166; Weisenborn. Aufstand, S. 191.

517 Coppi u. a.: Dieser Tod, S. 337; ganz anders: Biernat u. a.: Schulze-Boysen, S. 108 f.

518 Coppi u. a.: Dieser Tod, S. 350.

519 Zit. nach Höhne: Direktor, S. 165.

520 Weber u. a.: Kommunisten, S. 212, 724 f.; anders: Fomferra: Politkommissar, S. 599 ff.

Brüssel. Der war zuletzt der Cheffunker des Brüsseler Residenturleiters gewesen. Wenzel hatte die Gestapo zwar bereits in Brüssel gegriffen, doch der schwieg eisern, so dass man ihn nicht identifizieren konnte. Erst durch die Aussagen von Fomferra wurde der Name Wenzel zur Fahndungswirklichkeit. Er war nur dem Namen nach ein alter Bekannter der Gestapo, nach dem schon seit 1937 reichsweit gefahndet wurde.[521] Jetzt war für die Gestapo kein Halten mehr. Sie schaffte Wenzel nach Berlin. Gegenüberstellungen und Drohungen machten ihn gefügig, ob auch Folter im Spiel war, ist umstritten.[522] Jedenfalls entschloss sich Wenzel zur Zusammenarbeit. Der über den Sender von Wenzel abgewickelte Funkverkehr wurde durchsichtig, denn im Gegensatz zur reinen Lehre und zur Praxis in anderen Funknetzen, schlüsselte Wenzel die Meldungen zudem selbst. Er kannte also die Klartexte. Seine Aussagen und Hilfestellungen bedeuteten den Einbruch in den Funkverkehr Moskau–Brüssel und damit in die Berliner Gruppen.[523] Folgerichtig geriet Schulze-Boysen, wie schon in den Jahren zuvor, ins Visier der Gestapo – jetzt allerdings nicht mehr als verwirrter Systemgegner, sondern als sowjetischer Agent.[524]

Im Reichssicherheitshauptamt ordnete der Chef der Gestapo, SS-Gruppenführer Heinrich Müller, die Gründung einer Sonderkommission an. Die Soko erhielt den Namen Rote Kapelle. Das war der Fallname, unter dem Funkabwehr und das Amt Ausland/Abwehr den Komplex des gegnerischen Agentenfunks in West- und Mitteleuropa bearbeiteten. Die Gründung der Soko ermöglichte es Müller, von der üblichen Geschäftsverteilung abzuweichen und statt der eigentlich zuständigen Referatsgruppe IV E (Spionageabwehr) den Leiter der Gruppe IV A Friedrich Panzinger mit dem Fall zu betrauen. Panziger galt als besonders enger Gefolgsmann von Müller. Beide kannten sich seit zwei Jahrzehnten aus ihrer gemeinsamen Arbeit bei der politischen Polizei in der Direktion München.[525]

Es gab gute Gründe für diese Maßnahme. Schulze-Boysen war bei Panzingers Leuten sozusagen ein alter Bekannter aus der Zeit der frühen Kommunistenverfolgung. Doch wichtiger war, dass etwas gegen die Gruppe IV E sprach: Bei der polizeilichen Spionageabwehr arbeitete Willy Lehmann, gegen den zur gleichen Zeit Verdacht aufgekommen war, der NKWD-Agent mit dem Decknamen Breitenbach zu sein. Und das mitten in der Gestapo. Die Soko arbeitete derartig abgeschirmt, dass der Leiter der Gruppe IV E, Walter Huppenkothen, nur durch einen Zufall mitbekam,

---

521 Nachtrag des Gestapa zum Verzeichnis flüchtig gegangener Kommunisten vom 15. März 1937, B. Nr. 5925/37g; zit. nach Höhne: Direktor, S. 294 Fn. 30.

522 Coppi u. a.: Dieser Tod, S. 366.

523 Abschlussvermerk der Gestapo vom 22. November 1942, IV A 2 130/42, vorgelegt an den RF SS mit Bericht vom 22. Dezember 1942, dto. Az.: BA P R 58/1131, Bl. 8.

524 Blank u. a.: Rote Kapelle, S. 141; Dallin: Sowjetspionage, S. 297.

525 SS-Personalakte Friedrich Panzinger, in: BA ZA: ZR 58; Eidesstattliche Erklärung Friedrich Panzinger, zit. nach Seeger: Gestapo-Müller, S. 204 ff.

dass in seinem Zuständigkeitsbereich ein umfangreicher Ermittlungsvorgang lief.[526] Wie gut die Abschottung gelungen war, zeigt sich auch an den Memoiren von Walter Schellenberg, deren Kapitel über die Rote Kapelle ausweist, dass selbst der Chef des SD-Ausland von dem ganzen Vorgang, wie er in Wirklichkeit abgelaufen war, praktisch nichts mitbekommen hatte außer Kasinogeschwätz, und das obschon er noch vor Jahresfrist Leiter der Spionageabwehr im Amt IV unter Müller gewesen war.[527]

Soko-Leiter Panzinger wählte aus seiner Referatsgruppe etwa 30 Beamte aus, die mit den Ermittlungen beauftragt wurden. Sie unterstanden dem Leiter des Referats IV A 2 (Sabotageabwehr), Horst Kopkow, einem SS-Rabauken, der als Quereinsteiger 1934 zur Gestapo gekommen war, wo er aufgrund seiner kompromisslosen NS-Gefolgschaft zum Kriminalrat emporgeschleudert wurde.[528] Kopkow machte sich daran, das Umfeld des Agenten Choro abzustecken. Hierzu setzte er die Beamten zunächst zur Außenobservation ein.[529] Zugleich wurde möglicherweise auch das Telefon in Schulze-Boysens Wohnung angezapft. Was sich in späteren Beschreibungen als Selbstverständlichkeit liest[530], war in der Wirklichkeit des Dritten Reiches nicht so einfach – speziell in diesem Falle nicht. Denn der Herr über die Telefonkontrolle war kein anderer als Hermann Göring, in Personalunion Oberbefehlshaber der Luftwaffe und Chef des Reichsluftfahrtministeriums, dem das Forschungsamt, die Abhörbehörde des Dritten Reiches, unterstand. Göring hatte sich höchstpersönlich vorbehalten, über Abhörmaßnahmen zu entscheiden; ihm selbst waren die wichtigsten Ergebnisse der Behörde, auf braunem Papier geschrieben, vorzulegen. Man kann sich leicht vorstellen, mit welcher Häme Gestapochef Heinrich Müller den Abhörwunsch unterzeichnete und welchen Dienst er seinem Vormann Heinrich Himmler tat, im Bereich von dessen Rivalen Hermann Göring nach solchem Ungemach zu fahnden, wie das die Existenz eines Agenten im eigenen Hause war. Im Sommer 1942 hatte Göring nicht mehr das Standing, einen solchen Wunsch zu ignorieren.

Den Auslöser für die ab Ende August 1942 einsetzenden Massenverhaftungen betätigte Heilmann, der engste Vertraute und Bewunderer des zehn Jahre älteren Schulze-Boysen. Heilmann bekam in seiner Dienststelle der Funkentzifferung Ost am Berliner Matthäikirchplatz mit, dass aus dem Marschbefehl, sich nach Berlin zu begeben, den Gurjewitsch im August des Vorjahres aus Moskau erhalten hatte, der Name seines Freundes Schulze-Boysen destilliert worden war. Also tat er das einzig möglich Falsche; er fing an, die Betroffenen zu warnen. Wer dann mit wem alles

526 Tuchel: Recherche, S. 378 Fn. 23.
527 Schellenberg: Aufzeichnungen, S. 298 ff.
528 SS-Personalakte Horst Kopkow, in: BDC; Home Office: Fallakten Horst Kopkow.
529 Tuchel: Recherche, S. 379 Fn. 24, unter Hinweis auf die Vernehmung von Friedrich Panzinger am 29. Mai 1951.
530 Blank u. a.: Rote Kapelle, S. 141.

telefoniert hat, ist vielfach blumenreich kolportiert und ebenso oft mit Verve bestritten worden.[531] Die entsprechenden Braunen Vögel, also die Abhörberichte des Forschungsamtes[532], sind jedenfalls nicht bekannt. Es kommt auch gar nicht darauf an. Wichtig ist nur, dass die Gestapo durch Abhörmaßnahmen oder nur durch Observation, was wahrscheinlicher ist, wusste, was die Uhr geschlagen hatte. Sie schaltete von der einen zur anderen Minute von der Beobachtung auf die Liquidierung der Gruppe um.[533] Mit der ihr eigenen brutalen Konsequenz setzte die Soko alle Personen fest, die sie dem Umfeld der erkannten Hauptpersonen Harro Schulze-Boysen und Arvid Harnack zuordnete.

Die Festnahme von Schulze-Boysen erfolgte am 31. August 1942 am Eingang des Reichsluftfahrtministeriums. Die Harnacks wurden am 7. September 1942 in ihrem Urlaubsort, dem Fischerdorf Preil an der Kurischen Nehrung, verhaftet, Libertas Schulze-Boysen einen Tag später in der Eisenbahn, gleich nach der Abfahrt des Zuges im Anhalter Bahnhof. Sie hatte sich an die Mosel absetzen wollen, zu einem Freund – Alexander Spoerl. Vorher hatte sie Gott und die Welt warnen wollen. Die Personen, die sie anlief und mit denen sie telefonierte, fielen der Gestapo wie reife Früchte in den Schoß. Die über einhundert Festnahmen erfolgten so geräuschlos wie möglich.[534] Doch was hatte die Gestapo gegen die meisten dieser Leute in der Hand? Bei Lichte betrachtet wenig bis nichts. So wäre es auch geblieben, wenn denn die Gruppe die einheitlich handelnde Widerstands- oder Agentenorganisation gewesen wäre, als die sie so oft und blumenreich beschrieben worden war. Doch das entsprach nicht der Wirklichkeit. Es gab keine Absprachen darüber, wer was wann aussagen oder leugnen sollte. Zugegeben, das schreibt sich hier leichter, als es in der Wirklichkeit der Fall ist, aber bei den Festgenommenen schieden sich alsbald die Geister. Die gestandenen Parteibuchkommunisten schwiegen zumeist, vor allem jene, die bereits ein Martyrium in Konzentrationslagern hinter sich hatten. Bei anderen war das anders.

An der Spitze der Auskunftgebenden stand Libertas Schulze-Boysen. Für den bei ihr gestauten Rechtfertigungsfrust suchte sie sich ausgerechnet eine Frau namens Gertrud Breiter aus. Diese war eine dienstverpflichtete Schreibkraft bei der Gestapo und in einer Vernehmungspause kamen die beiden allein im Zimmer zurückgebliebenen Frauen miteinander ins Gespräch.[535] Intuitiv wurde der Breiter klar, dass hier ein Damm zu brechen

531 Blank u. a.: Rote Kapelle, S. 141 f.; Coppi u. a.: Dieser Tod, S. 370 f.; Höhne: Direktor, S. 183 ff.; Perrault: Rote Kapelle, S. 204 ff.; Roloff u. a.: Rote Kapelle, S. 149 ff.

532 Loef: Spionage, S. 241.

533 Vernehmungsniederschrift Friedrich Panzinger am 29. Juni 1951, zit. in Tuchel: Recherche, S. 379 Fn. 24.

534 Blank u. a.: Rote Kapelle, S. 142–145; Dallin: Sowjetspionage, S. 297.; Sudholt: Rote Kapelle, S. 132; Tuchel: Recherche, S. 378 ff.

535 Coppi u. a.: Dieser Tod, S. 371.

war, wenn man es nur richtig anstellte. Sie nahm die Untersuchungsgefangene tröstend in den Arm und schon sprudelte Libertas los. Es entbehrt nicht der Komik, dass die Kriminalhilfskraft anschließend ihre Meldung fast nicht losgeworden wäre. Die Herren Kriminalsekretäre hörten nämlich nur eines: den Verstoß gegen die Dienstvorschriften, denn der Gedankenaustausch mit der Untersuchungsgefangenen verstieß gegen jegliche Kompetenz einer Schreibkraft. Und was noch schlimmer wog: Hier hatte jemand in ihrem Revier gewildert. Also Anschiss. Doch den mochte sich die Breiter nicht bieten lassen und, sie beschwerte sich. So kam die Sache an den Referatsleiter Horst Kopkow. Der erkannte blitzschnell die einmalige Chance, und der Einsatz der Breiter wurde sanktioniert und er wurde forciert. Unterschwellig ließ man Libertas Schulze-Boysen wissen, dass man sie zur Kronzeugin aufbauen wollte. Daran hat sie fest geglaubt, bis Senatspräsident Alexander Kraell am 19. Dezember 1942 ihr Todesurteil verlas.

Doch in den zwei Monaten zuvor wurde Libertas Schulze-Boysen zur wichtigsten Quelle des Komplexes Harnack/Schulze-Boysen.[536] Überlebende haben ihre Wut hierüber oft nur mühsam kaschieren können. Wenn sie es aus kommunistischer Parteiräson dennoch taten, so liest man zwischen den Zeilen schon, dass sie anderes dachten und fühlten. Greta Kuckhoff beispielsweise schilderte, wie Libertas bei ihrer ersten Begegnung völlig unmotiviert Bilder von Schloss Liebenberg herumreichte, was die aus einfachen Verhältnissen Stammende mehr als nur am Rande gestört haben muss, und die Ärztin Elfriede Paul ließ Libertas Schulze-Boysen als deren Beitrag zur Widerstandsarbeit mit der Kommunistin Martha Husenmann beim Nacktbaden an der Ostsee in einen Wettbewerb über den schönsten Busen eintreten.[537] Andere, wie Ingeborg Engelsieg, betonten, dass Libertas sich gegenüber ihrem Mann habe emanzipieren wollen, wohinter nicht viel anderes steckt, als dessen stetes Fremdgehen durch eigene Liebesaffären zu kompensieren, wie die mit dem Schriftsteller Günter Weisenborn.[538] So wurde die Rolle der jugendlichen Naiven, die sie auch gegenüber der Gestapo spielte, für sie selbst und für viele andere tödlich. Denn der Gegner, den sie hier vor sich hatte, war für derartige Spielchen nicht zu haben; er bestimmte die Richtung, die Gangart und den Ausgang. Später hat man die Aussagebereitschaft von Libertas Schulze-Boysen mit der Behauptung zu retuschieren versucht, es handele sich hier um unwahres Gestapo-Gerede. Doch das ist wenig stichhaltig, denn auch die Verurteilten selbst wussten nur zu genau, wer ihnen die Suppe eingebrockt hatte. In einem Kassiber hat die zum Tode verurteilte Tänzerin Oda Schottmüller am 27. Januar 1943 ihrer Geliebten, der ebenfalls angeklagten Ina Lautenschläger,

536 Dallin: Sowjetspionage, S. 299.

537 Kuckhoff: Rosenkranz, S. 230; Paul: Sprechzimmer, S. 128.

538 Ingeborg Engelsieg: Brief, zit. nach Coppi u. a.: Dieser Tod; S. 329 f.

die Umstände ihres Gerichtstermins mitgeteilt. Aus diesem Brief sieht uns nicht nur eine klarsichtige intelligente Frau an, die den Mummenschanz des gesamten Verfahrens ziemlich ungeschnörkelt auf den Punkt bringt, sondern auch die klare Erkenntnis über die Rolle der Libertas Schulze-Boysen:

> Nun zu [dem Vertreter der Anklage Manfred] Roeder, Katze, mach Dich auf etwas gefasst – das ist ein ganz flotter Bursche + was hatte er für eine munter geschniegelte Redewendung als Einleitung: Heute haben wir hier eine Rote Kapelle von 5 Mann, wovon 2 allerdings Demokraten sind + eine politisch völlig farblos c'est moi! etc. etc. Mensch, wenn bei Dir auch so etwas passiert, bleib ernst – lach nicht – es könnte auf die Leidensgenossen abfärben. … Nach der ersten Begegnung mit Roeder hätte ich das nie erwartet. Er ist ein unbeschreiblich eitler Gockel, ganz unerwarteterweise sehe ich ihn dadurch viel menschlicher. Aber ach, mein Schnurr-Murr, als wir rausgingen, fasste er mich am Eingang ab + fragte mich nach einem Namen, den ich in meinem Notizbuch haben soll. Ich glaube, diesen Namen wirklich mal notiert zu haben – weiß aber nicht mehr in welchem Zusammenhang. Nun Herr Roeder grinste mich fröhlich an – ich erwiderte ebenso: Auf die Gefahr hin, wieder unglaubwürdig zu erscheinen (das war nämlich seine Masche, damit hat er mich fertig gemacht!), ich kann diesen Namen nicht unterbringen. Er mit unverhohlenem Triumph: Es ist ein Bekannter von mir. Es ist interessant – was für Zusammenhänge so etwas aufdeckt. Vielleicht hat er gedacht, dass ich nach dem Muster von Lips [= Libertas Schulze-Boysen] so vor Toresschluss – es war ja zwischen Urteilsbeantragung und Verkündung – noch zum Denunzianten werde.[539]

Man kann sich unschwer die voyeuristische Betulichkeit und den kleinbürgerlichen Neid der Gestapo-Vernehmer vorstellen, als sie darangingen, die diversen Liebesbeziehungen der Gruppenmitglieder auseinanderzudroseln, und man braucht auch nicht viel Fantasie um nachzuvollziehen, wie die scheibchenweise ans Licht gelangenden Einzelheiten verwendet wurden, um die Untersuchungsgefangenen gegeneinander aufzubringen. Wie hätten die Kriminalpolizisten erst gefeixt, wenn sie die Patientenkartei der Ärztin Elfriede Paul aufgespürt und sorgfältig ausgewertet hätten. Da wären ihnen die einschlägigen Abtreibungsgeschichten frei Haus geliefert worden, was nebenbei bemerkt seinerzeit Straftaten waren. Es wäre das ganze Ausmaß dessen bekannt geworden, was es bedeutet haben mag, wenn Männer, wie der bramarbasierende Schulze-Boysen, tönten, sie dächten nicht daran, dem Führer ein Kind zu schenken. Doch die Fantasie der Staatsschutzpolizisten reichte offensichtlich nicht so weit, um auch in diesen Ecken nach Dreck zu suchen.[540]

Ein schwacher Abglanz all dessen findet sich im Abschlussvermerk der Gestapo, in den Anklageschriften, den Gerichtsurteilen und in der Nach-

539 Brief von Oda Schottmüller an Ina Lautenschläger vom 27. Januar 1943, abgedr. bei Haase: Reichskriegsgericht, S. 128 ff. (129).

540 Paul: Sprechzimmer, S. 90; Roloff u. a.: Rote Kapelle, S. 107.

kriegsliteratur der an den Verfolgungsmaßnahmen Beteiligten.[541] Hiermit wurde ein doppelter Zweck verfolgt. Zum einen ging es um Pornografie für Biedermänner, zum anderen darum, die Toten und die wenigen Überlebenden moralisch zu diskreditieren. Diesem zweiten Zweck dienten auch die akribischen Bemühungen, möglichst alle der Beteiligten in ein einheitliches, von Moskau gesteuertes Spionagenetz einzupassen. Die ersten, die so handelten, waren die Funktionäre der Gestapo, die den Fall bearbeiteten. Ihnen kam es darauf an, von dem Umstand abzulenken, dass unter den Augen der Staatsmacht eine weitverzweigte Gruppierung harter Systemoppositioneller hatte existieren können, die, obschon sie sich höchst auffällig verhielten, nicht hatten gefasst werden können. Zum anderen musste, je großartiger die Gruppe um Harnack und Schulze-Boysen aufgebauscht wurde, desto heller der Glorienschein eigener Aufklärungsarbeit erstrahlen. Es ist klar, dass das Ermittlungsergebnis in diese Richtung getrimmt worden ist. Die Vielzahl der ausgesprochenen und vollstreckten Todesstrafen sowie langjährigen Zuchthausstrafen gaben den Ermittlern scheinbar recht.[542]

Ob die Ermittlungsergebnisse durch Folter erzwungen wurden, wird in der Literatur sehr unterschiedlich beantwortet.[543] Vor allem die DDR- und die neudeutschen Widerstandsliteraten haben das mit Nachdruck behauptet, wobei nach der DDR-Lesart die mutigen Kommunisten jeglicher Folter heldenmütig widerstanden haben.[544] In seltsamem Kontrast hierzu stehen die Aussagen der Überlebenden, an denen die Folter selbst nicht zur Anwendung kam.[545] Hiermit soll nicht behauptet werden, dass die Gestapo nicht folterte, auch soll nicht der Anschein erweckt werden, als sei es bei den Vernehmungen besonders human zugegangen. Vielmehr ist das Gegenteil offensichtlich zutreffend. Die Gestapo-Bürokratie nannte dergleichen Verschärfte Vernehmung; sie wurde in einem Erlass des Chefs der Sicherheitspolizei und des SD vom 12. Juni 1942 grundlegend geregelt:

> ... Die Verschärfung kann je nach Sachlage u. a. bestehen in:
> einfachste Verpflegung (Wasser und Brot),
> hartes Lager,
> Dunkelzelle,
> Schlafentzug,
> Ermüdungsübungen,

541 Abschlussvermerk der Gestapo vom 22. November 1942, IV A 2 130/42, vorgelegt an den RF SS mit Bericht vom 22. Dezember 1942, dto. Az.: BA P R 58/1131; Dallin: Sowjetspionage, S. 302.

542 Zusammenstellung bei: Haase: Reichskriegsgericht, S. 133–136.

543 Rürup: Topografie, S. 158 f.; Tuchel u. a.: Zentrale, S. 240, 251, 254, Tuchel: Recherche, S. 380 ff.

544 Biernat u. a.: Schulze-Boysen, S. 55, 70, 83, 109, 123, 165, 173, 177; Blank u. a.: Rote Kapelle, S. 146, f.

545 Kuckhoff: Rosenkranz, S. 334 ff.; Paul: Sprechzimmer, S. 153 ff.; Günther Weisenborn, zit. nach Rürup: Topografie, S. 161 (Essensentzug, Dunkelhaft).

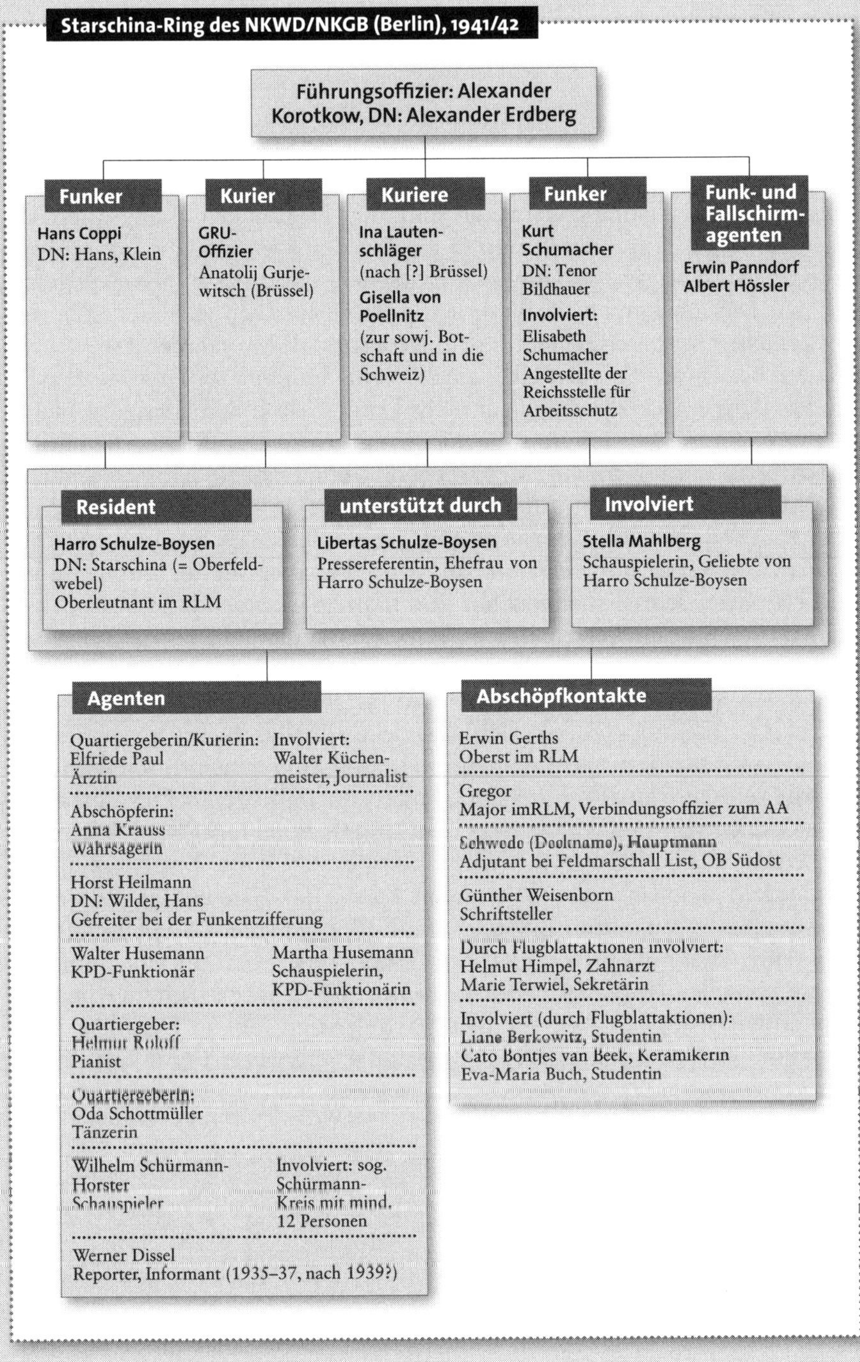
Starschina-Ring des NKWD/NKGB (Berlin), 1941/42
Führungsoffizier: Alexander Korotkow, DN: Alexander Erdberg
Funker
Hans Coppi
DN: Hans, Klein
Kurier
GRU-Offizier
Anatolij Gurjewitsch (Brüssel)
Kuriere
Ina Lautenschläger
(nach [?] Brüssel)
Gisella von Poellnitz
(zur sowj. Botschaft und in die Schweiz)
Funker
Kurt Schumacher
DN: Tenor
Bildhauer
Involviert:
Elisabeth Schumacher
Angestellte der Reichsstelle für Arbeitsschutz
Funk- und Fallschirmagenten
Erwin Panndorf
Albert Hössler
Resident
Harro Schulze-Boysen
DN: Starschina (= Oberfeldwebel)
Oberleutnant im RLM
unterstützt durch
Libertas Schulze-Boysen
Pressereferentin, Ehefrau von Harro Schulze-Boysen
Involviert
Stella Mahlberg
Schauspielerin, Geliebte von Harro Schulze-Boysen
Agenten
Quartiergeberin/Kurierin:
Elfriede Paul
Ärztin
Involviert:
Walter Küchenmeister, Journalist
Abschöpferin:
Anna Krauss
Wahrsagerin
Horst Heilmann
DN: Wilder, Hans
Gefreiter bei der Funkentzifferung
Walter Husemann
KPD-Funktionär
Martha Husemann
Schauspielerin, KPD-Funktionärin
Quartiergeber:
Helmut Roloff
Pianist
Quartiergeberin:
Oda Schottmüller
Tänzerin
Wilhelm Schürmann-Horster
Schauspieler
Involviert: sog. Schürmann-Kreis mit mind. 12 Personen
Werner Dissel
Reporter, Informant (1935–37, nach 1939?)
Abschöpfkontakte
Erwin Gerths
Oberst im RLM
Gregor
Major imRLM, Verbindungsoffizier zum AA
Schwede (Deckname), Hauptmann
Adjutant bei Feldmarschall List, OB Südost
Günther Weisenborn
Schriftsteller
Durch Flugblattaktionen involviert:
Helmut Himpel, Zahnarzt
Marie Terwiel, Sekretärin
Involviert (durch Flugblattaktionen):
Liane Berkowitz, Studentin
Cato Bontjes van Beek, Keramikerin
Eva-Maria Buch, Studentin

> aber auch in der Verabreichung von Stockhieben (bei mehr als 20 Stockhieben muss ein Arzt beigezogen werden). ... Bei der Durchführung müssen stets zwei Beamte anwesend sein. Körperliche Einwirkungen dürfen nicht von den vernehmenden Beamten ausgeführt werden.[546]

Im Fall der Soko Rote Kapelle wurden die Untersuchungsgefangenen strikt isoliert, ständig gefesselt, am Schlafen gehindert, zu beliebigen Zeiten vernommen, mit getürktem Beweismaterial konfrontiert, mit falschen Versprechungen gefügig gemacht und mit Drohungen drangsaliert. In Einzelfällen ist von Schlägen zu lesen. Bei den wenigen, die konsequent schwiegen, ist am ehesten davon auszugehen, dass sie systematisch gefoltert wurden. So kamen die Verhörprotokolle letztlich zustande. Wie bei polizeilichen Vernehmungen üblich, diktierten die Vernehmer das, was ihnen am besten gefiel.[547] Dies hält nur derjenige für ein NS-Spezifikum, wer die Praxis von Justiz und Polizei nicht kennt. Schon mancher Angeklagte oder Zeuge musste sich von einem bräsig grinsenden Richter vorhalten lassen, was er im Vernehmungsprotokoll als angeblich selbst gesagt unterschrieben hatte. Nicht nur im Dritten Reich. Umso mehr Hochachtung verdient es, dass Schulze-Boysens Mitbeschuldigter, der Romanist Werner Krauss, die Sache durchschaute und nur das anerkannte, was er selbst diktiert hatte. Sein Vernehmer hat dies halb anerkennend, halb angeekelt der Vernehmungsniederschrift als Vermerk angefügt.[548] Der Vorgang zeigt allerdings auch, dass hier Folter kaum im Spiel gewesen sein kann.

Die Strafverfahren fanden vor dem Reichskriegsgericht statt.[549] Die Alternative hätte der Volksgerichtshof sein können, doch was spielte das schon groß für eine Rolle im NS-Staat, dessen Führer sich für die Hinrichtung dieser Leute längst entschieden hatte. Am 16. Dezember 1942 trat die erste Gruppe von Angeklagten aus dem Umfeld von Harnack und Schulze-Boysen um 9 Uhr 15 vor die Schranken des 2. Senats. Drei Tage später verkündete Senatspräsident Alexander Kraell das Urteil[550]: Harro Schulze-Boysen und seine Frau Libertas, Arvid Harnack, der Oberleutnant aus dem Amt Ausland/Abwehr Herbert Gollnow, der Gefreite der Funkentzifferungsstelle Ost Horst Heilmann, Kurt und Elisabeth Schumacher, der Funker der Gruppe Hans Coppi, Kurt Schulze und Johann Graudenz wurden zum Tode verurteilt. Lediglich die Quartiergeberin Erika von Brock-

546 Erlass des Chefs der Sipo und des SD vom 12. Juni 1942, IV-226/42 geh. Rs., abgeb. bei Tuchel u. a.: Zentrale, S. 177 ff.

547 Vgl. z. B. Aktenvermerk des Senatspräsidenten am RKG Werner Lueben, StPL 92/43, vom 27. Mai 1944, abgedr. bei Haase: Reichskriegsgericht, S. 75 f.

548 Vermerk vom 21. Dezember 1942, Bl. 37, in: RKG, StPL (RKA) III 525/42, zit. nach Tuchel: Recherche, S. 383.

549 § 1 Kriegsstrafverfahrensordnung vom 17. August 1939, Reichsgesetzblatt, Teil I, S. 1457.

550 Urteil des Reichskriegsgerichts vom 19. Dezember 1942, StPL (HLS) II 129/43, abgedr. bei Haase: Reichskriegsgericht, S. 1103 ff., teilweise abgeb. bei Blank u. a.: Rote Kapelle, S. 156 ff.; ebenso Coppi u. a.: Dieser Tod, S. 379 ff.; Dallin: Sowjetspionage, S. 303 ff.

dorff und Harnacks Ehefrau Mildred erhielten Zuchthausstrafen wegen Beihilfe. Die Militärjustiz hatte es eilig, die Bestätigung des Gerichtsherrn zu bekommen. Diesen nach dem militärischen Verfahrensrecht formal notwendigen Akt hatte Hitler an sich gezogen.[551] Die Todesurteile bestätigte er sogleich, so dass die Hinrichtung der zehn zum Tode Verurteilten am 22. Dezember 1942 mit höchster Eile in der Vollzugsanstalt Plötzensee vollstreckt werden konnte; Hitler hatte sich hierfür ausbedungen, dass die an sich vorgesehene Erschießung der männlichen Delinquenten durch Erhängen ersetzt wurde, wovon er sich einen qualvolleren Tod versprach. So geschah es. Die Bestätigung der beiden Freiheitsstrafen verweigerte er, so dass der 3. Senat im Frühjahr erneut gegen Erika Brockdorff und Mildred Harnack verhandeln musste.[552] Diesmal hatten die Richter bei gleich gelagertem Sachverhalt keine Bedenken, die geforderten Todesurteile auszusprechen.[553] Es sollten nicht die einzigen bleiben. Weitere Verfahren mit Dutzenden von Todesurteilen folgten, mit etwas mehr Abstand auch einige Freiheitsstrafen.[554] Nur ganz wenige aus dem Umfeld von Schulze-Boysen und Harnack kamen während der NS-Herrschaft wieder auf freien Fuß, so beispielsweise die Schulze-Boysen-Geliebte Stella Mahlberg. Über sie wurde später gemunkelt, sie habe Kontakte in den SD gehabt. Zwei Jahre nach Kriegsende nahm sie sich das Leben.[555]

Cherchez la femme: Der Alta-Ring der Ilse Stöbe

Die Gruppen Schulze-Boysen und Harnack waren nicht die einzigen sowjetischen Spionagestützpunkte in Berlin. Daneben operierte zum Beispiel die Gruppe Alta. Jedoch im Gegensatz zu den Erstgenannten gehörte die Gruppe Alta nicht zum NKGB/NKWD, sondern zur sowjetischen Militäraufklärung GRU. Alta war der Deckname von Ilse Stöbe. Die 1911 in Berlin Geborene hatte ein bemerkenswertes Agentenleben hinter sich gebracht, als sie am 22. Dezember 1942 gemeinsam mit einer Reihe anderer Frauen in Plötzensee geköpft wurde. Wollte man die Stöbe irgendwie in Kurzform beschreiben, so kommt wohl ein Steckbrief mit den Eigenschaften gutaussehend, intelligent, schlagfertig bis zur Frechheit und ungebildet heraus. Das ist eine Kombination, die auf viele Männer aufreizend wirkt. Auch Frauen fanden sie anziehend – nur eine nicht: Marie Louise von

551 Dallin: Sowjetspionage, S. 303 Fn. 308.
552 Führerbefehl vom 21. Dezember 1942, abgeb. bei Blank u. a.: Rote Kapelle, S. 158; Verfügung des RKG, StPL (RKA) III 495/42, vom 6. Januar 1943, abgeb. bei Bienat u. a.: Schulze-Boysen, gegenüber S. 161.
553 Tuchel u. a.: Zentrale, S. 244.
554 Dallin: Sowjetspionage, S. 306.; Übersicht abgedr. bei Haase: Reichskriegsgericht, S. 133–136.
555 Coppi u. a.: Dieser Tod, S. 329 f.

Scheliha, die Witwe des hingerichteten Stöbe-Unteragenten Arier.[556] Aber wer wollte ihr das verdenken.

Das junge Mädchen lernte Steno und fand eine Anstellung beim Verlagshaus Mosse. Alsbald stieg sie zur Chef- und Privatsekretärin von Theodor Wolff auf, der seit etlichen Jahren das renommierte „Berliner Tageblatt" als Chefredakteur leitete. Dieser Aufstieg der jungen Frau war dem Gefühlsleben des alternden Wolff geschuldet. Das wurde allgemein bemerkt; die spätere deutsche Erfolgsjournalistin Margret Boveri mokierte sich noch Jahrzehnte später spitzzüngig:

> Chefsekretärin war Ilse Stöbe. Sie saß in dem kleinen Zimmer zwischen Chefredakteur und dem Chef vom Dienst ... und sie entzückte mit ihrer vielgerühmten blonden Schönheit Theodor Wolff.[557]

Wolff hat versucht, der Angebeteten ein literarisches Denkmal zu setzen:

> Sie hatte eine gutgeformte Gestalt, braunblondes welliges Haar und dunkle Augen. Sie benahm sich, wenn sie nicht das lustige Schulmädchen war oder in besonderen Momenten in eine Ausgelassenheit, die dann mitunter keine Grenzen hatte, hineingeriet, völlig damenhaft, hatte den Instinkt der guten Manieren.[558]

Diese Zeilen sind aus dem Roman „Die Schwimmerin". Das Buch erschien 1937 in Zürich; da lebte Wolff im Exil in Nizza und die Stöbe als Agentin in Warschau. Das Buch des Erfolgsautors Wolff wurde ein Flop; bis 1939 waren ganze 372 Exemplare abgesetzt worden.[559] Heute ist es eine Rarität.

Noch ein anderer bekannter Mann beschrieb die Stöbe:

> Ich schätze, ich habe Ilse Stöbe schon 1930 kennen gelernt. In der Vorstellung von Mond von links, einer Komödie des russischen Autors Bill-Bjelozerkowski, saß sie neben mir. Während der Aufführung begann die junge Dame neben mir, mit Papier zu rascheln. Missbilligend sah ich sie an. Sie reagierte unbekümmert, indem sie mir eine Pralinenschachtel, die sie ausgepackt hatte, unter die Nase hielt und mich mit einer begütigenden Kopfbewegung einlud, mich zu bedienen. Ich griff zu und sie strahlte.[560]

So Helmut Kindler, der, von Ilse Stöbe angeworben, im GRU-Netz des Rudolf Herrnstadt für einige Zeit als Kurier diente, bevor er es 1938 vorzog, allem geheimdienstlichen Tun „Valet" zu sagen. So blieb er am Leben und konnte nach dem Krieg in der Bundesrepublik ein bekannter Verleger werden.

Und schließlich noch eine Kostprobe:

---

556 Sahm: Scheliha, S. 180.
557 Boveri: Tageblatt, zit. nach Kindler: Abschied, S. 138 f.
558 Wolff: Schwimmerin, S. 90.
559 Sösemann: Einleitung, S. 46, in Wolff: Tagebücher, Bd. 1.
560 Kindler: Abschied, S. 138.

> Sie liebte das Leben und sie liebte das deutsche Volk, und sie wollte so gern noch am Aufbau des Sozialismus in einem neuen Deutschland teilnehmen.[561]

Das textete ihr Mitagent Gerhard Kegel in seinen 1984 in der DDR erschienenen Memoiren.

Nur einer, der sonst viel schrieb, zeigte sich wenig mitteilsam. Das war Rudolf Herrnstadt. Wenn er sie nach dem Krieg erwähnte, sprach er von seiner ersten Frau.[562] Doch das war sie de jure keineswegs. Beide hatten sich noch in den 1920er Jahren beim „Berliner Tageblatt" kennen gelernt. Auch Herrnstadt arbeitete dort – zunächst als junger Hilfsredakteur, nachdem er sein Jurastudium geschmissen und kurze Zeit erfolglos als freier Schriftsteller gewirtschaftet hatte. 1928 begann er beim Tageblatt, 1929 berichtete er als Korrespondent aus Kattowitz, später aus Prag, aus Moskau und Warschau. 1929 wurde er zudem von der GRU als Agent angeworben. 1931 warb er seinerseits Ilse Stöbe an. Das Paar lebte ab 1933 zusammen in Warschau, er zunächst noch als Korrespondent des „Berliner Tageblatt", sie als Korrespondentin für die „Neue Züricher Zeitung" und für die „Thurgauer Zeitung". Sie trat der NSDAP bei und betätigte sich in deren Auslandsorganisation. Beide unterhielten, dank ihrer journalistischen Tarnung, enge Abschöpfkontakte ins Warschauer diplomatische Korps, vor allem in die deutsche Botschaft. Hier in Warschau warb das Paar eine Reihe von Unteragenten an. Sein Anwerbungsgespräch hat der spätere Verleger Helmut Kindler wie folgt festgehalten:

> Herrnstadt und ich führten in der Woche, in der ich sein Gast in Warschau war, zahlreiche Gespräche über Zeitungen, Zeitschriften und Journalismus, meist zu dritt. Auch als es konkret um meine politische Einstellung ging, war Ilse Stöbe zugegen. Mit meinen, wenn auch recht lückenhaften theoretischen Kenntnissen des Marxismus zufrieden, wollte Herrnstadt schließlich wissen, ob ich bereit sei, der Kommunistischen Partei beizutreten, wobei er betonte, dass diese Mitgliedschaft nach außen nicht in Erscheinung treten dürfte. Er wartete geduldig auf meine Antwort. Schließlich sagte ich ihm: „Ich möchte keiner Partei beitreten, da ich finde, ein Journalist sollte unabhängig sein." Sein Gesicht wurde abweisend und so fügte ich hinzu: „Unabhängig, nicht neutral." Herrnstadt fragte daraufhin: „Wie würden Sie Ihre unabhängige Position bezeichnen?", wobei sein ironischer Tonfall nicht zu überhören war. Meine Antwort: „Ich bin Sozialist." – „Heißt das, Sie würden der Sozialdemokratischen Partei beitreten, wenn man Ihnen das antragen würde?" – „Nein", erwiderte ich, „ich sagte es schon: Ich möchte keiner Partei beitreten."[563]

Damit wäre die Werbung um ein Haar gescheitert. Erst am nächsten Tag gelang es Ilse Stöbe, die verfahrene Kiste zu bereinigen. Die Szene ist doppelt interessant. Sie verweist alle späteren Aussagen über die Unvereinbar-

561 Kegel: Stürme, S. 74.
562 Müller-Enbergs: Herrnstadt, S. 34.
563 Kindler: Abschied, S. 143.

keit von Parteimitgliedschaft und Agententätigkeit ins Reich der Legenden. Doch wichtiger noch, sie entwirft eine seltsam anmutende Charakterskizze von Rudolf Herrnstadt. Am Tisch sitzt nicht ein kalt kalkulierender Agentenwerber, sondern ein kleinlich argumentierender kommunistischer Doktrinär, der in den Bahnen der Erz-Feindschaft von SPD und KPD denkt und handelt.

Herrnstadt konnte sich auf seinem Korrespondentenplatz erstaunlich lange, bis 1935, halten. Das war keineswegs selbstverständlich, denn er stammte aus einer jüdischen Familie. Nach seinem Rauswurf beim „Berliner Tageblatt" hielt er sich zwischen 1936 und 1938 als Korrespondent der deutschsprachigen „Prager Presse" in London auf; dann kehrte er nach Warschau zurück. Hier galt es, eine bemerkenswerte geheimdienstliche Neuerwerbung zu betreuen: den Diplomaten Rudolf von Scheliha, Botschaftsrat an der deutschen Botschaft zu Warschau. Herrnstadt fiel es nicht schwer, dem konservativen Deutschen einen geheimdienstlichen Hintergrund vorzutürken, der keineswegs mit der Wirklichkeit übereinstimmte. Er ließ den Diplomaten wissen, dass er für den britischen Dienst arbeite[564]; das klang offenbar glaubwürdig und Scheliha schlug ein.

Ende August 1939 war es in der deutschen Botschaft in Warschau klar, dass es Krieg mit Polen geben würde. Alles überflüssige Personal wurde nach Deutschland abgezogen, so auch Scheliha. Sein Führungsagent Herrnstadt erhielt die Weisung, unverzüglich aus Warschau zu verschwinden. Über die baltischen Staaten reiste er in die Sowjetunion, wo er die kommenden Jahre geheimdienstlich am Ball blieb. Seine Freundin Ilse Stöbe nahm er nicht mit. Da es für sie, die vorgeblich aktive NS-Frau, unproblematisch war, nach Deutschland zurückzukehren, erhielt sie die Weisung, die Führung von Scheliha zu übernehmen.[565]

In Berlin angekommen, wurde der Diplomat in die Informationsabteilung des Auswärtigen Amtes versetzt und zum Referatsleiter bestellt. Er sorgte dafür, dass auch die Stöbe eine Anstellung im AA erhielt. Im Mai 1940 trat sie dort ihren Dienst an.[566] Agent und Führungsagentin konnten so unauffällig miteinander verkehren. Der Nachrichtenabfluss wurde über die sowjetische Botschaft abgewickelt. Eine Reihe von GRU-Offizieren kümmerte sich fast ausschließlich um Stöbe. Im Eingangskapitel des Buches ist beschrieben, welche Barbarossa-Meldungen vom Duo Stöbe-Scheliha kamen. Es waren die besten von allen. So blieb es bis zum Vorabend des deutschen Angriffs.[567]

Der weitere Ablauf der Dinge lehrt indessen, dass Sand ins Getriebe geraten sein muss. Zu den offensichtlich aufgetretenen Schwierigkeiten mag

564 Blank u. a.: Rote Kapelle, S. 136; Kindler: Abschied, S. 142.

565 Kindler: Abschied, S. 147.

566 Kindler: Abschied, S. 147; Nollau u. a.: Gestapo, S. 105

567 Blank u. a.: Rote Kapelle, S. 137 f.; Iwaschutin: Raswedka, S. 55 ff.; Lota: Alta, S. 446 ff.; Murphy: Stalin knew, S. 64 ff.

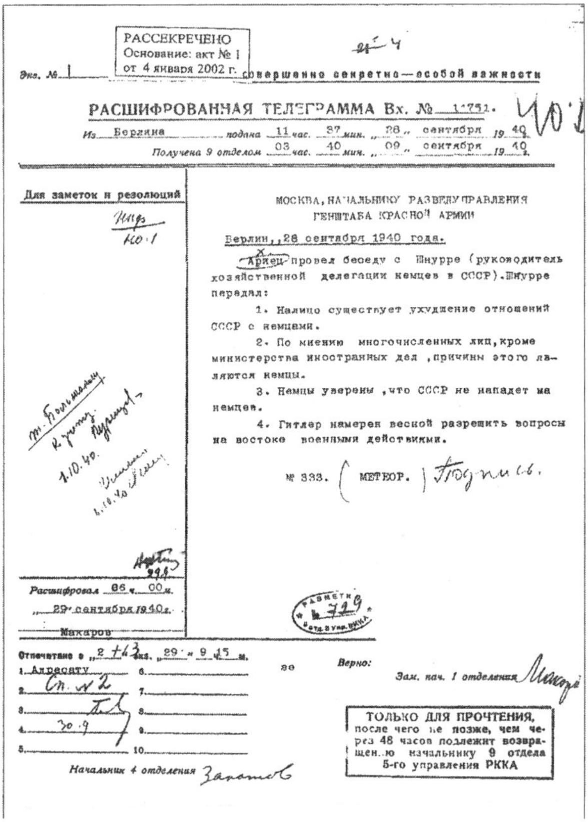

РАССЕКРЕЧЕНО
Основание: акт № 1
от 4 января 2002 г.

Экз. № 1 совершенно секретно—особой важности

РАСШИФРОВАННАЯ ТЕЛЕГРАММА Вх. № 1-751.

Из Берлина подана 11 час. 37 мин. „28“ сентября 1940 г.
Получена 9 отделом 03 час. 40 мин. „09“ сентября 1940 г.

Для заметок и резолюций

МОСКВА, НАЧАЛЬНИКУ РАЗВЕДУПРАВЛЕНИЯ ГЕНШТАБА КРАСНОЙ АРМИИ

Берлин, 28 сентября 1940 года.

Ариец провел беседу с Шнурре (руководитель хозяйственной делегации немцев в СССР). Шнурре передал:

1. Налицо существует ухудшение отношений СССР с немцами.

2. По мнению многочисленных лиц, кроме министерства иностранных дел, причины этого являются немцы.

3. Немцы уверены, что СССР не нападет на немцев.

4. Гитлер намерен весной разрешить вопросы на востоке военными действиями.

№ 333. (МЕТЕОР.) подпись.

Расшифровал 06 ч. 00 м.
„29“ сентября 1940 г.
Макаров

Отпечатано в 2 экз. „29“ 9 15 м.
1. Адресату
2. Сп. № 2

Верно:
Зам. нач. 1 отделения

Начальник 4 отделения

ТОЛЬКО ДЛЯ ПРОЧТЕНИЯ,
после чего не позже, чем через 48 часов подлежит возвращению начальнику 9 отдела 5-го управления РККА

Meteor-Funkspruch über die Meldung des Agenten Arier-Scheliha vom 29. September 1940; rechts der Agent und Diplomat Rudolf von Scheliha („Arier“); unten das Führungstrio: Wassilij Tupikow, Michail Skornjakow sowie Führungsoffizier Nikolaj Saizew

beigetragen haben, dass die Stöbe auf Weisung der GRU-Zentrale ihren Arbeitsplatz im AA aufgab, um nach Dresden zu übersiedeln. Sie sollte in den dortigen Linger-Werken die Abteilung für Auslandswerbung der Parfümerieproduktion übernehmen. Unter geheimdienstlichen Gesichtspunkten eine gute Position, die es ihr ermöglichen sollte, Auslandsreisen zu unternehmen, ohne Aufsehen zu erregen. Die Führung des Agenten

Scheliha sollte sie an den Wochenenden bewerkstelligen – eine aufreibende Tätigkeit, wie sie ihren Freund Rudolf Herrnstadt noch im Frühsommer 1941 brieflich wissen ließ.[568] Zudem mögen sich die Vorgesetzten der Stöbe gesagt haben, dass es genüge, Scheliha mit einem neuen Mann, den die Stöbe besorgt hatte, unter Kontrolle zu halten. Das war der Journalist Carl Helfrich, den sie in die Informationsabteilung des AA nachgezogen hatte. Doch das alles hat nicht richtig geklappt, wobei es sein mag, dass die Stöbe Carl Helfrich, mit dem sie eine enge Liaison einging, ins geheimdienstliche Tun nicht richtig eingeweiht hatte.

Doch mit Kriegsbeginn war Schluss. Es flossen keine Meldungen mehr ab, was auch immer später anderes darüber geschrieben worden sein mag. Sonst ist das Weitere nicht bündig zu erklären. Am 28. August 1941, also zwei Monate nach dem deutschen Angriff auf die Sowjetunion, erhielt der GRU-Resident in Brüssel, Anatolij Gurjewitsch, per Funk die Weisung der Zentrale, die Stöbe in Berlin aufzusuchen, um ihr einen bestimmten Funkschlüssel zu übergeben. Hierzu wurde ihm ein etwas verstümmelter Klarname des für Russen unschreibbaren Namens Stöbe, nämlich Штебе (Schtebe) oder Штёбе (Schtjobe), und die Anschrift Wielandstraße 37, Berlin-Charlottenburg, übermittelt. Gurjewitsch erledigte diesen Auftrag im Oktober 1941. Es war dieselbe Kuriertour, auf der er den NKGB-Agenten Schulze-Boysen anlief.[569]

Bei dieser Gelegenheit suchte er auch den GRU-Mann Kurt Schulze auf, um ihn als Funker für Stöbe und Scheliha zu reaktivieren. Doch erneut scheint es zu einer ernsthaften Störung im Nachrichtenverkehr gekommen zu sein. Diesmal jedoch lag es nicht nur am Informationsabfluss, sondern auch an der Beschaffung der Nachrichten. Es hat allen Anschein, als habe Rudolf von Scheliha seine Agententätigkeit eingestellt.[570] Hierfür können zwei Gründe den Ausschlag gegeben haben: entweder die Stöbe zahlte nicht, was sehr gut sein kann, oder aber Scheliha wurde bewusst, dass er keineswegs für den britischen Dienst arbeitete. Klar ist lediglich, dass er sich querstellte; nur das lässt sich aus dem Weiteren folgern. Über Stockholm entsandte die GRU einen Kurieragenten mit dem Decknamen Adam. Seine Aufgabe war es, über einen toten Briefkasten mit dem Alta-Ring Kontakt aufzunehmen und Geld zu überbringen. Auf dem Rückweg nahm er von Schulze die Meldung mit, dass dessen Funkgerät nicht funktioniere.[571]

Nunmehr setzte die Zentrale der GRU im Mai 1942 für den Alta-Ring zwei Fallschirmagenten in Bewegung, Erna Eifler und Wilhelm Fellendorf. Die 31-jährige Eifler leitete dieses Kommando. Sie war eine altgediente

568 Kindler: Abschied, S. 147.

569 Botschkarew: GRU, S. 316; Costello u. a.: Superagent, S. 141 f.; Kolpakidi: Enziklopedija, S. 600; Nollau u. a.: Gestapo, S. 94.

570 So auch: Nollau u. a.: Gestapo, S. 107.

571 Brysac: Harnack, S. 390.

Agentin, die nach ihrer Flucht in die Sowjetunion 1935 vom folgenden Jahr an in China und 1939 in den Niederlanden tätig gewesen war. Ihr Kompagnon Fellendorf war fünf Jahre älter. Er hatte einen Einsatz bei den Internationalen Brigaden in Spanien hinter sich. 1939 war er nach Schweden und von dort in die Sowjetunion entkommen. Die Agenten führten ein Funkgerät in ihrem Gepäck mit. Über Ostpreußen sprangen sie am 17. Mai 1942 ab, dort vergruben sie ihr Gepäck einschließlich des allzu kompromittierenden Funkgeräts. Ihre Reise nach Berlin war indessen vergebens, da sie Ilse Stöbe nicht finden konnten. Sie war umgezogen.[572]

Alta: Ilse Stöbe im August 1942, Funker Kurt Schulze

Erste Anlaufadresse des Agentenpaares war eine Frau namens Klara Schabbel, die sie zunächst nicht antrafen. Ersatzanlaufstelle war eine Familie Hübner-Wesolek, deren diverse Mitglieder seit Jahren in die Berliner GRU-Residentur eingebaut waren. Der Chef des Clans, der 80-jährige Invalide Emil Hübner, war eine Art Geheimdienst-Bankier. Im Klartext: Er saß auf größeren Barbeständen, die für die Beschaffungsarbeit des Geheimdienstes bei ihm gebunkert waren. Hübner und die Seinen müssen sich wohl aus diesem Fundus selbst bedient haben, denn im später gegen sie geführten Prozess kam ein Trickbetrug zur Sprache. Man gab den GRU-Agenten nur Teilbeträge der für sie vorgesehenen Summen, indem man erklärte, das Depot sei bei der Gestapo aufgeflogen.

Auch Eifler und Fellendorf scheint der Anlauf bei den Hübners nicht sonderlich bekommen zu sein. Sie wurden unfreundlich weiterkomplimentiert. Auch ein zweiter Anlauf bei der Schabbel brachte sie nicht weiter, denn diese fürchtete um ihre eigene Existenz und die ihres zur Wehrmacht eingezogenen Sohnes. Ohne Anbindung an Anlaufstellen und wegen des vergrabenen Funkgeräts ohne Kontakt zur Zentrale, kamen die beiden Funkagenten nunmehr auf die Idee, sich nach Hamburg zur Mutter von Wilhelm Fellendorf durchzuschlagen. Hier gelang es auch, zu einigen abgetauchten Kommunisten in Kontakt zu kommen. Im Oktober flogen sie auf und mit ihnen eine Gruppe von Untergrundaktivisten um den kommunistischen Funktionär Bernhard Bästlein.[573]

572 Blank u. a.: Rote Kapelle, S. 262 ff.; Biernat u. a.: Schulze-Boysen, S. 82 f.; Erler: Kommandounternehmen, S. 85 ff.; Nollau u. a.: Gestapo, S. 19 ff.

573 Institut für ML: Widerstandskämpfer, S. 78 ff.

Im Oktober 1942 nahm die Zentrale einen zweiten Anlauf, das Alta-Netz zu reaktivieren. Sie entsandte einen dritten Fallschirmagenten, der nunmehr Scheliha auf den Weg der Agententugenden zurückbringen sollte. Im Futter seines Anzuges führte er etwas mit, was dem Diplomaten-Agenten höchst unangenehm sein musste: die Fotokopie einer Überweisung auf das Konto Schelihas beim Bankhaus Julius Bär in Zürich. Kompromat nennt man beim Geheimdienst dergleichen. Doch bevor es vorgezeigt werden konnte, war anderes geschehen, was den ganzen schönen Plan zunichtemachte. Die Stöbe war nämlich am 12. September 1942 festgenommen worden.[574] Der Grund: Die Funkentzifferung hatte den Funkspruch des GRU-Direktors an Gurjewitsch-Kent in Brüssel in einen Klartext übersetzt. Das war alles, und es war nach den Gepflogenheiten des NS-Regimes und seiner Gestapo schon ziemlich viel. Mit der Verhaftung war man schnell bei der Hand.

Die Verhöre der Stöbe waren nicht sehr ergiebig. Dass es hierbei zu Folterungen kam, ist mehr als fraglich. Klar ist nur, dass der Soko nun ein Geschenk in den Schoß fiel. Es kam geradewegs aus Moskau und es war der soeben schon erwähnte Fallschirmagent. Der Mann mit dem Decknamen Heinrich Köster sollte der Stöbe beim Agenten Arier, sprich Rudolf von Scheliha, zur Hand gehen. Die Soko kannte die Anlaufstation dieses Fallschirmagenten aus einem Funkspruch, den die Führungsstelle höchstselbst an die Gestapo gesendet hatte: Saalestraße 36.

Warum teilte die GRU-Zentrale der Gestapo die für den Fallschirmagenten so tödlichen Daten mit? Dem aufschlussreichen Funkspruch des Direktors waren die Festnahme und das Umdrehen eines kurz zuvor eingetrudelten weiteren Fallschirmagenten vorausgegangen; in seinem Namen war gefunkt worden. Nun wusste die Soko genug, um auch den neuen Mann abzufangen. Zu dem Zweck inszenierte man eine Schmierenkomödie. Erneut kam Gertrud Breiter zum Einsatz, die Schreibkraft aus der Soko Rote Kapelle, die sich schon bei der Ausforschung von Libertas Schulze-Boysen hervorgetan hatte; nunmehr spielte sie die Rolle der Ilse Stöbe.[575]

Der Kontrolltreff wurde für beide Seiten im S-Bahnhof Savignyplatz befriedigend abgewickelt. Tags darauf erschien der Agent bei der falschen Person in der richtigen Wohnung. Er wurde durch Kriminalkommissar Johann Strübing sofort festgenommen. Bei sich trug er die verräterische Quittung, und er packte auch schleunigst aus: richtiger Name: Heinrich Koenen, Sohn des vormaligen KPD-Spitzenmannes Wilhelm Koenen, 1933 aus Deutschland geflüchtet, seit 1940 Bürger der Sowjetunion, am 23. Oktober 1942 bei Osterode in Ostpreußen aus einem sowjetischen Langstreckenbomber mit dem Fallschirm abgesprungen.[576]

---

574 Biernat u. a.: Schulze-Boysen, S. 165; Henkel: Spion, S. 72; Nollau u. a.: Gestapo, S. 94.

575 Nollau u. a.: Gestapo, S. 96 f.

576 Dallin: Sowjetspionage, S. 294; Nollau u. a.: Gestapo, S. 96 ff.

Alta-Ring der GRU (Auswärtiges Amt, Berlin 1940/42)

Führungsoffiziere

bis Juni 1941: Residenten in Berlin
Nikolaj Sajzew (FuDN: Bine) Anfang 1941,
Mai–Juni 1941 Anatolij Starizkij (FuDN: Tal)

nach Juni 1941 Zentrale (Abteilung 1)
GRU-Offizier Konstantin Leontjew
(DN: Pawel Petrow)

Funker

Kurt Schulze
DN: Berg

Kuriere

Brüssel:
Anatolij Gurjewitsch
DN: Kent

Stockholm:
DN: Adam

Fallschirmagenten

Erna Eiffler
DN: Biene;
Gerda Sommer

Wilhelm Fellendorf
DN. Muchmorow;
Eduard Schramm

Heinrich Koenen
DN: Henry;
Heinrich Koester

Führungsagentin

Ilse Stöbe
DN: Alta
Auswärtiges Amt, bis Ende 1940, sodann
Linger-Werke, Dresden, Wohnsitz Berlin

Gehilfe und Lebensgefährte

Dr. Carl Helfrich
DN: Chir (= Hier)
Auswärtiges Amt, Berlin

Agenten im AA

Rudolf von Scheliha
DN: Arier
Auswärtiges Amt, Berlin

Gerhard Kegel
DN: Kurt, X
Auswärtiges Amt, Berlin

(?) Dr. Peter Kleist
Stab des RAM, ab 1941 Ministerium für die besetzten Ostgebiete;
ab 1939 von Stöbe angeworben und abgeschöpft

Kurt Welkisch (vergebliche Kontaktaufnahme)
FuDN: ABZ
Gesandtschaft Bukarest

Margarita Welkisch (vergebliche Kontakaufnahme)
FuDN: LZL
Gesandtschaft Bukarest

Agenten der Residentur

Quartierbeschafferin:
Klara Schabbel

Devisenverwalter/Quartierbeschaffer:
Emil Hübner

Quartierbeschaffer:
Max Hübner

Quartierbeschafferin:
Frieda Wesolek

Quartierbeschaffer:
Johannes Wesolek

Quartierbeschaffer:
Stanislaus Wesolek

Quartierbeschaffer:
Walter Wesolek

Nun erst wurde die Lage für die Stöbe unhaltbar. Ebenso die von Rudolf von Scheliha, der sogleich verhaftet wurde. Man schrieb den 29. Oktober 1942. Der Fall lag für die Vernehmer denkbar einfach. Die Stöbe war clever genug, nur das einzuräumen, womit sie ohnehin unrettbar belastet war. Auch tunkte sie offenbar den abwesenden Rudolf Herrnstadt tief ein, indem sie einfließen ließ, sie sei ihm hörig gewesen, was später immer wieder gerne kolportiert wurde.[577] Sie brachte das offenbar so gut rüber, dass es ihr gelang, von den anderen Mitgliedern des Alta-Netzes abzulenken. Auch ihren Funker Kurt Schulze hielt die Stöbe außen vor, wie auch dieser bei seinen Vernehmungen kein Wort darüber verlor, in welches Netz er in Wirklichkeit gehörte, sondern er räumte nur die Bagatell-Kontakte zur Gruppe von Schulze-Boysen ein; so nahm das Reichskriegsgericht völlig zu Unrecht an, dass Schulze in vollem Umfang geständig sei.[578] Zu diesem Zeitpunkt hing das Leben anderer Mitglieder des Alta-Netzes, so das von Helmut Kindler und des Ehepaars Kegel, die sich alle in Griffweite der Gestapo befanden, an einem seidenen Faden.

Das Gleiche gilt für das Ehepaar Welkisch, das ebenfalls in den 1930er Jahren in Warschau für den Ring rekrutiert worden war. Kurt Welkisch erhielt den Decknamen ABC, seine Frau Margarita wurde von der GRU LZL getauft. In den Monaten vor dem Barbarossa-Feldzug saßen sie in der deutschen Botschaft in Bukarest, Kurt Welkisch diente hier als Presseattaché. Sein Führungsoffizier war der eigens für die Welkischs aus Moskau abgeordnete GRU-Mann namens Michail Scharow, der unter der Legende eines Tass-Korrespondenten namens Korf arbeitete. Das machte jede Kontaktaufnahme zum harmlosen Journalistengeplauder. Doch was bei diesen Gelegenheiten an Informationen rübergereicht wurde, gehörte zu dem Gehaltvollsten, was die sowjetischen Dienste über die deutschen Angriffsabsichten zu hören kriegten. Mit dem Beginn des deutsch-russischen Krieges riss, wie fast überall, dieser Informationsstrang ab. Da die Welkischs weiterhin an der Botschaft in Rumänien blieben, wären sie Spitzenquellen geblieben. Das dachten sie selbst offenbar auch, denn Kurt Welkisch reiste eigens nach Berlin, um über die Stöbe wieder den Anschluss an die Führungsstelle zu gewinnen. Doch die Stöbe winkte ab. Sie hatte selbst den Draht verloren. Führt man sich diese Fakten vor Augen, so wird deutlich, warum das Leben der Welkischs nach der Festnahme der Stöbe im Prinzip keinen Pfifferling mehr wert war. Doch das Prinzip stimmte in diesem Falle nicht, denn im Gegensatz zur Mehrzahl der Inhaftierten hielt die Stöbe dicht. So dauerte es bis zur Jahrhundertwende, bis die Existenz dieser sowjetischen Spitzenagenten ruchbar wurde. Was wurde aus ihnen? Nach dem Einmarsch der Roten Armee im Sommer 1944 wurden sie in Bukarest

577 Nollau u. a.: Gestapo, S. 101.

578 Urteil des Reichskriegsgerichts vom 19. Dezember 1942, StPL (HLS) II 129/43, Ziff. 10, abgedr. bei: Haase: Reichskriegsgericht, S. 118.

reaktiviert und sollen bis zum Kriegsende gearbeitet haben. Dann kam der Dank des sozialistischen Vaterlandes und sie wanderten in den Gulag. 2003 wurden sie durch die Republik Weißrussland posthum rehabilitiert. Warum, steht in den Sternen.[579]

Stöbes Freund Carl Helfrich (Deckname: Хир, was vermutlich der russischen Verballhornung des deutschen „hier“ entspricht), der gewusst haben muss, worum es ging, kam mit KZ-Haft davon, die er überlebte.[580] Nicht so Ilse Stöbe und Rudolf von Scheliha. Am 14. Dezember 1942 tagte der 2. Senat des Reichskriegsgerichts zu seinem ersten Rote-Kapelle-Verfahren. Nach drei Stunden war man fertig und die beiden Angeklagten zum Tode verurteilt. Die Hinrichtung erfolgte am 22. Dezember 1942 in Plötzensee. Gertrud Breiter wurde ihr Einsatz gelohnt. Sie erhielt ein Dankschreiben von Heinrich Himmler, eine Extrazuwendung von 5 000 Reichsmark, das Kriegsverdienstkreuz Zweiter Klasse und eine Höhergruppierung als Angestellte.[581]

Dabei könnte es sein Bewenden haben, wenn nicht zwei deutsche Ministerialbeamte sich bemüßigt gesehen hätten, den Fall noch einmal grundlegend zu bewerten. Sie taten es mit Eifer, denn sie waren beide Pensionäre: Ulrich Sahm und Rüdiger Henkel. Sahm fing an und fertigte für Scheliha einen Persilschein aus. Nein, man muss es wohl besser ein Persildepot nennen, denn er legte 1990 eine 400-seitige Biografie über Scheliha vor, in der aus dem hingerichteten Agenten der ermordete Widerstandskämpfer wurde.[582] Das ging natürlich nur, wenn man die bisher als feststehend angenommenen Fakten souverän ignorierte oder originell uminterpretierte. So wurden aus Geldzahlungen Darlehen und aus Gerichtsverfahren und Akten Willkür und Verschwörung – insgesamt ein schlüssiges Bild, das in der modernen Widerstandsliteratur dankbar aufgegriffen wurde.[583] Dem widersprach Henkel mit scharfen Worten[584], aber ohne Folgen, denn Scheliha bekam seinen Gedenkstein im Auswärtigen Amt. Da steht nun sein Name neben anderen durch das NS-Regime hingerichteten Diplomaten.

Wer sich heute ein Urteil bilden will, muss neben die NS-Akten die der ehemaligen Sowjetunion halten. Dann bleibt kein Zweifel: Der GRU-Agent Arier war Rudolf von Scheliha. Seine gut honorierte Spionage für Widerstand zu halten, ist keine Rechts-, sondern eine Geschmacksfrage.

579 Lotar: Swoboda, S. 5; ders.: Alta, S. 166 ff.; Murphy: Stalin knew, S. 71 ff.

580 Hartmann u. a.: Sowjetische Präsenz im kulturellen Leben der SBZ und frühen DDR 1945–1953, S. 67.

581 Blank u. a.: Rote Kapelle, S. 162; Dallin: Sowjetspionage, S. 294; Institut für ML: Widerstandskämpfer, S. 561; Roloff u. a.: Rote Kapelle, S. 153.

582 Sahm: Scheliha, passim.

583 Z. B. Haase: Rote Kapelle, S. 177.

584 Henkel: Spion, S. 63–79.

Diener vieler Herren: Dr.-Ing. Hansheinrich Kummerow

Einer der interessantesten Agenten aus dem Berliner Raum war Hansheinrich Kummerow. Er hatte mit den Gruppen von Harnack und Schulze-Boysen nichts zu tun, ging jedoch bei denselben Fahndungsmaßnahmen hoch, so dass er häufig mit den beiden anderen in Zusammenhang gebracht worden ist.[585] Kummerow stammte aus einer Beamtenfamilie, 1929 promovierte der 26-Jährige am Institut für Physikalische Chemie und Elektrochemie zu Berlin zum Dr.-Ing. Von hieraus ging er zunächst zur Auer-Gesellschaft und bald schon ins Entwicklungsbüro des Radiokonzerns Loewe AG. Um den Umstand der frühzeitigen Anwerbung für den sowjetischen Nachrichtendienst zu verschleiern, prägten spätere DDR-Publikationen das Bonmot, Kummerow sei schon vor 1933 ein Gegner des Hitlerfaschismus gewesen. Als Kummerow 1932 angeworben wurde, hatte er bereits andere geheimdienstliche Auftraggeber, von denen sich dieser interessante Mann sein Wissen vergolden ließ. Es ist jedoch möglich, dass die von Kummerow in seinen Gestapo-Vernehmungen eingeräumten Kontakte zu holländischen und französischen Diensten nichts anderes waren als der Einstieg zum sowjetischen Dienst, der unter falscher Flagge erst einmal Kummerows nachrichtendienstliche Ansprechbarkeit testete. Kummerow wurde der Star der sowjetischen Industriespionage. Er lieferte alles, was er an rüstungstechnisch Interessantem greifen konnte – bis hin zu den Arbeiten an einer fernsteuerbaren Gleitbombe. Deren Clou sollte eine in die Spitze integrierte Fernsehkamera sein, deren Zielbild auf einen Bildschirm im Trägerflugzeug übertragen wurde, so dass von dort die Gleitbombe über Funk zu steuern sein sollte. Als die Vernehmer der Gestapo dergleichen zu Gehör bekamen, hielten sie es offenbar für Agentenlatein. Doch sie sollten sich alsbald eines Besseren belehren lassen müssen, denn in der Abteilung Rüstung des OKW, in dem man sicherheitshalber nachfragte, fiel der zuständige Sachbearbeiter fast vom Stuhl, als er von dem Verrat erfuhr.[586]

Mit von der Partie war bald ein Abteilungsleiter der Loewe AG, Dr.-Ing. Erhard Tohmfor, ein Chemiker.[587] Die Dritte im Bunde wurde die 1912 geborene Ingeborg Picker, die Kummerow im Jahre 1939 heiratete. Die Kummerow-Gruppe wurde wie alle anderen Berliner Agenten über die sowjetische Botschaft geführt. Auch zu diesem wichtigen Trio riss bei Ausbruch des deutsch-sowjetischen Krieges die Verbindung ab. Kurz vor dem Abzug der sowjetischen Vertretung war Kummerow die Hälfte einer zerrissenen Ansichtskarte überreicht worden, mit der anderen Hälfte würde sich ein Kontaktmann bei ihm melden. Der Kontaktmann ließ auf sich warten.

---

585 Blank u. a.: Rote Kapelle, S. 130 f.

586 Biernat u. a.: Schulze-Boysen, S. 122; Institut für ML: Widerstandskämpfer, S. 511; Nollau u. a.: Gestapo, S. 116 f.

587 Biernat u. a.: Schulze-Boysen, S. 177.

Er war in diesem Fall eine Frau, die als Fallschirmagentin eingesetzte Erna Eifler. Ihr vergeblicher Anlauf, die Stöbe in Berlin zu finden, wurde bereits beschrieben. Mittlerweile war sie in Hamburg festgenommen worden und hatte sich bereit erklärt, mit den Gestapo-Leuten zusammenzuarbeiten. Hierbei stellte sich heraus, dass die Eifler ein Erkennungszeichen mit sich führte, aber den Namen des betreffenden Agenten nicht kannte. Den erfuhr im November der Gestapo-Kommissar Thomas Ampletzer, der anstelle der Eifler an deren Funkgerät saß.

Kummerow wurde von der Gestapo zu einem vorgespiegelten Treff bestellt; kurze Zeit später erfolgten zwei Materialübergabetreffs. Der letzte endete mit der Festnahme des Agenten. Kummerow räumte sehr rasch die Mitwirkung seiner Ehefrau und von Tohmfor ein, die beide ebenfalls noch im November 1942 festgenommen wurden. Bereits am 16. Dezember 1942 wurde Hansheinrich Kummerow vom Reichskriegsgericht zum Tode verurteilt; seine Mittäter verurteilte man am 28. Januar 1943. Es wird erzählt, dass Hitler über den Verratsfall Kummerow so geschäumt habe, dass er verlangte, den Agenten öffentlich an seiner Arbeitsstelle aufzuhängen. So jedenfalls reichte es der Leiter der Rechtsabteilung im OKW Rudolf Lehmann an das Reichssicherheitshauptamt weiter. Wenn das stimmt, so stimmt auch der zweite Teil der Geschichte, wonach Gestapo-Chef Heinrich Himmler sich getraute, dem Diktator fernschriftlich zu widersprechen, weil so die nach Moskau aufgebauten Funklinien gestört würden. Demzufolge wurden Ingeborg Kummerow und Erhard Tohmfor 1943 in aller Stille in Plötzensee hingerichtet. Bei Hansheinrich Kummerow ließ sich die NS-Justiz Zeit bis zum 4. Februar 1944; vermutlich war erst zu diesem Zeitpunkt klar geworden, dass der Häftling für die Funkspiele mit Moskau keinen Nutzen mehr brachte.[588]

Nach Kriegsende wurde in der ehemaligen Haftzelle angeblich ein versteckter Abschiedsbrief von Kummerow an seine Mutter, datiert auf den 21. August 1943, entdeckt.[589] Es ist ein aufschlussreiches Dokument. Neben dem üblichen kommunistischen Rechtfertigungsschwulst, eine bessere Zukunft betreffend, räumt der Briefeschreiber ein, einen *„ihn"* mit hineingezogen zu haben, womit sein Unteragent Erhard Tohmfor gemeint ist:

> Ich habe versucht, ihn, solange es Zweck zu haben schien, zu decken, und habe dabei den überwiegenden Anteil meiner Stockprügel auf den Popo, Ohrfeigen etc. erhalten. Als Begleitmusik war immer böse Schimpferei mit Gebrüll und Herumstoßen und Gegen-die-Wand-Schmeißen etc. und Androhung von viel schlimmeren Maßnahmen.[590]

588 Fernschreiben des RSHA an den RF SS vom 22. Dezember 1942, Az. Amtschef IV, abgeb. bei Schramm: Verrat, S. 365; Haase: Reichskriegsgericht, S. 133, 134; Nollau u.a.: Gestapo, S. 119.

589 Biernat u. a.: Schulze-Boysen, S. 124 ff., abgeb. bei: ebd., nach S. 176.

590 Biernat u. a.: Schulze-Boysen, S. 126.

Hieraus haben spätere Berichterstatter ohne weitere Hinweise auf die Herkunft ihrer Erkenntnisse mehrere grell geschilderte Selbstmordversuche ihres Helden destilliert.[591] Bemerkenswert ist hingegen, was der Gestapo-Vernehmer Johannes Strübing seinem späteren Chef beim Bundesamt für Verfassungsschutz erzählt hat.[592] Strübing hat ohne Weiteres eine Vernehmung eingeräumt, die er als eingehend zu bezeichnen beliebte. Doch tritt uns nach Strübing ein Häftling entgegen, der einen Aufschub der Hinrichtung durch das Angebot der Kollaboration herauszuzögern suchte. Das kann nur verurteilen, wer den Wert des eigenen Lebens für gering achtet. Kummerow bot an, sein Wissen jetzt ganz in den Dienst der Kriegführung des Dritten Reiches zu stellen. Das Dargebotene muss sich wohl als wertlos herausgestellt haben.[593] Ein letztes Wort zur Frage, ob Kummerow ein bezahlter Agent war, wovon die NS-Justiz offensichtlich ausgegangen ist. Im Abschiedsbrief wird das wortreich bestritten. Allerdings stutzt man bei dem Nachsatz:

> Ich habe mir einige Male zum Geburtstag o. Ä. etwas Geld schenken lassen, weil ich zum Teil sehr ausführliche mühevolle schriftliche Ausarbeitungen gemacht hatte.[594]

Maulwurf mit Blechmarke: Willy Lehmann-Breitenbach

Willy Lehmann war einer der wichtigsten unter den NKWD-Agenten.[595] Er hatte die Registriernummer A/201 und trug den Decknamen Breitenbach. Sein Schicksal kann nur lückenhaft rekonstruiert werden. Er hat seine Auftraggeber jahrelang mit Interna aus der polizeilichen Spionageabwehr beliefert. Der 1884 in Sachsen Geborene trat als 17-Jähriger in die kaiserliche Kriegsmarine ein. 1911 musterte der Seemann ab und wurde, wie so viele Längerdienende der Kaiserzeit, in den Staatsdienst übernommen. Lehmann kam zur preußischen Polizei, zunächst als Streifenpolizist. Bald schon muss er seinen Vorgesetzten als begabter Mann aufgefallen sein, denn bereits zu Beginn des Ersten Weltkrieges war er zur Spionageabwehr beim Berliner Polizeipräsidium übergewechselt. Mit den Jahren brachte er es zum stellvertretenden Dezernatsleiter in seiner Behörde. Für jeden Geheimdienst saß er damit in einer Schlüsselstellung. Das wussten auch die Leute der INO, als sie ihn 1929 unter der Registriernummer A/201 anwarben.[596] Der Werbemodus ist nicht überliefert. Möglich erscheint, dass sein aus der Polizei rausgeflogener Ex-Kollege Ernst Kur, der dann für die INO

591 Perrault: Rote Kapelle, S. 276; Weisenborn: Aufstand, S. 198.

592 Nollau u. a.: Gestapo, S. 111 ff.

593 Nollau u. a.: Gestapo, S. 119 f.

594 Biernat u. a.: Schulze-Boysen, S. 125.

595 Uhl: Skizzen, S. 492 ff. m. w. N.

596 Telegrafische Weisung des Chefs der INO Michail Trilisser an den Residenten in Berlin Boris Berman vom 7. September 1929, zit. nach Uhl: Skizzen, S. 492 f. m. w. N.

arbeitete, ihn mit den Ergebnissen seiner zweijährigen Abschöpftätigkeit konfrontierte und so zum Weitermachen presste. Genauso gut ist denkbar, dass Geld die überzeugende Rolle spielte.

Zunächst lieferte Lehmann lediglich Informationen aus seinem ureigensten Arbeitsgebiet; das war die Abwehr der polnischen Spionage. Doch die Sowjets wollten mehr und anderes wissen, so dass er sich in der Abwehr sowjetischer Dienste profilieren musste. Dass das gelang, war natürlich kein Zufall, sondern dem gezielten Durchreichen von Informationen seines sowjetischen Dienstherrn geschuldet. Kaum war die Aufgabenänderung geglückt, begann Lehmann, dienstliches Material über die Unterstützung kommunistischer Gruppierungen durch die Sowjetunion an seine Auftraggeber in der INO zu verraten und durch Verschwindenlassen von Akten dem Dienstbetrieb zu entziehen. Er warnte seine sowjetischen Auftraggeber vor beabsichtigten dienstlichen Zugriffen und konnte sie beruhigen, wenn gegen ihre Agenten dienstlich nichts vorlag.

Er wusste es Ende der 1930er Jahre einzurichten, dass er mit der Beratung der Rüstungswirtschaft über den Spionageschutz beauftragt wurde, was ihm neue, ungeahnte Zugänge eröffnete. Von ihm erfuhren die Sowjets beispielsweise zum ersten Mal etwas über das Raketenbauprogramm eines Wernher von Braun.[597] 1937, im Zuge der „Großen Säuberung", verlor Lehmann seinen Führungsoffizier Wassilij Sarubin, der nach Moskau abberufen und dort degradiert wurde.[598] In den folgenden Jahren gelang es der sowjetischen Residentur nicht, zu Lehmann erneut eine stabile Verbindung zu installieren. Erst 1940/41 war Lehmann seinen sowjetischen Auftraggebern wieder von unschätzbarem Wert, als er ihnen stecken konnte, dass seine Behörde zwar den sowjetischen NKWD-Residenten Amajak Kobulow erkannt habe und unter dichter Beobachtung hielt, jedoch von den eigentlichen Machern in der Berliner Spionagezentrale des NKWD, Alexander Korotkow, Alexander Bjelkin und Elisaweta Sarubina, keine Ahnung hatte. Die Spionageprofis konnten sich nur die Hände reiben. Ihr als Geheimdienstlaie verspotteter Vorgesetzter Kobulow zog wie ein Kadaver die Fliegen die Gestapo-Observation hinter sich her und die drei anderen Führungsoffiziere hatten weitgehend freie Bahn. Nach Beginn des deutsch-sowjetischen Krieges scheint es Lehmann so wie allen anderen Sowjetagenten gegangen zu sein. Er verlor den Kontakt zur Moskauer Führung.[599]

Im Jahr darauf lief auch Lehmanns Zeit ab. Bei der Fahndung nach der Roten Kapelle ging Lehmann-Breitenbach seinen eigenen Kollegen ins Netz. Am Samstag, dem 22. August 1942, telefonierte um 11 Uhr 40

597 Dornberger: Peenemünde, S. 28 ff.
598 Roewer u. a.: Geheimdienste, S. 393.
599 Uhl: Skizzen, S. 495.

der SS-Gruppenführer Bruno Streckenbach mit seinem obersten SS-Chef Heinrich Himmler. Himmler notierte in seinen Terminkalender die Worte:

> Kommun[istische] Zelle in d. Gestapo. ... Sowj[etische] Nachrichtenorganisation.[600]

Streckenbach war der Chef des Amtes I im Reichssicherheitshauptamt; das war das Personalamt dieser Behörde.[601] Zugleich war er der dienstälteste Amtschef der nach dem Tode Heydrichs führungslos gewordenen Mammutbehörde, so dass er die höchst brisante Nachricht an Himmler unmittelbar durchreichen musste. Es ist sehr wahrscheinlich, dass Gestapo-Chef Heinrich Müller, der hier eigentlich zuständig war, den Rivalen um die Heydrich-Nachfolge vorschob, um in diesem Fall nicht selbst unmittelbar ins Blickfeld zu geraten.[602] SS-Chef Heinrich Himmler befahl, den Fall zu vertuschen. Und so ist seine Abwicklung nur mühsam und unsicher zu rekonstruieren.

Befehlsblatt

des Chefs der Sicherheitspolizei und des SD

Für Führer und Reich gaben ihr Leben

Die Ermordung des Agenten Breitenbach vertuscht: Gefallenenanzeige für den Gestapo-Inspektor Willy Lehmann im Befehlsblatt des RSHA; „gefallen für Führer und Reich im Osten“

Als Streckenbach mit Himmler telefonierte, muss der Gestapo aus einem vorangegangenen Funkspiel klar gewesen sein, dass ein Funkagent zu Lehmann-Breitenbach unterwegs war.[603] Es handelte sich um den 31-jährigen Robert Barth.[604] Barth war seit 1930 Mitglied der KPD. Das brachte ihm nach der Machtübernahme der Nationalsozialisten 1933/34 eine Gefängnishaft ein. Seit 1939 Soldat beim Artillerie-Regiment 168, nutzte er am 2. März 1942 eine Gelegenheit, um bei Warwarowka an der Ostfront zur Roten Armee überzulaufen.[605] Seine Agentenausbildung kann nicht besonders intensiv gewesen sein, denn bereits Anfang August kam er zum Einsatz. Zusammen

600 Witte u. a.: Dienstkalender, S. 524.

601 Rürup: Topografie, S. 77; Witte u. a.: Dienstkalender, S. 721.

602 Schellenberg: Aufzeichnungen, S. 298.

603 Nollau u. a.: Gestapo, S. 240.

604 Costello u. a.: Superagent, S. 147, 155 Fn. 92, unter Berufung auf die NKWD-Akte Rote Kapelle Nr. 93621, Bd. 1, Bl. 202.

605 Nollau u. a.: Gestapo, S. 64.

mit dem für die Gruppe Harnack-Schulze-Boysen vorgesehenen Albert Hössler sprang Barth Anfang August 1942 bei Gomel mit dem Fallschirm ab. Die beiden Agenten trennten sich nach der Landung. Barth gelang es, sich in der Legende eines deutschen Artilleriewachtmeisters auf Urlaub über Warschau nach Berlin durchzuschlagen. Unverzüglich nahm er Kontakt zu seiner dort lebenden Ehefrau auf, die ihn unterbrachte. Ob es ihm gelang, auch mit Lehmann in Verbindung zu treten bzw. ob er überhaupt versuchte, einen Kontakt nach Moskau aufzubauen, und wer ihn verriet, ist völlig offen. Fest steht lediglich, dass Barth am 9. Oktober 1942 in der ehelichen Wohnung verhaftet wurde. Es ist klar, dass sich aus den Akten nichts Einschlägiges ergibt, denn Barths Zielperson Willi Lehmann wurde, nachdem man ihn vermutlich nach allen Regeln der Kunst ausgequetscht hatte, ohne viel Federlesens im Dezember 1942 durch seine Kollegen von der Berliner Gestapo auf Befehl Himmlers erschossen.[606] Ein Gerichtsverfahren wegen Landesverrats glaubte man sich ersparen zu sollen. Lehmanns Tod wurde im Befehlsblatt des Chefs der Sicherheitspolizei und des SD vom 29. Januar 1943 kommentarlos gemeldet. Als Todesdatum ist „im Dezember" angegeben.[607]

Ganz anders erging es Barth. Er willigte sogleich in ein Zusammenarbeitsangebot der Gestapo ein und nahm an Funkspielen teil. Bereits am 14. Oktober, fünf Tage nach seiner Verhaftung, setzte er seinen ersten Funkspruch nach Moskau ab. Später wirkte er als Gegenagent an der Westfront. Bei Kriegsende wurde er festgenommen und von den Westalliierten an die Sowjetunion ausgeliefert. Das NKWD machte kurzen Prozess und ließ den Verräter im November 1945 erschießen.[608]

Im Westen was Neues: Die Bedeutung der sowjetischen Spionage in Westeuropa

Ein Teil der sowjetischen Deutschlandspionage wurde ab Sommer 1941 von Belgien, Frankreich und den Niederlanden aus organisiert. Zentralfigur dieser Spionagebemühungen war nach seinen eigenen Angaben der GRU-Mann Leopold Trepper. Seine Memoiren erschienen 1975 zunächst in Frankreich, im selben Jahr folgte eine deutsche Übersetzung im Verlag seines ehemaligen GRU-Beinahe-Kumpels Helmut Kindler. Bereits der deutsche Titel des Buches ist zum Totlachen: Die Wahrheit. Man hält es besser mit dem Titel der französischen Ausgabe: Le Grand Jeu – Das große Spiel. Was für viele Memoiren gilt, muss man bei Trepper besonders

606 Nollau u. a.: Gestapo, S. 240 f.

607 Befehlsblatt des Chefs der Sicherheitspolizei und des SD vom 29. Januar 1943, S. 1.

608 Costello u. a.; Superagent, S. 155 Fn. 97, unter Berufung auf die NKWD-Akte Rote Kapelle Nr. 93621, Bd. 1, S. 202 f.; Nollau u. a.: Gestapo, S. 64, 78; Uhl: Skizzen, S. 496.

bewundern. Die von ihm dargebotenen Szenen gehören vor allem in drei Kategorien: erstens: grob gelogen, zweitens: eher unwahrscheinlich und drittens: möglicherweise zutreffend.

Unabhängig von diesem Befund, der im Folgenden beleuchtet wird, schaffte Trepper eines: Er beeinflusste durch sein Lügengebäude die Nachkriegsgeschichtsschreibung über Sowjetspionage so nachhaltig[609], dass es heute immer noch Mühe bereitet, in den Wust von Scheintatsachen Schneisen zu schlagen. Hierbei kommt erschwerend hinzu, dass Trepper nach seiner Festnahme auch Abwehr und Gestapo derartig mit Lügen eindeckte, dass diese quasi amtlichen Charakter bekamen. Für diese Schieflage ist nicht nur verantwortlich, dass die deutschen Ermittler Trepper Glauben schenkten, sondern dass sie es praktisch fanden, ihm zu glauben, denn einen gigantischen sowjetischen Spionagering zertrümmert zu haben, wirkte viel eindrucksvoller, als sich auf die karge Wirklichkeit zurückzuziehen, wonach man einige in dubiose Geschäfte verstrickte Sowjetagenten aus dem Verkehr gezogen hatte.

Versucht man, das Dickicht zu durchdringen, fällt als Erstes auf, dass eine sehr große Zahl von Personen in das sowjetische Spionagegeschäft verstrickt war. Von den mindestens sechs verschiedenen Netzen, die von 1940 bis 1942/43 in Westeuropa bestanden, sind knapp zweihundert Personen namentlich bekannt. Ihre Zuordnung zu dem einen oder anderen Netz ist im Strukturbild GRU-Netze in Westeuropa dargestellt. Eine zweite Schwierigkeit entstand durch den Umstand, dass sich, entgegen der reinen Lehre, Netze übergreifend viele der Hauptbeteiligten kannten und miteinander kommunizierten. Außerdem bestanden Wechselbeziehungen zu den in Deckung gegangenen, ortsansässigen kommunistischen Parteien. Diese vielfache Durchbrechung der Konspiration ist nur dadurch zu erklären, dass auch in Westeuropa in nacheinander folgenden Phasen des Krieges die Verbindung nach Moskau abriss und durch Notmaßnahmen geflickt werden sollte.

Wie ein Grauschleier liegen die Darstellungen Treppers und der Gestapo über den tatsächlichen Verhältnissen. Nachdem auch die Darstellungen anderer Hauptbeteiligter und vor allem Quellen aus dem ehemaligen sowjetischen Herrschaftsbereich hinzugekommen sind[610], relativiert sich man-

---

609 Z. B. Blank u. a.: Rote Kapelle, S. 283–330; Höhne: Kennwort Direktor, passim; ders.: Krieg im Dunkeln, S. 308–420; Perrault: Auf den Spuren der Roten Kapelle, passim; o. Verf.: Nr. 6738 in: Rossijskaja Jewrejskaja Enziklopedija; Bericht der Gestapo betreffend die Rote Kapelle vom 24. Dezember 1942, abgeb. bei Schramm: Verrat, S. 368–372.

610 Coppi: Der Trepper-Report, S. 431–458; Gourevitch: Un certain Monsieur Kent, passim; ders.: Auskünfte; Kolpakidi u. a.: Imperija GRU, Tom 1, S. 350–421; Kolpakidi u.a.: Enziklopedija, S. 131–141, 437–458; Kriegel u. a.: Eugen Fried, S. 376; Prudnikowa u.a.: Legendy GRU, S. 320 f.; Reile: Treff Lutetia, S. 181; Nr. 6738 in: Rossijskaja Jewrejskaja Enziklopedija. Moskwa 1995; Wolton: Le grand recrutement, S. 373–377 [mit dem Smerschverhör von 1946]; Home Office/MI 5: Fallakte Leopold Trepper, NA: KV 2/2074.; CIA: Dokument 0/7708, S. 334–339. Auffällig auch, dass Trepper in den einschlägigen

Das Otto-Netz des Leopold Trepper

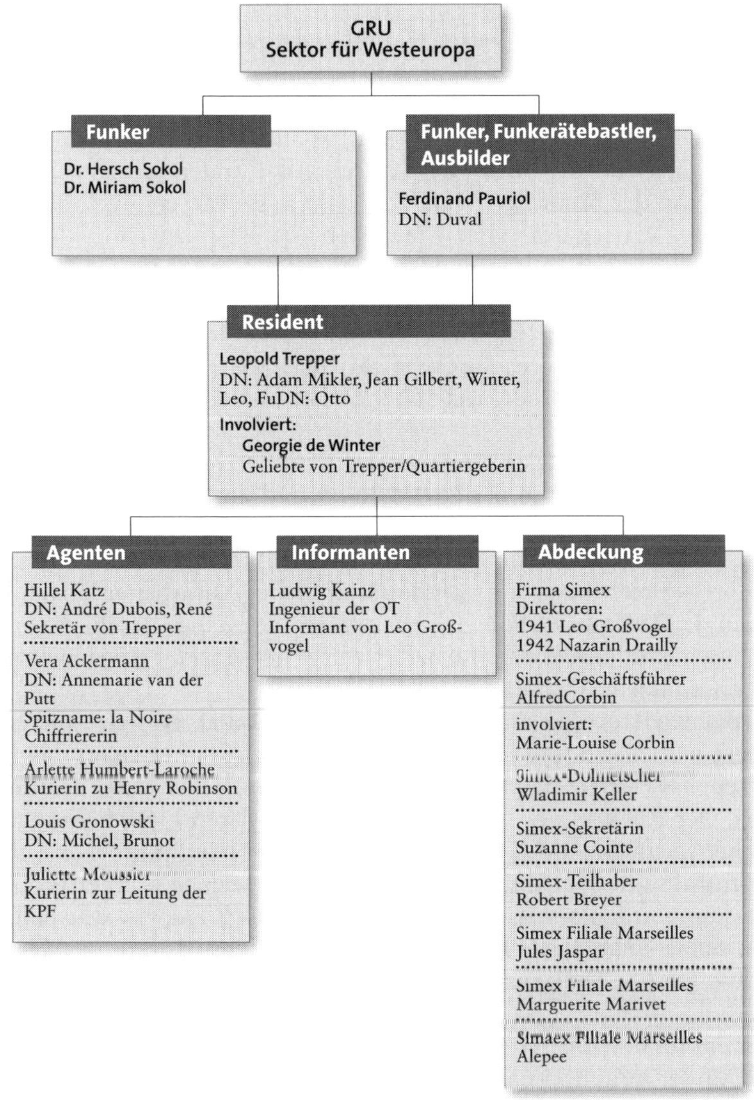

cherlei. Vor allem muss man sich von der Vorstellung eines einheitlichen und zentral geführten Spionagenetzes mit dem Aufbau einer preußischen Infanteriekompanie verabschieden. Ebenso wenig gab es einen General Trepper an der Spitze.

Trepper schrieb: „Ich wurde Kommunist, weil ich Jude bin.“[611] Zunächst jedoch wurde er in Neumark in Galizien geboren; 1904 gehörte diese Gegend noch zum Österreich-Ungarischen Staatsverband, nach dem Ersten Weltkrieg zu Polen. Der 18-Jährige mischte 1922 bei den Unruhen in Oberschlesien mit. Mitte der 1920er Jahre finden wir ihn in Palästina. Dort von der britischen Mandatsmacht ausgewiesen, flüchtete er nach Frankreich. Was er dort genau tat, ist bis heute nicht ganz klar; jedenfalls betätigte er sich in kommunistischen Organisationen. Ziemlich sicher gehörte er dem illegalen Komintern-Apparat an, möglicherweise bestand auch eine Verbindung zur GRU.[612] 1932 wurde Treppers Lage in Frankreich unhaltbar, nachdem durch Verrat ein größerer sowjetischer Spionagering aufgeflogen war. Er reiste über Deutschland und Polen ins Paradies der Werktätigen.

Nach Treppers eigenen Angaben erfolgte die Rekrutierung durch die GRU erst Jahre später in der Sowjetunion und dort eher zufällig. Trepper hat der Nachwelt eine Militärbescheinigung für sein Arbeitsbuch hinterlassen, in dem sein Eintritt in den aktiven Militärdienst als so genannter Abteilungsmitarbeiter, sprich als hauptamtlicher Mitarbeiter bei der GRU, auf den 1. Dezember 1936 datiert ist. Der vormalige Studienabbrecher, Revoluzzer und Gelegenheitsarbeiter wurde in Moskau einer mehrmonatigen gründlichen Ausbildung unterzogen.

Treppers erster Auslandseinsatz als GRU-Agent erfolgte am 1. Mai 1937; sein Zielland war Frankreich. Trepper reiste über Deutschland ein. Als Treppers Einsatz beschlossen wurde, ging es in der GRU drunter und drüber. Der Rückruf von Auslandskadern und deren Liquidierung als angebliche Agenten standen auf der Agenda; beim hauptamtlichen Personal der Zentrale sah es nicht viel besser aus. Nur wenige hundertprozentige Stalinisten wurden auf Auslandseinsatz geschickt; Trepper war einer von ihnen. Seine angebliche Bestellung zum Residenturleiter für Westeuropa, wo er ein Schweigenetz gegen die bösen Nationalsozialisten für den Kriegsfall aufbauen sollte, ist der Wunschtraum eines Wichtigtuers. Alles deutet darauf hin, dass er 1938 eine weitere Ausbildung als Illegaler erhielt und in dieser Funktion nach Belgien entsandt wurde.

An dieser Stelle ist es nützlich zu schildern, wie die sowjetische Auslandsaufklärung sowohl bei GRU wie INO in der Praxis aufgebaut war. Es wurde prinzipiell zwischen legalen und illegalen Residenturen unterschie-

---

Werken von Lota: Alta protiw Barbarossy, und: Sekrtnyj front, kaum der Erwähnung für Wert befunden wird.

611 Trepper: Wahrheit, S. 72.

612 So jedenfalls: Höhne: Direktor, S. 71 ff.

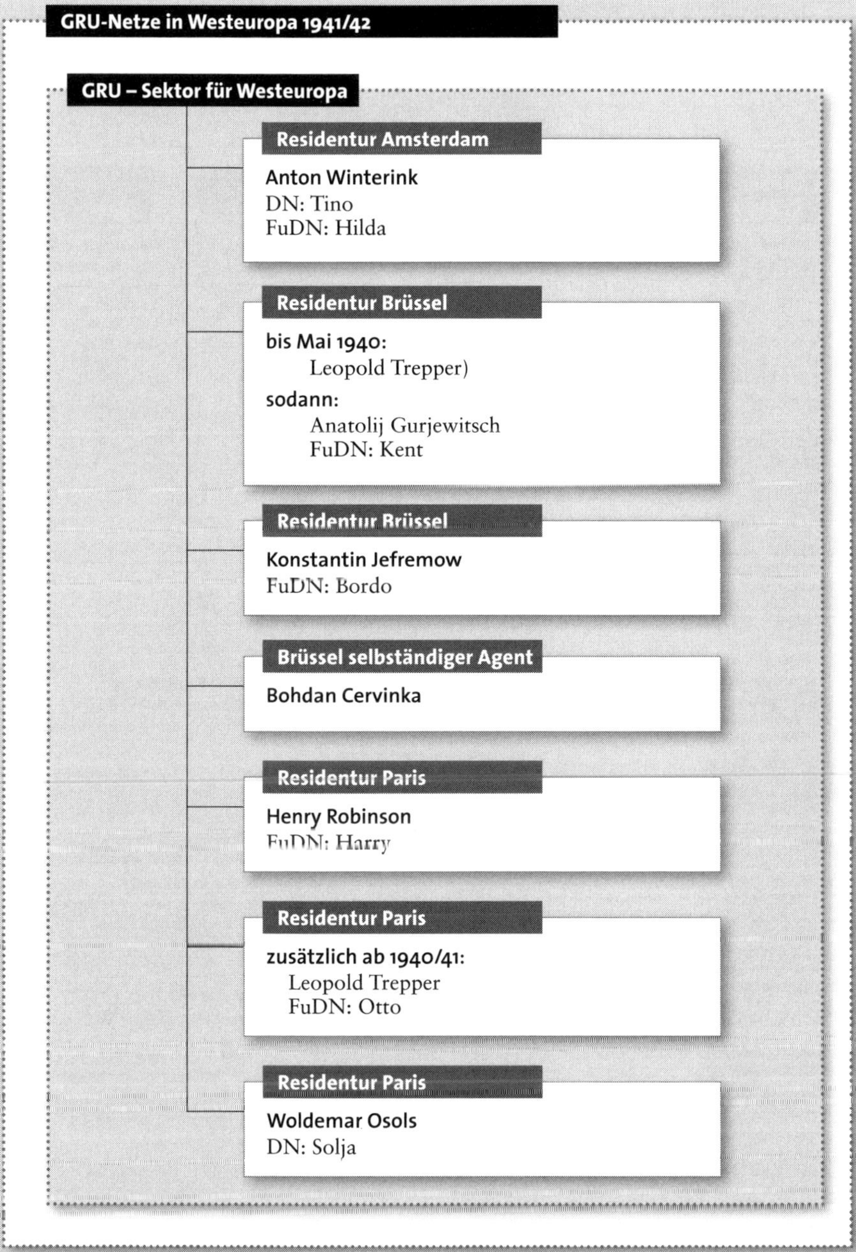
GRU-Netze in Westeuropa 1941/42
GRU – Sektor für Westeuropa
Residentur Amsterdam
Anton Winterink
DN: Tino
FuDN: Hilda
Residentur Brüssel
bis Mai 1940:
Leopold Trepper)
sodann:
Anatolij Gurjewitsch
FuDN: Kent
Residentur Brüssel
Konstantin Jefremow
FuDN: Bordo
Brüssel selbständiger Agent
Bohdan Cervinka
Residentur Paris
Henry Robinson
FuDN: Harry
Residentur Paris
zusätzlich ab 1940/41:
Leopold Trepper
FuDN: Otto
Residentur Paris
Woldemar Osols
DN: Solja

Das Kent-Netz des Anatolij Gurjewitsch

GRU
Sektor für Westeuropa

Funker/Agent

Michail Makarow
DN: Carlos Alamo
FuDN: Chemnitz, Charles
Funker/Agent
StO: Ostende, später Brüssel
involviert:
Caroline Hoorickx
Kurierin, Schlepperin
involviert:
Suzanne Schmidt, Geliebte und Kurierin von Makarow

Funker/Agent

David Kamy
DN: Albert Desmet, Anton Danilow
Funker/Agent
Gehilfe von Makarow
StO: Brüssel

Funker

Auguste Sesee
Funker
StO: Brüssel

Funker

Isidore Springer
DN: Romeo, Verlaine, Walter van Vlier, Fred, Sabor
Funker
involviert:
Flore Springer-Velaerts

Funker/Agent

Johann Wenzel
DN: Hermann, German, Hans, Wanja, Professor
FuDN: Max
Funker/Agent
StO: Brüssel
Helfer:
Otto Schumacher

Illegaler Resident (Brüssel)

Anatolij Gurjewitsch
DN: Viktor Sukulow, Vincente Sierra
FuDN Kent
involviert:
Margarete Barcza, Geliebte von Gurjewitsch

Agenten

Isidore Springer
DN: Romeo
Agent/Funker

Sophie Posnanska
DN: Anna Verlinden
FuDN: Josepha
Chiffiererin

Leo Großvogel
Chiffrierer, Manager der Tarnfirmen

Simone Pheter
Geliebte und Kurierin von Leo Großvogel

Rachel Gunzig
Agentin/Saboteurin

Jacques Gunzig
Agent/Saboteur

Nazarin Drailly
Agent/Manager in den Legendenfirmen

Anna Staritzky
Agentin

involviert:
Guillaume Hooricks
Quartiermacher

Rita Arnould
DN: Julia, Juliette
Quartiergeberin/Kurierin

Suzanne Spaak
Quartiergeberin

Hesekiel Schreiber
Agent

Henry de Rymaeker
Agent/Dokumentenbeschaffer

Informanten

Kranzbühler
Informant von Gurjewitsch

Amann
Informant von Gurjewitsch oder Barcza

Abdeckung

The Foreign Excellent Raincoat Compagny, (Tochterfirma von: Au Roi du Caouchouc), StO: Brüssel
Direktoren:
Louis Kapelowitz, Abraham Lerner, Moses Padawer
Legenden-Mitarbeiter:
Jules Jaspar, Mme. Novikov
Niederlassung der FERC in Stockholm

Simexco
StO: Brüssel
Teilhaber: Robert Christen, Jean Passelecq, Henry de Rijck, Henri Seghers, Willy Thévenet
Direktor: Charles Drailly
Legenden-Personal der Simexco:
Heinrich Rauch, Pierre de Soete, Bollinger, Jeanne Ponsaint, Louise Pontsart, Renée Schwing
Managerin bei Simexco:
Jeanne Großvogel-Pesant
StO: Ostende
Justitiar der Simexco:
Maurice Robert Beublet

Agenten

Abraham Rajchmann DN: Adasch, Adam Blanssi, Max Spitzname: Fabrikant Passfälscher	Malvina Gruber Kurierin von Rajchmann
Charles Mathieu Polizeiinspektor, Doppelagent	

Agenten von Gurjewitsch, die nach seinen Angaben unenttarnt blieben

Belgien	Frankreich	Tschechoslowakei
Coselin	Bloch	Bacherach
Pirker	Stranski	Basisty
Siutin ([?] Сютин)	Vichmonde (recte [?]: Vichemont)	Erlich
Stellen		
de Teu (recte [?]: de Thieu)		

Osols-Netz 1942/43, durch Mithilfe von A. Gurjewitsch von der Gestapo enttarnt

Woldemar Osols

Osols-Ring	Mithridates-Ring
Suzanne Caleas	Paul Legrendre, DN: Victor
A. Petit	Marcel Dubraix
Marcel Perrault, DN: Paul	Maurice Violette
Riff	Hans Müssig, DN: Jean Varon
Techon	Albert Geis
(?) Janna	
(?) Dumont	

den. Legalresidentur nannte man einen Spionagestützpunkt, der in eine offizielle sowjetische Einrichtung im Gastland eingebaut war, so zum Beispiel in die jeweilige Botschaft der Sowjetunion. Illegale Residenten – oder kurz genannt: Illegale – waren Mitarbeiter des sowjetischen Geheimdienstes, die zur Agentenarbeit in ein Gastland eingeschleust wurden und dort unter irgendeiner plausiblen Legende lebten. Das Einleben, das meist auch zur Eingewöhnung ins Gastland und zur Ergänzung der Legendenpapiere genutzt wurde, nannte man Legalisierung.

Diese Illegalen hatten regelmäßig nicht den Auftrag, nach ihrer Legalisierungsphase selber zu spionieren, also unmittelbar geschützte Informationen zu beschaffen, sondern sie warben und führten ihrerseits Agenten aus den Gastländern. Wichtig zu wissen ist auch, dass diese Illegalen vor dem Zweiten Weltkrieg in aller Regel durch die Legalresidenturen des Gastlandes geführt wurden. Diese Eigenheiten des sowjetischen Spionage-Prozederes macht es heute schwer zu beurteilen, was dran ist, wenn in russischen Publikationen zu lesen ist, dass dieser oder jener Geheimdienstmitarbeiter an der Botschaft soundso viele Quellen führte, da dies sowohl Illegale, also Geheimdienstmitarbeiter, als auch echte Agenten gewesen sein können. In diesem Umfeld also muss man sich Trepper vorstellen. Wir treffen ihn 1938/39 in der Legalisierungsphase; er selbst wurde von einem GRU-Residenten an der sowjetischen Botschaft in Brüssel, später, nach seiner Übersiedlung nach Paris, durch den sowjetischen Militärattaché an der Botschaft in Paris, später in Vichy geführt.

Auch die Sache mit dem angeblichen Aufbau eines Schweigenetzes erscheint nicht plausibel. Westeuropa war neben Deutschland der zweite Schwerpunkt der sowjetischen Aufklärungsbemühungen.[613] Dass dies so war, ist einer Nebenbemerkung Treppers zu entnehmen, wonach in seiner Anfangsphase bei der GRU in Moskau sein Vorgesetzter ein Oberst namens Stigga war.[614] Dieser Oskar Stigga war Leiter der 3. Verwaltung, das war die Arbeitseinheit für die militärtechnische Spionage.[615] Diese Unterstellung legt den Schluss nahe, dass der Illegale Trepper sich in eben diesem Arbeitsfeld, nämlich der gegen Belgien gerichteten Rüstungsspionage, zu bewegen hatte; seine Legende als wohlhabender kanadischer Händler Artur Mikler war auf diese Anforderung genau zugeschnitten.

Es ist aus der Luft gegriffen, dass bei dieser Legende ein Einsatz gegen Deutschland geplant gewesen sein könnte, denn Belgien stellte zwar Rüstungsgüter her, aber nicht für das Deutsche Reich. Es ist der reine Zufall, dass der Kriegsausbruch in die Legalisierungsphase des Agenten fiel. Üppig versehen mit Devisen aus der Zentrale, gründete Trepper ein Import-Ex-

613 Dallin: Sowjetspionage, S. 67 ff.; Kolpakidi u. a.: Enziklopedija, S. 420–442.

614 Trepper: Wahrheit, S. 79.

615 Kolpakidi u. a.: Imperija GRU, Bd. 2, Biografii, S. 146–282; Lota: Bes Prawa, S. 186 f.; Prudnikowa u. a.: Legendy GRU, S. 317; Roewer u. a.: Geheimdienste, S. 446; Tschurakow: Repress.

port-Geschäft für Regenmäntel, das alsbald prächtig florierte. Nunmehr allerdings wurde die Zielrichtung des Agenten geändert. Sein Einsatzland Belgien sollte nicht mehr sein Zielland sein, sondern Großbritannien. Von dort drohte, so war man in Moskau der Meinung, das meiste Ungemach. Das war nicht ganz unrealistisch, denn England machte sich anheischig, den im Winter 1939/40 durch die Sowjets massiv bedrohten Finnen zu Hilfe zu eilen.[616] In dieser für die Sowjetunion heiklen Lage erhielt Trepper den Auftrag, Drähte nach Skandinavien zu spinnen, um dort zu sehen, was die Briten anstellen würden. So geschah es.

Mit dem deutschen Einmarsch in Belgien im Mai 1940 änderten sich die Dinge erneut mit einem Schlag. Für Trepper wurde ein Legendenwechsel notwendig, denn als Kanadier konnte er im besetzten Belgien jetzt nicht mehr ungeschoren durchgehen, da Kanada zu den Kriegsgegnern des Deutschen Reiches gehörte; als feindliche unerwünschte Feind-Person drohte ihm die sofortige Internierung. Der Wechsel der Identität machte zugleich einen Standortwechsel notwendig, denn in Brüssel heute noch Mikler und morgen plötzlich Gilbert zu heißen, war zu riskant.

Im Durcheinander des deutschen Vormarsches floh Trepper Hals über Kopf von Brüssel nach Paris. Zugleich schlüpfte er in die Rolle des Belgiers Jean Gilbert. Dass Flucht und Legendentausch mühelos gelangen, war nicht zuletzt dem deutschen Überfall auf Belgien zu danken, denn erst jetzt fanden sich Personen zur Zusammenarbeit mit Trepper bereit, die vorher nicht im Traum daran gedacht hätten, sich in eine sowjetische Spionageagentur einspannen zu lassen. Durch diese personelle Erweiterung der Helfer ist es Trepper später möglich geworden, sich zum Helden des antifaschistischen Widerstandes zu stilisieren. Wie weit es mit dem Widerstand wirklich her war, wird noch zu erörtern sein.

Das in Belgien begonnene England-Netz Treppers einschließlich eines in Ostende stationierten Funkers fiel an den russischen GRU-Illegalen Anatoli Gurjewitsch. Der war nach einem Einsatz als Militärberater im Spanischen Bürgerkrieg nach Moskau zuruckgekehrt, wo er eine sechsmonatige Schnellbesohlung als GRU-Resident erhielt. In dieser Funktion kam er am 15. April 1939 nach Brüssel. Sein Auftrag lautete: Militärspionage in Westeuropa. Sein Deckname war Kent, sein Falschname, mit dem der sich in Belgien bewegte, war Vincente Sierra und nach seiner Festnahme durch die Gestapo ließ er die Deutschen wissen, er heiße in Wirklichkeit Viktor Sukulow. Hieraus ist dann einige Verwirrung entstanden.[617]

---

616 Ast Brüssel: Abschlussbericht Rote Kapelle, S. 7 f.

617 Gourevitch: Un certain Monsieur Kent; Blank u. a.: Rote Kapelle, S. 240 f., 285 f., 289, 291, 298, 316, 319, 321 f., 349, 366; Coppi: Rote Kapelle, VjZ 1996, S. 431–458 [445 f., 447, 450]; Kolpakidi u. a.: Imperija GRU, Bd. 1, S. 350–421; Perrault: Rote Kapelle, zwischen S. 37 und 537 vielfach; Reile: Treff Lutetia, S. 181; S. Poltorak: Sowjetskij raswedtschik Kent. St. Petersburg 2003; Trepper: Wahrheit, vielfach, zwischen S. 79 und 419 [dort: Viktor Sukoklow]; Nr. 2073 in: O. Verf.: Rossijskaja Jewrejskaja; Enziklope-

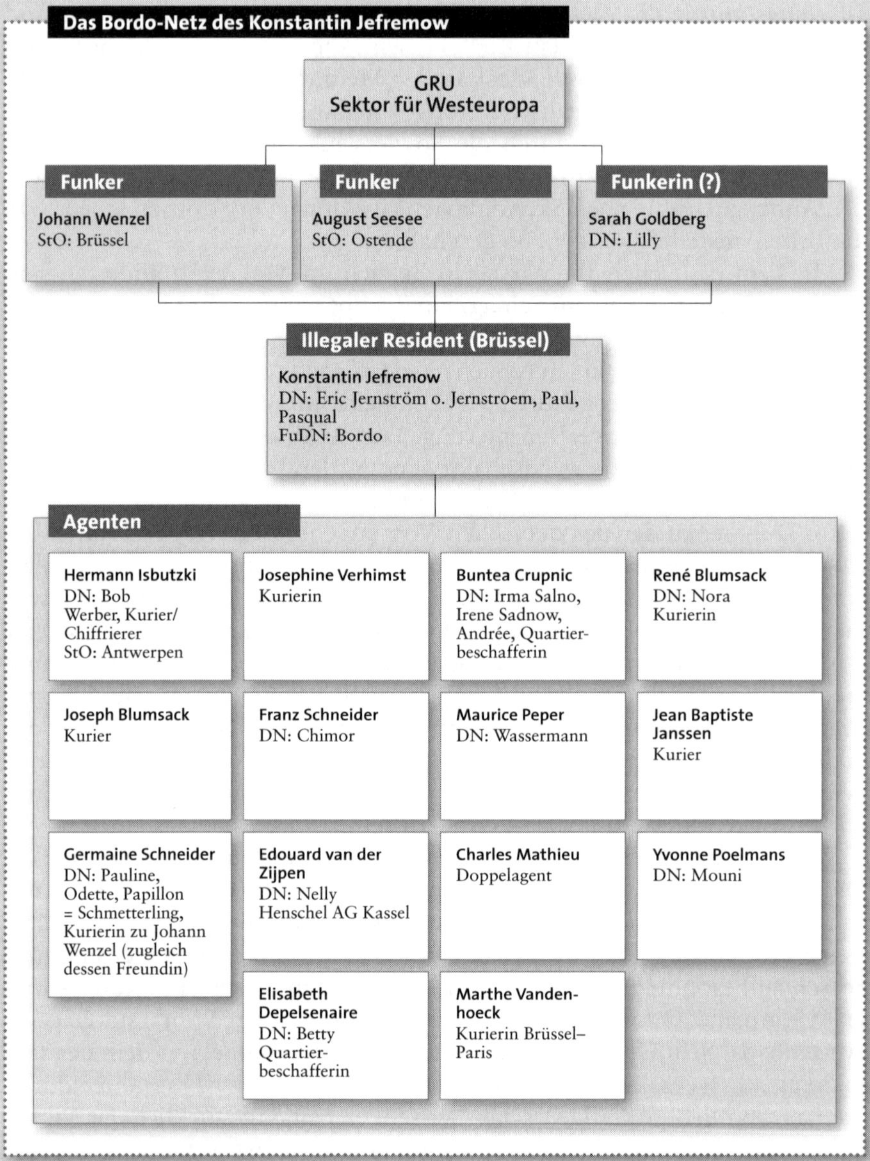
Das Bordo-Netz des Konstantin Jefremow
GRU
Sektor für Westeuropa
Funker
Johann Wenzel
StO: Brüssel
Funker
August Seesee
StO: Ostende
Funkerin (?)
Sarah Goldberg
DN: Lilly
Illegaler Resident (Brüssel)
Konstantin Jefremow
DN: Eric Jernström o. Jernstroem, Paul, Pasqual
FuDN: Bordo
Agenten
Hermann Isbutzki
DN: Bob
Werber, Kurier/ Chiffrierer
StO: Antwerpen
Josephine Verhimst
Kurierin
Buntea Crupnic
DN: Irma Salno, Irene Sadnow, Andrée, Quartier-beschafferin
René Blumsack
DN: Nora
Kurierin
Joseph Blumsack
Kurier
Franz Schneider
DN: Chimor
Maurice Peper
DN: Wassermann
Jean Baptiste Janssen
Kurier
Germaine Schneider
DN: Pauline, Odette, Papillon = Schmetterling, Kurierin zu Johann Wenzel (zugleich dessen Freundin)
Edouard van der Zijpen
DN: Nelly
Henschel AG Kassel
Charles Mathieu
Doppelagent
Yvonne Poelmans
DN: Mouni
Elisabeth Depelsenaire
DN: Betty
Quartier-beschafferin
Marthe Vanden-hoeck
Kurierin Brüssel–Paris

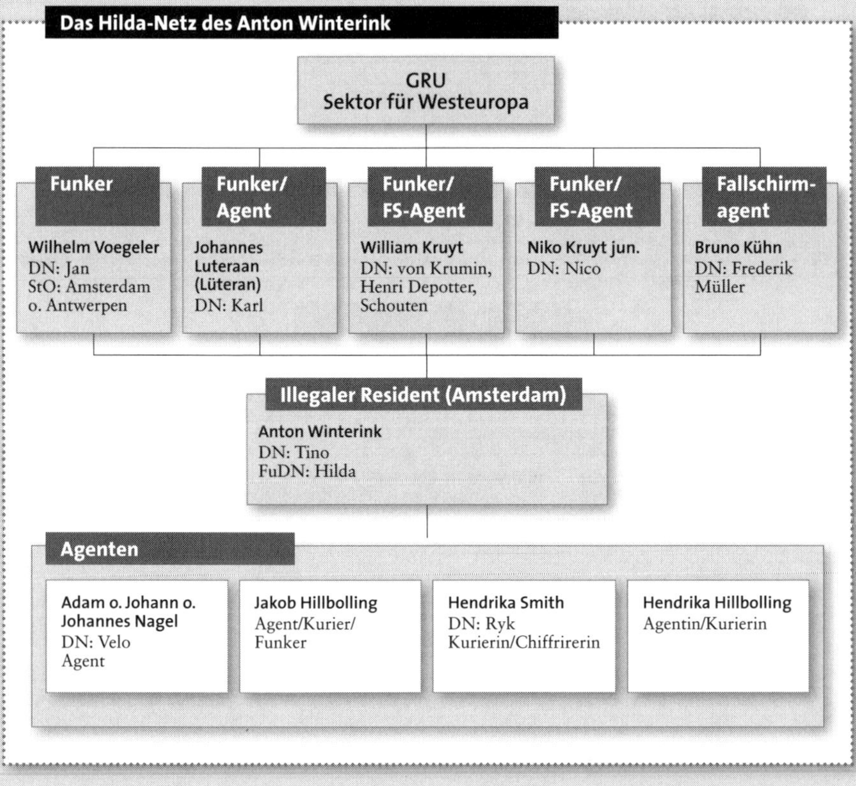

Auch Gurjewitsch verfügte über ein beträchtliches Startkapital in wertvollen Devisen, mit dem er umso ungezwungener umgehen konnte, als mit dem Abzug der sowjetischen Botschaft aus Brüssel nach der deutschen Besetzung die Kontrolle durch den Militärattaché fortgefallen war. Gurjewitsch war ein Mann mit erstaunlich abstehenden Ohren. Hier wird vielleicht ein Leser einwenden, dass auch Menschen mit allerlei körperlichen Auffälligkeiten ein Recht darauf haben, Agent zu werden, doch empfohlen werden kann das nicht. Und so ist denn auch Gurjewitsch, der sich Ende 1941 aus Brüssel nach Marseilles absetzte, nach der Besetzung von Vichy-Frankreich durch deutsche Truppen binnen Tagesfrist durch die Gestapo aufgegriffen worden; sie brauchte nur ein wenig hinzugucken.

Damit ist ein wenig vorgegriffen, denn noch in Brüssel kam Gurjewitsch auf eine originelle Idee. Er tat sich mit einer ihn um Haupteslänge überragenden üppigen Blondine zusammen, so dass im Brüssel der feinen Leute

dija. Moskwa 1995; Home Office/MI 5: Fallakte Victor Sokolov, NA: KV 2/2068; CIA: Dokument 0/7708, S. 329–333; Abwehrleitstelle Paris Referat III F: Abschlussbericht Rote Kapelle.

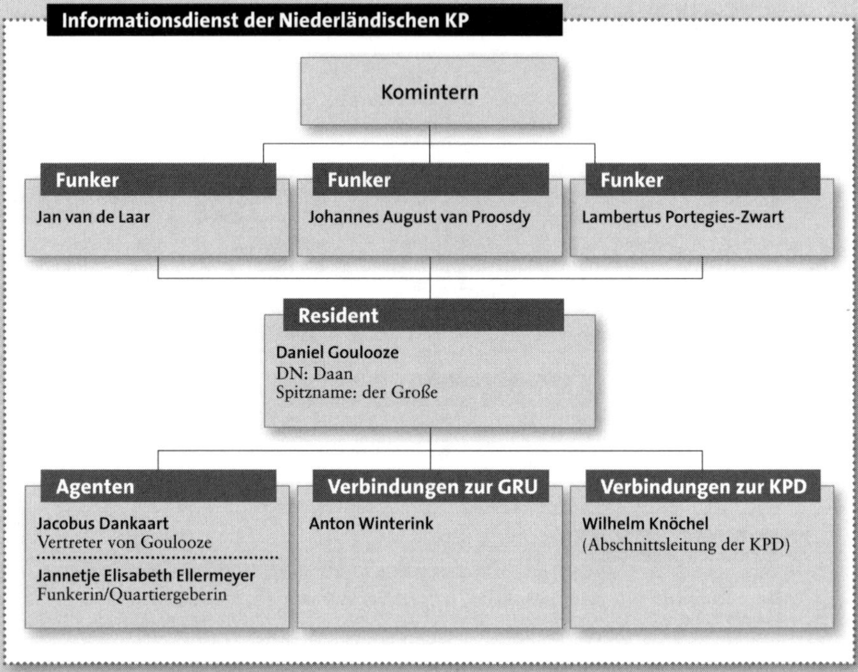

die Auftritte des Paares für Furore sorgten. Die Dame seines Herzens war eine tschechische Emigrantin namens Margarete Barcza. Ihr verstorbener Ehemann war im Hopfengeschäft reich geworden. Und nunmehr wohnte die lustige Witwe mit ihrem handlichen Agenten in einer luxuriösen Villa in der Avenue Siegers. Wenn es stimmt, was Trepper später behauptet hat, war das anstrengende Leben eines Brüsseler Nichtstuers für Gurjewitsch-Kent ein hartes Stück Arbeit, das ihn immer wieder vergessen ließ, wer eigentlich sein Auftraggeber war. Wir fassen diese Geschichten mit spitzen Fingern an, da zu vermuten ist, dass der ebenfalls verheiratete Trepper von seinem eigenen amourösen Wohlleben ablenken wollte.

Trepper hat behauptet, ihm als dem „Grand Chef" sei Gurjewitsch als „Petit Chef" unterstellt worden. Das ist wenig wahrscheinlich. Vielmehr wird es so gewesen sein, dass beide Agenten zunächst den Auftrag hatten, unabhängig voneinander zu operieren. Mit der Flucht von Trepper nach Paris änderte sich die Situation. Trepper musste sein Netz übergeben, danach war er dem Militärattaché in Frankreich unterstellt, der nach der französischen Kapitulation nicht mehr in Paris, sondern in Vichy residierte. Hier erhielt Trepper die ihn überraschende Weisung, nach Moskau zurückzukommen. Er versuchte zu taktieren, doch der Militärattaché ließ ihn wissen, dass die GRU in Paris bereits einen gut eingespielten Residenten hätte. Das war mit Sicherheit ein Fehler, denn Trepper zog nicht gleich ab, sondern er wurde in Frankreich vom deutschen Angriff auf die Sowjetunion überrascht.

Als nach dem deutschen Angriff auf die Sowjetunion die Sowjets auch aus Vichy abziehen mussten[618], hing Trepper in der Luft. Er erhielt die Weisung, die Verbindung via Gurjewitsch in Brüssel zu suchen, denn dieser verfügte über eine Funkanbindung. Erst von diesem Augenblick an widmeten sich die westeuropäischen Netze der GRU der Deutschlandspionage.

Bereits im Frühjahr 1941 hatte Gurjewitsch in Brüssel eine Legendenfirma gegründet, die Simexco, in deren Pariser Zweigstelle Simex Trepper dann einstieg. [619] Die Agenten folgten dem von Trepper bereits in Brüssel ausprobierten Strickmuster: Man suche sich Partner für seine Handelsgeschäfte, die vor allem eines sind: Geschäftsleute und keine Kommunisten oder gar kommunistische Spione. Das funktionierte so gut, dass Trepper und Gurjewitsch fortan mit ihren merkantilen Interessen völlig eingedeckt waren. Unter Trepper in Paris arbeitete eine größere Zahl von Leuten, von denen die meisten keine Ahnung davon hatten, welch Geistes Kind ihr Herr Jean Gilbert sonst noch war. In Belgien und in Nordfrankreich ließen sich unter deutscher Besatzungsherrschaft die allerbesten Geschäfte machen. Hauptgeschäftspartner der sowjetischen Agenten wurden nämlich auf der einen Seite die Besatzungsbehörden der Wehrmacht und die halbmilitärische NS-Bauorganisation Todt (OT) sowie andererseits alle möglichen einheimischen Firmen und Lieferanten, die frohen Herzens mit den Deutschen kollaborierten. Die Gewinne waren beträchtlich, zumal die Geheimdiensthandelsleute en gros und en detail beschafften, was den deutschen Besatzern lieb und teuer war.

Doch Trepper sollte nicht vergessen, dass es im fernen Moskau noch einen Direktor gab. Dafur sorgte schon eine kleine Mannschaft eingeübter GRU-Offiziere und deren Helfer, die ab Juli 1941 nachts über Funk hören durften, was das Trepper-Netz gefälligst an Informationen zu beschaffen habe. Eine Begutachtung der Meldungen, die über das Nadelöhr der Brüsseler Funkstellen abgesetzt wurden, gibt einen Eindruck von der Leistungsfähigkeit der westeuropäischen Spionagenetze. Das Ergebnis ist ziemlich ernüchternd. Zuträger aus der Bevölkerung lieferten mehr oder weniger genaue Beschreibungen der Stationierungstruppen – nicht ganz unwichtig für die schwer ringende Rote Armee, um zu wissen, was der Gegner noch an funktionstüchtigen Truppen im Westen unter Waffen halten konnte. Dann gab es die Erkenntnisse, die der Umgang mit den Wehrmachtsbehörden und der Organisation Todt im Geschäftsverkehr sozusagen frei Haus lieferte.

618 Schramm: KTB 1940/41, S. 1216.
619 Dallin: Sowjetspionage, S. 177; Ast Brüssel: Abschlussbericht Rote Kapelle, S. 14.

Das Harry-Netz des Henry Robinson

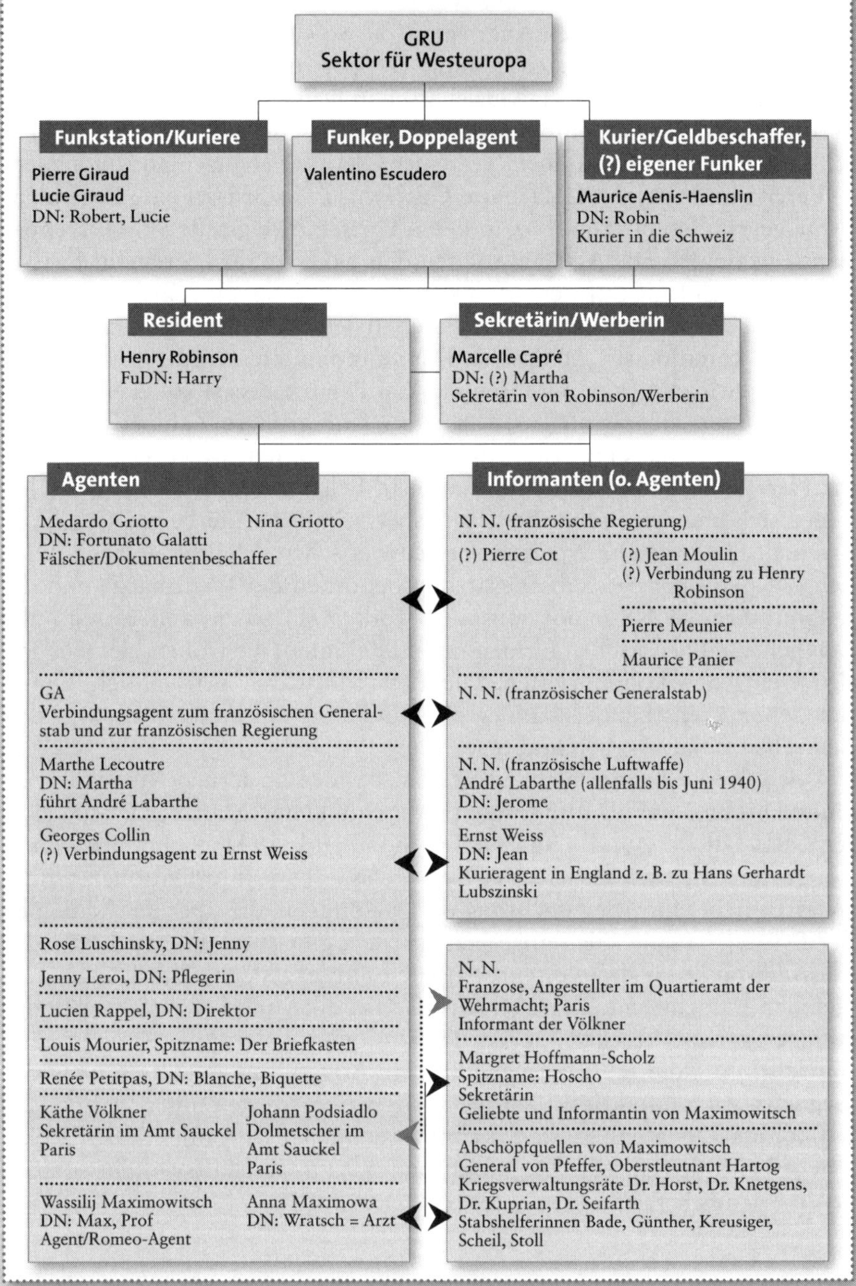

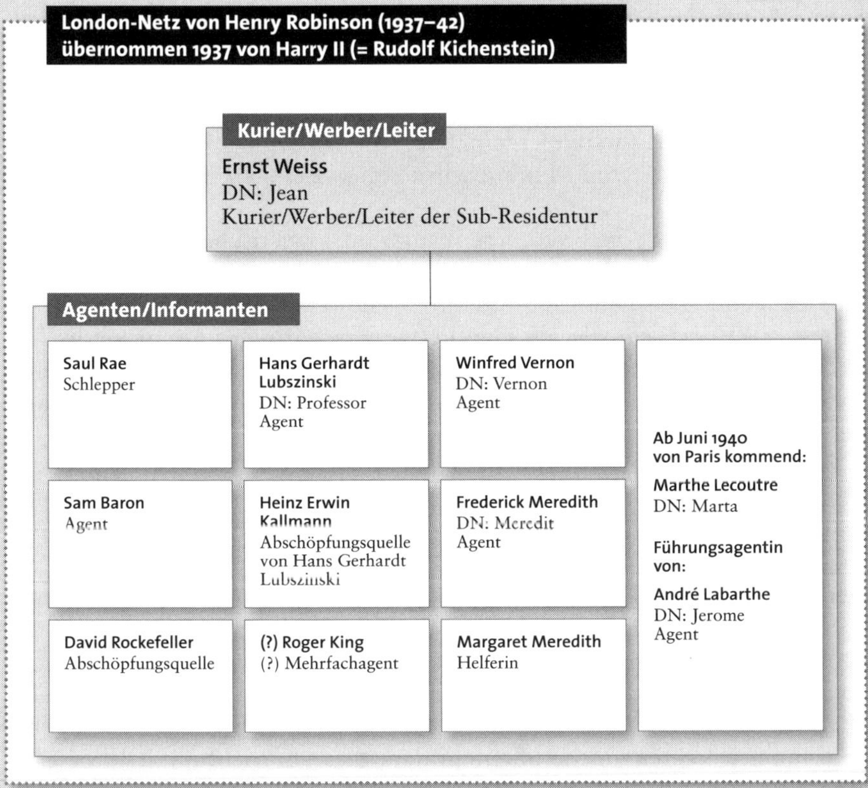

Bei Lichte betrachtet, gab es daneben nur zwei Quellen, deren Zugänge so waren, dass sie überhaupt einer Erwähnung wert sind. Und diese gehörten nicht einmal zum Trepper-Netz, sondern zu dem des anderen (ursprünglichen) illegalen Residenten der GRU in Paris, Henry Robinson. Das eine war eine Abschöpfquelle. Sie hieß Anna-Margaret Hoffmann-Scholz, genannt Hoscho.[620] Diese war Sekretärin zunächst im Stabe des Deutschen Militärbefehlshabers von Frankreich und dann bei Botschafter Otto Abetz. Hoscho hatte ein Auge auf den Exilrussen und vermeintlichen Monarchisten Wassili Maximowitsch geworfen, der dem 1896 geborenen, mittlerweile etwas ältlichen Mädchen mit Ausdauer den Hof machte. Der Russe war in Wirklichkeit Sowjetagent und mimte die klassische Romeo-

620 Dallin: Sowjetspionage, S. 193, 200; Höhne: Der Krieg im Dunkeln, S. 329; Kolpakidi u. a.: Enziklopedija, S. 445; Trepper: Wahrheit, S. 114, 179; Q.: US 0/7708; Bericht des Chefs der Sipo und des SD an den RF SS vom 24. Dezember 1942, IV A 2 – B. Nr. 330/42gRs.

Rolle.[621] Als diese anstößig zu werden drohte, widerstand er zwar dem Ersuchen der Angebeteten auf baldige Heirat, entschloss sich aber zu einer halbwegs tragfähigen Legalisierung, indem er sich mit der um sechs Jahre Älteren höchst offiziell verlobte. Ein rauschendes Fest machte den bald berauschten, zahlreich geladenen deutschen Offizieren klar, dass alles mit rechten, das heißt standesgemäßen, Mitteln zuging. Die Ernüchterung nach der Festnahme von Maximowitsch muss ziemlich schmerzhaft gewesen sein.[622]

Daneben blühte eine besondere Pflanze im sowjetischen Agentengarten, die Artistin Käthe Völkner, die zusammen mit ihrem ehemaligen Manager und jetzigen Lebensgefährten Johann Posaldio im Pariser Amt Sauckel arbeitete, also der Behörde, die für die Heranschaffung von ausländischen Arbeitern ins Deutsche Reich verantwortlich war.[623] Die Völkner führte zudem eine Unterquelle, einen französischen Angestellten im Quartieramt der Wehrmacht.[624]

Soweit die karge Wirklichkeit. Sehen wir dagegen Treppers wortreiche Memoiren durch, so fällt auf, dass der Bericht über die Spionageerfolge mit drei ganzen Seiten erstaunlich knapp ausgefallen ist.[625] Er behauptet, dass er aktuelle Operativabsichten in dem für die Sowjetunion so komplizierten Herbst 1941 direkt aus dem Führerhauptquartier in Rastenburg beschafft und weitergeleitet haben will. Plauschte Trepper mit dem Führer beim Tee? Nein, er hat in diesem Fall seine Quelle verraten: Ein Stenograf aus den Lagebesprechungen gab die heiße Ware weiter. Er blieb namenlos. Und das mit gutem Grund, denn im Herbst 1941 gab es bei den Lagebesprechungen keinen solchen Stenografen; diese Einrichtung kam erst ein Jahr später in Gebrauch.[626]

Noch ein Histörchen aus Treppers Agentenlatein: Es sei gelungen, in den Telefonstrang zwischen dem Pariser Hauptquartier der Abwehr im Hotel Majestique und der Zentrale in Berlin einen Abhörplatz einzubauen. So konnte man alles mitbekommen, was geplant und besprochen wurde. Donnerwetter. Zwar war die Abwehrstelle Paris im Hotel Lutetia untergebracht, doch wollen wir diesen kleinen Missgriff nicht überbewerten; schließlich war beim Verfassen von Treppers Memoiren Oscar Reiles

---

621 Coppi: Rote Kapelle, VjZ 1996, S. 431–458 [453]; Dallin: Sowjetspionage, S. 190–193, 198, 200; Höhne: Der Krieg im Dunkeln, S. 329; 180; Kolpakidi u. a.: Enziklopedija, S. 439, 445; Trepper: Wahrheit, S. 114; Q.: US 0/7708.

622 Bericht des Chefs der Sipo und des SD an den RF SS vom 24. Dezember 1942, IV A 2 – B.Nr. 330/42gRs, abgedr. bei Trepper: Wahrheit, nach S. 128.

623 Coppi: Rote Kapelle, VjZ 1996, S. 431–458 [453]; Dallin: Sowjetspionage, S. 193, 198; Hamacher: Gegen Hitler, S. 205; Höhne: Krieg im Dunkeln, S. 329; Kolpakidi u. a.: Enziklopedija, S. 245; Trepper: Wahrheit, S. 113, 115, 180, 205, 210, 217, 371; Q.: CIA: Dokument 0/7708, S. 341 f.

624 Harry Piepe: zit. nach Der Spiegel vom 15. Juli 1968, S. 73 ff.

625 Trepper: Wahrheit, S. 124 ff.

626 Schramm: Verrat, S. 183.

einschlägiges Buch „Treff Lutetia Paris“ noch nicht sehr lange auf dem Markt. Aber etwas anderes macht schon stutzig: Was war es, was aus diesem erstklassigen Nachrichtenzugang an Erkenntnissen gewonnen wurde? Schwätzten die Abwehroffiziere lediglich über französische Rotweine und über die Rocklänge nach der neuesten Pariser Mode? Wir wissen es nicht, denn Trepper hat sich ausgeschwiegen. Das ist sehr schade und führt zu dem Schluss, dass entweder diese Quelle nichts brachte oder die ganze Geschichte gelogen ist. Letzteres ist sehr wahrscheinlich.

Nicht weggelogen, sondern verschwiegen wurde hingegen ein anderes Detail. Trepper fand es gefährlich, seine Meldungen zunächst nach Brüssel reisen zu lassen, er forderte die Zentrale daher über die Brüsseler Funkstation auf, ihm ein eigenes Funkgerät nebst Funker oder besser noch einen unmittelbaren Zugang zu dem anderen Pariser GRU-Residenten zu verschaffen. Die Zentrale folgte diesem Vorschlag, Trepper erhielt Verbindung zum Chef-Residenten Henry Robinson und dieser besorgte zwei Funker und ein Funkgerät. Damit nicht genug: Die Zentrale forderte Robinson auf, da die Konspiration zwischen ihm und Trepper ohnedies nun einmal durchbrochen war, mit diesem Routinetreffs durchzuführen. Mag sein, dass die Leute in Moskau sich hiervon eine wechselseitige Kontrolle versprochen haben, fest steht indessen: Es hatte schlimme Folgen.

Nun zum Ende der großartigen Trepper-Organisation. Sie fiel der deutschen Funkabwehr zum Opfer. Über das Reichsgebiet verstreut und in den besetzten Ländern wurde eine Reihe von Abhörstationen installiert, die zur Kenntnis nahmen, was sich im Äther so alles tat und wo es herkam.[627] Damit ist keineswegs gesagt, dass man den Funkverkehr auch lesen konnte. Dieser war regelmäßig verschlüsselt, so dass die Beute aus der Funkabhörung an die Funkentzifferungsstellen weitergereicht werden musste.

Eine solche Funkentzifferungsstelle betrieb beispielsweise die Heeresnachrichtentruppe. Ihr Standort war ein Gebäude am Berliner Matthäikirchplatz. Zuständig für die Entzifferung des Agentenfunkverkehrs des Senders mit dem Rufnamen PTX, den man alsbald einer Funklinie zwischen Belgien und Moskau zugeordnet hatte, war die Funkentzifferungsstelle Ost. Ein zur Wehrmacht einberufener Mathematiklehrer leitete sie, der Oberleutnant d. R. Wilhelm Vauck. Doch Vaucks Mannen hatten mit dem PTX-Funk wenig Glück; ein Jahr lang gelang ihnen keine Entzifferung. Hierzu bedurfte es erst eines Verratsfalles.

Bevor es dazu kam, musste erst einmal einer der Agentensender in Belgien ausgehoben werden. Doch auch das schreibt sich hier leichter, als es in Wirklichkeit zuging. Zunächst einmal erhielten die Abwehrstellen für das besetzte Frankreich und die Benelux-Staaten von der Zentrale in Berlin die strikte Aufforderung, die feindlichen Sender aufzuspüren. Doch das befiehlt man militärisch schneller, als es der III F-Trupp aus der Abwehrstelle

627 Blank u. a.: Rote Kapelle, S. 200 ff.

Brüssel in die Tat umsetzen konnte. Diese Außenstelle der deutschen Gegenspionage wurde von dem Hauptmann d. R. Harry Piepe geleitet.[628] Er war von Beruf Amtsanwalt, so dass sich die Militärpersonalplaner vorgestellt haben mögen, wer im Zivilleben mit Straftätern zu tun habe, könne auch Agenten fangen. Planung und Wirklichkeit stimmten ausnahmsweise überein. Dass der Agentenfang letztlich gelang, war nicht nur dem Gespür von Piepe geschuldet, sondern einer technischen Neuerung der Polizei, genauer gesagt der Schutzpolizei. Diese verfügte nämlich zur Umsetzung des Reichsgesetzes gegen Schwarzsender über bewegliche Funkpeiltrupps.[629] Ihre Geräte für die Nahpeilung waren auf LKWs montiert, so dass sie Funkstellen gebäudegenau lokalisieren konnten. Voraussetzung war allerdings, dass der fragliche Sender mit einer gewissen Konstanz und über längere Zeit hinweg sendete. Diese Voraussetzungen waren in Brüssel gegeben. Die Sender des Brüsseler Netzes sendeten nachts immer zur gleichen Uhrzeit und stets über längere Zeit hinweg.

Der erste Sender, der so hochgenommen werden konnte, stand in Brüssel in der Rue des Atrébates Nr. 101. Der Zugriff von Piepe und seinen Männern erfolgte in der Nacht auf den 13. Dezember 1941. Drei Personen gingen der Abwehr ins Netz: der GRU-Funker Anton Danilow, die Chiffriererin Sophie Posnanska und die Quartiergeberin Rita Arnould. Am nächsten Morgen tappte mit Michail Makarow ein weiterer GRU-Offizier den Deutschen nichtsahnend in die Falle. Erst ein Umweg über Berlin bewegte ihn zur Bekanntgabe seines Klarnamens. Am 18. Februar 1943 wurde er zum Tode verurteilt. Ob er den Krieg überlebte oder hingerichtet wurde, ist umstritten.[630] Die Chiffriererin Sophie Posnanska brachte die Ermittler ebenfalls nicht viel weiter. Sie hielt neun Monate durch; dann verübte sie Selbstmord im Brüsseler Militärgefängnis St. Gilles.

Blieb schließlich die Person, die am wenigsten wusste, die Quartiergeberin und Kurierin Rita Arnould.[631] Sie packte alsbald aus. Doch das nutzte ihr nichts. Im April 1943 wurde sie zum Tode verurteilt und schließlich im August desselben Jahres in Plötzensee enthauptet. Vorher hatte sie der Abwehr und der Gestapo einige entscheidende Hinweise gegeben. Fundstücke im Haus ergänzen das Wissen der Verfolger; der Agentenring hatte Gesichter bekommen und, was noch wichtiger war: Die Arnould kannte die Titel der Bücher, die auf dem Nachttisch der Chiffriererin Posnanska

628 Piepe: Ich jagte Rote Agenten; ders.: Harburger jagte Agenten; Brammer: Spionageabwehr und Geheimer Meldedienst, S. 37; Höhne: Der Krieg im Dunkeln, S. 375–398; Perault: Rote Kapelle, S. 81 f.; CIA: US 0/7708, S. 294.

629 Reichsgesetz gegen die Schwarzsender vom 24. November 1937, RGBl. I S. 1299.

630 Coppi: Rote Kapelle, VjZ 1996, S. 431–458 [446]; Dallin: Sowjetspionage, S. 171, 184, 199 f.; Höhne: Krieg im Dunkeln, S. 313 f., 323, 360, 376 f., 379 f.; Reile: Treff Lutetia, S. 179; Trepper: Wahrheit, S. 96–419; CIA: Dokument 0/7708, S. 294.

631 Dallin: Sowjetspionage, S. 172, 184 f., 296; Höhne: Krieg im Dunkeln, S. 360, 376 f., 380; Trepper: Wahrheit, S. 138, 140, 142, 148, 205, 369, 390, 394; CIA: Dokument 0/7708, S. 254.

gelegen hatten. Eines davon war „Le Miracle du Professor Wolmar“ von Guy de Téramond. In einem Antiquariat in Paris wurde Abwehr-Mann Carl von Wedel fündig. Und richtig: Das Wunder des Professor Wolmar war das Geheimnis des Funkverkehrs. Wedel hielt das Chiffre-Buch des Makarow-Senders in Händen.

Die Davongekommenen des Festnahmedesasters tauchten erst einmal ab. Allen voran der belgische Residenturleiter Anatolij Gurjewitsch, genannt Kent. Mit Zwischenhalt in Paris verschwand er mit seiner Geliebten Margaret Barczna nach Marseille. Was er dort bis zu seiner Festnahme tat, ist nicht ganz klar; viel spioniert haben wird er nicht.

Nach dem Aufknallen des Senders in der Rue des Arébates und der Flucht von Gurjewitsch wurden die Dinge neu geregelt. Zu Gurjewitschs Nachfolger wurde der dort operierende GRU-Illegale Konstantin Jefremow bestellt, der bislang mit Trepper und Co. nichts zu tun hatte. Jefremow war Ingenieur-Offizier der Roten Armee.[632] 1939 war er unter der Legende eines finnischen Studenten namens Eric Jernstroem eingereist, um an der Universität Brüssel zu studieren. Sein wichtigstes Nebenfach war die gegen Belgien gerichtete Industriespionage. Nach der Besetzung Belgiens durch die deutsche Wehrmacht und dem folgenden Abzug der sowjetischen Botschaft aus Brüssel wurde Jefremow durch den GRU-Residenten in den USA auf dem Postwege geführt. Zweifellos eine Notlösung, die sich indessen deswegen anbot, da zu Jefremows Legende von Anfang an gehört hatte, dass ein reicher Onkel aus Amerika den finnischen Neffen laufend mit Geld unterstützte. Dass dieser freundliche Onkel mit dem GRU-Residenten in den USA identisch war, wussten nur Eingeweihte.

Mit dem Kriegseintritt der USA gegen das Deutsche Reich im Dezember 1941 wurde der Postweg zwischen den USA und Brüssel gekappt. Der Agent war ohne Verbindung zur Führungsstelle. Für die Zentrale lag es daher nahe, den in Brüssel noch auf freiem Fuße operierenden GRU-Funker Johann Wenzel über Funk anzuweisen, mit Jefremow Kontakt zu suchen.

So wurde Jefremow der Leiter des Brüsseler Netzes und Wenzel sein Funker. Das ging nicht lange gut, dann wurden auch diese beiden festgenommen. Der Festnahme der beiden Agenten war ein neuerlicher Einbruch in das wieder in Fahrt gekommene Netz in Brüssel. Hier wie in den anderen besetzten Gebieten hatten Gestapo und Abwehr ihr höchst eigenwilliges Erfolgsrezept zur Anwendung gebracht: eine Kombination von unerbittlicher Härte und Kollaboration.

Dem Mann in Brüssel, mit dem sie zusammenarbeitete, hatte die Abwehr den Decknamen Carlos verpasst; manche nannten ihn auch Le Cousin, der Vetter. Diese verwandte Seele war kein anderer als der Chefinspektor

632 Coppi: Rote Kapelle, VjZ 1996, S. 431–458 [444]; Kolpakidi u.a.: Enziklopedija, S. 445; Perrault: L'Orchestre Rouge [frz. Ausgabe] 1989, S. 436 Fn. 1; Trepper: Wahrheit, vielfach zwischen S. 144 und 419; Q.: US 0/7708.

der belgischen Staatspolizei Charles Mathieu.[633] Ein Oberleutnant der Abwehrstelle Brüssel namens Bödiker führte diese Quelle. Welches die Motive von Mathieu waren, mit den Deutschen zusammenzuarbeiten, ist unbekannt. Vielleicht störte den Polizisten lediglich das Illegale, das unter dem Schirm des Widerstandes schillernde Blüten trieb. Vielleicht war er ein Antikommunist, vielleicht ein Antisemit.

Der Mann, den Chefinspektor Mathieu im deutschen Auftrag an die Angel nahm, war gut gewählt. Es war Abram Rajchmann. Der hatte einen honorigen Beruf erlernt: Er war Fälscher. Seine Lehrzeit hatte er im illegalen Passapparat der KPD absolviert. Anschließend hatte er sich selbständig gemacht. Aus dieser Quelle schöpfte so mancher in der belgischen Hauptstadt, wenn es darum ging, die Identität zu wechseln. Zu seinen Kunden zählten auch Trepper und andere sowjetische Illegale. Rajchmann unterhielt Kontakte in die Polizei; das war bei seinem Beruf nur folgerichtig. Doch er wusste nicht, dass der belgische Chef-Polizist Mathieu seine Existenz und seine Aktivitäten an die Deutschen durchreichte.

Am 2. September 1942 wurde Rajchmann festgenommen. Und umgedreht. Leute wie Trepper versuchten später, Rajchmann zum Helden zu stilisieren, der sich erst unter der Folter zur Zusammenarbeit entschloss. Gestapoleute haben nach dem Krieg das Gegenteil behauptet – jeder hatte seine Gründe. Jedenfalls wurden fortan Rajchmanns Übergabetreffs für gefälschte Ausweispapiere in diskrete Festnahmeaktionen umgemodelt. Unter den Leidtragenden auch die Mitglieder der Brüsseler Residentur. Darunter auch der Funkagent Wenzel und sein neuer Chef Jefremow.

Auch Jefremow entschloss sich sehr bald, mit den Deutschen zusammenzuarbeiten. Über die Gründe hierfür sind die unterschiedlichsten Geschichten in Umlauf. Am ehesten wird wohl die zutreffen, dass die Gestapo-Vernehmer Jefremow damit drohten, seinem Dienstherrn die Nachricht zukommen zu lassen, dass er übergelaufen sei und die Festnahme des Funkers Wenzel zu verantworten habe. Jefremow wusste zwar, dass diese Anschwärzung nicht stimmte, er wusste aber genauso gut, was passieren würde, wenn die Gestapo diese Ente in Richtung Moskau loslassen würden. Es wäre das Aus für seine Familie gewesen, an der er offenbar sehr hing.

Neben Jefremow kollaborierte in den folgenden Monaten auch der Funker Wenzel zur vollen Zufriedenheit der Deutschen; wie man ihn zu zwingen verstanden hatte, wurde im Kapitel über Schulze-Boysen und Co. bereits erzählt. Nunmehr gelangen die entscheidenden Durchbrüche bei der Entzifferung des sowjetischen Funkverkehrs, den Funker Wenzel aus dem FF beherrschte. Auch wurde er in ein Funkspiel mit Moskau eingebaut. Von Wenzel ist später behauptet worden, er habe die Gestapo und

633 Dallin: Sowjetspionage, S. 186 f.; Höhne: Krieg im Dunkeln, S. 393 f.; Trepper: Wahrheit, S. 145, 230, 392; CIA: US 0/7708., S. 295.

die Abwehr aufs Kreuz gelegt. Seine Funksprüche seien so abgefasst gewesen, dass jeder kundige Thebaner die Unregelmäßigkeiten habe bemerken müssen. Für Wenzel spricht jedenfalls, dass es ihm nach fünf Monaten Haft und Funkspiel am 18. November 1942 gelang zu entkommen. Er konnte sich dann bis zum Abzug der deutschen Wehrmacht verstecken.[634]

Für Jefremow trifft dieses Hintertürchen nicht zu. Er verschwand erst bei Kriegsende im Nichts. Bis dahin gab er der Gestapo entscheidende Tipps. So erzählte er von der Tarnfirma Simexco in Brüssel. Von hier aus bis zur Pariser Simex war für die Ermittler eine überschaubare Denkleistung. Doch die Aushebung der Simex in Paris brachte zunächst erst einmal die Erkenntnis, dass dies eine Schieberfirma sei; doch die weitgehend seriösen Angestellten, falls in dieser Art Firma überhaupt etwas seriös war, waren in das konspirative Handwerk des Herrn Gilbert, sprich Leopold Trepper, nicht eingeweiht. Das hatte Vor- und Nachteile.

Zu den Nachteilen zählte sicherlich, dass diejenigen, die sich unter dem Vorwurf der Spionage verschaukelt vorkommen mussten, alles daransetzten, ihr karges Wissen auszupacken, damit den Hintermännern das Handwerk gelegt werden konnte. So gab die Frau des Geschäftsführers der Simex, Madame Marie-Louise Corbin, zum Besten, dass Monsieur Gilbert sich von ihr einen Zahnarzt habe empfehlen lassen. Sie nannte Namen und Anschrift. Der Terminkalender des Arztes wurde bei einem scheinbaren Routinebesuch inspiziert und der tatsächlich dort eingetragene Monsieur Gilbert bei seinem Besuch am 5. Dezember 1942 auf dem Patientenstuhl festgenommen. So kam Trepper in deutsche Hände.

Er willigte auf der Stelle in eine Zusammenarbeit mit der Gestapo ein. Bei Trepper liest sich das so: Ihm war von vornherein klar, dass das Sonderkommando ihn brauchen würde, weil es seine eigenen ehrgeizigen Ziele nur mit seiner aktiven Hilfe würde erledigen können. Und so sehen wir Trepper, wie er dem Pariser Soko-Leiter Karl Giering gönnerhafte Belehrungen zuteil werden lässt, wie er ihn täuscht, auf Abwege bringt und so die Arbeit der Gestapo in Wirklichkeit steuert.

Das sind Geschichten aus Tausendundeiner Nacht. Und mit dem orientalischen Märchen bestand auch insofern Ähnlichkeit, als der clevere Trepper genau wusste, dass in dem Augenblick, in dem ihm der Stoff ausging, sein Leben keinen Pfifferling mehr wert sein würde. Doch man tut nicht gut daran, sich Trepper gegenüber satanisch folternde Gestapo-Schergen auszumalen. Ehe die Deutschen überhaupt hätten drohen können, bot Trepper die Zusammenarbeit an. Die Gestapo würde Beweise für die Zusammenarbeitswilligkeit verlangen. Das wusste auch Trepper. Also lieferte er als Erstes seine engsten Mitstreiter und einstigen zionistischen Weggefährten Hillel Katz und Leo Großvogel ans Messer. Das darf man

634 Blank u. a.: Rote Kapelle, S. 305 f.; Roewer u. a.: Geheimdienste, S. 493 f; Weber u. a.: Kommunisten, S. 858 f.

ruhig wörtlich verstehen, denn beide wurden nach entsprechenden Vernehmungsprozeduren hingerichtet.

Als Nächstes ließ Trepper Henry Robinson hochgehen, den anderen in Paris tätigen illegalen Residenten der GRU.[635] Ihn kannten die Deutschen bis zu diesem Zeitpunkt nicht. Es folgten die Geschwister Wassili und Anna Maximowitsch; in ihrem Schlepptau die Maximowitsch-Geliebte Hoffmann-Scholz.[636] Auch sie stammten alle aus dem Robinson-Ring. Trepper kannte sie nur deswegen, weil deren Meldungen über ihn nach Brüssel gegangen waren. Mustert man die anderen zahlreichen Mitglieder

1. PASCAL ARBEITET FUER GESTAPO SEIT JULI 42. ER HAT VERRATEN SEINE GRUPPE, DIE GRUPPE CHEMNITZ, GRUPPE CYMAX & OTTO & SEINE LEUTE

2. PAULAS MANN HAT IM DEZ. 42 VERRATEN – ANNIE & SISSY, MEINE FRAU UND MEINEN SOHN.

3. OTTO VERHAFTET IM NOV.42, EBENSO DIE GEHILFEN IM DEZ. 42. PAULA UND FUNKER VERHAFTET JAN 43. VERHAFTET FUNKER BRUSSEL UND PARIS. N. ... (DR "..") IN MARSEILLE VERHAFTET

4. ADRESSE PRAG VERRATEN.

5. FALLSCHIRMSPRINGER OSLIBURN VERHAFTET SEPT. 42 IN MALINES

6. VERRATEN VON MANN, DER ALLEIN VERBINDUNG-ADRESSE VON EUCH ERHALTEN, WURDE ICH MIT FREUND DEZ. 42 VERHAFTET. AN DIESER ADRESSE MATERIAL GEFUNDEN. FREUND TOD VERURT. FRAU 10 JAHRE. MEIN SCHWEITZ. FREUND IN P. VERHAFTET IM APRIL, BLANCHEIMAI. 4 BEKANNTE, NI...S (?) MITARBEIT. EBENFALLS VERHAFTET. VON ABPARAT ALLE VERBINDUNGEN ZU FRANZ. MINIST. UND GEN.-STAB. SICHERHEIT DA NUR DEM GA. BEKANNT WAREN.

7. HIER ANNIE MIT MIR, WARNT SISSY.

GEKOEPFT ODER ERSCHOSSEN, DER SIEG WIRD UNSER! EUER HARRY
URTEILE. FUNKER DOKTOR, MEIN FREUND, MEINE FRAU, MEIN SOHN, VERBINDUNG ZU MILIT.-BEFEHLSHABER FRANKREICH FUNKER ROBERT ZU TOD. MEIN PROZESS NOCH NICHT STATTGEFUNDEN. WARNT SISSY .LEITENDE KREISE SIND HIER UEBERZEUGT VON NIEDERLAGE, DA STAERKE UNSER VRKANNT H.

„6. Der Verräter ist Trepper“: Warnmeldung von Residenturleiter Henry Robinson an die Zentrale in Moskau

des Robinson-Rings durch, so fällt auf, dass sie den Pariser Crash überlebten. Das liegt an Folgendem: Trepper konnte sie nicht verraten, weil er sie nicht kannte, und Robinson verriet sie nicht, weil er nur zugab, was

635 Coppi: Rote Kapelle, VjZ 1996, S. 431–458 [444]; Höhne: Kennwort Direktor, S. 250 f.; ders.: Krieg im Dunkeln, S. 329, 381, 398; Kolpakidi u.a.: Enziklopedija, S. 437–441 [Klarname dort: Arnold Schnee, jedoch unzutreffend], 445 f., 452–454; Nollau u. a.: Gestapo ruft Moskau, S. 122–131, 288–293; Trepper: Wahrheit, S. 130–411; Bericht des Chefs der Sipo und des SD an den RF SS vom 24. Dezember 1942, IV A 2 – B. Nr. 330/42gRs; CIA: Dokument US 0/7708, S. 315–317.

636 Bericht des Chefs der Sipo und des SD an den RF SS vom 24. Dezember 1942, IV A 2 – B. Nr. 330/42gRs, abg. bei: Trepper: Wahrheit, nach S. 128; abgedr. bei Schramm: Verrat, S. 366 ff.

ohnedies nicht zu leugnen war. Im Gegensatz zu Trepper bezahlte er für diese Haltung mit seinem Leben.

Durch seine Kenntnisse, die aus dem Standortwechsel und seiner früheren Komintern-Tätigkeit in Frankreich herrührten, konnte sich Trepper so aufführen, als sei er der große, allwissende Boss des sowjetischen Spionageunternehmens gewesen – Le Grand Chef. Auf diese Weise wusste er sein Leben über die Runden zu bringen. Einige, auch deutsche Zeitgenossen glaubten, Trepper handele im Einvernehmen mit der Zentrale, so dass er nicht nur ein Doppel-, sondern ein Tripelagent wurde. Bis zum Sommer 1943 ging das einigermaßen gut für beide Seiten. Dann musste Giering aufgeben; er starb im Jahr darauf an Krebs. An seine Stelle trat der Gestapo-Mann Friedrich Pannwitz. Der hatte nicht mehr viel Freude mit Trepper, denn der Agent entfloh seinem Bewacher Willy Berg am 13. September 1943 mitten in Paris. Es war für ihn höchste Zeit, denn sein Verratsbudget war aufgebraucht.

Nun die Bilanz: Das Phantom der Roten Kapelle hat während des Krieges und vor allem danach die Fantasie der Zeitgenossen beflügelt. Ein Fallname der Funkabwehr wurde zur großen und möglichst gar noch kriegsentscheidenden Spionageorganisation stilisiert. Das konnte nur gelingen, weil die Beteiligten, die den Krieg überlebt haben, an diesem Unfug mitgebastelt haben. Die Wirklichkeit dagegen sah bescheidener aus. In Belgien, Frankreich und den Niederlanden operierten bereits deutlich vor Kriegsbeginn einige Illegale von GRU und NKWD. Sie wurden wie üblich über die Legalresidenturen geführt. Ihr Einsatzland war ihr Zielgebiet: Westeuropa. Nach dem deutschen Einmarsch in Frankreich und den Benelux-Ländern änderte sich das: Jetzt hieß das Zielobjekt deutsche Wehrmacht. Nach dem deutschen Überfall auf die Sowjetunion musste aus dem Stand auf Funk umgestiegen werden, um die Agenten zu führen. Das war auch hier schlecht vorbereitet worden und musste sich erst mühsam einspielen. Das Meldeaufkommen der französischen Gruppen riss niemanden vom Hocker. Der große überragende Chef ist Trepper nie gewesen. Das war vielmehr seine Überlebenslegende. Die Gestapo glaubte ihm gerne und er selbst glaubte es zum Schluss auch.

Es gibt keine besseren Belege hierfür als das, was die Agenten Trepper und Robinson selbst zu Papier brachten oder anderen diktierten. Die Rede ist vom „Trepper-Report" vom Juni 1943, den Trepper noch in deutschem Gewahrsam an Gewährsleute in der französischen KP herausschmuggeln konnte. In ihm versuchte Trepper seine Handlungen zu rechtfertigen. Ähnlich karg geht es in den Verhören zu, welche die Militärabwehr Smersch nach Kriegsende mit Trepper veranstaltete.

Ähnlich wie Trepper versuchte auch Robinson, Nachrichten aus deutschem Gewahrsam loszuwerden. Auch ihm gelang das mit Hilfe von kommunistischen Gesinnungsgenossen. Doch der Unterschied zu Trepper könnte kaum krasser ausfallen. In denkbarer Knappheit schilderte Robinson die Einbrüche der Gestapo in die verschiedenen Agentennetze und fügte die von ihm erkannten Verratsfälle hinzu. Pathetisch schloss er: „Geköpft oder erschossen, der Sieg wird unser. Euer Harry.“[637]

Seelenfänger 1: Russen und andere auf der deutschen Seite

> Der alte Russe hebt den Riegel vor dem fensterlosen Schuppen, öffnet die Tür. Nichts rührt sich. Einer ruft auf Russisch hinein: „Rauskommen!“ Der Kriegsberichter hebt die Kamera. Mit erhobenen Händen tritt ein riesiger Mann ins Licht und sagt mit tiefer Stimme: Nicht schießen – General Wlassow!“ Die Frau, die hinter ihm blinzelnd ins Freie tritt, ist Maria Woronowa, die Köchin. Wlassow übergibt dem Führer der Gruppe seine Papiere. Das Schreiben, das ihn als Oberbefehlshaber der 2. Stoßarmee ausweist, trägt die Unterschrift Stalins.[638]

Als General Wlassow in deutsche Gefangenschaft geriet, war der deutsch-sowjetische Krieg ein Jahr alt. Schon im Verlauf des Jahres 1941 begaben sich 3,8 Millionen sowjetische Soldaten in deutsche Kriegsgefangenschaft. Allerdings ist diese Zahl mit größter Vorsicht zu genießen, da sie sich vermutlich auf nationalsozialistische Propaganda-Aufbauschungen stützt.[639] Sicher ist indessen, dass die Behandlung der Rotarmisten jeder Beschreibung spottete. Eine Vielzahl von ihnen verhungerte, verdurstete oder kam durch Seuchen ums Leben. Glücklich war, wem es gelang, sich den deutschen Truppen als Hilfskraft anzuschließen. Die Zahl derer, die es taten, ging in die Hunderttausende. Wehrmachtsbürokraten nannten diese Soldaten Hilfswillige, Landser machten den Hiwi daraus.

Das alles hatte mit dem Einfangen von Seelen für eine politische Kriegführung zunächst nichts zu tun. Im Gegenteil, es wurde bereits beschrieben, wie die einschlägigen Versuche der Ukrainer und der Esten durch die NS-Führung brutal abgewürgt wurden. Wenn es eines Beweises bedurft hätte, um den Unwillen der NS-Führung zu demonstrieren, im Osten einen Befreiungskrieg für die vom Bolschewismus unterdrückten Völker zu führen, würde ein Blick auf die geistlose Unterdrückungspolitik in den eroberten Gebieten genügt haben. Auch das wurde bereits angedeutet.

Doch die Bestrebungen in der deutschen Führung waren keineswegs einheitlich. Spätestens nach der herben deutschen Niederlage vor Moskau kamen in der deutschen militärischen Führung Stimmen auf, dass mit dem offensichtlichen Scheitern der Blitzkriegsdoktrin die Frage zu stellen sei, ob die Sowjetunion mit den herkömmlichen Mitteln militärisch überhaupt

---

637 Deutsches Original abgeb. bei Lota: Bes prawa, nach S. 160, russ. Text S. 197.

638 Stachow: Tragödie, S. 155 f.; offenbar eine Variation nach: Schmidt-Scheeder: Reporter, S. 330 f.

639 So schon Lahousen: Fragmente, Bl. 76.

zu bezwingen sei. Exponenten dieser Denkansätze fanden vor allem in denjenigen Offizieren eine Stütze, die einen russischen Vorlauf hatten. Das waren bevorzugt jene, die zu diesem Zeitpunkt als Baltendeutsche in der Wehrmacht Dienst als Dolmetscheroffiziere leisteten.

Blüten ganz eigener Art hatte daneben die Tätigkeit von Abwehr II entwickelt. Diese für die Zersetzung und für die Sabotage im Feindgebiet zuständige Organisationseinheit des deutschen militärischen Geheimdienstes unterstand nach wie vor dem ehemals österreichischen Offizier Erwin Lahousen. Er versuchte, den Spagat zwischen militärisch Wünschbarem und der politischen Wirklichkeit in die Formel zu pressen, dass Abwehr II ausschließlich für die Tätigkeit im Feindesland zuständig sei.[640] Das war zwar formell korrekt, konnte aber nicht darüber hinwegtäuschen, dass Abwehr II gezielt Leute abwarb und ausbildete, die darüber getäuscht wurden, dass ihr Einsatz in den Ländern der Sowjetunion nicht dazu dienen sollte, eine Befreiung von der Sowjetherrschaft zu erkämpfen, sondern einzig und allein dem Zweck diente, die Rote Armee militärisch zu schwächen – und sei es durch das Inszenieren von Aufständen in deren Hinterland. Diese Lesart muss man mit Blick auf die jetzt zu schildernden Ereignisse vor Augen haben.

Der Blick von Abwehr II richtete sich spätestens mit der deutschen offensiven Feldzugsplanung für das Jahr 1942 auf den Kaukasus und die angrenzenden Regionen. Fast sah es so aus, als sollte an die Georgienpolitik des Ersten Weltkrieges angeknüpft werden, wo es nach jahrelanger konspirativer Vorbereitung gelungen war, ein selbständiges Georgien von Russland abzuspalten, das sich nach der deutschen Geburtshilfe bis zu Beginn der 1920er Jahre halten konnte.

Der Mann, der aus dem Hintergrund die Fäden für eine Veränderung der deutschen Ostpolitik zog, war Theodor Oberländer. Er balancierte beruflich zwischen seinem Professorenamt in Prag und dem Dienst als Reserveoffizier beim Amt Ausland/Abwehr. Nach dem Scheitern des Ukraineabenteuers und der schnöden Auflösung des Bataillons Nachtigall im Sommer 1941 hatte der quicke Oberländer ein neues gefährliches Spielzeug geschaffen, den Sonderverband Bergmann.

Bergmann war der Tarnname für die Zusammenziehung von Soldaten der kaukasischen Länder aus dem Potenzial sowjetischer Kriegsgefangener zur Aufstellung eines Diversionsverbandes. Seine Aufgabe sollte die Revolutionierung der Kaukasusregion sein, deren Einnahme auf der Agenda der Hitler'schen Eroberungspolitik ganz nach oben gerutscht war, denn die Besetzung dieses Gebietes mit seinen reichen Bodenschätzen und vor allem den Erdölvorkommen war zum wirtschaftspolitischen Muss geworden. An der Rohstofffrage musste sich die Rüstungspolitik des Dritten Reiches und damit der Krieg entscheiden.

---

640 Lahousen: Fragmente, Bl. 88.

Bergmann bestand im Frühsommer aus ca. 750 Soldaten, davon 200 Deutsche, die anderen waren nach Volkszugehörigkeit auf die einzelnen Kompanien verteilt: 1. und 4. Kompanie: Georgier, 2.: Nordkaukasier, 3.: Aserbeidschaner und 5.: Georgier und Armenier.[641] Sie kamen nie sachgerecht zum Einsatz, da der deutsche Vorstoß nach Südost schließlich in Stalingrad und an den Hängen des Kaukasus zu stehen kam.

Wie in der Kriegführung des Dritten Reiches üblich, geschah der Einsatz der Abwehr II-Einheiten und -Verbände nach dem Schema des Wasch-mir-den-Buckel. Hierbei sind zwei unterschiedliche Aspekte zu bemerken. Zum einen handelte es sich um die Verwendung der klassischen Brandenburg-Formationen, deren Aufgabe der Handstreich und die Sabotage war, und zum anderen um den Einsatz der Kaukasier, deren Ziel die Entfachung sowjetfeindlicher Aufstände sein sollte.

Ein typischer Brandenburg-Einsatz war der unter dem Kommando des Leutnants Adrian von Foelkersam in die Tiefe des kaukasischen Raumes im Sommer 1942. Der Auftrag lautete, das Ölgebiet von Maikop zu erreichen und die dortigen Förderanlagen vor der Zerstörung zu sichern. Zu diesem Zweck war Foelkersam zum NKWD-Major Truchin mutiert. Einer der Angehörigen der baltendeutschen Kompanie hat Foelkersam wie folgt beschrieben:

> Dieser hochgewachsene, sehr intelligente und freundliche Mann war eine Persönlichkeit von seltener Ausstrahlungskraft, ein geborener Menschenführer ... Arik, wie wir ihn nannten, war ein Mann von großem Charme und unbestreitbarer Autorität.[642]

Auch die 62 übrigen Teilnehmer an diesem Raid, überwiegend Russisch sprechende Baltendeutsche, waren als NKWD-Leute kostümiert. Das Geforderte gelang gegen jede Erwartung. Mit Hilfe von Frechheit und List gelang es, die Sicherungsverbände zum Abzug zu bewegen und deren Aufgaben scheinbar zu übernehmen.[643] Foelkersam erhielt (noch zu Lebzeiten) das Ritterkreuz. Ein Jahr später wechselte er zu den SS-Jagdverbänden, dem Gegenstück der SS zu den Brandenburg-Verbänden. Hier stieg er rasch zum Vertreter des Leiters, Otto Skorzeny, auf. Im Januar 1945 ist Foelkersam bei Hohensalza an der Ostfront gefallen.

Neben diesen eher frontnahen Einsätzen war eine Reihe von Ferneinsätzen geplant.[644] Aus diesen ragt das Unternehmen Schamyl (auch als Schámil oder Schamýl bezeichnet) heraus. Schon der Name des Unternehmens war Programm. Der Namensspender war ein kaukasischer muslimischer Freiheitskämpfer, der den russischen Angriffen in Ostkaukasien 1839, 1842 und 1845 erfolgreich widerstehen konnte, bevor er 1859 in

641 Lahousen: Fragmente, Bl. 91.
642 Staden: Ende und Anfang, S. 37.
643 Kurowski: Kommandotrupps, S. 169 ff.; ders.: Kommandotrupps II, S. 129 ff.
644 Lahousen: Fragmente, Bl. 92 f.

russische Gefangenschaft geriet.[645] Nunmehr also die Deutschen in seinen Fußstapfen – so könnte man meinen. Über Ursprung und Ablauf des Unternehmens sind wir recht genau unterrichtet.[646] Seine Leitung oblag dem Oberleutnant Erhard Lange, der nach einer Verwundung während des Griechenlandfeldzuges 1941 seine Versetzung zum Amt Ausland/Abwehr betrieben hatte. Lange hatte bereits im Frühjahr 1939, also ein gutes halbes Jahr vor Kriegsbeginn, von einem Bekannten aus dem Goebbels'schen Propagandaministerium gehört, dass man bei der Abwehr eine Truppe aus enttäuschten Kommunisten zusammenstelle, die im Falle eines Krieges mit der Sowjetunion zur Zersetzungsarbeit zum Einsatz kommen solle. Das interessierte den Mann.[647] Doch wie groß muss seine Überraschung gewesen sein, als er, in den geheimnisvollen Gängen der Abwehr angekommen, bemerken musste, dass dergleichen dort nicht bekannt war. Die Abwehroffiziere hatten den an sich naheliegenden Gedanken der Inpflichtnahme von deutschen Kommunisten nicht einmal vage erwogen; über die Gründe und die Folgen wurde ausführlich berichtet.

Doch zurück zu Lange. Er kam zu Abwehr II, genauer gesagt in die Gruppe des Oberstleutnants Erwin Stolze (Minderheiten), Referat 1 J (Insurgierungsmaßnahmen) unter Sonderführer Prof. Dr. Werner Markert. Angeregt durch Meldungen über die Aufmüpfigkeit der Kaukasusvölker kam Lange auf die Idee, eine Truppe für die Anzettelung von Aufständen ins Leben zu rufen. Doch er wurde erst einmal ausgebremst. Amtschef Canaris verfügte knapp: Kriegsausweitung ist zu vermeiden. Man stutzt und staunt.

Erst einer nachgebesserten, fast möchte man sagen: konspirativ nachgebesserten, Variante konnte sich Canaris nicht verschließen, denn jetzt lautete das Ziel des Unternehmens: Ölschutz. Das war eine Vokabel, die dem Amtschef bekannt war. Dergleichen hatte er zu Kriegsbeginn erfolgreich in Rumänien praktiziert, als Abwehr II-Personal und Brandenburg-Einheiten, als Urlauber getarnt, ins Land eingesickert waren, um mit Zustimmung der rumänischen Regierung die dortigen Ölförderanlagen gegen Sabotageangriffe zu schützen. Nun also der Kaukasus. Bereits im Oktober des Vorjahres hatte der Chef des OKW, Feldmarschall Wilhelm Keitel, Amtschef Canaris und Abwehr II-Leiter Lahousen darauf hingewiesen, dass die Abwehr II-Maßnahmen zur Inbesitznahme von Grosny und Maikop entscheidende Bedeutung hätten.

> Die Tatsache, dass wir in nicht zu ferner Zeit den letzten Tropfen Benzin verbraucht haben wuerden, ruecke den Ernst dieser Probleme in die erste Reihe aller Ueberlegungen.[648]

645 Brockhaus: Enzyklopädie, Bd. 16, S. 561.

646 Lange: Bericht.

647 Gellermann: Hinterland, S. 107.

648 Tagebuch Canaris vom 24. Oktober 1941, in Abschrift bei: Lahousen: Fragmente, Bl. 61.

Wie es angesichts dieser Weisungslage zu der oben angedeuteten dilatorischen Behandlung des Problems Grosny und der geradezu stümperhaften Vorbereitungen, für die über ein halbes Jahr Zeit blieb, kommen konnte, ist ein Rätsel.

Das Unternehmen stand unter keinem guten Stern. Der in der deutschen Wehrmacht vorhandene Kommissalltag verhinderte bereits eine zweckmäßige Ausrüstung der Kommandotruppler, zumal der Leiter des Unternehmens vergeblich nach leichten Gegenständen verlangte, da er wusste, dass er und seine Soldaten alles würden schleppen müssen – vom Stahlhelm bis zu den Stiefeln, von der Waffe bis zum Funkgerät, von der Zeltbahn bis zur Verpflegung. Das Training des deutschen und des kaukasischen Personals fand in den Tauern statt. Am 16. Juli 1942 erhielten sie den Befehl zum Abmarsch. Ein Lufttransport brachte die Gruppe nach Stalino. Spätestens hier zeigte sich die Ungereimtheit deutscher Kommandoeinsätze, denn die Schamyl-Gruppe wanderte in die Zuständigkeit der Heeresgruppe Süd und von dort in die der angreifenden 1. Panzerarmee. Dort hatten die I c-Offiziere das Sagen, Generalstäbler also, die von den Belangen konspirativer Kriegführung in aller Regel völlig unbeleckt waren. Zwar hatte Abwehr II-Chef Erwin Lahousen am 15. Mai 1942 die I c/AO noch einmal auf die Dringlichkeit und den *modus operandi* der Sabotage- und Zersetzungsmaßnahmen eingeschworen.[649] Doch viel geholfen hatte es offenbar nicht, denn der jetzt zuständige Stab überlegte, ob man Lange und seine Leute nicht für ein Brückenobjekt während des allgemeinen Offensiv-Geschehens einsetzen sollte. Das unterblieb zwar, doch wurde der Auftrag erteilt, dass ein Teil der Gruppe am 6. August 1942 im Großraum Maikop zum Ölschutz abgesetzt werden sollte.

Schon beim Absetzen verloren die Soldaten weitgehend den Sichtkontakt zueinander. Nach etlichen Tagen erst gelang es ihnen, fast vollzählig zu den deutschen Einheiten zurückzukehren. Der Leiter der Gruppe, Feldwebel Moritz, wurde bei seiner Ankunft als russischer Spion festgenommen und tagelang festgehalten. Seine Hinweise auf die festgestellten und noch funktionstüchtigen Förderanlagen wurden als Geschwätz abgetan, so dass den Sowjets Zeit blieb, die wertvollen Bohranlagen in die Luft zu sprengen. Der Grund für diesen unglaublichen Vorgang ist denkbar simpel. Die Zuständigkeit war von der 1. Panzerarmee auf das Oberkommando der 17. Armee übergegangen. Und dort ahnte man nichts von dem Kommandoeinsatz.

Es sollte noch schlimmer kommen. Am 25. August 1942 startete die Hauptgruppe mit Oberleutnant Lange zum Sprungeinsatz südlich von Grosny. Auch hierbei trieben die Abgesprungenen sehr schnell auseinander. Die Verbindungen zwischen den Männern und den zugleich abgeworfenen Lastenfallschirmen rissen fast in sämtlichen Fällen ab, so dass

649 Lahousen: Fragmente, Bl. 85–94.

die Hauptlast der Ausrüstung verloren ging. Zur Überraschung der Fallschirmspringer wurden sie vom Boden her mit einem wütenden MG-Feuer empfangen.

Selbstverständlich ist deswegen später der Vorwurf erhoben worden, das Unternehmen sei verraten worden. Und in der Tat saß bei der Abwehr II mit dem Oberleutnant Herbert Gollnow ein Mann, der aus Prahlsucht seiner Geliebten Mildred Harnack Einzelheiten deutscher Kommandounternehmen verriet. Doch ist zu bezweifeln, dass der Schamyl-Einsatz von Gollnow verraten worden ist. Dazu müsste er die konkrete Planung bei der Heeresgruppe Süd gekannt haben. Selbst wenn das der Fall gewesen sein sollte, müsste Gollnow termingerecht geplaudert haben. Vor allem aber: Die Harnacks hätten Gelegenheit haben müssen, die brisante Nachricht sofort nach Moskau abfließen zu lassen. Das war, wie gezeigt wurde, im Sommer 1942 nicht der Fall. Das alles schließt nicht aus, dass der Einsatz von Schamyl nicht doch verraten wurde. Die sowjetische Gefechtsbereitschaft an Ort und Stelle deutet sogar darauf hin, nur kennen wir den Verräter nicht.

Erhard Lange, Aufnahme 1943/44 während Langes Albanieneinsatz

Schamyl wurde ein voller Schlag ins Wasser. Etliche der Abgesprungenen kamen sogleich ums Leben, einer lief über, einer fiel beim Gefecht mit seinen Verfolgern, einer schluckte Gift bei seiner Festnahme. Die restlichen brauchten volle 17 Tage, um sich zu finden. Ohne die Hilfe der ortsansässigen Bevölkerung wäre das nie gelungen. Trotz der ausgebliebenen Nachrichten über die Landung wurden in einer zweiten Welle am 29. August 1942 weitere 12 Mann abgesetzt, die sich zu sammeln verstanden und über Funk mitteilten, dass sie sich wegen der Stärke der sowjetischen Truppen in die Berge zurückzögen. Am 4. September gelang es mit kaukasischen Kurieren, eine Verbindung zwischen beiden Gruppen herzustellen. Doch eine Vereinigung misslang. Wochenlang hetzten Lange und die wenigen Überlebenden von einem Versteck zum anderen, bis es ihnen in der Nacht vom 9. auf den 10. Dezember 1942 nach einem stundenlangen Gewaltmarsch durch den Kurpbach gelang, die sowjetischen Linien zu durchdringen und von den Sicherungen der 50. deutschen Infanteriedivision aufgenommen zu werden. Auch hier ging es ihnen zunächst schlecht, denn die bis zur Unkenntlichkeit verkommenen Männer wurden für alles andere denn für deutsche Soldaten gehalten.

Was war nun das Ergebnis dieser Aktion in den Schluchten des Kaukasus? Nun, der Leiter der Gruppe, Erhard Lange, wurde vom Führer mit dem Ritterkreuz ausgezeichnet. Der Amtschef Canaris war wie üblich durch Dienstreisen verhindert. Also hängte es ihm der Stabschef des Amtes, Generalmajor Hans Oster, um.[650] Doch das war nicht alles. Das Auftreten der Deutschen im Kaukasus und vor allem der Luftnachschub für die zweite Gruppe, die in Waffen bestand, hatten bei den latent unruhigen Kaukasiern Hoffnungen geweckt, die sich in lokalen Aufstandsversuchen entluden.

Also doch ein Erfolg? Das ist eine Frage des Blickwinkels, denn die Reaktion aus Moskau ließ nicht lange auf sich warten. Es war die Stunde des Iwan Alexandrowitsch Serow. Der 37-jährige NKWD-Funktionär hatte bereits eine breite Blutspur hinter sich. 1939, nach der Machtübernahme durch Berija, kam Serow zum NKWD. Gleich im Anschluss an den Hitler-Stalin-Pakt avancierte er zum Innenminister der Ukrainischen SSR. Sein Wüten in den Gebieten des besetzten Ostpolen prädestinierte ihn erneut zu Höherem und so beförderte man diesen tüchtigen Exekutor zum stellvertretenden Volkskommissar des Inneren. 1941, nach dem Beginn des deutsch-sowjetischen Krieges, zeichnete er für die Deportation der Russlanddeutschen nach Asien verantwortlich. Nun zog er mit den NKWD-Truppen gegen die Bewohner des Kaukasus zu Felde, allen voran gegen die aufrührerischen Tschetschenen. Weitere Völkerstämme sollten in den folgenden zwei Jahren nach dem Rückzug der Deutschen an die Reihe kommen: Kalmücken, Krimtataren, Karatschajer, Karbadiner. Serows Programm war übersichtlich: Liquidation und Deportation. 1945 kam Serow nach Deutschland.[651]

Einstweilen, in jenem Kriegsjahr 1942, sah es zunächst noch so aus, als könnten die Dinge an der Ostfront doch noch eine andere Wendung nehmen. Nicht zuletzt speiste sich dieser Optimismus aus dem Einsatz und der Durchsetzungsfähigkeit von Leuten wie dem Abwehr-Hauptmann Theodor Oberländer. Dessen Abwehr II-Sonderverband war im Sommer 1942 tatsächlich an der vorrückenden deutschen Südostfront angekommen und ging dort, verteilt auf die deutschen Verbände, einer sinnvollen Tätigkeit nach, die Zersetzung durch Propaganda hieß. Dabei war es einem klugen Mann wie Oberländer nur zu klar, dass die Aufforderung zum Überlaufen nur dann Erfolg haben konnte, wenn man den ansässigen Völkern etwas zu bieten hatte. Das Schlüsselwort war die Bodenfrage. Die war vernünftigerweise nur so zu beantworten, dass die Verhältnisse *vor* dem Bolschewismus wiederhergestellt wurden, jene komplizierte Eigentumsordnung, die durch jahrhundertelange Stammesgebräuche geprägt war. Doch deut-

650 Gellermann: Hinterland, S. 126.

651 Deutsch-russisches Museum: Schnitt, S. 74 ff.; Roewer u. a.: Geheimdienste, S. 417 f.

sche Besatzungspolitik und Vernunft waren zwei Schuhe, die als Paar nicht zusammenpassten. Dass es hier im künftigen Reichskommissariat Kaukasien anders ging, ist nicht zuletzt Leuten wie dem Landwirtschaftsfachmann Oberländer zu verdanken sowie dem Umstand, dass die deutsche militärische Führung es verstand, das Nachrücken der berüchtigten Zivilverwaltung hinauszuzögern, indem sie die besetzten Gebiete weiterhin als rückwärtige Kampfzone in Anspruch nahm. So konnte sich so etwas wie eine zivile Selbstverwaltung entwickeln mit der Folge, dass es in dieser Gegend so gut wie keine Partisanen gab.

Das Vormarschgebiet der deutschen Sommeroffensive blieb ein Sonderfall. Weiter nördlich hatte deutscher Unverstand dafür gesorgt, die Bevölkerung zunehmend gegen die deutsche Besatzungsmacht aufzubringen. Und dennoch: Nach wie vor war die Zahl der in deutsche Kriegsgefangenschaft geratenden Rotarmisten enorm hoch, viele von ihnen waren Überläufer. Was taten nun die Deutschen nach den verheerenden Erfahrungen des Winters 1941/42, nach dem Zerplatzen der Blitzkriegsträume? Etliche Truppenkommandeure hatten höchst pragmatisch die gelichteten und vielfach ausgekämmten Reihen mit gefangen genommenen Rotarmisten ergänzt, die teils in russischen, teils in deutschen Uniformen Dienst taten. Im Laufe der wenigen Kriegsjahre stieg ihre Zahl auf 900 000 Männer an. Zum Schutz des riesigen Hinterlandes wurden Einheiten aus diesen Hilfswilligen aufgestellt und bewaffnet. An ihre Spitze traten vielfach russische Offiziere. Vor allem auch solche, die man aus russischen Emigrantenkreisen angeworben hatte.

Doch damit war es im Sommer 1942 erst mal vorbei. Der Reichsführer SS Heinrich Himmler hatte auf einer Besichtigungstour im rückwärtigen Bereich der Heeresgruppe Mitte entdeckt, dass deren Befehlshaber, General Max von Schenckendorff, im Kasino mit russischen Offizieren verkehrte, die zu seinem Erstaunen offensichtlich in deutschen Diensten standen. Diese unerhörte Nachricht petzte Himmler sogleich seinem Führer. Der delegierte sein Missfallen an OKW-Chef Wilhelm Keitel. Der wiederum sagte es mit Empörung Admiral Canaris weiter: Man führe schließlich einen Rasse-Krieg und nicht den Krieg zwischen zwei Armeen. Der deutsche Geheimdienstchef erhielt zugleich den Auftrag, so viel Zeit musste sein, die Sache persönlich aufzuklären.[652]

Im Diensttagebuch von Canaris ist die Sache so dargestellt, als sei an Himmlers Vorwürfen nichts drangewesen. Vermutlich hatte Canaris entsprechend berichtet, um schlimme Folgen auszuschließen. Doch es war falsch, und es hatte auch Konsequenzen. Die exilrussischen Offiziere wurden als Einheitsführer unverzüglich abserviert und aus dem Frontbereich

652 Canaris: Diensttagebuch, Abschrift in: Lahousen: Fragmente, Bl. 97 f.

entfernt.[653] Ausnahmen wurden nur bei jenen gemacht, die, aus welchen Gründen auch immer, unmittelbar bei der Abwehr angeheuert hatten.

Die Ostaufklärung war von solchen seltsamen Vögeln durchsetzt. Zur Erkundung des Hinterlandes der deutschen Front hielt sich Canaris eine Art Privatagent, den russischen Emigranten Wladimir Kaulbars, der mit Canaris seit 1920/21 bekannt war.[654] Die Beziehungen der beiden waren eine Mischung aus freundschaftlich-nachbarlichen Kontakten und einer Sachverständigenstellung, die der Russe dem Deutschen gegenüber einnahm. Man muss diese Beziehung mit gehörigem Abstand und mit Interesse betrachten, denn es wurde mehrfach gesagt, auf was für wackligen Beinen die deutsche Russlandaufklärung stand. Anstelle gut platzierter Agenten, die regelmäßig keine Ehrenmänner zu sein pflegen, setzte die deutsche Abwehr auf Aristokraten aus dem Berliner Emigrantensumpf. Kaulbars war einer davon, er war nicht der einzige.

Nach dem Beginn des Russlandfeldzuges wurde Kaulbars auch offiziell als Vertrauensmann der Abwehr verpflichtet. In dieser Eigenschaft unternahm er in den folgenden Jahren mehrere ausgedehnte Dienstreisen in die

Agenten im eigenen Auftrag: Die Exilrussen Wladimir Kaulbars und Boris Smyslowski (links) 1942 bei Winniza in der Ukraine

besetzten Gebiete, um seinerseits V-Leute zu werben und Canaris unmittelbar Bericht über seine Reiseeindrücke zu erstatten. Einer der V-Leute, man könnte im Abwehrdeutsch auch Haupt-V-Mann sagen, war der russische Emigrant Boris Smyslowski, der sich während des Russlandfeldzuges mal von Regenau, mal Holmston nannte. Er betrieb zunächst einen Spionagering mit der Bezeichnung Sonderstab R und ab Ende 1943 eine Einrichtung mit wechselnden Namen; ihr Führungspersonal bestand erneut vor allem aus Emigranten.[655]

Aus solchen Quellen hat Kaulbars geschöpft. Er berichtete wie alle, die sich ernsthaft mit dem Russlandproblem befassten, dass die deutsche Besatzungspolitik zum Gegenteil des Beabsichtigten führen müsse, nämlich zu einem Sieg der Roten Armee. Kaulbars besaß Format genug, um dies

653 Strik-Strikfeld: Stalin und Hitler, S. 42 ff.
654 Höhne: Canaris, S. 455 ff.
655 Geiger u. a.: Russen, S. 55 ff.

auch seinen Gestapo-Vernehmern ins Gesicht zu sagen, denn nach dem 20. Juli 1944 war er inhaftiert worden. Die Gestapo hatte ihn nämlich an einem denkbar ungünstigen Ort vorgefunden. Er saß nach dem 20. Juli 1944 zusammen mit Canaris im Haus des Admirals und harrte der Dinge, die da kommen sollten. Es waren die Männer der SS, die Canaris festnahmen.[656]

Neben diesen mehr skurrilen Agenten aus eigenen Gnaden, die bei der Heeresgruppe Mitte in einem Verband unter dem Tarnnamen Graukopf ihr Unwesen trieben, scheint es auch einige wenige tatsächliche Abwehragenten im Feindgebiet gegeben zu haben. Die Nachrichtenlage über sie ist sehr unsicher.

Einer der Agenten, die von der deutschen Abwehr im belagerten Leningrad eingesetzt wurden, war ein Russe namens A. Kruglow. Da wir aus seinem Wirken nur von der sowjetischen Seite wissen, begegnen wir seiner Geschichte mit der notwendigen Distanz. Kruglow war Sohn eines Großkaufmanns. Bereits im Ersten Weltkrieg hatte er seine Dienste an die Deutschen verkauft. Kruglow meldete gleich mit dem Beginn der Belagerung von Leningrad Informationen über die deutsche Waffenwirkung und über sowjetische Verteidigungsmaßnahmen an seine Auftraggeber. Sein Führungsoffizier war ein Mann namens Beressin. Als dieser 1942 starb, übernahm ein deutscher Agent namens Doroschewski den Kurierdienst über die Front hinweg. Später nahm Fürst Bagration-Muchanski, dieser ebenfalls ein deutscher Agent, mit Kruglow Kontakt auf, um ihm den Wunsch der deutschen Führung zu übermitteln, nach der deutschen Besetzung von Leningrad ein Amt als Statthalter anzutreten. Das nun wiederum mag glauben, wer will. Kruglow soll kurze Zeit später verhaftet worden sein.[657]

Nach vagen deutschen Hinweisen soll indessen in Leningrad 1942 ein Russe namens Jewgeni Ror eingesetzt worden sein; falls es ein Baltendeutscher war, wird er vermutlich in Wirklichkeit Eugen Rohr geheißen haben.[658] In der Spionageliteratur kommt zudem ein Baltendeutscher namens Starkmann vor, der im Herbst 1942 ins eingeschlossene Leningrad eingeschleust wurde, um dort 13 Monate lang erfolgreich seinen Spionage- und Sabotageaufträgen nachzugehen. Sein Hauptquartier und Versteck soll in einem Mausoleum auf einem der Leningrader Friedhöfe gelegen haben. Nach der Festnahme eines der Beteiligten wurden Starkmann und seine Subagenten festgenommen und hingerichtet.[659] Die Verbandszeitschrift

656 Bericht des Chefs der Sipo und des SD an den Leiter der Parteikanzlei vom 29. September 1944; abgedr. bei Jacobsen: Spiegelbild, S. 424 ff.; Abshagen: Canaris, S. 375.

657 Ostrjakow: Militärtschekisten, S. 143.

658 Höhne: Krieg, S. 445; Roewer u. a.: Geheimdienste, S. 380.

659 Roewer u. a.: Geheimdienste, S. 440; auch Mader: Hitlers Spionagegenerale, S. 377, 388 [dort: von Starkmann].

ehemaliger Abwehrangehöriger meldete Jahrzehnte später lapidar: SdF (Z) Stark, 1943 gefallen im Osten.[660]

Durch die dunkle Brille. Die Feindlage Ost

Trotz der immer komplizierter werdenden Lage im Osten hatte die deutsche militärische Führung ihre Lektion noch immer nicht gelernt. Einzelne, wie der Dolmetscher-Offizier bei der Heeresgruppe Mitte, Wilfried Strik-Strikfeld, versuchten, mit Denkschriften gegenzuhalten, doch was für ein Gewicht wollte ein ehemals zaristischer Offizier im Range eines Wehrmachtshauptmannes schon einbringen?

Im Generalstab des Heeres herrschte noch der deutsche Hochmut vor. Hierfür ein bezeichnendes Beispiel: Die zentrale Feindlageauswertung gegenüber der Sowjetunion war Aufgabe der Abteilung Fremde Heere Ost. Nach Beginn des deutsch-sowjetischen Krieges kamen zu Spionage, Funkaufklärung und Luftbildauswertung weitere wichtige Erkenntnisquellen hinzu, wie die Kriegsgefangenenbefragung und die Beuteauswertung. Der Mann, dem es oblag, den Stellenwert dieser Erkenntnisquellen richtig einzuordnen und dafür zu sorgen, dass sie zeitnah und sachkundig ausgeschöpft wurden, war Oberst i. G. Eberhard Kinzel, der Chef der Abteilung Fremde Heere Ost. Er leitete die Abteilung seit 1939, über seine geradezu hanebüchene Fehldiagnose über die Rote Armee zu Beginn des Jahres 1941, die Wesentliches zu Hitlers Angriffsentschluss beitrug, wurde berichtet. Mit dem Beginn der russischen Winteroffensive im Dezember 1941, von der die deutsche Führung restlos überrascht wurde, musste auch dem großartigsten deutschen Strategen auffallen, dass mit der Feindlagebeschreibung etwas nicht stimmte.

Wie sehr es dort nicht stimmte, zeigt eine Besichtigung der Beutesammelstelle beim Oberkommando des Heeres. Diese Beutestelle lag zur Jahreswende 1941/42 in Angerburg in Ostpreußen und wurde durch einen Oberleutnant namens Dietz geleitet. Dieser konnte selbstredend kein Russisch. Und so hatte sich in dieser Dienststelle aus dem ersten halben Jahr des Russlandkrieges größere Mengen an Akten und Papieren angesammelt, die dort gelagert, aber nicht ausgewertet wurden. Wozu auch, solange man sich im Glauben haushoher Überlegenheit wähnte. Wer dann auf die Idee kam, ist nicht überliefert. Jedenfalls begann das OKH nach der Jahreswende, Russisch sprechende Offiziere in Angerburg zusammenzuziehen, die man mit der Auswertung zu betrauen gedachte. Das waren bevorzugt Baltendeutsche, wie bereits die Namen ausweisen: Kerkovius, Eckert, Schabert, Strik-Strikfeld, von Rauch. Die eigentliche Sensation war allerdings, dass diese Sumpfblüte im deutschen Dienststellendschungel alsbald ihr stilles Dasein aufgeben musste und der Gruppe III der Abteilung

660 AGEA: In Memoriam. 2. Sonderheft, S. 7.

Fremde Heere Ost zuwuchs. Leiter dieser Auswerteeinheit wurde ein weiterer Baltendeutscher, der aus Kurland gebürtige Alexis von Roenne. Major Roenne sprach selbstverständlich Russisch. Allerdings blieb er nur bis zum 1. März 1943 auf dem Posten. Dann war für ihn eine Beförderung angesagt, die ihn an die Spitze einer anderen Abteilung des Generalstabs brachte – Fremde Heere West. Man fasst sich an den Kopf. Denn der dort seit Jahren mit großem Erfolg erprobte Oberst Ullrich Liss konnte nicht bleiben, weil er jetzt Truppenerfahrung sammeln musste.[661] Hoch lebe die Dienstvorschrift.

Nachdem sich im Frühjahr 1942 die allgemeine Unruhe gelegt hatte, die Hitler durch das Absägen hoher und höchster Generale verursacht hatte, war auch die Stunde von FHO-Chef Kinzel gekommen. Generalstabschef Halder wechselte den Mann gegen einen Offizier seines Vertrauens, den jungen Oberstleutnant Reinhard Gehlen, aus. Den Ausschlag soll gegeben haben, dass Kinzel dem Generalstabschef auf eine seiner Fragen nach den Absichten der sowjetischen Armeeführung die klassisch zu nennende Antwort gab, da müsse der Herr Generaloberst wohl besser den Genossen Stalin fragen. Was auch immer an der Geschichte dran sein mag, die Ablösung von Kinzel war überfällig. Seiner weiteren Karriere schadete sie nichts, denn bis zum Kriegsende wurde Kinzel noch dreimal befördert; am 9. Mai 1945 nahm sich der General der Infanterie das Leben.[662]

Nun zum Nachfolger in der FHO: Reinhard Gehlen stammte aus Erfurt. Nach dem Krieg wurde er langjähriger Geheimdienstchef in der Bundesrepublik. Den Grundstein hierfür legte seine Tätigkeit in der Abteilung FHO, Grund genug darauf einzugehen. Als er im April 1942 Abteilungschef wurde, war er gerade 40 geworden. Die Beurteilung dieses Mannes ist durch den Umstand außerordentlich erschwert, als über ihn vorwiegend in zwei einander ausschließenden Kategorien berichtet wird: Zur Kategorie großartiger Durchblicker, ausgezeichneter Kenner der Sowjetunion und der Roten Armee usw. zählen neben seiner Autobiografie eine Reihe von Schriften aus der Feder von Zeitgenossen, die, wenn man etwas näher hinschaut, bevorzugt Wehrmachtsoffiziere waren, die später im Bundesnachrichtendienst Lohn und Brot fanden.[663] Die US-Amerikaner Charles Whiting und Edward Spiro (der unter dem Pseudonym E. H. Cookridge mehrere Geheimdienstbücher verfasste) steigerten all das noch zum Lorbeerkranz des Meister bzw. Jahrhundertspions.[664] Den gehässigen Gegenpol bildete der Chefgeheimdienstexperte der DDR, Julius Mader, der in Gehlen nichts anderes sah als einen Kriegsverbrecher und „korrupten

661 Schramm: Geheimdienste, S. 119 f.

662 Roewer u. a.: Geheimdienste, S. 237.

663 Gehlen: Der Dienst, passim; Boldt: Hitler, S. 34 ff.; Stik-Strikfeldt: Stalin und Hitler, S. 18–244.

664 Cockridge: Gehlen, passim; Whiting: Gehlen: passim.

Nazigeneral", der nur in der Bundesrepublik hatte am Ruder bleiben können.[665]

Gehlen pflegte junge Offiziere, die er in seine Abteilung holte, mit den Worten zu begrüßen:

> Meine Generalstabsoffiziere müssen jung sein, Fronterfahrung und Russlandkenntnisse mitbringen.[666]

Traf das auch auf Gehlen selbst zu oder was prädestinierte ihn durch Ausbildung und praktische Tätigkeit für den Posten des Chefauswerters im Ostkrieg? Eigentlich wenig. Er hatte weder Russisch gelernt noch in irgendeiner Weise intensiv mit den sowjetischen Streitkräften zu tun gehabt; nachrichtendienstliche Erfahrungen besaß er überhaupt nicht. Gehlen war gelernter Artillerist. Seine Generalstabsausbildung und deren Ergebnisse hoben ihn auf einen der vorderen Plätze innerhalb dieser Sondergesellschaft im deutschen Offizierskorps, denn er kam alsbald in die begehrte Operationsabteilung und wurde dort im November 1940 Gruppenleiter Ost, er war also aufs Engste mit der Vorbereitung und dem Führen der Anfangsschlachten von Barbarossa beschäftigt. Das mag für Halder, dessen Adjutant Gehlen kurzfristig zuvor gewesen war, den Hauptgrund ausgemacht haben, Gehlen so kometenhaft nach oben zu befördern. Der Wechsel in die FHO stürzte Gehlen in einen Brennpunkt des Geschehens, denn es galt fortan, die Feindlage für die deutsche Sommer- und Herbstoffensive 1942 zu erstellen. Dieses Tun konnte sich kriegsentscheidend auswirken, und das hat es auch.

Die erste Meldung, die der frisch gebackene Oberst i. G. unterschrieb, brachte die Feindlage Ost per 1. Mai 1942 auf den Punkt. Doch lesen wir Sätze, wie diese hier, so kommen uns rasch Bedenken, ob der Begriff „auf den Punkt bringen" wohl richtig gewählt ist.

> Theoretisch sind gegenüber einer deutschen Offensive auf dem südlichen Heeresflügel folgende feindliche Operationsmöglichkeiten denkbar: ...[667]

Und dann folgt Offiziersprosa, die den Leser darüber belehrt, dass der Verfasser in der Lage ist, eine militärische Karte zu lesen – die typische Diktion eines Mannes, der es gewohnt ist, Operationen und deren Risiken zu beschreiben. Doch das war nicht seine Aufgabe. Gehlen sollte Fakten zur Beurteilung der Feindlage liefern, und das tat er nicht. Man fragt sich: Gab es immer noch keine? Kannte er sie nicht? Konnte er sie nicht richtig ordnen? Man muss ihm zugutehalten, dass er völlig neu war in diesem Geschäft.

---

665 Mader: Graue Hand, passim.

666 Thorwald: Illusion, S. 59.

667 Abt. Fremde Heere Ost: Beurteilung der Gesamtfeindlage an der Ostfront vom 1. Mai 1942, abgedr. bei Schramm: KTB 1942, S. 1273 ff.

Zu Beginn der deutschen Sommeroffensive meldete sich Gehlen mit einer kurzen Beurteilung der Feindlage erneut zu Wort. Jetzt schien er seine Lektion gelernt zu haben, denn es ist von Quellenmeldungen und deren Inhalt die Rede.

> Nach Abwehrmeldung von bisher als zuverlässig erwiesener Quelle wurde in der Nacht zum 13. 7. der Militärrat in Moskau beendet. Die Meldung besagt:
>
> Militärrat in Moskau, u. a. anwesend Schaposchnikow, Molotow, Woroschilow und der englische, amerikanische und chinesische Militärattaché, in der Nacht zum 13. 7. beendet.
>
> Schaposchnikow erklärte Rückzug bis zur Wolga, so dass die Deutschen den Winter an der Wolga verbringen müssen. Beim Rückzug soll alles vernichtet und … An zwei Stellen sollen Angriffe versucht werden, einmal nördlich Orel und zum andern nördlich Woronesch. Dabei sollen Luftflotte und Panzertruppen eingesetzt werden. Zur Ablenkung soll ein Stoß bei Kalinin geführt werden. …
>
> Die Entwicklung der Gesamtfeindlage in den letzten Tagen lässt die Meldung glaubhaft erscheinen.[668]

Die Befriedigung des Lesers darüber, dass nun endlich mit Feindfakten gearbeitet wurde, weicht jedoch rasch. Der deutsche Generalstab las hier genau das, was er aus sowjetischer Sicht der Dinge lesen sollte. Und das kam so: Der Lieferant der Meldung war der Abwehr I-Agent mit dem Decknamen Max. Er war ein Mann, der mit allen Wassern der Geheimdienstarbeit gewaschen war: Alexander Demjanow. Diesen Agenten darf man sich nicht entgehen lassen, denn selten ist einer so unzutreffend wie dieser hier in der deutschen Spionageliteratur beschrieben worden.[669]

Alexander Demjanow wurde 1911 geboren, 1928 geriet er wegen unerlaubten Waffenbesitzes mit den Gesetzen Sowjetrusslands in Konflikt, eine günstige Gelegenheit, ihn zur Zusammenarbeit mit der Geheimpolizei OGPU zu pressen. Er siedelte nach Moskau über, um in dortigen Künstlerkreisen als Spitzel mit dem Decknamen Heine tätig zu werden. Er muss sich bewährt haben, denn bald übernahm ihn die Spionageabwehr. Von der wurde er an die kleine deutsche Kolonie in Moskau herangespielt.

Nach Beginn des deutsch-sowjetischen Krieges wurde Heine-Demjanow hinter die deutschen Linien geschleust, um sich in Österreich oder Ungarn als Sportjournalist Fritz Kauders zu etablieren. Heine-Kauders Demjanow verstand es, sein Umfeld glauben zu machen, dass er in der Lage sei, Kontakte zu russischen Oppositionellen in der sowjetischen Hauptstadt herzustellen. Deren Führer sei der orthodoxe Mönch B. A. Sadowskij. Die deutsche Abwehr in Budapest und Wien schluckte diesen Köder. Sie schluckte ihn nur deswegen, weil niemand in der Lage war, die Angaben von Demjanow durch eigene Quellen zu überprüfen – im Gegenteil, man erinnerte

668 Fremde Heere Ost: Kurze Beurteilung der Feindlage vom 15. Juli 1942; abgedr. bei Schramm: KTB 1942, S. 1283.

669 Höhne: Krieg, S. 434 f.; Zolling u. a.: Pullach II, S. 156.

sich vage an den vor Kriegsbeginn in Moskauer Kreisen irrlichternden Adelsspross. Dass Demjanows damaliges originelles Auftreten nur unter NKWD-Kontrolle hatte stattfinden können, sagte sich offenbar keiner.

Der Mann, der für diese Fehlleistung die Verantwortung trug, war Oberst Rudolf Graf Marogna-Redwitz, einer der ganz alten Kämpen beim deutschen Militärgeheimdienst; 1917 nach schwerer Verwundung an der Westfront zur Firma gelangt, die damals noch Abteilung III b hieß, diente er nach dem Krieg beim Deutschen Überseedienst, was nichts anderes war, als die illegale Fortsetzung der militärischen Auslandsspionage.[670] Im Zuge der deutschen Wiederaufrüstung wurde Marogna-Redwitz reaktiviert. Er übernahm schon bald die Abwehrstelle München, später die von Wien; dort gehörte die Balkan- und die Sowjetunionspionage zu seinen Obliegenheiten. Doch liest man die gut gemeinten biografischen Angaben, etwa die aus der Feder seiner Tochter nach, so gewinnt man den Eindruck, dass sich Marogna-Redwitz mit allem möglichen anderen beschäftigt hat. Er hatte sich der Hilfestellung für Systemverfolgte verschrieben.[671] Das war ein sehr verdienstvolles, ein weites Feld, aber ein anderes als die Russlandspionage. Ob er von letzterer etwas verstand, ist nie gefragt worden. Vielleicht hat sich das angesichts des weiteren Schicksals von Marogna, er wurde am 12. Oktober 1944 als Mitverschworener des 20. Juli hingerichtet, verboten.[672]

Für die sowjetische Seite geschah nun etwas ganz Überraschendes. Demjanow, der an die Abwehr herangespielt worden war, weil man mit seiner Hilfe die mit den Deutschen eng zusammenarbeitenden Exil-Russen ausforschen und zersetzen wollte, wurde von seinen neuen vermeintlichen Dienstherren auf die Sowjetunionspionage eingenordet.[673] Die Abwehr verpasste dem Russen den Decknamen Max und entsandte ihn tatsächlich nach Russland. Im März 1942 sprang er bei Jaroslawl ab.

Von nun an gingen Wahrnehmung und Wirklichkeit auseinander – jedenfalls für die Abwehr. Der Agent Max, der sich angeblich mühsam nach Moskau durchschlug, erreichte die sowjetische Hauptstadt außerordentlich kommod, denn er war die Hauptperson im sowjetischen Funkspiel Kloster, mit dem Abwehr I zwei Jahre lang an der Nase herumgeführt wurde. Für 23 eingesetzte deutsche Agenten hatte das bittere Konsequenzen. Sie wurden gleich bei ihrer Landung aufgegriffen und, falls für weitere Veranstaltungen unbrauchbar, unverzüglich hingerichtet. Aus den Umgedrehten wurde die Gruppe Prestol (der Thron), die Max-Heine-Kauders-Demjanow angeblich mit umfangreichen Informationen versorgten.

Man mag nun sagen, dass niemand ahnen konnte, wie sehr die sowjetische Seite den deutschen Militärgeheimdienst mit Desinformation versah.

---

670 Abshagen: Nachlass.
671 Loeben: Marogna-Redwitz; Meyer: Sieben, S. 181 f.
672 Loeben: Marogna-Redwitz, S. 146 f.
673 Sudoplatow: Handlanger, S. 204 f.

Am wenigsten wohl Gehlen, der hieraus seine Feindlage zimmerte. Doch die Dinge sind wie üblich ein wenig komplizierter. Offenbar störte sich kein deutscher Offizier daran, so etwas Grundlegendes wie die Feindlage auf die Meldungen *eines einzigen* Agenten zu stützen. Dass Max-Kauders-Heine-Demjanow von der Abwehr bereits im Juli 1942 als Quelle bezeichnet wurde, die sich als zuverlässig erwiesen habe, wirft mehr als nur eine Frage auf. Gehlen jedenfalls hat bei der Abfassung seiner Meldung vom 15. Juli 1942, die soeben besprochen wird, offenbar auch wenig Gedanken darauf verwendet, alle Hebel in Bewegung zu setzen, um die wenigen in der Max-Meldung vorhandenen Fakten auf ihre Richtigkeit anhand von anderen Erkenntnissen überprüfen zu lassen. Sein Text lässt jedenfalls nichts Einschlägiges erkennen. Wäre das möglich gewesen? Die Antwort lautet: Ja, denn die Vorbereitungen zu Entlastungsoffensiven waren vor gezielter Funk- und Luftaufklärung nicht zu verbergen. Es ist unbekannt, ob Gehlen einschlägige Bemühungen auslöste.

Die russische Desinformation hatte gravierende Folgen. Sie war darauf gerichtet, die deutsche Führung bei ihrer Kräftekonzentration zu verunsichern und einem Angriff gegen Moskau vorzubeugen. Deshalb das Einflechten des beabsichtigten Zurückweichens bis Stalingrad und zum Kaukasus. Nun marschierten die Deutschen tatsächlich nach Südosten. Das war keine Folge dieser Desinformation, sondern es war der Plan, mit der Gewinnung der Kaukasusregion die so wesentliche Ölversorgung für die weitere Kriegführung des Deutschen Reiches sicherzustellen. Die Deutschen taten also, was die Russen wollten, nicht wegen der Desinformation, sondern weil sie es sowieso wollten. Und dennoch taten sie etwas mehr als das, was die Vernunft gebot: In dem Moment, als Gehlen seine Meldung zu Papier brachte, marschierte die Hauptmasse der deutschen Angriffsverbände Richtung Südost; ihr Ziel war der Kaukasus.

In den nächsten Tagen ging es in der deutschen Führung drunter und drüber.[674] Über die Führerlage am 30. Juli 1942 notierte Generalstabschef Franz Halder in sein Tagebuch:

> Beim Führervortrag wird Generaloberst Jodl das Wort erteilt, der mit großen Tönen verkündet, das Schicksal des Kaukasus werde bei Stalingrad entschieden. Daher Abgabe von Kräften der H[eeres]Gr[uppe] A zu B notwendig. … Damit wird in neuer Aufmachung ein Gedanke serviert, den ich dem Führer vor 6 Tagen vorgetragen habe, wo aber von der illuminierten Gesellschaft des OKW diesen Gedanken niemand begriffen hat.[675]

Ja, wir haben es richtig gelesen. Die törichte Idee, die Entscheidung bei Stalingrad zu suchen und so den Offensivstoß auf den Kaukasus entscheidend zu schwachen, stammte von Generalstabschef Halder. Seine Idee hatte mit einiger Sicherheit in einer Meldung seines Protegés Gehlen ihren Ursprung.

674 Warlimont: Hauptquartier, S. 255 ff.
675 Halder: Tagebuch 30. Juli 1942.

Und so, wie Halder es geplant hatte, kam es dann auch. Das Ergebnis ist bekannt: Die Schlacht um Stalingrad brachte die tödliche Zweiteilung der Angriffskräfte und die unwiderrufliche Wende des Krieges.

Dass das so war, verdankte die deutsche Führung nicht zum wenigsten der weiteren Prognostik Gehlens, der hartnäckig behauptete, die erwartete sowjetische Gegenoffensive werde im Bereich der Heeresgruppe Mitte stattfinden.[676] Drumherum wurden erneut sowjetische Führungsabsichten für das Jahr 1943 geheimnist, die mit der Wirklichkeit nichts zu tun hatten, sondern den als Max-Meldungen getarnten sowjetischen Desinformationsmaßnahmen geschuldet waren. Die sowjetische Seite ging nun in der Tarnung ihrer Desinformation so weit, dass sie den im Mittelabschnitt der Ostfront angekündigten Angriff tatsächlich stattfinden ließ, wobei sie in Kauf nahm, dass die örtlichen Angriffstruppen ins offene Messer liefen.[677] Denn die Deutschen hatten, wie die sowjetische Aufklärung richtig erkannt hatte, zur Heeresgruppe Mitte starke Reserven verlegt.[678]

Der Hauptangriff gegen die Heeresgruppe B, also die Stalingradfront, begann am 22. November 1942. Schon nach einigen Tagen war nicht mehr fraglich, welche Gefahr der deutschen Ostfront hier drohte. Doch Gehlen blieb gelassen. Er urteilte, dass es den Sowjets nicht gelingen werde, die notwendigen Reserven zur Ausnutzung des Anfangserfolges heranzuführen; auch machte er abfällige Bemerkungen über die Führungsfähigkeit des russischen Offizierskorps. Wie stark die sowjetische Truppenmassierung war und wie sehr diese in der Lage war, den deutschen Entsatzversuch weit zurückzuschlagen, wurde indessen nicht in den gut geheizten FHO-Baracken, sondern in den eisigen Weiten Südrusslands entschieden.

Wurde Gehlen wegen seiner Fehlleistungen abgelöst? Aber nein, er versah seinen Dienst bis zum April 1945. Bis dahin konnte er sich noch manche Fehleinschätzung leisten. Liest man dagegen seine Memoiren, so denkt man, in einem anderen Film zu sein. Und doch, schaut man ganz genau hin, so stolpert man geradezu über die Ungereimtheiten:

> Halder hatte bei meiner Amtsübernahme sehr nachdrücklich darauf hingewiesen, dass er nicht nur eine gründliche Auswertung des täglichen Lagebildes erwarte, sondern dass er auch auf einer ständigen Beurteilung der feindlichen operativen Absichten und Möglichkeiten auf lange Sicht bestehen müsse.[679]

Sicher, sicher, was wohl sonst? Zur Beurteilung der feindlichen Absichten wurde bereits einiges gesagt, doch wie sah es mit den täglichen Lagebildern aus? Die wurden in der Tat geliefert. Sie sahen so aus, dass die Abteilung die eingehenden I c-Meldungen bündelte und zusammenschrieb. In der Praxis bedeutete das, dass die Informationen, deren Ursprung in I c-

676 Wilhelm: Prognosen, S. 47 f. m. w. N.
677 Sudoplatow: Handlanger, S. 207.
678 Shukow: Gedanken, Bd. 2, S. 99 f.
679 Gehlen: Dienst, S. 42.

Notaten der Divisionen oder Armeekorps angenommen werden muss, auf dem Meldestrang über die Hierarchieebenen hinweg das deutsche Feldhauptquartier erreichten, und zwar ohne dass sich jemand der Mühe unterzogen hatte, auswertende Vergleiche oder Korrekturen vorzunehmen. Es handelte sich letztlich um die bekannte Erbsenzählmethode, die wie folgt abläuft: A hat fünf Panzer gesehen, B sieben, C drei und so weiter. Ein Lagebild konnte so kaum entstehen, ein zutreffendes schon gar nicht.

Was also tat Gehlen? Er wich aus. Er machte sich an ein Kolossalgemälde. Gleich eine der ersten Diensthandlungen als Leiter der FHO war, einen Vortrag zusammenstellen zu lassen, der die bedeutende Überschrift trug: „Russlands Wehrkraft, Rüstungsumfang und Wehrmacht im Frühjahr 1942". Im Herbst 1942 kam „Das Wirtschaftspotenzial der Sowjetunion" hinzu. Mit diesen Vorträgen brillierte der Neu-Experte in Generalstabslehrgängen und an anderen Orten, wo es gebildet zuging. Doch wenn man die Frage nach dem Nutzen dieses Kräfteaufwandes stellt, fallt der Ertrag bescheiden aus. Nicht nur war diese hohe Schule der Sowjetunionbetrachtung durch nichts belegt, sie war auch nahezu überflüssig, da es für die deutsche Führung und ihre Exponenten längst nicht mehr um die Frage ging, über einen Krieg gegen die Sowjetunion zu entscheiden, sondern darum, diesen Krieg zu gewinnen. Mit anderen Worten: Es ging nicht mehr um das Ob, sondern um das Wie.

Ein anderes Gebiet, in das Gehlen auswich, waren seine Aktivitäten bezüglich der politischen Kriegführung gegen die Sowjetunion. Das war nun nicht seine Zuständigkeit, und es fällt schwer zu entscheiden, ob auch hier die Memoiren von der Wirklichkeit krass abweichen. Zumindest ist aber gesichert, dass die russisch-sprechenden Offiziere, die bereits zur Jahreswende 1941/42 in der Beutesammelstelle des Heeres angeschwemmt worden waren, offenbar im Verlauf des Jahres 1942 zur FHO zugeordnet worden sind. In dieser Gruppe unter Major Alexis von Roenne waren jene Baltendeutschen versammelt, die zum Motor einer verdeckten politischen Kriegführung werden sollten, an ihrer Spitze der Hauptmann d.R. Wilfried Strik-Strikfeld. Diesen Männern schwebte vor, mit Hilfe von sowjetischen Offizieren eine russische Armee zu bilden, deren Auftrag die Befreiung Russlands von der Sowjetherrschaft sein sollte. Strik-Strikfeld hatte sich bereits frühzeitig in Denkschriften einschlägig geäußert, doch das, was er da aufschrieb, war gegen den Geist des nationalsozialistischen Rassenwahns, der solche Überlegungen per se ausschloss. Das galt nicht nur theoretisch, sondern Hitler hatte sich derartige Formen der Kriegführung kategorisch verbeten. Bei dieser Ausgangslage war es nahezu eine Sensation, dass die Sache dann doch irgendwie zum Laufen gebracht wurde. Später, das heißt nach dem Krieg, stellte sich Gehlen an die Spitze der Bewegung. Er ließ zu diesem Zweck 1950 den Schriftsteller Jürgen Thorwald die Behauptung aufstellen, er, Gehlen, habe diese Sache betrieben, da er im Sommer 1942 bereits die Aussichtslosigkeit der deutschen Kriegführung erkannt habe.[680] Das war eine dreiste Lüge, denn die Lageberichte, die Gehlens Unterschrift tragen, brachten selbst noch zur Jahreswende 1944/45 das Gegenteil zum Ausdruck.[681]

Der Vaterländische Krieg 2: Die Partisanenbewegung

> Die Partisanenbewegung, die sich in Belorussland wie in allen anderen vom Faschismus okkupierten Gebieten formierte, war Bestandteil des Kampfes des Sowjetvolkes für die Befreiung der sowjetischen Heimat. Sie wurde bereits in den ersten Tagen nach dem Überfall aus dem Volk heraus geboren und entwickelte sich in enger Verbindung mit dem Verlauf des Großen Vaterländischen Krieges. Organisator des Partisanenkampfes des Sowjetvolkes war die Kommunistische Partei. Die KPdSU (B) stützte sich dabei auf die geschichtlichen Erfahrungen früherer Befreiungskriege und machte sich das reiche theoretische Erbe von Marx, Engels und Lenin zunutze. Sie gab der Partisanenbewegung Richtung und Ziel.[682]

Um Sätze wie die soeben zitierten zu Papier zu bringen, bedurfte es der vereinigten Anstrengung zweier wissenschaftlicher Institute des Marxismus-Leninismus. Und doch waren die Ausführungen nicht besonders originell. Sie wurden hundertfach in den Geschichts- und Geschichtenbüchern des realen Sozialismus wiedergekäut, und, wie man hinzufügen muss, sie wurden auch für bare Münze genommen. Deswegen lohnt es, den Fakten nachzusteigen.

Als die deutsche Wehrmacht 1941 in die Sowjetunion einmarschierte, waren Partisanen eine Sache, die die Soldaten nur vom Hörensagen kannten. Das sollte sich bis zum Ende des Jahres ändern. Für diese Änderung waren zwei Faktoren maßgeblich. Zum einen die Deutschen selbst, zum anderen die sowjetische Geheimpolizei NKWD. Um mit den Deutschen zu beginnen: Herrenmenschengerede und Rassenwahn hatte sich tief in die Köpfe vieler Volksgenossen hineingesenkt. Dementsprechend waren die Handlungen. Ein russisches Sprichwort besagt: Wenn du zwischen zwei Herren zu wählen hast, wähle den, der deine Sprache spricht. So kam es zu Widerstandshandlungen, die weniger dem von Stalin und seinen Vasallen verkündeten Vaterländischen Krieg geschuldet waren, als vielmehr der Auflehnung gegen die deutsche Gewaltherrschaft entsprangen. Der vorrückenden Wehrmacht folgten nicht nur die berüchtigten Einsatzgruppen des SD auf dem Fuße, sondern westlich der rückwärtigen Armeegebiete etablierte sich eine Zivilverwaltung, deren Selbstverständnis die wirtschaftliche Ausplünderung des Eroberten ausmachte. Es war bereits am

680 Thorwald: Illusion, S. 11 ff.
681 Wilhelm: Die Prognosen, S. 45–72.
682 Institut für ML: In den Wäldern, S. 6.

Titel des neugeschaffenen Reichsministeriums zu erkennen, was hier gewollt war, denn die umgangssprachlich Ostministerium genannte Behörde hieß in Wirklichkeit Reichsministerium für die besetzten Ostgebiete. Ihr unterstanden als Mittelinstanz die Reichskommissariate Ostland und Ukraine. Die Reichskommissariate unterteilten sich in Generalkommissariate und diese wiederum in Gebiets- und Stadtkommissariate. So in der Theorie. Doch die Praxis sah so aus, dass die Kommissarstellen von höchsten Parteibonzen der NSDAP besetzt wurden, alten Kumpanen des deutschen Diktators, die sich nur ihrem Führer unterstellt sahen und dementsprechend autokratisch und zügellos regierten. Hierbei dürfte der Gauleiter von Ostpreußen, Erich Koch, der als Reichskommissar der Ukraine eingesetzt worden war, den Vogel abgeschossen haben.

Doch nicht nur Parteivasallentum, sondern auch militärischer Unverstand sorgte dafür, die Bevölkerung gegen die deutsche Besatzung aufsässig zu machen. Dabei ging die Wehrmacht gegen jeden vor, den sie irgendwie verdächtig fand. Das galt lange Zeit in Deutschland als Tabu, jedoch decken Tagebücher und Fotos von Soldaten eine schlimme Wahrheit auf.

> In der Gegend gibt es viel Partisanen. Die bolschewistische Regierung hat angeordnet, dass alle Parteimitglieder zu diesem Zweck zurückbleiben. Sie vernichten die Vorräte – in Lichwin haben sie für 8 Millionen Mark Leder verbrannt – und führen Überfälle aus, wiederholt bedauerlicherweise auch nicht ohne Erfolg. Vor allem überfallen sie kleine Beitreibungskommandos, welche die Truppe in die Gegend schickt, um Verpflegung zu besorgen. Sie halten sich tags in Schlupfwinkeln in den Wäldern und Schluchten auf, nachts holen sie sich aus den Dörfern Lebensmittel. Unser russischer Dolmetscher hat mit großer Energie ihre Bekämpfung aufgenommen. Die Bevölkerung zeigt sie vielfach an, da sie sich vor Bedrückung durch sie fürchtet. Nur mit Unterstützung der Bauern kann man ihrer habhaft werden. Dem Dolmetscher ist es gelungen, in den verflossenen 3 Tagen 15 zu fangen und zu erledigen, darunter mehrere Frauen. Diese Partisanen sind fest untereinander verschworen. Sie lassen sich erschießen, ohne ihre Kameraden zu verraten. Sie wissen, dass sie ohne Rücksicht vernichtet werden. … Neben Partisanen treiben sich auch noch zahlreiche Rotarmisten in der Gegend herum, die aus den Kämpfen zurückgeblieben sind und teils mit, teils ohne Waffen herumvagabundieren, oft auch die Partisanen unterstützen.[683]

Und weiter:

> Die Partisanentätigkeit wird zusehends stärker. Beutelsbacher fängt am 6. allein 60, darunter 40 Rotarmisten, 20 kann er überführen und erledigen. Einen jungen Menschen hängen sie in der Stadt auf, d. h. er nimmt den Feldgendarmen diese unerfreuliche Arbeit ab und tut es selbst. Balzen sieht sich mit Interesse dies Schauspiel an. Der Krieg nimmt immer hässlichere Formen an. Die Standhaftigkeit der Partisanen beeindruckt alle. Niemand verrät etwas.

683 Brief des Generals Gotthard Heinrici an seine Familie vom 5. November 1941; in: BA MA N 265/155, Bl. 127.

> Alle schweigen und empfangen den Tod.[684] Ich sage Beutelsbacher, er soll Partisanen nicht 100 m vor meinem Fenster aufhängen. Am Morgen kein schöner Anblick. Moy meint, Goethe hätte in Jena drei Wochen im Anblick des Galgens gewohnt.[685]

Diese Zeilen stammen aus dem November 1941. Der Mann, der sie aufschrieb, war Gotthard Heinrici, in dieser Zeit Kommandierender General des XXXXIII. Armeekorps im Mittelabschnitt der Ostfront.[686] Die Aussagen sprechen für sich, und sie zeigen erst den Anfang dessen, was da noch auf die deutschen Verbände zukommen sollte. Heinrici konnte nicht wissen, dass der Gegner in Wirklichkeit die sowjetische Geheimpolizei NKWD nebst ihren Helfershelfern war.

Es war der Tschekist Pawel Sudoplatow, der von Lawrenti Berija den Auftrag erhalten hatte, die Direktion für Sonderaufgaben zu übernehmen und mit der personell stark aufgestockten Sabotagefiliale des NKWD den Terror mit aller Macht ins deutsche Hinterland zu tragen.[687] So geschah es. Eine große Zahl altgedienter Illegaler und Agenten wurde zum Dienst mit der Waffe umgepolt. Insgesamt sollen es 2 222 operative Gruppen und Grüppchen gewesen sein, die somit im Verlauf der nächsten vier Jahre gegen Deutschland zum Einsatz kamen.[688]

Eine davon, und man muss wohl vermuten, eine der ersten, war die Partisanenaufklärungsabteilung 9903, die unter dem Kommando des NKWD-Oberstleutnants Sprogis zusammengestellt und eingesetzt wurde. Ihr Personal rekrutierte sich aus den Beständen versprengter NKWD-Grenzeinheiten und aus fanatischen, zumindest jedoch gläubigen Jungkommunisten. Einer davon war der 20-jährige Deutsche Kurt Römling, der am 21. Oktober 1941 von deutschen Soldaten erschossen wurde, als seine Gruppe dabei war, Kabel von Feldtelefonen zu zerschneiden. Eine andere war die 18-jährige Komsomolzin Soja Kosmodemjanskaja. Sie wurde am 29. November 1941 dabei ertappt, als sie versuchte, im besetzten Dorf Petrischtschewo Brände zu legen. Sie endete am Galgen. In der Fotozeitung Nr. 77 berichtete die sowjetische Frontpropaganda zwei Jahre später über diesen Vorfall. In den Utensilien eines gefallenen deutschen Soldaten hatte man Fotografien von der Exekution entdeckt. Hierzu texteten die Genossen:

---

684 Tagebuch des Generals Gotthard Heinrici vom 6. November 1942; in BA MA 265/155.

685 Tagebuch des Generals Gotthard Heinrici vom 7. November 1942; in BA MA 265/155.

686 Hürter: General, S. 15.

687 Sudoplatow: Handlanger, S. 165 ff.

688 Andrew u. a.: Schwarzbuch, S. 148.

> Entblößen wir unser Haupt, Genossen! Soja Kosmodemjanskaja weilt nicht mehr unter uns. Sie fiel am 29. November 1941, als sie mit ihrer Brust Moskau verteidigte. ... Aber sie wird leben, die Schönheit, die Heldin.[689]

Doch man bewegt sich auf unsicherem Boden, wenn man die sowjetischen Heldenepen des Partisanenkampfes zur Grundlage der Darstellung macht. Eine solche gehört zu Nikolaj Kusnezow. Der Mann mit dem Decknamen Kolonist war zunächst alles andere als ein Geheimdienstmann; er war Forstarbeiter. Nach einem Studium an dem Leningrader Institut für Industrialisierung ging der frischgebackene Ingenieur zum Kombinat Uralmasch. Warum er dort wegen seiner guten Deutschkenntnisse auffiel, ist nicht überliefert; jedenfalls warb ihn die sowjetische Geheimpolizei aus eben diesem Grunde 1938 an.

Die Brust, die Moskau verteidigte (im Bild nicht zu sehen): Komsomolzin Soja Kosmodemjanskaja und der Deutsche Kurt Römling

Kusnezow kam zur Moskauer Spionageabwehr. Seine offizielle Heldenvita weiß zu berichten, dass er noch vor dem deutsch-sowjetischen Krieg mit Hilfe des slowakischen Diplomaten H. L. Krno die deutsche Botschaft auskundschaftete. Das gelang, obgleich Krno seinerseits Agent der Abwehr war. Mit Hilfe der Informationen des Slowaken sei es gelungen, den deutschen Marineattaché Norbert von Baumbach zu kompromittieren. Was dabei herauskam, ist bekannt, Baumbach lieferte Falschinformationen nach Hause.

Kusnezow wurde nach Kriegsausbruch 1941 zur Sabotageausbildung kommandiert. Im Sommer 1942 verließ der Tschekist sein Ausbildungslager, eingekleidet in das taubenblaue Tuch der deutschen Luftwaffe. Der angebliche Oberleutnant Paul Siebert machte in den folgenden zwei Jahren das deutsche Hinterland in der Ukraine unsicher. In Rowno, dem Sitz des Reichskommissars für die Ukraine, erschoss er mehrere leitende Beamte und einen Richter, den Senatspräsidenten Alfred Funk. Der ständige Vertreter des Reichskommissars Paul Dargel überlebte das ihm zugedachte Attentat schwer verletzt. Mitgefühl erscheint hier kaum am Platze, da Dargel zu den drastischsten Exekutoren der deutschen Untermenschenideologie gehörte.[690] Noch Anfang 1945, als es in der Ukraine für die NS-Füh-

689 Zit. nach Jahnke: Front, S. 85.
690 Thorwald: Fälle, S. 205.

rung nichts mehr zu unterdrücken gab, bastelte dieser Mann, zu Martin Bormanns Ostexperten ernannt, an einschlägigen Unterjochungsplänen.[691]

Zurück zu unserem Partisanen: Im November 1943 gelang es Kusnezow, den Kommandeur des Ostbataillons 740, Max von Illgen, zu entführen und nach Moskau zu spedieren. Im Januar 1944 in der Gegend von Lemberg abgesetzt, erschoss Kusnezow den Leiter der inneren Verwaltung für den Distrikt Galizien, Otto Bauer. Daneben soll Kusnezow, so will es sein parteiamtlicher Nachruf, wichtige Informationen über Hitlers Hauptquartier in Winniza in der Ukraine beschafft haben. Das ist nicht ganz unwahrscheinlich. Am 3. März 1944 war dann die Laufbahn dieses geheimdienstlichen Tausendsassas beendet. Kusnezow wurde von bewaffneten Ukrainern erschossen.[692]

Ein weiterer tüchtiger Mörder war Stanislaw Waupschassow. Der 1899 geborene Litauer Waupschass war ein Altmeister seines Faches. 1918 der Roten Armee beigetreten, wechselte er schon bald zur Geheimpolizei GPU, die ihn bis 1925 fünf Jahre lang als Einflussagenten in Litauen und in den polnisch besetzten Teilen Weißrusslands einsetzte. 1929 ermordete Waupschassow einen Mit-Tschekisten, was ihm die Todesstrafe einbrachte, die in eine zehnjährige Verbannung umgewandelt wurde, so dass der Mörder in Wirklichkeit bereits nach kurzer Zeit wieder auf freiem Fuß und im Dienst war. Auch im Spanischen Bürgerkrieg spielte Waupschassow eine illustre Rolle: Er betrieb ein Krematorium, in dem die Leichen des Abweichlermordens beiseite geschafft wurden. Die folgenden Jahre bis zum Beginn des deutsch-sowjetischen Krieges sehen wir den Mann mit dem NKWD-Decknamen Alfred als Reisenden in Europa. Man darf vermuten, dass sein Auftrag die Liquidierung von Abtrünnigen war. Anfang 1942 kam dann für Waupschassow, wie für so viele seines Faches, der Einsatz hinter den deutschen Linien.[693] In den folgenden zwei Jahren leitete er die Sonderabteilung Gradow in Weißrussland. Sein Meisterstück wurde die Ermordung des Reichskommissars für Weißrussland, Wilhelm Kube, am 22. September 1943.[694]

Bei Kube lohnt es sich, einen Augenblick innezuhalten. Kaum ein Nationalsozialist repräsentierte das braune korrupte Bonzentum so drastisch wie er. In den 1920er Jahren stieß Kube zur NSDAP, seit 1928 schmückte ihn dort der Titel eines Gauleiters. Mit der Machtübernahme Hitlers kamen fette Pfründe als Oberpräsident von Brandenburg und als Reichstagsabgeordneter hinzu. Kube liebte das schöne Leben einschließlich dessen, was man damals mit Frauengeschichten umschrieb. So geriet er mit dem obersten NS-Parteirichter Buch in Konflikt. Da wusste Kube Rat, indem er den Widersacher in anonymen Briefen bezichtigte, mit einer Halbjüdin

691 Dallin: Herrschaft, S. 664.
692 Roewer u. a.: Geheimdienste, S. 258.
693 Waupschassow: Jahre, S. 206 ff.
694 Andrew u. a.: Schwarzbuch, S. 111; Roewer u. a.: Geheimdienste, S. 490.

verheiratet zu sein. Das wiederum lockte die Gestapo auf den Plan, die 1936 Kubes Urheberschaft nachwies. Im September verlor er seine Ämter. Doch Kube reiste gerne. Um eine Italienfahrt zu finanzieren, bot er, erneut anonym, 44 Briefe prominenter Nationalsozialisten zum Verkauf an. Das konnte im letzten Moment unterbunden werden.[695]

Als im Juli 1941, kurz nach dem Beginn des Russlandfeldzuges, die kolonialen Posten vergeben wurden, erhielt Kube überraschenderweise das Reichskommissariat Weißruthenien (Weißrussland). Hier lebte er erneut in Saus und Braus. Blondbezopfte, blauäugige Dienstmädchen waren seit jeher sein Traum. Hier konnte er ihn erfüllen. Unter den jungen Damen war die Komsomolzin Jelena Grigorjewna Masanik, die seine Mörderin werden sollte.[696]

Aber es passierte noch etwas ganz anderes mit dem einst eingeschworenen Antisemiten. Er wurde zum erbitterten Gegner der von der SS betriebenen Ausrottungspolitik. Über den Grund mag man streiten. Mag sein, dass die Ausrottungspolitik mit dem wirtschaftlichen Ausbeutungsprogramm kollidieren musste, zumal ein Großteil der in Weißrussland ansässigen Handwerker Juden waren. Mag auch sein, dass den Mann ganz schlicht die barbarischen Hinrichtungsmethoden anwiderten, deren sich die SD- und Polizeischergen befleißigten. Jedenfalls nutzte er sein Amt, um in ungewöhnlich scharfer Form gegen die Judenausrottung zu protestieren.[697] Warum wurde ausgerechnet Kube durch Mord beseitigt? Der Grund ist simpel. Der sowjetischen Führung war an Leuten nicht gelegen, die in irgendeiner Weise den Ausgleich mit der Bevölkerung suchten. Dergleichen konnte sie nicht gebrauchen. Das Kalkül war zynisch: Je schärfer die deutschen Unterdrückungsmaßnahmen ausfielen, desto besser. Die Sowjets wussten zudem genau, dass auf jede Mordtat eine willkürliche Vergeltungsaktion an der unschuldigen Bevölkerung exekutiert werden würde. Auch das passte gut ins Kalkül. Das war das wahre Motiv für die Morde an den deutschen Repräsentanten.

Die Sabotage- und Mordaktionen waren nicht so wirksam möglich gewesen, wenn sich nicht eine ganze Reihe Deutscher daran beteiligt hätte. Im Falle der Partisaneneinheit Gradow des Stanislaw Waupschassow waren das beispielsweise der Österreicher Karl Dobritzhofer und der Sudetendeutsche Heinz Linke. Linke, Jahrgang 1920, war der Sohn eines altgedienten KPČ-Funktionärs, Karl Linke. Vater Linke, der auch bei den Partisanen diente, sollte es im DDR-Militärgeheimdienst nochmal zum Chef bringen. Sein Sohn hingegen wurde am 22. Januar 1944 von einem

695 Wistrich: Wer war wer, S. 164 f.
696 Lota: Bes Prawa, S. 199–227; Waupschassow: Jahre, S. 323 f.
697 Dallin: Herrschaft, S. 215 ff.; Wistrich: Wer war wer, S. 166.

in die Einheit von Waupschassow eingeschleusten deutschen Scheinüberläufer erschossen.[698]

Im Übrigen sind die Fakten schwankend. Wenn später notorisch behauptet wurde, die Partisanenbewegung habe allein in Weißrussland aus 213 Partisanenbrigaden, die sich in 997 Abteilungen aufgliederten, und weiteren 258 selbständig operierenden Abteilungen bestanden, in denen 370 000 wackere Kämpfer ihrem blutigen Handwerk nachgingen, so stutzt man schon einen Moment. Wenn man dann noch liest, dass diese großartigen Sowjetmenschen 500 000 deutsche Soldaten umlegten, 11 128 Militärzüge sprengten, dazu noch 34 Panzerzüge und 29 Eisenbahnstationen, dass sie mehr als 18 000 Kraftfahrzeuge in die Luft jagten, dazu noch 305 Flugzeuge, 1 355 Panzer, 438 Geschütze, 939 verschiedene Nachschublager und schlappe 948 Stäbe, Garnisonen und Stützpunkte, so fragt man, wievielmal 100 Gramm Wodka beim Addieren dieser Zahlen im Spiel gewesen sein mögen.[699] Fest steht indessen, dass der Kampf mit ungeheurer Grausamkeit geführt wurde. Verluste waren erwünscht. Wie üblich gibt es eine, wenn auch vage Möglichkeit zum Nachrechnen – das ist die Statistik der Ordensverleihungen auf der sowjetischen Seite. Hier aber haben die Chronisten offenbar versagt, denn sie nennen, ungewöhnlich genug, die glatte Zahl 140 000. Solch allgemeine Angaben sind wir bei der sonst üblichen Präzision nicht gewohnt und deshalb halten wir die Zahl für eine Erfindung. Etwas genauer werden wir bei den angeblich massenhaft tätigen ausländischen Internationalisten bedient. Und siehe da: 25 Deutsche wurden mit einem Orden bedacht.[700] Das dürfte in etwa dem eingesetzten Bestand entsprechen, denn auch die Toten pflegten, wenn sie denn überhaupt einen Namen hatten, posthum geehrt zu werden.

Was nun unternahm die deutsche Seite, um diesem selbstgeschaffenen Problem entgegenzuwirken? Zur Beantwortung ist ein Abstecher ins deutsche Organisationschaos unumgänglich. Parallel zu den deutschen zivilen Verwaltungsstrukturen wurden solche des SD, der Sicherheitspolizei und der Ordnungspolizei errichtet, die keineswegs den örtlichen zivilen Machthabern, also den Reichskommissaren, sondern dem Reichsführer SS und Chef der deutschen Polizei, Heinrich Himmler, unterstanden. In den besetzten Gebieten wurden die Befehlshaber der Sipo und des SD installiert, denen die Kommandeure der Sipo und des SD nachgeordnet waren.[701] In den rückwärtigen Armeebereichen galt das so nicht. Hier hatten die Wehrmachtskommandeure das Sagen, wobei zumindest im ersten Jahr des Russlandfeldzuges in genau diesen Befehlsbereichen die Einsatzgruppen und Einsatzkommandos des SD ihr Unwesen trieben.

698 Jahnke: In einer Front, S. 198–201; Roewer u. a.: Geheimdienste, S. 269; Waupschassow: Jahre, S. 364.
699 Institut für ML: In den Wäldern, S. 8.
700 Institut für ML: In den Wäldern, S. 9.
701 Rürupp: Topografie, S. 70 ff., 74.

Als das Bandenunwesen, oder wie man aus sowjetischer Sicht sagte: die Partisanenbewegung, im Verlauf des Jahres 1942 deutlich spürbar wurde, setzte Hitler im Oktober 1942 einen Bevollmächtigten des Reichsführers SS für die Bandenbekämpfung ein. Das war Erich von dem Bach-Zelewski.[702] Er war ein besonders übler Vogel, der überall, wo es im Dritten Reich etwas zu morden gab, dabeigewesen war. Während des Russlandfeldzuges war er HSSPF Mitte, also Himmlers Vertreter im rückwärtigen Bereich der Heeresgruppe Mitte und Polizeichef des zu errichtenden Reichskommissariats Moskowien, zu dem es jedoch, im Gegensatz zu den Reichskommissariaten Ostland und Ukraine, nie kam.

Bachs Rezept für die Partisanenbekämpfung war simpel: Durch die Schaffung von toten Zonen sollten die Freischärler ihrer Versorgungsstützpunkte beraubt werden. Diese toten Zonen schuf er durch das Abbrennen von ganzen Dörfern und die Ausrottung der ansässigen Bevölkerung. Noch eine Schlussbemerkung zu diesem Massenmörder: Während die Mehrzahl seiner Kompagnons nach dem Krieg abgeurteilt wurden oder Selbstmord begingen, schlüpfte Bach in die Rolle eines Zeugen. Man reibt sich die Augen: Er wurde Zeuge der Anklage bei den Nürnberger Kriegsverbrecherprozessen.[703] Folglich ließen die Alliierten diesen braven Mann unbehelligt. Erst Jahre später griff die bundesdeutsche Justiz zu und verurteilte Bach zu lebenslanger Haft; da endlich hatten ihn seine Mordtaten aus der Frühzeit des NS-Regimes eingeholt.

Am Partisanenunwesen änderte die Bach'sche Philosophie der nackten Gewalt nichts, im Gegenteil: Oft blieb der Bevölkerung gar nichts anderes übrig, als in den Wald zu gehen, wie man damals sagte. Dadurch wurde das Partisanenproblem im eigentlichen Sinne erst geschaffen. Sucht man nach einem Beweis für die Richtigkeit dieser Behauptung, so betrachte man die Verhältnisse auf der Krim und in „Taurien", das einmal Teil des Reichskommissariats Kaukasien werden sollte. Hier trieb man, was verspottend eine vernünftige Politik genannt wurde. Die deutschen Herren setzten also nicht in erster Linie auf Gewalt. Das Ergebnis war, dass es Partisanen in diesen Gegenden praktisch nicht gab. Es gab sie auch in der westlichen Ukraine nicht. Doch hier war der Grund ein anderer. Sowjet- und Russenfeindlichkeit überwogen hier so stark, dass die Bevölkerung zwar mit den deutschen Besatzern keine gemeinsame Sache machte, doch auflehnen mochte sie sich auch nicht.[704]

---

702 Angrick: Bach, S. 38 ff.
703 IMT: Prozess, B. 4, S. 528 ff.
704 Andrew u. a.: Schwarzbuch, S. 148.

KAPITEL 4
Auf der Kippe. Das Jahr 1943

Ende 1942 standen die Dinge für das Deutsche Reich nicht mehr zum Besten. In Nordafrika wurden die deutschen Truppen vor El Alamein vernichtend geschlagen, zugleich hatte eine angloamerikanische Landeoperation in Casablanca, Oran und Algier Fuß gefasst. Im Atlantik schmolzen die U-Boot-Erfolge auf den Nullpunkt und im Osten hatte sich die Katastrophe von Stalingrad angebahnt. Anfang Februar 1943 war die Sache dort erledigt. Die Rote Armee hatte einen gewaltigen Sieg errungen, dessen Bedeutung weit über die Vernichtung der deutschen 6. Armee hinausreichte. Der Mythos von der Unbezwingbarkeit der Wehrmacht war endgültig zerstört. Als die Deutschen im Sommer 1943 an der Ostfront bei Kurs noch einmal zur Offensive antraten, verwandelte sich auch dieser Angriff in eine bittere Niederlage.

Im Folgenden wird der Frage nachzugehen sein, ob diese Kriegswende dem Verrat geschuldet war. Dabei wird die über die Schweiz abgewickelte sowjetische Deutschlandspionage Revue passieren. Dann ist die Frage zu klären, ob ausgerechnet in diesem Augenblick, als die Waagschalen der Kriegsgöttin sich unumkehrbar zugunsten der Alliierten zu senken begannen, ernsthafte Versuche unternommen wurden, um durch geheimdienstliche Kanäle den Krieg an der Ostfront zu liquidieren. Zu dem Zweck werden wir einen Ausflug an den Spionageplatz Stockholm unternehmen, wo sich dies und so manches andere abgespielt hat.

Felix Helvetia. Spionageplatz Schweiz

1942 und erst recht 1943 rückte die Schweiz ins Zentrum der sowjetischen Spionagebemühungen gegen das Deutsche Reich. Um die Bedeutung der jetzt zu behandelnden Fragen zu beleuchten, ist noch einmal kurz auf die Kriegslage des beginnenden Jahres 1943 einzugehen. Die Niederlage von Stalingrad war für die deutsche Führung ein Schock und für die Russen ein Triumph ohnegleichen.[705] Doch für ein Schwelgen im Siegesrausch war kein Platz. Den ungestüm, aber konzeptlos nach Westen vorstürmenden Verbänden der Roten Armee bereiteten deutsche Panzerverbände im März 1943 bei Charkow eine jähe Niederlage.

---

705 Vgl. z. B. Beevor: Ein Schriftsteller, S. 269 ff.; Cassidy: Moskau 1941–1943, S. 283–286.

Agenten und Informanten von Otto Pünter (DN: Pakbo)

DN: Remo
Regierungsangestellter (Bern)

(?) Mario Bodenmann
Journalist, soz. Politiker

Paul Neyrac
DN: Negre
frz. Diplomat, Doppelagent (Bern)

Louis Süss
DN: Salter
Attaché der frz. Botschaft (Bern)
Kontakt zu:
Josef Wirth
Emigant (Luzern)

DN: Lilly aus dem Vatikan
Österreicher
Emigrant, Journalist

DN: Gabel
ehem. Konsul der Rep. Spanien in Sušak

Pao Hsien-Chu
DN: Polo
Chin. Diplomat (Bern)

Hermann Ritzel
DN: Poisson
Emigrant, SPD-Politiker

DN: Roger
(?) Jean Jacques Spiess
Makler (Lausanne)

André Oltramare
Professor (Genf)
mit Unteragenten:
Dr. Marc Oltramare
Arzt
Jean Vincent
Journalist
Max Horngacher
Emigrant
Maurice Ducommun
Journalist

DN: Diana
Regierungsangestellter (Bern)

DN: Leopard
Regierungsangestellter (Bern)

Nunmehr begannen beide Seiten darüber nachzudenken, wie sie das Kriegsglück auf ihre Seite zwingen könnten. Am 9. April 1943 fertigte Marschall Georgij Shukow eine Lageanalyse an, die davon ausging, dass ein deutscher Angriff gegen den bei Kursk weit nach Westen vorspringenden Frontabschnitt sehr wahrscheinlich sei. Er traf mit seiner Annahme ins Schwarze, denn in der Tat plante die deutsche Führung, nach Abschluss der Schlammperiode den Kursker Balkon von Norden und Süden her anzugreifen und in einer gewaltigen Kesselschlacht die Initiative wieder an sich zu reißen.

Der Entschluss wurde in die Tat umgesetzt, führte aber in eine schlimme Niederlage, weil die bestens vorbereitete Rote Armee die Offensivstöße binnen weniger Tage in den Griff bekam und ihrerseits zum Angriff antrat; die Wende des Krieges an der Ostfront war damit unumkehrbar geworden.[706]

Aus diesem Umstand hat sich frühzeitig die Ansicht entwickelt, die Schlacht um Kursk und damit der Landkrieg gegen die Sowjetunion seien durch Verrat entschieden worden.[707] Der Blick richtete sich wie von

706 Vgl. Magenheimer: Militärstrategie, S. 235–247.

707 Accore u. a.: Moskau wusste alles, passim; Balzer: Der 20. Juli 1944 und der Landesverrat, S. 244–273; Carell: Verbrannte Erde, S. 82–101; ders.: Verrat im Hauptquartier, Kristall 24, 25/1964; Gunzenhäuser: Geschichte des geheimen Nachrichtendienstes,

selbst auf die Tätigkeit der in der Schweiz tätigen Spionageorganisation der GRU, denn von dort eilte ein nie dagewesener Strom militärisch bedeutsamer Nachrichten mit Lichtgeschwindigkeit über die Funkstellen des sowjetischen Dora-Netzes in der Westschweiz nach Moskau, wo sie die notwendigen Entscheidungen herbeiführten.

So ist es jedenfalls immer wieder behauptet worden, und es wurde so viel darüber publiziert, dass man Mühe hat, Schneisen in den Wust von Fakten und Scheintatsachen zu schlagen. Vor allem die unmittelbar am Geschehen beteiligten, wie die Geheimdienstleute Alexander Radó, Alexander Foote, Ursula Kuczynski, Allen Dulles, Wilhelm Flicke, Walter Schellenberg, Otto Pünter, um nur einige zu nennen, haben eine ganze Bibliothek dazu beigetragen[708], um das Geschehen zu vernebeln. Wie war es aber wirklich?

Die Schweiz war, wie schon im Ersten Weltkrieg, Trittbrettfahrer der Auseinandersetzungen in Europa: Handelsplatz für rare Waren und Informationen. Entsprechend zweifelhaft war das Personal, das sich über die Grenzen drängte. Eine Reihe dieser Ehrenmänner und wenigen Frauen werden im Folgenden auftreten. In einem allerdings unterschied sich die Situation des Landes gegenüber den Ereignissen der Jahre 1914 bis 1918 ganz grundlegend: Nach der Auffassung der kriegführenden Anrainerstaaten war die Schweiz im Ersten Weltkrieg neutral, für die strategischen Erwägungen des Zweiten Weltkrieges gilt dies keineswegs. Deutsche Pläne, die Schweiz zu besetzen, waren real und wurden bis ins Jahr 1943 verfolgt.[709] Für die politische Führung der Schweiz bedeutete das die Wahl zwischen Widerstand und Unterwerfung. Für beide Richtungen hatte die Schweiz prominente Vertreter.[710] Die Bedrohung durch das Deutsche Reich hatte zur Folge, dass viele Schweizer nichts dabei fanden, mit den Kriegsgegnern Deutschlands heimlich zusammenzuarbeiten. So wurde das Land weit über seine Bedeutung im Ersten Weltkrieg hinaus zum Nachrichtenumschlagplatz, von dem in erster Linie die Alliierten in West und Ost profitierten.

Alpenschokolade und Oerlikonkanonen: Sowjetspionage in der Schweiz

Der sowjetische Spionagestützpunkt in der Vorkriegsschweiz war eher ein stilles Pöstchen. GRU-Residentin war 1936 Marija Poljakowa, eine Mit-

---

S. 62 f.; Kern: Verrat an Deutschland, S. 57–98; Preuss: Entschied Verrat den II. Weltkrieg?, Nationalzeitung 13/1966, S. 1, 6; ders.: Verrat im II. Weltkrieg, Nationalzeitung 49/1976, S. 1, 7.

708 Radó: Dora meldet; Foote: Handbook for spies; Werner: Sonjas Rapport; Dulles Verschwörung; Flicke: Agenten funken nach Moskau; ders.: Spionagegruppe Rote Kapelle; Schellenberg: Aufzeichnungen; Pünter: Der Anschluss fand nicht statt; ders.: [mit Abweichungen] Guerre secrète en pays neutre.

709 Schäfer: Schweiz, S. 43 ff.

710 Bonjour: Neutralität, Bd. 5, S. 57 ff.

dreißigerin, die den Decknamen Vera verwendete.[711] Die Poljakowa folgte 1937 einem Rückruf nach Moskau, den sie, obschon dies die hohe Zeit der „Großen Säuberung" war, ungeschoren überstand. Sie wurde in der Zentrale der GRU Leiterin der Schweizspionage, reiste auch 1941 in dieser Funktion noch einmal illegal ins Land der Eidgenossen ein, um dort nach dem Rechten zu sehen. Das war notwendig, denn hier standen die Dinge nach ihrem Abgang nicht zum Besten. Es gab vielmehr mindestens drei voneinander unabhängige Residenten der GRU, deren Problem der Nachrichtenabfluss wurde, da der bis zum Sommer 1940 bevorzugt über Paris organisiert worden war, denn die Sowjetunion unterhielt mit der Schweiz keine diplomatischen Beziehungen; folglich gab es auch keine Sowjetgesandtschaft, die als Legalresidentur hätte dienen können. Nach dem deutschen Frankreichfeldzug und der Aufteilung des Landes in einen besetzten und einen unbesetzten Teil zog die sowjetische Botschaft in den unbesetzten Teil nach Vichy um. Der Beginn des Russlandfeldzuges brachte für sowjetische Diplomaten das Ende ihrer legalen und illegalen Tätigkeiten in Frankreich, denn die Vichy-Regierung war vom Deutschen Reich genötigt worden, ihre diplomatischen Beziehungen zur Sowjetunion abzubrechen. Vichy beeilte sich, der deutschen Forderung nachzukommen: Der Abbruch der Beziehungen erfolgte am 30. Juni 1941.[712] Damit verloren Moskaus Agenten in der Schweiz ihren wichtigsten Informationskanal. Jetzt war der Funk angesagt.

Fünfundzwanzig Jahre Konspirazija: Alexander Radó betritt die Bühne

Bei den drei GRU-Netzen in der Schweiz handelte es sich um die Ringe von Albert, Sissy und Sonja. Albert wurde zum Leiter der GRU-Spionage ernannt. Hinter dieser Deckbezeichnung verbarg sich Alexander Radó. Bevor er als GRU-Resident 1936 nach Genf ging, hatte er bereits eine sechzehn Jahre andauernde konspirative Karriere hinter sich. Sie hatte 1919 begonnen, als sich der junge Alexander an der kurzlebigen ungarischen Räterepublik aktiv beteiligt hatte. Deren blutige Zerschlagung veranlasste den 19-Jährigen, fluchtartig die ungarische Heimat zu verlassen. Sein Weg führte ihn nach Wien, wo er in Kaffeehäusern dank der Unterstützung seiner wohlsituierten, in Ungarn einflussreichen Familie überwintern konnte. Im Frühjahr 1920 gründete Radó die Rosta-Wien, dem Namen nach eine Nachrichtenagentur, in Wirklichkeit eine Institution zur kommunistischen Einflussnahme. Das Startkapital von 10 000 Schwedenkronen wurde dem 20-Jährigen in einer Bank in bar ausgehändigt.[713] Der Direktor des Wiener Bankenvereins wird nicht schlecht gestaunt haben, als der junge, nicht

711 Kolpakidi: Wojennoj Raswedki, S. 470 f.; Roewer u. a.: Geheimdienste, S. 354.
712 Schramm: KTB 1940/41, S. 1216.
713 Radó: Dora, S. 49.

Agenten des Sissy-Netzes

Dr. Christian Schneider
Mitarbeiter des Vita Nova Verlages
Fungiert als Kanal und *cut out* zwischen Dübendorfer und Rössler
DN: Taylor
Standort: Genf
(19. 5.–5. 9. 1944 verhaftet)

Rudolf Roessler
Inhaber des Vita Nova Verlages, Nachrichtenhändler
FuDN: Lucy
Standort: Luzern
Tätig ab ca. Sommer 1942
(in Haft: 19. 5.–6. 9. 1944)

Paul Boettcher (Böttcher)
Illegaler in der Schweiz, Lebensgefährte von Rachel Dübendorfer
FuDN: Paul
Standort: Genf
(19. 4.1944 festgenommen)

Marius Moutet
DN: Marius
französischer Politiker

Jean Pierre Vigier
Ehemann von Tamara V.
DN: Braut
(Frühjahr 1942 in Frankreich festgenommen)

Tamara Vigier
Tochter von Rachel D.
DN: Vita
(Mai 1944 festgenommen)

Alexander Abramson
DN: Isaak
Angestellter des ILO, Genf
Unterquelle:
DN: Diemen
DN: Bill
Sekretärin in einem deutschen Rüstungsbüro

Walter Flückiger
DN: Brand
(1944 festgenommen)

sonderlich propere Mann vor ihm aufkreuzte, um dieses stattliche Vermögen in Empfang zu nehmen.

Radó war ein Mann der Tat. Er beschäftigte bei der Rosta nicht nur eine ganze Reihe der begabtesten Propagandisten, sondern sorgte auch dafür, dass ein beträchtlicher Nachrichtenstrom in Richtung Sowjetrussland in Bewegung gesetzt wurde. Dem diente eine weitere Neugründung, die Nachrichtenagentur Intel, die er so gut tarnte, dass nicht einmal ausgewiesene Antikommunisten ahnten, mit wem sie sich einließen. Man muss das im Hinterkopf behalten, wenn wir in Radós späteren wortreichen Einlassungen lesen, er habe bis 1936 nie etwas mit nachrichtendienstlicher Tätigkeit zu tun gehabt. Radós weiterer Weg verlief im Zickzack zwischen Deutschland und der Sowjetunion. 1933 wechselte Radó nach Paris. Bei einem seiner Moskauaufenthalte in den folgenden Jahren wechselte er auch den Auftraggeber. Das war fortan nicht mehr die Komintern, sondern die sowjetische Militäraufklärung GRU. Nach Radós Angaben nahmen seine Einweisung Semjon Urizkij und Artur Artusow vor, Leiter der eine, Stellvertreter der andere.[714] Somit lässt sich der Dienstherrenwechsel auf die zweite Jahreshälfte 1935 datieren. Nach einem Umweg über Belgien, wo Radó bei der Legalisierung scheiterte, traf er 1936 in der Schweiz ein.

Radós Ankunft in der Schweiz war keineswegs gleichbedeutend mit dem Beginn des später so sagenumwobenen Dora-Netzes. Vielmehr war er

714 Kolpakidi u. a.: Enziklopedija, S. 61, 66.

zunächst damit beschäftigt, sich in der Schweiz unter seinem Klarnamen zu etablieren. Zu diesem Zweck gründete er in Genf den Verlag Geopress. Der stieß schon bald in eine Marktlücke, denn Alexander Radó nutzte seine ausgeprägten Talente als Geograph, um die Presse in nah und fern mit Karten zu versorgen.[715] Hierfür bestand Bedarf, da Hitlers aggressive Vabanquepolitik dafür sorgte, dass nichts so blieb, wie es war. Sein zweites Standbein war die journalistische Akkreditierung beim Völkerbund in Genf, die ihm den Zutritt zur internationalen Welt und Halbwelt eröffnete.

Wenn man Radó beschreibt, muss man zugleich auch seine Frau Helene erwähnen. Diese Deutsche hatte schon als junges Mädchen 1918 Kurierdienste zwischen der sowjetischen Botschaft in Berlin und Lenin in Moskau geleistet. Folgt man den Aufzeichnungen ihres Mannes, so stürmte sie im März 1921 mit dem Gewehr in der Hand gegen die Aufständischen von Kronstadt.[716] Helene Radó ist allem Anschein nach die eigentlich treibende Kraft des Spionageunternehmens Dora in der Schweiz gewesen. Sie wird als besonders anpassungsfähig, wirtschaftlich tüchtig und ungemein kaltblütig geschildert – alles Eigenschaften, die auf ihren Ehemann nicht zutrafen.[717] So war es vor allem Helene, die das Geld beschaffte und den eigentlich riskanten Teil des Unternehmens, nämlich den Kurierdienst zu den Funkern und Quellen, besorgte. Radó selbst verbrachte den Hauptteil seiner Zeit in seinem Legendengeschäft sowie damit, Meldungen zu formulieren und zu chiffrieren. Das soll keineswegs heruntergeredet werden, denn das 1942/43 abgehende Material nötigt schon wegen seines ungeheuren Umfangs einigen Respekt ab.

Radó zeichnete seine Meldungen in dem hier interessanten Zeitraum mit dem Funkdecknamen Dora, was nichts anderes war als die Verwürfelung der Buchstaben seines Nachnamens. Gegenüber Personen, die seine wahre Identität nicht kannten, benutzte er den geheimdienstlichen Aliasnamen Albert. Aus dem Umstand, dass einige seiner Funkberichte auch mit Albert gezeichnet worden sind, haben Verschwörungsspezialisten später gehaltvolle Geschichten destilliert.[718] Doch der Grund für die partielle Verwendung des Geheimdienstdecknamens ist simpel. Aus Gründen der Arbeitsüberlastung delegierte Radó das Verschlüsselungsgeschäft in etlichen Fällen an die Funker. Soweit diese ihren Chef lediglich als Albert kannten, liegt es nahe, dass Radó ihnen gegenüber seine Klartexte mit Albert zeichnete.[719]

715 Dallin: Sowjetspionage, S. 221.
716 Radó: Dora, S. 74.
717 Dallin: Sowjetspionage, S. 221.
718 Z. B. Schramm: Verrat, S. 361.
719 Kolpakidi: Wojennoj Raswedki, S. 473; Radó: Dora, S. 174.

Agenten und Idioten: Anmerkungen zum Dora-Netz

Neben dieser Zentralfigur des Residenten und seiner Frau Helene gab es mindestens einhundert Personen, die in den unterschiedlichsten Funktionen zum Radó-Netz gehört haben. Hierunter illustre Namen, wie der ehemalige Reichskanzler Josef Wirth oder der spätere Bundesminister Ernst Lemmer, um nur zwei davon zu nennen. Die Namen sind im Strukturbild des Dora-Netzes genannt. Viele dieser Leute stammten noch aus der Vorkriegszeit, als sich die in der Schweiz residierenden Netze mit schweizerischer Industriespionage und mit der Ausspähung von politischen Gremien befassten. Die meisten der Agenten waren deswegen in den entscheidenden Kriegstagen nahezu wertlos, schon weil sie keine brauchbaren Informationszugänge nach Deutschland hinein besaßen. Auf ihre Beschreibung kann daher im Folgenden verzichtet werden.

Zunächst ein Blick auf die Organisation des Nachrichtenabflusses: Die Einrichtung einer Funkverbindung der GRU hatte bereits in den späten 1930er Jahren begonnen. Verantwortlich für den Einsatz der neuen Technik war die Offizierin der Roten Armee Ursula Kuczynski. Ihr Schweizeinsatz begann im Frühherbst 1938.[720] Sie behauptete später, den Auftrag erhalten zu haben, ein eigenständiges, gegen die deutsche Rüstungsindustrie gerichtetes Netz aufzubauen, das sich auch auf Sabotage einstellen sollte. Das ist sicher nicht ernst gemeint, denn ein Durchmustern der Agenten, die von ihrer Vorgängerin Poljakowa rekrutiert worden waren, weist aus, dass Einsatzland und Zielland dasselbe war, nämlich die Schweiz.

Für das beabsichtigte Funknetz musste zusätzliches Personal rekrutiert und ausgebildet werden. Unter den Rekruten, die ihren Dienst antraten, waren drei Männer, die soeben der Spanische Bürgerkrieg ausgespieen hatte: die Engländer Len Beurton und Alexander Foote sowie Emil Obermanns, ein deutscher Kommunist aus Elberfeld. Den hatte die GRU-Zentrale mit abenteuerlichen finnischen Papieren ausgestattet. Dieser angebliche Eeriki Noki, der im April 1939 in der Schweiz aufgetaucht war, trug eine feuerrote Narbe im Gesicht. Sie war das Ergebnis eines Freifluges durch ein geschlossenes Fenster, das ursprünglich in eine Baracke des GRU-Ausbildungslagers gehörte. Dort waren die angehenden Agenten im Umgang mit Sprengstoff unterwiesen worden.[721]

So war der Agent Obermanns schon äußerlich nicht ganz so unauffällig, wie man es sonst in diesem Metier bevorzugt. Prompt ging er zwei Monate nach Kriegsbeginn der Schweizer Bundespolizei ins Netz, die sich nicht vorstellen mochte, dass dieser angebliche Finne derjenige war, für den er sich ausgab. Völlig richtig vermutete man in dem Mann einen sowjetischen Agenten, eine Eigenschaft, für die man zu diesem Zeitpunkt wenig Sympathien hegte, war doch soeben das kleine Finnland im hohen Norden von

720 Werner: Rapport, S. 225 ff.
721 Werner: Rapport, S. 236.

Durch Dübendorfer übernommene Agenten und Informanten aus dem Vorkriegsnetz der Marija Poljakowa

DN: Bruder
(?) John Dübendorfer
in Verbindung mit:
DN: Johann
Schweizerischer Ingenieur
(?) Emil Georg Buehrle
Präsident der Firma Oerlikon
N. N.
Ingenieur der Firma Hispano-Suiza

Dr. Leon Steinig
Jurist am ILO (Genf)
1940 in die USA

Selma Gessner-Bührer
DN: May
Buchhändlerin (Zürich)
Kurierin/Zusammenarbeit mit:
Anna Barbara Müller
DN: Anna
Passbeschaffung
Kurierin/Zusammenarbeit mit:
DN: Max
([?] Max Habijanic)
Polizeibeamter, Fälscher (Basel)
DN: Paul
(Basel)

Hermina Rabinowitsch
DN: Hermann
Mitarbeit am ILO (Genf)
1940 Ausreise nach Kanada

DN: Klement
([?] Clemens Alfermann)
Journalist, Emigrant

Irene und Emil Grünberg
Übersetzer am ILO (Genf)
1941 in die USA

Horaz Glickman
Rundfunktechniker
Wohnungsgeber

DN: 027
Deutscher Offizier

Jules Humbert-Droz
DN: Apoll/Droll/Drolly
Politiker
Frühjahr 1942 verhaftet

Karl Hofmaier
DN: Paul
Journalist, Politiker

Lora (o. Lore) und Leon (o. Karl) Kapp

Otto Bach
Mitarbeiter am ILO (Genf)
Mehrfachagent

DN: Falkon
(Genf)

der übermächtigen Sowjetunion angegriffen worden. Völlig pragmatisch entschieden sich die Schweizer, nicht viel Zeit mit dem nicht nachweisbaren Spionagevorwurf zu vergeuden; stattdessen steckten sie Obermanns wegen des offenkundigen Passvergehens als unerwünschten Ausländer in ein Arbeitslager, wo er bis Kriegsende festgehalten wurde.[722]

Alexander Foote, alias Jim, wurde zum wichtigsten Funker des späteren Radó-Netzes.[723] Seine weitere Geschichte ist hier schnell erzählt. Als das Netz Ende 1943 aufflog, gelang es Foote nach mehrmonatiger Haft, im September 1944 aus der Schweiz nach Frankreich zu entkommen.[724] Dort waren mittlerweile die Alliierten gelandet und vorgerückt. In Paris stellte sich Foote dem GRU-Mann in der sowjetischen Militärmission, Oberst Alexander Nowikow, zur Verfügung, der im Januar 1945 die Weiterleitung des Funkagenten per Flugzeug nach Moskau veranlasste. Den Aufenthalt in Moskau überstand er, dann nutzte er die erste Gelegenheit, die sich ihm bot, um in Berlin überzulaufen.

722 Kolpakidi u. a.: Enziklopedija, S. 476; Roewer u. a.: Geheimdienste, S. 323 f.
723 Radó: Dora, S. 178; SIS: Personenakten Foote.
724 Werner: Rapport, S. 272.

Neben Foote arbeiteten weitere Funkagenten im Sonja-Netz der Ursula Kuczynski, die ihren kompletten Ring an Radó übergab, als sie sich befehlsgemäß aus der Schweiz absetzte, um in England weiterzumachen. Einer von ihnen war der Engländer Len Beurton. Der heiratete in der Schweiz seine Führungsoffizierin und machte durch diese Scheinehe aus Ursula Hamburger, geborene Kuczynski, alias Sonja, eine Frau Beurton, die zugleich britische Staatsbürgerin wurde.[725]

> Im Februar 1940 hatte ich endlich alle Unterlagen zur Heirat beisammen. Wenn es auch eine „Papierehe“ war, wollten wir doch ein gutes Datum aussuchen. Wir wählten den 23. Februar, den Geburtstag der Roten Armee.[726]

Zu diesem Zeitpunkt war die Agentenuhr der Kuczynski in der Schweiz bereits abgelaufen, denn mittlerweile war durch die Pleite mit ihrem Subagenten Obermanns die schweizerische Polizei auf sie aufmerksam geworden. Die GRU-Zentrale ordnete vorsorglich den geordneten Rückzug ihrer Residentin an. Das konnte umso leichter geschehen, als mit Alexander

Deutscher Personalausweis für den Überläufer: Alexander Foote

Radó ein weiterer geeigneter Kandidat als Residenturleiter zur Verfügung stand. Kuczynski-Sonja ließ sich über Funk durch den Direktor nicht lange bitten. Sie rückte Radó in Genf auf die Bude. Der Empfang war frostig. Das kann man verstehen. Radó war nun schon seit geraumer Zeit in Genf, wo er sich mit Geldern des Apparats den Geopress-Verlag eingerichtet hatte. Er stand nicht ganz zu Unrecht in dem Verdacht, er wolle privatisieren.

725 Werner: Rapport, S. 249.
726 Werner: Rapport, S. 262.

Das ist eine schillernde Bezeichnung, hinter der sich das Abzwacken von operativen Geldern für eigene Zwecke und auch die Vorbereitung des Absprungs in ein konspirationsfreies Leben verbirgt. Der Verdacht der Zentrale war realistisch, denn Radó hatte seine Beziehungen zur GRU langsam einschlafen lassen. Er konnte sich das leisten, denn sein Kartengeschäft blühte.

Doch aus der Traum. Die Funkmannschaft wurde an Radó übergeben und die GRU-Majorin verschwand auf etwas abenteuerlichem Wege über Südfrankreich und Spanien nach Portugal. Von dort ging es weiter per

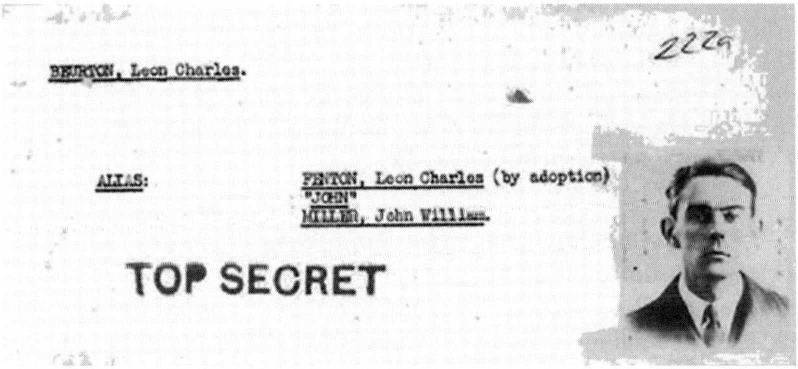

Die Geheimdienstakte des Scheinehemanns: Len Beurton

Schiff nach Großbritannien, wo sich die frisch gebackene Engländerin erneut legalisierte und unverzüglich mit ihrem illegalen Tun fortfuhr.

Radó konnte fortan von Sonjas Tun zehren. Foote war ein erstklassiger Funker und Konspirateur. Er und Sonja hatten zwei weitere Funker angeworben und ausgebildet, die nun auch auf das Radó-Netz übergingen, und zwar das Ehepaar Edmond und Olga Hamel.[727] Die Hamels waren Schweizer und Kommunisten zudem. Den Radiomechaniker Hamel anzuwerben, bot sich geradezu an, denn er betrieb in Genf ein einschlägiges Geschäft, so dass dessen Basteleien an Funkgeräten nicht weiter auffielen.

Die dritte Funkstelle schließlich, die aus dem Radó-Netz in der Diktion der Abwehr die „Rote Drei" werden ließ, betrieb Margarete Bolli, eine weitere Schweizerin, von der später zu lesen war, sie sei eine Sympathisantin Moskaus gewesen. Bei Radó klingt das so:

> Wir fanden ein zuverlässiges junges Mädchen, Margarete Bolli. Ihre Eltern lebten in der Nähe von Basel, der Vater war Angestellter und Antifaschist; seine Vorfahren waren Waldenser … Margarete war auch Antifaschistin und hatte bereits verschiedene Aufgaben im Auftrage ihres Vaters gelöst.[728]

727 Radó: Dora, S. 174.
728 Radó: Dora, S. 216.

Doch vor allem war die Bolli eines: sie war Serviererin in einem Café. Diese Saaltochter, wie man in der Schweiz sagt, war im Oktober 1941 von Alexander Radó angesprochen worden.[729] Doch es blieb nicht bei der flüchtigen Kaffee-Bestellung und dem Wunsch nach der Rechnung, sondern der wohlbestallte Agent und Familienvater hatte anderes im Sinn. Was die schlanke, brünette Schweizerin an dem dicklichen Ungarn mit den vorstehenden Zähnen fand, ist nicht überliefert. Nur das Ergebnis ist klar. Die Bolli wurde Radós Geliebte, was er hinter seinen Agentengepflogenheiten trefflich tarnen konnte. Er veranlasste ihren Umzug nach Genf, wo er ihr eine Wohnung einrichtete.[730] Von dort aus wurde sie für erste Kurierdienste eingespannt. Alexander Foote verpasste ihr zudem eine Grundausbildung im Funken. Die Vermischung von Liebes- und Agentendienst sollte sich indessen für den konspirationserfahrenen Alexander Radó nicht auszahlen, denn mit der Bolli erhielt das Radó-Netz eine Verstärkung, die zugleich sein Ende herbeiführen sollte.

Aus Tausendundeiner Nacht: Die Dora-Meldungen des Alexander Radó

Was waren das nun für Meldungen, die von den Sendern der Roten Drei nach Moskau abgingen? Es waren Hunderte und Aberhunderte, von denen wir ein Gutteil genau kennen. Sie sind ebenso aufschlussreich wie die bekannt gewordenen Antworten des Direktors, da sie wie üblich Wertungen und Weisungen und vor allem weitergehende Fragestellungen enthielten.

Zu diesen Meldungen ist eine Anmerkung erforderlich, da sie auf verschiedenen Wegen und mit zum Teil abweichendem Inhalt überliefert worden sind. Hier sind sie wie folgt berücksichtigt worden: Einen ersten Grundstock bildete das Meldeaufkommen aus der deutschen Funkentzifferung, welches der seinerzeitige Oberregierungsrat der Funkabwehr Wilhelm Flicke regelwidrig als Privatsammlung hortete, weil er der zutreffenden Auffassung war, hieraus nach Kriegsende Kapital schlagen zu können; in einschlägigen Kreisen spricht man vom Flicke-Schatz. Der diente Flicke 1945 in der Tat als Eintrittskarte in die US-Spionageabwehr. Diese Meldungen kamen erstmals im Buch „Sowjetspionage“ von David Dallin 1955 an die Sonne. Sie sind dort als D-Akten bezeichnet. Spätere Autoren haben vielfach daraus geschöpft. Auf einem zweiten Weg erschien der Flicke-Schatz an der Öffentlichkeit, nämlich in den beiden Spionagebüchern von Flicke selbst, die er nach seinem Rauswurf bei den US-Amerikanern publizierte. In diesen fällt der recht freizügige Umgang mit den Quellen auf, ebenso die inhaltliche Abweichung einzelner Meldungen, die durch den Autor aller Wahrscheinlichkeit nach zurechtgebogen wurden. Auch aus diesem Fundus haben spätere Autoren (oft unkritisch) geschöpft.

729 Sudholt: Kapelle, S. 260.
730 Radó: Dora, S. 217.

Ein Teil der Meldungsentwürfe fiel der schweizerischen Bundespolizei bei Durchsuchungsmaßnahmen in die Hände; auch diese wurden später auf mehreren Wegen bekannt. Dann als Kontrapunkt die Memoiren von Radó, der, nach Eigenaussage Meldungen aus den Moskauer Akten einsehen durfte. Bei dem publizierten Material fallen etliche Abweichungen ins Auge, deren Masse indessen die Diktion betreffen. Diese sind wahrscheinlich der Übersetzung ins Russische und sodann der Rückübersetzung in andere Sprachen und schließlich ins Deutsche geschuldet. Daneben jedoch gibt es auch Bezeichnungsunterschiede, die ideologischen Ursprung haben, wie die durchgängig unterschiedliche Verwendung der Begriffe Sowjetunion und Sowjetrussland bzw. Russland. Außerdem sind den Radó-Texten Streichungen zuteil geworden, welche die Anpassung der Meldungen an die gewünschte Wirklichkeit belegen.

Nach dem Zusammenbruch der Sowjetunion schließlich hat es eine Vielzahl von Publikationen in Russland gegeben, deren Autoren Teile des ins Russische übertragenen Originalmaterials übernommen haben.[731] Diese Meldungen bestätigen und ergänzen die Meldungen aus der deutschen Funkentzifferung inhaltlich. Wo aber sind die in Deutsch abgefassten Originale und deren unmittelbar erfolgte Übersetzungen ins Russische? Antwort: Sie sind nach wie vor unter Verschluss.

Hier nun eine Auswahl aus dem Dora-Funkverkehr. Dabei wird allein das militärisch Interessante beleuchtet, denn eine Unsumme von Funksprüchen über Tratsch und Knatsch wechselte ebenfalls hin und her und darüber hinaus Massen von politischen Vermutungen und Spekulationen. Sie sind im hiesigen Rahmen uninteressant.

Bereits im Vorfeld des deutschen Angriffs gegen die Sowjetunion gab Radó über die Absichten der Deutschen einige Meldungen nach Moskau durch, die letzte davon buchstäblich am Vorabend:

> 21. 2. 1941. An Direktor.
> Nach Informationen eines schweizerischen Offiziers hat Deutschland gegenwärtig 150 Divisionen im Osten. Seiner Meinung nach wird Deutschland Ende Mai angreifen. Dora.[732]

Diese Meldung war im Kern zutreffend. Die Bedeutung des falschen Datums wurde im Eingangskapitel näher beleuchtet.

> 22. 4. 1941. An Direktor.
> Poisson erfuhr von einem Abgeordneten der schweizerischen Bundesversammlung, dass Berliner Kreise den 15. Juni als Datum des Angriffs auf die Ukraine nennen. Man rechnet nur mit schwachem Widerstand. Dora.[733]

731 Z. B. Lota: Bes prawa, S. 40–53, 77–91, 393–403.
732 Radó: Dora, S. 186; Lota: Sekretnyj, S. 169.
733 Radó: Dora, S. 189.

Diese Meldung kolportierte das ausgestreute Zweckgerücht über die deutschen Absichten gegenüber der Ukraine. Die Meldung war also bezüglich der tatsächlichen Barbarossa-Planung falsch. Auch hier ein falsches Angriffsdatum.

> 17. 6. 1941. An Direktor.
> An der sowjetisch-deutschen Grenze stehen etwa 100 Infanteriedivisionen, ein Drittel davon motorisiert. Außerdem 10 Panzerdivisionen. In Rumänien besonders viel Truppen bei Galati. Gegenwärtig werden Elitedivisionen für Sondereinsätze vorbereitet, dazu gehören die im Generalgouvernement stationierte 5. und 10. Division. Dora.[734]

Die Meldung ist von zweifelhaftem Wert; neben ihrer Ungenauigkeit gibt sie wider, was die sowjetische Aufklärung seit Wochen wusste, nämlich eine deutliche Truppenmassierung an der Ostgrenze.

> [Datum nach dem 17. 6. 1941, vermutlich 21. Juni spätabends][735] An Direktor. ... Russlandangriff von Hitler definitiv auf den 22. Juni festgesetzt. Beschluss Hitlers erfolgte vor zwei Tagen. Meldung traf mit diplomatischem Kurier heute bei schweizerischem Generalstab ein. Dora.[736]

Die Meldung traf zu. Der hier wiedergegebene Text stammt aus der deutschen Funkentzifferung. Er wird durch russische Quellen bestätigt. Auch ihr Lieferant lässt sich ermitteln. Es war mit hoher Wahrscheinlichkeit der Legationssekretär im Auswärtigen Amt Adam Trott zu Solz, der sie einem schweizerischen Kontaktmann weitersagte. Kenntnisstand und Reisezeit von Solz lassen sich in den Tagebuchbriefen Helmuth von Moltkes an seine Frau Freya rekonstruieren.[737] Die Meldung war indessen wertlos; als sie am 22. Juni 1941 in der Zentrale eintraf[738], wurde an der deutsch-sowjetischen Grenze bereits seit Stunden geschossen.

Nach dem deutschen Angriff auf die Sowjetunion und dem Verlust der Legalresidenturen in Berlin und anderswo zeigte es sich für die sowjetische Militärführung sehr rasch, dass es darauf ankommen musste, den Nachrichtenplatz Schweiz für die Militärspionage hochzurüsten. Die Weisung aus Moskau ließ nicht lange auf sich warten:

> 1. 7. 1941 An Dora.
> Konzentrieren Sie ihre gesamte Aufmerksamkeit auf das Sammeln von Informationen über die deutsche Armee. Beobachten und melden Sie Truppenverlegungen aus Frankreich und den anderen Gebieten nach dem Osten. Direktor.[739]

---

734 Radó: Dora, S. 190.
735 Radó: Dora, S. 191.
736 Flicke: Agenten funken, S. 108 f.
737 Moltke: Briefe, S. 254.
738 Lota: Alta, S. 456.
739 Radó: Dora, S. 196.

Spionageorganisation Dora der GRU 1939–43

GRU
DN: Direktor
Sektor-Leiterin für die Schweiz (1937–44):
M Marija Poljakowa (DN: Vera, Gisela, Giselja)

Funklinien (Verbindung zu zentralen Funkagenten, Residenten)

Alexander Foote
DN: Jim
Standort: Lausanne
(20. 11. 1943 verhaftet)
vorübergehend in Kontakt mit:
Matus Steinberg
DN: Charles Martin
Elsa Schutker
DN: Elsa Martin

Edmond-Charles und **Olga Hamel**
DN: Eduard und Maud
Standort: Genf
(14. 10. 1943 verhaftet)

Margrit Bolli
DN: Rosa
Standort: Genf
(14. 10. 1943 verhaftet)

Resident

Sándor Radó (Alexander Radolfi)
(DN: Albert, FuDN: Dora)
Abdeckung: Firma Geopress
(Oktober 1943 in der Schweiz untergetaucht, 14. 5. 1944 verhaftet)

Vertreterin/Chiffr./Kurierin

Helene Radó (Lene Jansen)
(FuDN: Maria, DN: Maria Arnold)
(Ende Oktober 1943 in der Schweiz untergetaucht)
Standort: Genf

Informationskanäle und Agenten von Radó

Rachel (Rahel) Dübendorfer
(Hepner, Caspari)
FuDN: Sissy
Zusätzliches eigenes Funkgerät
Standort: Genf
(festgenommen 19. 4. 1944)
Agenten und Informanten:
Siehe gesonderte Übersicht

Georges Blun
DN: Long
Agenten und Informanten:
Siehe gesonderte Übersicht

Pierre Nicole (russ.: Peer Nikol)
FuDN: Peer,
DN: Nosl
StO: Genf
Scharnier zu:
Schweizer Sozialisten
Léon Nicole (Vater von P. N.)

Otto Pünter
DN: Pakbo
Inhaber: Internationale Sozialistische Agentur
Standort: Bern
Agenten und Informanten:
Siehe gesonderte Übersicht

Agenten und Informanten von Georges Blun (Long)

Josef Wirth, Reichskanzler a.D., Emigrant (Luzern)
Michael Frhr. v. Godin, Abschöpfungsquelle, Emigrant, OSS-Kontakt (Luzern)
Hans Bernd Gisevius, DN: Rot, Abwehrresident (Zürich)
„General Hamann im OKW" (Phantom-Quelle)
Ernst Lemmer, FuDN: Agnes, Journalist, Emigrant (Zürich)
Frederick van den Heuvel, DN: Fanny Resident von MI 6 in Bern
DN: Peter, N.285N. (?) Hans Walz, Direktor der Bosch-Werke
Karl Forstmann, DN: Feld, Beamter in Vorarlberg
Clemens Bernhard Alfermann, DN: Kurz, Journalist, Emigrant
N.N., Rechtsanwalt?
DN: ohne, N.N., (?) Gerhard, Sachsenberg, Direktor der Junkers-Werke
Walter Bosshard, dt. DN: Jakob/G 188, Mehrfachagent
Manfred von Grimm, DN: Grau, Agent (Davos), ab 1942, in Kontakt zu **Margarethe Seidler**, DN: Portnik, in Kontakt zu Otto v. Habsburg

Das war ein ebenso klarer wie pragmatischer Auftrag. Er verweist alle Nachkriegsspekulationen ins Reich der Legende, das Schweizer Netz der GRU sei zunächst in Reserve gehalten worden.[740] Richtig ist lediglich, dass es dem Radó-Netz zunächst an den einschlägigen Quellen mangelte. Doch sehen wir weiter:

> 2. 7. 1941. An Direktor.
> Gegenwärtig gilt deutscher Operationsplan Nr. 1. Ziel ist Moskau. Die an den Flügeln eingeleiteten Operationen sind nur Ablenkungsmanöver. Der Schwerpunkt liegt am mittleren Frontabschnitt. Dora.

Diese Meldung ist ebenso naheliegend wie falsch. Nach Freigabe der ersten Wehrmachtsberichte ab dem 28. Juni 1941 musste es nicht nur dem professionellen Frontbeobachter klar sein, dass im Mittelabschnitt der Ostfront mit zwei gepanzerten Großverbänden operiert wurde.[741] Doch als Radó seine Meldung absetzte, war Hitler bereits seit sechs Tagen anderen Sinnes geworden. Kein Wort war wahr von den scheinbaren Nebenoperationen auf den Flügeln. Vielmehr vermeldet das Kriegstagebuch des OKW vom 26. Juni 1941 ganz andere Absichten:

> Nachdem Lage bei Heeresgruppe Mitte günstig fortschreitet und mit Einkesselung der starken Feindgruppe im Bogen von Bialystok zu rechnen ist, will Führer nunmehr bald eine Schwerpunktverlagerung zur Heeresgruppe Süd einleiten, deren Panzerstoßkeil durch konzentrischen Anmarsch bzw. Antransport neuer Feindkräfte in Schwierigkeit kommen wird.[742]

Und bereits am Tag darauf heißt es im Kriegstagebuch des OKW:

> Die überraschend schnelle Wegnahme von Dünaburg wirft die Frage der Fortführung der Operationen bei der Heeresgruppe Nord auf (Einschwenken nach Norden oder Vorbeistoßen auf Moskau?). Führer stellt den Gesichtspunkt heraus, dass es nicht darauf ankomme, die feindliche Hauptstadt, sondern die Kräfte des Feindes zu treffen.[743]

Den Absichten Hitlers folgte die Tat: In der Weisung Nr. 33 vom 19. Juli 1941 wurde der Weitermarsch der Infanteriedivisionen Richtung Moskau befohlen und die schnellen Truppen der Panzergruppen 2 (Generaloberst Heinz Guderian) und 3 (Generaloberst Hermann Hoth) zu den Heeresgruppen Nord und Süd abgedreht.[744]

> 7. 8. 1941. An Direktor.

740 Schramm: Verrat, S. 115 ff.
741 OKW: Berichte 1941, S. 167–179.
742 Schramm: KTB 1940/41, S. 1019.
743 Schramm: KTB 1940/41, S. 1019.
744 Schramm: KTB 1940/41, S. 1219; Guderian: Erinnerungen, S. 164 ff.; Kotze: Heeresadjutant, S. 107.

> Der japanische Botschafter in Bern erklärt, ein japanischer Angriff auf die Sowjetunion komme nicht in Betracht, solange Deutschland keine entscheidenden Siege an der Front verzeichnet. Dora.

Diese Meldung war im Ergebnis zutreffend, aber sie war das Gegenteil einer Beruhigung für die russische Führung, so wie es später vielfach behauptet worden ist. Aus sowjetischer Sicht bedeutete der Hinweis zu diesem Zeitpunkt, dass ein japanisches Eingreifen angesichts der verheerenden Misserfolge der Roten Armee an deren Westfront immer wahrscheinlicher wurde. So wurde die Meldung verstanden und genau in diesem Sinne hat sich die GRU-Führung bis in den Oktober 1941 hinein geäußert.[745] Ob sich der japanische Botschafter überdies im einschlägigen Sinne tatsächlich eingelassen hatte, bleibt fraglich, denn am 7. August, als Radó die Meldung absetzte, existierte keine einschlägige Entscheidung der japanischen Regierung; diese wurde erst zwei Tage später, am 9. August 1941, gefasst und lautete, im Verlauf des Jahres 1941 in Russland nicht mehr zu intervenieren.[746]

Damit sind die wichtigsten erhalten gebliebenen Meldungen des Radó Netzes für das Jahr 1941 durchgemustert; eine fehlerhafte Meldung über die deutschen Rüstungsabsichten vom 28. August 1941 und eine Falschmeldung[747] über die angeblich beabsichtigte Operation gegen Murmansk vom 20. September 1941 können beiseite bleiben. Doch auch die anderen Radó-Elaborate enthalten, wie gezeigt wurde, Fragwürdiges und Falsches. Die Frage nach den angeblich hochrangigen deutschen Quellen des Radó-Netzes stellt sich also nicht – zumindest nicht für das Jahr 1941. Eine Ausnahme mag für die erste Meldung über den geplanten Überfall auf die Sowjetunion gelten; dort war die Quelle genannt: schweizerischer Offizier; darauf wird zurückzukommen sein.

1942 änderte sich das Bild zusehends. Der Nachrichtenstrom schwoll an. An dieser Stelle soll nun eine Reihe von Dora-Meldungen aus dem entscheidenden Jahr 1943 über das östliche Kriegsgeschehen folgen. Ihnen schließt sich jeweils eine knappe Würdigung über Richtigkeit, Aktualität und Brauchbarkeit an.

Vorab ist zu bemerken, dass die eingangs des Kapitels erwähnte Lagestudie des Marschalls Georgij Shukow über die deutschen Angriffsmöglichkeiten nicht, wie behauptet, auf Radós angeblich genialen Meldungen beruht haben kann. Es gab keine entsprechenden Meldungen. Zudem: Als Shukow die Studie am 9. April 1943 unterzeichnete, existierte nicht einmal ein einschlägiger deutscher Befehl, denn dieser erging erst am 15. Ap-

745 Dimitroff: Tagebücher, S. 428, 435 (Tgb. 15. September, 2. Oktober 1941).

746 Martin: Deutschland und Japan, S. 99 f.

747 Radó: Dora, S. 200; richtig war die Einstellung der Operationen am 8. September 1941, Schramm: KTB 1940/41, S. 1215, 1226 und endgültig durch Führerweisung Nr. 36 am 22. September 1941.

ril 1943 mit der Führerweisung Nr. 6 für die Kriegführung im Osten.[748] War Shukow demnach ein Hellseher? Vermutlich nein, aber er konnte die Karte mindestens genauso gut lesen wie die Kollegen von der anderen Feldpostnummer, die den Angriffsplan zur gleichen Zeit entwarfen.[749] Mit anderen Worten: Auch ihm drängte sich die Gefährdung des sowjetischen Frontvorsprungs von Kursk auf.

Einen Tag später erhielt Shukow ein eiliges Funktelegramm aus London. Darin meldete der sowjetische Militärattaché in Großbritannien Iwan Skljarow unter seinem Funkdecknamen Brion, dass die Deutschen beabsichtigten, eine Offensive im Raum Kursk unter dem Decknamen Zitadelle durchzuführen.[750] Woher der russische Oberst Skljarow seine Neuigkeiten hatte, wird am Ende des Kapitels noch einmal zu erörtern sein.

Mit Radó und den Seinen hat das nichts zu tun. Die drei folgenden Beispiele von Ostfrontinformationen mögen die ganze Fragwürdigkeit der Radó-Meldungen illustrieren. Der eilige Leser mag die beiden ersten überschlagen.

> 13. 5. 1943 An Direktor. Von Werther.
>
> a) Am 6. Mai schätzte OKW organisierte russische Fernkampfluftwaffe auf mindestens 750 Langstreckenbomber ohne Reserven. Damit steht für Deutsche fest, dass russische Fernkampfluftwaffe der deutschen quantitativ wie qualitativ überlegen ist.
>
> b) Im OKW herrschte Aufregung am 6. Mai wegen Berichte über Desorganisation und Verkehrslähmung in schwer bombardierten Etappenorten Minsk, Gomel, Orscha, Brjansk. Einsatz schwerer russischer Bomber schaffte für deutsches Heer an Ostfront auch psychologisch neue Situation, was Entschlussfreiheit der Führung entsprechend beengt.
>
> c) Steigerung russischen Lufteinsatzes im Zentralsektor am 6. und 7. Mai übertrifft alles, was deutsche Führung befürchtete und für möglich hielt. Allein im Zentralsektor zwischen mittlerer Dwina und Nordostukraine stellten Deutsche am 7. Mai 5 bis 6 russische Kampfgeschwader und zahlreiche Begleit- und Jagdstaffeln in Tagesangriff fest mit Hauptwucht gegen frontnahe Organisationen in Räumen Brjansk, Smolensk, Witebsk. Deutsche Abwehrorganisation erwies sich gefährlich unzulänglich, trotz Konzentration deutschen Jägereinsatzes am 7. Mai im Zentralsektor. Dora.[751]

Für diese Meldung gibt es in den deutschen Führungsunterlagen keine Entsprechung. Im Gegenteil: Weder im Kriegstagebuch des OKW noch in den Lagebeiträgen des Generalstabs der Luftwaffe oder der Operationsabteilung (H) im Wehrmachtsführungsstab ist etwas auch nur annähernd

748 Operationsbefehl Nr. 6 (Zitadelle) vom 15. April 1943, abgedr. in: Schramm: KTB 1943, S. 1425 ff.

749 Vgl. Operationsbefehl Nr. 5 (Weisung für die nächsten Monate an der Ostfront) vom 15. März 1943, abgedr. in: Schramm: KTB, S. 1420 ff.

750 Brion an Zentrale, Meldung vom 16. April 1943, abgedr. bei Lota: Bes Prawa, S. 90.

751 Schramm: Verrat, S. 357.

Vergleichbares zu lesen.[752] Im Gegensatz zur Radó-Meldung über die angeblich auf deutscher Seite eingeschätzte Überlegenheit der sowjetischen Fernkampfflieger bezeichnete der Generalstab der Luftwaffe in Wirklichkeit den eigenen Kräfteeinsatz als überlegen.[753] Richtig war allerdings, dass es im Hinterland der Heeresgruppe Mitte schwere Schäden durch sowjetische Luftangriffe in Gomel, Brjansk und Lokot (5. Mai)[754] und durch 50 gegen Brest-Litowsk angreifende Bomber (5. Mai) gegeben hatte.[755] Für die Tage 6. und 7. Mai 1943 gibt es in den Wehrmachtsunterlagen keinerlei Hinweise.

> 13. 5. 1943. An Direktor. Von Werther, 7. Mai.
>
> a) Seit 5. Mai übertreffen Verluste der Luftwaffe an Ostfront Verluste an anderen Fronten. Wiederholen sich diese Verluste in nächster Zeit, so muss Luftflotte Sperrle Jagdstaffeln abgeben, ohne Rücksicht auf Folgen. Diese Folgen sind nach Ansicht des OKW und aller Befehlshaber im schlimmsten Fall auch erträglicher als Niederlage des Heeres an der Ostfront.
>
> b) General Konrad hat am Kuban 3 deutsche, 1 rumänische Division. Er hat kaum Aussicht durchzuhalten, bis ihm Kleist im Abschnitt Rostow durch Kampfhandlungen Luft machen kann. Er ist ungefähr in selber Lage wie Arnim in Tunesien seit Mitte April war. Durch zusammengefassten Einsatz deutscher Kampf- und Schlachtflieger im Südsektor konnte man russischen Nachschub im Raum Krasnodar und entlang der Küste einigermaßen eindämmen. Dies war aber nur möglich, weil an übrigen Teilen Südsektor deutscher und russischer Lufteinsatz gering und mittlerem und Nordsektor sehr begrenzt war.
>
> c) Bei Kursk, Wjasma, Welikie-Luki deutscherseits bedeutende russische Kräfte erkennbar. OKW hält es für möglich, dass russisches Oberkommando in mehreren Abschnitten gleichzeitig auszulösende Präventivangriffe vorbereitet, und zwar jeder dieser Angriffe auf Basis Angriffs, den Timoschenko im Mai vorigen Jahres zur Störung deutschen Aufmarsches auf Charkow richtete. Dora.[756]

Zu a) Über die behaupteten überproportionalen Verluste der Luftwaffe an der Ostfront gibt es keine Unterlagen.

Zu b) Die Benennung von General Konrad als Befehlshaber im Kuban-Brückenkopf traf zu. Die genannten Divisionen entsprachen nicht der Kriegsgliederung am 1. April 1943.[757] Dass an dieser Stelle der Ostfront der Schwerpunkt der Kampftätigkeit lag, traf zu und ließ sich aus der einschlägigen Wehrmachtsberichterstattung ablesen.[758] Allerdings hatte Hit-

752 Schramm: KTB 1943, S. 430 f., 435 f., 438, 442.
753 Z. B. Schramm: KTB 1943, S. 367.
754 Schramm: KTB 1943, S. 431.
755 Schramm: KTB 1943, S. 435 f.
756 Schramm: Verrat, S. 357 f.
757 Schramm: KTB 1943, S. 258.
758 Berichte des OKW vom 24. und 30. April, 1., 2., 3., 4., 5., 6., 7., 8., 9., 10. und 11. Mai 1943, Bd. 4, S. 108 ff.

ler Weisung erteilt, den Kuban-Brückenkopf zu verkleinern.[759] Es ist nicht ersichtlich, dass dergleichen in Dora-Meldungen Niederschlag gefunden hat.

Zu c) Für die angeblichen deutschen Erkenntnisse über die Konzentration sowjetischer Truppen in den genannten Räumen gibt es keine Belege.

> 15. 5. 1943 An Direktor. Von Olga.
> Ende April Eisenbahnzug zwischen Wilna und Minsk von Partisanen gesprengt oder überfallen. Dabei mehrere Hundert Soldaten der Ersatzabteilung des ostpreußischen Artillerieregiments 241 umgekommen. Dieses Regiment gehörte zur 161. Grenadier-Division. ...
> Dora.[760]

Diese unscheinbare Meldung soll hier besprochen werden, weil sie aus deutscher Sicht alle klassischen Elemente von Desinformation enthält: Die Meldung transportiert Richtiges und Falsches, sie ist militärstrategisch eher belanglos oder sogar irreführend und gibt dem meldenden Agenten den Anschein eines exzellenten Nachrichtenzugangs. Im Einzelnen: Das Artillerieregiment 241 gehörte tatsächlich zu einer Division mit der Nummer 161; es war die 161. Infanteriedivision und nicht die 161. Grenadier-Division. Sie befand sich Anfang April 1943 in Frankreich[761] und wurde dort im Verlauf des Monats von der 191. Reservedivision ersetzt[762], also später zur Ostfront transportiert. In der Meldung befindet sie sich im Nordabschnitt der Ostfront, in Wirklichkeit befand sie sich im Antransport an deren Südabschnitt; dort wurde sie spätestens Anfang Juli 1943 bei der Heeresgruppe Süd eingesetzt.[763] Was soll sich der Empfänger einer solchen Meldung aus deutscher Sicht denken? Eine seit Monaten an der Ostfront nicht aufgetretene Division erscheint, offenbar in Frankreich oder Deutschland aufgefrischt, eventuell umgerüstet (Grenadierdivision?), um im Nord- oder nördlichen Mittelabschnitt der Ostfront eingesetzt zu werden. Ist sie Teil der deutschen Frühjahrsoffensive und findet diese doch ganz woanders statt? Diese Meldung, es sei an dieser Stelle wiederholt, ist eine von Dutzenden; sie alle transportierten den Anschein höchster Kompetenz und waren in Wirklichkeit Nachrichtenmüll.

Nun zum eigentlichen Kern, den Meldungen Radós zum deutschen Angriff (Unternehmen Zitadelle):

> 27. 6. 1943 Von Werther. Berlin, 21. Juni
> OKH nimmt Umgruppierung der Heeresgruppe Manstein vor. 4. Panzerarmee wird im Raum Charkow–Graiworon–Sumy–Lebedin–Achtyrka–Bogoduchow–Charkow konzentriert. Umgruppierung bezweckt Gefährdung des

759 Schramm: KTB 1943, S. 1620.
760 Schramm: Verrat, S. 358.
761 Schramm: KTB 1943, S. 261.
762 Schramm: KTB 1943, S. 294.
763 Schramm: KTB, S. 732.

Flügels der Roten Armee (Armee und Armeegruppe) für den Fall, dass sie aus Raum Kursk nach Westen Richtung Konotop angreift.[764]

Das war eine Falschmeldung. Radó und seine Hinterleute fielen auf die Desinformation herein, durch welche die Nachricht auf Befehl des Generalobersts Alfred Jodl verbreitet wurde, die deutschen Maßnahmen dienten der Vorbereitung einer Gegenoffensive für die aus dem Kursker Bogen erwartete sowjetische Offensive. So sollte unter anderem einem möglichen Misserfolg der Operation Zitadelle propagandistisch vorgebeugt werden.[765] In diesem Sinne wurde auch die deutsche Berichterstattung über das Unternehmen Zitadelle nach Angriffsbeginn mehrere Tage lang im obigen Sinne absichtlich verzerrt. Dementsprechend blieb auch Radó bei seiner Falschberichterstattung:

10. 7. 1943. An Direktor. Von Werther, 6. 7.

a) Ein deutscher Präventivangriff auf die russischen Bereitstellungen südlich von Kursk war von den Deutschen erwogen, aber noch nicht befohlen, als massiver russischer Gegenangriff am 5. 7. gegen den lokalen deutschen Vorstoß bei Tamarowka einsetzte. Die Deutschen machten dort am 4. 7. nur gewaltsame Aufklärung mit einer Division. Die Deutschen befürchten eine ähnliche Entwicklung zwischen Welikie Luki und Dorogobusch.

b) Nach Feststellung des Umfangs der russischen Angriffe zwischen Charkow und Kursk gab OKH der 2. Armee Befehl zum Entlastungsangriff im Abschnitt Kursk. Am 6. 7. waren die Kampfhandlungen für das OKH noch immer Abwehrschlacht. Im Gegenangriff kommen erst Reserven zum Einsatz, die hauptsächlich über Charkow, Lebedin Konotop herangeführt werden. Dabei werden die Reserven sparsam eingesetzt, nur genau nach Maßgabe des russischen Einsatzes.

c) Das OKH wollte keine deutsche Offensive. Die Deutschen nehmen an, dass die Russen den Deutschen die Verantwortung für den Angriff zuschieben wollen, um dies bei den deutschen Soldaten propagandistisch ausschlachten zu können. Dora.[766]

Diese Meldung ist, um es zu wiederholen, komplett falsch. Sie ignorierte, dass es sich in Wirklichkeit um das angelaufene Unternehmen Zitadelle handelte, eine Offensive, mit der die Deutschen die Initiative an der Ostfront wieder an sich reißen wollten.

Es ist nicht bekannt, dass Radó-Dora die Weisung Zitadelle übermittelt hat. Stattdessen hat er mehrfach Angriffstermine genannt, die dann nicht zutrafen. Dafür konnte er im Prinzip nichts, denn der Angriffstermin wurde witterungsbedingt und wegen der Schwierigkeiten bei der Aufrüstung der Angriffsverbände immer wieder verschoben.[767] Als es dann wirklich losging, wurde die sowjetische Führung zwar nicht mehr überrascht,

764 Radó: Dora, S. 396 f.
765 Warlimont: Im Hauptquartier, S. 348; vgl. auch Schramm: KTB 1943, S. 750.
766 Schramm: Verrat, S. 359 f.
767 Schramm: KTB 1943, S. 749 f.

aber den konkreten Termin und die konkret geplanten Durchbruchstellen kannte sie vorher nicht. Sie hätte dergleichen aber gerne gewusst, wie sich aus den wiederholt an Radó abgesandten Funksprüchen ablesen lässt.[768]

Noch einmal zu dem obigen Funkspruch: Der Angriff Zitadelle begann am 5. Juli 1943.[769] Als Radó darüber am 10. Juli 1943 berichtete, war die Schlacht seit fünf Tagen in vollem Gange. Seine Hinweise, dass die deutschen Vorstöße nur Reaktionen auf entsprechendes sowjetisches offensives Handeln seien, sind grob falsch. Sie trugen damit keineswegs zur Stabilisierung der sowjetischen Führung bei, sondern müssen Zweifel geweckt haben, ob nicht doch noch irgendwo anders der deutsche Hauptangriff beginnen werde. Das war aber nicht der Fall, denn genau diese Ereignisse hier waren die lang erwartete deutsche Großoffensive. Ein anderer Angriffsort lag außerhalb der deutschen Kapazitäten. Seit dem 8. Juli 1943 hatten die sowjetischen Gegenangriffe eingesetzt, so dass in den nächsten Tagen ein nahezu offener Schlagabtausch stattfand.[770]

Ab dem 7. Juli 1943 konnten es die Sowjets dann selbst in den deutschen Wehrmachtsberichten nachlesen, dass hier die große Offensive stattfand, während in den beiden Tagen zuvor genau das Gegenteil behauptet worden war[771], so dass sich die oben zitierte Radó-Meldung als eine naive Wiedergabe der OKW-Desinformation liest. Auf sowjetischer Seite muss in diesem Zusammenhang erstmals der Verdacht aufgekommen sein, ihr Agent Radó-Dora beliefere sie absichtlich mit deutschem Desinformationsmaterial.

Demzufolge veränderte sich das Funkverhalten aus Moskau. Der letzte Funkspruch mit Dank der sowjetischen Führung an Lucy (= Roessler) datiert vom 4. Juli 1943.[772] Danach kam nur noch Vertröstendes, aber nichts Tröstliches mehr. Das hatte zur Folge, dass Radó das Geld ausging, um seine nimmersatten Agenten zu besolden. Zur Illustration noch einige Radó-Meldungen aus der Zeit nach der Zitadellen-Pleite.

> 6. 9. 1943 An Direktor. Von Werther, 1. September.
>
> Größere Kämpfe zur Verteidigung Gebietes Tschernigow sind nicht zu erwarten. Dieser Raum steht dem russ. Stoß offen bis Linie Gomel, Dnjepr, Pripjetmündung [60 Gruppen fehlen] den Russen überlassen. Durch russischen Einbruch im Raum Tschernigow wird ganze deutsche Ostfront in einzelne zusammenhanglose Teile auseinanderfallen, weil westlich [1 Gruppe fehlt] ausschließliches Gebiet zwischen Rjetschiza, Kiew, Kowel, Kobrian, größtenteils von Partisanen beherrscht ist. Dora.[773]

---

768 Z. B. am 31. Mai 1943 [Datum fraglich], vgl. Radó: Dora, S. 393.
769 Schramm: KTB 1943, S. 748.
770 Schramm: KTB 1943, S. 759, 762, 765, 769 f., 772, 775, 781.
771 OKW: Berichte vom 5. und 6. Juli 1943, Bd. 4, S. 155 f.
772 Vgl. Dallin: Sowjetspionage, S. 235.
773 Schramm: Verrat, S. 361.

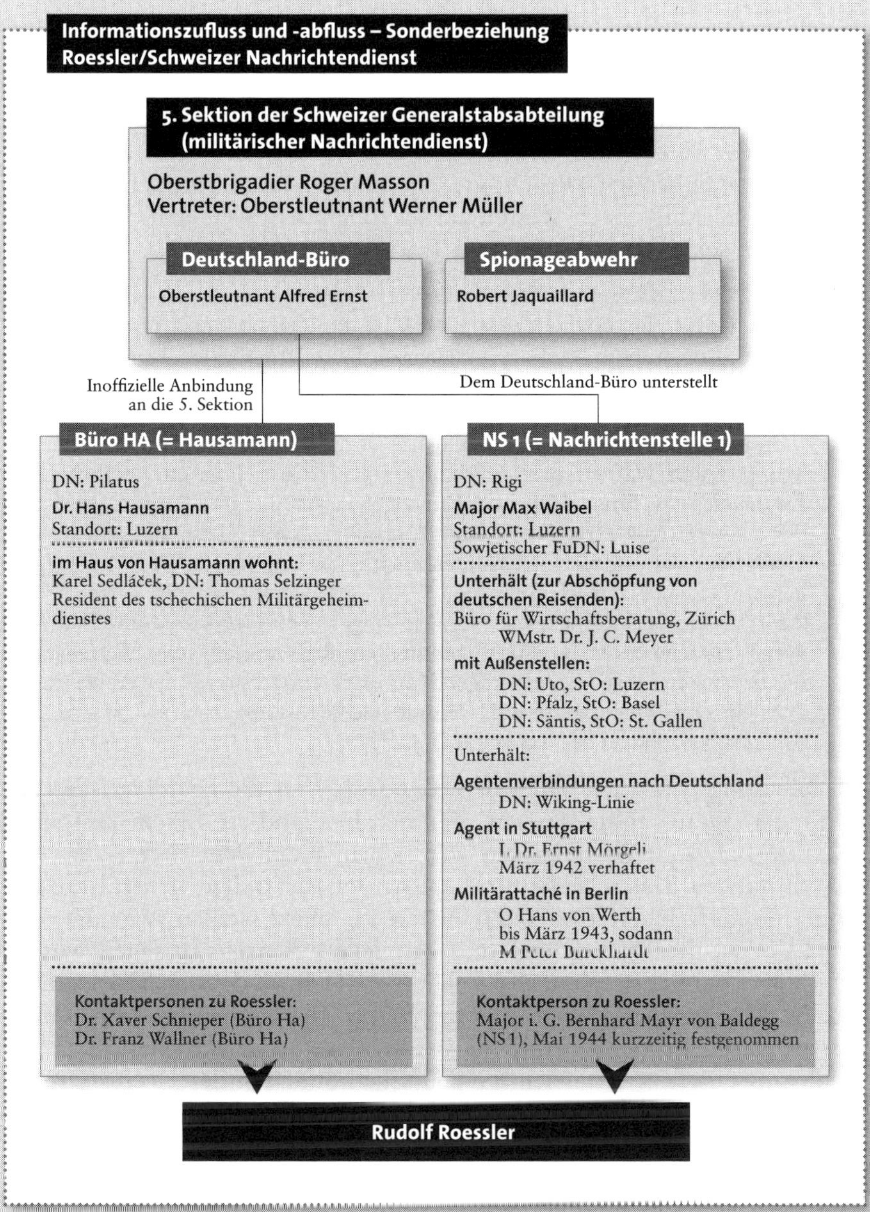
Informationszufluss und -abfluss – Sonderbeziehung Roessler/Schweizer Nachrichtendienst
5. Sektion der Schweizer Generalstabsabteilung (militärischer Nachrichtendienst)
Oberstbrigadier Roger Masson
Vertreter: Oberstleutnant Werner Müller
Deutschland-Büro
Oberstleutnant Alfred Ernst
Spionageabwehr
Robert Jaquaillard
Inoffizielle Anbindung an die 5. Sektion
Dem Deutschland-Büro unterstellt
Büro HA (= Hausamann)
DN: Pilatus
Dr. Hans Hausamann
Standort: Luzern
im Haus von Hausamann wohnt:
Karel Sedláček, DN: Thomas Selzinger
Resident des tschechischen Militärgeheimdienstes
Kontaktpersonen zu Roessler:
Dr. Xaver Schnieper (Büro Ha)
Dr. Franz Wallner (Büro Ha)
NS 1 (= Nachrichtenstelle 1)
DN: Rigi
Major Max Waibel
Standort: Luzern
Sowjetischer FuDN: Luise
Unterhält (zur Abschöpfung von deutschen Reisenden):
Büro für Wirtschaftsberatung, Zürich
WMstr. Dr. J. C. Meyer
mit Außenstellen:
DN: Uto, StO: Luzern
DN: Pfalz, StO: Basel
DN: Säntis, StO: St. Gallen
Unterhält:
Agentenverbindungen nach Deutschland
DN: Wiking-Linie
Agent in Stuttgart
L Dr. Ernst Mörgeli
März 1942 verhaftet
Militärattaché in Berlin
O Hans von Werth
bis März 1943, sodann
M Peter Burckhardt
Kontaktperson zu Roessler:
Major i. G. Bernhard Mayr von Baldegg (NS 1), Mai 1944 kurzzeitig festgenommen
Rudolf Roessler

Seit Mitte August 1943 richtete sich die sowjetische Offensive am Südabschnitt der Ostfront mit Schwerpunkt gegen die neugebildete 6. Armee. Hier wurden tiefe Einbrüche erzielt, die zur Zurücknahme der Front führten. Das war auch der sowjetischen Führung unmissverständlich klar. Die Meldung kann diesen Ereignissen nicht zugeordnet werden, zumal Tschernigow an der nördlichen Peripherie dieses Geschehens lag.[774] Dass die deutsche Führung beabsichtigte, den mittleren und nördlichen Teil der Ostfront gleichfalls nach Westen zurückzunehmen, weil er nicht mehr zu verteidigen sei, entsprach nicht den Tatsachen.

> 29. 9. 1943 An Direktor. Von Werther.
> Sie halten für möglich, dass russ. Oberkommando ohne Verzug und mit voller Kraft unter Zusammenfassung von Panzern und mot. Korps Linien Ilmensee, Sap, Dwina und Kiew, Kementschug angreifen und Angriff noch vor Anfang des Winters bis Bucht von Riga im Norden und bis Odessa und unterm und mittlerem Dnjestr im Süden vortragen wird, im Zentralsektor aber Truppen und Waffen spart. Sie halten solchen russ. Plan am gefährlichsten für deutsche Wehrmacht, bei deren jetziger Verfassung und bei jetzigem Stand der rückwärtigen Org. OKW lehnte Vorschläge von Kleist und Küchler ab. OKW will aus politischen Gründen auch nach Fall von Smolensk sich nicht hetzen lassen. Nach Meinung von OKW werden Russen bei Vormarsch in Zentralsektor umso mehr gehemmt, je länger nach Nordosten und Südosten vorgeschobene deutsche Flügel standhalten. Russen seien über Waffenstärke der deutschen Flügel nicht genügend unterrichtet und sie werden Abwehrkraft der deutschen Flügel umso höher einschätzen, je weniger sich OKW jetzt über Schicksal der Flügel besorgt zeigt. Dora.[775]

Die Meldung betraf die deutsche Prognostik über die Feindlage. Es lässt sich nicht genau rekonstruieren, wer sich hier und zu diesem Zeitpunkt geäußert hat. Klar ist hingegen, wer sich hier auf deutscher Seite hätte äußern müssen. Das war die für die Ostfront zuständige Generalstabsabteilung Fremde Heere Ost unter Oberst Reinhard Gehlen. Was die über den Feind nach dem Scheitern der Zitadelle-Offensive zu sagen wusste, ist erhalten geblieben. Zunächst behauptete Gehlen, dass nach der erfolgreichen Abwehr des deutschen Angriffs die Rote Armee bis zum Winter warten werde, bevor sie ihre Offensivtätigkeit wieder aufnehme. Das war gnadenlos falsch, wovon sich die deutschen Soldaten der Heeresgruppen Mitte und Süd in den nächsten Wochen selbst überzeugen konnten. Hals über Kopf ging es zurück und nur mit Mühe konnte am Dnjepr eine neue Verteidigungslinie aufgebaut werden. Nunmehr schaltete Gehlen aufs Allgemeinverbindliche um und gestaltete seine Feindlagemeldungen so, dass er alles aufzählte, was in Zukunft möglich sein würde. Das hatte den Vorteil, dass er später behaupten konnte, er hätte es ja immer schon gesagt. Sieht man die obige Dora-Meldung durch, so hat sie in punkto Belanglo-

774 Manstein: Verlorene Siege, S. 514 ff.
775 Schramm: Verrat, S. 362.

sigkeit verblüffende Ähnlichkeit mit der Gehlen'schen Prognostik. Dass sie inhaltlich falsch war, steht auf einem ganz anderen Blatt.[776]

Wer der Spion im deutschen Oberkommando gewesen sein könnte, hat zahlreiche Autoren im Nachkriegsdeutschland beschäftigt.[777] Doch die Frage ist bereits falsch gestellt. Denn *den* Agenten, der zeitnah die wichtigsten Entschlüsse des innersten deutschen Führungszirkels mitbekam und weitermeldete, gab es nicht. Eine Inhaltsanalyse der Dora-Meldungen mit Ostfrontbezug lässt einen anderen Schluss nicht zu. Die militärischen Radó-Meldungen enthalten bereits in ihrer Struktur solche groben Schnitzer, dass ausgeschlossen werden kann, ein deutscher Militärfachmann sei der Zulieferer gewesen, geschweige denn ein Mitglied des Führerhauptquartiers.

Für die strukturellen Falschmeldungen einige Beispiele: Radó berief sich bei seinen Russlandmeldungen immer wieder auf das OKW.[778] Er wusste nicht, dass es bei der deutschen Führung eine Zweiteilung der Kriegsschauplätze gab, nämlich den russischen, für den allein der Generalstab des Heeres als Kommandobehörde verantwortlich war, und die übrigen Kriegsschauplätze, die von den Insidern als „OKW-Kriegsschauplätze" bezeichnet wurden. Radó wusste im entscheidenden Zeitraum, im Frühjahr/Sommer 1943, nicht, dass die Heeresgruppen als oberste taktische Gliederungseinheit Heeresgruppen hießen. Das mochte noch hingehen, aber dass die Grobgliederung der Befehlsverhältnisse an der Ostfront vier Heeresgruppen umfasste und nicht, wie er annahm, drei, ist kaum entschuldbar. Er wusste nicht, dass die Luftwaffe einen Oberbefehlshaber nebst zugehörigem Generalstab hatte und nicht ein Oberkommando der Luftwaffe.

Als Radó im März 1943 den „General Thomas" an einer Rüstungsbesprechung teilnehmen ließ[779], ahnte er nicht, dass dieser, der General der Infanterie Georg Thomas, bereits Ende 1942 ungnädig in den Ruhestand verabschiedet worden war. Diese scheinbar harmlose Falschmeldung ist deswegen so gravierend, weil der Agent hier das Wissen über ein Detail behauptet, das ihn in den Augen des Nachrichtenempfängers zum Inhaber einer Binnenquelle macht – eines Agenten also, der ganz unverdächtig im Zentrum des Ausspähungsobjekts sitzt.

776 Wilhelm: Prognosen, S. 51 ff.

777 Accoce u. a.: Moskau wusste alles, passim; Balzer: Der 20. Juli 1944 und der Landesverrat, S. 244–273; Carell: Verbrannte Erde, S. 82–101, ders.: Verrat im Hauptquartier, Kristall 24, 25/1964; Dallin: Sowjetspionage, S. 217 ff.; Höhne: Krieg, S. 401 ff.; Kern: Verrat an Deutschland, S. 57–98; Preuss: Entschied Verrat den II. Weltkrieg?, Nationalzeitung 13/1966, S. 1, 6; Schramm: Verrat, S. 160 ff.; ders.: Der Fall Rudolf Roessler, S. 3–22; Wighton: Meisterspione der Welt, S. 274–295.

778 Bezeichnenderweise in einem Aufsatz des Funkers Alexander Foote im Nachhinein korrigiert: Foote: Lucy contra OKH, Der Spiegel 11/1954, S. 25.

779 Radó an Zentrale am 19. März 1943, vgl. Lota: Bes Prawa, S. 45.

Ähnlich fehlerhaft sind Radós Meldungen, die bestimmte, von ihm genau bezeichnete militärische Formationen der Wehrmacht betreffen. Das, was er aufgeschrieben hat, lässt sich anhand der überlieferten Wehrmachtsgliederungspläne mit einigem Aufwand überprüfen. Dass sich hierbei das meiste als falsch herausstellt, wundert eigentlich weniger als der Umstand, dass das bisher niemand festgestellt hat. Gleiches lässt sich von den militärischen Ereignissen sagen, über die Radó nach Moskau berichtet hat. Andere Radó-Meldungen haben eine erstaunliche Ähnlichkeit mit den offiziellen Verlautbarungen aus dem OKW: „Das Oberkommando der Wehrmacht gibt bekannt …"

Doch es kommt noch besser. Eine Vielzahl von Radó-Meldungen gehören zum Typus: der Blick hinter den Spiegel. Das bedeutet, die Meldung betrifft das, was der Ausgeforschte über den Auftraggeber denkt, im Falle Radó also: Was denkt die deutsche Führung über die sowjetischen Absichten? Hätte es einen solchen Agenten gegeben, er wäre mit Gold nicht zu bezahlen gewesen. Doch die Wirklichkeit war trüber. Das, was Radó unter diesem Rubrum meldete, war durchweg unzutreffend. Ein Blick in die erhaltenen Lageberichte der Abteilung Fremde Heere Ost und in das Kriegstagebuch des OKW weist es unzweifelhaft aus. Wie aber kommt ein Agent auf den Gedanken, derartige Meldungen zu fabrizieren? Sie erhöhen sein Renommee, und, was wichtiger ist, sie sind in aller Regel für den Auftraggeber nicht überprüfbar. So war es auch hier. Die sowjetische Seite konnte nicht überprüfen, ob die deutsche Führung so, wie gemeldet, über sie dachte. Heute wissen wir ganz genau, dass die deutsche Führung anderes dachte. Es ist klar, dass es für diese Radó-Meldungen keinen Agenten im Führerhauptquartier gab, es sei denn, jemand reichte diese Pflaumen zur Desinformation in die Schweiz.

Das ist mindestens für einen Teil der Meldungen der Fall. 1950 wäre es beinahe herausgekommen, doch ein aufmerksamer US-Militärzensor verhinderte das. Der ehemalige Abwehrhauptmann Wolfgang Loeff verfasste in dieser Zeit seine Memoiren, die sein Stuttgarter Verleger einer schweizerischen Zeitschrift zum Vorabdruck übersandte, denn das Manuskript enthielt eine Reihe von Details über eine Gegenspionageoperation, die Loeff 1941/42 in der Schweiz durchgeführt hatte. Zielperson der Operation war der US-Militärattaché in Bern, Barnwell C. Legge, dem ein Agent als Bürohilfskraft untergejubelt wurde. Dieser Agent, Jakob Fürst, beschaffte in großem Stil die Berichterstattung des Amerikaners nach Washington, indem er die Kohlepapiere aus den Durchschlägen mitgehen ließ.

Die Auswertung dieser Berichterstattung machte es der deutschen Führung deutlich, dass die Hauptquelle hierfür im schweizerischen Generalstab saß; eine Feinauswertung des Inhalts ließ erkennen, dass der Schweizer Militärgeheimdienst vor allem aus zwei Quellen in Deutschland schöpfte: dem Schweizer Militärattaché in Berlin und einem Nachrichtenbeschaffer in Südwestdeutschland. Der Mann in Südwestdeutschland war der am Konsulat in Stuttgart angestellte Ernst Mörgeli, der in Wirklichkeit ein schweizerischer Geheimdienstoffizier war. Er wurde festgenommen; damit war das Loch verstopft. Das andere Loch wurde indessen aufgebohrt. Durch einen Agenten namens Höhl beschaffte sich die Berliner Abwehrstelle Zugang zum Panzerschrank des Militärattachés Hans von Werth in der Tiergartenstraße 33 und bekam so einen Überblick über dessen deutsche Quellen. Der Rest war nicht schwierig. Eine mit der Todesstrafe bedrohte Person, die nicht ausweichen kann, zum Gegenspiel zu überreden, ist ein Kinderspiel. So erfuhr die Schweiz, was das OKW sie wissen lassen mochte. Über Abwehr III D unter Oberstleutnant Siegfried Cartellieri liefen die Falschinformationen ab.

Nimmt man das Büchlein von Wolfgang Loeff in die Hand, so fragt man sich als Erstes, ob hier Agentenlatein gesponnen worden ist. Das fragte sich auch der Schweizer Redaktor, bevor er zum beabsichtigten Vorabdruck schritt. Als guter Schweizer tat er ein Übriges und benachrichtigte die Behörden. Die schreckten auf wie ein wilder Hühnerhaufen und wiegelten offiziell ab: Alles Lug und Trug, so schrieben sie. Doch in Wirklichkeit machten sie eine Blitzdemarche in Washington, wo man nicht lange fackelte und die Details über die schweizerisch-amerikanische militärische Zusammenarbeit und deren Unterwanderung durch die Abwehr sogleich verbot. Der Rest des Loeff-Buches durfte erscheinen; sein Text wirkt seltsam unharmonisch. Wie er letztlich hätte aussehen sollen, kann man indes nachlesen; bei den Schweizer Behörden kommt zum Glück nichts weg.[780]

Also nochmals: Wenn man diese Umstände in die Überlegungen über das Radó-Netz einbezieht, scheidet der berühmte Verräter im Führerhauptquartier aus. Man kann es sich schenken, die dort anwesenden Personen namhaft zu machen und aus der Garde der Führungselite einen Verräter herauszukristallisieren. Alle derartigen Unternehmungen, die sich jahrelang größter Beliebtheit erfreut haben[781], sind Makulatur. Die Jagd kann abgeblasen werden.

Lucy Scheherezade: Der Märchenerzähler Rudolf Roessler

Wo aber saß die Quelle der militärischen Radó-Meldungen? Sie wohnte in Luzern und hieß Rudolf Roessler, Deckname: Lucy. Damit sind wir beim wichtigsten Mann des Dora-Rings angekommen. Nach dem Zweiten Weltkrieg sind Wunderdinge über diesen Mann erzählt und wiedererzählt worden. Hierzu zählt die Behauptung, Roessler sei ein aus Böhmen stam

780 Loeff: Spionage, passim; AGEA: Die Nachhut, Sonderheft 2, S. 20; Kamber: Geheime Agentin Anmerkungen, S. 423–425, 433–435, 442 f., 457 f. [dort sind die zensurierten Seiten widergegeben]; ders.: Dr. Mörgeli, Geheimagent; Schweizerische Bundesanwaltschaft: Dossier über Wolfgang Loeff und über Joachim Rohleder.

781 Vgl. Gunzenhäuser: Geschichte des geheimen Nachrichtendienstes, S. 62 f.

mender ehemaliger k. u. k. Generalstabsoffizier gewesen. Forscht man nach den Ursprüngen der Geschichte, die dem Lesepublikum vom „Spiegel" aufbereitet wurde, stößt man auf „internationale Geheimdienstkreise".[782] Diese Quellenangabe kann man als Reinhard Gehlen, Chef der gleichnamigen US-Spionageorganisation, übersetzen. Hieran ist weniger überraschend, dass die Zeitungen so was druckten, als der Umstand, dass Gehlen offenbar selbst an diesen Unsinn glaubte und nicht den Auftrag gab, der Sache auf den Grund zu gehen und einfach mal einen Blick in schweizerische Gerichtsakten oder Berliner Theaterkneipen zu werfen – oder doch wenigstens ins Geburtsregister der Stadt Kaufbeuren, das lag nur eine gute Autostunde von Pullach entfernt.

In dieselbe Ecke passt inhaltlich auch die Ente, Roessler habe von der Schweiz aus über traumhafte Nachrichtenzugänge ins Deutsche Reich verfügt, die aus der gemeinsamen Kumpanei des skandalumwobenen Berliner Herrenclubs herrührten.[783] Starinformant sei zum Beispiel der Sowjetagent

Staragent Lucy: Rudolf Roessler, im Hintergrund sein Komplize Xaver Schnieper. Das Märchen vom Verräter im Führerhauptquartier: so titelte zum Beispiel der Hamburger „Spiegel"

Harro Schulze-Boysen gewesen.[784] Dabei wird pietätvoll übergangen, dass der bereits im Jenseits weilte, als Roessler zur großen Form auflief.

Die Wirklichkeit dieses Jahrhundertspions sieht dagegen ernüchternd aus. Rudolf Roessler war der Sohn eines kleinen bayerischen Beamten. Im

782 Vgl. Boveri: Der Verrat, Bd. 2, S. 114 f.
783 Read u. a.: Operation Lucy, S. 78 f.
784 Schramm: Verrat, S. 67–75, auch angedeutet bei Boveri: Verrat, Bd. 2, S. 116.

Ersten Weltkrieg wurde er als einfacher Soldat eingezogen; er überlebte in der Etappe. Nach dem Krieg verdingte er sich in Berlin als Theaterjournalist.[785] Er verkehrte bevorzugt in den reich sprießenden Gesinnungstheatern. Mit den Nationalsozialisten hatte der konservative Christ nichts am Hut; 1934 emigrierte er in die Schweiz. In Luzern gründete er den Verlag Vita Nova. 1937 wurde Roessler aus Deutschland ausgebürgert. Wann seine Spionagetätigkeit anfing, ist nicht ganz klar; vermutlich begann er 1938/39 mit einer gegen Deutschland gerichteten Tätigkeit für die Tschechoslowakei, 1939 oder 1940 kamen zwei schweizerische Auftraggeber hinzu: das Büro Hausamann in Luzern und die Spionagegruppe NS 1 der Nachrichtenabteilung der Armee.

Beide Dienste sind hier kurz vorzustellen, da sie während des deutsch-sowjetischen Krieges eine sehr spezielle Rolle in Bezug auf Roessler spielten. Hans Hausamann war ein schweizerischer Journalist und Geschäftsmann. Ende der 1920er Jahre gründete er einen Pressedienst, das Büro Hausamann. Nach der NS-Machtergreifung in Deutschland nutzte Hausamann dieses Büro für Anti-NS-Propaganda und als privaten, nach Deutschland hineinreichenden Nachrichtendienst. Mit dem Beginn des Zweiten Weltkrieges wurde die Zusammenarbeit Hausamanns und seiner Leute mit dem schweizerischen Armeenachrichtendienst verdeckt institutionalisiert.[786] Dieser Armeenachrichtendienst gründete zudem unter dem Decknamen Rigi eine gegen Deutschland gerichtete Nachrichtensammelstelle (NS 1) in Luzern. NS 1 unterstand dem Major Max Waibel, zu dessen Vorzügen es gehörte, als schweizerischer Austauschoffizier an der Berliner Kriegsakademie studiert zu haben.

Weitere Einzelheiten zum schweizerischen Nachrichtendienst, seiner Verbindung zu Roessler und der Art seiner Informationsgewinnung ergeben sich aus der Strukturskizze. Hier sei nur so viel hinzugefügt: Der Schweizer Dienst unterhielt einige wenige Journalisten-Agenten im Deutschen Reich; er gewann etliche Informationen aus dem Grenzkontrolldienst und besorgte sich schließlich den Hauptteil seiner Informationen über eingeschliffene Abschöpfkontakte. Hierunter versteht man die gezielte Nachrichtengewinnung bei Leuten, die nicht wissen, dass sie mit einem Geheimdienstvertreter plaudern. Sieht man die Liste der Abschöpfkontakte durch, die zum Beispiel der schweizerische Journalist und Geheimdienst-Reservewachtmeister J. C. Meyer betreute, so fällt auf, dass sich hierbei so gut wie niemand mit ernsthaften militärischen Zugängen befand.[787]

Nur einige wenige deutsche Offiziere waren bereit, massiven Landesverrat zu begehen, um auf diese umstrittene Art Hitlers aggressiver Kriegs-

785 Z. B. Roessler: Thepis. Das Theaterbuch. In Verbindung mit Kurt Karl Eberlein und Oskar Fischel herausgegeben von Rudolf Roessler, Berlin 1930.

786 Schürch u. a.: Hausamann, passim.

787 Emmenegger: Q. N. wusste Bescheid; auch: Schramm: Verrat im Zweiten Weltkrieg, S. 205–207, 289; o. Verf.: Zehn kleine Negerlein, Der Spiegel 4/1967, S. 30 ff.

politik in den Arm zu fallen. Der Mann, der diese Aktionen steuerte und betrieb, war der Generalmajor im Amt Ausland/Abwehr Hans Oster.[788] Bereits 1939/40 hatte er dafür gesorgt, dass die bedrohten Westmächte und die neutralen Benelux-Staaten von den deutschen Angriffsabsichten unterrichtet wurden.[789] Indes: Seine Informationsweitergabe hatte nichts gefruchtet. Das lag an einem Glaubwürdigkeitsproblem. Immer wieder waren die von Oster gemeldeten Angriffstermine ereignislos verstrichen, so dass die anfangs ernst genommenen Hinweise bald als Panikmache abgetan wurden. Das gleiche Phänomen wurde am Anfang des Buches beschrieben, als es um die falschen Angriffstermine in den Barbarossa-Meldungen ging. In diesem Fall war Stalin der Genasführte.

Nachdem die Wehrmacht im Frühsommer 1940 die Westmächte überrannt hatte, bot sich für Oster fast nur noch die Schweiz an. Seine Schweiz-Connection lief über die diplomatische Kurierpost, der Meldekopf seiner Nachrichten war der ehemalige führende Gestapo-Mann und jetzige Sonderführer im Amt Ausland/Abwehr Hans Bernd Gisevius. Der hat nach dem Krieg mit großem Wortaufwand dargestellt, was er dort trieb. Doch ob das alles im Detail so war, ist zweifelhaft.

Klar ist allerdings, dass Gisevius eigens für Zwecke der eigenwilligen Anti-NS-Aktivitäten des Hans Oster in das deutsche Generalkonsulat in Zürich eingebaut worden war. Der angebliche Sonderführer Doktor Schlich (alias Gisevius) war nach außen hin der Vizekonsul des Deutschen Reiches und nach innen zuständig für Gegenspionageaktivitäten der Gruppe III F; doch er hatte ganz andere konspirative Dinge im Sinn. Mit wem er dann worüber alles gekungelt hat, wird sich wohl nie klären lassen. Mit den Schweizern und den US-Amerikanern mit Sicherheit, möglicherweise auch mit Roessler, denn in dessen Nachlass befindet sich ein Personendossier zu Gisevius.[790] Mustert man die später über den Dora-Ring abgeflossenen Nachrichten durch, so liegt es nahe, dass beispielsweise eine Meldung vom September 1942, die das Auffliegen Berliner Sowjet-Spionageringe vermeldete, genau aus dieser Ecke stammte, denn der amtliche Mitwisserkreis war zu diesem Zeitpunkt sehr klein. Oster ist einer dieser Mitwisser gewesen.

Mit dem Beginn des deutsch-sowjetischen Krieges und den deutschen Anfangserfolgen mehrten sich in der Schweiz die Sorgen, ebenfalls in absehbarer Zeit einer Bereinigung der Landkarte unterworfen zu werden. Aus diesem Grund war der schweizerischen Armee und ihrem Geheimdienst daran gelegen, dass Nachrichten über den deutschen Nachbarn an dessen Feindstaaten abliefen. Um die brisanten Nachrichten an die Sow-

---

788 IMT, Bd. 2, S. 485 ff. [Vernehmung Lahousen]; in der deutschen Literatur als erster Abshagen: Canaris, S. 260–268; im Zusammenhang geschildert bei Graml: Der Fall Oster, S. 29–36.

789 Sas: Aussage, Enquete-Commissie.

790 Roessler: Nachlass, Archiv für Zeitgeschichte, Zürich.

Abschöpfquellen von Dr. Johann Conrad Meyer (DN: Sx.)
Abdeckung: Büro für Wirtschaftsberatung Zürich

Umschreibung	Klarname
Besitzer einer Zellstoff-Fabrik, Berlin	eventuell: Dr. Paul Lejeune-Jung Syndikus der Zellstoffindustrie, Berlin
Generaldirektor eines süddeutschen Industriewerks, dessen oberster Chef zum Kreis des 20. Juli 1944 gehört	vielleicht: Hans Walz Betriebsdirektor der Robert Bosch AG
Generaldirektor eines der größten Textilkonzerne Europas, mit Carl Goerdeler befreundet, nach dem 20. Juli 1944 hingerichtet	Walter Cramer
Rechtsanwalt von der Saar, Syndikus eines großen Industrieverbandes	nicht identifiziert
Generaldirektor eines deutschen Versicherungskonzerns	vermutlich: Dr. Theodor Strünck
Rechtsanwalt aus München, mit einem General Radlmeier befreundet	nicht identifiziert
Oberregierungsrat im RLM	möglicherweise: Rüdiger Schleicher
Rechtsanwalt aus Berlin, der einem hohen SS-General nahesteht	möglicherweise: Dr. Carl Langbehn
Botschaftsrat in der Nachrichtenabteilung des AA	vermutlich: Adam von Trott zu Solz
Direktor einer Flugzeugfabrik in Mitteldeutschland	möglicherweise: Gotthard Sachsenberg (Junkers)
Oberingenieur eines Ruhrkonzerns	nicht identifiziert
Rechtsanwalt aus Berlin, mit General Halder und hohen Parteifunktionären befreundet	möglicherweise: Johannes Popitz
Ein General a. D.	nicht identifiziert
Industrieller aus München, SS-Obergruppenführer	vielleicht: SS-Ogrf Ernst-Heinrich Schmauser

jetunion gelangen zu lassen und gleichzeitig die Maske des neutralen Biedermannes weitertragen zu können, bedurften die Schweizer eines Informationsscharniers, da sie zu den Sowjets weder offizielle noch inoffizielle Kontakte unterhielten. Diese Rolle spielte Rudolf Roessler. Hierzu benötigte er selbstredend eine entsprechende Verbindung zu den sowjetischen Agenten in der Schweiz. Dafür sorgte ein weiterer Emigrant und Journalist mit Namen Christian Schneider. Dieser Doktor juris verdiente seine Brötchen zunächst am Internationalen Arbeitsamt (ILO) beim Völkerbund in Genf, später werkte er im Verlag von Roessler. Das ILO beherbergte eine ganze Reihe von Sowjetagenten. Einer davon war eine Frau, Rachel Dübendorfer. Sie warb Schneider für die GRU an und verpasste ihm den sehr fantasiereichen Decknamen Taylor. Schneider-Taylor kannte Roessler und so kam die Verbindung mit den Sowjets zustande.

Immerhin war Roessler durch die vorangegangene Arbeit mit den Tschechen zu diesem Zeitpunkt bereits Profi genug, um zur Bedingung zu erheben, dass Schneider ihn gegen seine sowjetischen Hinterleute komplett abschirmte. Schneider wurde also das, was man einen *cut out* nennt, eine menschliche Informationsbarriere. Die Sowjets akzeptierten das zähneknirschend. Ihr Informationsbedarf überstieg diesen Verstoß gegen die Regeln des Geschäfts. Trotzdem kam immer wieder Sand ins Getriebe, denn der Nachrichtenabfluss von Roessler zu Schneider zu Dübendorfer zu Radó war umständlich und durch den Umstand belastet, das Radó und die Dübendorfer sich nicht leiden konnten. Die Aversionen gingen soweit, dass Radó die Dübendorfer unter Verballhornung ihres Namens in seinen Memoiren als Ester Bösendorfer bezeichnet hat. Es ist nicht ganz abwegig, dass die Dübendorfer sich über die plötzliche Unterstellung unter den Ungarn Radó beschwerte, denn schließlich war sie es, die die besten Quellen aufzuweisen hatte. Vor allem hatte sie Roessler; auch wenn sie selbst zu diesem Zeitpunkt nicht ahnte, wer er war. Dagegen hatte Radó so gut wie keine eigenen Quellen. Er hatte sich gegen seinen üppig wuchernden Ring komplett abgeschirmt und versuchte, die Fäden aus dem Verborgenen zu ziehen.

Wo hatte nun eigentlich der Nachrichtenstrom, der 1942/43 über die Sender ging, seinen Ursprung? Etliches stammte aus dem Schweizer Nachrichtendienst und floss über Roessler ab, aber so gut wie nichts Substantielles über den Russlandfeldzug, von dem in diesem Zusammenhang unkritisch mittransportierten Desinformationsmaterial ganz zu schweigen. Nach dem Krieg hat es die wildesten Spekulationen gegeben, wer die Damen und Herren Werther, Olga, Teddy, Stefan, Fanny, Ferdinand und Bill seien, die als Quellen in den Dora-Meldungen auftauchten. Die Antwort ist einfach: Sie waren Hirngespinste des Agenten Radó, der auf diese Weise kaschieren wollte, selbst die Herkunft der Meldungen nicht zu wissen. Die vermeintlichen Decknamen sollten Chiffren sein für: Oberkommando der Wehrmacht (Werther), Oberkommando der Luftwaffe (Olga) – was es bekanntlich nicht gab –, Oberkommando des Heeres (Teddy), Attachégruppe im Reichsluftfahrtministerium (Stefan), Auswärtiges Amt (Fanny oder Anna), Befehlshaber des Ersatzheeres (Ferdinand) und Heereswaffenamt (Bill oder Olga). Radó ordnete sie den Meldungen zu, so wie Roessler dies angab.

Bleibt die Gretchenfrage, woher Roessler seine Informationen hatte. Soweit die Informationen unmittelbar aus dem Gisevius-Kanal stammten, kamen sie aus der Quelle Hans Oster (Amt Ausland/Abwehr im OKW), der engste Verbindung zu anderen Regimegegnern unterhielt: General Georg Thomas (Abteilung Rüstung und Wirtschaft im OKW) und General Friedrich Olbricht (Chef des Allgemeinen Heeresamtes und Stellvertreter des Befehlshabers des Ersatzheeres).[791] Ob die beiden Letztgenannten auch nur die leiseste Ahnung hatten, was aus ihrem Plausch mit Oster wurde, muss bezweifelt werden. Im April 1943 wurde Oster vom Dienst suspendiert[792], damit war diese Quelle von ihren Informationen abgeschnitten.

Über den schweizerischen Kanal Hausamann kamen zudem weitere Meldungen, die ihren Ursprung im deutschen Ersatzheer hatten. Sie sind im deutschen Bundesarchiv gelagert.[793] Die Quelle war vermutlich der Kriegstagebuchführer beim Befehlshaber des Ersatzheeres, der Studienrat und Hauptmann d. R. Hermann Kaiser.[794] Doch man hüte sich, mit allzu vielen Fingern auf diesen Mann zu zeigen, weil er in einer der Radó-Meldungen mit Klarnamen erwähnt wird. Denn wenn man die Dinge, die aus dieser Ecke eigentlich hätten stammen müssen, einer schonungslosen Kontrolle unterzieht, kommt man auch hier zu kuriosen Ergebnissen. Als Beispiel mag die Meldung vom 19. März 1943 dienen[795], beide Seiten rüsteten zur entscheidenden Panzerschlacht. Radó meldete über den deutschen Panzerbau Folgendes:

> Telegramm Eing. Nr. 13279, 13285 vom 19. 3. 1943 aus Genf [Auszug]
> An den Leiter der Hauptabteilung für Aufklärung der Roten Armee.
> Panzerbau in Deutschland.
> … Nach 15. Februar kam der verbesserte Typ des Panzers-Vier als Panzer-Fünf in Produktion sowie ein 58-to Panzer B-1. Der ehemalige Panzer-Fünf und der 36-to Panzer A-2 sollen jetzt wesentlich verbessert werden. Die angefangene Produktion des 71-to Panzers C-1 ist reduziert. Mit diesem Panzer laufen weitere Versuche. Auch die Ergebnisse der Versuche mit einem schnellen Jagdpanzer mit der 88-mm-Kanone und mit einem anderen Panzer mit dem Kampfgewicht von 30 bis 32 to sind noch nicht befriedigend, mit dem letzteren Panzer soll die Geschwindigkeit erhöht werden. Panzer-Drei hieß früher ein Panzer mit Gewicht von 17,9 to. Da seine Panzerung verstarkt ist, wiegt er jetzt etwas mehr. Panzer-Vier, Besatzung 5 Mann, Gewicht 22 to. Jetzt ist die Panzerung am Stirn und Seiten verstärkt. Panzer-Vier ist mit der 75-mm-Kanone bewaffnet, einige Panzer, die im Herbst produziert worden sind, haben 80-mm-Kanone. Informationen, ob diese Bewaffnungsverbesserung gerechtfertigt ist, gibt es noch nicht. Monatlich werden 400–500 Panzer-Vier hergestellt. Im April wird die Produktionszahl etwas geringer. Panzer-Fünf hat verstärkte Panzerung, Einzelheiten über diesen Panzer sowie über Panzer-Drei s. Telegramm 364.
> Panzer A-2. Herstellung im Dezember und Januar 150 Stück pro Monat – die Versuche zur Verbesserung dieses Panzers werden weitergeführt – Verstärkung der Stirn- und Seitenpanzerung. Engländer nennen diesen Panzer Typ 5,

791 Achmann u. a.: 20. Juli, S. 130 ff.; Wollstein: Olbricht, S. 311 ff.
792 Achmann u. a.: 20. Juli, S. 150.
793 Hausamann: Meldungen, Unterlagen.
794 Vgl. z. B. Dora-Meldung vom 22. März 1943: Sissy hat von Lucy von Werther, hat von Major Kaiser; Lota: Alta, S. 343.
795 Im russischen Original abgedr. bei Lota: Bes prawa, S. 401 f.

Panzer B-1 hat eine starke Panzerung von 88 bis 100 mm. Engländer nennen manchmal diesen Panzer als Typ 6. Andere Angaben über ihn siehe Telegramm 364.

Panzer Typ C-1, Gewicht 71 To. Mannschaft 7 Mann, so genannter Panzer Festung („Krjepostj"). Wegen geringer Geschwindigkeit und anderer Nachteile ist seine Produktion seit Dezember 1942 deutlich heruntergegangen. Die Geschwindigkeit dieses Panzers beträgt nur 32 km/h. Es sind Versuche für die Erhöhung der Geschwindigkeit durchgeführt.

DORA
Ausg. Nr. 384
Übersetzt von Poljakowa 19. 3. 1943

Doch anders, als beispielweise zu lesen ist, gab es keinen deutschen Panzer Festung („krejpostj"), 71 Tonnen schwer, mit sieben Mann Besatzung und seit 1942 in Produktion; es gab nicht einmal ein ähnliches Gefährt. Ebenfalls anders, als bei Radó zu lesen, wurde der Panzer IV 1943 nicht in Panzer V umbenannt, denn das war ein ganz anderer, wesentlich bekannter unter dem Namen Panther. Es gab auch keinen Panzer B 1, auch keinen Panzer A 1, geschweige denn eine 80-mm-Kanone; die gab es in der ganzen Wehrmacht nicht. Vom Panzer IV wurden in der fraglichen Zeit nicht monatlich 400 bis 500 Stück hergestellt, sondern vom Panzer IV Ausführung G in den Jahren 1942 und 1943 insgesamt nur 1 687 Exemplare; das waren rund 70 Stück im Monat. Die Radó-Meldung übertrieb also um mehr als das Zwanzigfache; sie muss Ängste geweckt haben und liest sich wie beabsichtigte Desinformation. Nebenbei bemerkt: Es gab – anders, als bei Radó gemeldet – keine SS-Division Großdeutschland. Der Blick in die Wehrmachtsberichte des OKW hätten ihn darüber belehren können. Dort wird die Infanterie-Division Großdeutschland am 31. Dezember 1942 unter ihrer korrekten Bezeichnung im Südabschnitt der Ostfront genannt.

Für die Masse der militärischen operativen Russlandmeldungen gilt, wie schon gezeigt wurde, das Gleiche; sie waren in ihrer Masse unzutreffend. Hierfür gibt es nur eine einzige stichhaltige Erklärung: Rudolf Roessler wurde über den schweizerischen Geheimdienst Desinformationen untergejubelt; den Rest hat er sich ausgedacht. Er war ein Nachrichtenfabrikant, der geschickt tatsächlich eingehende Informationen mit Zeitungswissen kombinierte und sodann seine fabelhaften Meldungen zusammenstrickte, von denen, wie bereits dargestellt, so gut wie keine im Groben wie im Detail stimmte. Roessler war ein Theatermann und er war ein Systematiker. In den 1950er Jahren fand die Schweizer Polizei bei einer Hausdurchsuchung in der Roessler'schen Wohnung ein umfangreiches geordnetes Zeitungsarchiv mit Tausenden von politischen und militärischen Informationen.[796]

796 Boveri: Verrat, Bd. 2, S. 120; auch: NZZ vom 3. November 1953, wörtlich zit. bei Heilbrunn: Sowjetspionage, S. 23.

Roesslers Interesse an dieser Arbeit ist schnell beschrieben. Der Emigrant war meistens klamm und seine verschiedenen Dienstherren, die ständig nach mehr riefen, zahlten ihm ein auskömmliches Salär.[797] Das ist die ernüchternde Wahrheit über den erfolgreichsten Agentenring des Zweiten Weltkrieges. Es war eine Fälscherwerkstatt.

Nachdem man den berühmten Verräter im Führerhauptquartier nicht finden konnte, ist vielfach behauptet worden, dass über den Radó-Ring Erkenntnisse der britischen Funkentzifferung, die diese aus dem deutschen Funkverkehr destilliert hatte, abgeflossen seien.[798] Der britische Premier Winston Churchill habe sich, so will es die Sage, entschlossen, den sowjetischen Verbündeten an den in der Tat sensationellen Ergebnissen des britischen Ultra-Projektes in einer Weise teilnehmen zu lassen, welche die Herkunft der Meldungen verschleierte. Deswegen sei der Transport auf einer Agentenkette hin in die Schweiz und die dortige verdeckte Übergabe via Roessler-Radó beschlossen worden. Auch hierfür gibt es keine Belege, und erneut legt ein Durchmustern der Radó-Meldungen auf ihren Gehalt das Gegenteil nahe.

Richtig ist allerdings, dass die Sowjets als Trittbrettfahrer an der britischen Funkentzifferung heimlich partizipierten. Die einschlägigen Meldungen wurden durch ihre Agenten, welche partiellen Zugang zu Ultra-Material hatten, beschafft. Diese Meldungen flossen über die in London stationierten, gegen Großbritannien gerichteten Legalresidenturen ab.[799] Einer dieser Legalresidenten Brion (= Oberst Iwan Skljarow) wurde eingangs vorgestellt. Als einer angloamerikanischen Entzifferungskoalition nach dem Krieg der Einbruch in die sowjetischen Schlüssel gelungen war, fielen den britischen Nachrichtendienstlern fast die Augen aus dem Kopf, als sie sehen mussten, was ihre Kollegen und gleichzeitigen Sowjetagenten Moliere (= John Cairncross), Ralph (= Leo Long) und Söhnchen (= Kim Philby) ihrem Zweitarbeitgeber von den Ultra-Erkenntnissen zum Besten gegeben hatten: Cairncross zum Beispiel die einschlägigen deutschen Luftwaffenmeldungen im Vorfeld von Zitadelle. Den Residenten Brion nennen die Entzifferungsunterlagen in 63 Fällen als Transporteur der Nachrichten. Das alles wäre ein eigenes Kapitel wert, doch mit Radó und seinen Mannen hat es nichts zu tun.

Genug und weg: Das Ende des Dora-Netzes

Nun zum Ende des Dora-Rings. Zähneknirschend verfolgte die deutsche Funkabwehr den Funkverkehr zwischen der Westschweiz und Moskau. Die ellenlangen Funksprüche luden geradezu ein, Standortpeilungen von

797 CIA: Dokument O/7708, S. 216.

798 Fitzgibbon: Secret Intelligence, S. 277–279.

799 Cairncross: Enigma Spy, S. 105–107; Pincher: Their Trade is Treachery, S. 156; Wright: Spy Catcher, S. 219.

jenseits der Grenze vorzunehmen. Die drei Funkstellen erhielten den Fallnamen „Rote Drei". Doch ein deutscher Zugriff stand in der neutralen Schweiz nicht zu Gebote. Also versuchte man es mit Agenten. Nach mehreren Fehlversuchen landete das Amt Ausland/Abwehr mit einem Romeo-Agenten, also einer gezielten Bettgeschichte, einen Volltreffer.

Der Mann, der sozusagen ins gemachte Bett fiel, war der Friseur Hans Peters. Er war ein wenig kriegsscheu und hatte sich deswegen in die Schweiz verdrückt. Von einem anderen deutschen Emigranten namens Hermann Henseler, der sich ebenfalls als Abwehragent verdingte, dort aufgetrieben, fiel es dem nicht schwer, Peters für eine Spitzelkarriere zu verpflichten.[800] Ein Wink an die Schweizer Behörden würde genügen, um Peters am Grenzübergang durch Feldgendarmen in die Arme nehmen zu lassen. So wurde die Verpflichtung von Peters zur Formalie und zudem Erfolgsdruck aufgebaut. Der Agent musste sich sputen. Durch welchen Zufall Peters auf die Funkerin Margarete Bolli stieß, ist unterschiedlich ausgemalt worden.[801] Es ist letztlich ohne Belang. Jedenfalls gelang es ihm, in das Schlafzimmer der jungen Frau vorzudringen und das Schlüsselbuch ihrer Funkstelle mitgehen zu lassen. Es handelte sich um den Roman „Es begann im September" der Österreicherin Grete von Urbanitzky. Bei der Funkabwehr klatschte man in die Hände. Jetzt wurden die ersten Meldungen entziffert. Das steigerte zugleich den Willen, der ganzen Sache ein Ende zu bereiten.

Nun galt es, die Schweiz zum Handeln zu bewegen. Das wird zur Jahresmitte 1943 nicht besonders schwer gefallen sein. Deutschland war in dieser Zeit immer noch mächtig und aggressiv genug, um von den Schweizern als Militärmacht ernst genommen zu werden. Auch mochte sich mancher Schweizer Offizielle denken, dass es kaum weiterhin tunlich sei, die Sowjetunion angesichts ihrer fortschreitenden Kriegserfolge handfest zu unterstützen. Als Erste wurden die Funker ausgehoben: Margarete Bolli am 13. Oktober 1943, Olga und Edmond-Charles Hamel drei Tage später, Alexander Foote in der Nacht vom 19. auf den 20. November 1943. Das Radó-Netz klappte zusammen; sein Chef, Alexander Radó, hatte es bereits im Oktober 1943 vorgezogen unterzutauchen. Am 18. Mai 1944 wurde auch er verhaftet. Inzwischen hatte Rachel Dübendorfer versucht, die Sache weiter zu betreiben, denn sie besaß ein Reservefunkgerät. Dessen Betrieb brachte ihr die Verhaftung am 19. April 1944 ein. Den Lebensgefährten Paul Boettcher nahmen die Polizisten vorsorglich auch mit fest. Der Dübendorfer-Konfident Christian Schneider wurde genau wie Radó am 18. Mai 1944 festgenommen. Ohne mit der Wimper zu zucken, verriet er seine Quelle: Rudolf Roessler, der daraufhin ebenfalls in U-Haft genommen wurde. Damit hatte sich der Radó-Ring erledigt.

---

800 Dallin: Sowjetspionage, S. 255.
801 Henkel: Was treibt den Spion, S. 348–352.

1. Verwaltung der GRU (Agenturaufklärung, Stand: September 1942)

Leiter: Oberst Iwan Bolschakow
Kommissar: Regimentskommissar L. Epschtejn

- Ing. 2. Grades **Konstantin Leontjew**
- Major **M. W. Konowalow**
- Major **Nikolaj Trussow**
- Hauptmann **Marija Poljakowa**
- Oberleutnant **Wiktor Botschkarew**

Die Meister der Agenten: Iwan Bolschakow, Konstantin Leontjew, Marija Poljakowa, Wiktor Botschkarew

Nun kam eine Posse eigener Art. Eine Anklage vor dem Militärtribunal wegen Spionage im Frühjahr 1945 endete nach Intervention des schweizerischen Nachrichtendienstes mit dem Freispruch von Radó. Kaum auf freiem Fuß, setzte er sich nach Paris ab.

Bleibt eine abschließende Frage: Was kriegten die Sowjets mit und wann merkten sie, dass sie von Radó hinters Licht geführt worden waren? Die russischen Quellen schweigen sich bis zum heutigen Tage zu diesem eher peinlichen Detail aus. Und doch gibt es unmissverständliche Hinweise. Spätestens ab Mitte Juli 1943 wusste die Führung der GRU Bescheid. Über die deutsche Offensive gab es nach dem Schlachtverlauf von Zitadelle und dem Einbringen der ersten Gefangenen keine Zweifel mehr. Radós Truppe hatte Falsches gemeldet und war damit abgeschrieben. Seine Hilferufe, als es ihm ans Leder zu gehen drohte, versandeten im Nichts. Die Leiterin der Schweizspionage,

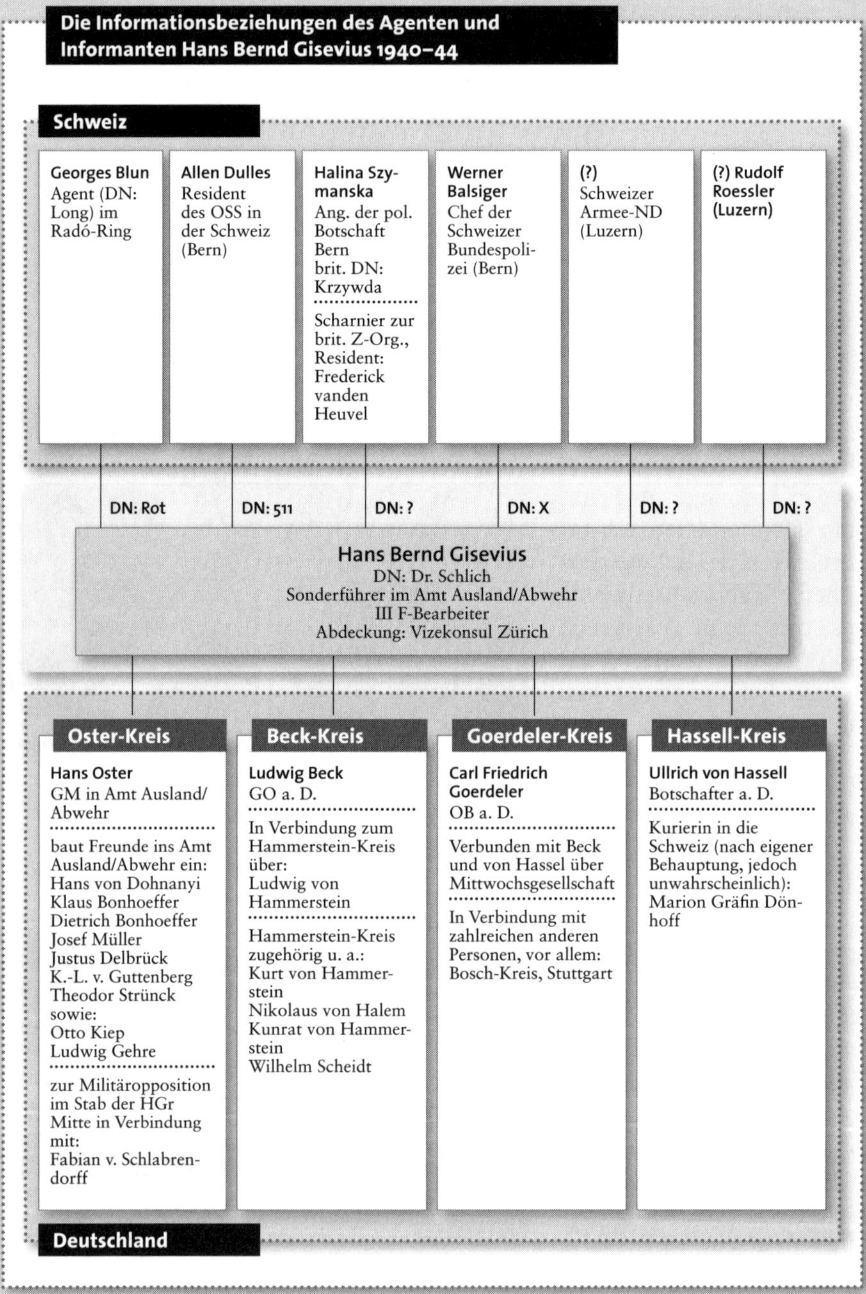
Die Informationsbeziehungen des Agenten und Informanten Hans Bernd Gisevius 1940–44
Schweiz
Georges Blun
Agent (DN: Long) im Radó-Ring
Allen Dulles
Resident des OSS in der Schweiz (Bern)
Halina Szymanska
Ang. der pol. Botschaft Bern brit. DN: Krzywda
Scharnier zur brit. Z-Org., Resident: Frederick vanden Heuvel
Werner Balsiger
Chef der Schweizer Bundespolizei (Bern)
(?)
Schweizer Armee-ND (Luzern)
(?) Rudolf Roessler (Luzern)
DN: Rot
DN: 511
DN: ?
DN: X
DN: ?
DN: ?
Hans Bernd Gisevius
DN: Dr. Schlich
Sonderführer im Amt Ausland/Abwehr
III F-Bearbeiter
Abdeckung: Vizekonsul Zürich
Oster-Kreis
Hans Oster
GM in Amt Ausland/Abwehr
baut Freunde ins Amt Ausland/Abwehr ein: Hans von Dohnanyi Klaus Bonhoeffer Dietrich Bonhoeffer Josef Müller Justus Delbrück K.-L. v. Guttenberg Theodor Strünck sowie: Otto Kiep Ludwig Gehre
zur Militäropposition im Stab der HGr Mitte in Verbindung mit: Fabian v. Schlabrendorff
Beck-Kreis
Ludwig Beck
GO a. D.
In Verbindung zum Hammerstein-Kreis über: Ludwig von Hammerstein
Hammerstein-Kreis zugehörig u. a.: Kurt von Hammerstein Nikolaus von Halem Kunrat von Hammerstein Wilhelm Scheidt
Goerdeler-Kreis
Carl Friedrich Goerdeler
OB a. D.
Verbunden mit Beck und von Hassel über Mittwochsgesellschaft
In Verbindung mit zahlreichen anderen Personen, vor allem: Bosch-Kreis, Stuttgart
Hassell-Kreis
Ullrich von Hassell
Botschafter a. D.
Kurierin in die Schweiz (nach eigener Behauptung, jedoch unwahrscheinlich): Marion Gräfin Dönhoff
Deutschland

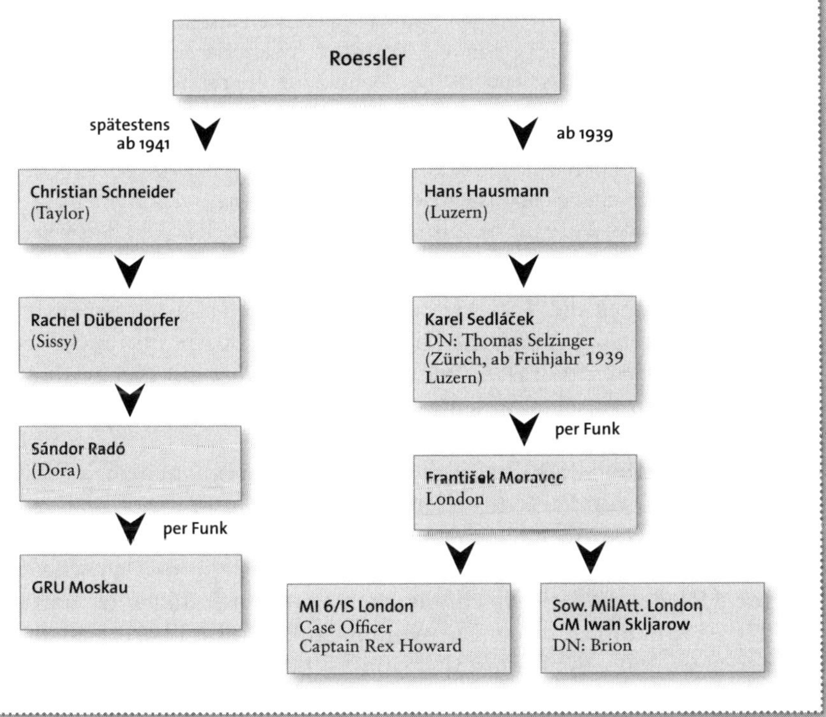

Informationsabfluss von Roessler

Marija Poljakowa, deren Unterschrift stolz unter Dutzenden von übersetzten Radó-Meldungen gestanden hatte, wurde Knall auf Fall abgelöst und in die zu diesem Zeitpunkt bedeutungslose Spanienspionage abgeschoben. Für die Rettung des klamm gewordenen einstigen Vorzeigerings rührte sich kein Finger mehr.

Was der Meister im Kreml hierzu dachte, sagte er zur Jahreswende 1944/45 dem Außenminister der frisch installierten französischen Regierung, Georges Bidault, bei dessen Besuch in Moskau. Als nämlich der Franzose nachfragte, warum Moskau die Anfrage aus Bern auf Wiederaufnahme der 1919 abgebrochenen diplomatischen Beziehungen so brüsk zurückgewiesen habe, kriegte er eine Antwort, die ein V-Mann der schweizerischen Nachrichtensammelstelle NS 1 am 5. Januar 1945 prompt von Paris nach Luzern kolportierte; sie wurde dort als „sehr wertvoll“ aus „zuverlässiger Quelle“ eingeschätzt und lautete:

> Bidault ist der Ansicht, dass bei russischen Reaktionen nicht nach allzu komplizierten Hintergründen und Erklärungen gesucht werden dürfe. Für die

> Entschlüsse Stalins seien immer naheliegende Gründe maßgebend. Stalin sei zur Ablehnung des Ersuchens um Wiederaufnahme der diplomatischen Beziehungen in erster Linie durch die Aufhebung des russischen Schwarzsenders, der im Dienste der russischen Spionage gegen Deutschland stand, veranlasst worden. Es habe ihn verstimmt, dass die schweizerische Bundesanwaltschaft nach Entdeckung des Senders unter Benutzung des russischen Chiffrierschlüssels falsche militärische Angaben nach Russland gesendet habe. Dies habe ihn als Marschall und Oberbefehlshaber der Armee mehr denn als Staatsmann getroffen. Er sah darin eine gefährliche Irreführung der russischen Kriegsführung, die sich einzig zugunsten Deutschlands auswirken konnte. Einzig daraus erkläre sich der Vorwurf der profaschistischen Einstellung der Schweiz.[802]

Das sind Schlüsselsätze. Aus ihnen sprechen die Hoffnungen und Enttäuschungen des über die Tätigkeit der sowjetischen Auslandsdienste stets wohlinformierten sowjetischen Diktators. Typisch für ihn auch, dass er die niederschmetternde Erkenntnis, aus der Schweiz mit Nachrichtenmüll versorgt worden zu sein, auf jemand anderen abschob – in diesem Fall die schweizerischen Behörden.

Für Agentenchef Radó hatte die Sache ein böses Nachspiel. Er wurde im Januar 1945 von Paris aus nach Moskau geflogen, wo er umgehend in der Lubjanka verschwand. Zehn Jahre saß er in Haft, dann wurde er nach Ungarn entlassen, wo er Geographie zu lehren begann und alt wurde. Seine Frau Helene, die sich gleichfalls nach Frankreich abgesetzt hatte, verließ Paris 1956, um zu ihrem Ehemann nach Budapest überzusiedeln. Hier starb sie zwei Jahre später im Alter von 57 Jahren. Noch einmal sechzehn Jahre später durfte Radó, wobei ihm die sowjetischen Freunde sorgfältig über die Schulter schauten, seine Memoiren schreiben: „Dora jelendi …“ erschien 1971 in Budapest; es wurde in den folgenden Jahren in die Sprachen der Welt übersetzt.

Skol. Spionageplatz Stockholm

Wie schon im Ersten war auch im Zweiten Weltkrieg die schwedische Hauptstadt Tummelplatz von Agenten aller möglichen Couleur. Doch es gab auch gravierende Unterschiede. Während 1914 bis 1918 die Sympathien der Schweden ganz eindeutig auf der deutschen Seite lagen, gilt dies für die Zeit nach 1940 keineswegs. Spätestens nach den deutschen Überfällen auf die skandinavischen Nachbarländer Dänemark und Norwegen musste auch dem letzten Deutschenfreund in Schweden klar werden, wie die Uhren im Dritten Reich tickten. Hinzu kam in dieser Zeit ein eigentümliches Liebäugeln mit dem Sowjetsystem, das während des finnisch-sowjetischen Winterkrieges 1939/40 geradezu schillernde Blüten getrieben

802 Armeekommando/Nachrichtendienst Gruppe 1b, Na-D, RIGI, Meldung Nr. 10027 [betreffend eine Quelle in Paris] vom 5. Jänner 1945 (W./z, Quellenwert: – B/1 –), E 27/14379, Schweizer Bundesarchiv.

hatte, als man schwedischerseits nichts unterlassen hatte, das um seine Existenz ringende Finnland mit moralischen Belehrungen abzuspeisen, anstatt ihm zu Hilfe zu eilen.[803]

Allein auf weiter Flur: Schweden und das Kräftespiel der Großmächte

Bei der Beurteilung Schwedens muss berücksichtigt werden, dass sich seine geopolitische Lage in den Jahren 1939 bis 1941 rapide änderte. Mit der Besetzung Norwegens und Dänemarks durch das Deutsche Reich und die Aufteilung Mittelosteuropas in eine deutsche und eine sowjetische Einflusszone geriet Schweden in die Gefahr, zwischen den Blöcken zerrieben zu werden. Nach dem Angriff der Deutschen auf die Sowjetunion, an welchem sich die Finnen beteiligten, wuchs die Gefahr, dass Deutschland auch Schweden von der Landkarte tilgen könnte. Das spornte die Schweden an, ihre geheimdienstlichen Bemühungen aufzurüsten.

Für die heikle Lage der Schweden sorgte zudem, dass ihr Land nach der Besetzung Dänemarks und Norwegens zum Fluchtpunkt der dort vorher ansässigen Agenten- und Emigrantenszene wurde. Da waren die Reste des sowjetischen Sabotagevereins von Ernst Wollweber ebenso wie die Stützpunkte der Komintern, die sich in Illusionen wiegten, in Deutschland einer längst zerschlagenen KPD wieder auf die Beine zu helfen. Da waren die Residenturen von INO und GRU, die sich mühten, aus den Emigranten ihre Rekruten zu gewinnen, die man gegen Deutschland einzusetzen hoffte, und da waren auf der Gegenseite die Leute des Amtes Ausland/Abwehr, die sich mit der Kriegsorganisation (KO) Schweden um die Sowjetunionspionage kümmern sollten. Neben diesen, in die deutsche Gesandtschaft eingebaut, jonglierten die Sendboten des SD-Ausland und der Gestapo, die die schwedische Seite unter Druck setzten, um missliebige Emigranten ins Reich auszuliefern, was in etlichen Fällen auch gelang.

Diese deutsch-schwedische Zusammenarbeit entsprach zunächst wechselseitigem Interesse. Seit der zweiten Hälfte der 1930er Jahre hatte sich ein Informationsaustausch zwischen den militärischen Nachrichtendiensten des Deutschen Reiches und Schwedens angebahnt. Die konservativen, sowjetfeindlichen Offiziere beider Seiten hatten bei der Definition des gemeinsamen Feindes wenig Schwierigkeiten. Das ging soweit, dass man die Spionage auf dem jeweils anderen Territorium wechselseitig ausschloss.

Mit der Beseitigung Dänemarks und Norwegens bekam diese Zusammenarbeit Risse. Dennoch ließen die Schweden es zu, dass sich eine deutsche Spionageabwehrbasis in Stockholm bildete. Sie trat im September 1940 ihren Dienst in der schwedischen Hauptstadt an und wurde Büro Wagner genannt. Namensgeber war der Major Hans Wagner, ein III F-Of-

803 Sandström: Mitternachtssonne, S. 72 ff.

fizier, also ein Mann der Gegenspionage, deren Zielrichtung die Geheimdienste Sowjetrusslands und Großbritanniens waren. Zögernd kam im Frühjahr 1941 die Sowjetunionspionage hinzu.

Die Schweden waren über die deutsche Residentur und ihre Aktivitäten erstaunlich gut im Bilde. Das lag an schwedischen Rechenkünstlern und deutscher Umständlichkeit, gepaart mit einem ganz unangemessenen Schlendrian.[804]

So konnte es gelingen, dass die Schweden in den deutschen militärischen und diplomatischen Fernschreibverkehr eindringen konnten, soweit der über schwedisches Territorium lief. Auf diese Weise wurde den Schweden im Verlauf des Jahres 1941 unmissverständlich klar, dass Deutschland die Sowjetunion angreifen würde und dass Schweden selbst keine ernsthafte Aggression zu befürchten hatte. Im weiteren Zeitablauf nahmen schwedische Abhörer als Zaungäste am deutschen Russlandfeldzug teil. Dieser paradiesische Zustand dauerte bis ins Jahr 1942. Erst jetzt fingen die Deutschen an, sich ernsthaft gegen schwedisches Mitlesen und Mithören zu schützen.

Natürlich ist es interessant, was die sowjetischen Stellen von diesem Treiben mitbekamen. Zunächst einmal scheint es so, dass die offiziellen schwedischen Instanzen der Sowjetunion gegenüber den Mund hielten, während diese Zurückhaltung gegenüber Großbritannien nicht galt. Bereits im Juni 1941 setzten sie den durchreisenden britischen Botschafter in Moskau, Sir Stafford Cribbs, über die deutschen Angriffsabsichten gegen die Sowjetunion so detailliert ins Bild, dass dieser seine vorherige andere Auffassung korrigierte und seinem Premier in London hierüber Bericht erstattete.

Ähnliches darf man im schwedischen Informationsgebaren gegenüber dem japanischen Heeresattaché Makato Onodera vermuten, da dieser im Gegensatz zu seinem Kollegen in Berlin seiner Regierung in Tokio die deutschen Angriffsabsichten gegen die Sowjetunion mitzuteilen verstand. Er hat zwar später behauptet, einer seiner polnischen Agenten, ein gewisser Pjotr Iwanow, habe ihm das gesteckt, doch besonders glaubwürdig ist das nicht.[805]

Die Sowjetunion ging also leer aus. Doch nur fast. Dabei ist dies kein Erfolg der in Schweden hochrüstenden Sowjetspionage, sondern dieser fiel ein Selbstanbieter in den Schoß. Der Mann hieß Allan Nyblad und war ein Kurier der schwedischen Entzifferungsstelle. Daneben war er ein Sympathisant der Sowjetunion und er war, nachdem er sich einen Zweitschlüssel zu seiner Kuriertasche besorgt hatte, in der Lage, den Russen Einblick in die schwedische Entzifferungspost zu gewähren. Anfang 1942 wurde die

804 Grundlegend: Beckman: Arne Beurling und Hitlers Geheimschreiber, passim.

805 Onodera: An den Gestaden der Ostsee, S. 105 f., 161–174; Iwanow recte: Mihal Rybikowski, vgl. McKay: From information to intrigue, S. 174; Schellenberg: Aufzeichnungen, S. 151 f.

Tätigkeit von Nyblad abrupt beendet, denn er wurde festgenommen, doch nicht etwa wegen des Vorwurfs der Spionage, sondern weil er bei einer Freundin eine unerlaubte Abtreibung vorgenommen hatte. Die Sache kam erst ans Licht, als die Russen den Nachfolger Nyblads anzubaggern versuchten und dieser sich sogleich an seine Vorgesetzten wendete.[806]

Diener zweier Herren: Klaus und Kleist

Die Herren, die sich anschickten, auf eigene Faust in den deutsch-sowjetischen Krieg einzugreifen, hätten kaum unterschiedlicher sein können. Sie hießen Klaus und Kleist. Der eine ein in die Jahre gekommener Grundstücksspekulant, dessen einstiger Wohlstand nur noch eine Größe auf dem Papier darstellte, der andere ein junger, vor Ehrgeiz strotzender Karrierist des NS-Systems. Beide Herren hatten auch Gemeinsamkeiten: Sie führten heimliche Aufträge aus und standen im Verdacht, auch der Gegenseite verdeckt dienlich zu sein. Ihr Treffort war Stockholm; sie verfolgten das Ziel, den wahnwitzigen Krieg, den Deutschland gegen die Sowjetunion vom Zaun gebrochen hatte, zu liquidieren.

So jedenfalls haben sie es beide erzählt und so ist es vielfach, wenn auch in Varianten, nacherzählt worden.[807] Diese Varianten haben alle den Ausgangspunkt, dass Klaus ein V-Mann des Amtes Ausland/Abwehr war, wenn nicht gar ein persönlicher Abgesandter von dessen Amtschef Canaris. Er habe es in der Hand gehabt, den Krieg bis ins Jahr 1943 durch einen Sonderfrieden zu beenden, doch die sowjetische Seite, welche die Friedensfühler ausstreckte, sei brüsk zurückgewiesen worden, während im Jahr 1944 die Friedensinitiative auf Seiten der Deutschen lag. Wenn also einer ein Mitspieler auf dieser Ebene war, lohnt es, dessen Schicksal nachzuzeichnen; es gleicht einer nachrichtendienstlichen Lehrstunde. Sie zeigt, dass der Agent Klaus entweder ein Nachrichtenfabrikant war oder aber ein untergeschobener Sowjetagent, vielleicht auch eine Mischung aus beidem. Vor allem schwedische Überwachungsakten nötigen zu diesem Schluss.

Edgar Klaus wurde am 15. (28.) September 1879 in Riga geboren und einige Tage später protestantisch getauft; bereits die Eltern waren vom

806 Beckman: Arne Beurling und Hitlers Geheimschreiber, S. 185–188.

807 Vernehmung von Edgar Klaus durch die schwedische Ausländerkommission am 20. Dezember 1945, in: Utrikesdepartement Stockholm; Kleist: Zwischen Stalin und Hitler; sowie speziell über Klaus: Heiber: Vermerk über ein Gespräch mit Werner G. Boening, in: IfZ.; Einhorn: Menschenhandel, S. 71–75, 82 f., 96–100, 101, 107–111, 114, 132 f., 138 f., 150 ff., 211–214, 217, 221 f., 240, 327 f., 369, 409, 495–501; Fleischhauer: Chance des Sonderfriedens, passim; Höhne: Canaris, S. 456–458; ders.: Krieg im Dunkeln, S. 422–426, 438, 532; Mader: Hitlers Spionagegenerale, S. 223, 403 Fn. 119; Martin: Deutsch-sowjetische Sondierungen; McKay: From Information to Intrigue, S. 185–190; Meyer: Unternehmen Sieben, S. 162–172; Müller: Amt Ausland/Abwehr, S. 284; Wuermeling: Doppelspiel, S. 190–192, 211.

Judentum zum Protestantismus übergetreten. Nach dem Abitur in Riga studierte Klaus in Kasan Geologie – behauptete er später.[808] Sein Abwehr-Kontaktmann Werner Boening konnte sich an derartige Details im Lebensweg von Klaus nicht erinnern; nach seinen Nachkriegsaufzeichnungen ging Klaus in Riga maximal sieben Jahre in die Volksschule.[809] Bereits diese Abweichung in den Aussagen ist symptomatisch, viele weitere werden noch folgen. Den angeblich erlernten Beruf eines Geologen übte Klaus nie aus, sondern er trat 1903 als Angestellter bei der Asowschen Bank in Samara ein. Das Bankgeschäft blieb auch in den folgenden Jahren sein Metier.

1910 finden wir den 31-Jährigen wieder in seiner Heimatstadt Riga vor. Die Nachfolgejahre der Revolution von 1905/06 mit den russischen Landwirtschaftsreformen ließen zahlreiche Landwirtschaftsbesitzungen unrentabel werden, so dass mit Landerwerb gute Geschäfte gemacht werden konnten.[810] So begründete Klaus seinen Reichtum. Im Ersten Weltkrieg teilte Klaus zunächst das Schicksal zahlreicher Deutschbalten bzw. im Baltikum ansässiger Juden; er wurde aus dem Baltikum ins Wolgagebiet verbannt.[811] Dort habe er, wie er später behauptete, in den Jahren bis zum Ende des Krieges die dort versammelte Bolschewiki-Prominenz, Stalin eingeschlossen, kennen gelernt.[812] Das ist mit Sicherheit gelogen, denn Stalin hielt sich dort nicht auf.[813]

Vermutlich verdingte sich Klaus während der Revolution bei wechselnden Obrigkeiten als Dolmetscher für Deutsch und Russisch. Beides sprach er übrigens nicht fehlerfrei, wiewohl er mit Russizismen nur so um sich warf, wenn er auf Deutsch parlierte.[814] Man kann annehmen, dass keine der beiden Sprachen seine Muttersprache war; vermutlich war es das Jiddische.

Ende 1918 kehrte Klaus erneut nach Riga zurück, um, wie er später meinte, dort sein Vermögen zu ordnen. Spätestens in dieser Zeit begann seine Agentenkarriere, die ihn mit dänischem Reisepass zwischen Deutschland und dem Baltikum umherreisen ließ. Vermutlich ging es hierbei auch, wenn nicht überhaupt um Vermögensschiebereien.[815] Die politischen Wechselfälle seiner Heimat veranlassten ihn, in dieser Zeit auch sein eigenes Vermögen nach Deutschland zu transferieren; am 30. Oktober 1919

808 Meyer: Sieben, S. 162.
809 Heiber: Vermerk, S. 2 f.
810 Figes: Tragödie, S. 242 ff.
811 Pistohlkors: Baltische Länder, S. 454 f.; Ronge: Kriegs- und Industriespionage, S. 154.
812 Kleist: Hitler, S. 241.
813 Vgl. z. B. Bullock: Hitler und Stalin, S. 67 f., 82; Montefiore: Der junge Stalin, S. 12 f.
814 Kleist: Hitler, S. 239.
815 Vgl. Bericht der schwedischen Botschaft Berlin an das Außenministerium vom 3. Mai 1919, abgedr. bei McKay: From Information to Intrigue, S. 185 f.

meldete er sich in Berlin polizeilich an. Die Zeit der Inflation und der wirtschaftlichen Pleiten nutzte Klaus, um in Deutschland ein beträchtliches Immobilienvermögen zu erwerben, das er 1929 abstieß. Angeblich gelang es ihm, die Erlöse nach Slowenien zu verschieben, wo er am Südrand der Steiermark Eisenerzgruben erwarb. Hier nahm er auch seinen Wohnsitz. Zumindest dies scheint zu stimmen. In seinen Hinterlassenschaften findet sich ein Ausweis, ausgestellt in Maribor.

Ende der 1930er Jahre zog der nunmehr Sechzigjährige in seine Heimatstadt Riga zurück. Das war keine kluge Wahl, denn nachdem ihm hier sein deutscher Reisepass entzogen worden war, rutschte Klaus in den vagen Status eines Staatenlosen. Im Herbst 1939 siedelte er aus nicht bekanntem Grund vom lettischen Riga in die litauische Hauptstadt Kaunas (Kowno) über, wo er bis zum 31. März 1941 blieb. Für diesen Umzug von Riga nach Kaunas gibt es zwei mögliche Erklärungen: Ihm war der Boden in Lettland zu heiß unter den Füßen geworden oder er hatte einen nachrichtendienstlichen Auftrag. Beide Annahmen stützen sich auf deutsche Akten, es sind Gestapo-Papiere.

Geschäftlich in Slowenien: Edgar Klaus

Es gab mindestens drei unterschiedliche Diensteinheiten des Reichssicherheitshauptamtes, welche Klaus aus sehr unterschiedlichen Gründen zur Fahndung und Festnahme ausgeschrieben hatten.[816] Sie suchten ihn als sowjetischen Nachrichtenagenten oder aber als Hochstapler und Betrüger, der im Baltikum sein Unwesen getrieben hatte. Um mit dem Betrugsvorwurf zu beginnen: Nach dem Hitler-Stalin-Pakt vom August 1939 begann im Oktober die Aussiedlung der Deutschbalten aus Lettland. Hals über Kopf mussten 55 000 Deutschstammige, die sich zur Aussiedlung in das Deutsche Reich entschlossen, ihr Vermögen liquidieren bzw. die Erlöse transferieren.[817] Hierbei war, da es eine völlig überraschende, chaotische Aktion war, Schiebern und unseriösen Geschäftsleuten Tür und Tor geöffnet. Wie kam es nun zu den Gestapo-Vorwürfen gegen Klaus? Es wird entsprechende Anzeigen von Geprellten nach deren Ankunft in Deutschland gegeben haben. Dass diese Anzeigen aus der ersten, der großen Aussiedlungswelle im Oktober/November 1939 stammten, ist dem Umstand zu

816 Riga-Liste des RSHA – Gruppe IV E (Spionageabwehr) – vom Februar 1940, in: BA R 58/221 a, auch abgeb. bei Fleischhauer: Sonderfrieden, S. 48; Fahndungsliste Riga/Baltikum RSHA VI, in: AA PA Generalkonsulat Riga: Spionage- und Agentenwesen, Geheim 14, 2; RSHA IV A 1: Rundschreiben der Gestapo-Leitstelle Weimar vom 23. Mai 1941, in: ThStArch We.

817 Pistohlkors: Baltische Länder, S. 540 f.

entnehmen, dass die Anzeigenden die Anschrift von Klaus als „Riga, Privibas iela 8“ angaben. Dort war er indessen kurz darauf nicht mehr, sondern in Kaunas, der Hauptstadt des benachbarten Litauen; die Anzeigeerstatter hatten diesen Umzug also nicht mehr mitbekommen.

Betrifft: Juden als Umsiedler aus den Baltenstaaten

Der Jude Edgar Klaus, geb. am 28. 10. 79, hat eine Anzahl von Umsiedlern aus Litauen durch betrügerische Machenschaften geschädigt. Er ist seit Jahren als Betrüger und Hochstapler bekannt und führt unberechtigt den Titel „Konsul a. D.“ und „Dr.“ Klaus besitzt einen deutschen Reisepass und hat sich für die Umsiedlung registrieren lassen. Es ist anzunehmen, dass er sich im Reichsgebiet aufhält.

Bei Feststellung seines Aufenthaltes ist Klaus festzunehmen und hierher fernmündlich zu berichten. K. ist klein und gesetzt, hat schwarzes Haar und trägt große dunkle Hornbrille.

Gestapo-Leitstelle Weimar, Rundbrief vom 23. Mai 1941

Der Grenzübertritt des Staatenlosen kann auch nachrichtendienstlich gesteuert gewesen sein, denn spätestens hier in Kaunas trat Klaus als V-Mann in die Dienste des deutschen Militärattachés Emil Just.[818] Klaus' Führungsoffizier wurde der III F-Sachbearbeiter Fritz Cramer, ein Mann der Gegenspionage.[819] Man sieht also, dass die Abwehr Klaus als Doppelagenten zu beschäftigen trachtete. Zivile Beamte der dortigen Gesandtschaft, die nach der sowjetischen Okkupation im August 1940 in ein Generalkonsulat umgewandelt wurde, schätzten es so ein, dass es sich bei Klaus um einen Sowjetagenten handele, der ihnen untergeschoben werden sollte.[820] Dieser Verdacht erhielt durch Klaus' spätere Erzählungen mehr als nur karge Nahrung. Im März 1941 besorgten die Abwehrleute in Kaunas dem Agenten Klaus einen Übersiedlerpass[821], der ihn als deutschstämmig auswies, und mit diesem reiste er mit der dritten und letzten Übersiedlerwelle aus Litauen ins Deutsche Reich aus.

Sogleich nahm sich das Amt Ausland/Abwehr seiner an. Bei dieser Gelegenheit will er zum Besten gegeben haben, er habe in seiner litauischen Zeit ausgiebige Erkundungsreisen durch die Sowjetunion unternommen. Doch durch die Sowjetunion reiste in dieser Zeit als Ausländer nur, wer von den dortigen Sicherheitsinstanzen die einschlägige Genehmigung besaß. Hieraus ist die Folgerung gezogen worden, Klaus sei in der Zeit des Hitler-Stalin-Paktes eine Art heimlicher Kurier zwischen beiden Seiten ge-

818 Kehrig: Attachédienst, S. 224.

819 AGEA: Die Nachhut, Sonderheft 2, S. 14; Klaus Körner: Erst in Goebbels, dann in Marxens Diensten, „Die Zeit“ vom 24. August 1990; Mader: Hitlers Spionagegenerale, S. 213, 223, 246 f.; McKay: From Information to Intrigue, S. 281 Fn. 103.

820 Amtsrat Kurschat: Vermerk vom 27. Juli 1942 betr. Edgar Klaus, in: AA PA Pol I M Agenten- und Spionagewesen Einzelfälle, Bd. 2.

821 Deutsch-russischer Umsiedlerpass /10/65/27/, abgeb. bei Fleischhauer: Sonderfrieden, S. 47.

wesen.[822] Doch das ist eher abwegig, da sich Deutschland und die Sowjetunion in diesen Tagen ihrer offiziellen Kanäle bedienten. Es liegt also nahe, dass Klaus log, als er vor den Ohren der darob erstaunenden Offiziere von Abwehr I im April 1941 seine Russlanderfahrungen zum Besten gegeben haben will. Er behauptete später auch, Abwehrchef Wilhelm Canaris sei unter dem Decknamen Prittwitz zugegen gewesen[823]; das mag glauben, wer will, denn diesen Decknamen führte Canaris nicht.

Trotz dieser märchenhaften Geschichten mochte das Amt auf Klaus nicht verzichten, zu dürftig waren die eigenen Erkenntnisse über die Sowjetunion wenige Wochen vor dem Beginn des Russlandfeldzuges. Also beschloss man, Klaus nach Stockholm zu entsenden, um ihn dort in die Ostspionage einzubauen. Sein Brötchengeber war fortan Abwehr I H Ost, sein Zielobjekt also die Rote Armee, über die das Amt zu jener Zeit herzlich wenig wusste.

Im Mai 1941 brach Klaus nach Schweden auf, ausgestattet mit einem nagelneuen deutschen Pass, einem schwedischen Visum und dem Deck-

Vornehme Adresse: Das Hotel Carlton in Stockholm

mäntelchen eines Vertreters der Tobis Film AG. Standesgemäß stieg er im Carlton ab. Das Reisegeld von 80 000 Reichsmark gestattete ihm das spielend. Doch gleich nach seiner Ankunft in der schwedischen Hauptstadt tat Klaus etwas Ungewöhnliches; er lief die sowjetische Botschaft an, wurde dort aber augenscheinlich nicht eingelassen. Was wollte Klaus dort?

Es ist mehrfach gemutmaßt worden, Klaus sei von Canaris in sein persönliches Widerstandskonzept eingebaut worden; in diesem Zusammenhang sei er sogar beauftragt worden, Warnmeldungen über den Barbarossa-Angriff zu überbringen.[824] Da kann man nur staunen, denn abgesehen davon, ob es ein solches Widerstandskonzept überhaupt gab, würde derar-

822 Fleischhauer: Sonderfrieden, S. 38.
823 Fleischhauer: Sonderfrieden, S. 43.
824 Fleischhauer: Sonderfrieden, S. 43 f.; ähnlich auch: Einhorn: Menschenhandel, S. 75 f.

tiges Tun den Abwehrchef ins Licht eines nahezu schwachsinnigen Selbstmordkandidaten tauchen, der einer unerprobten Quelle lebensgefährliche Mitteilungen mit auf den Weg gab. Man kann dergleichen getrost beiseite lassen. Canaris war ein sybillinisch handelnder, äußerst misstrauischer Mensch; an den Russlandkrieg mochte er nicht glauben, bis er den Angriffsbefehl auf dem Tisch hatte.[825] Für eine Sonderverbindung Canaris – Klaus gibt es nicht nur keinen Hinweis, sondern alles, was man weiß, spricht dagegen.

Wenn Klaus also die Sowjetbotschaft anlief, so tat er dies aus einem anderen Grund. Hier kommen zwei Möglichkeiten in Betracht. Erstens: Klaus handelte im Auftrag der Abwehr, dann sollte er mit Sicherheit Desinformation über die weiteren deutschen Kriegsabsichten an den Mann bringen. Hiergegen spricht indessen ein förmlicher Aspekt: Der Auftraggeber von Klaus saß bei Abwehr I H Ost, also in der Sowjetunionspionage und nicht bei Abwehr III D, der Arbeitseinheit für Desinformation. Ebenso spricht Klaus' Legende eines Filmagenten gegen einen Desinformationsauftrag; sie legitimierte nicht zum Überbringen von Absichten der deutschen Führung. Zweitens: Wenn man ausschließt, dass die Abwehr ihm den Auftrag zum Besuch der sowjetischen Botschaft erteilt hatte, gibt es nur einen einzigen anderen Grund: Klaus war Sowjetagent und wollte eine Verbindung herstellen, denn seine russische Führung konnte nicht ahnen, dass er in Schweden angelandet war. Die Verbindungsaufnahme wird zunächst nicht funktioniert haben, denn in Stockholm konnte mit Sicherheit keiner der Sowjetfunktionäre mit dem Namen Klaus etwas anfangen. So ging Klaus zunächst einmal eigene Wege.

Er betätigte sich als deutscher Nachrichtenagent und er spielte Bridge. Doch das sind zwei Geschichten, also nacheinander. Klaus belieferte schon sehr bald den deutschen Militärnachrichtendienst mit einem Wust von Erkenntnissen über die Rote Armee und auch sonst über den Krieg, über Gott und die Welt. So weit, so gut, denn dafür war er ja eingesetzt worden. Der Agent war zu Recht fleißig, denn er erhielt für seine angebliche Filmberatungstätigkeit ein Fixum von 1 000 Schwedenkronen im Monat, ausgezahlt von der deutschen Gesandtschaft.

Die Herkunft seiner Meldungen erklärte Klaus mit einem geheimnisvollen Funkempfänger erklärt. Empfänger stimmte, Funk nur so ungefähr, denn es handelte sich um einen Radioapparat, mit dessen Hilfe Klaus in seinem Hotelzimmer russische Radiosender empfing. Dass solcher Humbug möglich war, hatte er einer Skurrilität des Amtes Ausland/Abwehr zu verdanken. Sein Führungsoffizier war Abwehr-Hauptmann Hans-Ludwig von Lossow. Der diente bei Abwehr I H Ost, war also zuständiger

825 Reile: Ostfront, S. 358 f.

Sachbearbeiter für die Heeresspionage gegen die Sowjetunion.[826] Dieser Tätigkeit ging Lossow allerdings in Berlin nach. Klaus werkte also ohne unmittelbare Aufsicht. In der deutschen Gesandtschaft in Stockholm gab es zwar den Abwehr-Sonderführer Werner Boening, doch der war nicht in die Führung von Klaus eingewiesen, sondern lediglich dessen Informationsscharnier für die Weitergabe von Nachrichten von und nach Berlin. Wenn Boening, der des Russischen nicht mächtig war, den Agenten Klaus an seinem Radio agieren sah, konnte er bestenfalls glauben, was Klaus da angeblich hörte.[827] Vielleicht wollte er es auch nur zu gerne glauben, denn im neutralen Stockholm den Verbindungsoffizier eines Spitzenagenten zu mimen, war allemal gesünder, als mit einem Gewehr in den Weiten Russlands unterwegs zu sein. Eine Durchsicht der erhaltenen Klaus-Meldungen zeigt indessen, dass sie im entscheidenden Kern samt und sonders grober Unsinn waren.[828]

Wenn er nicht gerade Nachrichten fabrizierte, spielte er Bridge mit einer sehr bekannten Frau – mit Alexandra Kollontaj. Die sowjetische Gesandte, so wollen es etliche Darstellungen über die frühe Phase des deutschen Feldzuges gegen die Sowjetunion, hatte eine etwas eigenwillige Idee. Sie wollte sich in den Machtbereich Adolf Hitlers absetzen.[829] Der deutsche Abwehrchef Wilhelm Canaris fand die Nachricht wichtig genug, um sie höchstpersönlich seinem Führer vorzutragen. Und der? Er war einverstanden und gab zu verstehen, man sollte die berühmte Dame, wenn sie mit ihrem Vermögen aufkreuze, nicht mit so lästigen Dingen wie der deutschen Steuer drangsalieren.[830] In den Akten des Auswärtigen Amtes liest sich das so:

> Admiral Canaris hat ferner mündlich darüber berichtet, dass an ihn durch seine Abwehrleute Mitteilungen darüber gelangt seien, dass die russische Gesandte in Stockholm, Frau Kollontai, die Absicht habe, sich von der Sowjetregierung loszusagen und sich nach Deutschland zu begeben, wenn ihr die nötigen Sicherheiten geboten werden. Frau Kollontai hat ein Vermögen von 3 Millionen Dollar. Sie will in Deutschland ein Haus kaufen. Der Führer hat angeordnet, dass Frau Kollontai in jeder Weise und sehr großzügig entgegengekommen werden soll (Steuerfreiheit, absolute Sicherheit).[831]

Doch Frau Kollontaj kam nicht. Fragt man, was an der Geschichte dran war, so lautet die Antwort: aller Wahrscheinlichkeit nach nichts. Hitler,

826 AGEA: Die Nachhut, Sonderheft 2, S. 11; McKay: From Information to Intrigue, S. 187; Meyer: Sieben, S. 167 f.; Muller u. a.: Amt Ausland/Abwehr, S. 489. Michael Mueller: Canaris, S. 210 .

827 Heiber: Aktenvermerk, Bl. 3 f.

828 Vgl. auch die Übersicht bei: McKay: From Information to Intrigue, S. 189 f., Originalberichte von Klaus bei: Martin: Deutsch-sowjetische Sondierungen, S. 290–292.

829 Höhne: Krieg, S. 422.

830 Ritter: Vermerk vom 20. Juli 1941.

831 Ritter: Vermerk vom 20. Juli 1941, Bl. 58996.

Canaris und etliche andere waren auf eine Ente hereingefallen. Der Mann, der sie losgelassen hatte, hieß Edgar Klaus. Der spielte in dieser Zeit tatsächlich Bridge. Einer seiner Brigde-Partner war zugleich sein Eckermann. Wir wissen von diesem lediglich, dass er bei der schwedischen Sicherheitspolizei mit dem Decknamen LO unter Vertrag stand.[832] In seinen Berichten ist nachzulesen, wie sich Klaus gegenüber Dritten seine wichtige Mission ins Zeug legte – eine kuriose Vorstellung für einen Agenten.

Neben allen diesen Aktivitäten gab Klaus nicht nur rein äußerlich den betuchten Kaufmann, der in teuren Hotels lebte und es sich gut gehen ließ; nein, er ging zudem, ganz wie er es gewohnt war, dubiosen Geschäften nach. Die schloss er bevorzugt mit ortsansässigen oder emigrierten Juden ab, Geschäftsgegenstand waren Kopfprämien für jüdische Angehörige, die er aus dem Herrschaftsgebiet des nationalsozialistischen Deutschland auszuschleusen versprach. Verständlich, dass die Geprellten später wenig gute Worte über diese Art der humanitären Hilfe fanden.[833] Auch der deutschen Handelskammer in Schweden missfiel dieses Tun.[834] Sie beschwerte sich beim deutschen Gesandten, der in die Causa Klaus nicht eingeweiht war[835], und bei der schwedischen Obrigkeit. Diese verlängerten Klaus im Sommer 1942 kurzerhand das Aufenthaltsvisum nicht, was einer Ausweisung gleichkam.

Nun wurde das Amt Ausland/Abwehr wach. Zum Entzücken der schwedischen Nachrichtenüberwachung wurde aus dem hektischen Telefonverkehr klar, was zuvor nur vermutet werden konnte, nämlich dass Klaus nicht nur ein deutscher Nachrichtenagent, sondern dass dieser identisch war mit einer mysteriösen deutschen Quelle mit dem Namen General Schönemann. Bevor nun der schwerfällige Abwehrapparat via Auswärtiges Amt zum Laufen kam, war Klaus bereits außer Landes.

Im August 1942 betrat der abgeschobene Klaus wieder deutschen Boden und wurde sogleich von der Gestapo verhaftet, jedenfalls sagte er das später. Doch die Haft währte nicht lang und bald schon lief Klaus als freier Mann in Berlin herum, die damals noch mächtige Abwehr hatte es möglich gemacht. Das Wiedereinreisevisum nach Stockholm erwies sich nahezu als reine Formsache. Kurz vor Kriegsende stellte sich heraus, dass einige Spitzenleute der schwedischen Verwaltung auch im deutschen Sold gestanden hatten; sie hatten, wie man das bei den Diensten nennt, auf zwei Schultern getragen.

Zurück in Schweden lief Klaus sogleich wieder zu großer Form auf. Um seine jüdischen Geschäftspartner zu beeindrucken, behauptete er frech, in Ostpreußen gewesen zu sein, und er ließ durchblicken, das Führerhaupt-

---

832 Fleischhauer: Sonderfrieden, S. 120.

833 Vgl. Einhorn: Menschenhandel, S. 109, 114, 495, 497.

834 Schreiben der Deutschen Handelskammer an die deutsche Gesandtschaft vom 23. März 1942, in: AA PA, Pol I, Militärfragen, Bd. 38.

835 McKay: From Information to Intrigue, S. 186.

quartier besucht zu haben.[836] Auf einen Kräutertee mit dem Führer? Mit Sicherheit nein, denn der befand sich mit seinem Hauptquartier in Winniza[837], was nicht in Ostpreußen, sondern in der Ukraine liegt.

Wie schon zuvor ließ Klaus seine deutschen Auftraggeber wissen, dass er enge Kontakte zur sowjetischen Botschaft in Schweden geknüpft habe und in der Lage sei, politische Meldungen von höchster Brisanz zu beschaffen. Zum Klaus'schen Repertoire gehörte, wie schon geschildert, seine angebliche Bekanntschaft zur sowjetischen Botschafterin Alexandra Kollontaj und andere Flausen mehr. Sieht man etwas genauer hin, verbrachte Klaus etliche Tage im bevorzugten Urlaubshotel der Russin, dem Strandhotel in Saltsjöbaden, saß auch am Tisch Nr. 1, an dem die Kollontaj ihre Mahlzeiten einzunehmen pflegte. Das war genial und hatte nur einen winzigen Schönheitsfehler: Frau Kollontaj war zur nämlichen Zeit nicht dort anwesend, sie war in einer Kurklinik.[838]

Der eigentliche Gag aus dem Spionagebaukasten von Klaus war die Anknüpfung von Gesprächen zum Abschluss eines Sonderfriedens zwischen dem Reich und der Sowjetunion. Diese Aktivitäten begannen im September 1941[839] bald nach der Kollontaj-Ente und dauerten fast bis Kriegsende an. Was Klaus bewegte, dieses Spiel zu beginnen, ist schnell erzählt. Der Agent wollte überleben, also musste er sich für die Deutschen am Standort Stockholm unentbehrlich machen. Aus den schwedischen Zeitungen wusste er, dass immer wieder über Friedensfühler gemunkelt wurde, also mauschelte er mit.

Zu diesem Zweck suchte er einen Kumpel, der für die deutschen Emissäre den Russen geben sollte. Also sprach Klaus den Funktionär der Jewish Agency in Stockholm, Gilel Storch, an. Der hat dieses Anbahnungsgespräch kurz nach dem Krieg wie folgt geschildert:

> Er kommt zu mir und sagt, du sprichst gut Russisch, du wirst bei einem leichten Geschäft viel Geld verdienen. Ich sage, ich mache keine leichten Geschäfte, doch lass hören. Er sagt, eine deutsche Delegation kommt nach hier, um die Russen zu kontaktieren. Ich kann die Verbindung nicht bewerkstelligen. Du spielst den russischen Unterhändler. Ich sage den Deutschen, der Friede kostet 200 000 Kronen, sofort an dich zahlbar. Du nimmst 100 000, ich behalte 100 000. Ich antwortete, dass ich mich an dem Geschäft nicht beteilige.[840]

Das Lachhafte an diesen Aktivitäten war, dass das Geschwätz von Klaus ein Eigenläufer wurde. Hierfür sorgten zwei Männer, ein Russe und ein

836 Vermutung auch bei: Fleischhauer: Sonderfriede, S. 97 f., Einhorn: Menschenhandel, S. 110.

837 Schramm: KTB 1942, S. 10 f., 580–641.

838 Fleischhauer: Sonderfrieden, S. 132 f.

839 Bericht des Amtes Ausland/Abwehr an den Chef des OKW vom 23. März 1942 betr. Sonderfrieden mit Russland; in: Ritter: Handakte, Bl. 358820 f.

840 Zit. nach McKay: From Information to Intrigue, S. 286 Fn. 197, Übersetzung durch den Verf.

Deutscher, Wladimir Semjonow und Peter Kleist. Ob sie sich persönlich je begegnet sind, ist umstritten.[841] Davon sogleich mehr.

Als der deutsch-sowjetische Krieg begann, gab es an der sowjetischen Gesandtschaft in Stockholm einen ersten Botschaftssekretär Andrej Grauer, dessen Arbeitgeber nur scheinbar Außenkommissar Molotow war; in Wirklichkeit diente er unter dem Generalkommissar für Staatssicherheit Berija. Grauer fiel den Schweden bald auf und im Oktober 1941 ersuchte das schwedische Außenministerium die Gesandte Kollontaj, für den Abzug von Grauer zu sorgen.[842] Der Ersatzmann, der für Grauer an die Stockholmer Botschaft kam, war für Experten der sowjetischen Deutschlandpolitik kein Unbekannter. Er war bereits während des Hiltler-Stalin-Paktes an der sowjetischen Botschaft in Berlin tätig gewesen. Der 30-Jährige hieß Wladimir Semjonow; das war sein wirklicher Name. Er bekleidete den Rang eines Ersten Botschaftsrats und war damit in Wirklichkeit der Mann, der in der sowjetischen Gesandtschaft das Sagen hatte, denn die alternde und kränkelnde Kollontaj glänzte in Wirklichkeit in erster Linie in der schwedischen Hauptstadt durch Abwesenheit. Sie zog Kurorte vor. Zugleich war Semjonow Resident des NKGB – eine Doppelrolle, wie sie der sowjetischen Diplomatie keineswegs fremd war.[843] Wenn in den folgenden Jahren die konspirativen Drähte zwischen Berlin und Moskau gezogen wurden, so war es in erster Linie Semjonow, der die sowjetische Relaisstation für heikle Missionen dieser Art abgab.

Der andere Mann war Peter Kleist. Er wurde 1904 im damals westpreußischen Marienwerder geboren.[844] Als Junge lernte er Polnisch und später Russisch. Frühzeitig stieß der junge Doktor juris zur NSDAP, die ihn ab 1936 als Ostexperten in die Dienststelle Ribbentrop holte.[845] Diese sah sich als eine Art parteipolitischer Gegenentwurf zum Auswärtigen Amt. Mit dem Wechsel von Ribbentrop an die Spitze des Auswärtigen Amts zog der frisch gebackene Außenminister auch Kleist nach. Er blieb in dessen engen Dunstfeld und begleitete ihn 1939 im August nach Moskau, wo es den Hitler-Stalin-Pakt zu verhandeln und zu paraphieren galt. Fotos von der Vertragsunterzeichnung zeigen neben Ribbentrop und Molotow einen hintersinnig lächelnden Stalin. Es mag sein, dass nicht nur der Abschluss des Paktes den sowjetischen Diktator zum Schmunzeln brachte, sondern dass er im Gegensatz zu seinem deutschen Gegenüber auch in dessen Karten hatte blicken können. Einer seiner Informanten stand in diesem Augenblick in Griffweite.

Es gibt einige Hinweise, dass Peter Kleist den Sowjets nicht nur ein Informant, sondern auch deren Agent war, angeworben von einer alten

841 Semjonow: Von Stalin bis Gorbatschow, S. 167–169, hat das bestritten.
842 Scholz: Wehner, S. 67.
843 Roewer u. a.: Geheimdienste, S. 417.
844 Kleist: Hitler, S. 8 f.
845 Kleist: Hitler, S. 10 f.

Bekannten, der GRU-Frontfrau Alta alias Ilse Stöbe.[846] Fragt man sich, ob das sein kann, muss man klären, ob sie sich je begegnet sind. Die Antwort lautet: ja. Im Auftrag der Dienststelle Ribbentrop hielt sich Kleist mehrfach im Vorkriegs-Warschau auf, einmal auch zur Begleitung des Reichsaußenministers. Kleist hat aus dieser Zeit einige Spuren in den Akten hinterlassen.[847]

Falls es stimmt, dass Stöbe den NS-Mann Kleist für die GRU anwarb, so gelang ihr hierbei eine weitere geheimdienstliche Meisterleistung, denn Kleist gehörte tatsächlich zum engsten Umfeld des Reichsaußenministers

Der Mann im Hintergrund: Peter Kleist (hinten Mitte mit der Brille) am 24. August 1939 nach der Rückkehr von der Unterzeichnung des Hitler-Stalin-Paktes in Moskau; Außenminister Ribbentrop erstattet Hitler Bericht

und hatte unmittelbaren Zugang zu diesem. In der Aktenpublikation des sowjetischen Außenministeriums von 1971 befindet sich ein Bericht von GRU-Agent Herrnstadt aus Warschau, der auf den 7. Mai 1939 datiert ist, und als dessen Quelle der Sowjetagent Scheliha bezeichnet worden ist.[848] In der Publikation ist auffälligerweise ein Absatz weggelassen worden, der explizit Kleist als Quelle benennt.[849] Das ist ein Indiz, jedoch kein Beweis für dessen Agentenrolle.

846 Roewer u. a.: Geheimdienste, S. 446; Uhl: Skizzen, S. 501.

847 Kleist: Hitler, S. 17 ff.; Kleist: Vermerk vom 16. Mai 1939, ZStA Potsdam, Film 14186.

848 Ministerwo inostrannich: SSSR w borbe, Nr. 276.

849 Bericht von Rudolf Herrnstadt an die GRU-Zentrale vom 7. Mai 1939, abgedr. bei Sahm: Scheliha, S. 280 f.; anders bei Besymenski: Stalin und Hitler, S. 132 (dort ist Herrnstadt der Gesprächspartner).

Bereits einen Monat später, am 19. Juni 1939, unternahm Kleist im Auftrag der Dienststelle Rosenberg eine Reise durch die baltischen Staaten, über die er berichtete, er habe seinen Einfluss dahingehend ausgeübt, die dort vorhandenen recht primitiven Angstvorstellungen vor der Sowjetunion zu beseitigen.[850] Wenn man indes die Beseitigung eben dieser Staaten binnen Jahresfrist durch die Sowjetunion berücksichtigt, fragt man sich allerdings, wessen Lied er dort sang.

Zum gleichen Zeitpunkt, als die vermutete Anwerbung Kleists durch die GRU stattfand, bereiteten sich Deutschland und die Sowjetunion auf die große Wende in ihren Beziehungen vor. Es war das Jahr 1939 und die Initiative ging von sowjetischer Seite aus. In dieser Zeit des Hitler'schen Schwankens zwischen der eingeübten Anti-Komintern-Politik, die auf einer eingebildeten jüdisch-bolschewistischen Weltverschwörung beruhte, und dem Ergreifen der Offerte des östlichen Co-Diktators zur Unterstützung der aggressiven Politik gegen den östlichen Nachbarn Polen, spielte Kleist die Rolle eines Kanals. Zusammen mit einem nicht genannten deutschen Industriellen suchte er im April den sowjetischen Geschäftsträger Georgij Astrachow in der Botschaft Unter den Linden auf.[851] Weitere Kontakte folgten, die schließlich im August 1939 in den Hitler-Stalin-Pakt einmündeten.[852]

Mit dem Beginn des Russlandfeldzuges ließ sich Kleist ins Ostministerium des Alfred Rosenberg versetzen, das aparterweise seinen Sitz in der beschlagnahmten sowjetischen Botschaft Unter den Linden genommen hatte.[853] Dort ernannte man den 37-jährigen Aufsteiger zum Ministerialdirigenten und zum Leiter der Abteilung Ostland.[854] Unter Ostland verstanden die NS-Bürokraten die drei baltischen Staaten und Weißrussland. Das Ostministerium oder genauer: das Reichministerium für die besetzten Ostgebiete war wie so vieles im Dritten Reich Ausgangs- und Sammelpunkt für neuerlichen Kompetenzwirrwarr und für Glücksritter, die sich an der Spitze ungeahnter Ländereien einzurichten wähnten.[855] Kleist fiel es offenbar nicht schwer, neben seinem Beamtenjob auch den eines Leiters der Zentralstelle Osteuropa der NSDAP und seine undefinierte Verbindung zum Auswärtigen Amt beizubehalten. Ganz nebenbei war er 1938 auch der SS beigetreten.

Es lässt sich nicht mehr genau rekonstruieren, was eigentlich der Auslöser für Kleists erste Schwedentour während des Krieges war. Er hat es später so dargestellt, dass es ihm um die Repatriierung von etwa 7000 so

850 Bericht von Bruno Peter Kleist an die Dienststelle Ribbentrop vom 19. Juni 1939 Sig. AA-8 23948, abgedr. in: IfZ: Akten der Parteikanzlei, S. 505.

851 Kleist: Hitler, S. 27 f.;

852 Maser: Wortbruch, S. 31 ff.

853 Schlögel: Berlin, S. 134.

854 Dallin: Herrschaft, S. 97, 104.

855 Dallin: Herrschaft, S. 95–113.

genannter Inselschweden ging, die sich im Machtbereich der deutschen Besatzungsgebiete befanden.[856] Wir trauen dem cleveren Kleist zu, dass das für ihn eine willkommene Handelsware war, sich im neutralen Schweden und bei den dort befindlichen Feindmächten einmal umzusehen.

Am 4. Dezember 1942 traf er in Stockholm ein.[857] Anlässlich dieses Aufenthalts in der schwedischen Hauptstadt lernte er Edgar Klaus kennen. Dessen Verbindungsmann Werner Boening habe, wie er es später beschrieb, Kleist zufällig auf der Straße getroffen und ihm bei der Gelegenheit die Bekanntschaft vermittelt.[858] Doch glaubhaft ist das nicht. Zumindest gilt es in Geheimdienstkreisen als äußerst unüblich, solche Vermittlungen vorzunehmen: Guten Tag, mein lieber Kleist, darf ich Ihnen meine Quelle vorstellen. Auch nach der Darstellung von Kleist war es anders; er ging seinen ehemaligen Studienkollegen aus Berlin gezielt an, um diese Bekanntschaft zu vermitteln.[859] Nach Kleists Worten:

> Ich zog Erkundigungen über den Mittelsmann, Herrn Edgar Clauß ein, die recht widersprechend waren. Er stammte aus Osteuropa, sprach ebenso schlecht Deutsch wie Russisch, hatte in Lettland, Litauen und Deutschland als Geschäftsmann gelebt und war jetzt in Schweden vor Anker gegangen. Er war verheiratet mit einer Schwedin russischer Abkunft und hatte erwiesenermaßen Verbindungen sowohl zu Madame Kollontai als auch zu dem ersten Botschaftsrat der Sowjetgesandtschaft, Semjonow, der nach der Kapitulation durch seine Tätigkeit in Karlshorst weiten Kreisen bekannt wurde.[860]

Die Kontakte und Kontaktversuche, an denen Kleist und Semjonow beteiligt waren, erstreckten sich vom Winter 1942/43 bis zum Winter 1944/45. Sie waren nur möglich, weil beide Seiten ein ernsthaftes Interesse daran besaßen. Dieses Interesse war indessen ein ganz anderes, als die zahlreichen Nachkriegsbekundungen glauben machen wollen. Bei Lichte betrachtet, handelte es sich um demonstrative Akte, denn die Führer beider Seiten hatten keinerlei Bestreben, mit der jeweils anderen Seite Frieden zu schließen. Hitler hat das mehrfach ausdrücklich bekundet und Stalin konnte ebenfalls kein ernsthaftes Interesse haben. Solange die deutsche Wehrmacht am Don stand, konnte er nicht Frieden schließen, und als die Rote Armee die Weichsel erreicht hatte, brauchte er es nicht. Es gibt keine ernst zu nehmenden Hinweise, dass Stalin dies dennoch wollte, und so sind denn die über Stockholm vorgestreckten Friedensfühler seltsam inhaltsleer, was nicht nur an der spröden deutschen Braut liegen kann.

Das alles liegt nicht zum wenigsten am operettenhaften Agieren des Agenten Edgar Klaus. Semjonow hat lange nach dem Krieg in seinen Me-

856 Kleist: Hitler, S. 232.
857 Fleischhauer: Sonderfrieden, S. 108.
858 Heiber: Vermerk, S. 5.
859 Kleist: Hitler, S. 238 f.
860 Kleist: Hitler, S. 239.

moiren eingeräumt, dass Klaus auch der sowjetischen Seite dienlich war.[861] So filterte dieser Mann in beide Kanäle die angeblichen Friedensfühler der jeweils anderen Seite ein. Es waren Aktionen im *conjunktivus irrealis*. Erst als der deutschen Seite das Wasser bis zum Halse stand, kam es von dieser Seite Ende Juni 1944 zum ersten ernst gemeinten Kontaktversuch. Die militärische Lage des Deutschen Reiches war verzweifelt zu nennen, denn in der Normandie hatte die lange erwartete angloamerikanische Invasion stattgefunden, der Zusammenbruch der Westfront war eine Frage der Zeit. Doch schlimmer noch sah die Lage im Osten aus. Genau in diesen Tagen hatte die sowjetische Angriffsoperation Bagration die Heeresgruppe Mitte buchstäblich zertrümmert.

Da die Deutschen nun ernsthaft mit den Sowjets sprechen wollten, musste sich zeigen, wie der Kontaktmann Klaus zu arbeiten verstand. Die schwedischen Abwehrbehörden standen als interessierte Zeugen im Hintergrund. Der angeblich gute Bekannte der sowjetischen Spitzenfunktionäre tat nun etwas Überraschendes. Zum ersten Mal in seinem Leben rief er am Freitag, dem 23. Juni 1944, bei der sowjetischen Botschaft in Stockholm an und verlangte den „Genossen Semjonow“ dringend und privat zu sprechen. Hierbei meldete er sich unter dem Aliasnamen Zmeïn, was auf jeden Fall nicht sein deutscher Deckname war. Klaus wurde auf den kommenden Montag vertröstet. An diesem Tag suchte er vormittags die Sowjetbotschaft für eine Viertelstunde auf.[862] Was drinnen beredet wurde, ist unklar. Nahezu sicher ist hingegen, dass drei Tage später eine Villa in Lidingö, die der Botschaftsrat Semjonow bewohnte, von Peter Kleist und dem sowjetischen Militärattaché Nikolaj Nikituschew aufgesucht wurde. Kleist verließ das Gebäude nach anderthalb Stunden.

Die Schweden bekamen es mit, die US-Amerikaner bekamen es mit[863], die Japaner bekamen es mit[864], die Presse bekam es mit[865] – und damit alle, die es aus sowjetischer Sicht mitkriegen sollten. Der Sinn war klar, es handelte sich wie alle Vorgängeraktionen um eine Demonstration, die zugleich eine Drohung an die verbündeten Westalliierten war, und sie lautete: Wir können auch anders. In der Tat schlug die Affäre die notwendigen diplomatischen Wellen, wobei die Sowjets noch eins draufsetzten, indem sie dreist behaupteten, einen Dr. Kleist nicht zu kennen.[866]

Das sowjetische Tun lässt sich nur mit einem Trauma der Jahre 1941 bis 1944 erklären; es trägt den Namen „Zweite Front“. Hierunter ver-

861 Semjonow: Von Stalin bis Gorbatschow, S. 167.

862 Die schwedische Aufzeichnung der Telefonate bei: Einhorn: Menschenhandel unter dem Hakenkreuz, S. 213 f.

863 Einhorn: Menschenhandel unter dem Hakenkreuz, S. 214.

864 Onodera: An den Gestaden, S. 200 f.

865 Aftonbladet vom 19. Juli 1944.

866 Bericht des britischen Botschafters Clark Kerr an das Foreign Office vom 7. September 1944, FO 371/39088.

stand man in der um ihre Existenz ringenden Sowjetunion das handfeste Angreifen des von Deutschland besetzten europäischen Landblocks von der Westseite aus. Nur das würde, so war Stalin überzeugt, den deutschen Gegner in einen Abnutzungskrieg zwingen, den er nicht gewinnen konnte. Man darf diese Gedanken nicht aus deutscher Sicht sehen wollen, sondern muss versuchen, sich in die Gegenseite zu versetzen. Wie tief angelegt dieses Misstrauen vor allem gegen Churchills Großbritannien war, kann man nachlesen, wenn man sich die Ausführungen von Valentin Falin vornimmt. Bezeichnenderweise hat er sein in Deutschland 1995 erschienenes Buch über den Zweiten Weltkrieg „Zweite Front" genannt. Der ehemalige Geheimdienstmann, Diplomat, Journalist und kommunistische Spitzenkader verrät eine sowjetische Sicht der Dinge, über die man als deutscher Leser staunen kann.

Die sowjetische Seite hatte in dieser Zeit des Weltkrieges nicht nur die Hauptlast des Kampfes zu tragen, sondern sie fühlte sich zudem von ihren westlichen Verbündeten nicht für voll genommen. Die Regelung der Fragen des Krieges und für die Zeit danach hatten auf der Spitzenebene die Herren Churchill und Roosevelt zunächst unter sich ausgemacht. Das änderte sich erst mit der Konferenz von Teheran Ende des Jahres 1943. Bis dahin und auch noch über diesen Zeitpunkt hinaus kalkulierte Stalin völlig richtig, dass ein Durchsickern der Verhandlungen mit Deutschland hin zu seinen westlichen Verbündeten bei diesen die Alarmglocken würde schrillen lassen. Sie mussten nun damit rechnen, dass Stalin aus dem Krieg gegen Deutschland aussteigen könnte.

Diese Warnung erreichte wie geplant die Adressaten und sie wirkte. Roosevelt machte Zugeständnisse für die Nachkriegsordnung, die Stalin nicht einmal gefordert hatte, und von der Eröffnung einer zweiten Front auf dem Balkan, die Churchills Wunsch war und von der Stalin befürchtete, sie könne sich zu einem Flankenstoß gegen die Rote Armee entwickeln, rückte man ausdrücklich ab. Allerdings: Je länger der Krieg andauerte, desto weniger hatte die sowjetische Seite Interesse an diesen Demonstrationen.

Genau umgekehrt verhielt es sich bei den Deutschen. Je verzweifelter die Lage wurde, desto mehr lag ihnen an den Friedensfühlern. Auch aus Sicht der Deutschen waren in Wirklichkeit die US-Amerikaner und die Briten gemeint. Bis zu seinem Ende glaubte Hitler, dass es gelingen werde, die ost-westliche Kriegsallianz zu entzweien. Dass darüber hinaus einige der deutschen Entscheidungsträger auf diese Weise ernsthaft einen Ausgleich mit den Westmächten suchten, steht auf einem anderen Blatt. Doch auch dies half nichts, denn die Kriegsallianz hielt bis zur Zerschlagung des Deutschen Reiches, erst danach wurden die Verbündeten des Krieges erbitterte Feinde.

Ob die beiden Hauptthelden dieser Geschichte, die Herren Klaus und Kleist, das alles auch so mitbekamen, mag dahinstehen.[867] Sie glaubten am Rad der Geschichte zu drehen, doch in Wirklichkeit standen sie nur mit einem Papierfähnchen am Rande.

Das Ende des Agenten Edgar Klaus ist rasch erzählt. Als der Krieg zur Neige ging, beschloss Klaus, argumentativ umzusatteln. Er konnte sich leicht ausrechnen, dass die Mitwirkung an den Friedensbemühungen zwischen der Sowjetunion und NS-Deutschland zukünftig keinen Applaus mehr eintragen würde. Also behauptete er, dass er seit Jahr und Tag mit den gegen Hitler konspirierenden Generalen im engen Kontakt gestanden habe, um diesen die Friedensfühler zu erleichtern. Zwar gibt es auch hierfür keinen konkreten Anhaltspunkt, doch ließ sich dergleichen umso leichter behaupten, als die eigentlichen Macher der Ereignisse um den 20. Juli 1944 von der NS-Justiz endgültig zum Schweigen gebracht worden waren. Wer nicht schwieg, war Klaus. Er sorgte dafür, dass der OSS-Agent Victor von Klaus' Edelsinn erfuhr und der berichtete es prompt nach Washington.[868]

Anfang des Jahres 1945, als der Ausgang des Krieges nicht mehr zweifelhaft sein konnte, besannen sich die Schweden darauf, dass ungehindertes Wirken deutscher Geheimdienstleute zusammen mit schwedischen Staatsbürgern ein schwer kalkulierbares Risiko für die Zukunft bedeuten könnte. Es kippten demzufolge in der Paulsson-Lönnegren-Affäre jene Schweden auf, die es allzu deutlich mit den Deutschen gehalten hatten. Das war jahrelang problemlos so gegangen: Der Journalist John Lönnegren[869] hatte für die deutschen Geheimdienstler einen Weg ins schwedische Sozialamt geebnet. Das war genau diejenige Behörde, die sich mit dem Aufenthalt von Ausländern in Schweden befasste, und hier war es Johan Paulsson, ausgerechnet zuständig für die deutsche Emigration, welcher der Abwehr gegen Geld dienlich war.[870] Für den KO-Leiter Hans Wagner und seinen Gehilfen Albert Utermark bedeutete das Auffliegen dieser Aktionen das Ende ihrer Tätigkeit. Ihr diplomatischer Status schützte sie vor der Verhaftung. Sie wurden am 21. Februar 1945 aus Schweden ausgewiesen.

Nach Ende des Krieges beschlossen die Schweden, alle im Lande verbliebenen Personen mit NS-Geruch in einem Lager in Bollmäs einzusperren. Klaus war dabei, seine einstigen guten Drähte zum schwedischen Außenministerium konnten ihn jetzt nicht mehr schützten. Der Grund: Klaus

---

867 Kleist: Hitler, S. 282 f.

868 Meyer: Sieben, S. 168, 502 Fn. 346.

869 Lönnegren: Ryssland och Europa; Borgersrud: Wollweber-Organisation, S. 253; Fietz: Nordische Studenten an der Universität Greifswald, S. 150 f.; McKay: From information to intrigue, S. 174.; Roth: Hitlers Brückenkopf in Schweden, S. 137 f., 245, 305 [dort vermutlich falsches Geburtsjahr].

870 Borgersrud: Wollweber-Organisation, S. 252; Fleischhauer: Sonderfrieden, S. 53; Scholz: Herbert Wehner in Schweden, S. 41, 146 [dort: Paulson].

hatte den Schweden nichts mehr zu bieten. Es ist eine Ironie des Schicksals, dass die Klaus'schen Berichte an seine deutschen Auftraggeber, die diese – von der schwedischen Telegramm-Überwachung eifrig mitgeschrieben und entziffert – nach Berlin gesandt hatten, jetzt als Belastungsmaterial für die Agententätigkeit des Mannes herhalten mussten.

Für den 1. April 1946 wurde die Abschiebung von Edgar Klaus nach Deutschland angeordnet. Am Morgen des Abreisetages erlag Klaus einem Herzinfarkt. Abwehrmann Boening und Mitverhandler Kleist haben später behauptet, der sowjetische Geheimdienst NKGB hätte nachgeholfen, den unbequemen Zeitzeugen zum Schweigen zu bringen.[871] Es mag so sein.

Kleist lebte wesentlich länger, aber er wurde nicht viel älter als Klaus. Er betätigte sich in der jungen Bundesrepublik im rechtsextremen politischen Klüngel. 1971 setzte er seinem Leben ein Ende, betrauert von alten Kameraden.[872]

871 Fleischhauer: Sonderfrieden, S. 282; Heiber: Vermerk, S. 7.
872 Thadden: Kleist, S. 3.

Kapitel 5
Den Bach runter. Das Jahr 1944

Das Jahr 1944 brachte die Entscheidung des Zweiten Weltkrieges. Bevor wir uns den verwinkelten Ereignissen wieder zuwenden, werfen wir einen Blick auf die Lage der Ostfront. Nach dem Ringen des Jahres 1943 und den Offensivschlägen des Frühjahrs 1944 war der südliche Teil der Ostfront bis an die Karpaten zurückgeworfen. Er bildete einen weit nach Westen vorspringenden Balkon, der Ähnlichkeit aufwies zur Ausgangslage des Juni 1941, als es solch einen Balkon im Raum Lemberg gegeben hatte, im dem die Rote Armee mit ihrer offensiven Hauptmasse versammelt war, als der deutsche Barbarossa-Angriff begann.

Auf diesen Balkon richtete sich die Aufmerksamkeit der deutschen operativen Kriegführung, weil die deutschen Strategen vermeinten, dass von hier aus ein massiver Stoß der Roten Armee nach Nordosten in Richtung Westpreußen stattfinden müsse, um die deutschen Heeresgruppen Mitte und Nord abzuschneiden. So dachten die deutschen Generale und so hätten sie vermutlich auch gehandelt, wenn ... Infolgedessen wurden die gepanzerten operativen Reserven des deutschen Ostheeres nach Südost verlegt. Doch die Initiative lag nicht bei den deutschen Generalen, sondern bei der Stawka in Moskau. Dort entschloss man sich zum Frontaldurchbruch bei der Heeresgruppe Mitte; und so geschah es. Wieder einmal hatte die berühmte Prognostik der Abteilung Fremde Heere Ost um Meilen neben der Wirklichkeit gelegen. Allen späteren Lobhudlern des damaligen Abteilungsleiters und Obristen Reinhard Gehlen zum Trotz wurde die Heeresgruppe Mitte nicht nur von der Tatsache der Offensive überrascht, sondern vor allem auch durch deren Machart. Im Kriegstagebuch kann man es nachlesen:

> Eine Überraschung bedeutete dagegen das neue russ[ische] Angriffsverfahren und seine taktische Durchschlagskraft. Offenbar hat sich der Feind aufgrund der Erfahrungen der Winterschlachten rasch umgestellt. Das Angriffsverfahren war bestimmt durch mehrstündige trommelfeuerartige Artillerievorbereitung und eng und tiefmassierten Infanterieeinsatz. Nach erfolgtem Einbruch wurde sofort angestrebt, die Lücke durch Aufrollen nach beiden Seiten zu erweitern; hierbei wurden die stehengebliebenen eigenen Widerstandsnester durch einen neuartigen wendigen Artillerieeinsatz ausgeschaltet. Die Panzer wurden während des Infanterieangriffs zurückgehalten und erst nach gelungenem Einbruch gezielt zum Durchbruch in die Tiefe angesetzt. Weitgesteckte operative

> Ziele und die Koppelung mit mech[anisierten] und Kav[allerie] Verbänden zeigten das Vorbild der deutschen Panzertaktik.[873]

Als die russische Offensive am 22. Juni 1944, pünktlich zum dritten Jahrestag des deutschen Angriffs, begann, waren an anderer Stelle ein paar wichtige Ereignisse vorausgegangen. In der Normandie hatte zwei Wochen zuvor die immer wieder verzögerte Invasion der Angloamerikaner begonnen. Diese zwei Wochen genügten, um zu zeigen, dass die deutschen Truppen in Frankreich nicht in der Lage waren, die Alliierten wieder ins Meer zu werfen. Und im hohen Norden hatte eine sowjetische Frühjahrsoffensive die finnische Front ins Wanken gebracht. Dann ließen die Sowjets plötzlich von den Finnen ab. Die Offensive an der deutschen Mittelfront hatte begonnen.

Das Ergebnis der sowjetischen Sommeroffensive war die Zertrümmerung der deutschen Heeresgruppe Mitte in wenigen Wochen, die alles bisher Dagewesene in den Schatten stellte. Die Masse der Großverbände dieses Abschnitts hörte praktisch auf zu bestehen. Doch dann machten die Sowjets an der Weichsel halt. Lediglich in Richtung Kurischer Nehrung ging der Vormarsch weiter. Er kesselte die Heeresgruppe Nord ein, der ein Ausbruch oder Abzug per See vom deutschen Diktator untersagt wurde. In Warschau brach der Aufstand der polnischen Heimatarmee aus, der innerhalb von zwei Monaten durch SS-Truppen und russische Legionäre niedergeschlagen wurde.

Dies alles bildet den groben Rahmen für die Probleme des Jahres, mit denen wir uns nun beschäftigen wollen. Der erste Paukenschlag war die Liquidierung des deutschen Auslandsgeheimdienstes, des Amtes Ausland/Abwehr. Sein Ende wurde im Februar 1944 eingeläutet. Hiermit in engem Zusammenhang stand das Attentat auf Adolf Hitler am 20. Juli 1944 und die Verstrickung der Geheimdienstler in dieses Ereignis. Zugleich bildete das Attentat den Fixpunkt, um den sich die Ereignisse der beiden sowjetischen Trojanischen Pferde, Nationalkomitee Freies Deutschland und Bund Deutscher Offiziere, erzählen lassen. Sodann wird erörtert, wie die sowjetische Seite ihre Geheimdienstoperationen in den veränderten Kriegsverlauf einpasste, um schließlich im Kapitel Flugzeugträger England der Frage nachzugehen, wie die strategische Aufklärung gegen das Reich mit Geheimdienstaktivitäten gegen die westlichen Alliierten der Sowjets verknüpft wurde.

Schlag ins Kontor. Das Ende der Abwehr

Der Mann wurde alt. Mit allem Zubehör der allein selig machenden römisch-katholischen Kirche trat der 85-Jährige ab. Standesgemäß gab die Frankfurter Allgemeine bekannt, dass Dr. jur. Eric Maria Vermehren de Sa-

873 Zit. nach Bergschicker: Chronik, S. 530.

ventem am 28. April 2005 von seinem Herrgott heimgerufen worden war. 61 Jahre zuvor lief der Gefreite der Abwehrnebenstelle Istanbul zusammen mit seiner Ehefrau Elisabeth zu den Briten über. Die machten darob ein ordentliches Fass auf und die Weltpresse berichtete.[874] Hitler bekam einen seiner berüchtigten Wutanfälle und tags darauf, am 11. Februar 1944, löste er Wilhelm Canaris als Chef der Abwehr ab. Der Admiral wurde nach einer Weile auf den mittlerweile komplett sinnlosen Posten eines Chefs für Handels- und Wirtschaftskriegführung versetzt.[875]

Der Rauswurf kam keineswegs überraschend. Aus dem Lieblings-Geheimen des Führers war im Laufe der Kriegsjahre eine Unperson geworden. Stück um Stück hatte den Admiral das Verdrehte der eigenen Amtsführung eingeholt. Darüber wurde bereits berichtet: Canaris selbst war ein Kuriosum auf dem Stuhl des Geheimdienstchefs; ein Mann, der sich bevorzugt mit seinen Dackeln beschäftigte und mit Hilfe von ausgedehnten Dienstreisen seinem Amt entfloh.[876] Spätestens mit Beginn des Krieges versuchte er den Spagat zwischen Amtspflichten und der Erkenntnis, einem verbrecherischen System zu dienen. Doch der Widerstandskämpfer, zu dem ihn später Überlebende des Abwehrdesasters machen wollten, war Canaris nicht.

Zwei Jahrzehnte lang strickten die ehemaligen Abwehrleute in ihrem Mitteilungsblatt „Die Nachhut“ an den Legenden um den wackeren Abwehrchef und seine edlen Mitstreiter, um das angebliche Verbot der politischen Spionage, um das angebliche zeitweilige Verbot der Russlandspionage, über sprudelnde Quellen und die Unbelehrbarkeit des Diktators. Die Wirklichkeit sah bescheidener aus. Der Abwehrapparat wurde in den wenigen Jahren seiner Existenz fett. Sein Chef unternahm nichts, ihn schlank zu halten. Alle möglichen Kumpels aus Freikorpstagen nahm er unter seine Fittiche. Diese wiederum zogen Kumpels nach. Die Herren Obristen und Oberstleutnante, die Majore und Hauptleute, nicht zu Dutzenden, sondern zu Hunderten. Sie alle verband eines: Von Geheimdienstarbeit verstanden sie nichts. Das Verbot der aktiven Feindberührung machte es nach Kriegsausbruch auch dem Dümmsten klar. Einen besseren Druckposten als die Abwehr gab es kaum.[877]

Das Gespinst der Abwehr trieb unvorstellbare Blüten. Von dem Wohlleben im besetzten Ausland hin zu Schiebergeschäften war für manch einen nur ein kleiner, ein zu vernachlässigender Schritt. Männer wie der Münchener Brauereibesitzer Wilhelm Schmidthuber nutzten die schöne Offiziersuniform, um Devisen zu schieben.[878] Am 31. Oktober 1942 wurde er im südtirolischen Meran festgenommen und nach Deutschland überstellt.

874 John: Falsch, S. 36; Kardorff: Aufzeichnungen, S. 203.
875 John: Falsch, S. 41.
876 Gisevius: Ende, S. 467.
877 Staden: Ende, S. 58 f.
878 Urteil des Reichskriegsgerichts vom 12. Februar 1944, Az. 85 AR 42/44.

Seine Vernehmer trauten ihren Ohren kaum. Der Mann quatschte wie ein Wasserfall. In den wirren Aussagen, mit denen der Delinquent seinen Kopf zu retten trachtete, belastete er Vorgesetzte und Kameraden aufs Schwerste. Meist waren es Dinge, die er nur vom Hörensagen kannte, doch allmählich kristallisierte sich ein Kern heraus, der an die Substanz des Amtes ging.[879] Illegale Geschäfte, Scheinverpflichtungen von V-Leuten, Verschiebung von Juden und deren Vermögen.

Die hauptbeteiligten Amtsangehörigen Dietrich Bonhoeffer und Hans von Dohnanyi gerieten ins Visier der Ermittler. Beide waren erbitterte Regimegegner und beide waren ins Amt gehievt worden, um in der Riege von Stabschef Hans Oster an dessen Anti-NS-Aktionen mitzuwirken. Sie taten es nach Kräften. Das konnte nur begrenzte Zeit gut gehen. Dass es so lange ging, wirkt wie ein Wunder, denn der Kopf der Anti-Hitler-Fronde, Oster, machte aus seinem Herzen keine Mördergrube. Als Ausweis seiner Regimegegnerschaft hielt er es für richtig, im Dienst zivil anstelle der Uniform mit dem Hoheitsadler zu tragen.[880] Manch einem Systemgegner ging Oster mit seinem Gerede so auf die Nerven, dass er wie der ehemalige Abwehr-Abteilungsleiter Helmut Groscurth auf Distanz ging. Doch als es einer ordnenden Hand bedurfte, war Groscurth längst nicht mehr im Abwehr-Boot. Der ungnädige Generalstabschef Franz Halder hatte diesen aufrechten Mann und unbequemen Mahner aus seiner Umgebung abgeschoben. Immer nach dem Motto: An der Front werden ihm schon die Flausen vergehen. Damit hatte er recht. Groscurth geriet im Januar 1943 im Kessel von Stalingrad in sowjetische Kriegsgefangenschaft. Drei Monate später war der 44-Jährige tot – krepiert an Typhus.[881]

Oster hingegen hielt sich hartnäckig auf seinem Posten. Nicht nur einmal wurde er verdächtigt, unmittelbar mit dem Feind zu konspirieren – was übrigens zutraf.[882] Bereits 1939/40 hatte er, wie erwähnt, die Westalliierten ganz vergeblich vor den deutschen Angriffsplänen gewarnt.[883] Das war nicht unbelauscht geblieben, denn das Forschungsamt, die Abhörbehörde des Dritten Reiches, hatte die Gespräche mitbekommen, die Oster leichtsinnigerweise mit dem holländischen Militärattaché in Berlin, Gijsbertus Sas, am Telefon führte.[884] Später gab Oster Geheimnisse in die Schweiz preis, wodurch er, vermutlich unbeabsichtigt, Informant des sowjetischen Radó-Ringes wurde. Am 16. April 1943 wurde Osters Tätigkeit abrupt beendet.[885] Er hatte sich bei der Festnahme seines Mitarbeiters Hans von

---

879 Meyer: Sieben, S. 351 ff.; Gisevius: Ende, S. 519.

880 Gisevius: Ende, S. 156.

881 Groscurth: Tagebücher; ders.: Nachlass; Achmann u. a.: 20. Juli 1944, S. 52; Fest: Staatsstreich, S. 201

882 Zu Unrecht verneinend: Gisevius: Ende, S. 482 ff.

883 Fest: Staatsstreich, S. 169 f.; Jong: Kolonne, S. 267.

884 Jodl: Tagebücher (Tgb. 7. Mai 1940); Gellermann: Und lauschten, S. 107 ff.

885 Meyer: Sieben, S. 383 ff.; Gisevius: Ende, S. 520 f.

Dohnanyi so ungeschickt verhalten, dass Amtschef Canaris gar nichts anderes übrig blieb, als den Konspirateur aus der Behörde zu jagen. Oster wurde vom Dienst suspendiert. Die um ihn gescharten Militärverschwörer verloren ihren organisatorischen Mittelpunkt und den fast beliebigen Zugriff auf alle möglichen Staatsgeheimnisse des Dritten Reiches.[886] Überdies verloren sie die Verfügungsbefugnis über das, was sie ebenso schnoddrig wie zutreffend den Putschfonds nannten. Das war ein heimliches Gelddepot, illegal aus den Devisenvorräten des Amtes bestückt.[887]

Der eigentliche Schlag gegen das Amt erfolgte auf der Fachebene, als im Verlauf des Jahres 1943 alle drei Abteilungsleiter nacheinander abgeräumt wurden: Hans Piekenbrock, Abwehr I (Spionage), Erwin Lahousen, Abwehr II (Zersetzung, Sabotage), und Franz-Eccard von Bentivegni (Spionageabwehr). Sie alle mussten ihren Sessel räumen, um durch eine Frontverwendung die Chance zu erhalten, in einen Generalsdienstgrad aufzusteigen. Dieses bis zum Schwachsinn durchdeklinierte Prinzip hielt die deutsche Armeeführung auch auf dem Höhepunkt des Krieges aufrecht. Der Abwehrchef hatte zu diesem Zeitpunkt keinerlei Einfluss mehr, um das Absägen aller führenden Leute aus seinem Umfeld zu verhindern. Er nahm es hin, dass im Sommer 1943 die Spitzenfunktionen mit Geheimdienstlaien besetzt wurden. Die Spionageabteilung übernahm Oberst Hansen, die Sabotageabteilung Oberst von Freytag-Loringhoven und die Stelle des Abwehrleiters blieb vakant, da der Aspirant auf den Posten, Oberst Heinrich, nach einem Verkehrsunfall wochenlang nicht dienstfähig war; die Vakanz wurde hingenommen.[888] Mit Georg Hansen und Wessel von Freytag-Loringhoven kamen zwei erbitterte Regimegegner an Schaltstellen des Amtes, die alles andere im Kopf hatten, als durch effektive Dienstverrichtung zur Kriegsverlängerung beizutragen.

Im selben Jahr musste Canaris einen weiteren organisatorischen Schwund hinnehmen. Die Kommandotruppen der Brandenburg-Verbände wurden seiner Verfügungsgewalt entzogen. Im steten Hin und Her, ob es sich bei den Brandenburgern um einen besonders preußischen Truppenteil handeln sollte oder um einen nach dem Einsatzbedarf zusammengesetzten bunten Zirkus, setzten sich 1943 endgültig die Befürworter des Kommissbetriebes durch.[889] Zum Jahreswechsel 1942/43 waren die auf mehrere Regimenter und Sonderformationen angeschwollenen Brandenburger in den Status einer Division erhoben worden. Nach Erkrankung und Tod des Brandenburg-Kommandeurs Haehling von Lanzenauer trat mit Generalmajor Alexander von Pfuhlstein ein neuer Mann an die Spitze der Kommandoverbände. Der Leiter der Zentralabteilung Oster hatte ihn ausgewählt, vermutlich weil Pfuhlstein vor dem Krieg bereits einmal in

886 Fest: Staatsstreich, S. 206 f.
887 Meyer: Sieben, S. 336.
888 Gersdorff: Untergang, S. 144.
889 Witzel: Kommandotruppen.

Diensten der Abwehr gestanden hatte. Doch wenn dem Stabschef Oster vorgeschwebt haben sollte, damit für die Kommandotruppen einen Vorgesetzten zu gewinnen, der die Brandenburger im Zweifel gegen das Hitler-Regime führen würde, so irrte er. Der Ritterkreuzträger hatte nur eins im Sinn, nämlich den geschlossenen Einsatz der ihm unterstellten Soldaten im Divisionsverband. Das hatte mit der ursprünglichen Aufgabenstellung nichts mehr zu tun. Pfuhlstein fand beim Chef des Wehrmachtsführungsstabes, Generaloberst Alfred Jodl, offene Ohren, denn der hatte schon lange nach einer eigenständigen OKW-Reserve Ausschau gehalten. Hier war sie. Die Division Brandenburg wurde zur Panzergrenadierdivision umgerüstet und schied aus dem Amt Ausland/Abwehr ersatzlos aus. Nach dem Putschversuch vom 20. Juli 1944 sollte sich die Wahl Pfuhlsteins noch ein zweites Mal rächen, denn der festgenommene ehemalige Brandenburg-Kommandeur belastete in seiner Gestapo-Vernehmung Canaris und Oster auf das Schwerste. Das trug nicht zum wenigsten dazu bei, dass die beiden Belasteten kurz vor Kriegsende hingerichtet wurden; Pfuhlstein überlebte, wenn auch degradiert. Es versteht sich am Rande, dass man in seinen 1946 angefertigten Aufzeichnungen mit dem schonen Titel „Meine Tätigkeit als Mitglied der Berliner Verschwörerzentrale" von seinen denunziatorischen Aussagen nichts zu lesen bekommt.[890]

Wie kam es nun, dass der Amtschef, dem zum Beginn seiner Karriere am Tirpitzufer so wenig im Wege zu stehen schien, alles dies schluckte? Die Wahrheit ist: Er musste wohl und er wehrte sich auch nicht. Der Stern des Wilhelm Canaris befand sich im Sinken. Es war ein Sturzflug. Und das nicht ohne Grund. Zu handfest waren die Fehlleistungen des Amtes während des gesamten Krieges gewesen. Im Frankreichfeldzug 1940: Fehlanzeige; die Einschätzung der Roten Armee: null; die Agentenaufklärung im Verlauf des Feldzuges: nicht vorhanden; die Invasion der US-Amerikaner in Nordafrika im November 1942: nicht aufgeklärt; die Landung auf Sizilien: unbekannt; der Umsturz in Italien: verpennt. Es war also nicht nur die Flüsterpropaganda des intriganten Konkurrenten aus dem SD, Walter Schellenberg, die den Sturz des geheimnisumwitterten Admirals bewirkte. Sie wirkte gewiss mit, doch entscheidend war das eigene Tun oder besser: Nichtstun. Für viele Beobachter während des Krieges drängte sich der Verdacht auf, dass Canaris längst resigniert hatte. Er verbarg sein Ausklinken hinter ausgedehnten Dienstreisen. Sie waren die Flucht vor dem Alltag des Schreibtisches. In den Worten seines langjährigen unmittelbaren Untergebenen, Oberst Erwin Lahousen, klang das so:

> Geradezu manisch war der Reisetrieb von Canaris. Wie Ahasver auf der Flucht vor sich und den anderen, reiste er von Stadt zu Stadt, überall Unruhe und

890 Berichte des Chefs der Sipo und des SD an den Leiter der Parteikanzlei vom 8. und 21. September 1944; abgedr. bei Jacobsen: Spiegelbild, S. 370 f.; 405 ff.; Pfuhlstein: Meine Tätigkeit; Meinl: Nationalsozialisten, S. 321 f.

> Unordnung verbreitend. Einige seiner Miteingeweihten mussten dann immer erst Ordnung in die Dinge bringen, die Canaris, wie ein großes Kind sein Spielzeug, völlig durcheinandergeworfen hatte. Sie mussten es tun, um ihn und sich selbst nicht zu gefährden. Die Quittung dafür war aber keineswegs Dank, sondern gewöhnlich gereizte Ablehnung.[891]

Am 12. Februar 1944 unterschrieb Hitler den Befehl zur Auflösung des Amtes:

> Der Führer
> Chef OKW Nr. 1/44 geh[heime] K[omman]dos[ache] – Chefs[ache] –
>
> Ich befehle:
> 1. Es ist ein einheitlicher deutscher geheimer Meldedienst zu schaffen.
> 2. Mit der Führung dieses deutschen Meldedienstes beauftrage ich den Reichsführer SS.
> 3. Soweit hierdurch der milit[ärische] Nachrichten- und Abwehrdienst berührt wird, treffen der Reichsführer SS und der Chef OKW die notwendigen Maßnahmen im beiderseitigen Einverständnis.
>
> gez. Adolf Hitler[892]

Was der zwei Jahre zuvor ermordete RSHA-Chef Reinhard Heydrich in jahrelangen aufreibenden Intrigen nicht vermocht hatte, sein gelehriger Schüler Walter Schellenberg schaffte es innerhalb von Stunden: Er legte seinem Vorgesetzten Ernst Kaltenbrunner den Entwurf eines Führerbefehls vor und der schob ihn eilends an seinen Chef Heinrich Himmler weiter. Dieser nutzte die Gunst der Stunde und ergatterte die Unterschrift Hitlers. Der Triumph dieses ungeheuren Machtzuwachses mag rasch verflogen sein, denn 15 Monate später gab es einen deutschen Geheimdienst und auch den Reichsführer SS nicht mehr. Ob die Machtverschiebung sinnvoll war, mag entscheiden, wer will. In diesem Frühjahr 1944 war der Krieg ohnedies für Deutschland unrettbar verloren.

Die Beteiligten empfanden indessen keine besondere Eile. Sie ließen sich bis in den Sommer hinein Zeit, wie der Führerbefehl auszuführen sei. Die Ausführungsbefehle des OKW und des Reichsführers SS datierten vom 15. bzw. 23. Mai 1944. Dann begann man das Amt Ausland/Abwehr auseinanderzudröseln. Die Abteilungen I (Spionage) und II (Zersetzung) kamen als Amt Mil. zum Reichssicherheitshauptamt. Dort wurden sie dem Chef des SD-Ausland (= Amt VI) Schellenberg zusätzlich unterstellt. Die Spionageabwehr (Abwehr III) wurde aufgelöst und kam zum Teil zur Gestapo, nur die unmittelbar mit der Truppenabwehr befassten Einheiten blieben bei der Wehrmacht. Auch die Briefprüfstelle, die inländischen Außenstellen und die Auslandsresidenturen des Amtes kamen zum SD. Lediglich die unmittelbar bei den Verbänden der Wehrmacht befindlichen Abwehrdienststellen, also die Frontaufklärungskommandos und -trupps

891 Zit. nach Gisevius: Ende, S. 467.
892 Abgedr. bei o. Verf.: Todesurteil, S. 18.

sowie die Frontaufklärungsleitstellen blieben bei ihren Wehrmachtsverbänden, wurden aber fachlich der SS-Hierarchie unterstellt. Soldaten und Zivilbedienstete der Abwehr blieben Angehörige der Wehrmacht. Ihre automatische Hereinnahme in die SS mochte sich deren Reichsführer nicht zumuten. Lediglich für die Gefolgschaftsangehörigen, zu Deutsch: die NS-Parteimitglieder, wurde eine Ausnahme gemacht; sie wurden sogleich in die SS überführt. Andere suchten von sich aus den Weg in die Reihen des neuen Dienstherren. Wie viele, ist nicht mehr genau nachzuhalten, da es nach dem Kriege au's der Mode kam, auf diesen Frontwechsel hinzuweisen.

Wie der Wechsel der Zuständigkeiten vor Ort abging, hat der damalige Abwehrleutnant Berndt von Staden für den Dienstzweig Sabotage und Zersetzung an der Ostfront wie folgt geschildert:

> So beschloss die Leitung, den Versuch zu machen, wenigstens für die Ostfront einen Kompromiss zu schließen. Mit den Gesprächen beauftragt wurde der Leiter der so genannten Abwehrleitstelle Ost [vermutlich Walli II], Oberstleutnant E[schwege?]. Ich sollte ihn begleiten. E., meiner Schätzung nach Ende 40, war von Beruf Leiter einer örtlichen Bank oder Bankfiliale im Hannoverschen oder in Westfalen. Ein mittelgroßer, eher zierlich gebauter Mann mit einem klugen Gesicht und kahlem Schädel, war er intelligent und honorig, aber keine starke Persönlichkeit. Zudem war seine Verhandlungsposition schwach. ... Skorzeny wusste seine Karten sehr wohl zu spielen. Er saß hinter einem gewaltigen Schreibtisch, vor dem ein Respekt einflößender schwarzer Schäferhund lag, während E. und Begleitung wie Bittsteller auf Stühlen vor diesem Tisch Platz nehmen mussten. ... Skorzeny selbst war eine imponierende, nicht unsympathische Erscheinung. Sehr groß und brünett, kein eigentlich deutscher Typ, nicht unfreundlich, aber auf subtile Art bedrohlich. Er hätte der Adjutant des Försters in Jüngers „Marmorklippen" sein können.
>
> Das Gespräch ging zunehmend weniger erfreulich hin und her. Schließlich bemerkte E., er und ich kennten uns jetzt seit Langem; ob wir nicht den Versuch machen sollten, eine Vereinbarung zu entwerfen. Dem wurde zugestimmt, und da wir Freunde waren, wurde es auch eine ganz gute Vereinbarung. Die Jagdverbände [der SS] hielten sich natürlich nicht daran. Ein anderes Recht als das des Stärkeren kannten sie ja nicht.[893]

Es liegt auf der Hand, dass durch die neu geschaffene Organisation an der deutschen Geheimdienstarbeit nichts verbessert wurde. Bis sich die neuen Befehls- und Meldewege eingespielt hatten, verging der Herbst. Mittendrin lagen zudem die Ereignisse des 20. Juli 1944. Abgesehen davon ist es auffällig, dass die neuen Herren zunächst einmal für wichtig erachteten, diejenigen Offiziere aus dem Geheimdienstapparat zu entfernen, die in ihrer Diktion nicht „rasserein" waren. So traf es in buchstäblich letzter Stunde den Oberintendanturrat Georg Duesterberg und den bereits im Ersten Weltkrieg schwer verstümmelten Oberst Hans Bloch. Bloch kam

893 Staden: Ende, S. 89 f.

noch im April 1945 unter ungeklärten Umständen ums Leben; Duesterberg hatte Glück und überlebte.[894]

Der große Knall. Die Verstrickung in den 20. Juli 1944

Bereits im Frühjahr 1941 war sich das NKWD/NKGB darüber klar, dass Carl Goerdeler zu den Führungsgestalten einer Anti-Hitler-Opposition gehörte. Am 22. Februar 1941 berichtete der stellvertretende Resident der Berliner Residentur, Alexander Korotkow, an die INO in Moskau:

> Carl Goerdeler, der frühere Reichskommissar für die Preisüberwachung, unternahm einen Versuch, sich mit der Wehrmachtsführung über die Beseitigung Hitlers und die Bildung einer neuen Regierung zu einigen. Die Gespräche wurden auf überaus hoher Ebene geführt. Insgesamt sprachen sich die Vertreter der Generalität gegen die Vorschläge Goerdelers aus, obwohl der Leiter des Wehrwirtschaftsstabes der obersten Heeresführung, [Georg] Thomas, und der kommandierende Truppengeneral, [Erich] Hoeppner, die Ideen Goerdelers voll unterstützen. Jetzt teilt das Oberkommando der Wehrmacht die Ideen Hitlers und billigt seine militärischen Pläne. Die Gruppe Goerdelers hält an ihrer angloamerikanischen Orientierung fest.[895]

Dieser Bericht Korotkows ist nicht nur erstaunlich zutreffend[896], sondern auffällig ist auch das Fehlen der Quellenangabe. Hieraus ist in der Widerstandsliteratur der Schluss gezogen worden, dass es sich um eine Meldung aus dem Dunstkreis von Arvid Harnack handele – dies mit der nicht ganz uneigennützigen Begründung, dem NKWD-Agenten Harnack-Korsikanez ein enges Zusammenwirken mit der deutschen konservativen Anti-Hitler-Opposition bescheinigen zu können.[897] Doch diese These steht auf wackligen Beinen. Es gibt praktisch niemanden aus den Gruppen von Harnack und Schulze-Boysen, der auf der im Bericht Korotkows genannten Ebene hätte mitspielen können. Auch das nachfolgende Verhalten des sowjetischen Geheimdienstes legt diesen Schluss nahe. Am 5. Mai 1941 wies die INO nämlich ihren Berliner Residenten Korotkow an, den soeben als Agenten angeworbenen Adam Kuckhoff auf das Problem Carl Goerdeler anzusetzen.[898] Wie schon geschildert, hatte Kuckhoff, veranlasst durch seine Freundin und spätere Ehefrau Greta, Anschluss an den Zirkel von Arvid Harnack gefunden. Im Frühjahr 1941 hatte Korotkow, dem diese Personenbeziehungen bekannt waren, Kuckhoff mit dem Deckna-

894 Meyer: Sieben, S. 447; Roewer u. a.: Geheimdienste, S. 66.

895 Bericht des Stellvertretenden Residenten des NKWD Alexander Korotkow an die INO vom 26. Februar 1941, abgedr. bei Petscherski: Tajna Krasnoj Kapelli, S. 83 f., unter Berufung auf den NKWD-Vorgang Nr. 34118, Bd. 2, Bl. 23.

896 Vgl. z. B. Fest: Staatsstreich, S. 140 ff.

897 Coppi u. a.: Rote Kapelle, S. 114; Danyel: Rote Kapelle, S. 31; dagegen Fest: Staatsstreich, S. 237.

898 Weisung der INO an den Stellvertretenden Residenten Alexander Korotkow vom 5. Mai 1941, abgedr. bei Petscherski: Tajna Krasnoj Kapelli, S. 153 f.

men Starik (zu Deutsch: der Alte) angeworben, da die Zentrale der Meinung war, durch Abspaltung von Kuckhoff und dessen Abschottung gegen Harnack eine neue effektive Spionagegruppe aufbauen zu können.[899] Der Grund hierfür war einfach. Kuckhoff sollte einen alten Bekannten, den Sozialdemokraten Adolf Grimme, dafür gewinnen, in den Goerdeler-Kreis einzudringen und dort als Abschöpfquelle, vielleicht sogar als Einflussagent tätig zu werden. Dieses Bemühen war offensichtlich erfolglos. Als die Mitglieder der Gruppen Harnack und Schulze-Boysen in den Strudel der Rote-Kapelle-Maßnahmen von Abwehr und Gestapo gerieten, blieb den deutschen Verfolgern der Zusammenhang mit dem Goerdelerkreis verborgen – vermutlich weil ein solcher nicht bestand.

Bleibt die Frage, wo die Quelle saß, welche die Sowjets so frühzeitig über die personellen Zusammenhänge der deutschen konservativen Anti-Hitler-Opposition ins Bild setzen konnte, und zwar zu einem Zeitpunkt, als die deutschen innenpolitischen Überwachungsinstanzen, Gestapo, SD und Forschungsamt, noch keine Ahnung von diesen Vorgängen hatten. Das bereits geschilderte Vorhaben der INO, einen Agenten in den Goerdeler-Kreis einzuschleusen, legt den Schluss nahe, dass in dem dortigen zivilen Umfeld eine Quelle nicht vorhanden war. Die Berichterstattung über die oben geschilderte Zusammenkunft der Oppositionellen muss also aus dem militärischen Umfeld abgeflossen sein.

Neben einigen bislang noch nicht näher verifizierten und demzufolge nicht entschlüsselten Quellen der INO im deutschen Militärapparat fällt der Blick auf die Familie des pensionierten Generals Kurt von Hammerstein. Über die fast rabiat zu nennende Rolle des Generals gibt es kaum einen Zweifel. Seine Zugänge in die Reihen hoher und höchster Offiziere der Wehrmacht sind bekannt, wie auch in umgekehrter Richtung bekannt war, dass Hammerstein diese Rolle spielte. Hammersteins Haus war Treffpunkt für vielerlei Leute, die mit dem NS-System nichts gemein hatten, so auch für Goerdeler.[900] Diese radikaloppositionelle Einschätzung gilt auch für die Kinder Hammersteins, wenngleich in sehr unterschiedlicher Ausprägung. Interessant in diesem Zusammenhang ist vor allem die Hammerstein-Tochter Helga. Sie diente bereits ab Anfang der 1930er Jahre als Agentin Grete beim AM-Apparat der KPD. Sie gab ihre konspirative Tätigkeit nicht auf, nachdem Vater Hammerstein Anfang 1934 von Hitler in den Ruhestand geschickt worden war, sondern sie soll sich noch bis Ende der 1930er Jahre mit dem Apparatefunktionär Hermann Nuding

899 Weisung der INO an den Stellvertretenden Residenten Alexander Kortkow vom 12. April 1941, abgedr. bei Petscherski: Tajna Krasnoj Kapelli, S. 151, unter Berufung auf den NKWD-Vorgang Nr. 34118, Bd. 1, Bl. 249; und Weisung vom selben Tage, abgedr. bei Petscherski: ebd., S. 125 f.

900 Bericht des Chefs der Sicherheitspolizei und des SD vom 29. Juli 1944; abgedr. bei Jacobsen: Spiegelbild, S. 93.

getroffen haben.[901] Mit von der Partie ein weiterer AM-Agent mit dem Decknamen Cello, hinter dem sich der ehemalige Weltkriegesoffizier und jetzige Bildhauer Gerd Kaden (Caden) verbarg, der ebenso wie die Agentin Grete in Offizierkreisen der Wehrmacht sein konspiratives Unwesen trieb. Es ist gut vorstellbar, dass die Residentur des NKWD diese Leute unter ihre Obhut genommen hat; belegt indes ist es nicht.

Über die Verhältnisse an der Spitze des deutschen Militärgeheimdienstes wurde eingangs dieses Kapitels das Notwendige gesagt. Daneben gab es Männer, bei denen es schwer fällt, sie in einem Atemzug mit den Vorgenannten zu erwähnen. So zum Beispiel den ehemaligen Gestapo-Mann Hans Bernd Gisevius und den ehemaligen Freikorpskonspirateur und zwischenzeitigen NS-Funktionär Friedrich-Wilhelm Heinz.

Gisevius wurde 1940 in einen Doktor Schlich umbenannt und als angeblicher Vizekonsul nach Zürich entsandt. Was er dort wirklich tat, wird sich wohl nie mehr zufriedenstellend aufklären lassen. Nach der Papierform des Amtes diente er dem Dienstzweig III F, also der Gegenspionage. Doch in Wirklichkeit scheint Gisevius dank seiner dienstlich bedingten Reisefreiheit zwischen Deutschland und der Schweiz der wichtigste Kontaktmann Osters zu den Westalliierten gewesen zu sein; zumindest hat er das versucht.[902] Auch nach dem Rauswurf Osters im Frühjahr 1943 verstand es Gisevius, sich auf seinem Schweizer Posten zu halten. Ob er tatsächlich nunmehr zu einer der Zentralfiguren in der NS-Opposition wurde, wie er in seinen wortreichen Memoiren behauptet hat[903], sollte man eher mit spitzen Fingern anfassen; der Mitverschworene Oberst Georg Hansen äußerte beispielsweise in seiner späteren Gestapo-Vernehmung, dass er Gisevius für den Typ eines anmaßenden Intellektuellen ohne die Spur einer soldatischen Einstellung halte.[904] Fest steht indessen, dass er ab Ende 1942 einer der Informanten des US-amerikanischen OSS-Residenten Allen Dulles in der Schweiz wurde; der gab ihm die Registriernummer 511. Gisevius brachte Dulles zum Einstieg ein Gastgeschenk mit: Er offenbarte dem erschrockenen Amerikaner, dass es Funkabwehr und Forschungsamt gelungen war, in den verschlüsselten Nachrichtenverkehr zwischen Bern und Washington einzudringen. Nach dem Attentat vom 20. Juli 1944 setzte sich Gisevius endgültig in die Schweiz ab.[905]

Der andere Mann, Friedrich Wilhelm Heinz, war ein Haudegen ganz eigener Art. Knapp sechs Jahre zuvor war er bereit gewesen, den Führer des

901 Feuchtwanger: M-Apparat, S. 503; Foertsch: Schuld, S. 33; Horchem: Spione, S. 16 ff.; Jäckel: Menschen, S. 265 ff.; Kaufmann u. a.: Nachrichtendienst, S. 229, 299, 421.

902 Sudholt: Kapelle, S. 270.

903 Gisevius: Ende.

904 Bericht des Chefs der Sicherheitspolizei und des SD vom 2. November 1944; abgedr. bei Jacobsen: Spiegelbild, S. 479.

905 Bericht des Chefs der Sicherheitspolizei und des SD vom 29. November 1944; abgedr. bei Jacobsen: Spiegelbild, S. 503.

Deutschen Reiches während der von Hitler losgetretenen Tschechei-Krise mit einem Stoßtrupp in der Reichskanzlei auszuheben und umzubringen. Bekanntlich wurde Heinz zurückgepfiffen und die Sache unterblieb. Doch er blieb sich auch weiterhin treu; wenn es irgendwo anzuecken galt, schaffte er es. So auch im Mai 1943 in Jugoslawien, wo er mit einem der Brandenburgregimenter, der Nr. 4, bei der Bandenbekämpfung eingesetzt war.[906] Diese „Bandentätigkeit" war mitnichten ein einheitliches Agieren der Einheimischen gegen die deutschen Besatzer, sondern die Fronten liefen kreuz und quer durch die unterschiedlichen Volksgruppen und die politischen Überzeugungen. Heinz kam zu der Auffassung, dass es sehr wohl möglich sein werde, mit dem Leiter der nationalserbischen Aufständischen zu einem Ausgleich zu kommen, denn dieser General Alexander Mihailović war in erster Linie darauf aus, mit den verhassten kommunistischen Tito-Partisanen abzurechnen. Heinz schloss im Namen des Deutschen Reiches mit Mihailović ein entsprechendes Abkommen, doch Hitler tobte und Heinz wurde abgelöst.

1944 war Heinz dann Kommandeur des militärischen Streifendienstes in Berlin.[907] Das wäre bei näherem Zusehen eine zentral wichtige Position für die Durchführung des Staatsstreichs im Sommer 1944 gewesen, doch die Attentäter misstrauten dem Mann, der mit seinem selbständigen Handeln schon so oft angeeckt war, und verließen sich stattdessen auf den Kommandeur des Wachregiments, einen Major Otto Ernst Remer, den sie zwar auch nicht einweihten, aber von dem sie annahmen, er werde ihre Befehle gehorsam befolgen. Damit lagen sie schief. Vermutlich war es der entscheidende Fehler.[908] Heinz selbst schrieb:

> Am 20. Juli war ich, dessen Gesinnung und Einsatzbereitschaft man kannte, Kommandeur des Streifendienstes im ganzen Wehrkreis III. Es war die entscheidende Schlüsselstellung zur Durchführung eines Staatsstreiches. Ich wurde jedoch nicht einmal mehr zu Rate gezogen.[909]

Nach dem Attentat wurde Heinz kurzzeitig inhaftiert. Danach zog er es vor, nicht länger darauf zu warten, ob seine alten Konspirationen entdeckt würden, und es gelang ihm, im Berliner Umland unterzutauchen. Er überwinterte unter dem Falschnamen Hartmann mit Hilfe des Widerstandszirkels Onkel Emil.[910]

Am eigentlichen Putschversuch waren die wenigsten Leute aus dem in Auflösung befindlichen Amt Ausland/Abwehr beteiligt. Der Oberstleutnant Friedrich Wilhelm Heinz war es nicht, wie wir schon gesehen haben,

---

906 Kurowski: Kommandotrupps, S. 181 ff.

907 Meinl: Nationalsozialisten, S. 323 f.

908 Meinl: Mahlstrom, S. 250.

909 Zit. nach Gisevius, Ende, S. 571; nach Schreiben Heinz an Gisevius vom 30. Mai 1947.

910 Andreas-Friedrich: Schattenmann, S. 208 ff. (Tgb. 21. März 1945).

und sein Freikorpskumpel Werner Schrader war es auch nicht; der diente im Führerhauptquartier als Verbindungsmann des Amtes. Der Oberstleutnant ahnte nach dem Attentat sogleich, dass er als einer der Vertrauten des Admirals Canaris nichts Gutes zu erwarten hatte. Schließlich hatte er nach der Ablösung des Chefs dessen Diensttagebücher beiseite geschafft; jedoch nicht sehr wirksam, wie sich zeigen sollte. Auch hatte er den Sprengstoff für das Attentat eine Weile lang aufbewahrt.[911] Schrader zögerte nur wenige Tage. Am 28. Juni 1944 erschoss er sich im Ausweichquartier der Abwehr in Zossen bei Berlin. Auch der Leiter von Abwehr II, Oberst Wessel von Freytag-Loringhoven, wartete nicht ab. Der Deutschbalte war als 23-Jähriger 1922 von der lettischen Armee zur Reichswehr gewechselt. Am 1. August 1943 war er für den abgelösten Lahousen an die Spitze der Sabotageabteilung der Abwehr getreten. Ein Jahr später, am 26. Juli 1944, erschoss er sich.[912]

Andere ließen es darauf ankommen. Georg Hansen, letzter Chef von Abwehr I und der kommissarische Nachfolger von Canaris, war einer der wenigen, die unmittelbar an der Vorbereitung des Attentats beteiligt waren.[913] Er wurde am 10. August 1944 zum Tode verurteilt; Hinrichtungstag war der 8. September 1944. Mit ihm zusammen wurde der Rechtsanwalt und Abwehrhauptmann Theodor Strünck zum Tode verurteilt; doch seine Hinrichtung schob man auf, da er als Zeuge im geplanten großen Abwehrprozess benötigt wurde. Strünck war nämlich einer der Kuriere Osters in die Schweiz gewesen. Zum Abwehr-Schauprozess kam es bekanntlich nie. Ein weiterer Abwehrmann war Hans Georg Klamroth, Gruppenleiter bei Abwehr III. Er wurde noch im Juli 1944 festgenommen. Als Mitwisser wurde er am 28. August 1944 hingerichtet.[914] Bemerkenswert ist, was Klamroth seinen Vernehmern von der Gestapo ins Vernehmungsprotokoll diktiert hatte:

> Der Führer habe vor Kurzem auf Anraten des Generalfeldmarschalls Keitel befohlen, dass der bisher übliche I c-Lagevortrag nicht mehr gehalten werden dürfe, da man sich durch die Beurteilung der Feindlage zu leicht in seinen eigenen Entschlüssen beeinflussen lasse.[915]

Wenn das inhaltlich stimmt, was dort geschrieben steht, so darf man getrost folgern, dass die Teilnehmer der Führerlagen bereits jegliche Bodenhaftung aufgegeben hatten.

Auch die anderen Behörden und militärischen Dienststellen der Feindaufklärung blieben nicht ungeschoren. Der Chef von Fremde Heere West,

911 Fest: Staatsstreich, S. 228.

912 Bericht des Chefs der Sicherheitspolizei und des SD an den Leiter der Parteikanzlei vom 3. August 1944; abgedr. bei Jacobsen: Spiegelbild, S. 129.

913 Fest: Staatsstreich, S. 253.

914 Bruns: Vaters Land, S. 369 ff.

915 Bericht des Chefs der Sicherheitspolizei und des SD an den Leiter der Parteikanzlei vom 2. August 1944; abgedr. bei Jacobsen: Spiegelbild, S. 124.

Oberst Alexis von Roenne, der bis 1943 als Gruppenleiter bei Fremde Heere Ost Dienst getan hatte, geriet in den Strudel des 20. Juli. Am 12. Oktober 1944 wurde er hingerichtet. Am selben Tag traf es Rudolf von Marogna-Redwitz. Der einstige Leiter der Abwehrstelle Wien, den wir bereits im Russlandgeschäft haben agieren sehen, war im Frühjahr 1944 bei der Auflösung des Amtes Ausland/Abwehr nach Hause geschickt worden. Eigens für den Staatsstreich hatte er sich reaktivieren lassen, um in Wien dabei zu sein. Das konnte nicht gut ausgehen. Bereits einen Tag nach dem versuchten Staatsstreich wurde er festgenommen.

Verheerend traf es auch die Nachrichtentruppe, in der die Funkaufklärung und -entzifferung organisatorisch gebündelt war. Deren Chef, General Erich Fellgiebel, wurde wegen seiner Mitwisserschaft bereits am Tage des Attentats im Führerhauptquartier verhaftet. Am 4. September 1944 war er tot. Sein Nachfolger war sein ehemaliger Stabschef, Generalmajor Fritz Thiele. Doch er blieb nur kurze Zeit im Amt. Dann stellte man auch ihn wegen seiner Mitwisserschaft vor Gericht. Er starb am selben Tag wie Fellgiebel am Galgen.

Andere aus diesem Umfeld kamen wie durch ein Wunder mit dem Leben davon. So zum Beispiel der Oberst Rudolph-Chistoph von Gersdorff. Der war seit Beginn des Russlandfeldzuges bei der Heeresgruppe Mitte auf dem Posten eines I c, also Feindlageoffiziers. Er beschaffte im Lauf des nächsten und übernächsten Jahres Sprengstoff und Zünder, um Hitler zu beseitigen.[916] Das war ohne größere Umstände möglich, weil dem I c in seiner Eigenschaft als I c/AO, was Abwehroffizier bedeutete, auch die Aktivitäten der eigenen Sabotage- und Kommandotruppen unterstanden. Im Übrigen wissen wir von seinem Tun, einschließlich eines misslungenen Attentatsversuch, bei dem er sich mit Hitler zusammen im Berliner Zeughaus in die Luft sprengen wollte, nur aus seiner eigenen Feder.[917] Zweifel sind nicht nur deshalb angebracht.

Mit diesen hier namentlich genannten Offizieren ist nur die Spitze des Eisbergs markiert. Der Diktator raste. Hatte er noch in der Nacht des Attentats erklärt[918], es sei nur eine „winzige Clique“ gewissenloser Offiziere gewesen, die ihm nach dem Leben getrachtet hatten, so wurde er durch die Ermittlungsergebnisse der Gestapo bald eines Besseren belehrt. Mit der Wut der vom Untergangsstrudel Ergriffenen schlugen die Leute von Gestapo-Müller um sich. Die Aktionen Gitter und Gewitter brachten Hunderte zu Fall, Dutzende von ihnen endeten am Galgen.[919] Man kann diese schonungslose Härte leicht nachvollziehen. Die Wucht der Berichte[920], die von Ernst Kaltenbrunner bzw. von Heinrich Müller unterzeichnet wurden,

916 Fest: Staatsstreich, S. 194.
917 Gersdorff: Soldat, S. 119–157.
918 Fest: Staatsstreich, S. 278, 295 f.; Kardorff: Aufzeichnungen, S. 213 f.
919 Fest: Staatsstreich, S. 297 f.
920 Jacobsen: Spiegelbild, Bd. 1, passim.

sollte aufzeigen, mit welch einem gewaltigen Feind man hier aufzuräumen hatte. Dabei war diese Strategie nicht ohne Risiko. Der Führer der Herren hätte ohne Weiteres die Frage aufwerfen können, wie denn diese verzweigte Organisation über die Jahre hin habe unentdeckt bleiben können – und das bei der Größe und der Schlagkraft des Gestapo-Apparats. Vorsorglich versuchte sich denn auch die Führung des Reichssicherheitshauptamtes zu salvieren:

> Auf die Schwierigkeiten, die den Sicherheitsorganen durch grundlegende Befehle in der Verfolgung aus der Wehrmacht anfallender Meldungen entgegenstand, darf in diesem Zusammenhang nochmals hingewiesen werden.[921]

Indessen: Die naheliegenden Fragen des Diktators unterblieben. Sie hätten in vielerlei Hinsicht Unangenehmes zu Tage gefördert.

Da war zunächst einmal Heinrich Himmler, der unmittelbare Chef von Kaltenbrunner und Müller. Wie kaum ein anderer war er nicht über jeden Verdacht erhaben, ein trickreiches Spiel gespielt zu haben. Doch Himmler hätte nicht Himmler sein dürfen, um hier in irgendwelche Fallen zu stolpern. Himmler konspirierte nicht selbst, er ließ konspirieren. An der Spitze der Frondeure drei Männer, wie sie unterschiedlicher kaum gedacht werden können: der SD-Geheimdienstchef Walter Schellenberg, der Rechtsanwalt und Himmler-Vertraute Carl Langbehn und der Scharlatan und Medizinalrat von Reiches Gnaden Felix Kersten, Himmlers Masseur. Der intrigante Schellenberg und der Reichshandaufleger Kersten waren zu clever, um sich selbst zu besudeln. Den Kurier für die zweifelhaften Botschaften spielte hingegen Langbehn. Er machte auch den Mittelsmann für den ehemaligen preußischen Finanzminister Johann Popitz zum allmächtigen SS-Chef, denn Popitz hatte einen abenteuerlichen Plan. Er wollte die NS-Clique von innen spalten. Dafür hatte er sich Himmler ausgesucht, von dem er annahm, dass der Reichsführer als Erster in der Lage sein werde, das Hitler-Regime zu beschädigen. Das Gespräch kam zustande, verlief jedoch im Sande.[922] Langbehn, der Mittelsmann, mag gedacht haben, mit der Macht des allmächtigen Himmler im Rücken könne ihm nichts passieren. Doch das war ein Trugschluss. Langbehn wurde fallen gelassen wie eine heiße Kartoffel. Bereits im September 1943 wurde er wegen seiner Kontakte in die Schweiz festgenommen. Am 3. Oktober 1944 verurteilte ihn Freislers Volksgerichtshof zum Tode, neun Tage später war der gefährliche Mitwisser für immer stumm.

Bereits vor dem Attentat hatte es mehrfach so ausgesehen, als würde die ganze Sache aufkippen. Wir haben bereits gesehen, wie durch mangelhafte Geheimhaltung die aus NS-Sicht mehr als fragwürdigen Aktionen des Oster-Kreises mit einem Zipfel ans Licht kamen. Der Erste, der festgesetzt

921 Bericht des Chefs der Sicherheitspolizei und des SD vom 29. Juli 1944; abgedr. bei Jacobsen: Spiegelbild, S. 96.

922 Fest: Staatsstreich, S. 232 f.

wurde, war Dohnanyi. Ihm folgte sein Vorgesetzter Hans Oster zwar nicht in die Haft; er musste zunächst seinen Dienstsessel räumen. Der nächste, der ins Visier geriet, war der Pfarrer Dietrich Bonhoeffer, auch er ein Quasi-Mitarbeiter des Amtes, der als Kurier in Richtung Vatikan tätig geworden war. Das alles geschah im Frühjahr 1943.[923] Doch monatelang stocherten die Fahnder mit der Stange im Nebel. Das war nicht zum wenigsten dem Umstand geschuldet, dass Wehrmachtsleute von der Wehrjustiz abzuurteilen waren, und hier gab es manch einen, wie den Heeresrichter Karl Sack, der Sand ins Getriebe schüttete.[924] Der nächste, der aufflog, war der Kriegsverwaltungsrat im Amt Ausland/Abwehr Helmuth James von Moltke. Wie das geschah, ist eine Geschichte für sich.

Moltke bildete einen der Schnittpunkte verschiedener Oppositionellen-Zirkel. Wegen des Treffpunkts auf seinem schlesischen Gut Kreisau wurden die hier Verkehrenden von der Gestapo später als Kreisauer Kreis bezeichnet und verfolgt.[925] Moltke nutzte seine im Amt erworbenen Erkenntnisse, um den Mitverschworenen Otto Kiep vor dem Zugriff durch die Gestapo zu warnen. Kiep, ein Jurist und Diplomat, war ebenfalls zu Kriegsbeginn als Offizier zum Amt Ausland/Abwehr eingezogen worden. Kiep verkehrte in dem konservativen Solf-Zirkel, in dem neben manchem anderen auch ein Schweizer Arzt ein und aus ging, ein Mann namens Paul Reckzeh. Dieser Mediziner war alles andere als ein Oppositioneller. Man kann es auch schlichter sagen: Er war Agent des SD. Dank seinen Auskünften ging der gesamte Solf-Kreis über die Klinge: außer Kiep auch zwei weitere Abwehroffiziere, Nikolaus von Halem und Herbert Mumm von Schwarzenstein.[926] Kiep wurde am 1. Juli 1944, also noch vor dem Attentat auf Hitler zum Tode verurteilt, dann jedoch verschob man die Hinrichtung bis zum 26. August 1944, da sich die Gestapo aus seinem Munde noch manche Neuigkeit erhoffte. Auch die anderen kamen nicht mit dem Leben davon.[927]

Mit dem Solf-Kreis war die Gestapo schon erstaunlich dicht ans Zentrum der bürgerlich-konservativen NS-Opposition vorgerückt. Moltke, der Kiep vergeblich zu warnen gesucht hatte, wurde seinerseits im Januar 1944 festgenommen. Doch so richtig konnte man ihm zunächst nichts nachweisen, vor allem nicht, dass er seine Informationen aus dem Forschungsamt der Luftwaffe hatte. In dieser Abhörbehörde des NS Staates tat nämlich ein Mann Dienst, der an entscheidender Stelle saß, um die Abhörerkenntnisse in Richtung der bedrohten Oppositionellen zu leiten.

923 Fest: Staatsstreich, S. 206 ff.

924 Bericht des Chefs der Sicherheitspolizei und des SD vom 18. Oktober 1944; abgedr. bei Jacobsen: Spiegelbild, S. 460; Gisevius: Ende, S. 457; Haase: Reichskriegsgericht, S. 63.

925 Gerstenmaier: Moltke, S. 286.

926 Fest: Staatsstreich, S. 231.

927 Fest: Staatsstreich, S. 245 f.

Das war Hartmut Plaas. Der einstige kaiserliche Seeoffizier war einer der wildesten Freikorpsleute gewesen.[928] In der Brigade Erhardt und als Fememörder hatte er sich einen Namen gemacht. Im Dritten Reich gelang dem Verfemten der Sprung in den Beamtenapparat. In Görings Forschungsamt machte er Karriere. Von Februar 1941 an leitete er als Oberregierungsrat das Referat Innenpolitik. Wer von ihm wann gewarnt wurde, ließ die Amtsleitung sorgsam vertuschen. Im Februar 1944 flog Plaas auf. Vermutlich war er selbst einer internen Überwachungsmaßnahme zum Opfer gefallen. Am 19. Juli 1944, also einen Tag vor dem Attentat auf Hitler, wurde Plaas ohne viel Federlesens erschossen.[929] Später ist dieses Datum nicht unkommentiert geblieben. Für Verschwörungsspezialsten war es klar: Himmler hatte in Kenntnis des Attentatstermins einen unbequemen Mitwisser beseitigen lassen. Das kann man glauben oder auch nicht. Fakten hierfür gibt es jedenfalls nicht.[930]

Gleichzeitig mit Plaas hatte sich die Gestapo dessen Kontaktmann im Amt Ausland/Abwehr gegriffen. Das war dessen alter Freikorpskamerad und jetzige Hauptmann Ludwig Gehre. Doch Gehre glückte die Flucht aus dem Polizeigewahrsam.[931] Er konnte bis in den Herbst hinein in Berlin untertauchen. Doch er wurde erneut aufgegriffen; einen Selbstmordversuch überlebte er schwer verletzt. Man pflegte ihn gesund, um ihn wenige Tage vor Toresschluss im KZ Flossenbürg aufzuhängen.

Die Gestapo war also immer dichter an den Kern der Verschwörung herangerückt. Wenn sie dennoch von den eigentlichen Verquickungen keine Ahnung hatte, so liegt das nicht zum wenigsten daran, dass es den wohlorganisierten und durchstrukturierten, nahezu monolithischen Widerstand, wie er uns aus so manchen Nachkriegsveröffentlichungen anblickt, nicht gab. Zu unterschiedlich waren die Charaktere und die Zielsetzungen. Es gab zudem massive Generationenkonflikte. Männer wie der Praktiker Goerdeler und der SPD-Mann Leber hielten das, was an theoretischem Gerede auf höchstem Niveau in den Kreisen um Moltke stattfand, schlicht für Salonbolschewismus. Erst späteres Tun der Gestapo gab, genau wie wir das bereits am Beispiel der Roten Kapelle durchexerziert haben, der NS-Opposition straffe Konturen. Das wurde vor allem von der DDR-Geschichtsschreibung aufgegriffen, die sich ohne Hemmung daran machte, den Attentäter Claus von Stauffenberg als einen der Ihren zu stilisieren.[932] Doch das liegt Meilen neben der Wirklichkeit. Die Aufrufe des sowjetisch gesteuerten Nationalkomitees Freies Deutschland und seines kleinen Bruders, dem Bund Deutscher Offiziere, wurden von Stauffenberg mit wenig

928 Plaas: Wir klagen an; Salomon: Fragebogen.

929 Mohler: Konservative Revolution, S. 457, Ergänzungsband, S. 16; Irving: Das Reich, S. 112 f.; Meinl: Nationalsozialisten, S. 323.

930 Vgl. Meinl: Nationalsozialisten, S. 327 f.

931 John: Falsch, S. 39.

932 Institut für ML: Widerstandskämpfer, Bd. 2, S. 294.

schmeichelhaften Bemerkungen abgelehnt.[933] Ähnliches, wenn auch nicht immer in dieser Deutlichkeit, kann für die zivilen Exponenten der Anti-Hitler-Frondeure gesagt werden: Die Mehrzahl von ihnen war strikt antidemokratisch und antikommunistisch.

Wo diese Abschottung nach links durchbrochen wurde, endeten die Kontakte für die Betroffenen tödlich. Am 22. Juni 1944 trafen der Sozialdemokrat Julius Leber und der Pädagoge Adolf Reichwein mit zwei Mitgliedern des kommunistischen Zentralkomitees in Berlin zusammen. Doch die Herren Anton Saefkow und Franz Jacob brachten verabredungswidrig einen Dritten mit, der sich erstaunlich gut auskannte, denn er redete die Emissäre der SPD mit ihren richtigen Namen an. Das entsprach keineswegs den Gepflogenheiten des politischen Untergrunds. Zu einem zweiten Treffen am 7. Juli 1944 ging Leber sicherheitshalber nicht mehr hin, denn er hielt den Unbekannten völlig zu Recht für einen Gestapo-Spitzel. Reichwein und seine Treff-Partner wurden an Ort und Stelle festgenommen, Leber am folgenden Tage.[934] Wer der Gestapo-Agent war, ist jetzt aufklärbar. Nach den Erinnerungen des Sozialdemokraten Emil Henk handelte es sich um einen Mann namens Schwenk.[935] Doch das ist irreführend, da der gleichnamige KPD-Funktionär zur fraglichen Zeit in Moskau saß, wo er beim Deutschen Volkssender Propaganda für die Sowjets trieb.[936] Der V-Mann war in Wirklichkeit Hermann Rambow[937]; vermutlich nannte er sich Schwenk. Der ehemalige Funktionär des AM-Apparats hatte sich bei der Entlassung aus sechsjähriger Zuchthaushaft als V-Mann verpflichtet; im Sinne seiner Auftraggeber funktionierte er ausgezeichnet.[938]

Goerdeler, der eigentliche Kopf der Anti-Hitler-Allianzen, musste wenige Tage vor dem Attentat untertauchen. Er wurde durch die Aussagen des kurz zuvor inhaftierten Wilhelm Staehle schwer belastet.[939] Der 66-jährige Staehle war ein alter Nachrichtenmann. Auch er hatte, wie so viele vor und nach ihm, seinen Dienst in den 1920er Jahren in der Reichswehr quittieren müssen, weil er eine geschiedene Frau heiraten wollte. Im Dritten Reich reaktiviert, hatte er während des Zweiten Weltkrieges die Stelle eines Kommandanten des Berliner Invalidenhauses inne; nebenbei war er weiterhin für die Abwehr tätig.[940] Nach der Festnahme packte er aus, was er zu wissen meinte. Zum Prozess vor dem Volksgerichtshof kam es erst am 16. März 1945. Dabei hatte Staehle scheinbar Glück, denn er wurde lediglich zu zwei Jahren Haft verurteilt. Einen Monat später schossen ihn

933 Fest: Staatsstreich, S. 238.
934 Fest: Staatsstreich, S. 238 f.; Weber: Kommunisten, S. 335, 641.
935 Zit. nach Gisevius: Ende, S. 543.
936 Weber u. a.: Kommunisten, S. 726.
937 Weber u. a.: Kommunisten,
938 Mallmann: Brüderlein, S. 279 ff.
939 Fest: Staatsstreich, S. 254; Gisevius: Ende, S. 595.
940 Bericht des Chefs der Sipo und des SD an den Leiter der Parteikanzlei vom 7. September 1944; abgedr. bei Jacobsen: Spiegelbild, S. 362 f.

marodierende SS-Leute im Gefängnis Lehrter Straße über den Haufen.[941] Goerdeler war es bis zum 12. August 1944 gelungen unterzutauchen, obgleich für seine Ergreifung eine Belohnung von einer Million Reichsmark ausgesetzt war. Vor der Gestapo packte er aus. Manch einer verdankte ihm seine spätere Festnahme und Hinrichtung.[942]

Nach dem Attentat wurden die Beteiligten der verschiedenen Verschwörerzirkel Stück um Stück dingfest gemacht. Mit dem 7. August beginnend, wurde ihnen vor dem Volksgerichtshof der Prozess gemacht. Das geschah auf ausdrückliche Anweisung Hitlers, der im Präsidenten des VGH, Roland Freisler, den Garanten dafür sah, dass es keine unerwünschte Milde geben würde. Hitler bezeichnete Freisler in diesem Zusammenhang zynisch als seinen Wyschinski. Das war der Mann gewesen, der Stalins Moskauer Schauprozessen den 1930er Jahre als Ankläger vorgestanden hatte. Mit seiner Titulierung lag Hitler gar nicht mal so falsch, denn Freisler war im Ersten Weltkrieg in russische Kriegsgefangenschaft geraten und hatte es nach der Revolution von 1917 zum kommunistischen Kommissar gebracht. Erst 1925 war er zur NSDAP umgeschwenkt – das allerdings mit der ihm eigenen Kompromisslosigkeit.[943] Freisler erfüllte die Wünsche seines Führers. Kaum einer der ihm Vorgeführten kam mit dem Leben davon. Für die Wehrmachtsangehörigen hatte man sich zuvor einen formaljuristischen Trick einfallen lassen, um sie der Militärjustiz zu entziehen. Sie wurden durch einen durch nichts legitimierten Ehrenhof aus der Wehrmacht ausgestoßen.[944] Freisler amtierte bis kurz vor Toresschluss. Als ihm ein herabstürzender Balken während eines Prozesses am 3. Februar 1945 den Schädel einschlug, war Freisler sofort tot. Manch einer hätte ihm ein schlimmeres Ende gewünscht.

Doch mit Freislers Ende war keineswegs das Ende der Verfolgung markiert. Der schreckliche Schlussakkord für das aufsässige Personal der Abwehr sollte noch kommen. Dem gingen zwei Aktenfunde voraus, über deren Nutz und Frommen man getrost geteilter Meinung sein kann. Schauplatz des Geschehens war in beiden Fällen das Ausweichlager Zeppelin des OKW bei Zossen. Fund 1 war der Pharaonenschatz des Abwehrkonspirateurs Hans Oster. Er kam im September 1944 ans Tageslicht. Ein Mann namens Kurt Kerstenhan, der Fahrer des Oberstleutnants Werner Schrader, hatte nach dem Selbstmord seines Chef das Wasser nicht halten können, und so wies er die ermittelnden Gestapo-Beamten auf ein Aktenkonvolut hin, dass Schrader im Zossener Lager gebunkert hatte. Es enthielt Namen und Daten der Frondeure ab dem Jahre 1938. Nimmt man es positiv, so wurde die Spitze der NS-Führung darüber belehrt, dass es mit der Einheit von Führer und Volk doch nicht so weit her gewesen war, wie

941 Roon: Staehle, passim.

942 Fest: Staatsstreich, S. 307 f.; Gisevius: Ende, S. 463; Wistrich: Wer war wer, S. 75 f.

943 Fest: Staatsstreich, S. 300.

944 Hoffmann: Stauffenberg, S. 444.

die stereotype Goebbels-Propaganda glauben machen wollte.[945] Doch man kann es auch anders sehen. Dem wütenden Diktator und seinen Vasallen wurde ein Beweismittel in die Hand gegeben, wie er zuvor noch keines seiner Gegner in Händen gehalten hatte. Das Wüten der NS-Organe strebte seinem Höhepunkt entgegen.[946]

Fund 2 waren die viel zitierten und viel gesuchten Dienst-Tagebücher des Abwehrchefs Wilhelm Canaris. Auch sie kamen, wenn auch eher zufällig, im Lager Zossen ans Licht. Man schrieb den 4. April 1945 und die Rote Armee stand in Reichweite. Das hinderte den Finder, einen Wehrmachtsoffizier, nicht daran, eilends bei den NS-Behörden in Berlin, so sie denn noch dort waren, Anzeige zu erstatten. In Ermangelung einer anderen greifbaren Sicherheitscharge wendete sich der Denunziant an Johann Rattenhuber, den Chef des Reichssicherheitsdienstes. Hinter dem martialischen Behördentitel verbarg sich die persönliche Leibgarde Hitlers, sein Personenschutz, wie man heute sagen würde. Rattenhuber gab das brisante Paket unverzüglich an RSHA-Chef Kaltenbrunner weiter, der es dem Führer zusteckte. Hitler soll sich hierüber ungemein erregt haben. Die Tagebücher sind seither verschwunden. Wir können uns allerdings einen vagen Eindruck von ihrer Brisanz machen, wenn wir das Fragment des Lahousen-Tagebuchs zur Hand nehmen. In ihm befinden sich eine Reihe von Abschriften aus den Canaris-Notaten.

Hitler befahl die unverzügliche Hinrichtung der Verschwörer. Ein SS-Trupp wurde unverzüglich aus dem zusammenbrechenden Berlin entsandt. Er fuhr zunächst ins nahe Sachsenhausen, um Hans von Dohnanyi umzubringen, sodann nach Flossenbürg. In diesem KZ saßen Canaris, Oster, Bonhoeffer, der Abwehrhauptmann Ludwig Gehre und der Heeresrichter Karl Sack ein. Das war der Mann, dem es jahrelang gelungen war, die militarjustiziellen Untersuchungen gegen das Amt Ausland/Abwehr zu behindern. Der SS-Trupp wurde von dem SS-Standartenführer Walter Huppenkothen angeleitet. Das war ein unbedenklicher Mann und von 1941 bis zum Kriegsende Leiter der Gruppe Spionageabwehr im Amt IV (Gestapo) des Reichssicherheitshauptamtes. Huppenkothen organisierte an Ort und Stelle das, was er später als ein Standgericht bezeichnete, indem er selbst die Anklage übernahm. Das Urteil stand durch die Anweisung des Diktators von vornherein fest: Tod durch Erhängen. Im Morgengrauen des 9. April 1945 wurde die Mordtat vollstreckt.[947]

In ihrem Eifer hatten die SS-Schergen zwei der einsitzenden Beteiligten übersehen, den Bayern Josef Müller und den Mariner Franz Liedig.[948]

945 So: Fest: Staatsstreich, S. 310 f.
946 Meinl: Nationalsozialisten, S. 325 f.
947 Huppenkothen: Aufzeichnungen.
948 Bericht des Chefs der Sipo und des SD an den Leiter der Parteikanzlei vom 29. November 1944; abgedr. bei Jacobsen: Spiegelbild, S. 509; Müller: Erinnerungsbericht, zit. nach Haase: Reichskriegsgericht, S. 163 f.

Beide überlebten das Massaker und spielten gleich nach Kriegsende eine bedeutende Rolle als weißblaue Politiker.[949] Ein anderer Mann konnte später als Zeuge dienen: der dänische Oberst Hans Mathiesen Lunding. Seit 1937 war der Däne Leiter der Deutschlandspionage gewesen. In dieser Funktion blieb er kurioserweise bis 1943 im Amt. Dann wurde er festgenommen und nach Deutschland verschleppt. Zur Zeit des Mordes an Canaris war er dessen Zellennachbar und die Gefangenen hatten sich bis zur letzten Stunde durch Klopfzeichen miteinander verständigt. So kam die Sache raus. Ein letztes Wort noch zu Huppenkothen. 1951 wurde der SS-Jurist, der von 1937 bis zum Untergang des Regimes der Gestapo ergeben gedient hatte, in München vor Gericht gestellt. Die bundesdeutsche Justiz benötigte sechs Instanzen, dann stand das Urteil fest: sechs Jahre Zuchthaus wegen Beihilfe zum Mord in sieben Fällen. Huppenkothen überlebte seine Opfer um 24 Jahre.[950]

Nun gilt es, den Blick von den innerdeutschen Ereignissen zu lösen und den Vorgang der Anti-Hitler-Konspiration in die deutsch-sowjetischen Beziehungen einzubauen. Dem wird das nächste Kapitel dienen.

Seelenfänger 2: NKFD, BDO und andere

> Ich halte es für meine Pflicht, vor meinen kriegsgefangenen Kameraden und vor dem ganzen deutschen Volk zu erklären: Deutschland muss sich von Adolf Hitler lossagen und sich eine neue Staatsführung geben, die den Krieg beendet und Verhältnisse herbeiführt, die es uns ermöglichen, weiterzuleben und mit unsern jetzigen Gegnern in friedliche, ja freundschaftliche Beziehungen zu treten.

Am 8. August 1944 unterzeichnete der Generalfeldmarschall der großdeutschen Wehrmacht Friedrich Paulus diese Erklärung. Anderthalb Jahre hatte der in Stalingrad in sowjetische Kriegsgefangenschaft geratene Mann mit sich gehadert. Dann trennte dieser ranghöchste deutsche Gefangene den Hoheitsadler von der Uniformjacke und unterschrieb.[951]

Es war ein weiter Weg, bis namhafte deutsche Generale bereit waren, sich in den Dienst der sowjetischen Sache zu stellen. Gewiss, es hatte bereits im Sommer 1941 erste schwächliche Versuche gegeben, deutsche Überläufer propagandistisch einzuspannen. Der Beginn dieser Bemühungen wurde im Kapitel über das Kriegsjahr 1941 geschildert. Die Politische Hauptverwaltung der Roten Armee stand im Zentrum dieser Aktivitäten.

Deren 7. Abteilung ging von 1942 an auf Menschenfang. Es galt, glaubwürdige Exponenten der deutschen Wehrmacht zu rekrutieren, die in die

949 Meinl: Nationalsozialisten, S. 335 f.; Brockhaus: Enzyklopädie, Bd. 13, S. 42.

950 Kraushaar: Protestchronik, S. 384 f., 531, 685, 1268 f., 1302, 1397; Wildt: Generation, S. 937 f.

951 Abgeb. bei Freies Deutschland Nr. 34/1944, S. 1; abgedr. auch bei Adam: Entschluss, S. 383; Burzew: Einsichten, S. 226.

Generalfeldmarschall Friedrich Paulus unterschreibt 1944 einen sowjetischen Aufruf. Neben ihm der ehemalige Adjutant der 6. Armee, Oberst Wilhelm Adam, und der Präsident des BDO, General der Artillerie Walter von Seydlitz. Man beachte auch die selbstgebastelten Feldmarschallabzeichen auf den Schulterstücken von Paulus.

propagandistische Zersetzungsarbeit einzubeziehen waren. Doch damit mochte sich Stalins Zersetzungsapparat keinesfalls zufriedengeben. Er verstand sein Handwerk auch geheimdienstlich-operativ. Im Klartext: Kriegsgefangene und Überläufer waren zu gewinnen, die sich ins Hinterland des Gegners zurückschicken ließen, um dort Desinformation zu streuen und Verwirrung zu stiften. So sollte die Kampfkraft der Wehrmacht mit allen Mittel beeinträchtigt werden.

Einer der ersten, die mit den Sowjets kollaborierten, war der Fliegerleutnant Heinrich Graf von Einsiedel. Er wurde am 30. August 1942 an der Stalingradfront mit seinem Jagdflugzeug hinter den sowjetischen Linien abgeschossen.[952] Was fanden die sowjetischen Geheimdienstler an diesem Mann so interessant, dass sie sich seiner sogleich mit Nachdruck annahmen? Nun, der 21-Jährige mit den mädchenhaften Zügen hat einen prominenten Vorfahren – Otto von Bismarck, sein Urgroßvater.[953] Einsiedel hat uns seine Sicht der Dinge notiert.

952 Einsiedel: Tagebuch, S. 17 f.
953 Burzew: Einsichten, S. 247 f.

„Wollen Sie einen Brief nach Hause schreiben?"

„Natürlich. Aber wie wollen sie ihn befördern?"

„Als Flugblatt!" antwortete er, „wenn Sie Ihrem Zweifel an Hitlers Sieg darin Ausdruck verleihen."

„Das tue ich nicht."

„Warum?"

„Das bedarf wohl keiner Erklärung."

„Haben Sie denn das drüben niemals getan?"

„Im Kreise der Kameraden schon!"

„Warum jetzt nicht?"

Ich gebe keine Antwort. Ja, warum jetzt nicht? Es verstößt gegen jedes soldatische Ehrgefühl. Aber zu Hause werden sie bald Nachricht haben, dass ich vermisst bin. Was dann? Der letzte Sohn – vermisst in der Sowjetunion. Das ist schlimmer als gefallen.

Mein Gegenüber unterbricht meine Gedanken: „Ja, wenn Sie nicht wollen – es zwingt Sie niemand."

Der Posten führt mich zurück ins Lehmloch und überlässt mich meinen Gedanken.

Als Flugblatt? Das ist Hochverrat, schlimmer noch, Landesverrat. Solange Hitler regiert, ist eine Heimkehr damit unmöglich. Das ist eine Entscheidung fürs Leben.

Im vorigen Krieg war doch sowas einfach undenkbar. Ein kaiserlicher Offizier hätte über ein solches Ansinnen gar nicht nachgedacht. ... Mehr Zeit zum Überlegen bleibt mir nicht. Der Posten holt mich und führt mich zurück in das Vernehmungszimmer.

„Na, wie haben Sie sich entschieden?"

Ich zögere noch immer – was soll ich nur machen? Ich weiß nicht, ob es Scham oder Wut ist oder das Fieber, das die Hitze in meinem Körper steigert. Bin ich vielleicht schuld, dass es solche Möglichkeiten überhaupt gibt? Warum gibt es denn keine Gefangenenpost?

Warum schreibt man uns einfach ab? Ist es nicht mein gutes Recht, jetzt, wo ich auf mich selbst gestellt bin, außerhalb jedes Rechtes und jedes Gesetzes, ohne Rückhalt der Heimat, zu tun und zu lassen, was mir richtig erscheint. Zu sagen und zu schreiben, was ich denke, der Mutter einen kleinen Trost, eine kleine Hoffnung zu geben.

Der Russe fragt mich noch einmal, und da entscheide ich mich. „Ja, ich schreibe es."[954]

Ganze vier Tage hatte dieser Offizier der deutschen Wehrmacht seit seiner Gefangennahme gebraucht, um alles zu vergessen, wofür er noch vor Kurzem um sich geschossen hatte. Ganze vier Tage. Andere, die sich weigerten, bezahlten mit dem Leben oder wurden nach zwölf Jahren Lager als nicht amnestierte Kriegsverbrecher in die Bundesrepublik abgeschoben.

Wer war nun der Mann, der sich hier mit Einfühlungsvermögen und mit versteckten Drohungen ans Werk gemacht hatte, um aus dem jungen deutschen Offizier einen sowjetischen Kollaborateur zu machen? Er hieß

954 Einsiedel: Tagebuch, S. 36 f.

Sergej Tjulpanow. 1901 geboren, hatte sich der jugendliche Sergej Iwanowitsch im Bürgerkrieg der Roten Armee angeschlossen. Dort muss er bald aufgefallen sein, denn er avancierte zum Politkommissar. Nach der Demobilisierung studierte er Wirtschaftswissenschaften und alles deutete darauf hin, dass das junge Parteimitglied in Leningrad eine Professorenkarriere nehmen würde. Doch 1941 wurde für Tjulpanow wie für viele Russen alles anders. Da Tjulpanow ausgezeichnet Deutsch sprach, erhielt er nach seiner Einberufung zur Roten Armee die Leitung der Polit-Abteilung 7 an der Leningrader Front übertragen. Im August 1942 wurde er an einen anderen Schwerpunkt des Geschehens versetzt: Tjulpanow wurde Leiter der Polit-Abteilung 7 der Stalingrader Front.[955] Hier rekrutierte er Einsiedel, viele weitere Erfolge sollten sich anschließen, denn mit dem deutschen Debakel bei Stalingrad erhöhte sich das Potenzial der deutschen Verratsaspiranten ganz beträchtlich.

Seelenfänger: Sergej Tjulpanow, 1943

Ende 1942 wurden Teile von deutschen Verbänden bei Welikije Luki eingeschlossen.[956] In der ostdeutschen Erinnerungsliteratur ist überliefert worden, dass diese zusammengewürfelten Truppen unter der Führung des Oberstleutnants Eduard von Sass durch Propagandamaßnahmen der örtlichen Abteilung 7 der Roten Armee zum Aufgeben bewegt werden sollten.[957] Der Coup wurde von drei deutschen Überläufern ausgeführt: dem Luftwaffenleutnant Friedrich Augustin, dem Gefreiten Heinz Keßler und dem Soldaten Franz Gold.[958] Aus Keßler wurde später der Verteidigungsminister der DDR und aus Gold ein General der Staatssicherheit, Augustin hingegen endete im KZ Oranienburg; er war bei einem seiner weiteren Mordeinsätze von den Deutschen erwischt worden.

Es gelang dem deutschen Trio, verstärkt durch einige sowjetische Soldaten, tatsächlich, in den Befehlsstand des deutschen Kampfgruppenkommandanten vorzudringen. Dort eröffneten sie das Feuer. Dann zogen sie sich beschleunigt zurück, wobei einer der sowjetischen Soldaten am Ort des Geschehens liegen blieb. Oberstleutnant Sass überlebte. Er geriet in Gefangenschaft.

---

955 Burzew: Einsichten, S. 124; Doenberg: Nachwort, S. 327; Foitzik: SMAD, S. 479.

956 OKW: Berichte vom 21., 23., 26., 27., 31. Dezember 1942, 2., 5., 6., 7., 9., 10., 11., 13., 15., 16., 17. Januar 1943; Schramm: KTB1943, S. 18, 47.

957 Gold: Im Bunker, S. 66.

958 Hoffmann: Moskau Berlin, S. 36 f.; Jahnke: Front, S. 160 f.

Januar 1943 ... Bitteres Gelächter meiner Kameraden machte mich auf etwas aufmerksam, was mir bisher entgangen war. Etwa zehn Meter vor den Soldaten tänzelte ein Offizier, der einem Modejournal entstiegen zu sein schien: unter dem geöffneten Pelzmantel eine tadellose Uniform, auf Hochglanz polierte Stiefel, am Hals ein blitzendes Ritterkreuz. Sein Bursche schleppte zwei prall gefüllte Koffer. „Sieh an, die Armee beschäftigt noch Mannequins!" höhnte jemand neben mir. Den wollten wir uns näher besehen. So etwas bekamen wir bestimmt nicht gleich wieder zu Gesicht. In der Aufnahme hörten wir den Namen dieser Figur. „Sass, Oberstleutnant Freiherr von Sass. Ich buchstabiere – vorne SA, hinten SS, in der Mitte ein AS!" Nach diesem „Witz" stieß er ein meckerndes Lachen aus. Fassungslos sahen wir uns an.[959]

Es mag fraglich sein, ob sich diese Szene, wie von dem kommunistischen Überläufer Max Emendörfer geschildert, so abgespielt hat. Sass galt als Hassfigur und der Schreiber machte sich offenbar nicht den geringsten Gedanken darüber, dass der Offizier hier so auftrat, wie er es tat, weil die sowjetische Seite es ihm ermöglicht hatte, während die Reste seiner Soldaten in Lumpen gehüllt zu Fuß ins Lager geschlichen waren. Soviel zur sozialistischen Gleichheit, von der noch einiges zu hören sein wird. Nachspiel: Ein sowjetisches Kriegstribunal verurteilte Sass später zum Tode. Am 29. Januar 1946 wurde er auf dem Leninplatz von Welikije Luki aufgehängt; Meeting nannten die sowjetischen Sieger diese Art der Veranstaltung. Auf ihr starben ein General, ein Oberst, ein Major, ein Hauptmann, ein Oberleutnant, ein Leutnant, ein Feldwebel, ein Unteroffizier, ein Obergefreiter, ein Gefreiter und ein Schütze. Dieses schöne Beispiel sozialistischer Gesetzlichkeit sollte der Abschreckung künftiger Kriegsverbrecher dienen – es war die Rache für die wochenlange Verteidigung dieses Eckpfeilers der deutschen Ostfront.[960]

Die Kapitulation der deutschen 6. Armee in Stalingrad Ende Januar 1943 brachte den Sowjets einen Zuwachs von 93 000 deutschen Kriegsgefangenen, die sich in einem erbärmlichen Zustand befanden. Das gilt nicht nur hinsichtlich ihrer körperlichen Verfassung, sondern auch bezüglich ihrer Moral. Der Glaube an den deutschen Endsieg war bei vielen empfindlich gestört.[961] Sie sahen sich mit gutem Grund sinnlos geopfert. Für die sowjetische Seite war die Masse dieser Soldaten ein unerwünschter Zuwachs an Essern. Also sorgte man dafür, dass sie durch Hunger, Kälte und Seuchen ums Leben kamen. Ganze 5 000 von ihnen sollten das Desaster überleben. Gezielte Ausnahmen machte man gegenüber den in Gefangenschaft geratenen Generalen. Zunächst einmal mussten sie als willkommene Kameraziele für die eigene Propaganda herhalten. Man trank Schnaps

959 Emendörfer: Front, S. 159.

960 Carell: Erde, S. 257.

961 Boje: Agenten, S. 23 ff.; Steidle: Entscheidung, S. 278 ff.; Zank: Stalingrad, S. 88 ff.

und weidete sich daran, wie sie weinerlich wurden.[962] Dann jedoch gerieten sie in die Mühlen der Beeinflussung von 7-A.

Das Verfahren war simpel und wirkungsvoll. Dem Schock der Gefangennahme folgte eine überaus rüde Behandlung, wobei den deutschen Soldaten alles abgenommen wurde, was ihren Vernehmern und Bewachern irgendwie begehrenswert erschien. Aber wer hat schon mehr als eine Armbanduhr, einen Füller, eine Brieftasche, ein Kochgeschirr und ein Rasiermesser bei sich?[963] Der anschließende Transport in die Lager begann häufig mit einem Gewaltmarsch zu Fuß. Zurückbleibende wurden von den Wachposten erschossen. In den Lagern herrschte Willkür. Durch den Einsatz von Lagerspitzeln sorgten die Bewacher dafür, rechtzeitig über Ausbruchsversuche und Gruppenbildung unterrichtet zu werden.

> Dieser Hauptmann der Reserve Hadermann tauchte nun eines Tages im Lager auf und wurde unserm Trakt zugeteilt. Er erschien in recht abgerissener Uniform mit nur einem Achselstück auf den Schultern. Einer unserer Landsleute erkannte in ihm seinen früheren Lehrer, einen ehemaligen Studienrat, der überzeugter Nationalsozialist gewesen war. Fast gleichzeitig mit ihm wurde eine andere merkwürdige Figur zu uns eingeschleust, ein angeblicher Leutnant, dem man aber aufgrund seines Auftretens weder den Dienst- noch einen Intelligenzgrad zuerkennen konnte. Ich wies die beiden in verschiedene Stuben ein, in denen besonders zuverlässige Offiziere untergebracht waren. Das Verhalten dieser beiden ließ nach wenigen Tagen erkennen, dass sie den Russen gegenüber anders eingestellt waren als wir. Wir mutmaßten, dass man sie mit einem klaren Auftrag zu uns eingeschleust hatte.[964]

Eine spezielle Form des Lagerspitzels bildeten die aus den Komintern-Schulen stammenden deutschen Emigrantenkinder. Sie wurden als vermeintliche deutsche Kriegsgefangene eingeschleust. Absolventen der Schulen von Puschkino und Kuschnarenkowo, die in der Kriegsgefangenenarbeit eingesetzt wurden, waren beispielsweise Robert Dahlem, Rudolf Dölling, Heinrich Dollwetzel, Heinz Hoffmann, Walter Köppe, Willi Kropp, Hermann Matern und Gerhard Staimer. Hoffmann und Matern brachten es später zu Spitzenfunktionen im DDR-Staats- und Parteiapparat.[965] Das Ziel war klar. Es galt, Offiziere und Soldaten herauszufinden, die ihrerseits zur Verfügung standen, Propaganda unter den Kriegsgefangenen zu betreiben bzw. für die operative Tätigkeit der GlawPURKKA an die Front zurückzukehren. Für beide Kategorien fand sich eine Reihe von Probanden. Die Motivation war einfach: Wer mitmachte, bekam eine bessere Verpflegung. Bei den Mannschaftsdienstgraden kam hinzu, dass man auf diese Art und Weise dem mörderischen Einsatz als Arbeitssklave entgehen konnte. Soldatenspott machten aus Faschisten Kaschisten, abgeleitet von

962 Boje: Agenten, S. 17 f.
963 Z. B. bei Boje: Agenten, S. 18; Zank: Stalingrad, S. 125.
964 Boje: Agenten, S. 47.
965 Müller-Enbergs u. a.: Wer war wer, S. 367 f., 557.

Kascha (каша), der russischen Grütze, die in Ermangelung von etwas anderem auf der Werteskala der deutschen Habenichtse ganz oben stand.[966]

Zur Bearbeitung der Kriegsgefangenen gehörte die tägliche Zeremonie, die sowjetischen Frontberichte zu verlesen.

> Täglich am Vormittag erschien bei uns der Lagerkommandant Oberst Woronoff in Begleitung einer Dolmetscherin, Frau Stern, Gattin des NKWD-Offiziers Stern, der später eine maßgebliche Rolle im Zusammenhang mit dem „Nationalkomitee Freies Deutschland" spielte. Frau Stern war eine attraktive, gutgekleidete Jüdin, die ohne Zweifel aus Deutschland stammte. Der russische Kommandant ließ uns jedesmal durch sie die russischen Kriegsberichte vorlesen ... Ton und Form von Seiten der Russen blieben korrekt, wenngleich das Gesprächsklima eine feindselige Grundhaltung nur mühsam verschleiern konnte. Oberstleutnant Schweitzer, der den Lagerkommandanten ab und zu vertrat, machte erst gar keine Versuche, dies zu kaschieren, da er als Jude uns gegenüber keine besondere Sympathie entgegenbrachte. Generell waren damals unter den NKWD-Funktionären, die im Gefangenenwesen eingesetzt waren, und dem ärztlichen Personal viele Juden. In den späteren Jahren sollte sich das aber ändern und eine antijüdische Einstellung besonders in der russischen Bevölkerung wurde unverkennbar.[967]

Soweit der deutsche Oberst Arthur Boje. In einem allerdings irrte der Berichterstatter. Die Dolmetscherin Stern war mit hoher Wahrscheinlichkeit nicht Frau Stern, sondern eine der Zwillingsschwestern Emmi und Elise Stenzer, die unter dem Decknamen Stern als Politoffizierinnen für die Abteilung 7 der Politischen Hauptverwaltung der Roten Armee tätig waren.[968]

Angesichts der 1943/44 in die Hunderttausende gehenden Zahl der deutschen Kriegsgefangenen[969] wäre es interessant zu wissen, wie viele der Deutschen sich bereit fanden, in den ab Frühsommer 1942 eingerichteten Antifa-Schulen den ermüdenden Unfug des wissenschaftlichen Marxismus-Leninismus-Stalinismus über sich ergehen zu lassen. Neuere Schätzungen sprechen von ein- bis dreitausend pro Jahr.[970] Rechnet man die relevanten Jahre hoch, so kommt man bestenfalls auf 10 000 Teilnehmer; Burzew, der es eigentlich wissen musste, schrieb von insgesamt 5 000 Kursanten.[971] Das ist angesichts der Bedingungen in den russischen Lagern eher wenig.

Da war beispielsweise der Oberst Arthur Boje. Als Regimentskommandeur hatte dieser eisenharte Mann seinen Soldaten im Kessel von Stalingrad wenige Tage vor der offiziellen Kapitulation befohlen, den Kampf einzustellen und sich zu ergeben, denn die kümmerlichen Reste seines Re-

966 Z. B. bei Hoffmann: Moskau Berlin, S. 35; Zank: Stalingrad, S.124.
967 Boje: Agenten, S. 58.
968 Erler: Kommandounternehmen, S. 79 ff.; ders.: Emigranten, S. 37 ff.
969 Übersicht der Zahlen bei: Morré: Kulissen, S. 21.
970 Smith: Kampf, S. 133.
971 Burzew: Einsichten, S. 95.

giments besaßen nichts mehr, womit sie hätten schießen können.[972] Dieses bemerkenswerte Beispiel von Zivilcourage setzte sich in der nun folgenden Kriegsgefangenschaft fort. Es versteht sich, dass die Sowjets besonderes Interesse an dem Ritterkreuzträger zeigten, zumal sie zu Recht vermuteten, dass Boje zu den Autoritäten in der zerfallenden deutschen Soldatengesellschaft der Kriegsgefangenenlager zählte. Also versuchten sie, ihn für die Geheimdienstarbeit anzuwerben. Seine Zielperson sollte der Generalfeldmarschall Friedrich Paulus werden, den sie als Aushängeschild für die Propagandaarbeit einzufangen trachteten.

Boje unterschrieb. Noch im Jahre 2003 rühmten sich die offiziösen Berichterstatter der Militärabwehr Smersch, dass sie diesen Mann ge-

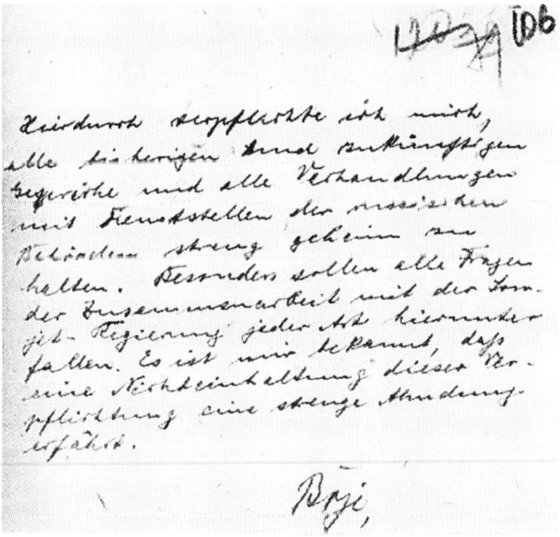
106

Hierdurch verpflichte ich mich, alle bisherigen und zukünftigen Gespräche und alle Verhandlungen mit Dienststellen der russischen Behörden streng geheim zu halten. Besonders sollen alle Fragen der Zusammenarbeit mit der Sowjet-Regierung jeder Art hierunter fallen. Es ist mir bekannt, daß eine Nichteinhaltung dieser Verpflichtung eine strenge Ahndung erfährt.

Boje

Eigenhändige Geheimhaltungsverpflichtung des Obersten Arthur Boje. Noch 60 Jahre später in Russland als Zusammenarbeitsverpflichtung deklariert. Daneben Boje in einer Bildbearbeitung der Smersch mit einmontiertem zweiten Stern auf der Schulterklappe, den er zur Zeit der Aufnahme nicht besaß. Rechts außen Ausschnitt aus dem Original des Fotos, das Boje als Oberstleutnant zeigt

worben hatten.[973] Dabei haben sie beiseite gelassen, dass Boje zwei Dinge tat, die dem normalen Agentenalltag widersprechen. Er fügte in seine Verpflichtungserklarung die Worte „nach dem Krieg“ ein und offenbarte sich anschließend einer ganzen Reihe von Offizierskameraden über seinen Schritt.[974] Sodann wurde er in die Unterkunft des Stalingradverlierers Paulus verlegt, wo er das Gegenteil von dem tat, was seine Werber erwartet hatten. Er übte jeden sich bietenden Einfluss auf den Feldmarschall aus, um

972 Boje: Agenten, S. 12 ff.; Jahnke: Front, S. 130; Steidle: Entscheidung, S. 255.
973 Christoforow u. a.: Smersch, S. 222 ff.
974 Boje: Agenten, S. 76.

sich den sowjetischen Avancen zu widersetzen. Das blieb nicht allzu lange unbemerkt. Durch Abhörmaßnahmen und andere deutsche Offiziersspitzel ins Bild gesetzt, zogen die Militärtschekisten Boje ab. Doch ganz mochten sie die Hoffnung noch nicht aufgeben. Erst gegen Kriegsende wurde er offensichtlich nutzlos und erhielt die übliche Quittung: 25 Jahre Zwangsarbeit. 1956 kehrte er als einer der letzten deutschen Soldaten als „nicht amnestierter Kriegsverbrecher" in die Heimat zurück.[975]

Leiter der Schule von Krasnogorsk war der Leningrader Philosophie-Professor Nikolaj Janzen.[976] Ihm standen später so prominent gewordene Leute wie der Germanist Lew Kopelew zur Seite, der schon damals bedenkliche Abweichungen zur Linie zeigte, indem er seine Kursanten aus „Mein Kampf" von Adolf Hitler vorlesen ließ.[977] Man liest nicht ohne ein Aha, wie die Russen an der Antifa-Schule von Krasnogorsk aus den Hitleristen Stalinisten zu formen gedachten. Hier ein Lehrplan:

> Die KPD in der gegenwärtigen Etappe, Walter Ulbricht
> Die gegenwärtige faschistische Propaganda, Arthur Pieck
> Der Kampf der Kräfte der Reaktion und des Fortschritts in Deutschland, Frieda Rubiner
> Der Kampf zwischen Fortschritt und Reaktion in der Geschichte des russischen Volkes, Oberstleutnant K. I. Selesnjow
> Die politische Zerschlagung des Faschismus, Hauptmann J. A. Schdanow
> Die Gesetze der sozialistischen Ökonomie, Major G. J. Konstantinowski
> Kultur und Alltag in der UdSSR, Major M. M. Kijatkin
> Militärpolitische Umschau, Oberstleutnant W. I. Nemtschinow
> Im Ringen um die kommunistische Weltanschauung, Oberst I. S. Braginski
> Die sowjetische Belletristik, Hauptmann W. I. Martens
> Das Fiasko der deutschen Militärdoktrin, Hauptmann W. W. Lossew.[978]

Die Absolventen der Antifa-Schulen mussten nach dem Kurs einen Eid ablegen, der in seiner Schwülstigkeit kaum russischer gedacht werden kann:

> Ich, Sohn der deutschen Nation, schwöre aus glühender Liebe für mein Volk, für mein Vaterland und für meine Familie zu kämpfen, bis mein Volk von Neuem frei und glücklich, bis die Schmach der faschistischen Barbarei von der Erde hinweggefegt und der Hitlerfaschismus vernichtet sein wird. Ich schwöre, gegen jeden, der diesen Eid bricht, erbarmungslos vorzugehen. Falls ich diesen Eid breche und somit Verräter an meinem Volk, meiner Familie und meinem Vaterland werde, ist mein Leben verwirkt. Der Hass und die Verachtung aller ehrenhaften Menschen sollen über mich kommen und meine Kampfesgenos-

975 Boje: Agenten, S. 200 ff.
976 Emendörfer: Front, S. 157 f.; Hoffmann: Moskau Berlin, S. 63 ff.; Rentzsch: Mein Weg, S. 357.
977 Smith: Kampf, S. 138.
978 Burzew: Einsichten, S. 93.

sen sollen mich beurteilen, wie es einem Verräter und Feind des Volkes zukommt.[979]

Wie viele von diesen Schwörenden im Kampf gegen die Wehrmacht eingesetzt wurden, ist völlig offen. Es ist vielfach berichtet worden, dass diese Neo-Antifaschisten zunächst eine Keuschheitsprobe abzulegen hatten. Die bestand in der Tötung eines deutschen Soldaten.[980] Spätere Veröffentlichungen in der DDR erwecken den Eindruck, als sei dies alles eine mächtige Bewegung unter der bewährten Leitung der Partei der deutschen Arbeiterklasse gewesen. Nicht zuletzt der um den ersten Machthaber der DDR getriebene Personenkult zwang zu solchen Blüten, da Walter Ulbricht von Anbeginn an, also seit 1941, in die Kriegsgefangenenarbeit eingebunden war.[981] Die offizielle Geschichtsschreibung ist nicht frei von Komik; wir lesen beispielsweise: „Die Gründung des NKFD erfolgte nicht zufällig in der UdSSR.“ [982] Weiß Gott nicht. Oder muss es hier heißen: Weiß Marx nicht?

Der große Theatercoup war die Gründung des Nationalkomitees Freies Deutschland (NKFD) und des Bundes Deutscher Offiziere (BDO). Beide Vereinigungen waren Kinder rein sowjetischen Ursprungs, die Eltern saßen im ZK der KPdSU und die Geburtshelfer in der Abteilung 7 der Politischen Hauptverwaltung der Roten Armee und im NKWD.[983]

Das NKFD wurde am 12./13. Juli 1943 in Krasnogorsk bei Moskau aus der Taufe gehoben. 208 sorgsam ausgewählte Personen waren die aufgebotenen Statisten. Das galt sowohl für die angereisten deutschen KP-Emigranten wie auch hinsichtlich der Kriegsgefangenen, die als Delegationen der einzelnen Kriegsgefangenenlager deklariert worden waren. Der kommunistische Dichter Erich Weinert erhielt die Rolle des Vorsitzenden, um ihn herum gruppierten sich weitere Kommunisten und etliche kriegsgefangene Soldaten. Zum Verdruss der Sowjets war es aber nicht geglückt, ranghohe Offiziere mit an den Angelhaken zu nehmen. Der höchste Offiziersdienstgrad war ein Major. Die deutsche Generalität in den Gefangenenlagern war zu diesem Zeitpunkt nicht bereit, eine offene Zusammenarbeit mit den Kommunisten zu praktizieren. Deswegen musste eine Ersatzlösung her. Das war der rein soldatische BDO. Mit ihm sollte Unabhängigkeit von der kommunistischen sowjetischen Führung demonstriert werden, die in Wirklichkeit selbstredend nicht vorhanden war. Die

979 Rentzsch: Mein Weg, S. 360 (etwas anderer Wortlaut).

980 Mednikow: Gruppe, S. 54 ff.; Wetrow: Banner, S. 33.

981 Burzew: Einsichten, S. 63; Dimitroff: Tagebücher, S. 434 (Tgb. 30. September 1941); Emendörfer: Front, S. 212 f., 219; Institut für ML: Arbeiterbewegung, Bd. 5, S. 333 ff.

982 Institut für ML: Arbeiterbewegung, Bd. 5, S. 356.

983 Reschin: Paulus, S. 61 f.

offizielle Gründungsversammlung des BDO fand am 11./12. September 1943 in Lunjowo statt.[984]

Beide Institutionen enthielten bis ins Jahr 1944 hinein die vage Möglichkeit, den Nukleus für eine deutsche Gegenregierung zu bilden, solange es nämlich nicht ganz klar war, ob es in absehbarer Zeit gelingen werde, die Wehrmacht vernichtend zu schlagen und die Regierung Adolf Hitlers zum Teufel zu jagen. Noch im Sommer 1944 schienen die Dinge für die Sowjets nicht ganz ausgestanden. Sie hielten es für denkbar, dass sich der Kampf auf deutschem Boden verschärfen würde, so dass sie dem NKFD und BDO noch bis über die Jahreswende erhebliche Bedeutung als Propagandainstrument zumaßen. Das klingt erstaunlich, denn mit der angloamerikanischen Invasion in der Normandie war die von Stalin seit 1941 vergeblich geforderte Zweite Front endlich Wirklichkeit geworden, doch nun, so schien es, hatten die Russen an diesem Ereignis nicht mehr die reine Freude. Der Grund hierfür ist simpel.

Solange die militärische Entscheidung im deutsch-sowjetischen Krieg auf der Kippe stand, hatten sich die Westalliierten vornehm zurückgehalten, mit Landstreitkräften in das europäische Kriegstheater einzugreifen. Jetzt, wo sich die Waagschale eindeutig zugunsten der Russen zu senken begann, wurde es auch für Churchill eilig, denn es stand zu befürchten, dass über kurz oder lang die Rote Armee am Ärmelkanal auftauchen würde. Zur selben Zeit, als die Westalliierten endlich ernst machten, hatten die Sowjets zum großen Schlag ausgeholt. In einem gewaltigen Ansturm ihrer konzentrierten Kräfte zertrümmerten sie die deutsche Heeresgruppe Mitte und drängten die Heeresgruppe Nord in den Kurländer Kessel ab. Genau dieser Sieg hatte ein doppeltes Gesicht. Es gab keinen Zweifel mehr, dass die Rote Armee in der Lage sein würde, die Wehrmacht militärisch niederzuzwingen, doch der Sieg würde in unendliche Ferne rücken, wenn im Deutschen Reich die NS-Clique von innen abserviert und durch eine Regierung unsicherer Kantonisten ersetzt werden würde, die mit den Westmächten Frieden machte. Dergleichen galt es zu unterlaufen. Die sowjetische Seite unternahm daher alle Anstrengungen, um gegebenenfalls auf einen revolutionären Zug, wie er sich dann am 20. Juli 1944 zeigte, aufspringen zu können. Verschärft wurden deutsche Offiziere umworben, im BDO mitzutun.

Der erste General von einigem Renommee, der den Sowjets im August 1943 auf den Leim ging, war der General der Artillerie Walter von Seydlitz, einer der Kommandierenden Generale aus der in Stalingrad untergegangenen 6. Armee. Ein großer Name in der preußischen Militärgeschichte. Dem jetzigen Seydlitz hatte sein Führer am 15. Januar 1942 das Eichenlaub

984 Manifest des NKFD, abgedr. in Institut für ML: Arbeiterbewegung, Bd. 5, S. 575 ff.; Burzew: Einsichten, S. 172 ff., 176, 180 f.; Reschin: Paulus, S. 61 f., 74.

zum Ritterkreuz verliehen.[985] Nun war es der Name eines Verräters. So jedenfalls sah es nicht nur das NS-Establishment, sondern auch für viele der in sowjetischer Kriegsgefangenschaft befindlichen deutschen Soldaten war Seydlitz nichts weiter als ein Lump. Dabei war Seydlitz bei Weitem nicht der Schlimmste, eher verdient er, naiv genannt zu werden. Seydlitz muss wohl ernsthaft gedacht haben, eine geschichtsträchtige Rolle übernehmen zu können. Doch aus dem kleinen Finger, den er den Sowjets reichte, wurde schnell die ganze Hand. Die Methode, die sie gegenüber diesem Manne anwandten, dem sie den Decknamen Presus verpasst hatten, war ebenso einfach wie wirkungsvoll. Sie konfrontierten den Gefangenen mit seinen regimekritischen Äußerungen, die er vor seiner Gefangennahme im Kameradenkreis von sich gegeben hatte und ließen durchblicken, dass man dergleichen ohne Weiteres veröffentlichen könne. Dann gäbe es für Seydlitz ohnedies kein Zurück mehr.[986] Ein Kompromat nennt man dergleichen beim Geheimdienst und die Sowjets hielten es nur deswegen in der Hand, weil sie über entsprechende Aussagen anderer kriegsgefangener Offiziere aus dem unmittelbaren Umfeld von Seydlitz Kenntnis hatten, die nichts dabei fanden, ihren neuen Herren gegenüber Spitzeldienste zu leisten. Einschüchterung und Eitelkeit gaben bei Seydlitz den Ausschlag und so wurde er einstweilen die Galionsfigur, umgeben von Speichelleckern aus dem Offizierskorps der großdeutschen Wehrmacht und umstellt von angeblichen Generalskameraden, die nichts weiter waren als üble Stubenspitzel.

Zunächst und vorweg Seydlitz' Ende: Als der Mohr seine Schuldigkeit getan hatte, besann sich die sowjetische Führung nach Kriegsende darauf, dass Seydlitz in der Sowjetunion Krieg geführt hatte, bevor er in Stalingrad in Gefangenschaft geriet. Also verurteilte ihn ein Militärtribunal zu fünfundzwanzigjähriger Zwangsarbeit. 1955 kehrte der in Abwesenheit in Deutschland zum Tode Verurteilte in die Heimat zurück. Er zog es vor, im Arbeiter- und Bauernparadies nicht unnütz zu verweilen. Am 16. Oktober 1955 traf er am Grenzbahnhof von Herleshausen ein. Jetzt hatte es der ehemalige Gefangene eilig. Dafür hatte sogar die Justiz Verständnis. Schon am 16. Februar 1956 hob ein bundesdeutsches Gericht das Todesurteil des Reichskriegsgerichts vom 26. April 1944 auf, so dass Seydlitz in den nächsten zwanzig Jahren in Ruhe seine Generalspension verzehren konnte. Er starb am 28. April 1976.[987] Mittlerweile war er zum Widerstandskämpfer mutiert.

Zurück in die sowjetischen Generalslager und hier zu einem gewissen Rudolf Bamler. Der Mann hatte seine Generalstabskarriere im Amt Ausland/Abwehr 1934 begonnen. Dort war er als Major Leiter von Abwehr III, zuständig für die militärische Spionageabwehr im Deutschen Reich.

985 Reschin: Seydlitz, S. 4.

986 Reschin: Seydlitz, S. 2, 29; ein ähnlicher Vorgang wird angedeutet bei: Steidle: Entscheidung, S. 261 ff.

987 Haase: Reichskriegsgericht, S. 239; Reschin: Seydlitz, S. 317.

Das brachte ihm eine nahtlose Zusammenarbeit mit der polizeilichen Spionageabwehr ein. Dagegen wird kaum einer etwas einzuwenden finden, selbst wenn diese Sparte Angelegenheit der Gestapo war. Befremdlicher wirkt dagegen, dass er diese Funktion dazu nutzte, um seinen unmittelbaren Vorgesetzten, den Admiral Wilhelm Canaris, bei dem neuen Stern des Regimes, SS-Gruppenführer Reinhard Heydrich, schriftlich anzuschwärzen. Canaris besitze nicht die notwendigen organisatorischen Fähigkeiten für sein Amt. Das stimmte zwar, war aber sicher nicht für den Allesfresser der Macht und Canaris-Konkurrenten Heydrich geeignet. Untergebene dieses Zuschnitts pflegt man als illoyal zu bezeichnen. Bamler verließ 1939, noch vor Beginn des Zweiten Weltkrieges, die Abwehr, um auf eigenen Wunsch in die ihm karriereträchtiger erscheinende Laufbahn des Truppengeneralstabs zu wechseln; manche sagen, er sei von Canaris weggelobt worden. In den nun folgenden Kriegsjahren wurde Bamler, ohne sonderlich viele Schüsse zu hören, viermal befördert. Erst 1944 kam er als Generalleutnant und Kommandeur der 12. Infanterie-Division zu einem ernsthaften Frontkommando. Das dauerte nur kurz, denn bereits Ende Juni 1944 geriet Bamler bei Mogiljow unversehrt in russische Kriegsgefangenschaft.[988] Er sagte:

> Die Angriffskraft des russischen Vormarsches übertraf alle unsere Erwartungen. Unter den gegebenen Umständen war die Gefangengabe die einzige Rettung. An Widerstand dachten wir nicht. Widerstand wäre auch zwecklos gewesen.[989]

Auch in der Gefangenschaft lernte Bamler schnell, denn bereits nach wenigen Tagen unterzeichnete er am 22. Juli 1944 den Aufruf der Generale und Truppenführer der Heeresgruppe Mitte, Hitlers System abzuschließen und damit den Krieg.

Zu diesem Zeitpunkt war Bamler bereits Mitglied des Bundes Deutscher Offiziere (BDO) geworden. Im Nebenamt diente der General als Agent des sowjetischen NKGB; seine Zielpersonen waren mit hoher Wahrscheinlichkeit die Generalskollegen in den Kriegsgefangenenlagern. Das zahlte sich nach dem Krieg aus. Bamler setzte seine Generalskarriere in der Sowjetischen Besatzungszone und späteren DDR fort. Ende 1953 trat er, nicht ganz freiwillig, in den wohlverdienten Ruhestand.[990]

Die Liste der inneren Überläufer ist lang. Wie wäre es mit Generalmajor Alexander von Daniels, Generalmajor Otto Korfes, Generalmajor Martin Lattmann, Generalmajor Arno von Lenski, Generalleutnant Vinzenz Müller, Generalmajor Karl von Rodenburg, Oberst Luitpold Steidle, Oberst

---

988 Burzew: Einsichten, S. 221.

989 Zit. nach Burzew: Einsichten, S. 227.

990 Froh u. a.: Generale, S. 69; Höhne: Canaris, S. 183 ff., 194; Meinl: Nationalsozialisten, S. 240 ff.; Reschin: Seydlitz, S. 249; Wenzke: Bamler, S. 35 ff., 48 f.

Hans-Günter van Hooven, um nur einige zu nennen.[991] Auch Lenski und Müller brachten es später zu Generalen der DDR. Bei Lenski ist es besonders witzig, dass er 1940 bis 1942 als ehrenamtlicher Richter an Freislers Volksgerichtshof amtierte, bevor ihn im September ein Befehl des Heerespersonalamtes zum Kommandeur der 24. Panzerdivision machte, der er an die Ostfront nachreisen musste. In Stalingrad wurde diese ehemalige 1. Kavalleriedivision vernichtet, ihr Kommandeur überlebte.[992] Ein anderer, Ludwig Steidle, wurde später DDR-Gesundheitsminister und Oberbürgermeister von Weimar.[993] Einer seiner ursprünglichen Mitgefangenen schrieb auf:

> Steidle war ... weich, geltungssüchtig, zum Soldaten weniger geeignet, jedoch musisch sehr begabt; er malte recht gut, war aber von überschwänglichem theatralischem Wesen, unzuverlässig und nicht beharrlich.[994]

Ein jüngerer Bataillonsführer notierte:

> Oberst Steidle, dessen Beteuerungen zur „Treue zum Führer" mir bei meinem Besuch auf seinem Gefechtsstand in der Silvesternacht 1942/43 noch gut in Erinnerung geblieben sind.[995]

Die Divisionskommandeure und Obristen waren den Sowjets nicht genug. Von vornherein zielten sie auf den Generalfeldmarschall Friedrich Paulus.[996] Dieser Mann hatte 1940/41 an prominenter Stelle im Heeresgeneralstab an der Barbarossa-Planung mitgewirkt.[997] Als die Sowjets dies bei den Verhören herausbekamen, schreckten sie keineswegs zurück. Im Gegenteil, wenn es gelang, diesen Mann herüberzuziehen, hatten sie zudem einen Kronzeugen für den Überfall Hitlers auf die friedfertige Sowjetunion. Die sowjetischen Dienste verstärkten ihre Bemühungen um diesen wichtigen Mann. Dass sie sich gegenseitig die Wurst auf dem Brot nicht gönnten, ist mehr als nur eine Vermutung. Während die GlawPURRKA, also die Politische Hauptverwaltung der Roten Armee, den Auftrag der Propaganda und Zersetzung federführend verfolgte, war es die Operative Verwaltung innerhalb der Hauptverwaltung für Kriegsgefangene GUPWI, welche die Hand auf ihn gelegt hatte. Und die unterstand keineswegs der Roten Armee, sondern dem Innenkommissariat des Lawrenti Berija, also dem NKWD.

Solange sich Paulus noch im Bereich der kämpfenden Truppe befand, hatte die Rote Armee die Vorhand. Sie sperrte den Gefangenen mit dem ehemaligen Stabschef der 6. Armee, General Schmidt, und Paulus' letztem

991 Burzew: Einsichten, S. 224; Boje: Agenten, S. 82 f.
992 Wenzke: Lenski, S. 98 ff.
993 Müller-Enbergs u. a.: Wer war wer, S. 818 f.
994 Boje: Agenten, S. 39.
995 Zank: Stalingrad, S. 117.
996 Burzew: Einsichten, S. 179 f.
997 Post: Barbarossa, S. 218.

Adjutanten, Oberst Adam, zusammen.[998] Damit nicht genug. Rund um die Uhr war ein sowjetischer Offizier in ihrer unmittelbaren Nähe. Der hatte zur Aufgabe, seine Deutschkenntnisse zu verbergen und alles mitzuhören und zu notieren, was die Gefangenen so äußerten. Das klang dann so:

> Beim Abendessen wurde unter anderem Teegebäck gereicht.
> Schmidt: „Das Gebäck ist gut, wahrscheinlich aus Frankreich."
> Adam: „Ja, es ist gut, wahrscheinlich aus Holland."
> Sie setzten die Brillen auf und betrachteten aufmerksam das Gebäck.
> Adam: „Sehen Sie mal, es ist russisches."
> Paulus: „Hören Sie doch auf, so darauf zu starren, es macht keinen guten Eindruck."
> Schmidt: „Haben Sie bemerkt, dass jedesmal andere Mädchen servieren?"
> Adam: „Und hübsche Mädchen."
> Den weiteren Abend verbrachten sie schweigend und rauchend. Die Ordonanz machte die Betten, und sie legten sich schlafen. Schmidt hat in der Nacht nicht geschrieen.[999]

Wir wissen nicht, was der Herr im Kreml sagte, als er dies zu lesen bekam, oder ob er nur genüsslich an seiner Pfeife nuckelte. Gefreut hat es ihn sicher, seine mächtigen Gegner so klein zu sehen. Einer dieser Dolmetscher und Heimliche-Berichte-Schreiber war der später als Historiker im Generalsrang bekannt gewordene Lew Besymenski. Er hat über die Jahre hinweg viel dazu beigetragen, die Dinge zu vernebeln.

In der Obhut des NKWD wurde der Ton sogleich rauer. Die Hauptverwaltung für Kriegsgefangene GUPWI wurde durch den Generalmajor Iwan Petrow geleitet. Ihm zur Seite stand der Kommissar der Staatssicherheit Nikolaj Melnikow. Melnikow war der Vertreter von Petrow und zugleich der Leiter der Operativen Abteilung, der Staatssicherheitsabteilung innerhalb der Gefangenenverwaltung[1000] – also gewissermaßen der Geheimpolizei in der Geheimpolizei. Er war zudem der Mann, der sich in die Gefangenenvernehmungen selbst einzuschalten pflegte. Ein deutscher Offizier, der ihm in der Lubjanka entgegentreten musste, hat ihn beschrieben:

> Wenige Minuten später erschien der Allgewaltige persönlich und setzte sich hinter den riesigen Schreibtisch, es war nämlich sein Arbeitszimmer. Er war von kleiner gedrungener Gestalt, an einen Berufsringer erinnernd, sein Gesicht hatte einen verschlossenen, bösen Ausdruck, der durch ein vorstehendes Kinn verstärkt wurde. Der General trug eine eng anliegende Uniform mit einem für seinen muskulösen Hals zu hohen, engen Kragen. Offensichtlich legte er Wert auf sein Äußeres, er duftete penetrant nach Parfüm. … Als ich darauf

998 Adam: Entschluss, S. 311 ff.
999 Zit. nach Reschin: Paulus, S. 26 f.
1000 Morré: Kulissen, S. 27.

> antwortete, ... stand Melnikow auf, kam um den Tisch herum und schlug mir mehrere Male mit der Faust ins Gesicht.[1001]

Melnikow prügelte noch ein weiteres Jahr, dann beging er im April 1944 überraschend Selbstmord.[1002] Die eigentliche Arbeit mit den Kriegsgefangenen Offizieren teilten sich die NKWD-Funktionäre Fjodor Parparow und Wolf Stern.[1003] Das waren zwei interessante Figuren. Parparow war ein altgedienter Tschekist. Seit 1926 gehörte er zur Auslandsaufklärung INO. Sein bevorzugtes Einsatzgebiet war Deutschland. 1938 erfolgte Parparows Rückruf nach Moskau. Den Hinrichtungen der „Großen Säuberung“ entging er irgendwie. Er flog lediglich aus dem Geheimdienst raus. Doch bereits 1940 war er wieder auf der alten Strecke tätig. Mit dem Beginn des deutsch-sowjetischen Krieges wechselte Parparow in die dritte Verwaltung des NKWD: Kampf im Hinterland des Gegners.[1004] Nun arbeitete er an dem Fall Paulus. Der andere Mann, Wolf Stern, war ein 1897 in der Bukowina, also im damaligen Österreich-Ungarn, geborener Jude. Wie sein ein Jahr älterer Bruder Manfred schlug er zunächst eine Offizierskarriere in der k. u. k. Armee ein, bevor er sich, ebenso wie der Bruder, einer sowjetischen Agentenlaufbahn verschrieb. Die „Große Säuberung“ überstand er ungeschoren – im Gegensatz zu seinem älteren Bruder, dem sich die Türen des Gulags öffneten, in dem er 1954 starb. Wolf Stern wurde in die Kriegsgefangenenarbeit beordert.[1005] So überlebte er den Krieg. Doch Anfang der 1950er Jahre geriet er in die Stalin'sche Judenverfolgung. Erst nach dem Tod des Diktators durfte er in die DDR ausreisen. Dort starb der 64-Jährige, den man zum Obristen der NVA und Leiter des Instituts für Kriegsgeschichte ernannt hatte, im Jahre 1961.[1006]

Anderthalb Jahre bearbeitete das Duo Parparow/Stern den deutschen Generalfeldmarschall.[1007] Im August 1944 hatten sie ihn dann soweit. Er setzte seine Unterschrift unter sowjetische Propagandaerklärungen. Das Überlaufen des Generalfeldmarschalls war ein zäher Prozess, es war eher ein Hinüberkriechen. Die Erschütterung über den eigenen Untergang bei Stalingrad und der Zusammenbruch der Heeresgruppe Mitte im Frühsommer 1944 mögen die Hauptwegmarken gewesen sein. Doch ein wichtiges Ereignis darf in diesem Zusammenhang nicht unterschlagen werden. Das ist der Anschlag auf Hitler am 20. Juli 1944. Interessant ist, wie die sowjetische Seite darauf reagierte und wie sie das Ereignis in ihr Konzept der politischen Kriegführung einpasste. Natürlich wurde auch die Führung des sowjetischen Auslandsdienstes von dem Ereignis überrascht. Die

1001 Boje: Agenten, S. 67.
1002 Morré: Kulissen, S. 27.
1003 Reschin: Paulus, S. 116.
1004 Eberle u. a.: Hitler, S. 26 f.
1005 Dengler: Leben, S. 107.
1006 Brun-Zechowoj: Stern, S. 26 ff.; Müller-Enbergs u. a.: Wer war wer, S. 824.
1007 Reschin: Paulus, S. 40–130.

berühmten Drähte in die KPD hinein waren längst zerschnitten, weil die Betroffenen hingerichtet, eingekerkert oder abgetaucht waren; und die, die sich noch bewegen konnten, waren einfach nicht angeschlossen an die Ereignisse, denn die Militäropposition in Deutschland und die im Zusammenhang mit dem 20. Juli aufgeflogenen Zivilisten mochten allen möglichen politischen Richtungen angehören, doch eines gilt mit Sicherheit: Sie waren keine Bolschewiken.

Das ahnten natürlich auch die sowjetischen Dienste und ihre kommunistischen deutschen Hintermänner. Doch das juckte sie wenig. Wozu hatte man das aufwändige Unternehmen des NKFD und des BDO geschaffen? Jetzt mochten sie sich bewähren. Mit großem Aufwand wurde das Ereignis des Hitlerattentats zur eigenen Sache umetikettiert.

> Alle vorliegenden Meldungen beweisen für eine objektive Betrachtung, dass die Ereignisse in Deutschland eine sehr ernste Wendung genommen haben. Es ist augenscheinlich, dass Deutschland heutzutage unter dem Zeichen einer politischen Krisis lebt. Unter dem Eindruck der erlittenen Niederlage artete diese Krisis in die offene Auflehnung eines Teils der deutschen Generalität aus.[1008]

So meldete es der Moskauer Rundfunk auf seinem deutschen Programm. Es war ein Stück wunderbarer Kommunistenprosa und es war, objektiv betrachtet, nicht besonders zutreffend. Dennoch: In diesem Sommer 1944 erhielten NKFD und BDO das erste und einzige Mal in ihrer Existenz den Hauch einer politischen Berechtigung, die über die Zersetzungsarbeit hinausging. Nur in diesem einen Moment spielte die sowjetische Führung mit dem Gedanken, ihr schwarz-weiß-rotes U-Boot in Deutschland auftauchen zu lassen, um in einer für möglich gehaltenen innenpolitischen Umbruchsituation mit eigenen Kräften vor Ort zu sein.

Es ist müßig, darüber zu spekulieren, was wann wie gewesen wäre. Im Sommer 1944 kam es für die sowjetische Seite zunächst einmal darauf an, die Frondeure zu eigenen Leuten zu stilisieren. Hieran hat man dann später, als es schon gar nicht mehr darauf ankam, festgehalten. Aus Stauffenberg und den Mitverschworenen wurden in der einschlägigen Geschichtsschreibung bewährte Antifaschisten sowjetischer Diktion. Das war natürlich Mumpitz.[1009] Die Verschwörer des 20. Juli besaßen keine Ost-Karte. Ihr außenpolitischer Vordenker, Adam Trott zu Solz, war ein Mann der Westorientierung. Völlig vergeblich bemühte sich die Gestapo, aus ihm einen Mann der Russen zu destillieren; das hätte nur zu gut ins Feindbild

---

1008 Zit. nach Jacobsen: Spiegelbild, S. 142.

1009 Vgl. z. B. Bericht des Chefs der Sipo und des SD an den Leiter der Parteikanzlei vom 7. September 1944; abgedr. bei Jacobsen: Spiegelbild, S. 367.

gepasst, doch es war nicht so.[1010] Sipo- und SD-Chef Ernst Kaltenbrunner brauchte bis zum November 1944; dann war es auch ihm klar.[1011]

Zurück zu NKDD und BDO: Nachdem die sowjetische Seite mitgekriegt hatte, dass die Propagandierung der Männer des 20. Juli ein Flop wurde, schaltete sie wieder auf Normalbetrieb um. Wie schon erwähnt, begnügten sich die sowjetischen Propagandisten der Abteilung 7 keineswegs damit, Aufrufe von Promis über die Frontlinien zu expedieren, sondern ihr Ziel hieß Zersetzung der deutschen Wehrmacht mit allen Mitteln. Spätestens mit der Zerschlagung der Heeresgruppe Mitte im Sommer 1944 wurde diese Tätigkeit der Sowjets zu einem deutschen Alptraum. Der SD notierte empört,

> dass die Bevölkerung, soweit sie davon Kenntnis erhält, von den neueren Flugblättern des Feindes zum ersten Mal stärker beeindruckt wird. In den östlichen Reichsgebieten tritt außerdem eine stärkere Gerüchtebildung auf, nach der unter anderem auf sowjetischer Seite deutsche Soldaten unter Anführung der Generale von Seydlitz und Graf Einsiedel kämpften, wie überhaupt die ganze russische Offensive im Mittelabschnitt der Anlage nach typisch deutsch sei![1012]

Die Methode war simpel und wirkungsvoll. Man schicke deutsche Soldaten, die sich gefangen gegeben haben, mit dem Auftrag zu ihren Truppen zurück, weitere Landser zur Aufgabe zu überreden, oder man nutze die schon länger dienenden Überläufer, um sie in Kombination mit sowjetischen Offizieren und kommunistischen deutschen Jungkadern weit hinter die deutschen Linien zu entsenden, damit sie dort gezielt für Desinformation und Unruhe sorgten. Für beide Varianten gab es ungezählte Beispiele. In jedem Fall aber waren es Himmelfahrtskommandos. Auf deutscher Seite erwischt zu werden, bedeutete den sicheren Tod. In etlichen Fällen machten auch Soldaten der Roten Armee mit den Männern in deutscher Uniform kurzen Prozess. A-7-Chef Burzew räumte später ein, dass er alle Hände voll zu tun hatte, um diesen Missstand abzustellen.[1013]

Einer der Betroffenen hieß Max Emendörfer. Später wurde der gelernte Schumacher aus Frankfurt am Main eine Art Vorzeigeprolet. Dem Leser seiner Autobiografie wird ein gerüttelt Maß an Selbstverleugnung abverlangt, doch wenn man die gut 250 Seiten sozialistischen Schmonzes beisei te schiebt, bleiben einige bemerkenswerte Details im Netz der Erkenntnisse hangen. Emendörfer desertierte im Januar 1942, wenige Tage, nachdem er an der Ostfront eingetroffen war.[1014] Doch sein Aufbegehren ging um

---

1010 Bericht des Chefs der Sipo und des SD an den Leiter der Parteikanzlei vom 8. und 10. August 1944; abgedr. bei Jacobsen: Spiegelbild, S. 173 ff., 190.

1011 Berichte des Chefs der Sicherheitspolizei und des SD an den Leiter der Parteikanzlei vom 21. und 29. November 1944; abgedr. bei Jacobsen: Spiegelbild, S. 492 f., 507 f.

1012 Bericht des Chefs der Sipo und des SD an den Leiter der Parteikanzlei vom 9. August 1944; abgedr. bei Jacobsen: Spiegelbild, S. 180.

1013 Burzew: Einsichten, S. 184 ff.

1014 Emendorfer: Front, S. 13 ff., 141 ff.

ein Haar schief. Niemand der verhörenden Offiziere der russischen Aufklärung mochte ihm abnehmen, dass er den Namen seines Bataillonskommandeurs nicht wusste. Das passte mit den Vorurteilen über den deutschen Ordnungssinn nicht zusammen. Also war der Mann ein Provokateur und wurde schleunigst nach hinten abgeschoben.

Wochenlang hauste der Gefangene in einem geschlossenen Güterwagen, bis dieser sich so weit mit Gefangenen gefüllt hatte, dass es den Abtransport in ein Lager lohnte. Die Ansteckung an der Ruhr war selbstverständlich; dass Emendörfer sie überlebte, der reine Zufall. Erst nach Monaten mochten die neuen Herren glauben, dass der heruntergekommene Soldat ein deutscher Genosse sei. Dann setzten sie ihn in der Frontpropaganda ein, denn immerhin erkannten sie, dass er anders als all die anderen abgehobenen Typen des kommunistischen Exils die Sprache des deutschen Landsers sprach; man hätte auch sagen können, die Sprache des Volkes. Emendörfer gehörte zu den Erstunterzeichnern unter dem Gründungsdokument des NKFD, dann schickten ihn die Spitzengenossen erneut an die Front zurück, denn für so erhabene Dinge wie Rundfunk und Zeitungen war er sicher nicht zu gebrauchen.[1015] Also wurde er einer der ersten Frontbeauftragten des NKFD.

Die Frontbeauftragten, sie mussten deutsch aussehen, waren aber nichts anderes als Organe der Abteilung 7, die unter der Aufsicht sowjetischer Offiziere möglichst frontnah Lautsprecherpropaganda betrieben. Die ging dann wie folgt ab. Zunächst wurde nach Möglichkeit durch die ortsansässigen Streitkräfte eine Jasyk, also eine Zunge, beschafft. So nannten die Russen seit jeher das Heranholen eines feindlichen Soldaten, dem die nötigen aktuellen Informationen über das Gegenüber, die Namen, die Verbände, die Stimmung abgenötigt wurden, die dann sogleich in die nun einsetzenden Propagandaansagen eingebaut wurden. Auf Seiten der Rotarmisten war das Auftauchen dieser Angehörigen des NKFD außerordentlich unbeliebt. Es bedeutete nicht nur, dass die Verursacher des Propagandaradaus, sondern die gesamte Umgebung von wütendem Störfeuer eingedeckt wurden und, was noch schlimmer wog, dass dies ein überdeutliches Signal war, sich zu einem der gefürchteten Sturmangriffe auf die deutschen Stellungen aufraffen zu müssen, die den Lautsprecheransagen meist auf den Fuß folgten.[1016]

Noch ein Wort zu Emendörfer: Im Gegensatz etwa zu Co-Deserteur und NKFD-Frontbeauftragten Heinz Keßler, der es in der DDR noch einmal bis zum Verteidigungsminister bringen sollte[1017], ging es unserem Helden nach dem Krieg nicht gut. Am 7. August 1945 kehrte er nach Berlin zurück. Bereits am folgenden Tag nahmen die Organe des NKWD den

1015 Emendörfer: Front, S. 193 ff.
1016 Emendörfer: Front, S. 174 ff.; 206 f.
1017 Emendörfer: Front, S. 219 f.

angeblichen Gestapo-Agenten fest. Dem Genossen Walter Ulbricht hatte es gefallen, den Russen diese tödliche Denunziation zu stecken, weil er Emendörfer nicht mochte. Doch der überlebte die Lagerhaft ein zweites Mal. 1956 gehörte er zu den Spätheimkehrern. Auf dem Bahnhof Berlin-Lichtenberg ist er am 18. Juni 1974 an Herzversagen gestorben.[1018]

Die frontüberbrüllenden Lautsprecheransagen waren nicht alles. Von den Gruppen mit einem Fernauftrag erlangte die des Majors Nikolaj Djatlenko und des Hauptmanns Alexej Koslow nach dem Krieg eine gewisse Bekanntheit.[1019] Sie machte sich im Februar 1944 in Moskau auf den Weg. Ihr Auftrag: Im Hinterland der Heeresgruppe Mitte mit der Zersetzungsarbeit zu beginnen. Die Gruppe sprang hinter der deutschen Front ab und teilte sich. Der eine Teil unter Major Djatlenko sollte im Raum Minsk operieren, wurde aber alsbald gestellt und liquidiert; nach anderen Darstellungen war sie trotz ihrer Verluste erfolgreich.[1020] Die andere Gruppe mit der taktischen Bezeichnung 117 unter Hauptmann Koslow und dem weiblichen Oberleutnant Galina Chromuschina landete bei Baranowitschi und begann tatsächlich mit der Zersetzungsarbeit. Sie konnte sich bis zur sowjetischen Sommeroffensive halten und geriet in den Untergangsstrudel der Heeresgruppe Mitte. Nunmehr betätigten sich die Zersetzer als Pro-

Das Personal zur Zersetzung der deutschen Wehrmacht in Weißrussland im Sommer 1944. Links die Gruppe 117: Hauptmann Solodnikow, Fritz Scheffler, Oberleutnant Galina Chromuschina, Herbert Hentschke, Karl Rienagel, Hugo Behrs. Überlebte schwer verletzt: der Leiter der anderen Gruppe, die vernichtet wurde, Major Nikolaj Djatlenko

1018 Müller-Enbergs u. a.: Wer war wer, S. 183 f., 421.

1019 Budai: Gruppe 117, S. 438 ff.; Bahrs: In den Wäldern, S. 266 ff.; Djatlenko: Treue Söhne, S. 408 ff.; Hentschke: Im Hinterland, S. 452 ff.; Jahnke: Front, S. 167 ff: o. Verf.: Im Auftrag, S. 387 ff.; Scheuer: Im Rücken, S. 425; Wolff: An der Seite, S. 140 ff.

1020 Emendörfer: Front, S. 229 ff.

pagandisten für Kapitulationsaufrufe. Auch hierbei sollen sie recht erfolgreich gewesen sein[1021]; doch auch das ist fraglich.[1022]

Galina Chromuschina, die so viele ihrer Mitkämpfer beeindruckt hat, wurde 1918 geboren. Nach dem deutschen Angriff auf die Sowjetunion meldete sich die Studentin bei der Roten Armee. Nach einem ersten Einsatz bei einer kommunistischen Freiwilligendivision im Oktober 1941 vor Moskau kam die zierliche Frau zur Abteilung 7. Sie überlebte den Krieg. 1945 war sie in Berlin, 1946 als TASS-Korrespondentin bei den Nürnberger Kriegsverbrecherprozessen. Bereits 1962 ist sie gestorben. Lew Kopelew widmete ihr sein Buch „Aufbewahren für alle Zeit".[1023]

Von Widerstand keine Spur. Die umetikettierte Sowjetspionage

> Ihr Geheimauftrag lautet: Vorstoß in das Gebiet westlich der Oder, Verbindung zu Widerstandskämpfern herstellen, Informationen nach Moskau funken und damit den weiteren Vormarsch der Roten Armee unterstützen.[1024]

So jedenfalls ist es in der sozialistischen Heldenliteratur überliefert worden. Wenn man das mit den Widerstandskämpfern beiseite lässt, dann stimmt's vermutlich.[1025] Auch was sonst noch so alles von der Anleitung durch die KPD und durch den Genossen Ulbricht geschrieben wurde, fassen wir nur mit spitzen Fingern an. Denn die Gruppe von fünf Deutschen, die da am 23. August 1944 im Raum Radomsko (Radom) mit dem Fallschirm absprang, waren Agenten der GRU. Ihr Operationsname lautete Andreas Hofer. Sie sollten Tiefenaufklärung betreiben. Josef Gieffer war der Leiter der Gruppe, die anderen waren die Genossen Ferdinand Greiner, Artur Hofmann, Josef Kiefel und Rudolf Gyptner. Beim Abflug hatte sich zur Überraschung des Quintetts eine junge Russin dazugesellt, die sich Shura (Жура) nannte, sie hatte schon mehrere Einsätze ins Hinterland hinter sich und sie war Funkerin – man könnte auch sagen: die russische Aufpasserin der deutschen Agenten.

Nur ein kurzer Blick auf das deutsche Quintett: Josef Gieffer wurde 1908 in Düsseldorf geboren.[1026] Angeblich war er 1923 Kämpfer in der Roten Ruhrarmee.[1027] Wir betrachten diesen Hinweis mit Skepsis, denn in dieser Zeit war Gieffer 15 Jahre alt. Der 23-Jährige wanderte 1931 in die Sowjetunion aus und nahm einige Jahre später bei den Interbrigaden

1021 Burzew: Einsichten, S. 225 f.

1022 Emendörfer: Front, S. 238 f.

1023 Kopelew: Aufbewahren, S. 9.

1024 Otten: Memento, S. 310.

1025 Anders Erler: Kommandounternehmen, S. 96 f., der die Schilderungen der DDR-Literatur übernimmt.

1026 Institut für ML: Widerstandskämpfer, Bd. 1, S. 312.

1027 Ferdinand Greiner, zit. nach Otten: Memento, S. 313.

am Spanischen Bürgerkrieg teil. August 1942 bis Juli 1943 hielt er sich an der Schule der Komintern in Kuschnarenkowo auf. 1944 wurde der Mann mit dem Decknamen André Leiter der Aufklärergruppe Andreas Hofer zugeteilt. Arthur Hofmann, Jahrgang 1907, war ein Jahr älter als Gieffer. Angeblich war er mit dem Faltboot von Hamburg über Finnland in die Sowjetunion ausgewandert.[1028] Fest steht hingegen, dass er im Frühjahr 1943 unter dem Decknamen Klopfer eine Agentenausbildung in Kuschnarenkowo erhielt. Dort hielt sich auch Ferdinand Greiner zweimal auf, und zwar November/Dezember 1941 und ein Jahr später November/Dezember 1942. Josef Kiefel, Jahrgang 1909, war 1927 als 18-Jähriger der KPD beigetreten. 1931 zog er in die Sowjetunion. 1942 zog ihn die Rote Armee ein und machte aus ihm einen Fernagenten. Der Jüngste, Rudolf Gyptner, war, wie es so schön im DDR-Deutsch heißt, ein Sohn seiner Klasse.[1029] Im Klardeutsch bedeutet das, dass seine Eltern bei seiner Geburt am 4. Januar 1923 kommunistische Funktionäre waren; Vater Richard diente in dieser Zeit in Moskau bei der Kommunistischen Jugendinternationale. Später ging er dem konspirativen Gewerbe beim Westeuropäischen Sekretariat der Komintern in Berlin nach, bevor er sich nach der NS-Machtergreifung dann nach Moskau absetzen konnte. Sohn Rudolf kam nach dem Beginn des deutsch-sowjetischen Krieges zur Roten Armee, wo man dem Jungkommunisten eine Agenten- und Funkerausbildung verpasste. Hierzu gehörte, dass man ihn zur Eingewöhnung in die deutschen Verhältnisse im Frühjahr 1944 als Spitzel durch mehrere Lager für deutsche Kriegsgefangene schleuste[1030]; dann stand er zum Einsatz bereit.[1031]

Der Gruppe „Andreas Hofer" zugehörig: Rudolf Gyptner

Die Absprungstelle lag weit westlich der Weichsel. Sie war von einer sowjetischen Fernaufklärungsgruppe unter Hauptmann Anatoli vorbereitet worden. Der stützte sich auf die ortsansässigen polnischen Kommunisten, die hier eine Partisanenbrigade gebildet hatten. Deren Kommandeur Boleslaw Boruta beschrieb die Szene später so:

> Unsere Genossen kannten die Parole für den Empfang der Fallschirmspringer. Sie bestand aus der Schlüsselzahl 13. Man nannte eine Zahl darunter und der Partner musste sie auf 13 ergänzen. Zweimal kurvte die Maschine um den

1028 Ferdinand Greiner, zit. nach Otten: Memento, S. 313.

1029 Institut für ML: Widerstandskämpfer, Bd. 1, S. 312 ff.; Otten: Memento, S. 310.

1030 Brief von Wilhelm Pieck an Georgi Dimitroff vom 26. Oktober 1943, in: BA SAPMO: NY 4036/529, Bl. 54.

1031 Richard Gyptner, zit. nach Otten: Memento, S. 311.

Platz, dann entfernte sie sich. Kurz darauf standen wir fünf Männern und einem Mädchen gegenüber. Die Männer trugen sowjetische Offiziersuniformen und sprachen Russisch. Wir brachten sie sofort in unsere Waldverstecke – Hütten aus Laub und Ästen. Die Materialsäcke wurden sichergestellt. Einer der fünf holte aus seinem Rucksack eine Flasche Wodka und reichte sie reihum. Er sah erschöpft aus.[1032]

Was weiter geschah, ist nicht ganz einheitlich beschrieben worden. Klar ist nur, dass die Gruppe des Josef Gieffer bereits Schwierigkeiten hatte, aus ihrem Absprungraum abzumarschieren. Allem Anschein nach war ihre Landung verraten worden. Ebenso gut ist es möglich, dass sie sich durch ihren sogleich aufgenommenen Funkverkehr selbst verraten hatte.[1033] Ein unverzüglich einsetzendes Vorgehen deutscher Sicherungskräfte führte zur Vernichtung der aus etwa 40 Personen bestehenden Gruppe des sowjetischen Hauptmanns Anatoli, der die Deckung des Abmarsches der Deutschen nach Westen übernommen hatte; Anatoli wurde später und posthum zum Helden der Sowjetunion erklärt. Aber auch den deutschen Agenten ging es nicht viel besser. Die Gruppe trennte sich in Lublin und hetzte weiter. Greiner, Hofmann und Kiefel mussten nur zu bald feststellen, dass mit ihrer Art der Ausstattung bei Straßenkontrollen kein Durchkommen war, also versuchten sie, zum Ausgangspunkt zurückzukehren, wo sie in eine Schießerei mit den deutschen Sicherungskräften hineingerieten, die soeben dabei waren, die sowjetischen Aufklärer zu vernichten. Nur mit Mühe gelang es den drei Deutschen, sich bei polnischen Bauern zu verstecken. So konnten sie warten, bis sie im Januar 1945 von der Roten Armee überrollt wurden. Die beiden anderen, Josef Gieffer und Rudolf Gyptner, hielten sich eine Woche in Lubliniec (Lublin) in der Wohnung der Polin Maria Stolorz versteckt, wo sie offensichtlich, unvorsichtig genug, erneut in Funkkontakt zur Zentrale traten. Hierbei wurden sie von einem deutschen Messtrupp angepeilt. Auf der weiteren Flucht gelangte das Duo zur Mühle von Panwokow. Der Müller Roch Kupierz brachte sie unter. Was sie dort in den nächsten Tagen taten, ist unklar. Klar ist hingegen, dass Gyptner Tag für Tag sein Funkgerät in Betrieb nahm. Am 28. November 1944 wurde die Mühle von deutschen Soldaten umstellt. Der Müller und seine deutschen Gäste wurden, da sie sich zur Wehr setzten, erschossen. In der Tagesmeldung 263/44 der Ordnungspolizei von Kattowitz liest sich das so:

Am 28. 11. 1944 wurde eine Fahndungsaktion zur Festnahme von feindlichen Fallschirmagenten in dem Grundstück des Müllers Kupierz in Panwokow, Kreis Loben, durchgeführt. Dabei wurde ein Fallschirmagent (Jude) beim Verlassen der Scheune erschossen. Vier bis fünf weitere Fallschirmagenten haben sich in der Scheune erschossen. Beim Öffnen der Scheune ist der Müller Ku-

1032 Boleslaw Boruta, zit. nach Otten: Memento, S. 315.
1033 Vgl. Ferdinand Greiner, zit. nach Blank u. a.: Rote Kapelle, S. 406.

pierz von einem Fallschirmagenten erschossen worden. Die Fallschirmagenten hatten der wiederholten Aufforderung, die Scheune zu verlassen, nicht Folge geleistet, weshalb die Scheune zur Verhütung weiterer Verluste in Brand gesteckt wurde. Vier bis fünf Fallschirmagenten und der erschossene Müller Kupierz sind mitverbrannt.[1034]

Späteren DDR-Geschichtserzählern ist es schwer gefallen, der Geschichte der Gruppe Gieffel einen Sinn zu geben. Doch mit etwas Fantasie gelang es ihnen. Als nämlich die ruhmreiche Sowjetarmee am 17. Januar 1945 zum Sturm auf Lublin antrat, gelang ihr die Einnahme der Stadt, wobei sie den Faschisten schwere Verluste zufügte, während sie selbst keine Verluste zu beklagen hatte. So hatte sich die Aufklärungstätigkeit von Gieffer und Co ausgewirkt.[1035] Ein schönes Märchen. Nachspiel: Vater Richard Gyptner wurde 14 Jahre lang über das Schicksal seines Sohnes im Unklaren gelassen. Der Altkommunist wurde erst ins Bild gesetzt, als man aus seinem Sohn einen lupenreinen Widerstandskämpfer gemacht hatte. 1961 ernannte die Regierung der DDR den Vater zum Botschafter in Warschau.[1036]

Was wurde aus den Überlebenden der Gruppe Andreas Hofer? Josef Kiefel wurde MfS-Offizier. 1970 trat der Oberst und Leiter der Abteilung XXI (Innere Sicherheit im MfS) in den wohlverdienten Ruhestand. Artur Hofmann erging es ähnlich. Nach einem Umweg über Moskau, wo er bei der Abteilung 7 der Hauptverwaltung der Roten Armee diente, kam er zum MfS, das den Oberst 1970 in den Ruhestand entließ. Ferdinand Greiner zog es nach dem Krieg nicht zur Uniform. Er wurde in der Keramikindustrie der DDR tätig. Bereits 1957 ging der schwer angeschlagene Mann in den Ruhestand.[1037]

Die Gruppe Andreas Hofer war nur eine von vielen, die zur Front- und Tiefenaufklärung gegen die deutsche Wehrmacht zum Jahresende 1944 eingesetzt worden waren. Die deutsche Funkaufklärung machte sich keinerlei Illusionen über die Vielzahl der sowjetischen Agentenfunkstationen, die sie peilen konnte. Bei der Abteilung Fremde Heere Ost wurden sie akribisch gezählt: 15 vor der Pribaltischen Front, 8 vor der 2. Bjelorussischen Front, 19 vor der 1. Bjelorussischen Front, 19 vor der 1. Ukrainischen Front und 8 vor der 4. Ukrainischen Front. Daneben waren 26 Stationen der Tiefenaufklärung der GRU tätig.[1038]

In dieser Zeit wetteiferten die verschiedenen sowjetischen Dienste miteinander: INO und GRU, wie schon gehabt; hinzu kamen die Verwaltung für Sonderaufgaben des NKWD, also die Sabotagetruppe von Pawel Su-

1034 Tagesmeldung der Ordnungspolizei Kattowitz Nr. 263/44, zit. nach Otten: Memento, S. 323.

1035 Otten: Memento, S. 323.

1036 Müller-Enbergs u. a.: Wer war wer, S. 296 f.

1037 Kaderakte Ferdinand Greiner, in: BA SAPMO.

1038 Blank u. a.: Rote Kapelle, S. 409; Lagekarte der FHO für November 1944 abgedr. bei Gehlen: Dienst, S. 90; dieselbe Karte bei: Schramm: Geheimdienste, S. 454.

dopatow, und die Bemühungen der Abteilung 7 der Politischen Hauptverwaltung der Roten Armee, die massenhaft Kriegsgefangene zu Propaganda und zu Sabotagezwecken zu den deutschen Linien zurückschickte, und die Tätigkeit von Smersch, der Militärabwehr, die insofern an einem günstigen Hebel saß, da sie als Erster der Dienste Zugriff auf die von der Roten Armee eingebrachten Gefangenen nehmen konnte. Auch bei Smersch verkam die Gewinnung von vermeintlichen oder tatsächlichen Agenten zur Massenveranstaltung. Bereits David Dallin bemerkte in seinem 1956 über die Sowjetspionage erschienenen Grundlagenwerk, dass der Masseneinsatz gegen die deutsche Front denkbar stümperhaft aufgezogen wurde.[1039] Die Spionageorganisatoren nahmen äußerst leichtfertig in Kauf, dass ihre Agenten ins offene Messer liefen.

Zum Beispiel Smersch, die Militärabwehr: Sie setzte nicht nur Deutsche, sondern auch eigene Leute ein. Wenn wir uns anschauen, wie irrwitzig unprofessionell die eingesetzten Smersch-Offiziere legendiert wurden, können wir uns nur wundern, dass im 2003 erschienenen offiziösen Gedenkbuch die einschlägigen Fälle völlig unkritisch wiedergegeben worden sind. Beispiel 1: Smersch-Mann S. W. Tschestnejschij ging 1944 als Hauptmann Menschnikow in deutscher Uniform über die Linien. Von ihm ist ein Passfoto überliefert, das ihn mit Offiziersmütze des Heeres und Kragenspiegeln eines SS-Untersturmführers zeigt. Auch sein rechter Kragenspiegel, der die SS-Runen tragen müsste oder, bei einem SD-Funktionär, leer sein müsste, weist die drei Sterne eines Untersturmführers aus. Zudem trägt der Russe das Kriegsverdienstkreuz 2. Klasse, das Kreuz ist jedoch außen sichtbar, was kein Mensch so trug, sondern nur das Ordensband im zweiten Knopfloch von oben.[1040] Beispiel 2: Ein anderer, P. I. Prjadko, wurde als sowjetischer Hiwi Petro Petrenko legendiert, seinen Dienstausweis jedoch unterzeichnete ein Mann mit der Dienststellung „Hauptmann und stellvertretender Truppführer“.[1041] Dergleichen hat es in der gesamten Wehrmacht nicht gegeben. Die Beispiele ließen sich beliebig fortführen: fehlende Stempel, falsche Uniformen, unzutreffende Papiere.

Es ist unbekannt, wie viele deutsche Kriegsgefangene so ins Rennen geschickt worden sind. Eine gescheite Ausbildung hatten sie nicht, bestenfalls waren ihnen auf den Antifa-Frontschulen einige sozialistische Merksätze mit auf den Weg gegeben worden. Von der Frontschule der 1. Ukrainischen Front ist überliefert, dass sie am 9. März 1944 in Shitomir mit ihrer Arbeit begann. Da waren es 16 Kriegsgefangene, die auf ihren Einsatz vorbereitet wurden. Die Frontschule wurde beim Vormarsch der Roten Armee 1944/45 mitgeschleppt, im August 1944 war sie in Rudnik am San, am 23. Februar 1945 in Krakau, am 3. Mai 1945 in der Nähe von Breslau

1039 Dallin: Sowjetspionage, S. 313 f.
1040 Christoforof: Smersch, S. 186 f.
1041 Christoforof: Smersch, S. 171 f.

und am 9. Mai in Radebeul. Dort wurde sie dichtgemacht.[1042] In der Zwischenzeit gingen Hunderte von Deutschen, die man sich sowjetischerseits nicht scheute, Antifaschisten zu nennen, an und über die Front. Man hat sich darum gedrückt, die Zahlen der Toten, der Vermissten, der Rücküberläufer zu nennen. Völlig unbekannt ist auch die Zahl derer, die gleich nach dem Frontwechsel von deutschen Streifen aufgegriffen und im Ruckzuckverfahren aufgehängt wurden. Lediglich Einzelschicksale sind überliefert.

Bereits im Dezember 1943 sprangen zwei ehemalige deutsche Kriegsgefangene in der Nähe von Pskow (Pleskau) mit dem Fallschirm ab. Sie hatten den Auftrag, einen Brief des BDO-Präsidenten Walter von Seydlitz an den Oberbefehlshaber der deutschen 18. Armee zu überbringen. Ob sie tatsächlich bis zu Generaloberst Georg Lindemann vordrangen,

Выдано антифашисту Круммель, Эмиль
родившемуся в 1910 г. в городе Дуисбург
в том, что он ведет активную работу на стороне Красной Армии по разложению немецко-фашистских войск.
При выполнении специального задания Командования Красной Армии ...фашист Круммель
...мужество и храбрость.
...ьник
...истской школы
...йор (Мартенс)
№ 58
...го мая 1943 г.

Wer mit derartigen Papieren erwischt wurde, hatte keine Chance. Hier die Antifa-Kennkarte von Emil Krummel, 1943 bis 1945 Frontbevollmächtigter des NKFD an der Nordwestfront

ist ungewiss. Klar ist hingegen, dass sie festgenommen wurden. Einer der beiden, Franz Frainig, packte aus. Das Todesurteil gegen ihn und seinen Mitstreiter Walter Mohr war reine Formsache. Mohr wurde am 28. Juli 1944 erschossen.[1043]

Anfang Oktober 1944 sprang eine Gruppe von fünf Mann in der Nähe von Allenstein in Ostpreußen ab. Ihr Auftrag lautete, als vermeintliche Streife der Feldpolizei Verwirrung und Unordnung zu stiften. Das ging nur wenige Tage gut, dann fielen sie mit ihren unzureichenden Papieren auf.[1044] Nur zwei der vermeintlichen Feldgendarmen hatten das Glück zur Aburteilung an das Reichskriegsgericht in Torgau überstellt zu werden. Als die Gefangenen im April 1945 in die Tschechoslowakei verlegt wurden, liefen sie der Roten Armee in die Arme und kamen frei.

Im März 1945 wurde ein deutscher Obergefreiter in die Festung Graudenz geschickt, um den Kommandanten, den Generalmajor Fricke, durch

1042 Dohm: Schule, S. 333 f.
1043 Hoffmann: Moskau Berlin, S. 81 ff.
1044 Ludes: Fallschirmspringer, S. 309.

einen persönlichen Brief zur Übergabe zu veranlassen. Der Bote wurde erschossen[1045]; sein Name ist unbekannt geblieben. Dafür kennen wir denjenigen umso genauer, der ihn losschickte. Das war der ehemalige Major der deutschen Wehrmacht Bernhard Bechler. Wir haben ihn bereits bei der Gründung von NKFD und BDO kennen gelernt. Jetzt war dieser Wendehals Frontbeauftragter der 2. Bjelorussischen Front – eine hübsche Dienststellung, bei der er sich nicht mehr selbst in Gefahr bringen musste. Nach dem Fall der Festung machte Bechler dem Kommandanten schwere Vorwürfe, dass dieser seinen, Bechlers, Brief mit der Kapitulationsaufforderung an das OKW per Luftkurier weitergeleitet habe. Durch diesen Missgriff habe der General Bechlers Frau und seine Kinder in schwere Gefahr gebracht. Diese nach dem Krieg aufgeschriebene Auslassung zeigt den Wendemajor in seiner ganzen Schäbigkeit. Er kümmerte sich nicht nur einen Dreck um das Wohl seiner Familie, sondern nahm ungerührt zur Kenntnis, dass das Schicksal seiner Frau erst nach der Kapitulation einen furchtbaren Verlauf nahm. Frau Margret Bechler verschwand grundlos für die nächsten zehn Jahre in sowjetischen Lagern, während der Ehemann als angehender General vergnügt an seiner Karriere bastelte.[1046]

Nur wenige kamen mit dem Leben davon. Gustav Szinda war solch ein Mann; er gehörte zum Urgestein kommunistischer Geheimdienstarbeit.[1047] Szinda, Jahrgang 1897, hatte bereits den Krieg 1914/18 als deutscher Soldat erlebt. Bei dessen Ende ging er zur USPD, nach dem Ruhrkrieg stieß er 1924 zur KPD. Nach der Machtergreifung der Nationalsozialisten überstand er zwei Jahre in der Illegalität, bevor er nach Amsterdam emigrieren durfte. Im Spanischen Bürgerkrieg fungierte er als Abwehrleiter bei den Interbrigaden. 1939 gestattete man ihm die Flucht nach Moskau, wo ihn die Komintern in Lohn und Brot nahm. Nach einer Schulung in Kuschnarenkowo kam er 1943 als Funktionär bei einer Partisaneneinheit in den Pripjet-Sümpfen zum Einsatz. Von dort zurückgeholt, ging er erneut im Flugzeug über die Frontlinie. Sein Zielort war nunmehr Berlin, der Auftrag angeblich: Kontaktaufnahme mit dem kommunistischen Widerstand.[1048] Zu vermuten ist indessen, dass er in Wirklichkeit den Verbleib der diversen NKWD-Agentengruppen aufklären und die Verbindung wiederherstellen sollte. Denn genau in dieser Zeit war es den Sowjets höchst unklar, ob die Fallschirmagenten der ersten Welle vom Frühsommer 1942 noch auf freiem Fuß waren oder ob sie nicht längst unter deutscher Aufsicht funkten, wie es tatsächlich der Fall war. Deswegen lag es nahe, eine nicht angekündigte Kontrolle durchzuführen. Die misslang. Es ist Szindas Geheimnis geblieben, ob er es überhaupt versucht hat.

1045 Aussage Beeck vom 16. April 1945, zit. nach Hamacher: Fricke log, S. 242.
1046 Bechler: Warten, S. 45 ff.
1047 Sakowski: Revolutionär, passim.
1048 Sakowski: Revolutionär, S. 64 f.

Bei der sowjetischen Frühjahrsoffensive 1945 stellte er sich der Roten Armee in der Nähe von Guben. Fast folgerichtig saß er bis September 1945 in Haft, angeblich beim NKWD, vermutlich aber bei der Smersch. Seine Identifizierung muss wohl gelungen sein, auch ist es ihm offensichtlich geglückt, seinen Verbleib in Deutschland und die offensichtlich unterbliebene Kontaktaufnahme mit der Führungsstelle in Moskau plausibel zu erklären, denn nach einem guten halben Jahr war er wieder auf freiem Fuß und sogar zum Lehrer an der frisch eröffneten Parteischule in der Nähe von Moskau avanciert.[1049] Ein Todesurteil hätte sicher genauso gut im Bereich des Möglichen gelegen. Später machte Szinda Karriere im MfS, von 1958 bis 1965 als Leiter der Bezirksverwaltung Brandenburg.

Der Endkampf um Deutschland trieb nicht nur auf deutscher Seite kuriose Blüten. Die Sowjets standen dem in nichts nach. Bereits bei der Gewinnung von deutschen Einflussagenten aus den deutschen Kriegsgefangenenlagern hatten die sowjetischen Funktionäre die auserlesene Schar der Ritterkreuzträger umschwärmt. Sie wussten nur zu genau: Das Ritterkreuz des Eisernen Kreuzes, um den Hals getragen unübersehbar, galt deutschen Soldaten als der begehrenswerteste Uniformschmuck. Etwa 7000 Soldaten wurden mit dieser Auszeichnung, die eine Erfindung des Dritten Reiches war, dekoriert. Also machten auch die Gefangenenverwaltung des NKWD und die Abteilung 7 der Politischen Hauptverwaltung Jagd auf diese Soldaten. Und sie waren erfolgreich: General Walter von Seydlitz trug den begehrten Orden nebst Eichenlaub, Feldmarschall Friedrich Paulus hatte ihn, genauso wie Generalleutnant Vincenz Müller, Generalmajor Alexander von Daniels und Generalmajor Martin Lattmann. Doch was bei Generalen mit einiger Fronttätigkeit fast zum Dienstanzug gehörte, war bei niedrigeren Chargen durchaus die Ausnahme. Eine solche war der Oberst Luitpold Steidle, der es bezeichnenderweise in seiner wortreichen Autobiografie unterlassen hat, die Verleihung des Ritterkreuzes bzw. deren Anlass zu erwähnen.[1050] Wir haben bereits erwähnt, wie der Oberst und Ritterkreuzträger Arthur Boje die Sowjets an der Nase herumführte und was das für böse Folgen für ihn hatte. Ein weiterer Ritterkreuzträger, der den Sowjets zulief, war der Hauptmann Franz Kreideweis[1051]; doch Kreiseweis trug die begehrte Auszeichnung nur als Legende, denn sie war ihm nie verliehen worden. Doch die Krone von allem waren zweifellos diejenigen Soldaten, die unter ihren neuen sowjetischen Dienstherren das Ritterkreuz erwarben. Gab es nicht? Es gab sie; hier sind sie:

Unter den Soldaten, die unter dem Kommando von Oberst Arthur Boje am 28. Januar 1943 in Stalingrad die Waffen streckten, befand sich der 25-jährige Artillerie-Leutnant Rudolf Böhm. Der in Schlesien geborene

1049 Hoffmann: Moskau Berlin, S. 112.
1050 Steidle: Entscheidung, S. 134–272.
1051 Wolff: An der Seite, S. 281 und Bildteil nach S. 160.

Katholik hatte mit der NS-Diktatur nicht viel am Hut. 1939 wurde der Theologiestudent zur Wehrmacht eingezogen. Nach dem Frankreichfeldzug machte er seine Offiziersausbildung. Im Winter 1941/42 kam er an die Ostfront. Nun, ein Jahr später, war er in sowjetischer Gefangenschaft gelandet, deren erste Monate er wie durch ein Wunder in einem Mannschaftslager überstand. Anfang 1944 ließ er sich im Offizierslager Jelabuga für das NKFD keilen. Der obligate Kurs an der Antifa-Schule von Krasnogorsk folgte auf den Fuß, so dass er im Sommer 1944 für höhere Aufgaben zur Verfügung stand. Böhm erhielt eine Legende und hieß fortan Oberleutnant Steffens. Sein Auftrag lautete, das ehemals von der deutschen Wehrmacht besetzte Territorium Weißrusslands, Litauens und Polens zu durchstreifen, um als vermeintlich versprengter deutscher Offizier Anschluss an Sabotagegruppen, ehemalige Kollaborateure und antisowjetische Banden zu bekommen, die sodann von NKWD-Truppen liquidiert wurden.

Angeblich wurde dem deutschen Oberleutnant Steffens für seinen unermüdlichen Einsatz das Ritterkreuz verliehen. Das ist fraglich, da sich in der fraglichen Zeit nur eine Ritterkreuzverleihung an einen Hauptmann Walter Steffen am 4. Juli 1944 nachweisen lässt, der zu einer allerdings merkwürdig benannten Einheit (GrenRgt. Grp. 510) gehört haben soll.[1052] Stimmen die Personen überein, so muss Steffen-Böhm in Funkkontakt zu deutschen Führungsstellen gestanden haben, denen auf diese Weise ein Funkspiel aufgenötigt wurde. Das ist nicht unwahrscheinlich, wie wir am gleich folgenden Fall Scherhorn noch sehen werden. Eins jedenfalls ist sicher. Der zum Kommunisten mutierte Katholik muss seine Aufgabe sehr zur Zufriedenheit seiner sowjetischen Auftraggeber erledigt haben, denn ihm wurde auf Beschluss des Präsidiums des Obersten Sowjets der Orden des Vaterländischen Krieges 1. Klasse verliehen.[1053] Es hat den Anschein, dass Böhms Tätigkeit noch bis über das Kriegsende hinaus andauerte. Ende August 1945 durfte er nach Berlin, wo der bewährte sowjetische Kämpfer sogleich für die Jugendarbeit und die Gründung der FDJ eingesetzt wurde. 1958 musste er wegen irgendwelcher ideologischer Unstimmigkeiten als Funktionär ausscheiden. Wer weiß, ob das nicht das Beste für ihn war, denn fortan schrieb Böhm Drehbücher für die DEFA und fürs Fernsehen. Sein Name steht im Abspann von 60 Spielfilmen.[1054]

Der zweite Fall einer erstaunlichen Ritterkreuzverleihung an einen Sowjetagenten ist der des Heinrich Scherhorn. Der Oberstleutnant und Kommandeur des Sicherungsregiments 36 geriet bei der Zerschlagung der Heeresgruppe Mitte im Raum Minsk in sowjetische Kriegsgefangenschaft. Bereits im August 1944, sozusagen noch frisch an Ort und Stelle, wurde Scherhorn von der 4. Verwaltung des NKGB angeheuert. Das war die

1052 www.rktraeger.de/Orden/Ritterkreuz.
1053 Jahnke: Front, S. 134.
1054 Müller-Enbergs u. a.: Wer war wer, S. 90.

Truppe des Pawel Sudoplatow, die für die Sabotage im deutschen Hinterland verantwortlich war.[1055] Scherhorn erhielt den Decknamen Schubin und sein Führungsagent wurde Alexander Demjanow. Diesen Agenten haben wir bereits als Max, Heine und Kauders kennen gelernt; er wurde nach Beginn des deutsch-sowjetischen Krieges hinter die deutschen Linien geschleust und an die Abwehr herangespielt, die ihn zur Überraschung seiner sowjetischen Auftraggeber als Agenten Max für die Sowjetunionspionage nach Moskau zurücksandte.[1056] Nun wurde Abwehr I zwei Jahre im Funkspiel Kloster an der Nase herumgeführt. Im Sommer 1944 setzte Demjanow mit der Scherhorn-Sache seinem bisherigen Tun die Krone auf. Es ist allerdings umstritten, wer auf die Idee kam, Scherhorn anzuheuern. Der Deutsche Karl Wegmann hat die Sache aus seiner Sicht dargestellt. Wegmann, der eigentlich für einen Agenteneinsatz in Deutschland vorgesehen war, wurde im Sommer 1944 in das Hinterland der sowjetischen Sommeroffensive mit dem Auftrag umgelenkt, in deutscher Uniform versprengte Wehrmachtssoldaten aufzuspüren und zu bekämpfen, sprich: gefangen zu nehmen oder umzubringen. In seinen Worten ließ sich die Sache mit Scherhorn wie folgt an:

> Bei einer Gruppe von Versprengten, die wir gefangen nahmen, befanden sich ein Oberstleutnant der Wehrmacht und sein Funker mit einem funktionstüchtigen Sende- und Empfangsgerät. Uns war klar, dass wir das für unsere Zwecke ausnutzen mussten. Der faschistische Oberstleutnant war regelrecht schockiert, als ihm in der Wehrmachtsuniform deutsche Kommunisten gegenüberstanden. Wochenlang bearbeiteten wir ihn. Mal spielten wir mit ihm Skat, um ihn ein bisschen zu zerstreuen, dann diskutierten wir mit ihm über die Kriegslage und die Überlegenheit der Roten Armee. Wir sagten ihm, was Deutschland bevorstehe, wenn es zum direkten Kriegsschauplatz würde. Wir machten ihm auch klar, dass er die einmalige Chance hatte, einen Teil der Verbrechen, die die Nazis in der Sowjetunion verübt hatten, wieder gutzumachen und zur schnelleren Beendigung des Krieges beizutragen. … Die Genossen der Roten Armee schlugen vor, dem OKH in einem Funkspruch mitzuteilen, dass im Rücken der sowjetischen Front ein kampfstarker Verband operiere, der von dem Oberstleutnant geführt werde.[1057]

Die Genossen der Roten Armee, die hier die Vorschläge unterbreiteten, waren in Wirklichkeit die NKGB-Funktionäre Ejtingon, Maklerski und Fischer – Spitzenleute aus der 4. Verwaltung, die bekanntlich für Diversion und Terror hinter den deutschen Linien zuständig waren. Sudoplatow, der Leiter dieser Verwaltung hatte seine besten Leute entsandt, denn die Idee zu diesem abenteuerlichen Unternehmen stammte nach seiner Lesart von niemandem anderen als dem sowjetischen Generalissimus Stalin.[1058] Der

1055 O. Verf.: Lubjanka.
1056 Sudoplatow: Handlanger, S. 204 f.
1057 Wegmann: Diversant, S. 357 f.
1058 Sudoplatow: Handlanger, S. 211 f.

Tschekist Naum Ejtingon war der Organisator des Mordes an Leo Trotzki und eines Attentats auf Franz von Papen.[1059] Michail Maklerski war der langjährige Führungsoffizier von Demjanow.[1060] Und der Dritte in der Riege, William Fischer, wurde später weltbekannt, als er 1957 als Illegaler in New York verhaftet und fünf Jahre später gegen den US-Spionagepiloten Francis Powers ausgetauscht wurde; sein damaliger Künstlername lautete Rudolf Abel.[1061]

Das erfahrene Trio nahm Scherhorn nach allen Regeln der NKWD-Kunst in die Mangel. Der knickte ein und so entstand die Legende von der Kampfgruppe Scherhorn, die sich zäh und erfolgreich im nunmehrigen sowjetischen Hinterland herumschlug. Die Funkverbindung zu Scherhorn hielt das deutsche Frontaufklärungskommando 103 (Heeresgruppe Mitte); es hatte mit seiner Funkstelle Flamingo bereits 1942 die funktechnische Abfertigung des Agenten Demjanow-Max übernommen.[1062] Nun leitete 103 die eingehenden Wünsche zum OKW weiter. Parallel hierzu wirkte Demjanow, der behauptete, er sei als Nachrichtenoffizier von der Stawka in Moskau zur Front versetzt worden, von wo aus er die behaupteten Operationen und Erfolge der Kampfgruppe Scherhorn bestätigte.[1063] Zahlreiche Versorgungsflüge des Kampfgeschwaders 200 sicherten die weitere Existenz dieses Scheinverbandes.[1064]

Liest man heute die zwischen dem Frontaufklärungskommando 103 und dem vermeintlichen Verband Scherhorn gewechselten Funksprüche, wie sie im Militärarchiv in Freiburg gesammelt vorliegen[1065], so kommen einem Zweifel an der Professionalität der deutschen Akteure, allen voran der Oberst i. G. Hans-Heinrich Worgitzky, I c der Heeresgruppe Mitte: Eine Funkhandschriften-Kontrolle der nachträglich entsandten Funkagenten: Fehlanzeige. Eine grammatikalische Analyse der zum Teil verschroben klingenden, augenscheinlich aus dem Russischen übersetzten Antworttexte: Mit Sicherheit unterblieben. Kontrollrückfragen nach persönlichen Details der angeblich namentlich bekannten deutschen Soldaten mit der Aufforderung einer sofortigen Antwort: Nicht geschehen.

Nur so war das Folgende möglich: 22 der abgesetzten deutschen Agenten liefen ins offene Messer. 17 Funkstationen und 1,7 Millionen Rubel wechselten zudem auf diese Weise den Besitzer. Einer dieser Funktrupps stand unter der Führung des SS-Untersturmführers Will Linder, Deckname: Schiffer. Linder meldete seinen erfolgreichen Anschluss an die Kampf-

1059 Kuznetsov: KBG General Naum Isakovich Eitingon; Whaley: Biographical Index, C 25.

1060 Sudoplatow: Handlanger, S. 200 f.

1061 Henkel: Was treibt den Spion, S. 141–166; Andrew u. a.: Schwarzbuch, S. 212 ff.

1062 Höhne: Krieg, S. 445.

1063 Sudoplatow: Handlanger, S. 212.

1064 Heeresgruppe Mitte/I c [Oberst Worgitzky]: Bericht zur Kampfgruppe Scherhorn, BA MA RH 2/2152 f.; Stahl: KG 200, S. 139 ff., 298 f.

1065 BA MA RH 2/2152.

gruppe Scherhorn. Nach der Aussage seines Chefs Otto Skorzeny soll dieser Kontakt bis zum Mai 1945 gedauert haben. Was das zu bedeuten hat, kann unter den bereits geschilderten Umständen nicht zweifelhaft sein. Linder erhielt für seinen vermeintlichen Schneid bereits am 9. November 1944 das Ritterkreuz.[1066] Auch dem tüchtigen deutschen Kommandeur Scherhorn brachte die Tätigkeit von Demjanow die Beförderung zum Oberst ein und, auf besondere Anordnung Hitlers, am 23. März 1945 die Verleihung des Ritterkreuzes. Bei allem Durcheinander des deutschen Zusammenbruchs sorgten Flieger des deutschen KG 200 dafür, dass der frisch Geehrte seinen Orden per Luftpost und Fallschirm erhielt.

Am 5. Mai 1945 stellt die deutsche Führungsstelle den Kontakt zu Scherhorn ein.[1067] Vier Tage später gab es keine großdeutsche Wehrmacht mehr. Ein letztes Wort zu den Hauptpersonen. Scherhorn kam in ein Kriegsgefangenenlager, aus dem er Anfang 1949 in die DDR entlassen wurde. Ob er dort bis zu seinem vermutlichen Tod 1972 blieb, ist unklar. Fest steht lediglich, dass die Generalbundesanwaltschaft 1954 ein Ermittlungsverfahren gegen ihn eröffnete, das am 7. November 1955 eingestellt wurde. Die Tätigkeit des GBA deutet darauf hin, dass es sich um ein Verfahren wegen Landesverrats gehandelt haben könnte; doch fest steht dies nicht. Die Akten wurden vernichtet. Scherhorns vermeintlicher Funkagent Will Linder starb 1946 in einem russischen Lager an offener Lungen-Tuberkulose.[1068] Demjanow kehrte bei Kriegsende nach Moskau zurück, wo er sodann in einem Forschungslabor als Elektroingenieur arbeitete. 1975 starb er im Alter von 64 Jahren während eines Bootsausfluges auf der Moskwa an einem Herzinfarkt.[1069]

Flugzeugträger England. Deutschlandspionage von Westen her und andere unfreundliche Akte

Der britische Kriegsverbündete bot der Sowjetunion eine willkommene Spionagebasis. Doch wer war der Gegner? Um es gleich zu sagen: Es war nicht nur das Deutsche Reich, sondern das Gastgeberland stand mindestens mit gleicher Intensität auf der Agenda der sowjetischen Bemühungen. Manch einer mag das als einen unfreundlichen Akt bezeichnen, doch man muss aus russischer Sicht berücksichtigen, dass Großbritannien auf der Feindskala Stalins seit je her an der obersten Stelle rangierte. Wie ein Trauma zieht sich durch alle Maßnahmen, die ihm sein Verfolgungswahn diktierte, das konspirative Treiben des britischen Geheimdienstes. Bei aller Spintisiererei hatte diese Furcht einen realen Hintergrund, der mit dem Stichwort des lettischen Komplotts von 1918 zu umschreiben ist. Ohne die

1066 Krätschmer: Ritterkreuzträger der Waffen-SS, S. 809 f.
1067 O. Verf.: Otscherki, Bd. 4, S. 120–128.
1068 Skorzeny: Kommandounternehmen, S. 362 f.
1069 Sudoplatow: Handlanger, S. 215.

Einzelheiten erneut auszubreiten, sei stichwortartig daran erinnert, dass die Geheimagenten seiner Majestät, die Herren Bruce Lockart und Sidney Reilly, es unternommen hatten, der noch jungen Herrschaft des Wladimir Lenin ein Ende zu bereiten. Dazu versuchten sie die als Kremlwache eingesetzten lettischen Truppen zu bestechen. Das ging bekanntlich in die Hose.[1070] Seit dieser Zeit sah Stalin allüberall die bösen Briten am Werke. Sie spukten durch die Sabotageprozesse der späten 1920er Jahre und durch die Schauprozesse der „Großen Säuberung". Allen diesen britischen Agenten war eines gemeinsam: Sie existierten nur in den Akten und in den Scheingeständnissen.

Für die Entsendung von sowjetischen Fallschirmagenten, die im westlichen Ausland bzw. in den westlichen Teilen des Deutschen Reiches eingesetzt werden sollten, dienten die Britischen Inseln als Sprungbrett, denn sowjetische Flugzeuge, die solche Entfernungen überbrücken konnten, existierten nicht. Für die Agenten war das eine Reise mit vielen Unbekannten. Da sie zumeist aus den Reihen der kommunistischen Politemigranten bzw. deren Kindern rekrutiert waren, war es zudem die Reise in eine fremde Welt, da sie keinerlei Lebenserfahrung als Erwachsene außerhalb des Daseins in Funktionärskreisen der Sowjetunion besaßen. Ihren britischen Gastgebern begegneten sie daher mit schroffer Zurückhaltung und im Zielgebiet verhielten sie sich unsicher, auffällig und ungeschickt. Jede ihrer Anlaufadressen war ein Vabanquespiel, da sie die Personen, die sie um Unterstützung angehen sollten, nicht kannten. Das galt auch umgekehrt. Ehemalige oder Noch-Kommunisten mussten damit rechnen, dass sie einer Provokation der Gestapo aufsaßen.

Nun einige dieser Agentenschicksale, die durchaus als Teil fürs Ganze gelten können: Einer der ersten war Bruno Kühn. Die Parteibiografen vermelden, dass der Ende 1901 Geborene bereits 1919 der KPD beitrat, der er bis 1933 als Funktionär in Berlin diente. Nach dem Machtantritt der Nationalsozialisten erfolgte die übliche Festnahme, die aber nicht lange währte. Kaum auf freiem Fuß, emigrierte Kühn in die Sowjetunion. Im Spanischen Bürgerkrieg sahen ihn die Interbrigaden als Politkommissar, 1939 geriet er in ein französisches Internierungslager, aus dem er auf ausdrückliche Intervention der Sowjetregierung freikam. Was machte diesen Mann so wichtig? Nun, er besaß einen prominenten Fürsprecher, den Moskauer Spitzenemigranten Walter Ulbricht, denn der war mit Kühns Schwester Lotte liiert.[1071] Bereits im ersten Jahr des Russlandkrieges setzte Kühn sich von der Sowjetunion mit dem Schiff in Bewegung. Sein Ziel war Großbritannien. Von hier aus sollte der NKWD-Mann unter dem Aliasnamen Frederik Müller der steckengebliebenen Deutschlandspionage unter die Arme greifen.

1070 Roewer: Skrupellos, S. 305 ff.
1071 Erler: Kommandounternehmen, S. 88; Weber u. a.: Kommunisten, S. 805.

Ein erster Absetzversuch zur Jahreswende 1941/42 scheiterte. Kühn wurde schwer verletzt. Ende November 1942 startete er zum zweiten Mal. Er sprang in der niederländischen Provinz Geldern ab. Holländische Genossen sollten ihn nach Deutschland durchschleusen. Doch sie winkten ab. Sie konnten das seit neuestem notwendige Einreisevisum ins Reich nicht beschaffen.[1072] Vielleicht scheuten sie sich auch, den Pass von Kühn zu benutzen, denn der angebliche Frederik Müller, geboren am 17. Dezember 1901 in Roermond, wies einen für Einheimische unübersehbaren Fehler auf. Den Namen Müller hätte in Holland kein Mensch mit Ü geschrieben, sondern schlicht Muller. Ein knappes halbes Jahr konnte er sich in Amsterdam halten, dann griff die Gestapo zu. Späteren Zeiten diente er als Vorlage für Heldenkitsch[1073], in Gera als Namensspender für eine Erweiterte Oberschule und für das Institut für Marxismus-Leninismus musste er sogar als sowjetischer Partisan sterben.[1074] In Wirklichkeit erschossen ihn Gestapobeamte am 6. Juli 1944 in Brüssel.[1075] Das alles war natürlich peinlich für die SED-Geschichtsfälscher; folglich verlegten sie Kühns Deutschlandeinsatz und Tod auf das Jahr 1941.[1076]

Sprung in den Tod: Bruno Kühn

Die nächsten, die über die Englandroute kamen, waren Elsa Noffke und Georg Tietze. Sie sprangen am 23. Februar 1943 in der Gegend von Freiburg im Breisgau ab.[1077] Sie wurden erwartet, denn ihr Kommen war über Funk angekündigt worden. So wusste nicht nur Alexander Foote, einer der Funker des Schweizer Dora Netzes der GRU, um was es hier ging, sondern auch die Funkabwehr, die zu dieser Zeit bereits den Dora-Funkverkehr mitlas. Zwar konnten die beiden Agenten in letzter Minute dem Zugriff entkommnen, doch ihr am Lastenfallschirm mitgeführtes Gepäck einschließlich des wertvollen Funkgerätes mussten sie an Ort und Stelle zurücklassen. Das war der Einstieg für ein weiteres Funkspiel der Gestapo. Ex-Fallschirmagent Wilhelm Koenen machte es möglich. Ihm wurden aus Moskau die deutschen Anlaufquartiere des Agentenpaares durchgegeben, um diesem ein Ersatzfunkgerät zuzustellen. Für die Betroffenen war das verhängnisvoll. Sie wurden im April 1943 festgenommen und fast alle zum Tode verurteilt. So auch die beiden Agen-

1072 Nollau u. a.: Gestapo, S. 143.
1073 Hermlin: Die erste Reihe.
1074 Institut für ML: Widerstandskämpfer, Bd. 1, S. 549.
1075 Nollau u. a.: Gestapo, S. 165.
1076 Institut für ML: Arbeiterbewegung, Bd. 5, S. 303, 640.
1077 Bayerlein u. a.: Kommentare, S. 574 f.; Erler: Kommandounternehmen, S. 88; Nollau u. a.: Gestapo, S. 54 ff.

ten, die man mit estnischen Legenden versehen hatte. Auf die Idee kann nur ein Verrückter gekommen sein, denn dass die beiden angeblichen Esten Kerstin Poska und Otto Ulnotti kein Wort Estnisch konnten, wurde bei der Vernehmung innerhalb von Minuten geklärt.

Auch der dritte Streich war ein Schlag ins Wasser mit ebensolchen fatalen Folgen. Über diesen Fall sind wir deswegen gut unterrichtet, weil einer der wenigen Überlebenden, Friedrich Schlotterbeck, gleich nach dem Krieg seine Erlebnisse publizierte.[1078] Die dort geschilderten Tatsachen halten verblüffenderweise vielfach einer Überprüfung stand. Das Fallschirmspringerpaar waren Eugen Nesper und Hermann Kramer. Kramer war ein altgedienter Kommunist[1079], Nesper ein Wehrpflichtiger aus Schwaben, der im August 1942 zur Roten Armee übergelaufen war. Die beiden Agenten sprangen am 7. November 1943 in der Nähe von Stuttgart ab. Auch sie wurden erwartet. Ein Gewehrschuss machte Kramer kampfunfähig, Nesper konnte entkommen. Doch die Annahme, dass der Kumpel nicht überlebt habe, erwies sich als irrig. Die Gestapo quetschte den Verwundeten unverzüglich und mit Erfolg aus. Die Festnahme von Nesper war danach nur noch eine Frage von Tagen. Auch Nesper wurde zur Kollaboration aufgefordert, denn der Gestapo kam es darauf an, alle denkbaren Mittelsmänner und Sympathisanten dingfest zu machen. Nesper willigte ein und zog unter Gestapo-Aufsicht ein verzweigtes Gegenspionagenetz auf. Im Sommer 1944 flog alles auf. Ein Bürokratenschreiben der Stapo-Leitstelle Stuttgart an das dortige Standesamt vom Januar 1945 teilte lapidar neun Sterbefälle mit, deren Todesdatum mit 30. November 1944 angegeben war.[1080]

Nur zwei entkamen dem Desaster. Der Kollaborateur Eugen Nesper und eine der Kontaktpersonen, Friedrich Schlotterbeck. Auch dieser an Jahren junge Mann hatte bereits eine gediegene Haftkarriere als Ex-Kommunist hinter sich. 1943 kam er aus dem KZ auf freien Fuß, da die Gestapo ihn als Lockvogel gebrauchen wollte. Wenn man ihm auch in diesem Punkt Glauben schenken will, ging er auf das Freilassungsangebot ein und unterrichtete alle Bekannten vom Ansinnen der Staatspolizei. Das mag so sein. Fest steht, dass sowohl Nesper als auch Schlotterbeck nach dem Krieg aus der Schweiz nach Württemberg zurückkehrten und alsbald in die DDR übersiedelten; Schlotterbeck sollte diesen Schritt mit einer dreijährigen Haftstrafe bezahlen.[1081]

Einen Gag eigener Art veranstaltete die GRU in Großbritannien selbst. Wer wen auf die Idee brachte, ist letztlich ohne Belang. Das Ergebnis war ein klassischer Fall von Gegenspionage und die Gelackmeierten waren

---

1078 Schlotterbeck: Je dunkler die Nacht, passim.

1079 Institut für ML: Widerstandskämpfer, Bd. 1, S. 422.

1080 Stapoleitstelle Stuttgart an Standesamt Stuttgart, Schreiben vom Januar 1945, Az. IV 2 b-813 a/44, abgeb. bei Schlotterbeck: Je dunkler die Nacht, S. 255.

1081 Nollau u. a.: Gestapo, S. 62; Weber u. a.: Kommunisten, S. 669 f.

die Herren aus den diversen britischen und US-amerikanischen Diensten. Dreh- und Angelpunkt waren die aus Deutschland emigrierten Geschwister Jürgen und Ursula Kuczynski. Ursula diente unter mancherlei Namen seit den frühen 1930er Jahren der GRU. Nach ihrem Intermezzo in der Schweiz war sie dank einer Scheinheirat mit dem Mitagenten Len Beurton in den Genuss einer britischen Aufenthaltsgenehmigung gekommen. Dieses freundliche Gastrecht nutzte sie als illegale Residentin zum Nachteil ihres Gastlandes nach besten Kräften aus.[1082] Sie führte unter anderem in dieser Zeit den nach England emigrierten Klaus Fuchs, einen der produktivsten Atomspione der Sowjetunion.[1083]

Hier in England zeigte die Kuczynski erneut ihren speziellen Familiensinn, denn auch Vater und Bruder, die nach England entkommen waren, gehörten bald zu ihren Informanten. Dem Bruder gelang dann das, was jedem Geheimdienst ein Horror ist: Er fand Eingang in den US-amerikanischen Luftwaffengeheimdienst Strategic Bombing Survey, der diesem tüchtigen Sowjetspion den Rang eines US-Oberstleutnants verlieh.[1084] Auf diese Weise erfuhren seine Moskauer Auftraggeber nicht nur, was der kluge Jürgen über Planung, Ziele, Misserfolge und Erfolge des angloamerikanischen Bombenkrieges gegen Deutschland herausfand, sondern er war auch eine wandelnde Auskunftei des personellen Innenlebens seines Zweitarbeitgebers.

Da mochte Schwester Ursula nicht zurückstehen. Sie rekrutierte mit Erich Henschke einen Mann, der sodann mit Zustimmung der Moskauer Zentrale dem US-Geheimdienst OSS untergeschoben wurde. Dort hatte der Emigrant die witzige Aufgabe, für das OSS Fallschirmagenten zu rekrutieren, deren Zielland das Deutsche Reich war. Was lag da näher, als die Betreffenden für den Tag danach zu präparieren, wenn es also kein Deutsches Reich mehr geben würde, was 1944 nicht nur absehbar, sondern erklärter Wille der Alliierten war. Ein solcher Mann war beispielsweise Anton Ruh, genannt Toni. Der 23-Jährige kam im März 1945 bei der US Operation Hammer in Berlin zum Einsatz.

Was den Sowjets wenige Wochen vor Kriegsende nicht besonders recht sein konnte, kam ihnen unter diesen Voraussetzungen nur umso gelegener. Sie wussten dank Ruh, wo die amerikanischen Agenten eingesetzt waren und was für Aufträge sie hatten. Sie gingen indessen noch einen Schritt weiter. Ruh, der sich im April 1945 bei der sowjetischen Militärabwehr Smersch meldete, wurde umgehend an die US-Boys zurückgegeben. Das Ziel war klar, der Mann sollte im gegnerischen Dienst weitermachen. Doch der gegnerische Dienst wusste es noch nicht, dass er ein solcher war. 1945 bis 1947 wurde Ruh zwar in London festgehalten, aber offensicht-

1082 Home Office: Fallakten Beurton.
1083 Home Office: Fallakten Beurton, KV 6/43.
1084 Müller-Enbergs u. a.: Wer war wer, S. 484.

lich nicht eingesetzt. Anschließend kehrte er in die SBZ zurück, wo er alsbald als Staatsfunktionär Karriere machte. Als der 52-Jährige 1964 starb, war er Botschafter der DDR in Bukarest.[1085]

Auch die Kumpel von Ruh machten Karriere. Henschke wurde Chefredakteur der Berliner Zeitung.[1086] Die Kuczynski kam ins Amt für Information der DDR. Doch die Bürotätigkeit war offenbar die Sache dieser Weitgereisten nicht. Sie wechselte 1956 ins Fach der freien Schriftstellerin, so lesen wir jedenfalls. Als sie im Jahre 2000 starb, hatte sie allerlei für den sozialistischen Buchmarkt geschrieben. Manch ein Schüler durfte sich an „Sonjas Rapport" ergötzen oder bei „Olga Benario" mit der Autorin um die Wette heulen. Den Vogel aber schoss Bruder Jürgen ab. Er verstand es, im einzigen sozialistischen Arbeiter- und Bauernstaat auf deutschem Boden das Leben eines bolschewistischen Salon-Bourgeois zu zelebrieren und sich zugleich von westdeutschen Idioten als Dissident feiern zu lassen.[1087] Manch einer würde dies vielleicht als Chuzpe bezeichnen.

Margarethe. Das Vorgehen gegen Ungarn

Bereits in Vorkriegstagen hatte es eine intensive Zusammenarbeit zwischen Deutschland und Ungarn gegeben. Das war nicht zum wenigsten der Reisediplomatie des Geheimdienstchefs Wilhelm Canaris zu verdanken. Die Zusammenarbeit beider Staaten hatte vor allem auch eine intensive geheimdienstliche Komponente. Schon vor Kriegsbeginn starteten die Fernaufklärungsflüge der Gruppe Rowehl von ungarischen Flughäfen aus nach Osten und nach Südosten. Ungarn nahm 1941 am Krieg gegen die Sowjetunion teil. Da das Land aber im Übrigen zum Teil andere Kriegsgegner als das Deutsche Reich hatte, wurde es Tummelplatz so mancher Geheimdienstaktion. Einige davon werden jetzt geschildert.

Nach dem überraschenden Abfall Italiens und der für jeden Kundigen erkennbaren Verschlechterung der Lage an der Ostfront machte sich ab Herbst 1943 die deutsche Führung Gedanken darüber, wie man einen Abfall des ungarischen Verbündeten würde verhindern können. Denn den Strategen war brennend klar: Ein feindliches Ungarn würde die Landbrücke nach Südosteuropa empfindlich unterbrechen und wäre zudem ein riskanter Unsicherheitsfaktor für die südliche Ostfront. Diese näherte sich während der sowjetischen Frühjahrsoffensive 1944 mit beängstigender Geschwindigkeit der ungarischen Grenze.

Um den befürchteten Abfall zu verhindern, dachte sich das Oberkommando der Wehrmacht zum Jahresbeginn 1944 eine militärische Besetzung des Landes aus. Die Aktion erhielt die Tarnbezeichnung Margarethe. Es sollte im Grundsatz eine Art Kommandounternehmen werden. Unter

1085 Müller-Enbergs u. a.: Wer war wer, S. 720 f.
1086 Müller-Enbergs u. a.: Wer war wer, S. 338.
1087 Z. B. Kuczynski: Ein linientreuer Dissident; ders.: Ein treuer Rebell, passim.

diesem Gesichtspunkt wurden auch die zu beteiligenden deutschen Verbände ausgesucht. Neben einigen regulären Wehrmachtseinheiten waren es vor allem die Division Brandenburg unter Generalmajor Alexander von Pfuhlstein und Kommandotruppen der SS, vor allem deren Fallschirmjägerbataillon 500.

Nun waren die SS-Männer vorgesehen, im Herzen der ungarischen Hauptstadt aus der Luft zu landen. Die Brandenburg-Verbände sollten hingegen im Eisenbahntransport bei einer vorgetäuschten Durchreise ins Land geschleust werden. Mitte März 1944 standen die Kommandotruppler in ihren Startlöchern bereit. Die Einsatzerkundung war von Divisionskommandeur der Brandenburger, Alexander Pfuhlstein, höchstpersönlich vorgenommen worden.[1088] Händereibend schrieb der Tagebuchführer des OKW:

> Auch dem Sonderunternehmen „Trojanisches Pferd" wurde trotz des damit verbundenen Wagnisses Erfolg vorausgesagt. Es wurde festgestellt, dass die Tarnung bei allen Gruppen mit großer Gewissenhaftigkeit und zahlreichen guten Gedanken durchgeführt worden war.[1089]

Diese Formulierung gefiel dem Verfasser offenbar so gut, dass er sie gleich zweimal verwendete. Doch zum Bedauern der Beteiligten gab es keine Ritterkreuze zu verdienen. Einen Tag vor dem beabsichtigten Einmarsch wurde der ungarische Reichsverweser Nikolaus Horthy von Hitler zu einer Besprechung nach Schloss Kleßheim einbestellt. Er fügte sich dieser Einladung und reiste am Morgen des 18. März 1944 an. Als er den Konferenzraum betrat, sah er sich einer Phalanx deutscher Potentaten gegenüber: neben dem Führer des Großdeutschen Reiches dessen Außenminister Joachim von Ribbentrop, dem Reichsführer SS Heinrich Himmler, dem Leiter der Parteikanzlei Martin Bormann, dem Chef des OKW, Wilhelm Keitel, dem Chef des Wehrmachtsführungsstabes Alfred Jodl, dessen Vertreter Walter Warlimont und dem Chef des Generalstabs des Heeres, Kurt Zeitzler, um nur die Wichtigsten zu nennen. Die Drohkulisse wurde verstanden. Horthy stimmte der Besetzung des Landes durch deutsche Truppen und der Einrichtung einer deutschfreundlichen Regierung zu. Am Abend reiste er ab und am nächsten Morgen waren die deutschen Kommandotruppen, wie geplant, da. An Widerstand dachte niemand.[1090] Der Kriegstagebuchschreiber des OKW, Percy Ernst Schramm, notierte mit nachgerade stolz geschwellter Brust:

> Rückschauend war Ende März festzustellen, dass die Besetzung Ungarns gerade noch zur rechten Zeit durchgeführt worden war. In der Wahl des Termins bewährte sich wieder einmal der politische Instinkt des Führers.[1091]

1088 Schramm: KTB 1944/45, S. 225.
1089 Schramm: KTB 1944/45, S. 198.
1090 Schramm: KTB 1944/45, S. 200 f.
1091 Schramm: KTB 1944/45, S. 246.

So kann man es auch ausdrücken und soviel zur viel beschworenen Kritik der deutschen Militärführung an Hitlers Art, den Krieg zu führen. Walter Warlimont, der stellvertretende Chef des Wehrmachtsführungsstabes, der penibel darauf achtete, dass nichts Unkorrektes in das Kriegstagebuch des OKW hineinkam, schrieb nach dem Krieg ein wenig anders über die Erpressung des Verbündeten:

> Die übrigen Vorgänge, die mit der Besetzung Ungarns verbunden waren, glichen in mancher Hinsicht wieder einem „Räuber- und Gendarmspiel", bei dem der Wehrmacht allerdings nur eine Nebenrolle zufiel. Trotzdem war es peinlich genug, zu den Offizieren zu gehören, die, wieder einmal, in den Hallen des Schlosses Kleßheim umherstanden und ihre ungarischen Kameraden zu unterhalten suchten, während Horthy im Nebenzimmer auf den Weg der Bündnistreue und Waffenhilfe zurückgezwungen wurde. Besondere Machenschaften dienten dazu, die Rückreise des Reichsverwesers so lange zu verzögern, dass er bei seinem Eintreffen auf der „Burg" in Budapest schon die Ehrenbezeugung der deutschen Wachen entgegennehmen konnte.[1092]

Das waren späte Einsichten. Vergessen die eigene Teilnahme an der Erpressungsdebatte, vergessen das „Genie des Führers" und vergessen auch, dass der Einmarsch der Wehrmacht die Voraussetzung dafür schuf, dass noch zwei andere Formationen, wie mit der Wehrmacht abgestimmt, ins Land einrückten. Das eine war eine Art Einmannveranstaltung mit dem Namen Veesenmayer, das andere eine Einsatzgruppe des SD. Der zu dieser Zeit 40-jährige Eduard Veesenmayer gehörte nominell zum Auswärtigen Amt. Dort war er dem Staatssekretär z. b. V. Wilhelm Keppler zugeordnet, einem alten NS-Mann, dessen Aufgabe es war, die außenpolitischen Ziele seines Führers mit den Mitteln der Konspiration und der politischen Erpressung durchzusetzen. Veesenmayer ging ihm hierbei zur Hand. Der Anschluss Österreichs, die Zerschlagung der Tschechoslowakei und die Errichtung eines slowakischen Vasallenstaates, die Zerschlagung Jugoslawiens und die Errichtung eines abhängigen Staates Kroatien, die versuchten Aufwiegelungen in Irland und anderes lagen bereits auf der Strecke des Duos.[1093] Nun also war Ungarn an der Reihe, der einst treue Verbündete. Ohne Veesenmayer lief dort fortan nichts mehr.[1094] Das kann gar nicht genug betont werden, denn die Ziele Deutschlands waren weit gespannt.

Den Wehrmachtssoldaten folgte eine Einsatzgruppe F des SD auf den Fuß. Sie war 800 Mann stark und unterstand dem Juristen Hans-Ulrich Geschke.[1095] Diese Einsatzgruppe F hatte zwei Aufgaben: Aufmüpfige Ungarn unschädlich zu machen und die ungarischen Juden zu vernichten. Das sind zwei finstere Aktionen, die nur deswegen aus der Sicht der

1092 Warlimont: Im Hauptquartier, S. 442.
1093 Dröscher: SS, S. 178–181; Wistrich: Wer war wer, S. 154 f., 283.
1094 Vgl. z. B. Schramm: KTB 1944/45, S. 836, 845.
1095 Mallmann: Menschenjagd, S. 310 f.

NS-Führung erfolgreich ablaufen konnten, weil sich der SD auf eine stattliche Anzahl ungarischer Helfershelfer stützen konnte. Einige davon werden wir jetzt kennen lernen.

Bis zum Frühjahr 1944 waren die geheimdienstlichen Fäden nach Ungarn hinein vor allem vom Amt Ausland/Abwehr gesponnen worden. Ausgangspunkt war die Abwehrstelle Wien unter Oberst Rudolf von Marogna-Redwitz. Im März ging die alleinige Verantwortlichkeit auf den SD-Ausland über. Mit dem Eindringen der deutschen Besetzer beanspruchte auch die Gestapo die Kompetenz zur Konspiration. Diese konkurrierende Mehrfachzuständigkeit macht es nicht ganz leicht, den Ereignissen Konturen zu verleihen. Resident der Abwehr in Ungarn war ein Major namens Dehmel, sein Konkurrent vom SD hieß Josef Urban. SD-Mann Urban war als Mitarbeiter der Donau-Dampfschifffahrtsgesellschaft legendiert. 1945 übernahmen ihn die US-Amerikaner.

Nun zu den Agenten. Es war ein kleines Heer; die meisten daraus werden in der ungarischen Inlandsaufklärung tätig gewesen sein. Ein Baron namens Hugo Stipsicz, geboren 1891, Agentennummer V-139, der Chef des Statistischen Amtes Sandor Siposs, der Oberst der Gendarmerie Norbert von Orendi, V-16, dann Nr. 6772, der Jude Richard Klatt, die Deutschen Werner Erich, 1907 in Czervonovsk geboren, und Alfred Winter, V-21, der Leiter der Budapester Lufthansa-Filiale, Registriernummer Nr. 6676; er bekam von 1942 bis 1944 zwischen 200 und 300 Pengő pro Monat, fernerhin vier Ungarn, von denen nur die Decknamen ihrer späteren Dienstherren bekannt sind, denn sie dienten nach dem Krieg als Agenten der Abteilung VII der ÁVH: Horváth János, Tóth Árpád, Nusi und Szeles Győző. Der Letztgenannte wurde später gegen die Bundesrepublik eingesetzt, während sein bereits dort lebender Bruder Agent der CIC war. Siegbert Goldbart und Károly Sági waren angeblich Juden. Die Agentin Jenőné Rajk, alias Veronika Kárpáti, V-155, hatte zwei prominente Verwandte, den späteren kommunistischen Innenminister László Rajk bzw. Endre Rajk, einen faschistischen Pfeilkreuzler, der es in der hier beschriebenen Zeit bis zum Staatssekretär brachte. Adam Golonka war ein Pole; er scheint ein Selbstanbieter gewesen zu sein und war seit dem 20. Juni 1941 als V-102 mit von der Partie. Der Jude Géza Török erkaufte sich auf diese Art am 1. Mai 1944 seine Haftentlassung und die Agentin Margit Hrabovszky verpflichtete sich am 25. März 1944. So jedenfalls vermelden es die Akten der ungarischen Staatssicherheit.[1096] Ihrem Inhalt verdanken sie dem Umstand, dass die Deutschen bei der Schlacht um Budapest alles stehen und liegen ließen.[1097]

Nehmen wir uns einen der oben genannten Agenten als Beispielsfall vor, den Mann namens Klatt. Das war ein Aliasname, denn in Wirklichkeit

1096 Ungváry: O-11541/1-2; Szita: Gestapo, S. 121–127.
1097 Ungváry: Budapest, S. 256 ff.

hieß er Richard Kauder. Kauder-Klatt war Österreicher, genauer gesagt, ein österreichischer Jude. Er war klug genug, nach dem Anschluss 1938 aus Österreich zu verschwinden. Er ließ sich, was damals nahe lag, in Budapest nieder und versuchte sich als Journalist; zumindest gelang ihm die Herausgabe eines Reiseführers. Am 1. Februar 1940 war es mit der ungarischen Gemütlichkeit zu Ende; Kauder wurde als unerwünschter Ausländer nach Österreich abgeschoben und von der Gestapo unverzüglich verhaftet. In der Haft wurde er von der Abwehrstelle Wien angeworben. Das war nicht die Tat von Gutmenschen, sondern der Militärgeheimdienst war klamm, wenn es um Agenten ging, die sich auf dem Balkan unauffällig zu bewegen verstanden. Kauder war so einer; jetzt kam es ihm zustatten, dass er vor seiner Emigration nach Ungarn seinen Lebensunterhalt als Handelsreisender verdient hatte.

Kauders Zielpersonen wurden die Exilrussen, von denen es auf dem Balkan etliche gab. Kauder galt in den folgenden Kriegsjahren als begabter Nachrichtenbeschaffer für das Feld Sowjetunion.[1098] Wie er zu diesem Ruf kam, können wir heute nachvollziehen – es war das Verdienst eines erfolgreichen Nachrichtenfabrikanten. Ab 1943 mied er den Kontakt mit den deutschen Abwehrführungsstellen in Wien und Bukarest. Dazu hatte er auch allen Grund, denn bei der Abwehr hatte das große Abräumen der jüdischen V-Leute begonnen. Davon gab es beim Militärgeheimdienst eine erkleckliche Anzahl. Also blieb Kauder einfach in Budapest und suchte sich dort einen neuen Dienstherrn, diesmal den dortigen Militärgeheimdienst, der ihm den Decknamen Karmany und die ungarische Staatsbürgerschaft verpasste.

Doch im März 1944 holte die deutsche Herrschaft den entsprungenen Agenten in Ungarn ein. SD-Resident Urban brauchte bis zum Sommer, um Kauder aufzuspüren, dann nahm er ihn wieder unter deutschen Vertrag; ganz freiwillig wird Kauder sich nicht gefügt haben. Doch was wäre die Alternative gewesen? Im Herbst setzte sich die SD-Residentur aus Budapest in Richtung österreichisch-ungarische Grenze nach Gürüs ab. Dort wurde Kauder im Februar 1945 von seinen eigenen Leuten als mutmaßlicher sowjetischer Doppelagent festgenommen und nach Wien verschleppt. Von Wien ging's im April weiter nach Tirol und dort in die Arme der US-Amerikaner. Die nahmen ihn am 25. Mai 1945 fest, weil sie Kauder-Klatt für den Sowjetagenten namens Kauders hielten. Vermutlich hatten die ebenfalls ergriffenen SD-Leute ihnen diese Ente gesteckt. Doch das war falsch – falsch zumindest, was den Namen anlangte, denn Kauder war nicht Kauders. Jener angebliche Sportjournalist Fritz Kauders war ein ganz anderer, nämlich der Sowjetagent Alexander Demjanow, der berühmte Agent Max, auf den die Abwehr so herrlich hereingefallen war.[1099]

1098 Höhne: Krieg, S. 434 f.

1099 Roewer u. a.: Geheimdienste, S. 104 f., 232.; Naftali: S. 97 ff.

Noch ein Wort zu Kauder. Um es zu wiederholen: Er war nicht Max.[1100] Aber er hantierte mit den Max-Meldungen herum, die sich in der deutschen Wehrmachtsführung so großer Beliebtheit erfreuten. Das war nur möglich, weil die Abwehrstelle Wien des Obristen Rudolf von Marogna-Redwitz ihn hatte hantieren lassen. Er, Kauder, betrieb eine Funkstrecke zu dem rätselhaften Max, und zwar von Budapest bzw. von Sofia aus, und gab die Meldungen dann munter nach Wien durch. Das alles fiel auch den britischen Funkauswertern in ihrem strikt abgeschirmten Reservat von Blechtley Park auf, als sie in der Lage waren, die Max-Texte mitzulesen. Sie glaubten allerdings, dass Kauder einen wirklichen Agenten im Machtzentrum der Sowjetunion führte. Churchill entschloss sich schweren Herzens, die Verbündeten in Moskau warnen zu lassen. Dort nahm man's zu Kenntnis und räusperte sich nicht. Die Warnungen der Briten waren ein Geschenk des Himmels, denn sie ermöglichten den sowjetischen Diensten zweierlei. Zum einen konnten sie die Meldungen einer ihrer wichtigsten Quellen in Großbritannien auf ihren Wahrheitsgehalt hin überprüfen und zum anderen wurden sie in die Lage versetzt, den Funkverkehr zwischen Kauder und der Abwehrstelle Wien selbst zu knacken.

Da müssen auch ihnen selbst die Augen übergegangen sein, denn Kauder meldete nicht nur nach Wien weiter, was er aus den Max-Meldungen aus Moskau brühwarm serviert bekommen hatte, sondern er schöpfte offensichtlich noch aus anderen Quellen. Mit der gebotenen Vorsicht können wir diese Quellen und die Herkunft ihrer Meldungen identifizieren. Es handelte sich um zwei Exilrussen, die im Bürgerkrieg beide einmal auf Seiten der Weißen in der Armee des Generals Denikin gedient hatten: Ira Longin und Anton Turkul. Letzterer nannte sich General Turkul.[1101] Die Herren hatten sich ein eigenwilliges Informationssystem zurecht gezimmert. Sie lasen diverse Zeitungen und fragten russische Kriegsgefangene aus, von denen es auf dem Balkan nicht gerade wenige gab; etliche von diesen trugen deutsche Uniformen und waren in den so genannten fremdvölkischen Verbänden eingesetzt.

Der Meldungswust aus dem Kauder-Netz machte den sowjetischen Funkauswertern nicht wenige Schwierigkeiten. Es galt zu ergründen, was das für Meldungen waren, die da neben den Max-Meldungen munter abliefen. Also musste das, was es dort in den Funksprüchen zu lesen gab, im eigenen Land überprüft werden, um unentdeckten tatsächlichen Agenten auf die Schliche zu kommen. Da wir das Misstrauen der sowjetischen Stellen gegen alles und jedermann nur zu gut kennen, können wir ein Schmunzeln kaum unterdrücken, zumal wir wissen, dass all die wunderbaren Quellen des Trios Kauder – Longin – Turkul nichts als heiße

1100 Anders: SIS: Personenakte Kauder.

1101 Home Office/MI 5: Fallakten Ira Longin. UK NA: KV 2/1629-1631, und: Personenakte General Anton Turkul; in: NA: KV 2/1591-1593.

Luft waren. Das fiel dann irgendwann auch den Sowjets auf, doch ihre angloamerikanischen Verbündeten ließen sie im Dunkeln tappen. Durch nichts ließ sich die desinformatorische Herkunft der Max-Meldungen besser tarnen als durch das Meldungsmischmasch, das Kauder anrichtete.[1102] Noch ein Wort zur Parallelaktion: Der Mann, der seine sowjetischen Auftraggeber über die britischen Entzifferungserfolge auf dem Laufenden hielt, war der Engländer Kim Philby. Er saß, geheimdienstlich gesehen, auf einer Traumposition, nämlich in der Abteilung für Gegenspionage des britischen Auslandsdienstes MI 6, ab 1944 sogar als Leiter der Sektion IX Kommunismus und Sowjetunion.[1103]

Ein allerletztes Wort zu Kauder-Klatt. Er geriet bei Kriegsende in US-Gewahrsam. Die Amerikaner brauchten ein Weilchen, dann hatten auch sie begriffen, Kauder war ein Fabrikant. Die Abhöranlage in seiner Zelle hatte ihnen auf die Sprünge geholfen. Die Sowjets unternahmen einen Entführungsversuch. Nur mit Mühe konnten die US-Boys ihren Wunsch unterdrücken, die Russen gewähren zu lassen, denn sie fanden, dass Kauder nicht einmal eine Kugel aus dem Colt wert sei. Dann schoben sie ihn zu den Briten ab.[1104]

Der gelungene deutsche Staatsstreich vom März 1944 hatte für Ungarn üble Konsequenzen. Das Land wurde nun vollends in den Untergangsstrudel des Dritten Reiches hineingerissen. Es hatte mit dem Tod von Hunderttausenden und der Zerstörung seiner Hauptstadt Budapest zu bezahlen. Doch nicht nur das. Zuvor war etwas ganz anderes geschehen. Gleich nach dem Machtwechsel im Frühjahr hatten Reichssicherheitshauptamt und andere SW-Dienststellen sowie das Auswärtige Amt mit der systematischen Judenvernichtung und der Ausplünderung der ungarischen Wirtschaft begonnen. In vielen Fällen waren beide Dinge miteinander verknüpft.

Im Spätsommer verdichteten sich bei den deutschen Besatzern die Gerüchte, dass die amtierende ungarische Regierung auch in ihrer neuen Zusammensetzung mit allen möglichen Feindstaaten liebäugelte, um sich aus dem deutschen Verhängnis zu lösen. Wer alles mit wem konspirierte, wird sich wohl nie mehr aufklären lassen. Hier einige Beispiele: Der Leiter der ungarischen Staatssicherheit István Ujszászy diente in dieser Funktion zugleich 1944 als Verbindungsmann des Staatsverwesers Nikolaus Horthy zu den Alliierten und zum Widerstand. Der Leiter des ungarischen Militärgeheimdienstes Gyula Kádár war wegen seiner Kontakte mit den Westalliierten bereits am 19. März 1944 vom SD verhaftet worden. Sein Nachfolger als Leiter der Militärabwehr (Abteilung VKF-2), László Kuthy,

---

1102 Home Office/MI 5: Fallakten Richard Kauder/The Dienststelle Klatt. UK NA: KV 2/1495-1499; Naftali: Gegenspionage, S. 98 ff.

1103 Philby: Secret Service, S. 49–120; Knightley: Spionage, S. 171.

1104 OSS: Kauder, in: NA Record Group 226 Entry 211 Box 22; Silver: Memoirs of Oberursel.

stellte sodann die Verbindung zu den vorrückenden Alliierten her; prompt wurde er am 16. Oktober 1944 von der Gestapo verhaftet. Das half ihm nach dem Krieg wenig, denn der spätere Generaloberst und Staatssekretär im Honvéd-Ministerium wurde wegen seiner antikommunistischen Vergangenheit 1950 eingekerkert; 1956 beging er Selbstmord.[1105]

Wie nun fielen diese Leute auf? Nun, durch ungarische Kollaborateure, die den Deutschen alles Wissenswerte steckten. Die Agenten haben wir bereits am Beginn des Kapitels gesehen. Aber es gab auch noch ganz andere, nämlich Leute der ungarischen Staatssicherheit, die sich den Deutschen hemmungslos zur Verfügung stellten. Ihr Anführer hieß Péter Hain. Seine deutschen Vormänner waren der BdS für Ungarn, Hans-Ulrich Geschke, und der für den Balkan zuständige SD-Funktionär des Amtes VI, Wilhelm Höttl. Höttl hat unter dem Pseudonym Walter Hagen über die brisante Situation in Ungarn nach dem Krieg wortreich Auskunft gegeben.[1106]

Ungarn von der Platte putzen: Katalin Karády

Und das ist seine Geschichte: Der SD-Ausland versuchte in Ungarn eine Regierung der nationalen Front zusammenzubringen, die gewillt war, den Karpatenkamm gegen die Rote Armee wirksam zu verteidigen. In dieser Absicht wurde der Geheimdienst durch den Deutschen Bevollmächtigten Edmund Veesenmayer unterlaufen, der dem ungarischen Pfeilkreuzler Frerenc Szálasi bereits zugesichert hatte, ihn an die Staatsspitze zu bringen. Währenddessen konspirierte Reichsverweser Horthy munter mit dem Feind. Diesmal hatte er die Sowjets im Blick, mit denen er via kommunistischen Untergrund in Kontakt zu kommen hoffte. Den Friedensapostel spielte der Chef der Staatssicherheit Ujszászy, der zwar ein wüster Kommunistenhasser war, aber wenigstens wusste, wo er anzuknüpfen hatte.

Seine Geliebte, die Schauspielerin Katalin Karády, spielte sozusagen den Postillion d'Amour. Das war eine ehemalige Animierdame, die sich einst für wenige Pengő jedermann angedient hatte schrieb Höttl. Nun war sie Filmstar, Geliebte und wertvollste Agentin der Staatssicherheit in einer Person. Ihr Agentenweg führte sie in den kommunistischen Untergrund. Dort wirkte Laszló Rajk. Dieser Rajk war nach etlichen Umwegen 1941 illegal nach Ungarn zurückgekehrt. Der Kontakt mit dem offiziellen Ungarn bekam Rajk doppelt schlecht. Im Dezember 1944 ging er in die Falle der Staatssicherheit, die nun nicht mehr in Händen von Ujszászy lag, son-

1105 Hollósy-Kuthy: Él Ményeim.

1106 OSS: Hoettl, in: NA Record Group 226 Entry 211 Box 8; Hagen: Geheime Front, S. 335–385; Paul: Akademiker, S. 246.

dern von den faschistischen Pfeilkreuzlern okkupiert war. Die übergaben den Kommunisten an die Gestapo, die ihn ins Reich verschleppte. Mit Glück überlebte er das Kriegsende, dann kehrte er nach Budapest zurück. Doch jetzt waren die Moskauer Emigranten die Herren der Stunde. So war das Ende absehbar. Am 28. Mai 1949 verhafteten ihn die eigenen Leute. Der Vorwurf: Spitzeltätigkeit für die Gestapo. Und am 24. Oktober 1949 hängte man ihn auf.[1107]

Damit sind wir den Dingen ein wenig vorausgeeilt. Höttl und Co., die dank ihrer ungarischen Zuträger mitbekamen, was dort gespielt wurde, gingen jetzt aufs Ganze. Das bedeutete, den ungarischen Reichsverweser zu stürzen und eine genehme Pfeilkreuzler-Regierung ans Ruder zu bringen. Das Unternehmen Maus lief an. Jetzt betrat ein Mann erneut die Bühne, ein Schlachtenbummler, riesig an Gestalt und mit einem von studentischen Mensuren zerhackten Gesicht, Otto Skorzeny. Hier ist der Ort, ihn ein wenig zu skizzieren. Der aus Wien gebürtige Diplom-Ingenieur war bereits 1930 Mitglied der NSDAP geworden. Den Krieg brachte er zunächst als technischer Offizier bei der Waffen-SS zu und so wäre es wohl auch geblieben, wenn ihn sein Landsmann Ernst Kaltenbrunner, als er zum Chef des Reichssicherheitshauptamtes ernannt wurde, nicht im April 1943 ins RSHA geholt hätte, wo er Skorzeny mit der Aufstellung einer SS-eigenen Sabotagetruppe beauftragte. So wurde Skorzeny zum Gruppenleiter S (= Sabotage) im SD-Ausland ernannt und zugleich mit der Aufstellung des Sonderverbandes Friedenthal beauftragt.

Nun entstand bei der SS, was die Wehrmacht mit den Brandenburg-Verbänden begonnen und später so schnöde vernachlässigt hatte. Skorzenys große Stunde schlug, als ihn sein Führer auswählte, um den in Italien festgesetzten Freund und nunmehr ehemaligen Mitdiktator Benito Mussolini zu suchen und zu befreien. Das gelang. Skorzeny wurde zum Medienstar und die Fallschirmjäger, die in Italien die Kastanien aus dem Feuer geholt hatten, waren sauer.[1108] Ein Jahr später ging es nun gegen die Ungarn zu Felde. Skorzeny war erneut zum deutschen Diktator einbestellt worden, um den Theatercoup gegen den ungarischen Reichsverweser Nikolaus Horthy zu inszenieren. Anfang Oktober 1944 sickerte er mit seinen Getreuen vom Sonderverband Friedenthal in der ungarischen Hauptstadt ein. Wie schon im März war auch das SS-Fallschirmjägerbataillon 500 mit von der Partie. Die SS-Fallschirmler hatten inzwischen ihre Feuertaufe hinter sich gebracht; einen Kommandoeinsatz im Mai, um den jugoslawischen Kommunisten Tito in seinem Hauptquartier auszuheben. Es wurde ein verlustreicher Schlag ins Wasser, denn Tito konnte im letzten Moment entkommen.[1109]

1107 O. Verf.: László Rajk und Komplicen vor dem Volksgericht. Budapest 1949.
1108 McNab: Fallschirmjäger, S. 148 ff.
1109 Kurowski: Kommandotrupps, S. 203 ff.

Auch bei der Aktion in Ungarn ging es nicht ohne Tote ab. Und das kam so: Wie schon so häufig war das deutsche Gewaltmanöver von dem Drang beseelt, der anderen Seite den Schwarzen Peter zuzuschieben. Im Falle dieses zweiten in Ungarn durchgeführten Staatsstreiches sollte der ungarischen Führung die Konspiration mit den Sowjets in die Schuhe geschoben werden. Zu diesem Zweck wurde ein Treffen zwischen dem Horthy-Sohn Miklós und dem jugoslawischen Kommunistenführer Tito organisiert. Die Rolle der Tito-Abgesandten spielten zwei SD-Leute. Bei dem getürkten Treffen sollte der Sohn des Reichsverwesers auf vermeintlich frischer Tat festgenommen und somit ein Rücktritt des Vaters von seinem Posten als Staatsoberhaupt erpresst werden. Ein schöner Plan. Doch zum Treff erschien nicht nur der Sohn, sondern auch Vater Horthy. Da die beiden SDler für diesen Fall keine Weisung besaßen, ließen sie das Duo nach einem Wortgeplänkel wieder abziehen.

Am darauffolgenden Tag, dem 15. Oktober 1944, wendete Skorzeny Gewalt an. Ein Leibwächter des Horthy-Sohnes erschoss bei dieser Gelegenheit den SD-Hauptsturmführer Otto Klages. Doch der Sohn entkam nicht. Skorzeny ließ ihn, um Aufsehen zu vermeiden, kurzerhand in einen Teppich einrollen und aus der Stadt schaffen. Doch die Zeit für derartige Faxen war abgelaufen, denn noch am selben Tag ließ die ungarische Regierung eine einseitige Waffenstillstandserklärung herausgehen.[1110] Dem war ein heimlicher Besuch von zwei ungarischen Obristen im Hauptquartier des sowjetischen Fronten-Oberbefehlshabers Rodion Malinowski vorausgegangen, der den Deutschen nicht aufgefallen war.[1111] Ebenso wenig kriegten die deutschen Geheimdienstler richtig mit, dass der Chef der ungarischen Gendarmerie, Feldmarschallleutnant Laszlo Farago, Ende September 1944 an der Spitze einer verschwiegenen Delegation nach Moskau gereist war, um den Waffenstillstand auf höchster Ebene vorzubereiten. Farago sprach ausgezeichnet Russisch; vor dem Krieg mit der Sowjetunion war er Militärattaché in Moskau gewesen.[1112]

Angesichts der radikal veränderten Lage zögerte Skorzeny nicht, wiederum Gewalt anzuwenden. Die Aktion Panzerfaust lief an. In den frühen Morgenstunden des 16. Oktober 1944 ließ er den Burgberg von Budapest umzingeln und setzte sich an die Spitze einer eher bescheidenen Panzerkolonne, mit der er in den Burghof einfuhr. Es war eine eher symbolische Handlung, denn der Reichsverweser war nicht hier. Er hatte ironischerweise bei dem SS-General Karl von Pfeffer-Wildenbruch Zuflucht vor Skorzenys SS-Leuten gesucht. Hier wurde er aufgestöbert, zwangsweise in die

1110 Friessner: Schlachten, S. 137 ff.; Lázár: Geschichte Ungarns, S. 119; Schramm: KTB 1944/45, S. 844 f.; Ungváry: Budapest, S. 14.

1111 Skorzeny: Kommandounternehmen, S. 289 ff.

1112 Horthy: Leben, S. 282; Schramm: KTB 1944/45, S. 841 f.

Unternehmen Panzerfaust 16. Oktober 1944: Ferenc Szálasi (vorne mit dem Hut in der Hand) beim Einzug in die Budapester Burg. Im Hintergrund einer der deutschen „Königstiger" aus der Sturmkolonne von Otto Skorzeny

Eisenbahn nach Deutschland verfrachtet, zur Einsetzung der Regierung des Pfeilkreuzler-Chefs Ferenc und selbst zum Rücktritt gezwungen.[1113]

Ungarn brachte diese Aktion eine Marionettenregierung und die Zerstörung ihrer Hauptstadt in den folgenden Kriegsmonaten ein.[1114] Die deutsche zeitgenössische Beurteilung sah zunächst ganz anders aus. Dabei wusste man so gut wie nichts über den neuen Mann an der Spitze des Verbündeten. Zu diesem Zweck wurde ein Personendossier beim ungarischen Generaloberst Jenö Ruszkay (vormals Rutzinger) angefordert, der sich um diese Zeit in Deutschland befand, um ungarische SS-Divisionen aufzustellen. Demnach war der neue Mann armenischer Abstammung, ein Generalstabsoffizier des ungarischen Nachrichtenbüros, den die Führung wegen rechtsradikaler Umtriebe 1933 zunächst aus dem Generalstab und sodann aus der Armee entfernt hatte. Er sei, so wurde den Deutschen versichert, eine geborene Führernatur, aber wegen seiner egomanischen Grundstruktur total unzuverlässig. Letzteres erwies sich als nur zu richtig. Bei Toresschluss floh Szálasi nach Deutschland. Von hier wurde er nach Kriegsende ausgeliefert. Der 12. März 1946 war der Tag der Hinrichtung.[1115]

1113 Schramm: KTB 1944/45, S. 847 f.
1114 Friessner: Schlachten, S. 155 ff.; Ungváry: Budapest, passim.
1115 Schramm: KTB 1944/45, S. 852 f.

Stichwort Tanne. Finnlands Ausstieg

Der finnische Verbündete Deutschlands im Zweiten Weltkrieg war von anderem Kaliber als die Staaten aus dem Südosten des Reichs. Das lag nicht zum wenigsten daran, dass die Finnen nach dem sowjetisch-finnischen Winterkrieg von 1939/40 mit den Russen eine recht junge Rechnung offen hatten. Folgerichtig hieß die finnische Teilnahme am Krieg gegen die Sowjetunion Fortsetzungskrieg. Dessen Anfang wurde bereits geschildert. Jetzt ging es den Finnen um ihren Ausstieg. Der gelang. Hieran ist mancherlei erstaunlich. Schließlich befand sich das Land zwischen den Mühlsteinen der beiden größten Militärmächte Europas. Das waren die Sowjetunion und das Deutsche Reich.

Im Frühjahr 1944 geriet die als stabil geltende Lage bei der deutschen Heeresgruppe Nord ins Wanken. Der Belagerungsring um Leningrad wurde aufgesprengt und die Besetzung der drei baltischen Staaten durch die Rote Armee rückte in den Bereich des Möglichen. Im Februar 1944 streckte die finnische Seite konkrete Friedensfühler in Richtung Moskau aus. Diese liefen zunächst über Schweden, wo Wladimir Semjonow in perfekter Weise den Diplomaten und den Geheimdienstler in sich vereinigte – ein Deutschlandspezialist, der es in seinem langen Berufsleben noch einmal bis zum Sowjetbotschafter in Bonn bringen sollte.

Auf der Gegenseite war es der Leiter des finnischen Militärgeheimdienstes, Oberst Aladár Paasonen, der die Fäden zog. Er war ein enger Vertrauter des finnischen Oberbefehlshabers Carl Gustav Mannerheim und er erledigte zugleich Aufträge des finnischen Staatspräsidenten Risto Ryti.[1116] Nach den entsprechenden konspirativen Vorbereitungen reiste eine finnische Delegation unter dem früheren Botschafter in Moskau Juho Paasikivi via Schweden mit dem Flugzeug nach Moskau. Die deutsche Führung rätselte über widersprüchliche Meldungen, die aus der finnischen Hauptstadt und dem finnischen Hauptquartier eintrafen. Für den heutigen Betrachter wird die Aufklärung des deutschen Kenntnisstandes durch den Umstand außerordentlich erschwert, dass der ab 1943 ins Amt geratene Tagebuchschreiber des OKW, Percy Ernst Schramm, seit dem Jahresbeginn 1944 alles andere tat, als ein Tagebuch zu Papier zu bringen, wie es bei seinem Vorgänger der Fall war. Dem Herrn Geschichtsprofessor und Major der Reserve lag offensichtlich daran, Kriegsgeschichte zu schreiben, also Zusammenfassungen der Ereignisse, von denen heute nicht klar ist, aus welchem zeitlichen Abstand der Verfasser referierte.[1117] Natürlich ist er von seinen gelehrigen Schülern später dafür bejubelt worden; wir können uns diesem Lob indes kaum anschließen.[1118]

1116 Schramm: KTB 1944/45, Anhang Finnland pp., S. 17 f.
1117 Schramm: KTB 1944/45, S. V ff.
1118 Vgl. z. B. Hillgruber, in: Schramm: KTB, Anhang Finnland pp., S. 5 f.; Detwiler, in: ebd., Anhang Italien pp., S. 5 ff.

Bemerkenswert bleibt, was der deutsche Militärgeheimdienst zu dem Ganzen zu sagen wusste. Er betrieb immerhin seit Jahren unter der Bezeichnung Kriegsorganisation (KO) eine eigenständige Residentur Estland/Finnland, die vom Fregattenkapitän Alexander Cellarius geleitet wurde. Doch von dort kamen offensichtlich nur Meldungen, die nicht einmal schwergewichtig genug waren, um im Gegensatz zu denen der Waffenattachés und des Deutschen Generals beim Oberkommando der finnischen Wehrmacht im Kriegstagebuch inhaltlich zitiert zu werden; von ihnen wurde lediglich vermerkt, sie seien widersprüchlich gewesen.[1119] Hierfür gab es gute Gründe. In ebendieser Zeit, als es wichtig gewesen wäre, dass der deutsche Militärgeheimdienst militärpolitische Informationen von erstrangiger Bedeutung beschaffte, wurde er aufgelöst. Wer je eine Behörde, die von diesem Schicksal ereilt wird, von innen gesehen hat, wird leicht nachvollziehen, dass alle Bediensteten mit nichts anderem beschäftigt waren, als mit sich selbst und ihrem weiteren persönlichen Schicksal. An Nachrichtenbeschaffung dachte vermutlich kein Mensch. Ob es ohne diesen organisatorischen Einbruch anders ausgesehen hätte, bleibt indessen reine Spekulation. Der finnische Nachrichtenoffizier Jukka Mäkelä hat nach dem Krieg eine verheerende Beurteilung des deutschen Partnerdienstes in Finnland notiert. Die Deutschen, so der Finne, seien in ihrer unbeschreiblichen Arroganz nicht einmal willens gewesen, umfangreiches Aktenmaterial über die Rote Armee aus dem Finnischen ins Deutsche zu übersetzen, was zu entsprechenden Fehlbeurteilungen der Feindlage geführt habe.[1120]

Überhaupt hatten die Finnen ihre liebe Not mit den deutschen Geheimdienstlern gehabt. Sie lösten so bemerkenswerte Dinge wie den sowjetischen Feldpostnummernschlüssel, aus dem sich wertvolle Informationen für die Truppenbewegungen an der Ostfront ablesen ließen. Doch die Deutschen winkten ab.[1121] Sie winkten auch ab, als es um die Entschlüsselung der Produktionsziffern ging, mit der jeder einzelne sowjetische Kampfpanzer gekennzeichnet war.[1122] Wenn man diese Art von Erkenntnisgewinnung mit den Akrobatenkunststücken vergleicht, die in der gleichen Zeit von der Abteilung Fremde Heere Ost veranstaltet wurden, kann man nur den Kopf schütteln.

Es nimmt bei der systematischen Herangehensweise an die Probleme nicht wunder, dass die Finnen einen Dechiffrierdienst betrieben, der sich sehen lassen konnte. Soweit die Kriegführung im Nordosten Europas hiervon unmittelbar berührt wurde, ließen die Finnen den deutschen Verbündeten an den Entzifferungserfolgen Teil haben. Das betraf zum Beispiel jenen Funkverkehr, der zur Vernichtung des Eismeergeleitzuges PQ 17 führte. Doch nicht alles, was die Finnen mitkriegten, reichten sie weiter.

1119 Schramm: KTB 1944/45, Nachtrag Finnland pp., S. 15 f.
1120 Mäkelä: Im Rücken, S. 99 f.
1121 Mäkelä: Im Rücken, S. 118 f.
1122 Mäkelä: Im Rücken, S. 186 f.

Das betraf vor allem den diplomatischen Funkverkehr weltweit, dem sie sich mit Fleiß widmeten. Bevorzugtes Objekt der nordischen Neugierde war der US-amerikanische diplomatische Funkverkehr – eine wahre Fundgrube zur Beurteilung der Kriegslage. Hier gelang den Finnen alsbald ein grundlegender Einbruch, so dass sie beispielsweise mitlesen konnten, was der OSS-Resident in Bern, Allan Dulles, seiner Regierung in Washington mitzuteilen hatte. Dulles war besonders ergiebig, man könnte auch sagen, geschwätzig. Von ihm erfuhr die finnische Führung, wie es um die deutsche Opposition bestellt war – eine grundlegend wichtige Information zur Bewertung des deutschen Verbündeten. Dulles war so unvorsichtig, ellenlange Verzeichnisse mit Klarnamen durchzugeben, so dass auch die Finnen bald wussten, dass der zivile Kopf der deutschen Anti-Hitler-Kreise Carl Friedrich Goerdeler war. Die Finnen behielten diese Erkenntnis für sich. Es ist nicht überliefert, ob sie annahmen, dass auch die deutsche Funkabwehr dergleichen mitlas. Noch heute ist umstritten, ob sie es konnte.[1123]

Aber auch die Finnen machten Fehler. Am 3. März 1944 meldete sich der finnische Geheimdienstchef Paasonen beim deutschen Abwehrresidenten in Helsinki, einem Major namens Paulus, um ihm darzulegen, dass es sinnvoll sei, jetzt endlich die politische Selbständigkeit der baltischen Staaten auszurufen. Ein solcher, längst überfälliger Schritt werde die Kampfmoral der Finnen beträchtlich stärken. Das war in den Wind gesprochen. Das vor sich hindümpelnde Amt Abwehr, nunmehr unter der Leitung des Obristen Georg Hansen, wies den Finnland-Residenten an, den Vorschlag umgehend zurückzuweisen, da er politischer Natur sei. Für Derartiges sei das Amt nicht zuständig. Der Petent möge sich an die deutsche Botschaft wenden, denn aus eben diesen Gründen sei das Amt nicht in der Lage, den Vorschlag auf dem Dienstweg weiterzugeben.[1124] Man kann sich leicht denken, welch verheerende Wirkung eine Antwort dieses Kalibers haben musste. Dies umso mehr, als auch die folgenden Ereignisse in dieselbe Kerbe zu schlagen schienen.

Als Erstes haute in Helsinki die Nachricht ins Kontor, als im März 1944 beim Verbündeten Ungarn durch die Deutschen ein Staatsstreich inszeniert wurde. Zur Vervollständigung der finnischen Irritationen schoss der KO-Leiter Cellarius ein grandioses Eigentor. Ganz im Vertrauen, so erzählte er seinen finnischen geheimdienstlichen Gesprächspartnern, könne er diesen mitteilen, im Falle eines finnischen Absprungversuches werde der Marschall Mannerheim durch einen General, dessen Namen er nannte, ersetzt werden.[1125] Es ist nicht überliefert, welchen Namen er nannte, aber wir können ihn uns zusammenreimen. Es wird der finnische General Paavo Talvela gewesen sein, der als besonders deutschfreundlich galt. Talvela

1123 Mäkelä: Im Rücken, S. 155 ff.
1124 Schramm: KTB 1944/45, Nachtrag Finnland pp., S. 17.
1125 Mäkelä: Im Rücken, S. 173 f.

war jahrelang Militärattaché seines Landes in Berlin und Militärbevollmächtigter im deutschen OKW gewesen und im Februar 1944 durch General Hugo Oestermann abgelöst worden. Am 22. Juli 1944 wurde Talvela wieder außer Landes geschickt und nahm seinen alten Platz im OKW ein.[1126] Man könnte auch sagen, er war kaltgestellt worden.

Als Reaktion auf die finnischen Moskaufühler fiel es dem deutschen Diktator ein, finnische Wünsche nach weiteren Waffen und Treibstoff durch Liegenlassen erledigen zu lassen. Das konnte auch dem Wohlmeinendsten nicht verborgen bleiben. Als dann zu allem Überfluss am 10. Juni 1944 eine Offensive der Roten Armee gegen die karelische Front losbrach[1127], kam die deutsche Hilfe, die erst jetzt wieder stotternd anlief, selbstredend zu spät.[1128] Nunmehr erschien stattdessen der deutsche Außenminister Joachim von Ribbentrop in der finnischen Hauptstadt. Er hatte es eilig, denn die Finnen wankten bedenklich. Doch was immer er auch mit dem Staatspräsidenten des Landes und mit dem Außenministerkollegen Henrik Ramsay besprechen haben mochte, Ribbentrop führte anderes im Schilde. Auch ihm schwebte eine Art ungarisches Modell vor Augen, denn den deutschen Botschafter Wipert von Blücher fragte er geradewegs, ob dieser nicht tausend junge finnische Männer benennen könne, um in Helsinki einen Staatsstreich à la Budapest anzetteln zu können. Blücher will empört abgelehnt haben. Jedenfalls nannte er keine solchen Männer – vermutlich, weil es sie in dieser Zahl nicht gab.[1129]

Der Rest ist schnell erzählt. Der finnische militärische Zusammenbruch blieb nur deswegen aus, weil die massive Offensive am 19. Juni 1944 einschlief und Kräfte in den nächsten Wochen abgezogen wurden.[1130] Drei Tage später brach der Angriff gegen den deutschen Mittelabschnitt der Ostfront los, der zur Vernichtung der Heeresgruppe Mitte führte. Jetzt gab es für die Finnen kein Halten mehr. Ein neuerlicher Friedensfühler war mit dem Wechsel im Amt des Staatspräsidenten verbunden. Auf den Zivilisten Risto Ryki folgte der Oberbefehlshaber Marschall Mannerheim.[1131] Hieraus zogen die deutschen akkreditierten Militärspione die Folgerung, nunmehr werde Finnland mit Sicherheit bei der Stange bleiben.[1132] Eilends wurde dem betagten Mannerheim das Eichenlaub zum Ritterkreuz verliehen.[1133] Doch das Stück Blech verfehlte seine Wirkung. Am 2. September 1944 stieg Finnland aus der Kriegskoalition aus; Deutschland wurde aufgefordert, bis zum 15. September das Land zu räumen. Wann genau

1126 Schramm: KTB 1944/45, Nachtrag Finnland pp., S. 20.
1127 Schramm: KTB 1944/45, S. 878 ff.; Sandström: Mitternachtssonne, S. 295 ff.
1128 Sandström: Mitternachtssonne, S. 301 f.
1129 Sandström: Mitternachtssonne, S. 311 ff.
1130 Sandström: Mitternachtssonne, S. 305.
1131 Sandström: Mitternachtssonne, S. 315 f.
1132 Schramm: KTB 1944/45, S. 888 ff.
1133 Schramm: KTB 1944/45, S. 890.

die deutsche Führung das mitbekam, lässt sich mit Bestimmtheit nicht rekonstruieren. Der Brief Mannerheims vom 2. September traf nicht vor dem 3. September in Deutschland ein. Am 4. September 1944 wurde die Nachricht von Radio Moskau auch auf der deutschen Frequenz verkündet und damit wusste es die Welt.[1134]

Nun wurde es ernst. Die deutschen Hoffnungen, auf angeblich sichere Quellen gestützt, namhafte Teile des Offizierskorps würden dem Marschall-Präsidenten den Gehorsam aufkündigen und auf deutscher Seite weiterkämpfen, erwiesen sich rasch als Seifenblase.[1135] Um symbolische Gesten nie verlegen, hatte die deutsche Führung angekündigt, das legendäre Jägerbataillon 27 auf finnischem Boden erneut aus der Taufe zu heben. Das war jener 1915 konspirativ in Deutschland gegründete Verband gewesen, der wenige Jahre darauf die Keimzelle der siegreichen weiß-finnischen Armee werden sollte.[1136] Doch für solche Romantik hatten die finnischen Offiziere des Jahres 1944 keine Antenne. Das großartige Projekt zerstob, bevor es Konturen annehmen konnte.

Die Ergebnisse des Friedensschlusses für Finnland waren bitter. Das Land musste eine sowjetische Militärdelegation von 800 Mann ertragen. Die Armee wurde bis auf 32 000 Mann abgerüstet. Alle Hoffnungen auf eine weiß-finnische Widerstandsbewegung, von der deutschen Propaganda fleißig verbreitet und von der deutschen Führung selbst nur zu gerne geglaubt, erwiesen sich als irreal.[1137] Das Land erhielt nach gutem alten sowjetischen Brauch eine Volksfront-Links-Regierung. Innenminister wurde der Kommunist Yrjö Leino. Die finnischstämmigen Bewohner des Ingermanlandes, die vor der sowjetischen Offensive nach Finnland entkommen waren, wurden unverzüglich in die Sowjetunion deportiert, wo die meisten ums Leben kamen.[1138]

Eines indessen suchten die Greiftrupps von NKWD und finnischen Kollaborateuren vergebens. Das waren die Akten des finnischen Militärgeheimdienstes. Sie waren wie vom Erdboden verschluckt. Zunächst tauchten sie in Schweden auf. Dort machten sie unter dem Schlagwort Stella-Polaris-Affäre von sich reden. Also beeilte man sich, die brisanten Papiere in die USA weiterzureichen.[1139]

Dass Finnland unter allen diesen Umständen nicht in den Strudel der Sowjetisierung geriet, mutet bis heute wie ein Wunder an.

1134 Schramm: KTB 1944/45, S. 893 ff.
1135 Schramm: KTB 1944/45, S. 897 f.
1136 Keßelring: Finnische Legion, passim.
1137 Schramm: KTB 1944/45, S. 912.
1138 Sandström: Mitternachtssonne, S. 333 f.
1139 Sandström: Mitternachtssonne, S. 331.

Seelenfänger 3: Wlassow und andere

Wir hatten die Leute, die sich um den Namen des russischen Generals Wlassow scharten, mit der Bemerkung verlassen, dass im Gefangenenlager Dabendorf bei Berlin das entstand, was eigentlich niemals im Reich des Adolf Hitler hätte entstehen sollen, nämlich der Nukleus für eine russische Nationalarmee.[1140] Deren Zweck konnte nicht zweifelhaft sein. Er lautete, an der Seite der Wehrmacht das stalinistische System in der Sowjetunion zu stürzen. Die Existenz dieses Phantoms war einigen Umständen geschuldet, wie sie widersprüchlicher kaum sein konnten. Für die Staatsführung und das Wehrmachtsestablishment war Dabendorf nichts weiter als eine nützliche Propagandablase aus dem Bastelkasten des Chefs der Wehrmachtspropaganda Hasso von Wedel. Für diejenigen aber, die das Unternehmen konkret betrieben, war es eine verwegene Hoffnung: Die beteiligten Russen glaubten an eine Chance der Selbstbefreiung und ihre deutschen Hintermänner, meist baltendeutsche Reserveoffiziere, an die Möglichkeit, das Kriegsruder noch einmal herumreißen zu können.[1141] So wäre alles im Vagen geblieben, wenn nicht im Spätsommer 1944 zwei weitere Faktoren hinzugetreten wären: die Zerschlagung der deutschen Heeresgruppe Mitte in der sowjetischen Juni-Offensive und eine seltsame Sinneswandlung – in der SS.

Was schier unglaublich erscheint, stimmt. Ausgerechnet jene Institution, die sich als Inkarnation des Herrenmenschentums aufgespielt und siegestrunken die ungeheuerlichsten Verbrechen verübt hatte, schwenkte ein, um das Ungeheuerliche in die Tat umzusetzen, nämlich eine nationalrussische Befreiungsbewegung. Das war nicht von selbst passiert. Nach dem Krieg haben sich alle möglichen Leute bemüßigt gefühlt, auf ihre tragende Rolle hinzuweisen. Das hatte eine gewisse Zeitlang Konjunktur.

Untergegangen ist in diesem Zusammenhang, dass es vermutlich eine Frau war, die den Stein ins Rollen brachte. Das wäre für sie selbst beinahe schiefgegangen. Die Rede ist von Melitta Wiedemann. 1900 in St. Petersburg geboren, machte sie Abitur in Baku, was nur bedeuten kann, dass sie mit ihrer Familie, wie so viele andere Deutsche während des Ersten Weltkrieges, aus der russischen Hauptstadt verbannt worden war. 1922 reiste die Familie nach Berlin aus. Melitta Wiedemann studierte Volkswirtschaft und wurde Journalistin. Von Juli 1930 bis März 1931 arbeitete sie beim „Angriff", einem Hetzblatt der NSDAP, doch noch im selben Jahr trat sie aus der Partei Adolf Hitlers wieder aus. Von 1937 bis zum Kriegsende war sie dann beim Berliner Nibelungen Verlag unter Vertrag, und zwar als Hauptschriftleiterin der Zeitschrift „Contra Komintern", die nach dem Hitler-Stalin-Pakt in „Die Aktion" umbenannt wurde. Frühzeitig setzte sie sich nach dem Überfall auf die Sowjetunion für eine Zusammenarbeit

1140 Hoffmann: Tragödie, S. 24 ff., 290 f.
1141 Hoffmann: Tragödie, S. 26.

mit den Russen und gegen die NS-Besatzungspolitik ein. Sie scheute sich nicht davor, ihre Auffassungen hohen und höchsten SS-Chargen schriftlich mitzuteilen, auch dem Reichsführer SS Heinrich Himmler. Das klang zum Beispiel so:

> Die alliierte Propaganda hat völlig recht, Deutschland will die europäischen Nationen auslöschen, ein Völkergefängnis unter deutscher Knute errichten. Zuerst waren die Juden Untermenschen und standen außerhalb des Rechts, dann gesellten sich die Polen dazu, dann die Russen, um ein Haar wären es die Norweger auch geworden. Wer sichert irgendein Volk vor dem Schicksal, von Deutschland zum Untermenschbereich proklamiert und vernichtet zu werden? Unsere Methoden im Osten erscheinen dem aufmerksam beobachtenden Auslande als Beweis für die Richtigkeit der vorstehend wiedergegebenen Vorgänge. …
>
> Demgegenüber steht fest, dass die gesamte russische Bauernschaft, der größte Teil der Intelligenz und das gesamte mittlere, höhere und höchste Führungskorps der Roten Armee Feinde des Bolschewismus und speziell Stalins sind. Aber diese Menschen haben wir durch unsere Politik in die tragische Entscheidung hineingezwungen: entweder für Stalin zu kämpfen oder ihr eigenes Volk und damit sich selbst dem Schicksal eines auszurottenden, auszuplündernden Kolonialbereichs auszuliefern, dessen Einwohner, in Wahrheit eines der begabtesten Völker der weißen Rasse, zu Untermenschen proklamiert und zu generationenlanger Sklavenarbeit mit dreiklassiger Schulbildung deklassiert werden sollen. Dass unter solchen Umständen auch die Todfeinde Stalins mit letzter Entschlossenheit gegen uns kämpfen, versteht sich von selbst. Und trotzdem ist dieser Hass gegen den Bolschewismus unsere größte Chance. Wenn wir sofort im Osten nationale Republiken errichten, die russische Befreiungsarmee vor der ganzen Welt als neue Bundesarmee herausstellen, so werden diese Tatsachen ohne Propaganda unsererseits, allein durch Flüsternachrichten, in wenigen Monaten in der ganzen Sowjetunion bekannt sein.[1142]

So viel an Klarheit konnte auf Dauer kaum gut gehen. Am 17. November 1944 wurde Melitta Wiedemann von der Gestapo in Haft genommen. Doch sie konnte sich nunmehr auf die Entwicklung berufen, welche die SS selbst genommen hatte. Wiedemann überlebte das Dritte Reich.[1143]

Der Mann, der dann für die Aufnahme und Umsetzung solchen Gedankengutes die Verantwortung trug, war der SS Standartenführer Erhard Kroeger. An seinem Beispiel lässt sich illustrieren, warum es so kam. Der Jurist Kroeger stammte aus Riga. Frühzeitig war er zur NS-Bewegung gestoßen. Damit hatte er sich in Lettland nur wenige Freunde gemacht.[1144] Nach dem Hitler-Stalin-Pakt schlug seine Stunde. Kröger wurden die Übersiedlungsangelegenheiten für die Deutschbalten übertragen.[1145] Und er wurde zum SS-Standartenführer und zum Mitglied des Reichstages

1142 Wiedemann: Brief an Korherr vom 5. Oktober 1943.
1143 Neulen: Europa, S. 48 f., 409.
1144 Schröder: SS-Führer, S. 20 ff.
1145 Kroeger: Der Auszug.

ernannt. Als der Russlandkrieg seine Schatten vorauswarf, übertrug ihm der SD die taktische Nahaufklärung gegen die Sowjetunion, und als der Krieg begann, übernahm er das SD-Einsatzkommando 6 bei der Einsatzgruppe C[1146], das im rückwärtigen Bereich der Heeresgruppe Süd in der Ukraine die Massenerschießungen verübte. Dieser schrecklichen Tätigkeit ging er bis zum Dezember 1941 nach, um sodann bis zum Kriegsende als Dienststellenleiter z. b. V. beim Reichssicherheitshauptamt geführt zu werden. Dahinter verbarg sich nach einer militärischen Grundausbildung bei der Waffen-SS die Leitung von Werbestellen in Paris und Kopenhagen.

Am 22. Juli 1944 wurde Kroeger zum Verbindungsoffizier der SS bei General Wlassow ernannt. Dem waren intensive Bemühungen seiner baltischen Bekannten vorausgegangen, die SS in ihre Konspiration einzubauen. Kroeger war dann eher zufällig hinzugestoßen, weil ihn sein Vorgesetzter, der Chef des SS-Hauptamtes Gottlob Berger, gebeten hatte, bei einem Gespräch mit Wlassow zu dolmetschen.[1147] Berger war sicher erfahren genug, dass er wusste, auf wen es in Wirklichkeit ankommen würde – auf keinen anderen als den nahezu allmächtigen Heinrich Himmler. Auch der merkte im Sommer 1944, was die Uhr geschlagen hatte, doch er war viel zu vorsichtig, um sich vor seinem Führer kompromittieren zu lassen. Wes Geistes Kind dieser Mann war, wurde im Zusammenhang mit den Ereignissen des 20. Juli 1944 angedeutet. Aber dass ausgerechnet das Attentat auf Hitler die Wlassow-Aktion des Heinrich Himmler um Wochen aufschob, konnte niemand ahnen, auch nicht der Stabschef des deutschen Ersatzheeres, Oberst Claus von Stauffenberg, der selbst seit Jahr und Tag zu den eifrigsten Befürwortern einer bewaffneten russischen Kriegsgefangenenarmee gehört hatte. Damit war es jetzt erst einmal vorbei, denn Himmler sagte im Angesicht des Attentats alle geplanten Termine ab. Die Wlassow-Strategen hingen erneut in der Luft.

Es dauerte bis zum 16. September 1944, dem Gespräch zwischen Wlassow und Himmler, dann kam erneut Fahrt in die Sache. Plötzlich konnte es nicht mehr schnell genug gehen. Ein Manifest der Russischen Befreiungsbewegung musste her und da zeigte es sich, dass auf der anderen Seite die krassesten Gegensätze aufeinanderprallten. Hier der großrussisch denkende Wlassow, dort die Vertreter aller möglichen Völkerschaften, die nur eines im Sinn hatten: los von Russland. Nur mühsam wurden die Dinge verkleistert und man einigte sich auf das Komitee für die Befreiung der Völker Russlands – KONR. Auf der Prager Burg wurde das Manifest am 14. November 1944 mit großem Tamtam verkündet. Ein Haufen Delegierter von Großdeutschlands Gnaden durfte anreisen, doch es fällt auf, dass die deutsche Präsenz mehr als bescheiden ausfiel. Für die SS erschien

1146 Schröder: SS-Führer, S. 65 ff.
1147 Schröder: SS-Führer, S. 76 ff.

der Chef des SS-Hauptamtes Gottlob Berger und für die Wehrmacht deren Befehlshaber in Prag, der General der Infanterie Rudolf Touissant.[1148]

Man fragt sich, ob die beteiligten Russen angesichts der Kriegslage im Spätherbst 1944 noch bei Trost waren, sich in diese Sache einspannen zu lassen. Und in der Tat ist dies später von vielen bezweifelt worden. Doch auch hier gilt: Wir dürfen unsere Sicht auf die Ereignisse nicht mit dem Blickwinkel der Zeitgenossen verwechseln. Für sie bestand die Kriegslage aus dem, was sie aus der deutschen Propaganda und den Feindsendern wussten. Danach stand lediglich fest, dass die Alliierten noch immer nicht auf deutschem Boden kämpften. Für die beteiligten Russen war es der Griff nach dem sprichwörtlichen Strohhalm, denn sie konnten sich unschwer ausrechnen, was mit ihnen nach dem für Deutschland verlorenen Krieg geschehen würde. Galt es im Reich Stalins bereits als strafwürdiges Verbrechen, überhaupt in Kriegsgefangenschaft zu geraten, so galt das erst recht im Fall der Kollaboration mit dem Feind. Diese letzte Bemerkung traf zu diesem Zeitpunkt etwa 900 000 ehemalige Angehörige der Roten Armee – eine gewaltige Zahl.

Diejenigen, die sich für das Manifest zur Verfügung stellten, waren Menschen ohne Zukunft. Ihre einzige Chance war der Angriff nach Osten, der einen Bürgerkrieg bedeuten würde. Es war überdies längst nicht ausgemacht, wie dieser Angriff ausgehen würde. Solange die zahlreichen ehemaligen Soldaten der Roten Armee im Osten unter deutschem Kommando kämpften, hatte es kaum Schwierigkeiten mit ihrer Loyalität gegeben. Diese tauchten immer erst dann auf, wenn sie von deutschen Vorgesetzten unangemessen behandelt wurden. Dann allerdings kam es zu Meutereien und zum Übertritt zu den Partisanen.

Wer nun denkt, dass jetzt mit Volldampf betrieben wurde, was soeben in Prag mit großem Mund verkündet worden war, der irrt. Der Aufbau der russischen Befreiungsarmee ROA war in erster Linie ein Papiertiger. Zwar gelang es um die Jahreswende 1944/45, zwei kampfstarke Divisionen in Süddeutschland aufzustellen, doch scheiterte deren geschlossener Einsatz unter russischer Führung an der nunmehr in Deutschland angekommenen Ostfront im Gestrüpp der deutschen Instanzen. Erst am 28. Januar 1945 entschloss sich Hitler, Wlassow zum Oberbefehlshaber der Russischen Armee zu ernennen.[1149] Ein einziger kurzer Angriff der ROA an der Oderfront ist zu vermelden, der auf sowjetischer Seite zu erheblicher Irritation geführt haben soll.[1150] Dann gingen die Russen ihre eigenen Wege. Bei Kriegsende befand sich das Gros der ROA in der Tschechoslowakei. Von hieraus kämpften sich die Russen zu den US-Amerikanern durch. Sie wurden an die Sowjetunion ausgeliefert.[1151] Am 2. August 1946 meldete

1148 Hoffmann: Tragödie, vor S. 165.
1149 Schramm: KTB 1944/45, S. 1052.
1150 Hoffmann: Tragödie, S. 142 ff.
1151 Hoffmann: Tragödie, S. 239 ff.

die sowjetische Zeitung „Iswestija“, dass Andrej Wlassow und elf weitere am Vortag wegen Spionage zum Tode verurteilt und hingerichtet worden seien.[1152] Sie wurden aufgehängt. Die „Prawda“, wie stets gut unterrichtet, wusste es schon einen Tag früher, also noch bevor die fragliche Gerichtsverhandlung stattfand.

Bei vielen anderen, die weniger prominent waren, wurde wesentlich kürzerer Prozess gemacht: Verhör und Kopfschuss. Das war der Normalfall. Aber es gab auch andere, denn die sowjetischen Dienste wussten sehr wohl, welches Agentenpotenzial ihnen hier auf dem Tablett serviert worden war. Je mehr der Betroffene bereits einen einschlägigen geheimdienstlichen Vorlauf hatte, desto besser. Ein solcher Fall war der des ROA-Mannes Deber. Er war zunächst als Agent bei der KO Estland/Finnland unter Vertrag und diente dann der Überwachung der ROA zunächst bei der Heeresgruppe Nord. Dort schlug er bei seinen Landsleuten so gut ein, dass sie ihn nach Dabendorf abstellten, wo er mit dem ideologischen Grundrüstzeug versehen werden sollte. Das war ein noch besserer Einsatzort, denn damit war der deutsche Agent ins Führungszentrum der Russen vorgedrungen. Hierüber soll er nach eigenen Angaben dem SD in Berlin laufend Bericht erstattet haben.[1153] Das war nicht ohne Risiko, denn die Dabendorfer, die naturgemäß vor allem Sowjetagenten fürchteten, pflegten beim Verdacht der Ausspähung kurzen Prozess zu machen. Zu den letzten internen Hinrichtungen soll es im April 1945 gekommen sein.[1154]

Das für unser Thema interessanteste Kernstück der Wlassow-Armee war deren eigener Nachrichtendienst, genannt Sicherheitsverwaltung. Diese entstand bereits im Lager Dabendorf und unterstand einem Oberstleutnant namens Nikolaj Tensorow, der im Zivilberuf Physiker war, also kein einschlägiges Vorleben aufzuweisen hatte. Die Sicherheitsverwaltung war nach sowjetischem Vorbild gegliedert. Zur Besonderheit des Personals gehörte, dass hier eine ganze Reihe Offiziere Aufnahme gefunden hatten, die aus dem NKWD stammten. Hieraus ist später mehrfach der Schluss gezogen worden, an dieser Stelle sei das Einfallstor für eine Unterwanderung durch die sowjetischen Dienste gewesen, die im Übrigen auch stattgefunden habe, wie sich anhand der belastenden Aussagen von Mitarbeitern dieses Geheimdienstes gegen Wlassow und Co. in deren Strafprozess 1946 nachweisen lasse.[1155] Das ist jedoch ein Fehlschluss, denn das Aussageverhalten in den vom NKWD/MWD inszenierten Prozessen sagt nichts darüber aus, wie es zur fraglichen Zeit, also in den Jahren 1943 bis 1945, innerhalb des Wlassow-Geheimdienstes gewesen ist. Mit einer ähnlichen Begründung könnte man auch eine Unterwanderung behaupten, zumal

1152 Iswestija Nr. 181 vom 2. August 1946; vgl. auch: Ostrjakow: Militärtschekisten, S. 197.

1153 Bogdanow: Duell, S. 289 ff.

1154 Geiger u. a.: Russen, S. 64; Hoffmann: Tragödie, S. 44.

1155 Hoffmann: Tragödie, S. 46.

etliche der einschlägigen Offiziere auch ehemalige Emigranten waren, von deren Organisationen bekannt ist, dass sie vom NKWD zersetzt worden waren.[1156]

Doch die Dabendorfer Sicherheitsverwaltung hat allem Anschein nach funktioniert. Denn selbstverständlich hat es Versuche des NKWD gegeben, in den innersten Kreis dieser für äußerst gefährlich angesehenen Organisation vorzudringen. Den Auftakt machten im Jahre 1943 Funksprüche an die in Berlin und Westeuropa noch in Betrieb vermuteten Spionageringe, die indessen längst zerschlagen waren oder unter Kontrolle der Gestapo arbeiteten.[1157] Doch bald sollten schon ganz andere Taten folgen. Zwei Fälle sind bekannt, in denen Agenten abgesetzt wurden, um in den Kreis der abtrünnigen Russen vorzudringen und Wlassow zu ermorden.

Im ersten Fall handelte es sich um den deutschen Leutnant Friedrich Augustin; er war bereits 1941 vom NKWD in einem Gefangenenlager rekrutiert worden.[1158] Augustin wurde im April 1943 nach Berlin geschleust, das er auch tatsächlich erreichte; er kehrte aber nach einigen Wochen unverrichteter Dinge zurück. Seinem Auftraggeber Pawel Sudoplatow versicherte er das Gegenteil. Bevor die Luge herauskam, war ein zweiter Mordauftrag fällig. Er galt dem SS-Gruppenführer Curt von Gottberg, der bereits seit Januar 1942 im Mittelabschnitt der Ostfront mit außerordentlicher Brutalität und mit erheblichem Erfolg gegen die Partisanen wütete.[1159] Auch diesmal schritt Augustin nicht zur Tat, sondern er stellte sich den deutschen Behörden. Die dankten dem Rücküberläufer seine Offenheit nicht und unternahmen offenbar auch keinen Versuch, den Sowjets Augustin wieder anzudrehen. Stattdessen richtete die Gestapo Augustin im KZ Sachsenhausen hin.[1160]

Der zweite Auftrag ging im Mai 1943 an den sowjetischen Major Semjon Kapustin, der als Scheinüberläufer eingesetzt wurde. Sein Wunsch, zu Wlassow vorgelassen zu werden, weckte nach einem Gespräch, das er mit dem russischen Generalmajor Wassili Malyschkin zu absolvieren hatte, in Dabendorf den stärksten Verdacht. Im Sonderlager Lötzen legte Kapustin sodann ein umfassendes Geständnis ab, das keinen Zweifel daran ließ, was das Ziel seines Auftrages war: das Ausbaldowern von Gelegenheiten, um Wlassow und seine Spitzenmannschaft zu ermorden.[1161]

Mit der Gründung eines russischen Armeestabes Anfang 1945 wurde bei diesem ein rein militärischer Nachrichtendienst eingerichtet, der von Oberstleutnant Gratschew geleitet wurde. Die Aufklärungsabteilung war in drei Sektionen unterteilt, deren Aufgaben als Feindnachrichten (also

1156 Roewer: Skrupellos, S. 411 ff.
1157 Hoffmann: Tragödie, S. 287 f.
1158 Kügelen: Bündnis, S. 22.
1159 Krätschmer: Ritterkreuzträger, S. 723; Mallmann: Aufgeräumt, S. 519.
1160 Gold: Im Bunker, S. 66; Morré: Kulissen, S. 38.
1161 Hoffmann: Tragödie, S. 287.

Auswertung), Raswedka (Spionage) und Konterraswedka (Spionageabwehr) beschrieben wurden. Von besonderer Bedeutung war die Spionageschule Jagdhaus in der Nähe von Marienbad, die der Aufklärungsabteilung angegliedert war. In ihr wurden Spionage- und Zersetzungsagenten ausgebildet. Der Gag der Einrichtung bestand darin, dass es in ihr (im strikten Gegensatz zu den Gepflogenheiten in der ROA) echt sowjetisch zuging, vom Interieur über die Unformen bis hin zur Redeweise. Am allererstaunlichsten ist, dass Etliche der hier Ausgebildeten noch zum Einsatz gekommen sein sollen. Über ihren Verbleib ist nichts bekannt.[1162]

Ein letztes Wort zu Wlassow. Als er nach seiner Gefangennahme im Jahre 1942 aus der deutschen Propagandataufe gehoben wurde, schien er zunächst nichts anderes zu sein als ein prominenter General, der einer Luftblase Namen und Farben gab. Doch das Werben für eine Sache, die es in Wirklichkeit gar nicht gab, konnte nur begrenzte Zeit gutgehen. Wlassow verschwand in einem ungeklärten Zustand. Das änderte sich mit der Erkenntnis über die Nichtgewinnbarkeit des Krieges. Doch immer noch war die politische Führung der Deutschen, sprich: der Diktator Adolf Hitler, nicht bereit, von der militärischen auf eine politische Kriegführung umzuschwenken. Das gilt bis zu seinem Selbstmord im Führerbunker. Das viel besungene Prager Manifest blieb in der Luft hängen und die ROA im Prinzip ein Phantom. Das sind die kargen Fakten. Um sie herum haben sich nach dem Krieg eine Vielzahl von Legenden gebildet. Es sind alles Was-wäre-wenn-Geschichten aus dem Genre „Wenn man mich gelassen hätte, hätten wir den Krieg gewonnen", und als solche kann man sie bequem abhaken.

Für Russland hatten diese Geschichten allerdings einen anderen Stellenwert. Selten ist ein Mann mit solchem Hass verfolgt worden wie der ehemalige sowjetische Generalleutnant Andrej Andrejewitsch Wlassow. Kein Aufwand war zu groß, um den Verräter herabzuwürdigen. So mussten beispielsweise aus den Bibliotheken die einschlägigen Seiten der „Prawda" entfernt werden, die den Helden der Winterschlacht von Moskau priesen. Verfolgung dieser Art ist immer auch ein Zeichen von Furcht. Warum fürchtete Stalin und mit ihm die sowjetische Elite diesen Mann so sehr? Die Antwort ist einfach. Man hielt ihn für imstande, das ganze schöne System im Kreml zu kippen – zu kippen, weil er die Figur des glaubwürdigen russischen Patrioten verkörperte. Doch daraus wurde nichts, den Deutschen sei Dank.

1162 Hoffmann: Tragödie, S. 45 f.

Kapitel 6

Aus. Das Jahr 1945

Am 12. Januar 1945 begann die letzte sowjetische Großoffensive.[1163] Jetzt ging es in Deutschland ums nackte Leben. Wenn überhaupt etwas erstaunt, so ist es der Umstand, dass es noch bis zum Mai dauerte, bis Berlin erobert war und das Deutsche Reich bedingungslos kapitulierte. In der Zwischenzeit trafen sich die Großen Drei in Jalta, um die allfälligen Verabredungen zu treffen. Ihr Gegenspieler hatte sich in den Bunker an der Reichskanzlei zurückgezogen und gab sich seinen Fantasien hin. Hatte nicht auch Friedrich der Große den schier aussichtslosen Siebenjährigen Krieg überlebt? Der Führer träumte, er träumte vom Zerplatzen der Anti-Hitler-Koalition. Solche Hoffnungen wurden durch Pressemeldungen befördert, wie der, dass die Regierungen in London und Washington die von den Sowjets in Lublin eingesetzte polnische Regierung nicht anerkennen würden.[1164] Auch sonstige Unstimmigkeiten wurden mit feiner Sonde erspürt und haben im Lagebuch des Oberkommandos der Wehrmacht ihren Niederschlag gefunden.[1165] Hier ein Beispiel:

> Roosevelt will sich etwa am 20. 1. zum Besuch nach England begeben. Es wird darauf hingewiesen, dass die augenblickliche Spannung die russische Offensive verzögert; möglicherweise werde sich der Krieg bis 1946 hinausziehen.[1166]

Das war Unfug. Doch erstaunlich ist, wie sehr der deutsche Diktator mit seiner Meinung richtig lag, dass es zwischen den Großen Drei eigentlich zum Knall kommen müsse. Hätte er gewusst, wie krampfhaft sich der britische Premier Winston Churchill dagegen stemmte, im großen Kriegstheater von Roosevelt und Stalin in die zweite Reihe verdrängt zu werden, was durchaus der Realität entsprach, Hitler hätte sich wohl die Hände gerieben. Wusste er etwa, was da gespielt wurde? Die Antwort lautet: nein. Es gab in der Tat einen Agenten Cicero, der ein knappes Jahr lang die wichtigsten Informationen aus der ost-westlichen Kriegskoalition geliefert hatte. Hinter dem Decknamen verbarg sich der albanische Kammerdiener Elyesa Bazna beim britischen Botschafter in Ankara. Doch Cicero hatte

---

1163 Schramm: KTB 1944/45, S. 1010.
1164 Schramm: KTB 1944/45, S. 979.
1165 Z. B. Schramm: KTB 1944/45, S. 989, 1012, 1030, 1050, 1052, 1066, 1086, 1113, 1134.
1166 Schramm: KTB 1944/45, S. 1006 (Lagebuch 10. Januar 1945).

im Februar/März 1944 kommentarlos seine Arbeit für den SD-Ausland beendet.[1167]

Kaffeesatz: Die Großen Drei

Im Übrigen hatte Hitler die Meldungen von Cicero nicht geglaubt und einen Ersatz gab es nicht, auch wenn später anderes behauptet worden ist. So über einen Mann, der sich Boris von Skossyreff nannte. Bei diesem russischen Emigranten war vermutlich alles falsch. Es scheint lediglich festzustehen, dass er 1934 von Frankreich aus einen Staatsstreich in Andorra zu unternehmen versuchte, der ihn für wenige Stunden zum regierenden Fürsten Boris erhob. Ein Foto zeigt denselben Mann in Offiziersuniform der Wehrmacht. Es ist deswegen zu vermuten, dass er zu einem der vielen Emigrantenzirkel zählte, die, in welcher Verkleidung auch immer, der Abwehr ihre Dienste an der Ostfront angeboten hatten. Wie dem auch sei. Nach dem Krieg trat er mit der Behauptung vor das deutsche Publikum, er, Skossyreff, sei im Auftrag von Alfred Jodl auf den verschwiegensten Wegen auf die Krim vorgedrungen, um die Verhandlungen von Jalta auszuspähen. Nach mindestens ebenso abenteuerlicher Rückreise sei es ihm gelungen, Hitler am 11. März 1945 über das Gehörte einschließlich der US-amerikanischen Planungen über die Atombombe in einem Vieraugengespräch Bericht zu erstatten.[1168] Das ist eine wunderbare Räuberpistole. Man braucht nicht viel Mühe, um sie zu entlarven.

Die Erkenntnisse über die Zusammenkunft der Großen Drei sind im Lagebuch des OKW akribisch verzeichnet.[1169] Hier erfährt man, dass die deutsche Führung, noch während die Konferenz lief, nicht wusste, wo sie stattfand. Als es gegen Ende der Konferenz in der Zeitung stand, nun, da wusste sie es auch. Noch gröber ist die Lüge Skossyreffs über das Manhattan-Projekt, den US-Atombombenbau. Dieser wurde in Jalta mit keinem Wort erwähnt.[1170] Roosevelt hielt dergleichen nicht für diskussionswürdig; er konnte ja nicht ahnen, wie weit die sowjetischen Geheimdienste INO und GRU in dieses allergrößte seiner Staatsgeheimnisse bereits eingedrungen waren. Auch Hitler wusste ein wenig hierüber, aber nicht durch Herrn von Skossyreff.[1171]

Als der mächtigste Mann der westlichen Hemisphäre, Franklin D. Roosevelt, am 12. April 1945 überraschend starb, glaubte Hitler, einen Silberstreif am Horizont zu sehen.[1172] Doch der verblasste nur zu bald. Realis-

1167 Bazna: Cicero, passim; Moyzisch: Fall Cicero, passim; Schellenberg: Aufzeichnungen, S. 385; Schramm: Geheimdienste, S. 150 f.

1168 Zwehl: Jalta, passim.

1169 Schramm: KTB 1944/45, S. 1080, 1083, 1088, 1093.

1170 Edmonds: Die Großen Drei, S. 409.

1171 Gellermann: Auftrag, S. 85 ff.

1172 Edmonds: Die Großen Drei, S. 425; Kershaw: Hitler 1936–45, S. 1020 f.

tisch war dagegen, dass sowjetische Artillerie das Regierungsviertel unter Dauerbeschuss genommen hatte. Am 30. April erschoss sich Hitler. Am 2. Mai kapitulierte Berlin. Wenige Tage später reiste der Generalfeldmarschall Wilhelm Keitel aus Flensburg mit dem Flugzeug an, um die Kapitulationsurkunde zu unterzeichnen. In den frühen Morgenstunden des 9. Mai 1945, genau um 0 Uhr 16, legte er den Füllfederhalter aus der Hand. Da war der Krieg bereits seit 15 Minuten zu Ende.[1173]

Kaffeesatz 2: Die russischen Absichten an der Ostfront

Was taten die Geheimdienste in diesen letzten vier Monaten des Krieges? Auf der deutschen Seite konnte von einer geordneten Tätigkeit keine Rede mehr sein. Der Generalstab schwamm Anfang des Jahres über Ort und Zeitpunkt der erwarteten sowjetischen Offensive im Ungewissen.[1174] Die am 9. Januar von der Abteilung Fremde Heere Ost vorgelegte Prognose eines Vorstoßes auf Tschenstochau war falsch, zumindest grob irreführend. Es bedurfte in der Tat nur eines Blicks auf den Frontverlauf zur Jahreswende 1944/45, um anzunehmen, dass die 1. Ukrainische Front auf den Brückenkopf von Baranow, westlich der Weichsel, losbrechen würde, was sie am 12. Januar 1945 auch tat. Dass aber der Hauptstoß zwei Tage später nördlich dieser Ereignisse, und zwar südlich von Warschau, begann, das war den Feindlagebeurteilern entgangen. Hier im Zentrum der Offensive gelang der 1. Weißrussischen Front der komplette Durchbruch und innerhalb von zwei Wochen rückte sie bis zur Oder vor, denn es ging der sowjetischen Führung um einen endgültigen Schlag gegen die deutsche Hauptstadt.[1175] Wie angesichts dieses Desasters der Tagebuchführer des OKW, Percy Ernst Schramm, kurz nach Kriegsende auf den Gedanken verfallen konnte, die Feindlageeinschätzung durch Gehlen und seine Leute sei glänzend gewesen, bleibt ein unauflösbares Rätsel.[1176] Man fragt sich, ob der Mann seine eigenen Feindlagenotate nicht gelesen hatte. Hier ein paar dieser Stilblüten:

13. 2. 1945: Feindlage: Durch die eigenen Angriffe in Schlesien ist der Feind zu Umgruppierungen gezwungen worden.[1177]

20. 2. 1945: Feindlage: Im gesamt ist festzustellen, dass bei der Heeresgruppe Mitte in den letzten 14 Tagen beachtliche Erfolge erzielt wurden, obwohl die eigenen Kräfte erst ein Gerippe darstellen.[1178]

1173 Schramm: KTB 1944/45, S. 1435, 1437.
1174 Schramm: KTB 1944/45, S. 987, 1006.
1175 Ahlfen: Schlesien, Karte 1; Schramm: KTB 1944/45, S. 1002.
1176 Schramm: KTB 1944/45, S. 1801.
1177 Schramm: KTB 1944/45, S. 1096.
1178 Schramm: KTB 1944/45, S. 1109.

2. 3. 1945: Im gesamt ist festzustellen, dass eine Stabilisierung der Lage gelang.[1179]

23. 3. 1945: Unklar ist, wohin die zur Zeit angeschlagene 3. Garde-Panzer-Armee verlegt wird.[1180]

27. 3. 1945: Osten: ... In der Zeit vom 1.–22. 3. wurden 3 432 [sowjetische] Panzer abgeschossen, d. h. mehr als im Vormonat, so dass nun die Reserven des Gegners in Kürze aufgebraucht sein werden.[1181]

Das mag als Auswahl genügen. Es fällt auf, dass die Feindlagemeldungen entweder mit der Feindlage nichts zu tun hatten, sondern Lobhudeleien der eigenen, angeblich genialen Truppenführung waren oder aber Feindbeschreibungen enthielten, die nur grotesk genannt werden können. Vollends rätselhaft ist es, wie bei diesem Befund der amtierende Generalstabschef des Heeres, der Generaloberst Heinz Guderian, nach dem Krieg in seinen Memoiren behaupten konnte, dass die Feindlageprognose der Abteilung Fremde Heere Ost im Januar 1945 mustergültig und absolut zuverlässig war.[1182] Hier wurde eine Legende gestrickt, die da hieß, wir hätten es ja gemacht, aber der Führer hat uns nicht gelassen. Es passt sehr gut in diese Art der Feindbeurteilung, dass den Verbänden an der Ostfront im März des Jahres 1945 der Befehl erteilt wurde, bei den eigenen Feindlagemeldungen nicht mehr von russischen Divisionen zu sprechen, sondern von so genannten Divisionen, da diese den deutschen Verbänden gleichen Namens in keiner Weise entsprächen. So wurde es fortan gemacht.[1183]

Mit an der Legendenstrickmaschine saß auch der General der Nachrichtentruppen Albrecht Praun. Er war seit Herbst 1944 im Amt; seine Vorgänger Fellgiebel und Thiele waren wegen ihrer Verstrickung in den Staatsstreich vom 20. Juli hingerichtet worden. Zur Erinnerung: Es gehörte zu den deutschen Organisationskuriosa, dass die technische Feinderkundung, sprich: Lauschen, Peilen, Entziffern des Funk- und Fernsprechverkehrs, als ein Unterfall des eigenen Fernmeldewesens begriffen wurde. Dementsprechend schleppend waren die einschlägigen Aufklärungsbemühungen im deutschen Heer angelaufen.

Ausländer wie der finnische Abhör-Offizier Jukka Mäkelä, notierten verständnislos, dass bei den Deutschen der Kommissbetrieb auch hier Vorrang vor der Zweckmäßigkeit hatte.[1184] So waren die Leute, auf die es bei der Peilung und der Entzifferung ankam, Mannschaftsdienstgrade, die sich von kompletten Laien im Unteroffiziers- und Offiziersrock Vorschriften machen lassen mussten, da das deutsche Militärreglement dies so

1179 Schramm: KTB 1944/45, S. 1137.
1180 Schramm: KTB 1944/45, S. 1186.
1181 Schramm: KTB 1944/45, S. 1202.
1182 Guderian: Erinnerungen, S. 347; ebenso: Schramm: Geheimdienste, S. 253 f.
1183 Ahlfen: Schlesien, S. 206.
1184 Mäkelä: Im Rücken, S. 168 ff.; Heydorn: Nachrichtennahaufklärung, S. 69 ff., 103 ff.

vorsah. In Finnland und anderswo steckte man solche Leute in Offiziersuniform – ein in Deutschland undenkbarer Vorgang. Dabei war es so, dass im Verlauf des Russlandfeldzuges spätestens ab 1943 der Funkaufklärung unangefochten der erste Platz bei der Beschaffung von Feindnachrichten zukam.[1185]

Vor allem waren es die bei den Armeen in deren Nachrichtenregimentern eingegliederten Nachrichtennahaufklärungskompanien, die die benötigten Informationen herbeischafften. Diesen gelang in zahlreichen Fällen, die recht primitiven Schlüssel zu brechen, welche in der Roten Armee unterhalb der Armee-Ebene verwendet wurden. Kurios war es, dass es diesen Kompanien verboten war, die aufgefangenen Nachrichten selbst auszuwerten, sondern sie mussten ihre Lausch-, Peil- und Entzifferungsergebnisse als Rohmaterial bei den I c-Stäben abgeben. So jedenfalls die Theorie. Dass die betroffenen Funkentzifferer dennoch eine Art Auswertelage führten, war allein schon dem Umstand geschuldet, dass sie sonst den gegenüberliegenden Feind nicht sachgerecht auseinanderhalten konnten.

Nun zu den Ergebnissen vor der sowjetischen Januaroffensive. Praun schrieb:

> Ein letzter großer Erfolg der deutschen Nachrichtenaufklärung im Osten, wenn auch ohne die vielleicht erwarteten taktischen, operativen und politischen Folgerungen, war die Beobachtung der gewaltigen Vorbereitungen der Baranowoffensive: Nach dem nun seit Jahren bekannten Schema des russischen Funksystems rollte dieser Film ab, ohne dass die Zuschauer offenen Auges dem Schicksal Einhalt gebieten konnten, das sie mit in den Abgrund riss. Die raffiniert organisierte deutsche Nachrichtenaufklärung sah noch einmal alle die untrüglichen Zeichen der kommenden Offensive: den Aufmarsch der Heeresartillerie, die Salvengeschützverbände, die die Folgen ihres zu erwartenden Feuersturms frühzeitig entschleierten, sie sah das Heranrollen von Division um Division, Korps um Korps, Armee um Armee, die Gliederung der Armeen an den zurückhaltenden operativen Funksprüchen, die nur die Verkehrs- und Peilauswertung zu verwerten vermochte, sie erfasste die Masse des erdrückenden Aufmarsches aus der unendlichen Fülle taktischer Funksprüche und Funkgespräche, deren Inhalt zu entziffern, wenn nicht offen mitzulesen war. Wieder verschleierten die Frontdivisionen und Panzerverbände ihre Anwesenheit durch Funkstille, welche wieder Heerestruppen und NKWD nicht einhielten, wieder zeigten die früh und weit vorausgeschickten „Kundschaftertrupps" durch ihren Funkverkehr mit den Fronten die fernen operativen Ziele an. So entstand das Mosaikkolossalgemälde, das General Gehlen, der Chef der Abteilung Fremde Heere Ost, Anfang Januar 1945 dem Chef des Generalstabs Generaloberst Guderian und Hitler vorlegen konnte.[1186]

1185 Schramm: Geheimdienste, S. 163 ff.

1186 Praun: Untersuchung, S. 97; das Zitat verändernd: Schramm: Geheimdienste, S. 251 f.

Aber Herr Praun, möchte man rufen, hier ist einiges durcheinandergeraten. Die Offensive bei Baranow fand tatsächlich statt. Sie verschleierte den sowjetischen Hauptstoß, der die Kleinigkeit zum Ziele hatte, das Deutsche Reich in seinem Zentrum zu treffen und zum Einsturz zu bringen. Liest man die Praun'schen Auslassungen noch einmal unter diesem Gesichtspunkt, so drängt sich der Verdacht auf, dass der sowjetische Aufmarsch bei Warschau offenbar wegen der dort geübten Funkdisziplin nicht erkannt wurde, oder, was noch schlimmer wäre: Die deutschen Strategen vom Schlage Guderian – Gehlen – Praun glaubten, ihn wegen des Bildes, was sie sich von der Roten Armee gemacht hatten, ignorieren zu dürfen.

Rette sich, wer kann: Die Absetzbewegungen der Geheimen

Was trug nun der seit einem knappen Jahr zusammengefasste deutsche Geheimdienst zu dieser Lageentwicklung bei? Nichts. Die deutsche Geheimdienstelite hatte offenbar keine Zeit, sich mit derart profanen Dingen wie der Erstellung einer seriösen Feindlage zu befassen. Geheimdienstchef Walter Schellenberg beispielsweise trug sich längst mit anderen Gedanken. Seine Memoiren fassen wir wie üblich nur mit spitzen Fingern an und destillieren daraus, dass er bestenfalls die eigene Haut retten wollte. Er kungelte in der Schweiz und er kungelte in Schweden, wohin er sich pünktlich zu Kriegsende abgesetzt hatte.[1187]

Sein Untergebener, der SS-Obersturmbannführer Otto Skorzeny, Herr über die SS-Jagdverbände, raffte seine Sabotagespezialisten zusammen und verheizte sie an der Front in Schwedt an der Oder. Bereits wenige Tage zuvor war schon einer der bekanntesten Kommandotruppler, Skorzenys Stabschef Adrian von Foelkersam, in Hohensalza gefallen. Ihn streckte ein Kopfschuss nieder. Kaum einer der 800 SS-Aktivisten entkam – bis auf Skorzeny selbst.[1188] Für ihn war der Krieg noch nicht zu Ende. Landsmann Kaltenbrunner, der bis vor Kurzem allmächtige Chef des Reichssicherheitshauptamtes, hatte sich aus dem verglühenden Berlin nach Süddeutschland abgesetzt; jetzt übertrug er Skorzeny das, was er Polizeiaufgaben nannte. Wir besitzen Fantasie genug, um uns vorzustellen, was das bedeutet haben mag. Im Untergangstaumel des Dritten Reiches knüpften SS-Kommandos tatsächliche oder vermeintliche Drückeberger an beliebigen Bäumen und Laternen auf. Doch das war nicht alles. Wertgegenstände mussten beiseite geschafft, Spuren verwischt, Akten vernichtet und unliebsame Zeugen beseitigt werden. Polizeiaufgaben, das konnte so manches sein.

Andere sahen das anders. Sie dachten gezielt an morgen. So der Chef von Fremde Heere Ost, Reinhard Gehlen, der es Ende 1944 auf seinem

---

1187 Schellenberg: Aufzeichnungen, S. 415–446.

1188 Skorzeny: Kommandounternehmen, S. 379 ff.

Posten noch zum Generalmajor gebracht hatte. Gehlen hatte mehr Glück als Verstand. Jahrelang hatte er mit seinen Fehlprognosen der Kriegführung schweren Schaden zugefügt. Noch zur Jahreswende 1944/45 hatte er sich in großartigen Spekulationen ergangen, die seinem Führer nach dem Maul redeten. Vielleicht ist auch diesem Mann dann im Frühjahr 1945 die Erkenntnis gekommen, dass es mit diesem Krieg kein gutes Ende nehmen würde. Dann passierte ihm am 9. April 1945, genau einen Monat vor Toresschluss, als er sich mühte, im Führerbunker ein Bild der vormarschierenden sowjetischen Truppenmassen zu zeichnen, der große Lottogewinn. Der empörte Diktator schmiss ihn wegen Defätismus raus. Aber er ließ ihn weder erschießen noch aufhängen.

Nein, Gehlen wurde ganz ordnungsgemäß, und zwar auf eigenen Wunsch, in die Führerreserve des Heeres versetzt.[1189] So konnte er ungehindert in seiner Generalsuniform herumstolzieren, anstatt, was jetzt eigentlich dran gewesen wäre, eine der kämpfenden Divisionen zu übernehmen. Diese fröhliche Beurlaubung erleichterte ihm das nun Folgende kolossal. Einer Verabredung mit seinen nächsten Untergebenen entsprechend, wurden die Akten der Abteilung Fremde Heere Ost fein säuberlich bereinigt, auf LKWs verpackt und nach Süddeutschland verfrachtet. Gehlen zog es vor, sich ebenfalls nach Süddeutschland abzusetzen und so lange wie möglich versteckt zu halten. Er wusste, dass seine Aktenkisten einen Pharaonenschatz bargen – die Erkenntnisse der Abteilung Fremde Heere Ost über die Sowjetunion und speziell deren Rote Armee. Dafür würde es bald Abnehmer geben. Und damit hatte er Recht.[1190]

Während Gehlen in die Bergwelt desertiert war und auf die Amerikaner wartete, waren andere ihnen entgegengegangen. Auch diese Episode spielte sich in den Bergen ab, allerdings in der Schweiz. Die Beseitigung des Dora-Netzes bedeutete daselbst keineswegs das Ende der GRU-Spionage. Die wortreichen Ausführungen von Radó haben für viele Jahre den Blick auf die Wirklichkeit des alpenländischen Spionagealltags verstellt. Denn neben Radó und von diesem völlig abgeschottet werkten nämlich mindestens noch zwei weitere Gruppen. Eine davon hörte auf den Code-Namen Paul. Hinter Paul verbarg sich ein angeblicher tschechischer Emigrant namens Karel Wybiral und hinter diesem ein russischer Klarname, der des GRU-Illegalen Fjodor Kruglikow.[1191]

Kruglikow war, soweit man weiß, im März 1939 in der Schweiz eingetroffen; er blieb dort während des gesamten Krieges – und unentdeckt. Über sein Wirken und seine Verbindungen zur Zentrale nach Moskau ist nur wenig bekannt. Die doppelte Vergabe des Funk-Decknamens Paul (nämlich an Kruglikow und an den GRU-Illegalen Paul Boettcher) mag

1189 Gehlen: Dienst, S. 127.
1190 Gehlen: Dienst, S. 129 ff.
1191 Kolpakidi u. a.: Enziklopedija, S. 496.

dazu beigetragen haben, dass die deutsche Funkabwehr Kruglikow nicht auf die Schliche kam. Was also tat Kruglikow-Wybiral-Paul? Er verkleidete sich als Priester. Und klingelte am 19. März 1945 an der Villa des Industriellen Edmund Stinnes am Obersee in Askona. Der Schein-Pastor störte die in der Villa Versammelten ganz empfindlich. Er erbat von dem zur Tür geeilten Mann, der den Eindringling verscheuchen sollte, einige der Rosen aus dem Garten, mit denen er den Altar seiner Kirche schmücken wollte. So sagte er wenigstens.

Es war ein witziges Zusammentreffen dort in Askona und die Störung von Seiten des scheinbaren Priesters kein Zufall. Er wollte sich vielmehr davon überzeugen, ob das, was die Sowjets vermuteten, dort tatsächlich stattfand. Es stimmte. In der Villa tagten zum zweiten Mal Deutsche und US-Amerikaner, um einen separaten Waffenstillstand an der Italienfront zu verabreden. Er waren die Herrn SS-Obergruppenführer Karl Wolff (Großdeutsches Reich) und Allen Dulles (Vereinigte Staaten von Amerika) nebst kleinem Gefolge. Der Mann, der dem sowjetischen Agenten die Tür öffnen ging, hieß Gero von Schulze-Gaevernitz, ein deutscher US-Emigrant, die rechte Hand des OSS-Residenten Dulles. Wenige Tage nach diesem Zusammentreffen, am 3. April 1945, schrieb Stalin einen flammenden Protestbrief an den US-Präsidenten Theodor Roosevelt, denn das, was die verbündeten US-Amerikaner dort trieben, nämlich den Abschluss von separaten Waffenstillständen zu forcieren, verstieß gegen die Vereinbarungen von Teheran. Dass er selbst via Schweden genau das Gleiche bis vor Kurzem versucht hatte, ließ er selbstverständlich beiseite.

Geisterfahrer: Letzte deutsche Kommandoeinsätze

Während also die Spitzenvertreter der deutschen Geheimdienste ihre Gesundheit zu konservieren suchten, wurde in Deutschland gekämpft und gestorben. Das gilt auch für die diversen Kommandoverbände. Den Jagdverband Ost Mitte haben wir bereits an der Oder verbluten sehen. Überlebenschancen hatte offenbar nur, wer selbst auf konspirativer Feindfahrt war oder sich gezielt hiervor zu drücken verstand. Hierzu werden wir sogleich einige Beispiele Revue passieren lassen. Dies vor dem Hintergrund, dass deutsche Heeresgruppenoberbefehlshaber Ende Januar 1945 den irrwitzigen Befehl herausgegeben hatten, Vernichtungsgruppen nach Partisanenart zu bilden, die sich selbst aus dem Land versorgen sollten.[1192]

Zu den bizarrsten Kommandoeinsätzen deutscher Kommandoverbände gehörte das Unternehmen Jaguar des Leutnants Heinrich Weyde. Der von ihm zusammengestellte Frontaufklärungstrupp operierte ab Dezember 1944 im Raum des ungarischen Städtchens Stuhlweißenburg. Das gesamte Unternehmen mit mehreren hintereinander stattfindenden Ein-

1192 Schramm: KTB 1944/45, S. 1062.

sätzen fand in Volltarnung statt, das heißt in Uniformen und Ausstattung der Roten Armee. Hierzu zählten auch sowjetische Kampfpanzer T 34/85, die im rückwärtigen Raum der Roten Armee zu Einsatz gelangten. Mit von der Partie waren insgesamt 37 Mann: 12 Deutsche, 18 Russen und 7 Ungarn.[1193] Das Himmelfahrtsunternehmen verlief erstaunlich gut. Die Verluste, die der Roten Armee durch Feuerüberfälle zugefügt wurden, sollen beträchtlich gewesen sein. Bemerkenswerter war hingegen die Verunsicherung, die durch den Einsatz ausgelöst wurde. Soweit die offiziösen Beschreibungen von Jaguar. Die Sicht auf die Dinge relativiert sich wie üblich, wenn man eher unfreiwillige Zeugen hinzuzieht.

> Der Leutnant hatte weißblondes Haar und ein weiches, fast mädchenhaftes Gesicht, in dem mir besonders seine vollen sinnlichen Lippen auffielen. Nur seine kalten, berechnenden graublauen Augen schienen mir in einem seltsamen Kontrast dazu zu stehen. Mit einem undurchsichtigen Lächeln streckte er uns seine Hand entgegen und gleich bei den ersten Worten fiel mir sein rollendes „R" auf und ein Akzent, der mich an den Balten mit den Filzstiefeln erinnerte. ... Er klopfte die Asche von seiner Zigarette und ließ sie einfach auf den Teppich fallen. Dann fuhr er noch leiser fort: „Wir haben da unsere verabredeten Zeichen, der Wladimir und ich – der Wladimir, das ist mein Vertrauter. Man nennt ihn auch den Töter. Darauf ist er besonders stolz. Nun, wenn mir also einer nicht gefällt, dann nehmen Wladimir und ich ihn in die Mitte und fordern ihn auf, sich mal einen Panzer von uns näher anzusehen. Auf dem Weg dorthin ziehe ich mein Zigarettenetui aus der Tasche und biete ihm eine Papyrossy an. Das ist das Zeichen für Wladimir. Mit einer Hand hakt er ihn unter, mit der andern setzt er ihm die Pistole aufs Herz und drückt ab. Ich hake ihn ebenfalls unter und gemeinsam legen wir ihn auf den Panzer. Der Fahrer fährt mit ihm ein Stück weg und wirft ihn in den nächsten tiefen Graben." Entsetzt hatte ich ihm zugehört. Stanislaus reagierte realistischer: „So ein Knall muss doch aber erst recht auffallen?!" „Bruderherz", lachte Menzel, „hat Wladimir doch eine Schalldämpferpistole, die macht nur leise knack" – und dabei klopfte er mit seinem Mittelfinger einmal leicht auf die Tischplatte, ...[1194]

Soweit der Kriegsberichterstatter Georg Schmidt-Scheeder, dem es nach seiner Schilderung gelang, sich im allerletzten Moment dem letzten dieser Einsätze im April 1945 zu entziehen. Erleichtert zog er wieder seine deutsche Uniform an. Nach seiner Schilderung handelte es sich um einen Haufen versoffener, verlotterter Landknechte, die längst mit allem abgeschlossen hatten. Doch anders als der Wehrmachtsbildberichterstatter später vermutete, überlebte der Mann, den er unter dem Decknamen Menzel kennen gelernt hatte, den Krieg. Menzel-Weyde diente ab den 1950er Jahren im Bundesamt für Verfassungsschutz, wo er seine konspirative Kar-

1193 Weyde: Erfahrungsberichte; Kurowski: Kommandotrupps II, S. 328; Roewer: Geheimdienste, S. 495; Witzel: Kommandoverbände.

1194 Schmidt-Scheeder: Reporter, S. 427, 436.

riere als Referats- und Referatsgruppenleiter in der Abteilung für Spionageabwehr fortsetzte.[1195]

Ein anderer Mann mit einer ähnlichen Karriere war der SS-Obersturmführer Walter Girg. Bereits im Vorjahr hatte der Kommandotruppler auf sich aufmerksam gemacht. Nach dem Abfall Rumäniens von den Achsenmächten im August 1944 war es ihm gelungen, im Chaos der zusammenstürzenden Front in rumänischer Uniform in die Karpaten vorzudringen und dort die wichtigsten Bergpässe zu sprengen. Girg fand zu den deutschen Linien zurück, nachdem er aus sowjetischer Haft hatte entfliehen können. Im Januar 1945 startete er zu einer neuerlichen Aktion, die ihn per Schiff ins eingekesselte Ostpreußen führte und von dort in sowjetischer Uniform hinter die Linien der Roten Armee, wo er wochenlang Sabotage- und Erkundungsaufträge durchführte. Auch diesmal kam er durch. Bei Kolberg überschritt er die deutschen Linien und wäre dort um ein Haar als vermeintlicher NKFD-Mann erschossen worden. Nach Berlin beordert, durfte er Hitler am 31. März 1945 Vortrag halten. Ja, an sowas hatte Hitler Spaß. Er dekorierte Girg mit dem Eichenlaub zum Ritterkreuz. Erst am folgenden Tag konnte die SS-Führung den Verleihungsvorschlag ausfertigen, den es vom Führer zu unterschreiben galt; so viel Ordnung musste sein. Im Mai 1945 wurde Girg im Salzburger Land durch US-Truppen gefangen genommen; er saß bis 1947 in einem Wiener Gefängnis ein, dann wurde er als nicht belastet entlassen.[1196]

Zwei Kommandotruppler: Walter Girg, Berndt von Staden

Ähnlich war die Ausgangsposition für den gleichaltrigen Abwehrleutnant Berndt von Staden. Der Baltendeutsche war 1941 zu den Brandenburgern eingezogen worden. Nach seiner Beförderung zum Offizier diente er bei einem Frontaufklärungskommando bei der Heeresgruppe Nord. Von Kurland verschlug es ihn über Ostpreußen zur Oderfront. Sein Auftrag: Mit einem holzgasgetriebenen Omnibus und einer Handvoll Russen im Vorfeld der 3. deutschen Panzerarmee hinter die sowjetischen Linien zu Aufklärungszwecken vorzudringen. Doch der 25-Jährige fand nichts

1195 Tiedge: Überläufer, S. 349 ff.

1196 Krätschmer: Ritterkreuzträger, S. 792; Skorzeny: Kommandounternehmen, S. 375 ff.

Ersprießliches an diesem Himmelfahrtskommando. Also setzte er sich mit Bus und Russen nach Schleswig-Holstein ab. Dort ereilten ihn das Kriegsende und die britische Kriegsgefangenschaft. In der frühen Bundesrepublik wurde er Diplomat; er brachte es bis zum Staatssekretär.[1197]

Wunderwaffen: Erkenntnisse über das deutsche Atomprogramm

Nun ein letzter Blick auf die Gegenseite. Die miteinander konkurrierenden sowjetischen Geheimdienste hatten alles Mögliche auf ihrem Programm. Neben den Überläuferkampagnen und der taktischen Nahaufklärung war es vor allem die Fahndung nach dem Spitzenpersonal des Dritten Reiches, einschließlich seiner Wissenschaftselite und hiermit in engem Zusammenhang die Suche nach der Wunderwaffe.

Am 3. März 1945 wurde auf dem Truppenübungsplatz nahe dem Thüringischen Städtchen Ohrdruf eine Atombombe gezündet; am 12. März folgte ein zweiter, weniger eindrucksvoller Versuch.[1198] Wir ersparen es uns hier, auf die Frage einzugehen, ob die Atombombe wirklich eine war, denn wichtig ist hier nur eines: Ein Agent der sowjetischen Militäraufklärung GRU erhielt Kenntnis davon. Und, was noch wichtiger ist, er hatte die Möglichkeit, seiner Führungsstelle in Moskau diese sensationelle Nachricht zu übermitteln. Am 23. März 1945 legte GRU-Chef Iwan Ilitschow[1199] dem Chef des Generalstabs der Roten Armee Alexej Antonow die Agentenmeldung vor. Auf dem Verteiler der Vorlage standen zudem Stalin und Molotow. Ilitschow schrieb:

> In der letzten Zeit haben die Deutschen in Thüringen zwei große Explosionen durchgeführt. Sie fanden in einem Waldgebiet unter strengster Geheimhaltung statt. Vom Zentrum der Explosion wurden Bäume bis zu einer Entfernung von fünfhundert bis sechshundert Metern gefällt. Für die Versuche errichtete Befestigungen und Bauten wurden zerstört. Kriegsgefangene, die sich im Explosionszentrum befanden, kamen um. Andere Kriegsgefangene, die sich in einem Abstand zum Zentrum der Explosion aufhielten, trugen Verbrennungen an Gesicht und Körper davon, deren Grad von der Entfernung zum Zentrum abhing. … Die Bombe enthält vermutlich U 235 und hat ein Gewicht von zwei Tonnen. Sie wurde auf einem speziell dafür konstruierten Flachwagen transportiert. Mit ihr zusammen wurden Tanks mit flüssigem Sauerstoff gebracht. Die Bombe wurde permanent von zwanzig SS-Männern mit Hunden bewacht.
>
> Die Bombenexplosion wurde von einer starken Detonationswelle und der Entwicklung von hohen Temperaturen begleitet. Außerdem wurde ein starker

1197 Staden: Ende, S. 70 ff. [seine Angabe: 2 (!) Panzerarmee ist falsch].
1198 Karlsch: Bombe, S. 209 ff.
1199 Kolpakidi u.a.: Enziklopedija, S. 85; Whaley: Biographical Index, C 42.

> radioaktiver Effekt beobachtet. Die Bombe stellt eine Kugel mit einem Durchmesser von 130 Zentimetern dar.[1200]

Geheimdienstchef Ilitschow bezeichnete die Quelle der Meldung als zuverlässig. Wer war sie? Wir wissen es nicht. Die beste deutschsprachige Untersuchung zum Thema Atomprojekt stammt von Rainer Karlsch. Dort ist ausgeführt, dass die Meldung nicht von einem der beteiligten Kernphysiker stammen könne; dafür war sie technisch zu unexakt. Das mag zutreffen, doch werden wir versuchen, den geheimdienstlichen Weg der Meldung zu verfolgen, und zwar falsch herum, vom Empfänger zur Quelle.

Dem GRU-Chef Ilitschow lag am oder kurz vor dem 23. März 1945 eine Agentenmeldung vor, die sich auf Ereignisse bezog, die am 3. und am 12./13. März 1945 stattgefunden hatten. Die Meldung hatte vermutlich Zwischenträger, denn sie brauchte etwa zehn Tage von Ohrdruf/Thüringen bis Moskau. Relativ sicher ist es, dass der Text des Ilitschew-Berichts mit dem der Agentenmeldung weitgehend wortwörtlich übereinstimmte. Etwas anderes wäre für Ilitschow kaum in Frage gekommen, denn er wusste, wie sehr der Herr im Kreml Wert auf das legte, was die sowjetischen Geheimdienstler „Graue Informationen“ nannten, also die Originaltexte der Agenten.[1201] Die Entfernung und Geschwindigkeit der Übermittlung legt die Folgerung nahe, dass der Transportweg vom Agenten zur Moskauer Führungsstelle der Funk war. Noch etwas fällt auf. Der Agent berichtete von beiden stattgefundenen Explosionen in einer Meldung, wobei wir heute annehmen, dass das Ereignis Nummer eins am 3. März das Eindrucksvollere von beiden war. Die Zusammenfassung legt den Schluss nahe, dass der Agent nicht Zeuge der Ereignisse war, sondern dass er sie von dritter Seite mitgeteilt bekam. Angesichts der Bedeutung, die der Agent selbst den Ereignissen beimaß, hätte er bei Kenntnis des ersten Ereignisses nahezu sicher unverzüglich im Anschluss an die Explosion hierüber berichtet. Diese Sicht der Dinge lässt es unwahrscheinlich erscheinen, dass der Agent, wie vermutet worden ist, in den Kreisen der unmittelbar beteiligten SS-Leute zu suchen ist.

Gute Quellen in Deutschland: GRU-Chef Iwan Ilitschow

Wenn der Agent eine Person war, die auf Mitteilungen der Beteiligten angewiesen war, scheiden diese als Agenten, nicht aber als Informanten

1200 Schreiben des Chefs der GRU an den Chef des Generalstabs vom 23. März 1945, zit. nach Karlsch: Atombombe, S. 220 f., 381 Fn. 47.

1201 Andrew u. a.: Schwarzbuch, S. 138 f.; Besymenski: Stalin und Hitler, S. 398 f.; Suworow: GRU, S. 103.

aus. Diese Informanten können sowohl die unmittelbar eingebundenen SS-Funktionäre als auch die Wissenschaftler gewesen sein. Das SS-Wachpersonal scheidet auf der Informantenseite aus; es hätte über die Zusammensetzung des Sprengstoffes mit Sicherheit nichts zu sagen gewusst. Bleiben die anderen Beteiligten. Hier ist es reizvoll, deren Weg nach dem deutschen Zusammenbruch ein wenig nachzuzeichnen – und schon geraten einige Personen auf die Bildfläche, die nicht über jeden Zweifel erhaben waren.

Wie wäre es mit dem späteren Stalin-Preisträger Manfred von Ardenne? 1934 bis 1945 Lehrbeauftragter für Physik an der Universität Berlin und im letzten Jahr des NS-Staates Mitglied im Reichsforschungsrat. Er brachte die nächsten zehn Jahre wohlbehalten in der Sowjetunion zu, um sodann in der DDR bis zu ihrem Ende selig ein privates Forschungsinstitut zu betreiben. Dann war da der Sprengstoffexperte Friedrich Berkel, Mitarbeiter des Heereswaffenamtes und dessen Abwehrbeauftragter. Der SS-Mann blieb am Ort des Geschehens und leitete von 1945 bis 1966 die Firma Seeger und Co. in Stadtilm. Der Mathematiker Gustav Hertz war bis 1935 Ordinarius, dann legte er aus politischen Gründen sein Professorenamt nieder, um sich in einem eigens für ihn eingerichteten Forschungslabor für den Bau eines Zyklotrons zu engagieren. Gleich nach Kriegsende engagierte er sich weiter, und zwar im schönen Suchumi, was in der Sowjetunion lag und ihm den Stalin-Preis bescherte. Bemerkenswert war auch der Physiker Friedrich Georg Houtermans, seit 1927 in der KPD engagiert, 1933 Emigration nach England und von dort weiter ins Vaterland aller Werktätigen. Die Tätigkeit in Charkow ging nicht besonders gut aus. Im Dezember 1937 sperrte ihn das NKWD unter den üblichen Vorwürfen ein; es war die Zeit der „Großen Säuberung". Da er nach dem Hitler-Stalin-Pakt noch am Leben war, wurde er nach NS-Deutschland ausgetauscht. Im Sommer 1940 wider Erwarten von der Gestapo freigelassen, arbeitete er am Institut des Manfred von Ardenne mit. Sein Spezialgebiet war die Auslösung von Kettenreaktionen. Und schließlich Peter Adolf Thiessen; er leitete ab 1935 die nächsten zehn Jahre das Kaiser-Wilhelm-Institut für physikalische Chemie in Berlin. Es folgten elf Jahre Sowjetunion und 1956 die Rückkehr in die DDR.[1202]

Wenden wir uns einmal diesem Peter Adolf Thiessen zu. Er wurde nach dem Krieg von einem der ehemaligen Mitstreiter, Erich Schumann, verdächtigt, der Informant der Sowjetunion für den Bau von deren Atombombe gewesen zu sein. Das mag zwar so nicht ganz stimmen, doch wie hätte Schumann vermutlich erst mit dem Kopf genickt, wenn er die hier besprochene Agentenmeldung gekannt hätte. Es entbehrt nicht der Komik, dass die mit der Überwachung dieser Geheimen Reichssache betrauten SD-Funktionäre die Herren Thiessen und Schumann genau umgekehrt be-

1202 Karlsch: Atombombe, S. 278; Müller-Enbergs u. a.: Wer war wer, S. 28 f., 348 f., 850; Schlüpmann: Vergangenheit, S. 270 ff.

urteilten. Während sie Schumann für politisch-weltanschaulich fragwürdig einschätzten, hielten sie Thiessen für politisch zuverlässig.[1203]

Thiessen gehörte zu den entscheidenden Organisatoren der deutschen naturwissenschaftlichen Rüstungsforschung; er leitete die Fachgruppe Chemie im Deutschen Forschungsrat. An der Ausführung der Versuche und deren Detailplanungen der deutschen Atombombenentwicklung war er indessen nicht beteiligt. Aber er hörte mit hoher Sicherheit davon. Der Mann, der dies alles kannte und Thiessen ins Bild setzte, war Walter Gerlach, ein Mann mit dem sperrigen Titel: Der Bevollmächtigte des Reichsmarschalls für die kernphysikalische Forschung. Gerlach und Thiessen trafen sich in der fraglichen Zeit etliche Male in sehr intimen Runden, um ihren Wissensstand abzugleichen.[1204] Die Herren unterhielten sich offenbar auch über die Frage des persönlichen Schicksals nach dem Endsieg, der immer deutlicher die Möglichkeit einer endgültigen Niederlage enthielt. Hierbei soll Thiessen als Einziger auf das Ziehen der sowjetischen Karte angespielt haben. Dies ging so weit, dass seine Biographin vermeldete, Thiessen habe im März 1945 Kontakt zum kommunistischen Widerstand gesucht und gefunden.[1205]

Kehrtwende im Untergang: Peter Adolf Thiessen

Aber kannte er auch die beiden Versuche von Ohrdruf? Sehr wahrscheinlich ja. Am Morgen des 22. März 1945 kam der Leiter des Atombombenprojekts Gerlach zur Berichterstattung nach Berlin. Er suchte die Reichskanzlei auf und sprach mit dem Leiter der Parteikanzlei Martin Bormann. Für die späteren Verschwörungsspezialisten vom Schlage Walter Schellenberg und Reinhard Gehlen wäre jetzt alles klar gewesen, denn sie hatten schließlich die Ente formuliert, Bormann sei *der* Agent der Sowjetunion gewesen; doch das war Geheimdienst-Latrine. Viel wichtiger ist, dass sich Gerlach in Berlin anschließend an den Besuch mit allen wichtigen Verantwortlichen des Projekts in der Reichskanzlei in Dahlem traf und es auch nicht versäumte, sich von Thiessen zu verabschieden.[1206] Über was werden die Herren wohl geredet haben? Nun, mit Sicherheit über die Versuche. So könnte die Information für Moskau entstanden sein.

Fehlt nur noch der Agent, der die Übermittlung übernahm. GRU-Leute in Berlin waren nach dem großen Aufräumen der Jahre 1942/43 rar geworden. Die, die es noch gab, arbeiteten unter der Aufsicht des Gestapo-

1203 Karlsch: Atombombe, S. 193, 223.
1204 Karlsch: Atombombe, S. 158 ff.
1205 Eibl: Thiessen, S. 181 f.
1206 Karlsch: Atombombe, S. 242 f.

Kommissars Thomas Ampletzer. Sie machten Funkspiele mit Moskau. Die Überworbenen wurden, soweit man das rekonstruieren kann, in Berlin bzw. auf Transport, wie es im Polizei- und Knastdeutsch so schön heißt, in Bayern während der letzten Kriegstage als unbequeme Mitwisser über den Haufen geknallt.[1207] Einer hat überlebt. Das war der Hauptmann der GRU, Anatoli Gurjewitsch alias Viktor Sukulow, alias Vincente Sierra, alias Petit Chef, Funkdeckname: Kent. Er überstand das Desaster und wurde von der Militärabwehr Smersch am 21. Juni 1945 festgenommen.[1208] Auch hier taugt der Verdacht, dass das Atomprojekt über ihn gelaufen sein könnte, nur für Verschwörungstheorien der oben beschriebenen Kategorie, die auch den Gestapo-Chef Heinrich Müller in die Sowjetagenten-Tüte gesteckt haben.

Man wird also nach Agenten zu suchen haben, die in der fraglichen Zeit am Ort und auf freiem Fuß waren. Nur in einem Fall scheint es dem sowjetischen Oberkommando, also wahrscheinlich der GRU, gelungen zu sein, eine Gruppe von Funkagenten in die deutsche Reichshauptstadt zu schleusen. Es handelte sich um drei Agenten unter der Führung des 45-jährigen Georg Thiele. Der einstige Spanienkämpfer war im September 1944 in Begleitung der ehemaligen Wehrmachtsangehörigen Erwin Flegel und Gerhard Barth im jugoslawischen Partisanengebiet abgesetzt worden. Diese Mischung von kommunistischem Kämpfer und erst kürzlich aus dem Machtbereich Deutschlands entronnenen Soldaten muss sich bewährt haben, denn diese drei, und vermutlich nur sie, schafften es, in den folgenden zwei Monaten bis nach Berlin vorzudringen. Nach eigenen Worten nahmen sie Kontakt zu deutschen Antifaschisten und sowjetischen Kriegsgefangenen auf und konnten sich bis zum Kriegsende in der Reichshauptstadt halten. Dass die brisante Nachricht über sie nach Moskau abfloss, ist gut vorstellbar.[1209]

Götterdämmerung: Hitlers Leiche

Schon Tage später änderte sich das Bild. Die Rote Armee war zum Sturm auf Berlin angetreten. Am 2. Mai 1945 kapitulierten die Verteidiger der Reichshauptstadt. Dem deutschen Volk wurde verkündet, dass Hitler im heldenhaften Kampf gefallen sei:

> An der Spitze der heldenmütigen Verteidiger der Reichshauptstadt ist der Führer gefallen. Von dem Willen beseelt, sein Volk und Europa vor der Vernichtung durch den Bolschewismus zu erretten, hat er sein Leben geopfert.[1210]

1207 Eiler: Kommandounternehmen, S. 85 ff., 90 ff.; Nollau u. a.: Gestapo, S. 234 ff.
1208 Kolpakidi u. a.: Imperija GRU, Bd. 1, S. 350 ff.
1209 Thiele: Wege, S. 387; Hamacher: Gegen Hitler, S. 201; Hochmuth: Illegale KPD, S. 209; Institut für ML: Geschichte der Arbeiterbewegung, Bd. 5, S. 419; Nollau u. a.: Gestapo ruft Moskau, S. 184 f.
1210 OKW: Bericht vom 2. Mai 1945, Bd. 5, S. 648.

Das war eine faustdicke Lüge, es sollte nicht die letzte bleiben. Hitler hatte sich kurz zuvor, am 30. April nachmittags, erschossen. Seine Leiche war mit Benzin übergossen und verbrannt worden.[1211] Mit dieser Bemerkung könnte es sein Bewenden haben, wenn sich an das Ereignis nicht eine Geheimdienstposse eigener Art angeschlossen hätte, denn nunmehr traten die konkurrierenden sowjetischen Dienste auf den Plan. Jeder von ihnen bemühte sich, dem Diktator im Kreml eine Geschichte zu präsentieren, die ihm gefallen sollte. Dabei war Stalin bereits am Morgen des 1. Mai 1945 über den Tod des Co-Diktators unterrichtet worden. Die Meldung stammte vom Oberbefehlshaber der 1. Bjelorussischen Front, General Georgi Shukow, und lautete:

> Sehr dringend, streng geheim! Von Gen[ossen] Shukow. An Genossen Stalin. Im Stab der 8. Garde-Armee tauchte der Chef des Generalstabs des Heeres, General der Infanterie Kreps [Krebs], auf, der Folgendes erklärte: 1. Am 30. 4. um 15.50 Berliner Zeit hat Hitler sein Leben durch Selbstmord beendet.[1212]

Diese Nachricht traf zu. Der letzte kommissarische Heeresgeneralstabschef Hans Krebs war in der Tat am Abend des Hitler-Selbstmordes als Parlamentär auf dem Gefechtsstand der 8. Gardearmee erschienen, um Kapitulationsverhandlungen zu führen. Seine Vollmacht war von Reichsleiter Martin Bormann unterzeichnet. Die Durchhaltestrategen Bormann und Krebs hatten offenbar nur eine sehr kurze Zeit benötigt, um nach Hitlers Tod anderen Sinnes zu werden. Vergessen war, wie viele Tausende sie Minuten vorher noch in einen sinnlosen Tod getrieben hatten. Krebs versuchte nun, mit dem Armee-Oberbefehlshaber ein vertrauliches Gespräch zu führen. Er wies darauf hin, bis 1941 Militärattaché in Moskau gewesen zu sein, also über genügend Russisch-Kenntnisse zu verfügen. Doch General Wassilij Tschuikow tat das einzige ihm Mögliche, er lehnte ab. Ein Tête-à-tête mit dem Feind, das konnte später mal tödlich enden; darüber brauchte ein Offizier der Roten Armee, der die „Große Säuberung“ erlebt hatte, nicht gesondert belehrt zu werden. Also ließ er Krebs vor versammeltem Stabe aussprechen, was er zu sagen hatte. So kam es zur denkwürdigen und aktuellen Neuigkeit über Hitlers Tod. Die von Krebs angestrebte Aufnahme von Verhandlungen mit ihm als einem Bevollmächtigten der Reichsregierung lehnte Tschuikow gleichfalls ab, dazu sei er nicht bevollmächtigt. Er könne bestenfalls eine militärische Kapitulation entgegennehmen. Mit dieser Nachricht zog Krebs wieder ab. Zurück im Führerbunker nahm er sich das Leben. Die Übersetzung des Auftritts im sowjetischen Gefechtsstand hatte ein junger sowjetischer Leutnant vorgenommen, der bei der Propaganda- und Zersetzungsabteilung 7 der 8. Gardearmee diente. Der

---

1211 Joachimsthaler: Hitlers Ende, passim.
1212 Besymenski: Operazija Mif, S. 105.

Mann hieß Stefan Doernberg. Er wurde später Geschichtsprofessor und leistete seinen Beitrag, dass Geschichte in der DDR so war, wie sie war.[1213]

Zurück zum toten Diktator: Die Ersten vor Ort waren die Genossen von der Militärabwehr Smersch. Sie hatten einen deutschen Pfadfinder, den Kommunisten und desertierten deutschen Soldaten Paul Lampe. Der war 1943 als Flaksoldat in Weißrussland zu den Partisanen übergelaufen und alsbald nach Moskau ausgeflogen worden. Er wurde einer Aufklärergruppe zugeteilt, die über Jugoslawien absprang. Seine Legende war die des deutschen Luftwaffenleutnants und Kriegsberichters Paul Lehmann. Sein weiterer Auftrag lautete, sich nach Berlin durchzuschlagen. Das muss wohl gelungen sein, denn am 23. April 1945 ließ sich Lampe-Lehmann von der vorrückenden Roten Armee aufnehmen. Sogleich wurde er von der Smersch eingesetzt, um im Gebiet der Reichskanzlei nach NS-Prominenz zu suchen.[1214]

Der falsche Leutnant Lehmann: Überläufer Paul Lampe

Die Smersch-Leute buddelten die Leichen von Hitler und Eva Braun im Garten der Reichskanzlei aus und gleich wieder ein, da sie den toten Hitler im Führerbunker vermuteten. Doch da war er nicht. Am 5. Mai ging den Smersch-Leuten ein Licht auf. Sie gruben die Leichen erneut aus, wickelten sie in Decken und verstauten sie in Munitionskisten, um sie heimlich abzutransportieren, denn mittlerweile war die Jagd auf diese Trophäen offen ausgebrochen. Der Militärgeheimdienst GRU hatte zwischenzeitlich den letzten Kampfkommandanten von Berlin, General Helmuth Weidling, den Marineverbindungsoffizier, Vizeadmiral Hans-Erich Voss, und den Hitler-Flieger, Chefpilot Hans Baur, festgenommen und verhört. Sie sagten übereinstimmend aus, dass Hitler tot und seine Leiche verbrannt worden sei.[1215] Mit dieser Meldung machte sich der stellvertretende Leiter der GRU, Fjodor Kusnezow, bei Stalin und bei Lawrenti Berija wichtig. Dem war es nur zu Recht, dass sein Konkurrent, der Smersch-Chef Viktor Abakumow, gegenüber Stalin eine Geschichte über den Hitler-Tod zum Besten gab, die im Ergebnis eine Vergiftung des deutschen Diktators zum Gegenstand hatte. Das war angeblich das Ergebnis einer Obduktion, die im Lazarett der 1. Bjelorussischen Front in Berlin-Buch durchgeführt worden war:

1213 Doernberg: Fronteinsatz, S. 79 ff.; ders.: Geburt, passim; vgl. auch: Kowalczuk: Legitimation, S. 186, 232 f.; Leonhard: Spurensuche, S. 292 ff.

1214 Lampe: Von Belorussland nach Berlin, S. 94–111; Hamacher: Gegen Hitler, S. 122.

1215 Eberle u. a.: Buch Hitler, S. 464 f.

> Todesursache: Aus dem durch Feuer stark verunstalteten Körper wurden keine Zeichen schwerer tödlicher Verletzungen oder Erkrankungen festgestellt. Das Vorhandensein der Überreste einer zerdrückten Glasampulle in der Mundhöhle und gleichartiger Ampullen in der Mundhöhle anderer Leichen (siehe die Akten ...), der ausgeprägte Bittermandelgeruch, der von den Leichen ausgeht (Akten ...) und die gerichtsmedizinische Untersuchung der inneren Organe, wobei Zyanverbindungen festgestellt wurden ..., gestatten der Kommission, den Schluss zu ziehen, dass der Tod in diesem Falle durch Vergiftung mit Zyanverbindungen verursacht wurde.[1216]

Doch dieser Tod stimmte mit den Zeugenaussagen nicht überein, die Berija mittlerweile selbst hatte sammeln können, denn auch die ihm unterstehende Hauptverwaltung für Kriegsgefangenen- und Internierungsangelegenheiten (GUPWI) hatte eine Reihe von Zeugen dingfest machen können. Unter diesen Hitlers letzter SS-Adjutant Otto Günsche und sein Diener Heinz Linge sowie der Leiter des Reichssicherheitsdienstes, Hitlers Personenschutz also, SS-Gruppenführer Johann Rattenhuber. Wahrheitswidrig ließ er aus deren Aussagen destillieren, Hitler habe sich durch sein SS-Wachtpersonal erschießen lassen. Das alles hatte weder Hand noch Fuß, sondern diente ganz anderen Zwecken. Vorderhand kam es darauf an, den toten deutschen Diktator über seinen Tod hinaus zu diskreditieren. In russischen Augen galt eine Selbstvergiftung nämlich als außerordentlich ehrenrührig, von einer Fremderschießung ganz zu schweigen. Jedenfalls konnte man so das Bild eines deutschen Diktators zusammenzimmern, der zu feige gewesen war, sich selbst die Kugel zu geben. Das war der eine Zweck. Der andere war der: Berija suchte jede sich bietende Gelegenheit, um sich solcher Personen zu entledigen, die nicht unmittelbar zu seinem Lager zählten. Dazu gehörte auf jeden Fall Smersch-Chef Viktor Abakumow. Ihn loszuwerden, benötigte er allerdings noch bis 1951; dann war er soweit. Der lästige Konkurrent wurde festgenommen. Nach Stalins Tod wurden allerdings beide, Abakumow und Berija, erschossen.[1217]

Doch soweit ist es noch nicht. Abakumow, der sicher schnell mitgekriegt hatte, wie der Hase in der Hitler-Sache lief, entschied sich eilends für ein Bauernopfer; das war der Smersch-Chef bei der 1. Bjelorussischen Front, Alexander Wadis. Der Generalleutnant der Staatssicherheit wurde im Sommer 1945 aus dem lukrativen Deutschland in die Wüste geschickt; in seinem Fall bedeutete das den Militärbezirk Transbaikal im fernen Sibirien. Noch schneller ging es mit GRU-Chef Iwan Ilitschow. Dass er gegen Schluss des Krieges die besseren Informationen über den Kriegsgegner Deutschland und über das ferne Atomprojekt in den USA beschaffen konnte, war in den Augen Berijas unverzeihlich. Also brachte er den ihm

1216 Akte Nr. 12 über die gerichtsmedizinische Untersuchung der durch Feuer entstellten Leiche eines Mannes (vermutlich Hitler) vom 8. Mai 1945; zit. nach Bergschicker: Chronik, S. 541.

1217 Chrisoforow: Smersch, S. 107 ff.; Roewer u. a.: Geheimdienste, S. 9., 55.

genehmen Kusnezow in Stellung, der seinen ehemaligen Chef Ilitschow bereits im Juli 1945 ablösen konnte.[1218]

Damit nicht genug. In einer strikt geheim gehaltenen Operation mit dem Decknamen Mif (zu deutsch: Mythos) ließ Berija alle Umstände des Hitler-Todes noch einmal aufrollen. Zudem suchte er seinen Diktator durch eine kleine Aufmerksamkeit zu erheitern, indem er aus dem gefangen genommenen Hitler-Personal eine Lebensgeschichte Hitlers herausprügeln ließ. Darüber vergingen etliche Monate. Hauptvernehmer und Redaktor in einem war ein erfahrener Deutschlandspezialist des NKWD, der Oberstleutnant der Staatssicherheit Fjodor Parparow. Diesen alten Fahrensmann der Deutschland-Spionage haben wir bereits kennen gelernt. Zuletzt sahen wir ihn bei der erfolgreichen Bearbeitung des kriegsgefangenen Feldmarschalls Friedrich Paulus. Jetzt führte er die Feder bei der Entstehung eines Aktenkonvoluts mit dem Titel „Das Buch Hitler". 1946 begann er, mit den Gefangenen Otto Günsche und Heinz Linge zu arbeiten. Ende 1949 war das Opus fertig. Am 29. Dezember 1949 reichte es Innenminister Sergej Kruglow an Stalin weiter.[1219] 56 Jahre später, oder wenn man so will, zum 60. Todestag von Hitler, erblickte der Text das Licht der Öffentlichkeit.[1220] Das Buch wurde ein Weltbestseller.

1218 Antonow-Owsejenko: Weg, S. 131 f.; Kolpakidi: Enzyklopedija u.a., S. 85 f.; Rower u. a.: Geheimdienste, S. 180, 214, 258.

1219 Eberle u. a.: Buch Hitler, S. 479–483.

1220 Eberle u. a.: Buch Hitler, Pressetermin des Lübbe-Verlages am 15. März 2005 im Reichstag.

Nachwort

Mit diesem Buch schließe ich den deutsch-russischen Geheimdienstkrieg im Zwanzigsten Jahrhundert ab. Als ich 2003 mit den Arbeiten begann, war es meine Absicht, alles das, was mir zu diesem Thema erwähnenswert erschien, in einem handlichen Buch zusammenzuschreiben. Sein Arbeitstitel lautete „100 Jahre Zwietracht". Letztlich sind aus dem Vorhaben drei Bände geworden:

„Skrupellos" (1914–1941), „Im Visier der Geheimdienste" (1945–1995) und das vorliegende Buch, das die wenigen Jahre von 1941–1945 in den Griff nimmt. Dieses Buch ist der mittlere und zugleich der Schlussstein der Trilogie. Keines der anderen Bücher hat mir soviel Mühe abverlangt wie dieses, denn fast alles, was bislang als gesichert galt, war zu hinterfragen. Ich bin auf einen Wust von Desinformation und Zwecklügen gestoßen. Im Verlauf der Vorarbeiten entstanden zunächst Hunderte von Personendossiers, Strukturskizzen und Meldungsübersichten. Aus diesem Berg von Fakten entwickelte sich dann das Buch. Einen vagen Eindruck von dessen Grundlagen möchte ich dem Leser durch den Abdruck von wenigen Gliederungsbildern geben.

Wie auch bei meinen anderen Büchern gilt: Dieses Buch ist nicht autobiografisch. Doch gerne räume ich ein, dass meine Sicht durch lange Berufsjahre beeinflusst worden ist, die ich in Bonn, Berlin und anderswo verbracht habe. Ohne diese Berufstätigkeit wäre es mir kaum möglich gewesen, Unterlagen einzusehen und ungezählte Quellen nach ihren Erlebnissen zu befragen. Das gilt auch für etliche der in diesem Buch erwähnten Personen. Ihre Befragungen reichen bis zu drei Jahrzehnte zurück. Wie in dem von mir beschriebenen Milieu üblich, wurde mir etliches wispernd und unter dem „Siegel der Verschwiegenheit" mitgeteilt. Ich habe derartige Informationen wie üblich lediglich zum Ausgangspunkt weiterer Recherchen gemacht. Dem kam entgegen, dass ungezählte Fakten mit neuerdings greifbaren Akten zu vergleichen waren. Ich bedaure, den letzten Überlebenden des russischen Rote-Kapelle-Desasters, Anatolij Gurjewitsch, viel zu spät entdeckt zu haben. Ich hätte ihn gerne kennen gelernt, doch er ist am 1. Januar 2009 verstorben.

Einzelheiten zu meinen Quellen findet der Leser im Quellen- und Literaturverzeichnis sowie in den Fußnoten. Aus Platzgründen habe ich auch für die Druckfassung dieses Buches ein gutes Drittel von Text und Anmerkungen gestrichen. Einzelheiten können im Bedarfsfall bei mir abgefragt werden.

In Deutschland ist es üblich, dass selbsternannte Sittenwächter Werke über das Dritte Reich nach vermeintlichen Sympathisantenvokabeln durchstöbern, um den Autor denunzieren zu können. Ihnen sei gesagt, dass ich für die Person und die Herrschaft des A. H. nichts als Verachtung übrig habe. Meinen Eltern bin ich dankbar, dass sie diese Zeit, wenn auch schwer geschädigt, überstanden haben und hinterher den Mut für einen Neuanfang fanden.

Ich bedanke mich bei allen, die an der Entstehung dieses Buches mitgewirkt haben. Aus den Lesern meiner anderen Bücher hat sich ein kleines Heer von Mitarbeitern gebildet, die regen Anteil an meiner Arbeit genommen haben. Vor allem danke ich Claudia, die mich wie stets mit Rat und Tat unterstützt und die Schlussphase der Arbeiten ertragen hat.

Helmut Roewer
Weimar, im Juni 2010

Post Scriptum widme ich dieses Buch Elfriede Roewer (17. Februar 1914 [Danzig] – 31. August 2010 [Hamburg]).

Anhang

Abkürzungen und Übertragungshinweise

AA	= Auswärtiges Amt
abgeb.	= abgebildet
abgedr.	= abgedruckt
a. D.	= außer Dienst
AGEA	= Arbeitsgemeinschaft ehemaliger Abwehrangehöriger
AM-Apparat (auch M-Apparat)	= antimilitärischer bzw. militärischer Apparat, Parteigeheimdienst der KPD
Az.	= Aktenzeichen
BA	= Bundesarchiv
BDO	= Bund Deutscher Offiziere, sowjetische Propagandaorganisation 1943–1945
BND	= Bundesnachrichtendienst
BStU	= Bundesbeauftragte(r) für die Unterlagen des ehemaligen Staatssicherheitsdienstes der DDR
CIA	= Central Intelligence Agency = US-Auslandsdienst ab 1947
DA	= Deutschland Archiv
dass.	= dasselbe
ders.	= derselbe
dies.	= dieselbe/dieselben
Diss.	= Dissertation
DN	= Deckname
FAPSI Federalnoje Agentstwo Prajitelstwennoj Swyasi i Informatsii	= Bundesagentur für staatliches Nachrichten- und Informationswesen, russischer Fernmeldedienst nach 1992
FAZ	= Frankfurter Allgemeine Zeitung
FHO	= Fremde Heere Ost, Feindlageabteilung im Generalstab des Heeres 1938–1945
Fn.	= Fußnote
FSB Federalnaja Slushba Besopasnosti	= Föderaler Sicherheitsdienst, russischer Inlandsdienst nach 1992
FuDN	= Funkdeckname
Gestapa	= Geheimes Staatspolizeiamt
Gestapo	= Geheime Staatspolizei, politische Geheimpolizei 1933–1945
GL	= Generalleutnant
GlawPURKKA	= Politische Hauptverwaltung der Roten Armee
GM	= Generalmajor
GRU Glawnoje raswedywatelnoje uprawlenije	= Hauptverwaltung für Aufklärung, sowjetischer/russischer militärischer Auslandsdienst
GSSD	= Gruppe der sowjetischen Streitkräfte in Deutschland
H	= Hauptmann
HA	= Hauptabteilung

Hg.	= Herausgeber
i. e. (id est)	= das ist
IfZ	= Institut für Zeitgeschichte
i. G.	= im Generalstab
IMEMO	= Institut für Weltwirtschaft und internationale Beziehungen
INO Inostrannyj otdel	= Auslandsabteilung, sowjetischer Auslandsdienst 1920–1952
KGB Komitet Gosudarstwennoj Besopastnosti	= Komitee für Staatssicherheit, sowjetische Staatssicherheitsbehörde 1954–1991
KomBrig	= Brigadekommandeur, sowjetischer Dienstgrad, in etwa dem Generalmajor entsprechend
KorKom	= Korpskommissar, sowjetischer politischer Armeedienstgrad, in etwa einem Dreisternegeneral entsprechend
KPD	= Kommunistische Partei Deutschlands
KPdSU	= Kommunistische Partei der Sowjetunion
KTB	= Kriegstagebuch
L	= Leutnant
M	= Major
M-Apparat	= siehe AM-Apparat
MA	= Militärarchiv
MfS	= Ministerium für Staatssicherheit, Geheimpolizei der DDR 1950–1989
MGB	= Ministerstwo Gosudarstwennoj Besopasnosti = Ministerium für Staatssicherheit, sowjetische Staatssicherheitsbehörde, 1946–1953
MI 5	= Secret Service, britischer Inlandsdienst
MI 6 (auch MI 6/SIS)	= Secret Intelligence Service, britischer Auslandsdienst
MilAtt	= Militärattaché
ML	= Marxismus-Leninismus
Ms.	= Manuskript
ms.	= maschinenschriftlich
MWD Ministerstwo Wnutrennich Del	= Ministerium für Innere Angelegenheiten, vorübergehend auch sowjetische Staatssicherheitsbehörde
m. w. N.	= mit weiteren Nachweisen
NA	= National Archieves
ND	= Neues Deutschland, Tageszeitung
NKFD	= Nationalkomitee Freies Deutschland, sowjetische Propagandaorganisation
NKGB	= Narodnyj Kommissariat Gosudarstwennoj Besopastnosti = Volkskommissariat für Staatssicherheit, sowjetische Staatssicherheitsbehörde 1941, 1943–1946
NKWD	Narodnyj Komissariat Wnutrennich Del = Volkskommissariat für Innere Angelegenheiten, sowjetische zentrale Innenbehörde, zeitweilig auch für Geheimpolizei und Auslandsdienst zuständig
N. N.	= Name unbekannt
NS	= Nationalsozialismus, nationalsozialistisch
NSDAP	= Nationalsozialistische Deutsche Arbeiterpartei
NSW	= nichtsozialistisches Wirtschaftsgebiet, DDR-Ausdruck
NTS Narodno Trudwoj Sojus	= Volksarbeitsbund, russische antisowjetische Emigrantenorganisation

O	= Oberst
o.	= oder
o. J.	= ohne Jahresangabe
OKH	= Oberkommando des Heeres
OKommissar	= Oberkommissar
OKW	= Oberkommando der Wehrmacht
OMSBON	= Truppen des Innern, Sonderverband des NKWD
OMS	= Otdel meshdunarodnoi swjasi = Abteilung Internationale Verbindungen, Parteigeheimdienst der Komintern 1920–1943
o. O.	= ohne Ortsangabe
OO	= Sonderabteilung, Sperrverbände des NKWD
Org.	= Organisation Gehlen, US-gesteuerter deutscher Auslandsdienst 1946–1956
OSS	= Office of Strategic Services, US-Auslandsdienst 1942–1945
OT	= Organisation Todt, NS-Bauorganisation
OTL	= Oberstleutnant
OUN	= Organisation Ukrainischer Nationalisten, antisowjetische Emigrantenorganisation
o. Verf.	= ohne Verfasserangabe
Parlament B	= Aus Politik und Zeitgeschichte, Beilage zur Wochenzeitung „Das Parlament"
Red.	= Redaktion/Redakteur
RLM	= Reichsluftfahrtministerium
ROA	= Russische Befreiungsarmee, antisowjetische Militärformation 1944/45
SAP	= Sozialistische Arbeiterpartei
SAPMO	= Stiftung Archiv der Parteien und Massenorganisationen der DDR, Teil des Bundesarchivs
SBZ	= Sowjetische Besatzungszone
SD	= Sicherheitsdienst, 1931–1945 Parteigeheimdienst des Reichsführers SS
SED	= Sozialistische Einheitspartei Deutschlands
SMAD	= Sowjetische Militäradministration Deutschland
Smersch	= Smert Schpionam (= Tod den Spionen), sowjetische militärische Abwehrbehörde, 1943–1946
SSR	= Sozialistische Sowjetrepublik, Teilstaat der Sowjetunion
StB	= Státní Bezpecnost = Staatssicherheit, Geheimpolizei der Tschechoslowakei
StO	= Standort
SWR	= Sluschba Wneschnej Raswedki = Dienst für Auslandsaufklärung, russischer ziviler Auslands-Aufklärungsdienst, nach 1992
UPA	= Ukrainische Befreiungsarmee
V 2	= Vergeltungswaffe 2, deutsche Raketenwaffe, gegen Ende des Zweiten Weltkrieges im Einsatz
VjZ	= Vierteljahreshefte für Zeitgeschichte
VS	= Verschlusssache
WNV	= Wehrmachtsnachrichtenverbindungen, militärische Dienststelle des OKW
WWiRüA	= Amt für Wehrwirtschaft und Rüstungsfragen, militärische Dienststelle des OKW

Die Umschrift von russischen Namen und Begriffen im Text folgt der überkommenen Umschriftmethode in gängige deutsche Buchstaben (Duden-Umschrift). Hierbei bedeutet sh das russische Ж, das sich in etwa wie das J am Anfang des französischen Worts Journal ausspricht. Auf die Übertragung der russischen Zeichen ь und ъ wurde weitgehend verzichtet. Das russische В am Ende von Namen wurde im Text durchgängig wie w geschrieben (z. B.: Orlow). Soweit Namen nach der Einbürgerung ihres Trägers anglisiert wurden und nunmehr mit ff oder v enden (z. B.: Trofomoff), wurde diese Schreibweise beibehalten. Das russische Ц wurde mit Z (und nicht mit TZ) übertragen (z. B.: Urizki).

Unsicherheiten sind bei der Rückübertragung von russischen Namen aus englischen, polnischen und französischen Quellen aufgetreten. Soweit Namen und Begriffe aus anderen Sprachen übernommen wurden, folgt die Schreibweise in der Regel den Quellen.

Bei Ortsangaben wurde nach Möglichkeit der Name verwendet, der zur Zeit des Geschehens gültig war (z. B.: St. Petersburg – Petrograd – Leningrad). Soweit Orte deutsche Namen hatten, sind diese angegeben (z.B. Königsberg, Krakau, Reval, Insterburg, Moskau). In Zweifelsfällen wurden die Ortsnamen so übernommen, wie sie in den Quellen vorkommen.

In den Textzitaten wurden Ergänzungen und Kommentare in eckige Klammern gesetzt; Auslassungen sind durch ... gekennzeichnet. Offensichtliche Fehler wurden stillschweigend korrigiert. Die im Text erscheinenden Zitate wurden generell der Schreibweise der neuen Rechtschreibung angeglichen.

Archivalien, Literatur und sonstige Quellen

Vorbemerkung: Neben den unten aufgeführten Quellen sind eine Vielzahl von Hinweisen, Einzelauskünften und Zeitungsartikeln in den Text eingegangen, die ausschließlich in den Fußnoten nachgewiesen sind. Weiterführendes und Spezialliteratur findet der Leser zudem im „Lexikon der Geheimdienste im 20. Jahrhundert“, in „Skrupellos“ und „Im Visier der Geheimdienste“.

Benutzte Archivalien aus dem Bundesarchiv, dem Politischen Archiv des Auswärtigen Amtes, den Nationalarchiven der USA und Großbritanniens sowie aus mehreren russischen Archiven findet der Leser in den Fußnoten sowie die wichtigsten Quellen unten alphabetisch eingeordnet, und zwar unter dem Namen der herausgebenden oder bearbeitenden Stellen (z.B. Home Office/MI 5: Fallakten ...).

Hans Ulrich Abshagen, Berlin: Schriftliche Auskunft zu Wolfgang Abshagen vom 11. September 2006.

Karl Heinz Abshagen: Canaris. Patriot und Weltbürger. Stuttgart 1949.

Ders.: Schriftlicher Nachlass [einschließlich Deutscher Überseedienst in der Zwischenkriegszeit], IfZ: ED 104.

Abwehrstelle Brüssel: [Vorgang] Rote Kapelle, insbesondere Abschlussbericht vom [?] März 1943, BA MA: RW D 10.

P. Accote/P. Quet: Moskau wusste alles. Die entscheidende Nachrichtenverbindung im Zweiten Weltkrieg vom OKW über Lucy zu den Alliierten. Zürich 1966.

Klaus Achmann/Hartmut Bühl: 20. Juli 1944. Lebensbilder aus dem militärischen Widerstand. Hamburg 1999.

Anton Ackermann: Das Nationalkomitee „Freies Deutschland" – miterlebt und mitgestaltet; in: Voßke: Im Kampf, S. 277–331.

Wilhelm Adam: Der schwere Entschluss. Autobiografie unter wissenschaftlicher und literarischer Mitarbeit von Otto Rühle. 23. Aufl. [Ost-]Berlin 1987 [1. Aufl. 1965].

Hans von Ahlfen: Der Kampf um Schlesien 1944–1945. 8. Aufl. Stuttgart 1998.

Ismail Akhmedov: In and out of Stalin's GRU. A Tatar's Escape from Red Army Intelligence. New York 1984.

Richard Aldrich: Soviet Intelligence, British Security and the End of the Red Orchestra. The Fate of Alexander Radó Intelligence and National Security 1991, S. 196–217.

Amt Ausland/Abwehr: [Konvolut] Rote Kapelle, BA MA Rw D 10.

Maria Anders/Heinz Göschel (Hg.): Lexikon der Großen Sozialistischen Oktoberrevolution. Leipzig 1976.

Ruth Andreas-Friedrich: Der Schattenmann. Schauplatz Berlin. Tagebuchaufzeichnungen 1938–1948. Berlin 2000.

Christopher Andrew/Wassili Mitrochin: Das Schwarzbuch des KGB. Moskaus Kampf gegen den Westen. Berlin 1999.

Andrej Angrick: Erich von dem Bach-Zelewski. Himmlers Mann für alle Fälle; in: Smelser u. a.: Die SS, S. 28–44.

Anton Antonow-Owsjenko: Der Weg nach oben. Skizzen zu einem Berija-Portrait; in: Nekrassow: Berija, S. 11–172.

Simon Araloff: Estonian Insults of Russian Secret Services, in: www.axisglobe.com/article.asp?article=865 [Abruf: 18. Mai 2006]

Arbeitsgemeinschaft ehemaliger Abwehrangehöriger (AGEA): Die Nachhut Nr. 1–32 sowie Sonderhefte Nr. 1 und 2 („In Memoriam"). München 1967–1975 [BA MA Msg 3-22-1].

Ludwig Arnold: Hände hoch! Wir kommen vom Nationalkomitee!; in: Kügelen: Die Front, S. 339–345.

Armeekommando/Nachrichtendienst Gruppe Ib, Na-D, RIGI, Meldung Nr. 1002/ [betreffend eine Quelle in Paris] vom 5. Januar 1945 (W./z, Quellenwert: – B/1 –), in: Schweizerisches Bundesarchiv: Beziehungen der Schweiz zur Sowjetunion 1941–1946, E 27/14379 [diesen Fund verdankt der Verfasser Peter Kamber].

Ausschuss für Deutsche Einheit (Hg.): Der Oberländerprozess. Gekürztes Protokoll der Verhandlung vor dem Obersten Gericht der Deutschen Demokratischen Republik vom 20.–27. und 29. April 1960. [Ost-]Berlin 1960.

Hugo Bahrs: In den Wäldern Belorusslands; in: Kügelen: Die Front, S. 266–301.

Deirdre Bair: C. G. Jung. Eine Biografie. München 2005.

Karl Balzer: Der 20. Juli 1944 und der Landesverrat. Eine Dokumentation über Verratshandlungen im deutschen Widerstand. Göttingen 1967.

Peter Bamm [i. e. Curt Emmrich]: Werke. Zürich 1967.

Karl Bartz: Bolschewismus über uns. Berlin 1932.

Elyesa Bazna: Ich war Cicero. München 1976.

Margret Bechler: Warten auf Antwort. Ein deutsches Schicksal. 64.–69. Tsd. Frankfurt am Main/Berlin 1989.

Bengt Beckman: Arne Beurling und Hitlers Geheimschreiber. Schwedische Entzifferungserfolge im 2. Weltkrieg. Berlin/Heidelberg/New York 2006.

Antony Beevor: Die Akte Olga Tschechowa. Das Geheimnis von Hitlers Lieblingsschauspielerin. München 2004.

Ders./Luba Vinogradova: Ein Schriftsteller im Krieg. Wassili Grossmann und die Rote Armee 1941–1945. O. O. [Gütersloh] 2007.

Nikolaus von Below: Als Hitlers Adjutant 1937–45. Mainz 1980.

J[acques] Benoist-Méchin: Auf dem Wege zur Macht 1925–1937. Geschichte der deutschen Militärmacht 1918–1946, Band 3. Oldenburg/Hamburg 1965.

Wolfgang Benz/Walter H. Pehle (Hg.): Lexikon des deutschen Widerstandes. Frankfurt am Main 1994.

Walentin Bereshkow: Jahre im diplomatischen Dienst. [Ost-]Berlin 1975.

Heinz Bergschicker: Deutsche Chronik 1933–1945. Ein Zeitbild der faschistischen Diktatur. [Ost-]Berlin 1981.

Lew Besymenski: Sonderakte Barbarossa. Dokumente, Darstellung, Deutung. Stuttgart 1968.

Ders.: Sowjetischer Nachrichtendienst und Wiedervereinigung Deutschlands. Der Berija-Plan von 1953; in: Krieger u. a.: Spionage für den Frieden, S. 155–159.

Ders.: Operazija „Mif" ili ili skolko ras chronili Gitlera. Moskwa 1995.

Ders.: Stalin und Hitler. Das Pokerspiel der Diktatoren. Berlin 2002.

Eberhard Bethge: Dietrich Bonhoeffer. Theologe, Christ, Zeitgenosse. München 1967.

Antony Beevor/Luba Vinogradova: Ein Schriftsteller im Krieg. Wassili Grossmann und die Rote Armee 1941–1945. O. O. [Gütersloh] 2007.

Bezirksleitung Gera der SED (Hg.): Erwin Panndorf. Ein Leben für den Sozialismus. Gera 1970.

Karl Heinz Biernat/Luise Kraushaar: Die Schulze-Boysen/Harnack-Organisation im antifaschistischen Kampf. [Ost-]Berlin 1970.

Karl Billinger [i. e. Paul Massing]: Schutzhäftling 880. Aus einem deutschen Konzentrationslager. Roman. Paris 1935.

Eugene K. Bird: Hess. Der Stellvertreter des Führers, Englandflug und britische Gefangenschaft, Nürnberg und Spandau. München/Wien/Basel 1974.

Peter Black: Arthur Nebe. Nationalsozialist im Zwielicht; in: Smelser u. a.: SS, S. 364–378.

Alexander S. Blank/Julius Mader: Rote Kapelle gegen Hitler. [Ost-]Berlin 1979.

Albrecht Blau: Propaganda als Waffe. Berlin 1935.

Ders.: Geistige Kriegführung. Potsdam 1937.

Heinz Boberach (Hg.): Meldungen aus dem Reich. Die geheimen Lageberichte des Sicherheitsdienstes der SS. 17 Bände. Hersching 1984 [fortlaufend pag.].

A. A. Bogdanow/G. G. Wlassow/B. I. Iwanow/B. D. Lebin/N. S. Pawlow: Duell mit der

Abwehr. Dokumentarische Skizzen über die Tschekisten an der Leningrader Front, 1941 bis 1945. [Ost-]Berlin 1971.

Arthur Boje: Stalins deutsche Agenten. Ein Kriegsgefangener berichtet. Graz/Stuttgart 2002.

Edgar Bonjour: Geschichte der schweizerischen Neutralität. Vier Jahrhunderte Eidgenössischer Aussenpolitik. Band 4 1939–1945. 4. Aufl. Basel/Stuttgart 1976. Band 5 1939–1945. 2. Aufl. Basel/Stuttgart 1971.

Hartmut Boockmann: Ostpreußen und Westpreußen. Deutsche Geschichte im Osten Europas. 2. Aufl. Berlin 1993.

Lars Borgersrud: Die Wollweber-Organisation und Norwegen. Bearbeitung: Fritz Petrick/Walter Voß. Berlin 2001.

Wiktor Botschkarew: 60 let w GRU. Moskwa 2004.

Margret Boveri: Verrat im XX. Jahrhundert. Band 2. Für und gegen die Nation. Das unsichtbare Geschehen. Hamburg 1956.

Dies.: Berliner Tageblatt. 1975.

Dies.: Verzweigungen. Eine Autobiografie. München 1977.

Uwe Brammer: Spionageabwehr und Geheimer Meldedienst. Die Abwehrstelle im Wehrkreis X Hamburg 1935–1945. Freiburg 1989.

Pierre-Th. Braunschweig: Geheimer Draht nach Berlin. Die Nachrichtenlinie Masson-Schellenberg und der schweizerische Nachrichtendienst im Zweiten Weltkrieg. Zürich 1989.

Alain M. Brillouet, Bremen: Zahlreiche schriftliche Auskünfte 2005–2010, insbesondere die angloamerikanischen Nachrichtendienste und die zugehörige Literatur sowie die Auswertung der Venona-Dokumente betreffend.

Brockhaus Enzyklopädie in 20 Bänden. Wiesbaden 1973.

Wibke Bruhns: Meines Vaters Land. Geschichte einer deutschen Familie. München 2004.

Waleij Brun-Zechowoj: Manfred Stern – General Kleber. Die tragische Biografie eines Berufsrevolutionärs (1896–1954). Berlin 2000.

Shareen Brysac: Mildred und Arvid Harnack. The American Connection; in: Coppi u.a.: Die Rote Kapelle, S. 180–191.

Ders.: Mildred Harnack und die Rote Kapelle. Die Geschichte einer ungewöhnlichen Frau und einer Widerstandsbewegung. Bern 2003.

Ortwin Buchbender: Das tönende Erz: Deutsche Propaganda gegen die Rote Armee im Zweiten Weltkrieg. Stuttgart 1978.

Gert Buchheit: Verräter im Führerhauptquartier. Die Legende vom Meisterspion Roessler; in: AGEA: Nachhut 2/67, S. 17–19.

Ders.: Verrat der Kursker Offensive? Eine Abwehrmeldung gibt Aufschluss; in: AGEA: Nachhut 3/67, S. 1–3.

Ders.: Eine Dokumentation; in: AGEA: Nachhut Nr. 4, S. 11–16.

Gennadi Budai: Gruppe 117; in: Institut für ML: In den Wäldern, S. 438–451.

Heinrich Bücheler: Hoepner. Ein deutsches Soldatenschicksal des XX. Jahrhunderts. Herford 1980.

Alan Bullock: Hitler und Stalin. Parallele Leben. Berlin 1991.

[Bundesnachrichtendienst]: Auszeichnungen der Warschauer-Pakt-Staaten. Teil 2 Auszeichnungen der Union der Sozialistischen Sowjetrepubliken. O. O. [Pullach] 1986.

M[ichail] I[wanowitsch] Burzew: Einsichten. [Ost-]Berlin 1981.

John Alexander Kirkland Cairncross: The Enigma Spy. The Story of a man who changed the course of World War Two. An Autobiography. London 1997.

Wilhelm Canaris: [Fragmente des Diensttagebuchs]; in: Lahousen: [Fragment des] Diensttagebuch[s]. IfZ: Fd 47.

Paul Carell [i. e. Paul Karl Schmidt]: Unternehmen Barbarossa. Der Marsch nach Russland. Frankfurt am Main/Berlin 1963.

Ders.: Verrat im Führerhauptquartier. „Werther" spionierte für Moskau, in: Kristall 24/25/1964.

Ders.: Verbrannte Erde. Schlacht zwischen Wolga und Weichsel. Berlin/Frankfurt am Main/Wien 1966.

Henry C. Cassidy: Moskau 1941–1943. Zürich 1944.

Boris Chawkin/Hans Coppi/Juri Zorja: Russische Quellen zur Roten Kapelle; in: Coppi u. a.: Rote Kapelle, S. 104–111.

Chef der Sicherheitspolizei und des SD: Tätigkeits- und Lageberichte der Einsatzgruppen. BA: R 70 Sowjetunion.

Oleg W. Chlewnjuk: Das Politbüro. Mechanismen der politischen Macht in der Sowjetunion der dreißiger Jahre. Hamburg 1998.

W. S. Christoforow (Awtorskij Kollektiw): Smersch. Istorischeskije otscherki i achiwnyje dokumenty. Moskwa 2003.

Winston Churchill: Der Zweite Weltkrieg. Mit einem Epilog über die Nachkriegsjahre. Frankfurt am Main 2003.

[Galeazzo Ciano]: Cianos' Diplomatic Papers. London 1948.

Robert Conquest: Der große Terror. Sowjetunion 1934–1938. 2. Aufl. München 2001.

Peter Conradi: Hitlers Klavierspieler. Ernst Hanfstaengl, Vertrauter Hitlers, Verbündeter Roosevelts. Frankfurt am Main 2007.

E. H. Cookridge [i. e.: Edward Spiro]: Zentrale Moskau. Die Macht der sowjetischen Geheimdienste. Hannover 1956.

Ders.: Gehlen: Spy of the Century. New York 1972.

Hans Coppi/Jürgen Danyel/Johannes Tuchel (Hg.): Die Rote Kapelle im Widerstand gegen den Nationalsozialismus. Berlin 1994.

Ders.: Die Rote Kapelle im Spannungsfeld von Widerstand und nachrichtendienstlicher Tätigkeit. Der Trepper-Report vom Juni 1943. VjZ 1996, S. 431–458.

Ders.: Erwin Gehrts; in: Coppi u. a.: Rote Kapelle, S. 226–233.

Ders./Geertje Andresen (Hg.): Dieser Tod passt zu mir. Harro Schulze-Boysen. Grenzgänger im Widerstand. Briefe 1915 bis 1942. Berlin 1999.

John Costello/Oleg Zarew: Der Superagent. Der Mann, der Stalin erpresste. Wien 1993.

Stéphane Courtois/Nicolas Werth/Jean-Louis Panné/Andrzej Paczkowski/Karel Bartosek/Jean Louis Margolin: Das Schwarzbuch des Kommunismus. Unterdrückung, Verbrechen und Terror. 2. Aufl. München/Zürich 1998.

Jürgen Danyel: Die Rote Kapelle innerhalb der deutschen Widerstandsbewegung; in: Coppi u. a.: Rote Kapelle, S. 12–38.

Ders.: Zwischen Nation und Sozialismus: Genese, Selbstverständnis und ordnungspolitische Vorstellungen der Widerstandsgruppe um Arvid Harnack und Harro

Schulze-Boysen; in: Peter Steinbach/Johannes Tuchel (Hg.): Widerstand gegen den Nationalsozialismus. Bonn 1994, S. 468–487.
Alexander Dallin: Deutsche Herrschaft in Russland 1941–1945. Eine Studie über Besatzungspolitik. Düsseldorf 1981.
David J. Dallin [i. e. David Lewin]: Die Sowjetspionage. Prinzipien und Praktiken. Köln 1956.
F. W. Deakin/G. R. Storry: Richard Sorge. Die Geschichte eines großen Doppelspiels. Lizenzausgabe. Gütersloh o. J. [nach 1965].
Gerhard Dengler: Zwei Leben in einem. [Ost-]Berlin 1989.
Deutsch-russisches Museum Berlin-Karlshorst (Hg.): Juni 1941. Der tiefe Schnitt. Berlin 2001.
Deutscher Offizier-Bund (Hg.): Ehrenrangliste des ehemaligen Deutschen Heeres. Aufgrund der Ranglisten von 1914 mit den inzwischen eingetretenen Veränderungen. Berlin 1926.
Torsten Diedrich: Vincenz Müller: Patriot im Zwiespalt; in: Ehrt u. a.: Genosse General, S. 125–157.
Rudolf Diels: Lucifer ante Portas. Es spricht der erste Chef der Gestapo. Stuttgart 1950.
Dienststelle Ribbentrop: Akte Peter [i. e. Orest Berlings]. AA PA: RC 7/1.
Georgi Dimitroff: Tagebücher 1933–1943. Kommentare und Materialien. Hg. von Bernhard Bayerlein/Wladislaw Hedeler. Berlin 2000.
Michail Djatlenko: Treue Söhne des deutschen Volkes; in: Institut für ML: In den Wäldern, S. 408–424.
Martha Dodd: Meine Jahre in Deutschland 1933 bis 1937. Nice to meet you, Mr. Hitler. Neuausgabe Frankfurt am Main 2005.
William Dodd: Diplomat auf heißem Boden. Tagebuch des USA-Botschafters in Berlin 1933–1938. 8. Aufl. [Ost-]Berlin 1977.
Stefan Doernberg: Die Geburt eines neuen Deutschland 1945–1949. Die antifaschistisch-demokratische Umwälzung und die Entstehung der DDR. [Ost-]Berlin 1959.
Ders.: Fronteinsatz. Erinnerungen eines Rotarmisten und Botschafters. Berlin 2004.
Hans-Jürgen Döscher: SS und Auswärtiges Amt im Dritten Reich. Diplomatie im Schatten der „Endlösung". Frankfurt am Main/Berlin 1991.
Bernhard Dohm: Schule der guten Deutschen; in: Klügelen: Die Front, S. 333–338.
Klaus Dorst/Birgit Hoffmann (Hg.): Kleines Lexikon der Sowjetstreitkräfte. [Ost-]Berlin 1987.
Rachel Dübendorfer: Bericht [über die Tätigkeit als Agentin Sissy]. Feb. 1968, BStU: MfS-HA IX/11, FV 98/66, Band 53, Bl. 68–90.
Allen Dulles: Verschwörung in Deutschland. Düsseldorf/Kassel 1947.

Henrik Eberle/Matthias Uhl (Hg.) Das Buch Hitler. Geheimdossier für Josef W. Stalin, zusammengestellt aufgrund der Verhörprotokolle des Persönlichen Adjutanten Hitlers, Otto Günsche, und des Kammerdieners Heinz Linge, Moskau 1948/49. Bergisch Gladbach 2005.
Henrik Eberle, Halle: Schriftliche Auskünfte an den Verfasser, insbesondere Archivrecherchen zum Zweiten Weltkrieg betreffend.

Robin Edmonds: Die Großen Drei. Churchill, Roosevelt und Stalin in Krieg und Frieden. Berlin 1999.

Ilja Ehrenburg: Menschen, Jahre, Leben. Memoiren. 3 Bände. 2. Aufl. [Ost-]Berlin 1978.

Christina Eibl: Der Physiochemiker Peter Adolf Thiessen als Wissenschaftsorganisator (1899–1990). Eine biografische Skizze. Stuttgart 1999.

Heinrich Graf von Einsiedel: Tagebuch der Versuchung 1942–1950. Neuauflage. Frankfurt am Main/Berlin 1985.

Gerhard Eisler: Erinnerungen an Richard Sorge; in: ND vom 2. November 1964.

Max Emendörfer: Rückkehr an die Front. Erlebnisse eines deutschen Antifaschisten. 2. Aufl. [Ost-]Berlin 1975.

Kurt Emmenegger: Q. N. wusste Bescheid. Zürich 1965.

Roger Engelmann: Ernst Wollweber (1898–1967). Chefsaboteur der Sowjets und Zuchtmeister der Stasi; in: Krüger u. a.: Konspiration, S. 179–206.

Peter Erler: Militärische Kommandounternehmen. Deutsche Polit-Emigranten als sowjetische Fallschirmagenten und Partisanen 1941 bis 1945; in: Zeitschrift des Forschungsverbundes SED-Staat 8/2000, S. 79–101, sowie: Deutsche Emigranten an der Komintern-Schule in Puschkino und Kuschnarenkowo (März 1941–Juni 1943); in: ebd. 10/2001, S. 37–56.

Joachim Fest: Hitler. Eine Biografie. Frankfurt am Main/Berlin/Wien 1973.

Ders.: Staatsstreich: Der lange Weg zum 20. Juli. Berlin 1994.

Franz Feuchtwanger: Der Militärpolitische Apparat der KPD in den Jahren 1928–1935. Erinnerungen; in: Internationale wissenschaftliche Korrespondenz zur Geschichte der Arbeiterbewegung 1981, S. 485–533.

Marianne Feuersenger: Im Vorzimmer der Macht. Aufzeichnungen aus dem Wehrmachtsführungsstab und Führerhauptquartier 1940–1945. 2. Aufl. München 1999.

Jana Fietz: Nordische Studenten an der Universität Greifswald. Phil. Diss. Greifswald 2004.

Orlando Figes: Die Tragödie eines Volkes. Die Epochen der russischen Revolution 1891 bis 1924. 2. Aufl. Berlin 1998.

Alexander Fischer: Sowjetische Deutschlandpolitik im Zweiten Weltkrieg 1941–1945. Stuttgart 1975.

Constantine Fitzgibbon: Secret Intelligence in the Twentieth Century. New York 1976.

Ingeborg Fleischhauer: Die Chance des Sonderfriedens. Deutsch-sowjetische Geheimgespräche 1941–1945. [West-]Berlin 1986

Wilhelm Flicke: Agenten funken nach Moskau. Sendegruppe „Rote Drei". In freier Bearbeitung den Tatsachen nacherzählt. München/Wels 1954.

Wilhelm Flicke: Spionagegruppe Rote Kapelle. In freier Bearbeitung den Tatsachen nacherzählt. Kreuzlingen 1954.

Jan von Flocken/Michael Scholz: Ernst Wollweber. Saboteur, Minister, Unperson. Berlin 1994.

Jan Foitzik: Sowjetische Militäradministration in Deutschland (SMAD) 1945–1949. Struktur und Funktion. Berlin 1999.

Heinrich Fomferra: In besonderer Mission, in: Horst Köpstein (Hg.): Beiderseits der Grenze. Berlin 1965.

Ders.: Wie ich Politkommissar einer Partisaneneinheit wurde, in: Voßke: Im Kampf, S. 599–612.

Alexander Foote: Handbook for Spies. London 1953.

Ders.: „Lucy" contra OKH. Footes Schlüssel. Der Spiegel 11/1954, S. 25.

Norbert Frei/Johannes Schmitz: Journalismus im Dritten Reich. 3. Aufl. München 1999.

Hans Friessner: Verratene Schlachten. Die Tragödie der deutschen Wehrmacht in Rumänien und Ungarn. Hamburg 1956.

Klaus Froh/Rüdiger Wenzke: Die Generale und Admirale der NVA. Ein biografisches Handbuch. Berlin 2000.

W. A. Gawrilow (Hg.): Wojennaja raswjedka informirtschet. Dokumenty rasjwedupr krasnoj armii Janwor 1939–Ijun 1941 g. Moskwa 2008.

Peter Geiger/Manfred Schlapp: Russen in Liechtenstein. Flucht und Internierung der Wehrmachtsarmee Holmston 1945–1948. Vaduz/Zürich1996.

Reinhard Gehlen: Der Dienst. Erinnerungen 1942–1971. Wiesbaden/Mainz 1971.

Ludwig Gehre: Die deutsche Kräfteverteilung während des Weltkrieges. Eine Clausewitzstudie. Berlin 1928.

Günther W. Gellermann: Moskau ruft Heeresgruppe Mitte. Was nicht im Wehrmachtsbericht stand. Die Einsätze des geheimen Kampfgeschwaders 200 im Zweiten Weltkrieg. Koblenz 1988.

Ders.: Und lauschten für Hitler. Geheime Reichssache: Die Abhörzentralen des Dritten Reiches. Bonn 1991.

Ders.: Geheime Wege zum Frieden mit England. Ausgewählte Initiativen zur Beendigung des Krieges 1940/42. Bonn 1995.

Ders.: Der andere Auftrag. Agenteneinsätze deutscher U-Boote im Zweiten Weltkrieg. Bonn 1997.

Ders.: Tief im Hinterland des Gegners. Ausgewählte Unternehmen deutscher Geheimdienste im Zweiten Weltkrieg. Bonn 1999.

Rudolf-Christoph von Gersdorff: Soldat im Untergang. Frankfurt am Main/Berlin/Wien 1979.

Eugen Gerstenmaier: Helmuth James Graf von Moltke; in: Lill u. a.: 20. Juli, S. 277–299.

Hans Bernd Gisevius: Bis zum bitteren Ende. Neuauflage Zürich 1954.

Hermann Giskes: Spione überspielen Spione. Hamburg 1951.

Walter Görlitz: Model. Der Feldmarschall und sein Endkampf an der Ruhr. 7. Aufl. München 2000.

Franz Gold: Im Bunker bei Oberstleutnant von Sass; in: Kügelen: Die Front, S. 66–69.

Anatoli Gourevitch [i. e. Anatolij Gurjewitsch]: Un certain Monsieur Kent. Paris 1995.

Hermann Graml : Der Fall Oster. VjZ 1966, S. 29–36.

Fritz Grobba: Irak. 2. Aufl. Berlin 1943.

Ders.: Männer und Mächte im Orient. 25 Jahre diplomatische Tätigkeit im Orient. Göttingen 1967.

Helmut Groscurth: Tagebücher eines Abwehroffiziers 1939–1940. Hg. von Helmut Krausnick und Harold C. Deutsch. Stuttgart 1970.

Ders.: Nachlass. BA: N 104.

Babette Gross: Willi Münzenberg. Eine politische Biografie. Stuttgart 1967.

Siegfried Grundmann: Der Geheimapparat der KPD im Visier der Gestapo. Das BB-Ressort. Funktionäre, Beamte, Spitzel und Spione. Berlin 2008.

Heinz Guderian: Erinnerungen eines Soldaten. 17. Aufl. Stuttgart 2001.

Max Gunzenhäuser: Geschichte des geheimen Nachrichtendienstes. Literaturbericht und Bibliografie. Frankfurt am Main 1968.

Anatolij Markjewitsch Gurjewitsch: Homepage. Stand: 4. November 2008.

Ders.: Zur Tätigkeit während des Zweiten Weltkriegs. Auskunft an den Verfasser, übermittelt durch N. N., Ende 2006.

Norbert Haase: Das Reichskriegsgericht und der Widerstand gegen die nationalsozialistische Herrschaft. Berlin 1993.

Ders.: Der Fall „Rote Kapelle" vor dem Reichskriegsgericht; in: Coppi u. a.: Rote Kapelle, S. 160–179.

Franz Halder: Kriegstagebuch. Tägliche Aufzeichnungen des Chefs des Generalstabs des Heeres 1938–1942. 3 Bände. Stuttgart 1962–1964.

Gottfried Hamacher (unter Mitarbeit von Andre Lohmar u. a.): Gegen Hitler. Deutsch in der Resistance, in den Streitkräften der Antihitlerkoalition und in der Bewegung Freies Deutschland. Kurzbiografien. Berlin 2005.

Kunrat von Hammerstein: Spähtrupp. Stuttgart 1963.

Arvid Harnack: Die vormarxistische Arbeiterbewegung in den Vereinigten Staaten. Darstellung ihrer Geschichte. Phil. Diss. Jena 1931.

Anne Hartmann/Wolfgang Eggeling: Sowjetische Präsenz im kulturellen Leben der SBZ und frühen DDR 1945–1953. Berlin 1998.

Agostino von Hassel/Sigrid MacRae: The untold Story of the Secret American and German Collaboration to end World War II. London 2006.

Ulrich von Hassel: Vom andern Deutschland. Aus den nachgelassenen Tagebüchern 1938–1944. Zürich/Freiburg i. Br. 1946.

Hans Hausamann: Büro Hausamann. Meldungen, Unterlagen. BA: MSg. 110.

Ders.: Informationsdienst Hans Hausamann 1939. Stadtarchiv Schaffhausen: DIV.010817.

Wladislaw Hedeler (Hg.): Stalinistischer Terror 1934–41. Eine Forschungsbilanz. Berlin 2002.

Heeresgruppe Mitte/I c [Oberst Hans-Heinrich Worgitzky]: Fortlaufende Berichterstattung 1944/45 zur Kampfgruppe Scherhorn, BA MA RH 2/2152 f.

Helmut Heiber: Aktenvermerk über ein Gespräch mit Werner G. Boening am 13. Dezember 1957 in Hamburg. IfZ: Zs 1624.

Otto Heilbrunn: Der sowjetische Geheimdienst. Frankfurt am Main 1956.

Gotthart Heinrici: Tagebuch und Briefe an seine Familie. BA MA: 265/155.

Friedrich Wilhelm Heinz: Schreiben an Hans Bernd Gisevius vom 30. Mai 1947. Deutsches Literaturarchiv Marbach: Nachlass Hans Grimm.

Michael Heinz: Schriftliche Auskünfte an den Verfasser vom Juni/Juli 2006, seinen Vater Friedrich Wilhelm Heinz betreffend.

Rüdiger Henkel: Was treibt den Spion? Spektakuläre Fälle von der „Schönen Sphinx" bis zum „Bonner Dreigestirn". Berlin 2001.

Ders., Bonn: Telefonische Auskunft zu Rudolf von Scheliha am 23. November 2004.

Herbert Hentschke: Im Hinterland des Feindes; in: Institut für ML: In den Wäldern Belorusslands, S. 452–463.
Bernd-Ulrich Hergemüller: Mann für Mann. Biografisches Lexikon zur Geschichte von Freundesliebe und mannmännlicher Sexualität. Hamburg 1998.
R. A. Hermes: Die Kriegsschauplätze und die Bedingungen der Kriegführung. Luzern 1941.
Stephan Hermlin: Die erste Reihe. [Ost-]Berlin 1951.
Heinz-Danko Herre: Aufstellung der Wlassow-Divisionen im Winter 1944/45; Ms. IfZ: 1307/54.
Hans von Herwarth: Zwischen Hitler und Stalin. Erlebte Zeitgeschichte 1931–1945. Frankfurt am Main/Berlin 1989.
Gerd F. Heuer: Die Generalobersten des Heeres. Inhaber höchster deutscher Kommandostellen 1933–1945. O. O. [Rastatt], o. J. [ca. 2001].
Adolf Heusinger: Befehl im Widerstreit. Schicksalsstunden der deutschen Armee 1921–1945. Tübingen/Stuttgart 1950.
Volker Detlef Heydorn: Nachrichtennahaufklärung (Ost) und sowjetisches Heeresfunkwesen bis 1945. Freiburg i. Br. 1985.
Toomas Hiio: Schriftliche Auskünfte an den Verfasser vom März 2010, betreffend das Schicksal estnischer Offiziere im Zweiten Weltkrieg.
Manfred Hildermeier: Geschichte der Sowjetunion 1917–1991. Entstehung und Niedergang des ersten sozialistischen Staates. München 1998.
[Gustav] Hilger: Aufzeichnung über Vernehmungen von kriegsgefangenen sowjetischen Offizieren, u. a. General Wlassow, vom 8. August 1942; in: Schramm: KTB 1942, S. 1287–1290.
Ders.: Wir und der Kreml. Deutsch-sowjetische Beziehungen 1918–1941. Erinnerungen eines deutschen Diplomaten. Frankfurt am Main/Berlin 1955.
Ursel Hochmut: Illegale KPD und Bewegung Freies Deutschland in Berlin und Brandenburg 1942–1945. Biografien und Zeugnisse aus der Widerstandsorganisation um Saefkow, Jacob und Bästlein. Teetz 1998.
George Hermann Hodos: Schauprozesse. Stalinistische Säuberungen in Osteuropa 1948–1954. Berlin 2001.
Heinz Höhne: Kennwort: Direktor. Die Geschichte der Roten Kapelle. Frankfurt am Main 1970.
Ders.: Canaris. Patriot im Zwielicht. München 1976.
Ders.: Der Krieg im Dunkeln. Macht und Einfluss des deutschen und russischen Geheimdienstes. München 1985.
Ders.: Der Fall Lissner; in: Ivar Lissner: Mein gefährlicher Weg, S. 221–272.
Ders.: „Gebt mir vier Jahre Zeit“. Hitler und die Anfänge des Dritten Reiches. Berlin/Frankfurt am Main 1996.
Ders.: Der Orden unter dem Totenkopf. Die Geschichte der SS. München 2002.
Albert Hößler: Briefe an Klaudia. Die Briefe Albert Hößlers – Beauftragter des ZK der KPD, Kundschafter der Roten Armee und Funker der Schulze-Boysen/Harnack-Organisation – an seine Frau Klaudia Semjonowa Rubzowa. Burgstädt 1976.
Heinz Hoffmann: Moskau Berlin. Erinnerungen an Freunde, Kampfgenossen und Zeitumstände. [Ost-]Berlin1989.

Joachim Hoffmann: Stalins Vernichtungskrieg 1941–1945. Planung, Ausführung und Dokumentation. 6. Aufl. München 2000.

Ders.: Die Tragödie der „Russischen Befreiungsarmee" 1944/45. Wlassow gegen Stalin. München 2003.

Peter Hoffmann: Claus Schenk Graf von Stauffenberg und seine Brüder. Sonderausgabe Stuttgart 2004.

Home Office/MI 5: [Fallakten] Ursula und Leonard Beurton. UK NA: KV 6/41-45; Aron Zelig Ehrenlieb, UK NA: KV 2/2566; Alexander Foote. UK NA: KV 2/1610-1616; Jahnke, UK NA KV 2/755; Richard Kauder/The Dienststelle Klatt. UK NA: KV 2/1495-1499; Horst Kopkow. UK NA: KV 2/1500-1501; Ira Longin. UK NA: KV 2/1629-1631; Joachim Rohleder, UK NA: KV 2/2136; Fallakte Walter Friedrich Schellenberg, UK NA: KV 2/94-99; Fallakte Karel Sedlacek, UK NA: KV 2/1657; Victor Sokolov, UK NA: KV 2/2068; Leopold Trepper, UK NA: KV 2/2074; General Anton Turkul. UK NA: KV 2/1591-1593; Oriental Trading and Engineering Company (Far East), alias WOSTWAG, UK NA: KV 2/1902; Sammelakte The Antinazi Movement in Germany, UK NA: KV 3/291-291.

Johannes Horatzek [urspr.: Horaczek]: Der Kampf um militärische Geheimnisse; in: AGEA: Die Nachhut Nr. 6, S. 1–6.

Nikolaus von Horthy: Ein Leben für Ungarn. Bonn 1953.

Walther Hubatsch: Hitlers Weisungen für die Kriegführung 1939–1945. Lizenzausgabe Utting o. J.

Johannes Hürter: Ein deutscher General an der Ostfront. Die Briefe und Tagebücher des Gotthart Heinrici 1941/42. Erfurt 2001.

Walter Huppenkothen: Aufzeichnungen und Dokumente. IfZ: ZS 249/I.

Institut für Marxismus-Leninismus beim ZK der SED (Hg.): Geschichte der deutschen Arbeiterbewegung. Band 5. Vom Januar 1933 bis Mai 1945. [Ost-]Berlin 1966.

Institut für Marxismus-Leninismus beim ZK der SED (Hg.): Deutsche Widerstandskämpfer 1933–1945. Biografien und Briefe. 2 Bände. [Ost-]Berlin 1970.

Institut für Marxismus-Leninismus beim ZK der SED/Institut für Parteigeschichte beim ZK der Kommunistischen Partei Belorusslands (Hg.): In den Wäldern Belorusslands, Erinnerungen sowjetischer Partisanen und deutscher Antifaschisten. [Ost-]Berlin 1976.

Institut für Zeitgeschichte (Hg.) [IfZ]: Akten der Parteikanzlei. Rekonstruktion eines verlorengegangenen Vorgangs. München 1992.

Internationaler Militärgerichtshof [IMT] (Hg.): Der Prozess gegen die Hauptkriegsverbrecher. Nürnberg 14. November 1945–1. Oktober 1946. 24 Bände. Nürnberg 1947.

David Irving: Das Reich hört mit. Görings Forschungsamt. Der geheimste Nachrichtendienst des Reiches. Kiel 1999.

P[jotr] I[wanowitsch] Iwaschutin: Sowjezkaja wojenna raswedka dokladywale totschno; in: Wojenno-istoritscheski Shurnal 1990, Nr. 5, S. 55–59.

Hans-Adolf Jacobsen (Hg.): Spiegelbild einer Verschwörung. Die Opposition gegen Hitler und der Staatsstreich vom 20. Juli 1944 in der SD-Berichterstattung. Geheime Dokumente aus dem ehemaligen Reichssicherheitshauptamt. 2 Bände [fortlaufend paginiert]. Stuttgart 1981.

Hartmut Jäckel: Menschen in Berlin. Schicksale bekannter und unbekannter Persönlichkeiten aus dem letzten Telefonbuch der alten Reichshauptstadt 1941. Bergisch Gladbach 2002.
Karl Heinz Jahnke: In einer Front. Junge Deutsche an der Seite der Sowjetunion im Großen Vaterländischen Krieg. 2. Aufl. [Ost-]Berlin 1989.
Karl-Heinz Janßen: Der erste Soldat des Dritten Reiches, Die Zeit 49/1999, S. 106.
Anton Joachimsthaler: Hitlers Ende. Legenden und Dokumente. München 2004.
Werner Jochmann (Hg.): Adolf Hitler. Monologe im Führerhauptquartier 1941–1944. Aufgezeichnet von Heinrich Heim. Sonderausgabe. München 2000.
Alfred Jodl: Tagebücher; in: BA MA: RW 4.
Otto John: Falsch und zu spät. Der 20. Juli 1944. Epilog. München/Berlin 1984.
Louis de Jong: Die deutsche Fünfte Kolonne im Zweiten Weltkrieg. Stuttgart 1959.
Franz Jung: Der Weg nach unten. Aufzeichnungen aus einer großen Zeit. Neuwied 1961.
Ivo Juurvee: KGB, Stasi and History of the Estonian Intelligence. Entwurf eines Aufsatzes. Hierzu Schriftwechsel mit dem Verfasser im März 2010.

Peter Kamber: Dr. Mörgeli, geb. 1914, Geheimagent; *ders.:* Kraftprobe aus dem Verhörstuhl; *ders.:* Flitterwochen im Berner Salemspital, in: Der kleine Bund vom 4. Januar 2003, S. 1–3, 11. Januar 2003, S. 6, 18. Januar 2003, S. 5.
Ders.: Geheime Agentin. Roman. Berlin 2010. Nebst Anmerkungen in: www.geheimeagentin.de [Abruf: März 2010, Kopie im Besitz des Verfassers].
Ders., Berlin: Schriftliche Auskünfte an den Verfasser, insbesondere Recherchen zum Roman „Geheime Agentin" betreffend.
Ursula von Kardorff: Berliner Aufzeichnungen 1942 bis 1945. Unter Verwendung der Original-Tagebücher neu herausgegeben und kommentiert von Peter Hartl. 2. Aufl. München 1997.
Rainer Karlsch: Hitlers Bombe. Die geheime Geschichte der deutschen Kernwaffenversuche. München 2005.
Ders.: Auskünfte an den Verfasser, russische Quellen zur Atomspionage betreffend.
Bernd Kaufmann/Eckhart Reisener/Dieter Schwips/Henri Walther: Nachrichtendienst der KPD 1919–1937. Berlin 1993.
Gerhard Kegel: In der Stürmen unseres Jahrhunderts. Ein deutscher Kommunist über sein ungewöhnliches Leben. 2. Aufl. [Ost-]Berlin 1984.
Manfred Kehrig: Die Wiedereinrichtung des deutschen militärischen Attachédienstes nach dem Ersten Weltkrieg (1919–1933). Boppard am Rhein 1966.
Walter Kempowski: Das Echolot. Barbarossa '41. Ein kollektives Tagebuch. München 2002.
Erich Kern [i. e. Erich Kernmayr]: Verrat an Deutschland. Spione und Verräter gegen das eigene Vaterland. Göttingen 1963.
Ian Kershaw: Hitler 1889–1936. Stuttgart 1998, Hitler 1936–1945. Stuttgart 2000.
Agilolf Keßelring: Des Kaisers „finnische Legion". Die finnische Jägerbewegung im Ersten Weltkrieg im Kontext der deutschen Finnlandpolitik. Berlin 2005.
KGB der Sozialistischen Republik Estland. Jahresbericht der Abteilung 2 Spionageabwehr des estnischen KGB an den Leiter der Spionageabwehr des KGB Fedotow

vom 14. Januar 1956, www laidoner.ee/projektid/5/2.osak55.html [dort vom Original ins Estnische übertragen].

Helmut Kindler: Zum Abschied ein Fest. Die Autobiografie eines deutschen Verlegers. München 1992.

David Kitterman: Otto Ohlendorf. Gralshüter des Nationalsozialismus; in: Smelser u. a.: SS, S. 379–393.

Peter Klein (Hg.): Die Einsatzgruppen in der besetzten Sowjetunion. Berlin 1997.

Peter Kleist: Zwischen Hitler und Stalin 1939–1945. Aufzeichnungen. Bonn 1950.

Dirk Klose: Das Ende der Roten Kapelle. Die Gruppe Harnack/Schulze-Boysen im Gesamtfeld des Widerstandes; in: Aus Politik und Zeitgeschichte B 29-30/2002.

Phillip Knightley: Die Geschichte der Spionage im 20. Jahrhundert. Aufbau und Organisation, Erfolge und Niederlagen der großen Geheimdienste.

Lew Knipper: Wospomiania, dnewniki, sametki. Moskwa 1980.

[Werner Koeppen]: Herbst 1941 im Führerhauptquartier. Berichte Werner Koeppens an seinen Minister Alfred Rosenberg. Herausgegeben und kommentiert von Martin Vogt. Koblenz 2002.

A[lexander] Kolpakidi/D[mitrij] Prochorow: Imperija GRU. 2 Bände. Moskwa 2000/2001.

Ders.: Wneschnaja Raswedka Rossi. St. Petersburg/Moskwa 2001.

A[lexander] I. Kolpakidi u. a.: Enziklopedija Wojennoj Raswedki Rossii. Moskwa 2004.

Lew Kopelew: Aufbewahren für alle Zeit. 3. Aufl. München 1981.

Juri Korolkow: Der Mann, für den es keine Geheimnisse gab. Richard Sorge in Tokio. [Ost-]Berlin 1967.

Wilhelm Kosch: Biografisches Staatshandbuch. Lexikon der Politik, Presse und Publizistik. 2 Bände [durchgehend pag.]. Bern/München 1963.

Hildegard von Kotze (Hg.): Heeresadjutant bei Hitler 1938–1943. Aufzeichnungen des Majors Engel. Stuttgart 1974.

Ilko-Sascha Kowalczuk: Legitimation eines neuen Staates. Parteiarbeiter an der historischen Front. Geschichtswissenschaft in der SBZ/DDR 1945–1961. Berlin 1997.

Ernst-Günther Krätschmer: Die Ritterkreuzträger der Waffen-SS. 5. Aufl. Coburg 2003.

Franz Krahl: Aus dem Schatten getreten. Über das ungewöhnliche Leben und den Heldentod unseres Genossen Richard Sorge; in: Neues Deutschland vom 10. Oktober 1964.

Wolfgang Kraushaar: Die Protestchronik 1949–1959. Eine illustrierte Geschichte von Bewegung, Widerstand und Utopie. 4 Bände [fortlaufend pag.]. Hamburg 1996.

Helmut Krausnick: Hitlers Einsatzgruppen. Die Truppe des Weltanschauungskrieges 1938–1942. 11.–12. Tausend. Frankfurt am Main 1998.

Annie Kriegel/Stéphane Courtois: Eugen Fried. Le grand secret du PCF. Paris 1997.

Wolfgang Krieger/Jürgen Weber (Hg.): Spionage für den Frieden? Nachrichtendienste in Deutschland während des Kalten Krieges. München 1997.

Witalij Krjukow, Kiew: Auskünfte an den Verfasser zu Fragen der deutsch-russischen Geheimdienstgeschichte, insbesondere russische literarische Quellen betreffend.

Erhard Kroeger: Der Auszug aus der alten Heimat. Die Umsiedlung der Baltendeutschen. Tübingen 1967.

Hans Kroll: Lebenserinnerungen eines Botschafters. 5. Aufl. Köln/Berlin 1967.
Dieter Krüger/Armin Wagner (Hg.): Konspiration als Beruf. Deutsche Geheimdienstchefs im Kalten Krieg. Berlin 2003.
Greta Kuckhoff: Vom Rosenkranz zur Roten Kapelle. Ein Lebensbericht. [Ost-]Berlin 1974.
Jürgen Kuczynski: Ein linientreuer Dissident. Memoiren 1945–1989. Berlin 1999.
Ders.: Ein treuer Rebell. Memoiren 1994–1997. Berlin 1998
Else und Bernt von Kügelen (Hg.): Die Front war überall. Erlebnisse und Berichte vom Kampf des Nationalkomitees „Freies Deutschland“. 3. Aufl. [Ost-]Berlin 1968.
Bernt von Kügelen: Bündnis in der Feuertaufe; in: Kügelen: Die Front, S. 16–26.
Dietrich von Kuenheim: Sowjetagenten überall. Oberreuth/Allgäu 1955.
Otto Kumenius: Kontraspion för fem nationer. O. O. 1974.
Franz Kurowski: Deutsche Kommandotrupps 1939–1945. Brandenburger und Abwehr im weltweiten Einsatz. Stuttgart 2000, Band 2. Stuttgart 2003.
Aino Kuusinen: Der Gott stürzt seine Engel. Wien 1972.
I. L. Kuznetsov: KBG General Naum Isakovich Eitingon 1899–1991, in: Slavic Military Sudies 1/2001.

Erwin Lahousen: [Fragment des] Diensttagebuch[s] des Leiters von Abwehr II. IfZ: Fd 47
Ders.: Eidesstattliche Versicherung [über die Behandlung sowjetischer Kriegsgefangener] vom 8. Januar 1948. IfZ: ZS 658/948/56.
Ders.: Diensttagebuch des Leiters von Abwehr II. BA MA: RW 5/489.
Paul Lampe: Von Belorussland nach Berlin, in: Institut für ML: In den Wäldern Belorusslands, S. 94–111.
Igor Lander, Odessa: Schriftliche Auskünfte an den Verfasser, die eigenen Forschungsergebnisse zum Zweiten Weltkrieg betreffend.
Jochen von Lang: Martin Bormann. Hitlers Sekretär; in: Ronald Smelser u. a.: Die braune Elite I, S. 1–14.
Erhard Lange: Bericht über das Unternehmen Schamil. Dienststelle F[eld] P[ost] Nr. 46865. Nr. 1490/42 g[eheime] K[omman]dos[ache]; BA MA 5 49/143.
István Lázar: Illustrierte Geschichte Ungarns. Aus dem Ungarischen von Álmos Csongár und Michael Müller. 3. Aufl. Budapest o. J. [nach 1997].
James Leasor: Botschafter ohne Auftrag. Der Englandflug Rudolf Hess'. Oldenburg 1963.
W. A. Lebedew: M. N. Tuchatschewskij i „wojenno-faschistskij sagowor“, in: Wojenno-istoritscheskij Archiv, Nr. 2, 1997, S. 1–81.
Friedrich Lenz: Staat und Marxismus. Grundlegung und Kritik der marxistischen Gesellschaftslehre. 2. Aufl. Stuttgart/Berlin 1922.
Friedrich Lenz: List und Großdeutschland. Leipzig/Berlin 1937.
Ders.: Die Krisis des Kapitalismus in den Vereinigten Staaten. Stuttgart 1943.
Wolfgang Leonhard: Spurensuche. 40 Jahre nach. Die Revolution entlässt ihre Kinder. 4. Aufl. Köln 2000.
Paul Leverkuehn: Posten auf ewiger Wache. Aus dem abenteuerlichen Leben des Max von Scheubner-Richter. Essen 1938.

Ders.: Der geheime Nachrichtendienst der deutschen Wehrmacht im Kriege. Frankfurt am Main 1957.

Hsi-Huey Liang: China, the Sino-japanese Conflict and the Munich Krisis, in: Igor Lukes/Erik Goldenstein (Ed.): The Munich Crisis 1938. Prelude to World War II. London/Portland 1999.

B[asil] H[enry] Liddell Hart: Deutsche Generale des Zweiten Weltkrieges. Aussagen, Aufzeichnungen und Gespräche. München 1965.

Ders.: Geschichte des Zweiten Weltkrieges. 6. Aufl. Wiesbaden 1985.

Rudolf Lill/Heinrich Oberreuter (Hg.): 20. Juli. Portraits des Widerstands. 2. Aufl. Düsseldorf 1993.

Ivar Lissner: Menschen und Mächte am Pazifik. Hamburg 1937.

Ders.: Intrigenkämpfe im Kreml. „Molotow oder Woroschilow Nachfolger Stalins" sagt Ljuschkow; in: Der Angriff vom 22. Juli 1938, S. 2.

Ders.: Japanischer Bilderbogen. Hamburg 1940.

Ders.: Vergessen aber nicht vergeben. Erinnerungen. Frankfurt am Main 1970.

Ders.: Mein gefährlicher Weg. Vergessen aber nicht vergeben. Bearbeitung und Nachwort von Heinz Höhne. München/Zürich 1975.

Elisabeth von Loeben: Graf Marogna-Redwitz: Opfergang einer bayerischen Familie. München 1984.

Wolfgang Loeff: Spionage. Aus den Papieren eines Abwehr-Offiziers. Stuttgart 1950.

John Lönnegren: Ryssland och Europa. Stockholm 1915.

Ders.: Anders Berch und der schwedische Merkantilismus. Jur. Diss. Greifswald 1916.

Wladimir Lota: Welkisch. Krasnaja Swesda vom 27. März 2004, S. 5.

Ders.: Alta protiw Barbarossa. Kak byli dobyty swedenija o podrotobke germanii k napadeniju na SSSR. Moskwa 2004.

Ders.: Sekretnyj front generalnogo schtaba. 60-letnju belikoj pobedy poswjatschajetsja. Moskwa 2005.

Ders.: Bes prawa na oschibku. Kniga o Wojennoj raswjedke 1943 god. Moskwa 2005.

Ders.: Tajnije operatii wtoroj mirowoj. Kniga o wojenoje raswedke 1944 god. Moskwa 2006.

Ders.: Sa granju wosmoshnogo: Wojennaja raswjedka Rossii na Dalnem Wostoke 1918–1945 gg. Kutschkowo Pole 2008.

Robert von Lucius: Einzelgänger gegen Hitler. Vor hundert Jahren wurde der Widerstandskämpfer Nikolaus von Halem geboren; in: FAZ vom 15. März 2005, S. 13.

Hans von Luck: Mit Rommel an der Front. 2. Aufl. Hamburg/Berlin/Bonn 2001.

Paul Ludes: Fallschirmspringer für das Freie Deutschland: in: Kügelen: Die Front, S. 302–309.

Wljatscheslaw Michailowitsch Lurje/Wladimir Jakowlewitsch Kotschik: GRU. Djela i ljudi. Moskwa 2002.

Arno Lustiger: Schalom Libertad! Juden im spanischen Bürgerkrieg. Berlin 2001.

Chris MacNab: Fallschirmjäger. Die Geschichte der deutschen Luftlandetruppen im Zweiten Weltkrieg. Klagenfurt 2001.

Julius Mader: Die graue Hand. Eine Abrechnung mit dem Bonner Geheimdienst. 41. bis 75. Tausend [Ost-]Berlin o. J. [ca. 1961].

Ders./Gerhard Stuchlik/Horst Pehnert: Dr. Sorge funkt aus Tokyo. Ein Dokumentar-

bericht über Kundschafter des Friedens mit ausgewählten Artikeln von Richard Sorge. [Ost-]Berlin 1966.
Ders.: Hitlers Spionagegenerale sagen aus. Eine Chronologie über Aufbau, Struktur und Operationen des OKW-Geheimdienstes Ausland/Abwehr mit einer Chronologie seiner Einsätze von 1933 bis 1944. Berlin 1970.
Ders.: Dr.-Sorge-Report. Ein Dokumentarbericht über den Kundschafter des Friedens mit ausgewählten Artikeln von Richard Sorge. [Ost-]Berlin 1984.
Jukka L. Mäkelä: Im Rücken des Feindes. Der finnische Nachrichtendienst im Krieg. Frauenfeld/Stuttgart 1967.
Heinz Magenheimer: Die Militärstrategie Deutschlands 1940–1945. Führungsentschlüsse, Hintergründe, Alternativen. 2. Aufl. München 1997.
Pawel Malkow: Kreml-Kommandant unter Lenin. Erinnerungen. [Ost-]Berlin 1964.
Ohto Manninen: Ludwig Weissauer i hemliga uppdrag 1940–1943. Historisk Tidskrift för Finland 1975, S. 177–193.
Lilly Marcou: Wir größten Akrobaten der Welt. Ilja Ehrenburg. Eine Biografie. Berlin 1996.
Klaus-Michael Mallmann: Brüderlein & Co. Die Gestapo und der kommunistische Widerstand in der Kriegsendphase; in: Paul u. a.: Gestapo im Zweiten Weltkrieg, S. 270–278.
Ders.: Menschenjagd und Massenmord. Das neue Instrument der Einsatzgruppen und -kommandos 1938–1945; in: Paul u. a.: Gestapo im Zweiten Weltkrieg, S. 291–316.
Klaus-Michael Mallmann: Aufgeräumt und Abgebrannt. Sicherheitspolizei und Bandenkampf in der besetzten Sowjetunion; in: Paul u. a.: Gestapo im Zweiten Weltkrieg, S. 503–520.
Erich von Manstein: Verlorene Siege. Frankfurt am Main/Bonn 1964.
Bernd Martin: Verhandlungen über separate Friedensschlüsse. Ein Beitrag zur Entstehung des Kaltes Krieges, in: Militärgeschichtliche Mitteilungen 1976, S. 95–113.
Bernd Martin: Das außenpolitische Versagen des Widerstandes 1943/44, in: Jürgen Schmadicke (Hg.): Der Widerstand gegen den Nationalsozialismus. Die deutsche Gesellschaft und der Widerstand gegen Hitler. München 1985, S. 1037–1060.
Ders.: Deutsch-sowjetische Sondierungen über einen separaten Friedensschluss im Zweiten Weltkrieg. Bericht und Dokumentation, in: Inge Auerbach (Hg.): Felder und Vorfelder russischer Geschichte. Studien zu Ehren von Peter Scheibert. Freiburg 1985, S. 280–308.
Ders.: Deutschland und Japan im Zweiten Weltkrieg 1940–1945. Vom Angriff auf Pearl Harbor bis zur deutschen Kapitulation. Neuausgabe. Hamburg 2001.
Werner Maser: Der Wortbruch. Hitler, Stalin und der Zweite Weltkrieg. München 1994.
Christof Mauch: Schattenkrieger gegen Hitler. Das Dritte Reich im Visier amerikanischer Geheimdienste. Stuttgart 1999.
C[raig] G[raham] McKay: From Information to Intrigue. Studies on Secret Service. Based on Swedish Experience 1939–1945. London 1993.
Ero Medijainen: Der Beginn der estnisch-deutschen diplomatischen Beziehungen, in: www.estemb.de/static/files/014/dipsuhete_algus.pdf.

Georgi Mednikow: Die internationale Gruppe; in: Institut für ML: In den Wäldern, S. 4762.
Roy Medwedew: Das Urteil der Geschichte. Stalin und der Stalinismus. 3 Bände. Berlin 1992.
Susanne Meinl: Im Mahlstrom der Geschichte. Friedrich Wilhelm Heinz und die Anfänge der westdeutschen Nachrichtendienste 1945–1955; in: Krieger u. a.: Spionage für den Frieden, S. 247–266.
Dies.: Nationalsozialisten gegen Hitler. Die nationalrevolutionäre Opposition um Friedrich Wilhelm Heinz. Berlin 2000.
M. I. Meltjuchow: Sowjetskaja raswedka i problema wnesapnogo nadpadenija, in: Otschestwennaja istorija 1998, Nr. 3, S. 1–18.
K[irill] A[fanasjewitsch] Merezkow: Im Dienste des Volkes. 3. Aufl. [Ost-]Berlin 1983.
Per Meurling: Spionage och sabotage i Sverige. Stockholm 1952.
Winfried Meyer: Unternehmen Sieben. Eine Rettungsaktion für vom Holocaust Bedrohte aus dem Amt Ausland/Abwehr im Oberkommando der Wehrmacht. Frankfurt am Main 1993.
Militärgeschichtliches Forschungsamt (Hg.): Deutsche Militärgeschichte 1648–1939 in sechs Bänden. Hersching 1983.
Dass.: Das Deutsche Reich und der Zweite Weltkrieg. Band 4. Der Angriff auf die Sowjetunion. 2. Aufl. München 1987.
Ministerium für Staatssicherheit: OibE-Akte Julius Mader der ZAIG des MfS. BStU: ZAIG Nr. 16380.
Dass.: Kaderakte Julius Mader. BStU: [Kaderakte] Mader, Julius, Nr. 25225/90.
Ministerwo inostrannich del SSSR (Hg.): SSSR w borbe sa mir nakununje wtoroj mirowoj wojni (sept. 1939–august 1939). Moskwa 1971.
Armin Mohler: Die Konservative Revolution in Deutschland 1918–1932. Ein Handbuch. Darmstadt 1994.
Otto E. Moll: Die deutschen Generalfeldmarschälle 1935–1945. Bearbeitung Wolfgang W. Marek. Rastatt/Baden 1961.
Helmuth James von Moltke: Briefe an Freya 1939–1945. München 1995.
Frantisek Moravec [i. e. František Moravec; vermutliche Autorin: Hanyi V. Disher]: Master of Spies. The memoirs of General Frantisec Morevec. London 1981.
Jörg Morré: Hinter den Kulissen des Nationalkomitees. Das Institut 99 in Moskau und die Deutschlandpolitik der UdSSR. München 2001.
L. C. Moyzisch: Der Fall Cicero. Die größte Spionage-Affäre des Zweiten Weltkriegs. Gütersloh 1952.
Michael Mueller: Canaris. Life and Death of Hitler's Spymaster. Annapolis 2007.
Norbert Müller/Helma Kaden/Gerlinde Grahn/Brün Meyer/Tilman Koops: Das Amt Ausland/Abwehr im Oberkommando der Wehrmacht. Eine Dokumentation. Koblenz 2007.
Reinhard Müller: Die Akte Wehner. Moskau 1937 bis 1941. Berlin 1993.
Helmut Müller-Enbergs: Der Fall Rudolf Herrnstadt. Tauwetterpolitik vor dem 17. Juni. Berlin 1991.
Ders./Jan Wielgohs/Dieter Hoffmann: Wer war wer in der DDR? Ein biografisches Lexikon. Sonderausgabe Bonn 2000.
David E. Murphy: What Stalin Knew. The Enigma of Barbarossa. Yale 2005.

Bogdan Musial: Konterrevolutionäre Elemente sind zu erschießen. Die Brutalisierung des deutsch-sowjetischen Krieges im Sommer 1941. Berlin/München 2000.
Ders.: Kampfplatz Deutschland. Stalins Kriegspläne gegen den Westen. Berlin 2008.

Rudolf Nadolny: Mein Beitrag. Wiesbaden 1955, auch Köln 1983.
Wladimir F. Nekrassow (Hg.): Berija. Henker in Stalins Diensten. Ende einer Karriere. Berlin 1992.
Wolfgang Neuhaus: Kampf gegen „Sternlauf". Der Weg des deutschen Partisanen Fritz Schmenkel. [Ost-]Berlin 1968.
Hans Werner Neulen: Europa und das Dritte Reich. Einigungsbestrebungen im deutschen Machtbereich 1939–45. München 1987.
Uwe Neumärker/Robert Conrad/Cord Woywodt: Wolfsschanze. Hitlers Machtzentrale im II. Weltkrieg. Berlin 1999.
Ernst Niekisch: Hitler. Ein deutsches Verhängnis. Mit Zeichnungen von A. Paul Weber. Berlin 1932.
Günther Nollau/Ludwig Zindel: Gestapo ruft Moskau. Sowjetische Fallschirmagenten im 2. Weltkrieg. München 1979.

Oberkommando der Wehrmacht [OKW] (Hg.): Die Berichte des Oberkommandos der Wehrmacht. 5 Bände. München o. J. Nachdruck: Köln 2004.
Oberreichsanwalt: Anklageschrift vom 15. Februar 1944 gegen Robert Uhrig, Walter Budeus, Kurt Lehmann, Willy Sachse, Fritz Riedel, Karl Frank, Leopold Tomschik, Franz Mett, Rudolf Grieb, Erich Kurz, Paul Gesche, Otto Klippenstein, in: BA: BDC.
Rudolf Olden: Hindenburg. Oder der Geist der preußischen Armee. Paris 1935. Nachdruck: Hildesheim 1982.
Onodera Yuriko: An den Gestaden der Ostsee. Onodera Makoto als japanischer Heeresattaché in Riga und Stockholm (1936–1938, 1940–1945). München 1999.
Dietrich Orlow: Rudolf Heß. Stellvertreter des Führers; in: Smelser u. a.: Braune Elite 1, S. 84–97.
Christa Otten: Memento einer Nacht; in: Kügelen: Die Front, S. 310–325.
O. Verf.: Schlag nach! Wissenswerte Tatsachen aus allen Gebieten. 2. Aufl. Leipzig 1939.
O. Verf.: László Rajk und Komplicen vor dem Volksgericht. Budapest 1949.
O. Verf.: Fritz Schmenkel. Ein Held der Sowjetunion; in: Institut für ML: In den Wäldern, S. 147–156.
O. Verf.: Im Auftrag des Nationalkomitees „Freies Deutschland"; in: Institut für ML: In den Wäldern, S. 387–407.
O. Verf.: Russischer Kolonialismus in der Ukraine. Berichte und Dokumente. München 1962.
O. Verf.: Massaker der Häftlinge in den Gefängnissen. Zeugenaussagen vor dem Untersuchungsausschuss in Den Haag und Berichte ehemaliger Häftlinge; in: O. Verf.: Russischer Kolonialismus, S. 129–163.
O. Verf.: Selbständigkeitserklärung der Ukraine am 30. Juni 1941. Dokumentarbericht; in: O. Verf.: Russischer Kolonialismus, S. 180–201.
O. Verf.: Schande des XX. Jahrhunderts. Sachbericht über die bolschewistischen Un-

terdrückungsmethoden in der Ukraine 1941–1946; in: O. Verf.: Russischer Kolonialismus, S. 202–285.

O. Verf.: SSSR wborbe sa mir nakanunje wtoroj mirowoj wojny. Moskwa 1971.

O. Verf.: Geschichte des Zweiten Weltkrieges 1939–1945 in zwölf Bänden. [Ost-]Berlin 1977.

O. Verf. [Ministerium für Staatssicherheit (Hg.)]: Aus dem Leben eines Berufsrevolutionärs. Erinnerungen an Richard Stahlmann. Leipzig 1986.

O. Verf.: Rossijskaja Jewrejskaja Enziklopedija. Moskwa 1995.

O. Verf.: Otscherki istorii rossijskoj wneschnej raswedki. Band 3, Moskwa 1997. Band 4, Moskwa 1999.

O. Verf.: Lubjanka. WTschk-OGPU-NKWD-NKGB-MGB-MWD-KGB 1917–1960. Moskwa 1997.

O. Verf.: Organy gosudarstwennoj besopasnosti SSSR w Welikoj Otetschestwennoj wojne. Band 1 in zwei Halbbänden. Moskwa 1995. Sowie Band 2 in zwei Halbbänden. Moskwa 2000.

O. Verf.: 1941 god. Kniga 1. Moskau 1998.

O. Verf.: Abstracts for Akadeemia 2/2007. Meeting between Rüdiger von der Golz and Ludvig Jakobsen and its reverberations. www eurozine.com/articles/2007-02-09-akadeemia-en.html?filename=article/2007-02-09-akadeemia-en [Abruf: Januar 2010]

O. Verf.: Ritterkreuzträger. www.rktraeger.de/Orden/Ritterkreuz [Abruf am 5. Mai 2005].

O. Verf.: [Verleihungsliste des estischen Ordens vom Adlerkreuz] www Kotkaristi teenetemärgi kavalerid [Abruf Juli 2009; Kopie im Besitz des Verfassers].

Sergej Sacharowitsch Ostrjakow: Militärtschekisten. [Ost-]Berlin 1985.

Karl Otto Paetel: Nationalbolschewismus und nationalrevolutionäre Bewegungen in Deutschland. Geschichte, Ideologie, Personen. Lizenzausgabe der Ausgabe Göttingen 1965. Schnellbach 1999.

Franz von Papen: Der Wahrheit eine Gasse. München 1952.

Elfriede Paul: Ein Sprechzimmer der Roten Kapelle. [Ost-]Berlin 1981.

Gerhard Paul/Klaus-Michael Mallmann (Hg.): Die Gestapo. Mythos und Realität. Darmstadt 1995.

Ders.: Ganz normale Akademiker. Eine Fallstudie zur regionalen staatspolizeilichen Funktionselite; in: Paul u. a.: Gestapo, S. 236–234.

Gerhard Paul/Michael Mallmann (Hg.): Die Gestapo im Zweiten Weltkrieg. Heimatfront und besetztes Europa. Darmstadt 2000.

Wolfgang Paul: Panzergeneral Walther K. Nehring. Eine Biografie. Stuttgart 2002.

Jiři Pelikan: Mündliche Auskünfte über die deutsche Besatzung in der ČSR an den Verfasser am 3. April 1997 in Berlin.

Gilles Perrault: Auf den Spuren der Roten Kapelle. Sonderdruck. Wien/München 1994.

Wladimir Peschtscherski: Tajna Krasnoj Kapelli. Ms. Kopie in der Gedenkstätte Deutscher Widerstand. Sammlung Rote Kapelle.

Ders.: „Warg moego wraga“; in: Woenno-istoritscheskij shurnal, 1998, Nr. 3, S. 59–71.

Alexander von Pfuhlstein: Meine Tätigkeit als Mitglied der Berliner Verschwörerzentrale vom 1. Oktober 1936–20. Juli 1944. Kreuzwertheim am Main 1946. IfZ: ZS 592.

Kim Philby: Im Secret Service. Erinnerungen eines sowjetischen Kundschafters. Ins Deutsche übertragen von Ernst Strnad. [Ost-]Berlin 1983.

Henry Picker/Heinrich Hoffmann: Hitlers Tischgespräche im Bild. Herausgegeben von Jochen von Lang. Stuttgart/München o. J. [ca. 1980].

Janusz Piekalkiewicz: Spione, Agenten, Soldaten. Geheime Kommandos im Zweiten Weltkrieg. 4. Aufl. München 1988.

Ders.: Weltgeschichte der Spionage. Frechen 1993.

Harry Piepe [i. e. Henry Friedrich Wilhelm Piepe]: Ich jagte Rote Agenten, in: Der Mittag, vom 11. Februar–15. März 1953.

Ders.: Harburger jagte Agenten, in: Harburger Anzeiger und Nachrichten, vom 30. September–31. Oktober 1967.

Werner Pilz: Horst Vieth. Ein Kämpfer für das neue Deutschland; in: Kügelen: Die Front, S. 346–348.

Chapman Pincher: Their Trade is Treachery. London 1982.

Gert von Pistohlkors (Hg.): Baltische Länder. Deutsche Geschichte im Osten Europas. Berlin 1994.

Hartmut Plaas (Hg.): Wir klagen an! Nationalisten in den Gefängnissen der Bourgeoisie. Berlin 1928.

Norbert Podewin (Hg.): Braunbuch. Kriegs- und Naziverbrecher in der Bundesrepublik Deutschland und Berlin (West). Reprint der Ausgabe 1968 (3. Auflage). Mit einer kritischen Würdigung und einem Gespräch mit dem Leiter der damaligen Arbeitsgruppe, Prof. Dr. Gerhard Dengler. Berlin o. J. [ca. 2000].

Harald Poelchau: Die letzten Stunden. Erinnerungen eines Gefängnispfarrers. Aufgezeichnet von Graf Stenbock-Fermor. [Ost-]Berlin 1949.

Juliusz Pollack: Wywiand, sabotaź, dyversja. Polski ruch operu w Berlinie 1939–1945. Warszawa 1991.

W[ladimir Wassiliewitsch] Posnjakoff: German Counterintelligence Activities in Occupied Russia (1941–1944). MGFA: P-131.

Ders.: Sammlung Posnjakow. BA MA: MSg 149.

Walter Post: Unternehmen Barbarossa. Deutsche und sowjetische Angriffspläne 1940/41. 1. Aufl. Hamburg/Berlin/Bonn 2001.

Albert Praun: Eine Untersuchung über den Funkdienst des britischen, amerikanischen und russischen Heeres im Zweiten Weltkrieg vom deutschen Standpunkt aus. Unter Mitarbeit von Kunibert Randewig. Ms. O. O. 1950. Bibliothek der Führungsakademie der Bundeswehr.

F. M. Preuss. Entschied Verrat den II. Weltkrieg? Der Doppelagent Rudolf Rössler. Nationalzeitung 13/1966, S. 1, 6.

Ders.: Verrat im II. Weltkrieg. Ging es um Hitler oder um Deutschland?. Nationalzeitung 49/1976, S. 1, 7.

E. Prudnikowa/O. Gortschakow/A. Ju. Popow/Ju. N. Paporow: Legendy GRU. Moskwa 2005.

Otto Punter: Der Anschluss fand nicht statt. Bern/Stuttgart 1968.

Ders.: Guerre Secrète en Pays Neutre. Les révélations d'un agent secret sur l'espionnage en Suisse contre le fascisme et Hitler 1930–1945. Lausanne 1967.

Roger Pulvers: Chiune Sugihara. His conscience gleams out of the darkness, in: The Japan Times vom 14. August 2005.

Otfrid Pustejovsky: Die Konferenz von Potsdam und das Massaker von Aussig am 31. Juli 1945. Untersuchung und Dokumentation. München 2001.

Sándor Radó: Dora meldet ... [Ost-]Berlin 1974.

Rudolf Rahn: Ruheloses Leben. Aufzeichnungen und Erinnerungen. Düsseldorf 1949.

Peter Rau: Unsere Wahrheit störte den Gegner schon. Gespräch mit Hanna Podymachina über ihren Einsatz als Angehörige der Roten Armee an der Front von Stalingrad. Junge Welt vom 25. Januar 2003 Wochenendbeilage [Internetabfrage vom 24. April 2005].

Donald Rayfield: Stalin und seine Henker. München 2004.

Anthony Read/David Fisher: Operation Lucy. Most Secret Spy Ring of the Second World War. New York 1981.

Oskar Reile: Treff Lutetia Paris. Der Kampf der Geheimdienste im westlichen Operationsgebiet, in England und Nordafrika. Im „Dienst" Gehlens 1949–1961. München/Wels 1973.

Ders.: Der deutsche Geheimdienst im II. Weltkrieg. Ostfront. Die Abwehr im Kampf mit den Geheimdiensten im Osten. Lizenzausgabe Augsburg 2000.

Johannes Reiling: Deutschland: Safe for Democracy. Deutsch-amerikanische Beziehungen aus dem Tätigkeitsbereich Heinrich F. Alberts. Stuttgart 1997.

Sidney Reilly: The Adventures of Sidney Reilly. London 1931.

Hermann Rentzsch: Mein Weg zum Frontbeauftragten des Nationalkomitees „Freies Deutschland"; in: Voßke: Im Kampf, S. 333–376.

Leonid Reschin: General von Seydlitz in sowjetischer Gefangenschaft und Haft 1933–1955. Augsburg 2000.

Ders.: Feldmarschall Friedrich Paulus im Kreuzverhör 1943–1953. Augsburg 2000.

Kurt Riezler: Tagebücher, Aufsätze, Dokumente. Eingeleitet und herausgegeben von Karl Dietrich Erdmann. Göttingen 1972.

Tönis Ritson: Toomas Hellat ja KGB (1) [= Teil 1]. www.eay.ee/tuna/1998-1/129-ritson [17 Blatt, Abruf: 11. Juni 2008].

[Karl] Ritter: Vermerk vom 20. Juli 1941 betr. Alexandra Kollontaj. AA PA: Handakten des Beauftragten des AA beim OKW Ritter betr. Russland, Bd. 1.

Anton Ritthaler: Karl Ludwig Freiherr von und zu Guttenberg. Ein politisches Lebensbild. Würzburg 1970.

Manfred Roeder: Rote Kapelle. Hamburg 1952.

Werner Röder/Herbert A. Strauss (Hg.): Biografisches Handbuch der deutschsprachigen Emigration nach 1933. München/New York/London/Paris 1980.

Rudolf Roessler (Hg.): Thepis. Das Theaterbuch. In Verbindung mit Kurt Karl Eberlein und Oskar Fischel. Berlin 1930.

Ders.: Nachlass. Zürich: Archiv für Zeitgeschichte, NL Rudolf Roessler.

Ders.: Manuskripte für die Freie Innerschweiz 1953–1958. Kanton Luzern Staatsarchiv: REP 71/72.

Helmut Roewer/Stefan Schäfer/Matthias Uhl: Lexikon der Geheimdienste im 20. Jahrhundert. München 2003.

Helmut Roewer: Skrupellos. Die Machenschaften der Geheimdienste in Russland und Deutschland 1914–1941. Leipzig 2004.

Ders.: Im Visier der Geheimdienste. Deutschland und Russland im Kalten Krieg. Bergisch Gladbach 2008.

Stefan Roloff/Mario Vigl: Die Rote Kapelle. Die Widerstandsgruppe im Dritten Reich und die Geschichte Helmut Roloffs. München 2004.

Max Ronge: Kriegs- und Industriespionage. Zwölf Jahre Kundschaftsdienst. Zürich/Leipzig/Wien 1930.

Ger van Roon: Wilhelm Staehle. Ein Leben auf der Grenze. 1877–1945. München 1970.

Daniel B. Roth: Hitlers Brückenkopf in Schweden. Die Deutsche Gesandtschaft in Stockholm 1933–1945. Münster 2009.

Theodor Rowehl: Chronik der Aufklärungsgruppe des Ob. d. L., in: BA: MA: Lw 108/16.

Jürgen Rühle: Literatur und Revolution. Die Schriftsteller und der Kommunismus in der Epoche Lenins und Stalins. Frankfurt am Main 1983.

Reinhard Rürup (Hg.): Der Krieg gegen die Sowjetunion 1941–1945. Eine Dokumentation zum 50. Jahrestag des Überfalls auf die Sowjetunion. Berlin 1991.

Ders.: Topographie des Terrors. Gestapo, SS und Reichssicherheitshauptamt auf dem Prinz-Albrecht-Gelände. Eine Dokumentation. 3. Aufl. Berlin 1987.

Ewa Palasz-Rutkowska: Polish-Japanese Secret Cooperation During World War II. Sugihara Chiune and Polish Intelligence, in: Japan Forum 7/1995, S. 225–283.

Villem Saarsen: See, mis ma nägin. Stockholm 1978.

Ulrich Sahm: Rudolf von Scheliha 1897–1942. Ein deutscher Diplomat gegen Hitler. München 1990.

Ulrich Sahm: Ilse Stöbe; in: Coppi u. a.: Rote Kapelle, S. 262–276.

Helmut Sakowski: Das Leben eines Revolutionärs. Gustav Szinda erinnert sich. Leipzig 1989.

Michael Salewski: Die bewaffnete Macht im Dritten Reich 1933–1939; in: MGFA: Deutsche Militärgeschichte, Bd. 4, S. 13–287.

Ernst von Salomon: Der Fragebogen. 96. bis 98. Tsd. Reinbek bei Hamburg 1999.

Allan Sandström: Krieg unter der Mitternachtssonne. Finnlands Freiheitskampf 1939–1945. Graz 1996.

Gijsbertus J. Sas: [Aussage im Fall Oster]. Nederlandse Enquete-Commissie Regeringsbeleid 1940–1945. Den Haag 1948.

Stefan Schäfer: Hitler und die Schweiz. Deutsche militärische Planungen 1939–1943 und die Raubgoldfrage. Berlin 1998.

Ders., Jena: Schriftliche Auskünfte an den Verfasser, eigene Recherchen und Forschungsergebnisse zum Zweiten Weltkrieg betreffend.

Hans Schäufler/Wilhelm Tieke: Das Ende zwischen Weichsel und Elbe 1944/45. Stuttgart 2003.

Hermann-Ernst Schauer: Im Rücken der faschistischen 9. Armee; in: Institut für ML: In den Wäldern, S. 425–437.

Peter Scheibert: Lenin an der Macht. Das russische Volk in der Revolution 1918–1922. Weinheim 1984.

Walter Schellenberg: Aufzeichnungen des letzten Geheimdienstchefs unter Hitler. München 1981.

Wolf Schenke: Reise an der Gelben Front. Beobachtungen eines deutschen Kriegsberichterstatters in China. Oldenburg 1940.

Ders.: Siegerwille und Unterwerfung. Auf dem Irrweg zur Teilung. Erinnerungen 1945–1955. München/Berlin 1988.

Karl Schlögel: Berlin. Ostbahnhof Europas. Russen und Deutsche in ihrem Jahrhundert. Berlin 1998.

Friedrich Schlotterbeck: Je dunkler die Nacht, desto heller die Sterne. Erinnerungen eines deutschen Arbeiters 1933–1945. [Ost-]Berlin 1948.

Klaus Schlüpmann: Vergangenheit im Blickfeld eines Physikers. Kapitel Diplomaten und Grenzgänger. aleph99.org/etusci/ks/t2a9 [Abruf: 9. August 2005]

Georg Schmidt-Scheeder: Reporter der Hölle. Kriegsberichterstatter im 2. Weltkrieg. Spezialausgabe. 1. Aufl. Stuttgart 2003.

Fabian von Schlabrendorff: Offiziere gegen Hitler. Nach einem Erlebnisbericht von Fabian von Schlabrendorff herausgegeben und bearbeitet von Gero von S. Gaevernitz. Frankfurt am Main/Hamburg 1959.

Michael F. Scholz: Herbert Wehner in Schweden 1941–1946. Berlin 1997.

Percy E[rnst] Schramm (Hg.): Das Kriegstagebuch des Oberkommandos der Wehrmacht (Wehrmachtsführungsstab). Eine Dokumentation. Zusammengestellt und erläutert von Hans-Adolf Jacobsen. 4 Bände in 8 Teilbänden. Augsburg 2002.

Wilhelm von Schramm: Verrat im Zweiten Weltkrieg. Vom Kampf der Geheimdienste in Europa. Bericht und Dokumentation. Düsseldorf/Wien 1967.

Wilhelm von Schramm: Der Fall Rudolf Roessler. Ein Beitrag zur weiteren Klärung. Aus Politik und Zeitgeschichte B 41/1966, S. 3–22.

Ders.: Geheimdienste im Zweiten Weltkrieg. Nach Öffnung der alliierten Geheimarchive fortgeführt, ergänzt und erweitert von Hans Büchler. 6. Aufl. München 2002.

Matthias Schröder: Deutschbaltische SS-Führer und Andrej Vlasov 1942–1945. Russland kann nur von den Russen besiegt werden: Erhard Kroeger, Friedrich Buchardt und die Russische Befreiungsarmee. Paderborn 2001.

Gerhard Schürch u. a.: Hans Hausamann 1897–1974. Gedenkschrift zum 10. Todestag. St. Gallen 1984.

Hagen Schulze: Otto Braun oder Preußens demokratische Sendung. Eine Biografie. Frankfurt am Main/Berlin/Wien 1977.

J[ulius] Schulze-Holthus: Frührot im Iran. Abenteuer im deutschen Geheimdienst. Esslingen 1952

Ders.: Eine groteske Fälschung; in: AGEA: Die Nachhut Nr. 7, S. 18–26.

Schweizerische Bundesanwaltschaft: Dossier über Wolfgang Loeff, Schweizerisches Bundesarchiv, E 4320 (B) 1973/17; Bd. 4 (C.2.7224); Dossier über Joachim Rohleder, E 4320 (B) 1990/133, Bd. 67 (C.12.4440) [Ergebnisse der Vernehmung von Joachim Rohleder am 12. Juni 1947 im Lager 7 C. I. C. Eselsheide bei Paderborn]

Andreas Seeger: „Gestapo-Müller“. Die Karriere eines Schreibtischtäters. Berlin 1996.

Wladimir S. Semjonow. Von Stalin bis Gorbatschow. Ein halbes Jahrhundert in diplomatischer Mission 1939–1991. Berlin 1994.

G[eorgi] K[onstantinowitsch] Shukow: Gedanken und Erinnerungen. 2 Bände. 5. überarbeitete und erweiterte Aufl. [Ost-]Berlin 1976.

Arno Siebert: Geschichte des Erna-Aufklärunsgzuges. www.defor_deutsch/aktuelles und presse/2007_2008_erna/erna_aufklärungszug_estland [Abruf: 15. August 2008].

Arnold M. Silver: Memoirs of Oberursel. www.cia.gov/csi/kent_csi/docs/v37i4a07p_0001.htm [Abruf: 10. Juli 2006]

N[ikolaj] Sinewirskij: Smersch (Tod den Spionen). Ein Jahr im Lager des Feindes. Frankfurt am Main o. J.

Marek Skřipský: Tři Králové. Legendy 2. odboje, in: www.vlast.cz/10012005_tri_kralove_legendy_2_odboje.htm [Abfrage am 8. April 2005].

Otto Skorzeny: Geheimkommando Skorzeny. Hamburg 1950.

Ders.: Meine Kommandounternehmen. Krieg ohne Fronten. München 1981

Ronald Smelser/Enrico Syring/Rainer Zitelmann (Hg.): Die braune Elite I. 22 biografische Skizzen. 4. Aufl. Darmstadt 1999.

Ronald Smelser/Enrico Syring (Hg.): Die SS. Elite unter dem Totenkopf. 30 Lebensläufe. Paderborn/München/Wien/Zürich 2000.

Arthur L. Smith jr.: Kampf um Deutschlands Zukunft. Die Umerziehung von Hitlers Soldaten. Bonn 1997.

Michael Smith: Enigma entschlüsselt. Die Codebreakers von Bletchley Park. München 2000.

R[ichard] S[orge]: Die japanische Wehrmacht. Ihre Stellung. Ihre Rolle in der japanischen Politik. Wehrgeografische Folgerungen; in: Zeitschrift für Geopolitik [Berlin] 1935, S. 479–483.

Ders.: Hongkong und Südwest-China im japanisch-chinesischen Konflikte. Eindrücke von einer Reise; in: Zeitschrift für Geopolitik [Berlin] 1938, S. 638–644.

Ders.: Die japanische Expansion; in: Zeitschrift für Geopolitik [Berlin] 1939, S. 617–622.

Ders.: Die große Wendung. Die „Revision" der japanischen Außenpolitik durch den Dreimächtepakt; in: Frankfurter Zeitung vom 13. November 1940.

Albert Speer: Erinnerungen. Frankfurt am Main/Berlin 1969.

Hasso G. Stachow: Tragödie an der Newa. Der Kampf um Leningrad 1941–1944. Ein Augenzeugenbericht. 4. Aufl. München 2003.

Berndt von Staden: Ende und Anfang. Erinnerungen 1939–1963. Vaihingen/Enz 2001.

P. W. Stahl: Geheimgeschwader KG 200. Die Wahrheit nach über 30 Jahren. 8. Aufl. Stuttgart. 1995.

Sven Steenberg [i. e. Arthur Doellert]: Sie nannten mich Gospodin. Erinnerungen eines Baltendeutschen 1941–1945. München 1991.

Luitpold Steidle: Entscheidung an der Wolga. 6. Aufl. [Ost-]Berlin 1976.

Slawa Stetzko [Jaroslaw Stezko]: Oberbefehlshaber der Aufständischen Armee; in: O. Verf.: Russischer Kolonialismus, S. 286–295.

[Albert] Stoelzel: Ehrenrangliste der Kaiserlich Deutschen Marine 1914–1918. Berlin 1930.

Wilfried Strik-Strikfeld: Gegen Stalin und Hitler. General Wlassow und die russische Freiheitsbewegung. 2. Aufl. Mainz 1970.

Rudolf Ströbinger: A/54. Spion mit drei Gesichtern. München 1965.

Gert Sudholt: Das Geheimnis der Roten Kapelle. Das US-Dokument 0/7708. Verrat und Verräter gegen Deutschland. Leoni am Starnberger See 1978 [Übersetzung des CIA-Dokuments 0/7708 = CIA (Hg.): The Rote Kapelle. History of Soviet Intelligence and Espionage Networks in Western Europe 1936–1945. Washington DC 1979].

Pavel Anatoliyevich Sudoplatov: Special Tasks. The Memoirs of an unwanted Witness – a Soviet Spymaster. Boston 1994.

Ders./Anatolij Sudoplatow: Der Handlanger der Macht. Enthüllungen eines KGB-Generals. Unter Mitarbeit von Jerrold L. und Leona P. Schecter. Düsseldorf/Wien/New York/Moskau 1994.

Viktor Suworow [i. e. Wladimir Resun]: GRU. Die Speerspitze. Spionage-Organisation und Sicherheitsapparat der Roten Armee. Aufbau, Ziele, Strategie, Arbeitsweise und Führungskader. Bern/München/Wien 1985.

Ders.: Der Eisbrecher. Hitler in Stalins Kalkül. 11. Aufl. Stuttgart 2001.

Józef Swiatlo: Behind the Scene of Bezpieka and the Party. New York/München 1955.

Szabolc Szita: A Gestapo Magyarországon. Budapest 2002.

Hermann Teske (Hg.): General Ernst Köstring. Der militärische Mittler zwischen dem Deutschen Reich und der Sowjetunion 1921–1941. Frankfurt am Main o. J. [1965].

Peter Tennant: Touchlines of War. Hull 1992.

Adolf von Thadden: Dr. Peter Kleist lebt nicht mehr; in: Deutsche Nachrichten vom 17. März 1972, S. 3.

Georg Thiele: Alle Wege führen nach Deutschland; in: Hans Maaßen (Hg.): Brigada International ist unser Ehrenname. Bd 2. [Ost-]Berlin 1983. S. 387–392.

Kurt von Tippelskirch: Geschichte des Zweiten Weltkrieges. 2. Aufl. Bonn 1956.

Georg Thomas: Geschichte der deutschen Wehr- und Rüstungswirtschaft. 1918–1943/45. Bearbeitet von Wolfgang Birkenfeld. Boppard 1966.

Jürgen Thorwald [i. e. Heinz Bongartz]: Die ungeklärten Fälle. Stuttgart 1950.

Ders.: Die Illusion. Rotarmisten in Hitlers Heeren. Zürich 1974.

Hansjoachim Tiedge: Der Überläufer. Eine Lebensbeichte. Berlin 1998.

Mark A. Tittenhofer: The Rote Drei. Getting behind the „Lucy" Myth. A fresh look behind a oft-told story. odci.gov.csi.kent-csi/docs/V13i3a05p [Abfrage am 4. August 2005, Kopie beim Verfasser].

Thomas Titura: Schriftliche Auskünfte an den Verfasser, vor allem ausländische literarische Quellen betreffend.

Sergej Tjulpanow: Deutschland nach dem Kriege (1945–1949). Erinnerungen eines Offiziers der Sowjetarmee. [Ost-]Berlin 1986.

Olga Tschechowa: Meine Uhren gehen anders. Autobiografie. 1973.

Dmitrij Tschurakow: Repressiowannye wojennoslushaschtschije Krasnoj Armii. 2004. rkka.ru/handbook/personal/repress/main.htm [Abruf: 2009, Kopie im Besitz des Verfassers].

Johannes Tuchel/Reinold Schattenfroh: Zentrale des Terrors. Prinz-Albrecht-Straße 8. Hauptquartier der Gestapo. Berlin 1987.

Johannes Tuchel: Zwischen kriminalistischer Recherche und brutaler Folter. Zur Tätigkeit der Gestapo-„Sonderkommission Rote Kapelle"; in: Paul u. a.: Gestapo, S. 373–387.

Matthias Uhl: Skizzen zur Tätigkeit der sowjetischen Nachrichtendienste in Deutschland 1930–1947; in: Achim Baumann/Helmut Rannacher/Helmut Roewer (Hg.): In guter Verfassung III. Erfurter Beiträge zum Verfassungsschutz. Erfurt 1999, S. 485–559.

Ders.: „Und deshalb besteht die Aufgabe darin, die Aufklärung wieder auf die Füße zu stellen". Zu den Großen Säuberungen in der sowjetischen Militäraufklärung 1937/38; in: Jahrbuch für die Historische Kommunismusforschung 2004. Berlin 2005, S. 80–97.

Ders.: Richard Stahlmann (1891–1974). Ein Handlanger der Weltrevolution im Geheimauftrag der SED; in: Krüger u. a.: Konspiration als Beruf, S. 84–110.

Ders., Moskau: Schriftliche Auskünfte an den Verfasser, insbesondere russische Archivrecherchen betreffend.

Krisztián Ungváry: Die Schlacht um Budapest 1944/45. Stalingrad an der Donau. 2. Aufl. München 2001.

Ders.: Schriftliche Auskunft vom 17. Februar 2005 über die Akten der Ungarischen Staatsicherheit Az. O-11541/1-2, betreffend die Agenten des SD-Ausland.

Thomas Urban: Vladimir Nabokov. Blaue Abende in Berlin. Berlin 1999.

Ders.: Ilja Ehrenburg als Kriegspropagandist, in: Dagmar Herrmann/Astrid Volpert (Hg.): Traum und Trauma. Russen und Deutsche im 20. Jahrhundert. München 2003, S. 241–273.

US State Department: Fallakte WOSTWAG, NA PF 45633.

Henning von Vogelsang: Die Armee, die es nicht geben durfte. Russen in deutscher Uniform und ihre Rettung in Liechtenstein. Ulm 1995.

Heinz Voßke (Hg.): Im Kampf bewährt. Erinnerungen deutscher Genossen an den antifaschistischen Widerstand vom 1933 bis 1945. 2. Aufl. [Ost-]Berlin 1977.

Philipp-Christian Wachs: Der Fall Theodor Oberländer (1905–1998). Ein Lehrstück deutscher Geschichte. Frankfurt am Main/New York 2000.

Walter Warlimont: Im Hauptquartier der Wehrmacht 1939–1945. Grundlagen, Formen, Gestalten. Frankfurt am Main/Bonn 1964.

Marie Wassiltschikow: Die Berliner Tagebücher der Marie „Missie" Wassiltschikow 1940–1945. 2. Aufl. Berlin 1997.

Wladyslaw Ważniewski: Na Przedpolach Stolicy 1939–1945. Warszawa 1974.

S[tanislaw] Waupschassow: Vierzig Jahre in der Aufklärung. 2. Aufl. Moskau 1981.

Hermann Weber/Andreas Herbst: Deutsche Kommunisten. Biografisches Handbuch 1918 bis 1945, Berlin 2004.

Karl Wegmann: „Diversant" unter Diversanten; in: Institut für ML: In den Wäldern, S. 351–359.

Günther Weisenborn: Der lautlose Aufstand. Bericht über die Widerstandsbewegung des deutschen Volkes 1933–1945. Hamburg 1962.

Alexander Weißberg-Cybulski: Hexensabbat. Russland im Schmelztiegel der Säuberungen. Frankfurt am Main 1977.

Kurt Welkisch: Der Rechtswidrige bindende Dienstbefehl in seiner Abhängigkeit von der jeweiligen Staatsauffassung. Jur. Diss. Breslau 1934.

Helmut Welz: In letzter Stunde. Biografie nach umfangreichen Aufzeichnungen Arno von Lenzkis. 3. Aufl. [Ost-]Berlin 1985 [1. Aufl. 1978].

Rüdiger Wenzke: Generalmajor Rudolf Bamler. Karrierebruch in der Kasernierten Volkspolizei; in: Hans Ehlert/Armin Wagner: Genosse General! Die Militärelite der DDR in biografischen Skizzen. Berlin 2003, S. 33–60; Generalmajor Arno von Lenski. NVA-Panzergeneral mit preußischen Wurzeln, ebd., S. 93–123.

Ruth Werner [i. e. Ursula Kuczynski]: Olga Benario. Die Geschichte eines tapferen Lebens. 13. Aufl. [Ost-]Berlin 1979.

Dies.: Sonjas Rapport. 7. Aufl. [Ost-]Berlin 1980.

Nigel West [i. e. Rupert Allason]: A Thread of Deceit. Espionage Myths of World War II. New York 1985.

Ders.: Venona. The greatest Secret of the cold War. London 1999.

Iwan Wetrow: Unter einem Banner; in: Institut des ZK: In den Wäldern, S. 21–41.

[Heinrich Weyde]: Dienstreiseberichte als Leutnant der Abwehrschule Brandenburg, in: BA MA 49/139.

Barton Whaley: Biographical Index of Soviet Intelligence Personnel Appendix C. Soviet Clandestine Communication Nets Air Force Office of Scientific Research 70-1139. 1967/1970 [130 Blätter; Kopie im Besitz des Verfassers].

Charles Whiting: The Spymaster. The true Story of Anglo-American Intelligence Operations within Nazi Germany 1939–1945. New York 1976.

Ders.: Gehlen: Germany's Masterspy. New York 1972.

Robert Whymant: Richard Sorge. Der Mann mit den drei Gesichtern. Hamburg 1999.

Melitta Wiedemann: Brief an den Oberregierungsrat Dr. Richard Korherr, Inspekteur für Statistik der SS vom 5. Oktober 1943. IfZ: MA 292, Bl. 8170–8174.

Ch. Wighton: Meisterspione der Welt. Düsseldorf 1963.

Michael Wildt: Generation des Unbedingten. Das Führungskorps des Reichssicherheitshauptamtes. Hamburg 2003.

Hans-Heinrich Wilhelm: Die Prognosen der Abteilung Fremde Heere Ost 1942–1945. Quellenkritische Studie; in: Institut für Zeitgeschichte (Hg.): Zwei Legenden aus dem Dritten Reich. Stuttgart 1974, S. 5–75.

Gordon Williamson: Die SS. Hitlers Instrument der Macht. Klagenfurt 1999.

Iwan Winarow: Kämpfer an der lautlosen Front. Erinnerungen eines Kundschafters. [Ost-]Berlin 1976.

Robert Wistrich: Wer war wer im Dritten Reich. Anhänger, Mitläufer, Gegner aus Politik, Wirtschaft, Militär, Kunst und Wissenschaft. München 1983.

K[arl] A[ugust] Wittfogel: Geopolitik, geographischer Materialismus und Marxismus; in: Unter dem Banner des Marxismus. [Zeitschrift] 3. Jg. Berlin 1929, Heft 1, 4, 5.

[Dietrich Witzel]: Unternehmen Kirn. Auswertung; in: BA MA: RH 2 2545, Bl. 136–139.

Ders.: Kommandoverbände der Abwehr II im Zweiten Weltkrieg; in: Europäische Wehrkunde, Beiheft 5/1990.

Theodor Wolff: Die Schwimmerin. Roman. Zürich 1937.

Ders.: Tagebücher 1914–1918. Der Erste Weltkrieg und die Entstehung der Weimarer Republik in Tagebüchern, Leitartikeln und Briefen des Chefredakteurs am „Berliner Tageblatt“ und Mitbegründers der Deutschen Demokratischen Partei. 2 Bde. Boppard am Rhein 1984.

Willy Wolff: An der Seite der Roten Armee. Zum Wirken des Nationalkomitees „Freies

Deutschland“ an der sowjetisch-deutschen Front 1943 bis 1945. 2. überarbeitete Aufl. [Ost-]Berlin 1975.
Dimitri Wolkogonow: Stalin. Triumph und Tragödie. Ein politisches Portrait. Düsseldorf/Wien 1993.
Günter Wollstein: Friedrich Olbricht; in: Lill u. a.: 20. Juli, S. 301–323.
Thierry Wolton: Le grand recrutement. Paris 1993.
Soja Woskresenskaja [i. e. Soja Rybkina]: Teper ja mogu skasat prawdu. Moskwa 1993.
Peter Wright: Spycatcher. The Candid Autobiography of a Senior Intelligence Officer. New York 1987.
Henric L. Wuermeling: Doppelspiel. Adam Trott zu Solz im Widerstand gegen Hitler. München 2004.

Horst Zank: Stalingrad. Kessel und Gefangenschaft. 4. Aufl. Hamburg/Berlin/Bonn 2004.
Manfred Zeidler: Reichswehr und Rote Armee 1920–1933. Wege und Stationen einer ungewöhnlichen Zusammenarbeit. 2. Aufl. München 1994.
Christian Zentner: Der Kriegsausbuch. 1. September 1939. Daten, Bilder, Dokumente. Frankfurt am Main/Berlin/Wien 1979.
Ders. (Hg.): Der Zweite Weltkrieg. Ein Lexikon. Wien 1998.
Kurt Zentner: Illustrierte Geschichte des Zweiten Weltkrieges. 12. Aufl. München 1976.
Kurt Zimmermann: Die große Unbekannte. In tiefer Bewunderung für Ilse Stöbe – eine standhafte Kommunistin, unermüdliche Kundschafterin und liebenswerte Frau. [Ost-]Berlin 1980.
Eberhard von Zwehl: Der Mann in Jalta. Hitlers geheimer Auftrag an Boris v. Skossyreff. Leoni 1982.

Organigramm-Übersicht

Namenverzeichnis [in Auswahl]

([O] = siehe entsprechendes Organigramm auf der genannten Seite; [B] = Bild)